Schütterle

Kumpel, Kader und Genossen

Sammlung Schöningh
zur Geschichte und Gegenwart

Begründet von Kurt Kluxen

Juliane Schütterle

Kumpel, Kader und Genossen: Arbeiten und Leben im Uranbergbau der DDR

Die Wismut AG

Ferdinand Schöningh
Paderborn · München · Wien · Zürich

Gedruckt mit freundlicher Unterstützung der Wismut GmbH

Titelbild:
Die Brigade Hans Bleisch erfüllte den Fünfjahresplan in 20 ½ Monaten, 1952.
(Quelle: BArch183-16452-0004 Zentralbild IG Wismut)

Die Autorin:
Juliane Schütterle, Dr. phil., ist freie Historikerin und lebt in Berlin.

Bibliografische Information der Deutschen Nationalbibliothek

Die Deutsche Nationalbibliothek verzeichnet diese Publikation in der Deutschen Nationalbibliografie; detaillierte bibliografische Daten sind im Internet über http://dnb.d-nb.de abrufbar.

Umschlaggestaltung: Evelyn Ziegler, München

(Verlag Ferdinand Schöningh GmbH & Co. KG, Jühenplatz 1, D-33098 Paderborn)

Internet: www.schoeningh.de

Herstellung: Ferdinand Schöningh, Paderborn

ISBN 978-3-506-76922-0

Für meine Eltern Helgard und Michael Schütterle

VORWORT

Die vorliegende Arbeit wurde im Dezember 2007 als Dissertation von der Philosophischen Fakultät der Friedrich-Schiller Universität Jena angenommen. Die Veröffentlichung wird von der Wismut GmbH in Chemnitz finanziell gefördert, der ich dafür zu Dank verpflichtet bin.

Die folgenden Worte des Dankes und der Wertschätzung gelten all jenen, die mich in vier Jahren des Forschens und Schreibens begleitet haben. Danken möchte ich zuvorderst meinem Doktorvater Prof. em. Lutz Niethammer von der Universität Jena. Seine wertvollen Ratschläge, Ideen und Hinweise waren unverzichtbar und gaben meinem Vorhaben immer wieder neue Impulse. Meiner Zweitbetreuerin Prof. Christel Köhle-Hezinger vom Lehrstuhl für Volkskunde der Universität Jena verdanke ich ebenfalls eine kontinuierliche fachliche und menschliche Unterstützung. Gern erinnere ich mich an die konstruktive Atmosphäre bei den Doktorandenkolloquien beider Betreuer.

Der Bundesstiftung zur Aufarbeitung der SED-Diktatur bin ich in besonderem Dank verbunden. Zweieinhalb Jahre lang förderte sie mich nicht nur finanziell, sondern auch fachlich und nahm mich in ein Netzwerk von Zeitgeschichtsforschern auf. Ohne die fruchtbaren Hinweise des wissenschaftlichen Fachbeirats, die stets fachkundige und geduldige Unterstützung durch Dr. Uli Mählert und die anregenden Diskussionsrunden im Kreise der Stipendiatinnen und Stipendiaten, die mir nicht nur zu Kollegen, sondern zum Teil auch zu Freunden und Vertrauten wurden, hätte ich die Arbeit nicht in dieser Weise meistern können – und sie hätte nur halb so viel Spaß gemacht.

Dr. Rainer Karlsch, dem ausgewiesenen Kenner der Wismutgeschichte, bin ich für die zahlreichen Anmerkungen und Korrekturen an der Arbeit ebenfalls zu großem Dank verpflichtet.

Einen immens wichtigen Beitrag zum Gelingen der Forschungsarbeit leisteten natürlich die Mitarbeiterinnen und Mitarbeiter in den Archiven und Bibliotheken, auf deren namentliche Nennung ich hier aus Platzgründen zum großen Teil verzichten muss. Ich bedanke mich bei den Archivarinnen und Archivaren des Bundesarchivs in Berlin-Lichterfelde, des Sächsischen Staatsarchivs Chemnitz, des Hauptstaatsarchivs Dresden, des Thüringischen Staatsarchivs Rudolstadt und des Stadtarchivs Rudolstadt. Frau Siegmund, meine Sachbearbeiterin bei der BStU, hat mich kompetent und unkompliziert bei der Recherche der Stasiakten beraten. Ebenso bin ich Rainer Kohlisch aus dem Unternehmensarchiv der Wismut GmbH in Chemnitz zu Dank verpflichtet. In besonderer Erinnerung behalte ich die langen Gespräche in seinem winzigen Büro, umgeben von riesigen Aktenstapeln. Gedankt sei auch Hermann Meinel vom Museum Uranbergbau in Schlema. Er legte mir prächtige Brigadetagebücher vor, stellte Kontakte zu Zeitzeugen her und vermittelte mir ein eindrucksvolles Bild vom wismutgeprägten Sozialgefüge des Erzgebirges. Ebenso bedanke ich mich bei den zahlreichen Zeitzeugen, die mir einen Einblick in ihr Leben, ihre Erinnerungen und ihre Fotoalben gewährten.

Und bei jenen, die mich mit Zeitzeugen bekannt machten, mir Tipps, Hinweise und Telefonnummern zur Verfügung stellten: Gotthard Bretschneider, Familie Tonnemacher und Rosi Zeuner stehen hier nur stellvertretend für die vielen Unterstützer.

Meiner Familie bin ich zu besonderem Dank verpflichtet; ohne ihre kontinuierliche ideelle und materielle Hilfe wäre ich wohl kaum oder zumindest unter größeren Schwierigkeiten zum Abschluss des Forschungsprojekts gekommen. Meine Großmutter Ursula Wäsch, selbst ehemalige »Wismuterin«, sammelte vier Jahre lang fleißig Zeitungsartikel aus der Regionalpresse, mein Onkel Gerald Wäsch stellte mir Fotografien zur Verfügung. Und meine Mutter Helgard Schütterle sorgte stets dafür, dass mein Vater die zeitweilig lebensnotwendigen Bankanweisungen nicht vergaß. Ihm verdanke ich aber vor allem die zeit- und nervenraubenden Korrekturarbeiten der Dissertation.

Der größte Dank gehört meinem Partner Sascha Born. Er erforschte mit mir das Erzgebirge, chauffierte mich zu Interviewterminen, besuchte mit mir Schaubergwerke und Museen, diskutierte Thesen und ertrug geduldig die manchmal recht freudlosen Stunden vor dem Computer.

INHALTSVERZEICHNIS

I.

EIN MIKROKOSMOS UNTER DEM BRENNGLAS – EINLEITUNG

1. Fragen und Hypothesen

Am frühen Morgen des 7. September 1990 besetzten ca. 5.000 Kumpel der SDAG Wismut vier ihrer Schächte in Thüringen und Sachsen, um gegen die bevorstehende Schließung des Uranerzbergbaus zu protestieren.[1] Trotz der vorangegangenen Nachtschicht waren sie hellwach und äußerst aufgebracht über die Perspektivlosigkeit, die Politiker und Betriebsleitung angesichts der Zukunftsaussichten des Bergbaubetriebes verbreiteten. Die Bergleute verlangten ein wirksames Energie- und Sanierungskonzept, bei dem der Großteil der Arbeitsplätze erhalten werden könnte und erklärten der anwesenden Presse, dass sie zu »weitaus schärferen Kampfaktionen bereit« seien.[2] Doch der riesige Betrieb mit über 40.000 Beschäftigten, der über 40 Jahre lang Uranerz für sowjetische Atomwaffen gefördert hatte, besaß keine Zukunft. Er wurde in ein bundeseigenes Unternehmen umgewandelt, das nun, mit einem Zehntel der Belegschaft, die Abwicklung, Sanierung und Stilllegung des Uranerzbergbaus betrieb. Einen kleinen Erfolg errangen die Demonstranten immerhin: sie erhielten eine Abfindung von 20.000-30.000 Mark.[3]

Zehntausende Menschen verloren 1990 nicht nur ihren Broterwerb, sondern auch einen Teil ihres Lebens. Die meisten von ihnen fühlten sich seit vielen Jahren mit dem Uranbetrieb verbunden. Manch einer der Demonstranten war bereits in den fünfziger Jahren als ungelernter Neubergmann in eine der Uranminen gekommen, die 1946 im Auftrag des sowjetischen Geheimdienstes eröffnet wurden, und hatte sich sich im Laufe der Zeit zum Ingenieur, Obersteiger oder staatlichen Leiter qualifiziert. Möglicherweise hatte er in überfüllten Massenunterkünften schlafen müssen, bevor er in eine der neu errichteten Bergarbeitersiedlungen wie Gera-Bieblach oder Aue-Brünlasberg eingezogen war und erlebte die Entwicklung des Uranerzbergbaus von einem rigide geführten und streng bewachten »Staat im Staate« zu einem beinahe normalen Industriebetrieb der DDR. Jahrzehntelang gehörte er zu den privilegiertesten Industriearbeitern der DDR, die in ihrem eigenen »Mikrokosmos« lebten. Sie kauften in ihren eigenen Läden, wurden in den betriebseigenen Krankenhäusern und Sanatorien behandelt, entspannten

---

1 »Wismutkumpel besetzen heute ihre Schächte«, in: Ostthüringer Nachrichten vom 7. September 1990.

2 »Kumpel des Schachtes Schmirchau zwischen Zorn und Hoffnung«, in: Ostthüringer Nachrichten vom 8. September 1990.

3 »Grubenbesetzungen sind beendet. Kumpel erstritten eine Abfindung«, in: Ostthüringer Nachrichten vom 10. September 1990.

in den Ferienheimen des »Bergarbeitererholungszentrums« Zinnowitz auf Usedom und verbrachten die Wochenenden mit den Kollegen in den Kulturhäusern der Wismut.

Die vorliegende Dissertation hat diesen »Mikrokosmos« Wismut unter die Lupe genommen.[4] Herausgekommen ist eine Studie, die sich im Allgemeinen mit Organisations- und Arbeitergeschichte, im Besonderen mit der Geschichte der Arbeiter im Staatssozialismus und im Speziellen mit der Sozialgeschichte eines außergewöhnlichen Betriebes beschäftigt. Die Dichotomien von Arbeitsbeziehungen und Arbeiterinteressen, von Parteidiktatur und Arbeiterexistenz, von Konfliktlagen und Arrangements bilden die Säulen dieser Untersuchung. Um diese Prozesse und Mechanismen bündeln und kanalisieren zu können, bietet sich die Folie der Sozialpolitik an. Vor allem dann, wenn es sich um einen privilegierten Sonderversorgungsbereich handelt.

Zur Gliederung der Arbeit wurde eine Strukturierung in »oben« und »unten« vorgenommen. Die in staatssozialistischen Gesellschaften charakteristische politische Indoktrination, die »Durchherrschung« der Gesellschaft[5] bis in die Betriebe macht eine Betrachtung der institutionellen Ebene, der Perspektive von »oben« notwendig. Dies geschieht im Wesentlichen am Beispiel der Industriegewerkschaft (IG) Wismut. Ihre Entwicklung zum »Transmissionsriemen« der SED-Politik wird für den speziellen Fall des Urangebietes überprüft. War die Implementierung der Industriegewerkschaft ein ähnlicher Sonderfall wie der gesamte Betrieb oder reflektierte sie allgemeine Entwicklungen in der SBZ/DDR? Wie lange konnte sie – wenn überhaupt – relativ unabhängig agieren, welche Einflussmöglichkeiten als »wahre« Interessenvertretung der Arbeiter besaß sie und welche konkreten Aufgaben waren ihr bei der betrieblichen »Durchherrschung« zugewiesen? Die Betriebsgewerkschaftsleitungen (BGL) bildeten die kleinste gewerkschaftliche Organisationseinheit im Betrieb und waren für die Durchsetzung der Sozialpolitik vor Ort zuständig. Welche Aufgaben hatten sie zu bewältigen, welche Forderungen wurden an sie herangetragen? Waren sie »Russenknechte«, Parteivasallen oder »Fleisch vom Fleische« der Industriearbeiter?

Beziehungsgeflecht und Kompetenzverteilung der betrieblichen Instanzen werden aber nicht nur aus organisations- und strukturgeschichtlicher Perspektive untersucht, sondern finden ihren »realpolitischen« Ausfluss im Kapitel über die betriebliche Sozialpolitik am Beispiel ausgewählter sozialer Maßnahmen: Löhne und Prämien, Konsum und Wohnen, Erholung und Ferienwesen, kulturelle Betreuung, Arbeits- und Gesundheitsschutz sowie weibliche Erwerbspolitik. Zum einen referiert das Kapitel die Entwicklungen der Sozialpolitik in der

[4] In der Sekundärliteratur herrscht Unstimmigkeit über die abgekürzte Form des Betriebes, einmal ist von AG Wismut, ein anderes Mal von Wismut AG die Rede, wobei letztere Schreibweise Analogien zu einer Aktiengesellschaft unter marktwirtschaftlichen Bedingungen herstellt. Da die Wismut tatsächlich formal nach deutschem Aktienrecht gegründet wurde, habe ich mich für die dafür übliche Schreibweise Wismut AG entschieden. Darüber hinaus werden die konkreten Bezeichnungen SAG für Sowjetische Aktiengesellschaft und SDAG für Sowjetisch-Deutsche Aktiengesellschaft verwendet, welche dem Betriebsnamen wiederum vorangestellt sind. Oft ist aber auch nur von »der Wismut« die Rede, wie der Betrieb landläufig bis heute genannt wird.

[5] Kocka, Jürgen: Eine durchherrschte Gesellschaft, in: Kaelble, Hartmut/Kocka, Jürgen/Zwahr, Hartmut (Hg.): Sozialgeschichte der DDR, Stuttgart 1994, S. 547.

S(D)AG Wismut und kristallisiert Privilegierung und Sonderstatus der Industriearbeiter heraus. Zum anderen fragt es nach der Funktion der Sozialpolitik vor dem Hintergrund von Durchherrschung und »Betriebszentriertheit«[6] des sozialistischen Gesellschaftssystems. Die Finanzierung und Umsetzung der sozialen Maßnahmen überließen die sowjetischen Funktionäre von Anfang an dem Staat. Damit oblagen der ohnehin desolaten Zentralverwaltungswirtschaft der SBZ/DDR die riesigen Aufwendungen für eine privilegierte Ausstattung der Bergleute, für deren Realisierung die Bezirke manches Mal zurückstecken mussten. Gleichzeitig aber hatten die Entscheidungsträger ein Instrument an der Hand, dessen Wirkungsmacht hier hinterfragt wird. Zum einen dienten die sozialen Maßnahmen natürlich der Leistungsmobilisierung – einer Aufgabe, der sich Partei und Gewerkschaft nahezu von Anfang an verschrieben hatten. Gleichzeitig stellt sich jedoch die Frage nach dem politischen Zugriff der Sozialpolitik auf die Beschäftigten. Generierte die Privilegierung Loyalität gegenüber Staat und Partei, zog sie eine höhere Bereitschaft zur Übernahme gesellschaftlicher Funktionen nach sich?

Die zweite Ebene der Untersuchung ist die der Arbeiter[7] selbst. »Umworben und bedrängt« waren die Industriearbeiter der SBZ/DDR in »ihrem«, dem Arbeiter-und-Bauern-Staat.[8] Daher muss ihre Rolle als betriebliche Akteure, als die Adressaten sowohl der Privilegien als auch der politischen Überformung des Arbeitslebens hinterfragt werden. Das Kapitel »Ich bin Bergmann – Wer ist mehr?« bildet zunächst eine Klammer zwischen institutioneller und individueller Perspektive. Hier werden die Prozesse von Inszenierung, Stilisierung und Aneignung untersucht. Die Reputation der in die Wismut-Gebiete zugewanderten Neubergleute war in den ersten Jahren äußerst negativ, die Akzeptanz der Einheimischen ging gegen Null. Doch aus dem Image des rauflustigen, trinkfreudigen oder gar kriminellen Parias wurde das des kraftstrotzenden und tüchtigen Erzkumpels, der sich seine Privilegien hart erarbeitete. Daher wird nach der Aufwertung des Bergmannsbildes sowie der Implantation eines wismutspezifischen »Berufsethos« gefragt. Die dafür erforderlichen administrativen Maßnahmen werden in diesem Kapitel ebenso analysiert wie Inszenierungskampagnen. Dazu gehörte beispielsweise die sowjetisch inspirierte Kanonisierung von Arbeitshelden oder die literarische Stilisierung der Wismut-Kumpel. Aber gerade die künstlerische Darstellung konnte einen für die Herrschaftsträger unerwünschten Impetus bekommen. So wurden der Regisseur Konrad Wolf und der Schriftsteller Werner Bräunig mit Aufführungs- bzw. Veröffentlichungsverboten belegt, weil deren künstlerische Interpretationen der Wismut-Aufbaujahre zu realistisch geraten waren. Diese im Grunde genommen unbeabsichtigte Dekonstruktion des Heldenbildes wird hier ebenfalls seziert.

---

[6] Kaelble, Hartmut: Die Gesellschaft der DDR im internationalen Vergleich, in ders. et al.: Sozialgeschichte der DDR, S. 563.

[7] Im Folgenden wird – aus Gründen der Vereinfachung – ausschließlich die männliche Form für Arbeiter und Arbeiterinnen verwendet außer in den Kapiteln, die die weiblichen Beschäftigten zum Thema haben.

[8] Hübner, Peter: Umworben und bedrängt. Industriearbeiter in der SBZ, in: Fischer, Alexander (Hg.): Studien zur Geschichte der SBZ/DDR, Berlin 1993, S. 195-209.

Was aber konnten die Mechanismen von Stilisierung und Heroisierung bewirken bzw. was bewirkten sie tatsächlich? Konstituierte sich aus dem explosiven Gemisch der massenhaft zugewanderten Uranbergleute eine verlässliche und loyale Belegschaft, die bereitwillig den strahlenden Rohstoff aus dem Berg schlug? Oder trugen die Maßnahmen den Keim des Destabilisierenden, da sich eine »verschworene« Gemeinschaft schnell gegen das System richten konnte, nach dem Motto »Gemeinsam sind wir stark«? Um eine Antwort auf die Aneignung der Heldenbilder geben zu können, werden 14 lebensgeschichtliche Interviews ehemaliger Wismut-Beschäftigter ausgewertet.

Gleichsam als Reflexion der Kapitel zu Sozialpolitik und Inszenierungsprozessen beschäftigt sich ein weiterer Schwerpunkt der Arbeit mit der Realität des betrieblichen Alltags. Konflikte, Reibungspunkte, Anpassungs- und Aushandlungsprozesse – es gibt sie überall dort, wo Menschen zusammenarbeiten und sich arrangieren müssen, das ist eine Binsenweisheit. Eine Analyse dieser Prozesse, überdies in einem außergewöhnlichen Betrieb wie der Wismut AG, evoziert sinnfällige Fragen auf mehreren Ebenen: Wie reagierten die Protagonisten der »Arbeitsgesellschaft«[9] auf die Zumutungen eines politisch und ideologisch überformten Betriebsalltags? Wirkten die Mechanismen der Privilegierung und Inszenierung disziplinierend und befriedend auf die Arbeiter? Ließen sie sich – sozialpolitisch gut gepolstert – für gesellschaftspolitische Zwecke instrumentalisieren, korrumpieren und unter Druck setzen? Oder fühlten sich die zu Arbeitshelden erster Klasse aufgewerteten Kumpel geradezu aufgefordert, ihren Status zur eigenen Interessenvertretung zu funktionalisieren? Wie wehrten sie, wenn überhaupt, den ständigen Eingriff in ihr (Arbeits-)Leben ab? Gab es Feindseligkeiten, Widerstand oder gar offene physische Gewalt und wie sind diese Handlungen hinsichtlich politischer oder sozialer Motivationen zu bewerten?

Die in der zeitgeschichtlichen Forschung bekannten Konzepte des Eigen-Sinns und der Mikropolitik sollen helfen, den Arbeits- und Betriebsalltag der Wismut-Arbeiter zu sezieren. Der Begriff des Eigen-Sinns stammt von Alf Lüdtke, der das Verhalten der deutschen Industriearbeiter im Kaiserreich, in der Weimarer Republik und im Nationalsozialismus untersucht hat.[10] Thomas Lindenberger wendet den Terminus auf die Wechselwirkungen zwischen Herrschaft und Gesellschaft in der SED-Diktatur an.[11] Nach Lindenbergers Definition zielt der Begriff »auf den deutenden und sinnproduzierenden Aspekt individuellen wie kollektiven Handelns in sozialen Beziehungen«.[12] Eigen-Sinn ist also ein Bündel von Handlungsmöglichkeiten, die der Einzelne in einem Herrschaftssystem besitzt. Diese Handlungsmöglichkeiten sind breit gestreut und nicht nur negativ auf die Herr-

---

9 Kohli, Martin: Die DDR als Arbeitsgesellschaft, in: Kaelble et al.: Sozialgeschichte der DDR, S. 31.

10 Lüdtke, Alf: Eigen-Sinn. Fabrikalltag Arbeitererfahrungen und Politik vom Kaiserreich bis in den Faschismus, Hamburg 1993; Ders.: Geschichte und Eigen-Sinn, in: Berliner Geschichtswerkstatt (Hg.): Alltagskultur, Subjektivität und Geschichte. Zur Theorie und Praxis von Alltagsgeschichte, Münster 1994; Ders.: Disziplin, Stolz und Eigensinn. Arbeitserfahrungen in Zeiten der Industriegesellschaft, in: Noltenius, Rainer (Hg.): Gibt es ein Leben ohne Arbeit? Arbeitslosigkeit in Kunst und Medien – Mangel und Hoffnung, Essen 2000.

11 Lindenberger, Thomas (Hg.): Herrschaft und Eigen-Sinn in der Diktatur, Köln/Weimar/Wien 1999.

12 Ders.: Die Diktatur der Grenzen. Zur Einleitung, in: Ders.: Herrschaft und Eigen-Sinn, S. 23.

schaftsverhältnisse zu beziehen. Leidenschaftliche Partizipation oder opportunistisches Mitmachen, äußerlich konformes und innerlich distanziertes Verhalten, Formen der passiven Verweigerung und offene Dissidenz gehören zum Spektrum des Eigen-Sinns.[13] Der Terminus wird als Bindestrichkompositum verwendet, weil so die Eigengewichte der beiden Begriffsteile stärker ins Auge fallen, nämlich »der eigene Sinn in seinen vielfältigen, nicht immer miteinander zu vereinbarenden und gelegentlich auch widersprüchlichen Facetten.«[14] Der Mikropolitik-Ansatz bündelt im Prinzip ähnliche zwischenmenschliche Mechanismen, wie sie im Begriffsgehalt des Eigen-Sinns enthalten sind, überträgt diese Prozesse aber auf das Handlungsfeld des Betriebes.[15] Dabei ist es irrelevant, ob es sich um ein marktwirtschaftliches Unternehmen oder einen staatssozialistischen Betrieb der Zentralverwaltungswirtschaft handelt, da es hier systemunabhängig um eine Analyse der Möglichkeiten und Grenzen des Handelns betrieblicher Akteure geht. Der Begriff kommt aus der Industriesoziologie und ist seit einigen Jahren auch in arbeiter- und industriegeschichtliche Diskurse eingegangen.[16] Übertragen auf das erkenntnisleitende Interesse der vorliegenden Studie heißt das: Nicht nur der Eigen-Sinn und die Handlungsspielräume der Arbeiter selbst, sondern gerade die Interaktion mit den Funktionsträgern der Betriebe, mit staatlichen Leitern, Partei- und Gewerkschaftsfunktionären sind für die Analyse des betrieblichen Alltags von Relevanz. Denn eine Analyse des »Kräftefeldes« zwischen Herrschern und Beherrschten, zwischen Funktionsträgern und Arbeitern kann enthüllen, wie »Herrschaft als soziale Praxis« funktionierte.[17]

Die Auseinandersetzung mit der Themenstellung und die Strukturierung der Arbeit werfen die Frage nach zeitlicher Abgrenzung und möglichen Zäsuren auf. Die Entscheidung, die gesamte Betriebsgeschichte von mehr als 40 Jahren zu untersuchen, ist der konzeptionellen Überlegung geschuldet, die sozialen, politischen und wirtschaftlichen Kontinuitäten und Brüche im betrieblichen Mikrokosmos verfolgen zu können. In der Betriebsgeschichte der Wismut (ebenso wie in jedem anderen Betrieb) spiegeln sich die Entwicklungen des Wirtschafts- und Gesellschaftssystems der DDR und ihrer Akteure. Gleichwohl wurde auf Exkurse, Zusammenfassungen oder ausführliche Überblicksdarstellungen zur Wirtschafts- und Sozialgeschichte der SBZ/DDR verzichtet, da diese in zahlreichen Fachpublikationen verfügbar sind.

Die strukturgeschichtlich wohl einschneidendste Zäsur ergab sich aus der Umwandlung der sowjetisch geführten in eine sowjetisch-deutsche Betriebleitung 1954, in deren Ergebnis die DDR immer stärkeren Einfluss auf die Geschehnisse des Uranerzbergbaus nehmen konnte. Es ist jedoch gerade die erste Periode zwischen 1945 und 1950, die »wilde Zeit« der Aufbau- und Gründerjahre, die zu

13 Ebd.

14 Lüdtke: Eigen-Sinn. Fabrikalltag, S. 19.

15 Lauschke, Karl und Thomas Welskopp: Einführung, in: Dies. (Hg.): Mikropolitik im Unternehmen. Arbeitsbeziehungen und Machtstrukturen in industriellen Großbetrieben des 20. Jahrhunderts, Essen 1994, S. 10 f.

16 Ebd., S. 11.

17 Lüdtke, Alf: Einleitung. Herrschaft als soziale Praxis, in: ders. (Hg.): Herrschaft als soziale Praxis. Historische und sozial-anthropologische Studien, Göttingen 1991, S. 12 f.

einer stärkeren Fokussierung verführt, wie auch die Ausführungen zum Forschungsstand belegen. Doch dies ist nur ein Teil der Betriebsgeschichte. Arbeitsalltägliche, soziale und lebensweltliche Zusammenhänge sind nur in ihrer chronologischen Gesamtschau wirklich erfassbar. Gerade hier trifft man aber – eher unfreiwillig – auf eine weitere Zäsur, die sich aus der Quellenhermeneutik herauskristallisiert. Da der Aussagewert der »Herrschaftsakten« nach einer für die Forschung sehr ergiebigen Phase in den fünfziger und sechziger Jahren, in den letzten beiden Jahrzehnten der DDR allgemein immer weiter abnahm, könnte diese Zeit als ereignisarm interpretiert werden. Natürlich war sie das nicht, denn in den letzten Jahrzehnten der SED-Herrschaft wurden die wirtschaftlichen Defizite der Planwirtschaft immer evidenter, gleichzeitig wuchs der Überwachungs- und Repressionsapparat. Proportional dazu wuchs auch der Umfang des verschriftlichen Materials. Die Aktenberge von Gewerkschaft, Partei und Sicherheitsorganen wurden immer größer, allein die inhaltliche Aussagekraft dünnte aus. So finden sich in den Konvoluten zwar seitenlange Gesetzesvorlagen, Verordnungen oder Neuerervorschläge, aber reale Stimmungslagen und Entwicklungen in den Betrieben sind nur noch schwer zu rekonstruieren. Daher lässt sich eine stärkere Konzentration der Analyse auf die erste Hälfte der Wismutgeschichte kaum vermeiden, in der schließlich auch der Grundstein für die Entwicklung des Betriebes maßgeblich gelegt wurde. Dennoch versucht die Arbeit Antworten auf die Frage zu finden, wie sich die privilegierte Industriearbeiterschaft in der letzten Phase der DDR mit der wirtschafts- und versorgungspolitischen Malaise auseinandersetzte, die schließlich auch an ihr nicht spurlos vorbei ging. Mit der friedlichen Revolution und der deutschen Wiedervereinigung wurde die deutsch-sowjetische Uranerzproduktion obsolet und Tausende Menschen waren mit Arbeitslosigkeit und Existenzangst konfrontiert. Diese Zeit der Transformation stellt ein weiteres, hoch interessantes Forschungsfeld dar, die vorliegende Arbeit konzentriert sich allerdings ausschließlich auf die Wismut als Uranproduzenten und behandelt die transformationsgeschichtlichen Perspektiven des Betriebes nur ausblickartig.

Ein weiterer Punkt, den es zu berücksichtigen galt, ist der Vergleich. Diese Arbeit ist nicht als Vergleichsstudie angelegt, doch wenn man die Wismut als einen Sonderversorgungsbereich apostrophiert, muss man sie immer auch mit dem »Normalen« spiegeln. Die wirtschaftlichen und sozialen Verhältnisse in der SBZ/DDR werden in kursorischer Form berücksichtigt, da ohne deren Kenntnis auch das Funktionieren des Uranerzbetriebes nicht zu verstehen ist. Den Uranerzbergbau als einen singulären Industriebetrieb zu präsentieren impliziert überdies nicht, dass andere Großunternehmen in der SBZ/DDR nicht auch ähnliche Privilegien genossen. Industriebereiche mit Vorzugsbehandlung waren beispielsweise das Eisenhüttenkombinat (EKO) in Stalinstadt bzw. Eisenhüttenstadt oder das Kombinat Schwarze Pumpe in Hoyerswerda. Darüber hinaus existierten politisch relevante Sonderversorgungssysteme wie vor allem das Ministerium für Staatssicherheit (MfS) oder die Hauptstadt der DDR, Ost-Berlin.[18]

[18] Schütterle, Juliane: Klassenkampf im Kaufhaus. Versorgung und Sonderversorgung in der DDR 1971-1989, Erfurt 2009.

2. Forschungsstand

1995 erschien Peter Hübners sozialwissenschaftliche Studie zu »Arbeiterinteressen und Sozialpolitik« der DDR-Industriearbeiter mit dem richtungsweisenden Titel »Konsens, Konflikt und Kompromiss«. Hier untersuchte Hübner zum ersten Mal Betriebsalltag, Arbeitsbeziehungen und Arbeiterinteressen in den Industriebetrieben der SBZ/DDR, wobei er Lohn- und Arbeitskonflikte ebenso in den Fokus nahm wie die Funktion der Brigade und die Arrangements der betrieblichen Akteure. Gleichzeitig beklagte der Zeithistoriker die bisherige Vernachlässigung der Industriearbeiterschaft der DDR und der Aufarbeitung ihrer sozialen und materiellen Lebensumstände in der Geschichtsforschung.[19] Seither hat sich einiges getan. Betriebsalltag, Sozialpolitik und Konfliktgeschichte sind in den letzten Jahren zunehmend in das Blickfeld der Zeitgeschichtsforschung gerückt. Hübner selbst hat die historische Sozialforschung mit einer beeindruckenden Fülle von Aufsätzen zur Industrie- und Arbeitergeschichte bereichert.[20] Die Historiker Jörg Roesler und Thomas Reichel beschäftigten sich mit Rolle und Funktion der Brigaden im sozialistischen Betrieb,[21] Sandrine Kott und Annette Schuhmann analysierten die betriebliche Kulturpolitik und die Rolle des FDGB.[22] Als wegweisende Sammelbände sind Peter Hübners und Klaus Tenfeldes »Arbeiter

[19] Hübner: Konsens, Konflikt und Kompromiss. Soziale Arbeiterinteressen und Sozialpolitik in der SBZ/DDR 1945-1970, Köln/Weimar/Wien 1995, S. 8.

[20] Dazu gehören u. a. Hübner, Peter: Der Betrieb als Ort der Sozialpolitik in der DDR, in Boyer, Christoph und Peter Skyba (Hg.): Repression und Wohlstandsversprechen. Zur Stabilisierung der Parteiherrschaft in der DDR und in der CSSR, Dresden 1999, S. 63-74. Ders. (Hg.): Eliten im Sozialismus. Beiträge zur Sozialgeschichte der DDR, Köln/Weimar/Wien 1999. Ders.: Arbeiterklasse als Inszenierung, in: Bessel, Richard und Ralph Jessen (Hrg.): Die Grenzen der Diktatur. Staat und Gesellschaft in der DDR, Göttingen 1996, S. 199-223. Ders. (Hg.): Niederlausitzer Industriearbeiter 1935 bis 1970. Studien zur Sozialgeschichte, Berlin 1995. Ders.: Um Kopf und Kragen. Zur Geschichte der innerbetrieblichen Hierarchien im Konstituierungsprozess der DDR-Gesellschaft, in: Mitteilungen aus der kulturwissenschaftlichen Forschung, Heft 33 (1993), S. 210-232. Ders.: Sozialgeschichte der Industriearbeiterschaft in der SBZ/DDR. Bemerkungen zu Forschungstendenzen in Deutschland seit 1989, in: Jahrbuch für historische Kommunismusforschung 1993, Berlin 1993.

[21] Roesler, Jörg.: Die Rolle des Brigadiers bei der Konfliktregulierung zwischen Arbeitsbrigaden und der Werkleitung, in: Hübner/Tenfelde: Arbeiter in der SBZ/DDR, S. 413-437. Ders.: Planwirtschaft und Produktionspropaganda, in: Vorsteher, Dieter (Hg.): Parteiauftrag: Ein neues Deutschland. Bilder, Rituale und Symbole der frühen DDR, Berlin 1997, S. 345-368. Ders.: Der Brigadier, der Meister und der Plan. Zur informellen Interessenvertretung der Arbeiter in der Industrie der DDR 1950-1958, in: Lauschke/Welskopp: Mikropolitik. Reichel, Thomas: »Jugoslawische Verhältnisse«? – Die »Brigaden der sozialistischen Arbeit« und die »Syndikalismus«-Affäre. 1959-1962, in: Lindenberger: Herrschaft, S. 45-73. Ders.: Konfliktprävention. Die Episode der »Arbeiterkomitees« 1956/58, in: Hübner/Tenfelde: Arbeiter in der SBZ/DDR, S. 439-452.

[22] Kott, Sandrine: Zur Geschichte des kulturellen Lebens in DDR-Betrieben. Konzepte und Praxis der betrieblichen Kulturarbeit, in: Archiv für Sozialgeschichte, Bd. 39 (1999), S. 167-195. Schuhmann, Annette: Kulturarbeit im sozialistischen Betrieb. Gewerkschaftliche Erziehungspraxis in der SBZ/DDR 1946 bis 1970, Köln 2006. Dies.: »Macht die Betriebe zu Zentren der Kulturarbeit«. Gewerkschaftlich organisierte Kulturarbeit in den Industriebetrieben der DDR in den fünfziger Jahren: Sozialhistorisches Novum oder Modifizierung betriebspolitischer Traditionen?, in: Hübner et al.: Arbeiter im Staatssozialismus, S. 271-289.

in der SBZ/DDR«[23] sowie Renate Hürtgens und Thomas Reichels »Der Schein der Stabilität«[24] zu nennen. Während der Sammelband von Hübner/Tenfelde einen entscheidenden Beitrag zur Konstituierung einer spezifischen DDR-Arbeitergeschichte von der Nachkriegszeit bis in die sechziger Jahre leistet, beschäftigt sich Hürtgens und Reichels Publikation mit dem Betriebsalltag der siebziger und achtziger Jahre. Hürtgen plädiert für eine stärkere Hinwendung auf die letzten beiden Jahrzehnte betrieblichen Lebens in der DDR, die in der Zeitgeschichtsforschung bis dato den Makel von »Langeweile und Stagnation« trugen.[25] Die 2005 erschienene Publikation von Hermann Rupieper, Friederike Sattler und Georg Wagner-Kyora indes hebt auf Geschichte einer ganzen Industrieregion und ihrer Arbeiter ab.[26] Die Aufsatzsammlung zur mitteldeutschen Chemieindustrie, deren Forschungsgegenstand sich auf das gesamte 20. Jahrhundert bezieht, beinhaltet sowohl unternehmensgeschichtliche und organisationssoziologische Konzepte sowie Ansätze zu Geschlechter- und Generationskonstruktionen, aber auch Forschungen zum Betriebsalltag.[27] Der von Hübner, Kleßmann und Tenfelde 2005 herausgegebene Band über »Arbeiter im Staatssozialismus« weitet diese Fragestellungen auf die Sozialgeschichte der Arbeiter im gesamten sozialistischen Block aus.[28] Eine umfassende Synthese der DDR-Arbeitergeschichte liefert Christoph Kleßmann in seinem jüngsten Werk. Mit »Arbeiter im ›Arbeiterstaat‹ DDR« analysierte der Zeithistoriker die Geschichte der Arbeiterschaft und die Arbeiterbewegung in der DDR im Spannungsfeld sowjetischen Hegemonialanspruches, deutscher Traditionen und westdeutscher Anziehungskraft.[29] Gleichwohl erschienen in den letzten Jahren auch einige Monografien, die den (DDR-) »Betrieb als soziales Handlungsfeld«[30] zum Gegenstand der historisch-sozialwissenschaftlichen Forschung haben. Vor dem Hintergrund einer »Sozialgeschichte der Gewerkschaften« untersuchte Helke Stadtland die Arbeitsbeziehungen und Arbeiterinteressen in den Industriebetrieben der SBZ.[31] Sie analysierte dabei auch das Unmuts- und Konfliktpotenzial der Industriearbeiter sowie deren Interessendurchsetzung bei Lohn- und Arbeitskonflikten. Unter ähnlichen Gesichtspunkten haben sich Peter Alheit und Hanna Haack mit der Neptun-Werft in Rostock

23 Hübner, Peter und Klaus Tenfelde (Hg.): Arbeiter in der SBZ/DDR, Essen 1999.

24 Hürtgen, Renate und Thomas Reichel (Hg.): Der Schein der Stabilität. DDR-Betriebsalltag in der Ära Honecker, Berlin 2001.

25 Hürtgen: Entwicklung in der Stagnation? Oder: Was ist so spannend am Betriebsalltag der 70er und 80er Jahre in der DDR, in: Dies. und Reichel: Der Schein der Stabilität, S. 11.

26 Rupieper, Hermann-Josef/Sattler, Friederike/Wagner-Kyora, Georg (Hg.): Die mitteldeutsche Chemieindustrie und ihre Arbeiter im 20. Jahrhundert, Halle a. d. Saale 2005.

27 Wiesener, Albrecht: Taktieren und Aushandeln – Erziehen und Ausgrenzen. Zum Verhältnis von Mikropolitik und Produktionskampagnen in den Leuna-Werken 1958-1963, in: Rupieper et al.: Mitteldeutsche Chemieindustrie, S. 237-258.

28 Hübner, Peter/Kleßmann, Christoph/Tenfelde, Klaus (Hg.): Arbeiter im Staatssozialismus. Ideologischer Anspruch und soziale Wirklichkeit, Köln/Weimar/Wien 2005.

29 Kleßmann, Christoph: Arbeiter im »Arbeiterstaat« DDR. Deutsche Traditionen, sowjetisches Modell, westdeutsches Magnetfeld. 1945-1971, Bonn 2007.

30 Welskopp, Thomas: Der Betrieb als soziales Handlungsfeld. Neuere Forschungen in der Industrie- und Arbeitergeschichte, in: Geschichte und Gesellschaft 22 (1996) 1, S. 118-142.

31 Stadtland, Helke: Herrschaft nach Plan und Macht der Gewohnheit. Sozialgeschichte der Gewerkschaften in der SBZ/DDR 1945-1953, Essen 2001.

beschäftigt.[32] Sie kamen zu dem Ergebnis, die von den Herrschenden vernachlässigte und »vergessene Autonomie« der Arbeiter habe bereits in den fünfziger Jahren zur Destabilisierung, ja sogar zum ökonomischen Niedergang des SED-Regimes beigetragen. Die Werftarbeiter hätten ein gegen die von außen drängenden Zumutungen resistentes Milieu gebildet, dem die Machthaber nicht mehr Herr geworden seien.[33] Es erscheint wenig hinreichend, den Niedergang eines vierzig Jahre währenden Gesellschafts- und Wirtschaftssystems anhand seines ersten Jahrzehnts erklären zu wollen; überdies wurde die These kaum empirisch belegt. Eine Betriebsgeschichte aus der zweiten Hälfte der DDR entwirft die Historikerin Francesca Weil. In einer Vergleichsstudie untersuchte sie die beiden sächsischen Betriebe VEB Goldring Markkleeberg sowie das Leipziger Arzneimittelwerk (LAW) in der »Honecker-Ära«,[34] wobei sich ihre Analyse über die Zeit des politischen Wandels 1989/90 hinaus erstreckt. Dies ist insofern interessant, als dass sie die betrieblichen Erfahrungen von Belegschaftsangehörigen in zwei konträren Wirtschafts- und Gesellschaftssystemen – als Beschäftigte im VEB und später im marktwirtschaftlich geführten Unternehmen – spiegelt und gegenüberstellt. Mit einer stärkeren Orientierung auf die Funktion der Massenorganisation FDGB beschäftigen sich die aktuellen Publikationen der bereits erwähnten Forscherinnen Annette Schuhmann und Renate Hürtgen. Hürtgen legt eine dichte Beschreibung über die Rolle der Vertrauensleute in den Betriebsgewerkschaftsleitungen vor,[35] Schuhmann unternimmt eine ebenso dichte und faktenreiche Verknüpfung der betrieblichen Kulturarbeit mit gewerkschaftlicher Erziehungsarbeit in den sozialistischen Betrieben.[36] Trotz der genannten Arbeiten muss die monografische Bearbeitung von Betriebsgeschichte in der DDR als Desiderat bezeichnet werden. Einzelstudien zu bedeutenden industriellen Großbetrieben liegen zwar vor, orientieren aber vorwiegend auf unternehmensgeschichtliche Aspekte und weniger auf die sozial- und arbeitergeschichtliche Perspektive.[37] Dies sicherlich auch deshalb, um den in marktwirtschaftliche Verhältnisse »hinübergeretteten« Betrieben den Anstrich von Innovation und Zukunftsorientierung zu geben. So verhält es sich beispielsweise bei der 2005 erschienene Publikation von Jörg Roesler und Dagmar Semmelmann, die sich mit der Transformationsphase der ostdeutschen Energiewirtschaft beschäftigt.[38] Die Autoren sehen ihre Forschungsarbeit in der Tradition einer Unternehmens- oder Firmengeschichte[39], wiewohl

---

32 Alheit, Peter und Hanna Haack: Die vergessene »Autonomie« der Arbeiter. Eine Studie zum frühen Scheitern der DDR am Beispiel der Neptunwerft, Berlin 2004.

33 Ebd., S. 445.

34 Weil, Francesca: Herrschaftsanspruch und soziale Wirklichkeit. Zwei sächsische Betriebe in der DDR während der Honecker-Ära, Köln/Weimar/Wien 2000.

35 Hürtgen, Renate: Zwischen Disziplinierung und Partizipation. Vertrauensleute des FDGB im DDR-Betrieb, Köln/Weimar/Wien 2005.

36 Schuhmann: Kulturarbeit im sozialistischen Betrieb.

37 Mühlfriedel, Wolfgang und Edith Hellmuth: Carl Zeiss in Jena. 1945-1990, Bd. 3, Köln/Weimar/Wien 2004. EKO Stahl GmbH (Hg.): Einblicke. 50 Jahre EKO Stahl, Eisenhüttenstadt 2000. Hermann, Armin: Jena und die Jenoptik. Vom Kombinat zum Global Player, Düsseldorf/München 1998.

38 Roesler, Jörg und Dagmar Semmelmann: Vom Kombinat zur Aktiengesellschaft. Ostdeutsche Energiewirtschaft im Umbruch in den 1980er und 1990er Jahren, Bonn 2005.

39 Ebd., S. 19 f.

biographische Fallbeispiele und Interviews mit Arbeitern, Gewerkschaftern und Leitungspersonal einen individuellen Eindruck von den ereignisreichen Jahren 1989/90 vermitteln.

Bedingt durch die Geheimhaltung des strategisch wichtigen Industriebetriebes Wismut konnte sich die historisch-sozialwissenschaftliche Forschung der Geschichte des Uranerzbergbaus erst ab 1990 annehmen. Jedoch gab es bereits in der DDR ganz vereinzelte Publikationen. Dazu gehört die Dissertation des Leipzigers Volkmar Meinhold, der sich im Sinne der Parteidoktrin der SED mit der »Entwicklung des Zweiges der Arbeiterklasse« in der Wismut und deren Beitrag zum Aufbau des Sozialismus beschäftigte.[40] Weniger linientreu waren die Veröffentlichungen des jungen Tierpräparators Michael Beleites aus Gera, der in den achtziger Jahren die durch das Uranbergbauunternehmen verursachten Umweltprobleme thematisierte. Seine Publikation »Pechblende«, die 1988 vom Kirchlichen Forschungsheim Wittenberg gedruckt wurde und über Umwelt- und Gesundheitsrisiken des Uranerzbergbaus informierte, versetzte die Staatssicherheit in Alarmbereitschaft.[41] Nach Mauerfall und Wiedervereinigung publizierte der heute als Landesbeauftragter für die Unterlagen des Staatssicherheitsdienstes der DDR in Sachsen tätige Beleites ganz legal seine Untersuchungsergebnisse sowie die Erfahrungen mit dem MfS in der »Uranprovinz«.[42] Seit dem Mauerfall und der Öffnung der Archive wird die Aufarbeitung der Wismutgeschichte von Wissenschaftlern, Journalisten und Zeitzeugen betrieben. Umfangreiche Forschungsergebnisse liefert der Berliner Wirtschaftshistoriker Rainer Karlsch. In dem gemeinsam mit Harm Schröter herausgegebenen Sammelband »Strahlende Vergangenheit« trug er bereits Mitte der neunziger Jahre fundierte, quellengestützte Beiträge zu den Anfängen der SAG Wismut bei.[43] Politische und militärstrategische Aspekte des Uranerzabbaus spielen dabei ebenso eine Rolle[44] wie wirtschafts- und sozialgeschichtliche oder organisationsgeschichtliche Fragen.[45] Gemeinsam mit dem tschechischen Historiker Zbynek Zeman veröffentlichte Karlsch einige Jahre später eine Überblicksdarstellung über den sowjetischen Uranerzabbau auf der deutschen und der tschechoslowakischen Seite des Erzgebirges, wo die Uranförderung kurz nach dem Ende des Krieges den Charakter eines Straflagers besaß. Diese Publikation, die gleichfalls auf die Atomprojekte der USA, Großbritanniens, Japans und des Dritten Reichs eingeht, kann sich zum

[40] Meinhold, Volkmar: Zur Entwicklung der Zweiggruppe der Arbeiterklasse im Industriezweig Wismut in den Jahren 1949/50 bis 1954, Diss (A), Leipzig 1979, S. II.

[41] BStU, MfS, HA IX, Nr. 11374. Beleites, Michael: Pechblende. Der Uranbergbau in der DDR und seine Folgen, herausgegeben vom Kirchlichen Forschungsheim Wittenberg und dem Arbeitskreis »Ärzte für den Frieden – Berlin«, Bl. 283-353.

[42] Ders.: Untergrund. Ein Konflikt mit der Stasi in der Uranprovinz, Berlin 1992 sowie ders.: Ausnahmezustand, Umweltkatastrophe und das Sanierungsproblem im deutschen Uranbergbau, Frankfurt/M. 1992.

[43] Karlsch, Rainer und Harm Schröter (Hg.): »Strahlende Vergangenheit« – Studien zur Geschichte des Uranbergbaus der Wismut, St. Katharinen 1996.

[44] Heinemann-Grüder, Andreas: Die Anfänge des sowjetischen Atomprojekts 1942-45 und die Uran-Lücke, in: Karlsch/Schröter: Strahlende Vergangenheit, S. 15-47.

[45] Roeling, Rob: Arbeiter im Uranbergbau: Zwang, Verlockungen und soziale Umstände (1945-1952), und Potraß, Rainer: Zur Entfernung »deklassierter Elemente«. Die Ausweisungen aus den Uranbergbaukreisen 1952-1954, in: Karlsch/Schröter: Strahlende Vergangenheit, S. 209-227.

Teil auf sowjetische Archivquellen stützen. Karlsch war es auch, der die erste weiterführende Geschichte der SDAG Wismut geschrieben hat, welche die Zeit von 1954-1990 einschließt.[46] Die als »populäre Geschichte« verfasste Studie ist für eine interessierte Öffentlichkeit geschrieben und behandelt sozialwissenschaftliche Fragen nur kursorisch. Der Bochumer Historiker Ralf Engeln hat sich der »Gründerzeit« der SAG Wismut unter struktur-, organisations- und sozialgeschichtlichen Gesichtspunkten genähert. Seine 2001 erschienene Dissertation »Uransklaven oder Sonnensucher« wird in Teilen von von ähnlichen Fragestellungen geleitet wie die vorliegende Untersuchung: So geht Engeln beispielsweise dezidiert auf den Aufbau von Partei- und Gewerkschaftsorganisation, auf einzelne soziale Aspekte der Sozialpolitik sowie auf das betriebliche Zusammenspiel von Arbeitsbeziehungen und Arbeiterinteressen ein. Seine Studie bezieht sich jedoch nur auf die Zeit der sowjetischen Aktiengesellschaft und lässt spätere Entwicklungen unberührt.[47] Die regionalgeschichtlichen Publikationen sind umfangreich, beschränken sich aber im Wesentlichen ebenfalls auf die ersten Jahre der Wismut. Ehemalige Bergleute wie Werner Schiffner,[48] Mario Kaden,[49] Klaus Beyer u. a.[50] liefern mit ihren regionalhistorischen Schriften beredte Zeitzeugnisse, die mit Fotografien, Tagebüchern, Zeichnungen und Zeitzeugenaussagen illustriert sind. Der Mitte der neunziger Jahre noch recht kritische und distanzierte Blick auf die Tätigkeit des wohl größten Arbeitsgebers in der Region ist in der aktuelleren Erinnerungsliteratur fast vollkommen einer glattgebügelten und harmonisierten Perspektive gewichen. Die kürzlich erschienenen Memoiren des über 80-jährigen Klaus Beyer aus dem Erzgebirge erzählen zwar durchaus differenziert von den Härten des Anfangs, tragen aber im Großen und Ganzen den Impetus des »Es war ja nicht alles schlecht«, wenn nicht sogar des »Früher war alles besser«.[51] Ähnlich verhält es sich mit den Publikationen des auf Heimatgeschichte spezialisierten Sutton-Verlags aus Erfurt. Dessen von dem ehemaligen Bergmann Ekkehard Riedl herausgegebener Bildband »Die Wismut in Ronneburg« ist beides zugleich: erstens ein Konglomerat von für die Zeitgeschichtsforschung hoch interessanten Bildzeugnissen, zweitens eine Ansammlung von Erinnerungsfotos für die »Dabeigewesenen«.[52] Die knappe Einleitung sowie die Bildunterschriften bestärken den Eindruck, dass es hier weniger um eine kritisch-distanzierte Aufarbeitung der Vergangenheit, sondern um die Verbreitung einer Art

46 Karlsch, Rainer: Uran für Moskau. Eine populäre Geschichte, Berlin 2007.

47 Engeln, Ralf: Uransklaven oder Sonnensucher? Die sowjetische Wismut AG in der SBZ/DDR 1946-1953, Essen 2001.

48 Schiffner, Werner: Agricola und die Wismut. Ein Zeitbogen vom Bergkgeschrey auf Sylber zum Berggetöse ums Uran im Erzgebirge, Leipzig 1994.

49 Kaden, Mario: Wismut – Die »wilde« Zeit, Annaberg 1994.

50 Beyer, Klaus/Kaden, Mario/Raasch, Erwin/Schuppan, Werner.: Wismut – »Erz für den Frieden«? Einige Aspekte zur bergbaulichen Tätigkeit der SAG/SDAG »Wismut« im Erzgebirge, Marienberg 1995.

51 Beyer, Klaus: Eigentlich wollte ich nur ein Jahr bleiben ... Erinnerungen, Episoden, Gedanken aus vierzig Jahren Berufsleben im westerzgebirgischen Uranerzbergbau der SAG/SDAG Wismut, Marienberg 2006.

52 Riedl, Ekkehard: Die Wismut in Ronneburg, Erfurt 2003.

»Familienalbum« für die ehemalige Bergarbeiter-Community Ronneburgs geht.[53] Dagegen ist wenig einzuwenden, wenn man sich eines solchen Zeugnisses mit wissenschaftlich-quellenhermeneutischen Werkzeugen zu nähern vermag. Fraglich ist nur, welche Schlüsse spätere Generationen bzw. Außenstehende ohne historischen Kontext aus dieser Fotostrecke ziehen. Im selben Geiste steht auch die Erinnerungsliteratur des früheren Kraftfahrers Siegfried Röhr, der seine Zeit als Fahrer der »Rädl-Bar«, des mobilen Versorgungszuges der SDAG Wismut, beschreibt.[54] Die heutige Sanierungsgesellschaft Wismut GmbH beteiligte sich ebenfalls an der historischen Aufarbeitung der Uranbergbauvergangenheit.[55] Mit ihrer mehr als 2.700 Seiten umfassenden CD-Rom »Chronik der Wismut« liefert sie ein handbuchartiges Nachschlagewerk zu Struktur und Organisation des ehemals riesigen Betriebes. Eine wissenschaftlich-analytische Forschungsarbeit kann die »Chronik« jedoch nicht ersetzen.

3. Quellen

Die Untersuchung stützt sich zum überwiegenden Teil auf die Auswertung schriftlicher, archivalischer Quellen. Zu diesem Zwecke wurden Archive in Berlin, Chemnitz, Dresden und Rudolstadt genutzt. Für die Untersuchung der institutionellen Kompetenzen und Verflechtungen, der sozialpolitischen Entscheidungen sowie des Betriebsklimas waren die Unterlagen von Partei, Gewerkschaft und Staatssicherheit unverzichtbar.

Die Bestände des FDGB – und hier besonders der IG Wismut – befinden sich in der Stiftung Archiv der Parteien und Massenorganisationen der DDR im Bundesarchiv Berlin-Lichterfelde (SAPMO-BArch). Ausgewertet wurden insbesondere die Leitungssitzungen des Zentralvorstandes der IG Wismut (ZV IGW) von 1948-1989 sowie die Unterlagen über Konferenzen und Tagungen. In den Akten der Leitungssitzungen lassen sich nicht nur Kompetenzhierarchien, Entscheidungen und interne Rangeleien ablesen; die monatlichen Berichte über Meinungen und Diskussionen der »Werktätigen« tragen zur Analyse des betrieblichen Stimmungsbildes sowie der Wahrnehmungsmuster der Arbeiter bei. Sozialpolitische Maßnahmen, Fortschritte oder Stagnationen können überdies im Schriftverkehr der Abteilungen Sozialpolitik, Feriendienst, Kultur und Organisation/Kader herausgefiltert werden.

Da die gewerkschaftliche Vertretung im Uranerzbergbau in den vierziger Jahren noch zur IG Bergbau-Energie gehörte, wurden auch deren frühe Bestände

[53] Bildunterschriften sind z. B.: »Teufenbrigade: schmutzig, aber doch sehr fröhlich machte man sich nach der Schicht auf den Nachhauseweg.«, S. 14, »Im Jahre 1979 erhielten diese Blutspender in Paitzdorf eine Auszeichnung«, S. 45, »Die Brigade Reike in den Saalfelder Feengrotten, Ende der 1960er Jahre«, S. 61.

[54] Röhr, Siegfried: Mit der »Rädlbar« unterwegs im Wismutrevier, Erfurt 2005.

[55] Wismut GmbH (Hg.): Chronik der Wismut (CD-Rom), 2001.

herangezogen. Die Bestände Politbüro bzw. Büro Ulbricht, Büro Honecker und Büro Mittag sind ebenfalls auf Hinweise zur S(D)AG Wismut überprüft worden. Bis auf die Regierungsverhandlungen über die Zukunft der Wismut in den siebziger und achtziger Jahren finden sich dort nur wenige zielführende Informationen.

Die Akten der Parteiorganisation, der SED-Gebietsleitung Wismut, lagern im Sächsischen Staatsarchiv Chemnitz (SächsStAC, 32301, GL Wismut der SED). Seit ihrer Gründung 1947 bis zu ihrer Auflösung 1989/90 dokumentierte die Parteiorganisation lückenlos alle Vorgänge in ihrem Einflussgebiet. Auch hier sind vor allem die Unterlagen über sozial- und kaderpolitische Entscheidungen sowie das Betriebsklima relevant. Da die SED-Gebietsparteiorganisation von 1956-1963 in Kreisleitungen organisiert war, die ihre Stimmungsberichte wöchentlich und in akuten Situationen auch täglich an den Apparat schickten, sind diese Unterlagen von Interesse. Darüber hinaus existiert im Staatsarchiv Chemnitz der Bestand Abteilung für Wismutangelegenheiten der Räte der Bezirke. Deren Kommunikation mit der SED-Gebietsleitung (die selbst im Rang einer Bezirksleitung stand) über Wohnungs- und Straßenbau, Arbeitskräftegestellung oder andere die Bezirke tangierende Angelegenheiten, sind nicht weiter ausgewertet worden, da es hier ausschließlich um die Innensicht des Betriebes gehen soll.

Ebenso wie die heutige Sanierungs- und Abwicklungsgesellschaft Wismut GmbH befindet sich auch das Unternehmensarchiv in Chemnitz. Die Bestände des Archivs sind allerdings sehr lückenhaft, da die sowjetische Generaldirektion die meisten Unterlagen der frühen Jahre mit nach Moskau nahm. Lediglich die Geschäftsberichte der Generaldirektion bis zum Jahre 1955 befinden sich seit Mitte der neunziger Jahre wieder im Unternehmensarchiv. Die Betriebsleitung befasste sich weniger mit sozialen und materiellen Konsequenzen des Bergbauunternehmens, daher finden sich hier zum größten Teil Informationen über geologische und technische Belange. Einzelne Befehle, Verordnungen und Verträge zwischen deutschen und sowjetischen Partnern erwiesen sich für die Dissertation jedoch von Nutzen.

Ähnlich lückenhaft wie die Bestände des Unternehmensarchivs sind die Unterlagen des mit einer eigenen Abteilung im Uranerzbergbau vertretenen Ministeriums für Staatssicherheit. Relevante Dokumente der Objektverwaltung Wismut des MfS befinden sich in den Außenstellen Gera und Chemnitz der Beauftragten für die Unterlagen des Staatssicherheitsdienstes der DDR (BStU) sowie in deren Berliner Zentrale. Hier sind allerdings viele Unterlagen vernichtet worden. Ausführliche Informationen finden sich zu den Stimmungen und Meinungen der Beschäftigten in den achtziger Jahren sowie zu den Tätigkeiten von Umweltaktivisten wie Michael Beleites oder zur Strahlenschutzsituation. Da diese letzten beiden Aspekte die Fragestellungen der Dissertation nur am Rande berühren, fließen sie allenfalls sporadisch in die Arbeit ein.

Um Entscheidungslinien und sozialpolitisches Handeln der frühen Jahre verstehen zu können, mussten die Bestände der Landesregierung Sachsen (LRS) des Hauptstaatsarchivs Dresden (HSA Dresden) zwischen 1945 und 1949 ausgewertet werden: die Akten des Ministeriums des Innern (MdI), des Ministeriums für Wirtschaft (MfW) sowie des Ministeriums für Arbeit und Sozialfürsorge (MAS).

Die Berichte der Arbeitsämter, Sicherheitsinspektoren oder Frauenbeauftragten des Landes Sachsen liegen in diesem letztgenannten Bestand. Die Akten wurden allerdings nur kursorisch bearbeitet, da Engeln, Karlsch und Roeling bereits eine beachtliche Vorleistung für jene Zeit erbracht haben.

Für die sozialen Problemstellungen dieser Arbeit war der Bestand des Personalarchivs der Wismut AG von höchstem Interesse. Mit einer Stichprobenanalyse, mit der man Erkenntnisse beispielsweise über soziale Herkunft, Berufsausbildung, NSDAP-Mitgliedschaft bis 1945 u. ä. gewinnen kann, vermag man eine Soziographie der Belegschaft zu entwerfen. Der Zugang zum Personalarchiv, das sich in Hartenstein bei Aue befindet, wurde zum Zeitpunkt der Dissertation aus datenschutzrechtlichen Gründen nicht gestattet. In Rahmen eines Forschungsprojekt der Technischen Universität Chemnitz war es nach Abschluss der Arbeit jedoch möglich, das Personalarchiv aufzusuchen und eine statistisch basierte Soziographie zu erstellen. Die Veröffentlichung dieser Ergebnisse in Form einer ausführlichen Belegschaftsanalyse wird erst mit Abschluss des Projekts erfolgen.[56]

Nach der Umwandlung des Uranunternehmens von einer sowjetischen in eine sowjetisch-deutsche Aktiengesellschaft 1954 nahmen die russischen Funktionäre den Großteil ihrer Unterlagen mit zurück in die Sowjetunion. Doch diese Akten waren von der Nutzung ausgeschlossen, denn seit einigen Jahren wird der Zugriff auf die Archive in Moskau wieder restriktiver gehandhabt. Karlsch sichtete in den neunziger Jahren Teile der Bestände und verwertete sie in der Publikation »Urangeheimnisse«. Eine umfassende Aufarbeitung der sowjetischen Akten ist nun im Rahmen des oben erwähnten Forschungsprojekts an der TU Chemnitz möglich. Für das erkenntnisleitende Interesse der hier vorliegenden Arbeit sind die Moskauer Akten nicht zwingend nötig, da Sozialpolitik und Versorgung der Arbeiter ohnehin im Verantwortungsbereich der deutschen Administration lagen.

[56] Das Forschungsprojekt startete im August 2008 im Auftrag des Bundesministeriums für Wirtschaft und Technologie und wird von Rudolf Boch am Lehrstuhl für Wirtschafts- und Sozialgeschichte der Technischen Universität Chemnitz geleitet. In einer Quellenedition und einem Studienband werden politische, soziale, wirtschaftliche und sicherheits- sowie militärpolitische Aspekte der Wismutgeschichte genauso wie Zeitzeugenberichte berücksichtigt. Die Publikation erscheint voraussichtlich im Sommer des Jahres 2011.

II.

VON »KLEIN-TEXAS« ZUM SOZIALISTISCHEN MUSTERBETRIEB. DIE ENTWICKLUNG DES URANERZBERGBAUS IN DER SBZ/DDR

1. Vorgeschichte und Gründerjahre

Im Sommer 1789, dem Jahr der französischen Revolution, untersuchte der Apotheker Martin Heinrich Klaproth in Joachimsthal ein bereits als Pechblende bekanntes Mineral und benannte es nach dem jüngst entdeckten Planeten Uranus.[1] Wie der Sturm auf die Bastille in Paris die Gesellschaftsverhältnisse in Europa für immer veränderte, sollte auch das strahlende Element Uran einen nachhaltigen Effekt auf die Zeitläufte haben. Allerdings erst 150 Jahre später.

Nach der Kernspaltung des Urans durch Otto Hahn und Fritz Strassmann 1938 hatten deutsche, amerikanische und sowjetische Wissenschaftler bald die militärische Nutzbarmachung der Kernenergie entdeckt.[2] Die ersten sowjetischen Forschungen unter Führung der Kernphysiker Juli Chariton und Igor W. Kurtschatow 1940 wurden allerdings bald wieder auf Eis gelegt: Zum einen hegte die sowjetische Akademie der Wissenschaften Zweifel an der ökonomischen und militärischen Rentabilität der Atomenergie, vor allem in Hinblick auf die mangelhaften Industriekapazitäten der UdSSR. Und auch Stalin schien die Bedeutung einer Atombombe noch nicht ermessen zu haben. Zum anderen machte der Überfall der deutschen Wehrmacht auf die Sowjetunion am 22. Juni 1941 die Hoffnungen auf einen Ausbau der Kernenergieforschungen vorerst zunichte, da sämtliche Ressourcen fortan für militärische Zwecke benötigt wurden.[3] Erst auf Drängen des jungen Physikers Georgi N. Flerow, der sich nicht scheute, in Briefen an Stalin immer wieder auf die Notwendigkeit einer Atombombe hinzuweisen sowie nach Geheimdienstinformationen über deutsche und anglo-amerikanische Atomforschungen entschied sich Stalin 1942/43 für ein eigenes Atomprojekt. Leiter der Unternehmung wurde Kurtschatow, der in den folgenden Jahren mit mangelhafter Ausrüstung, einer leistungsschwachen Chemieindustrie und fehlendem Uran zu kämpfen hatte. Zum organisatorisch Verantwortlichen wurde Stalins Außenminister Wjatscheslaw M. Molotow ernannt, für die Finanzierung war das Volks-

---

1 Kirchheimer, Franz: Das Uran und seine Geschichte, Stuttgart 1963, S. 9 f.

2 Ausführlichere Informationen zu den Atomprojekten der USA, des Dritten Reichs sowie Japans: Karlsch: Urangeheimnisse, S. 9-29.

3 Zu den Anfängen des sowjetischen Atomprojekts Heinemann-Grüder, Andreas: Die sowjetische Atombombe, Münster 1992 sowie Holloway, David: Stalin and the Bomb. The Soviet Union and Atomic Energy. 1939-1956, New Haven 1994.

kommissariat für Innere Angelegenheiten der UdSSR (NKWD[4]) unter Lawrenti P. Berija zuständig. Er stellte Strafgefangene aus dem Archipel Gulag zur Verfügung, die bei der Entstehung ganzer Uranstädte im Ural helfen mussten, in den Minen arbeiteten, Straßen, Fabriken und Reaktoren aufbauten.

Von großer Bedeutung für die Arbeit der sowjetischen Kernphysiker waren die Erkenntnisse der Auslandsspionage, die vor allem das US-amerikanische »Manhattan-Projekt« in Los Alamos auskundschaftete.[5] Im Februar 1945 wussten die Geheimdienstmitarbeiter Stalins zu berichten, dass die USA in den nächsten ein oder zwei Monaten zu ersten Atomtests in der Lage sein würden. Stalin ignorierte diese Informationen, da er nicht nur seinem eigenen Personal misstraute, sondern auch an eine gezielte Desinformation der Alliierten glaubte.[6] Erst nach dem Atombombenabwurf der Amerikaner auf die japanischen Städte Hiroshima und Nagasaki im August 1945 wurde sich Stalin der veränderten weltpolitischen Lage vollends bewusst und trat nun mit ganzer Kraft in das atomare Wettrüsten ein. Am 20. August 1945 ließ er einen Sonderstab beim Staatlichen Verteidigungskomitee einrichten, für dessen Leitung Berija verantwortlich war. Die Zuständigkeit für die Beschaffung aller Ressourcen für den Bau der Atombombe lag fortan allein beim NKWD.[7] Der forcierten Atomwaffenforschung und -Produktion stand allerdings ein Hindernis im Wege: die »Uranlücke« der UdSSR.[8] Während Amerikaner und Briten 1945 davon ausgingen, 97 Prozent der Welturanproduktion zu kontrollieren (darunter Lagerstätten in den USA, Kanada, Südamerika und Belgisch-Kongo)[9], schätzten sowjetische Geologen ihre Uranvorkommen auf 2.000 Tonnen. Das war viel zu wenig für eine funktionierende Atomwaffenindustrie. Aus diesem Grunde startete der Geheimdienst gegen Ende des Zweiten Weltkrieges seine Auslandsaktivitäten zur Erkundung größerer Uranlagerstätten: »[...] der an allen Fronten vorrückenden Roten Armee folgten zahllose Beutekommandos und Spezialeinheiten, darunter auch kleine Gruppen von Geologen.«[10] Zunächst wurden sie in der bulgarischen Stadt Buchovo und auf der tschechoslowakischen Seite des Erzgebirges, in Joachimsthal (heute Jachymov), fündig, wo sie unverzüglich Bergbaugesellschaften zum Abbau des Urans gründeten. Diese Arbeiten verrichteten im Wesentlichen politische Strafgefangene.[11] 1947 stießen die Geologen des NKWD auch im polnischen Schmiedeberg (heute Kowary) auf Lagerstätten.[12] Wichtigster Uranlieferant für Stalins Atomwaffen sollte jedoch die Sowje-

---

4 NKWD, russ. für Narodny komissariat wnutrennych del.

5 Zum amerikanischen Atomprojekt »Manhattan District« geben die Memoiren des damaligen Leiters Aufschluss: Leslie Groves: Now It Can Be Told. The Story of the Manhattan Project, New York 1962.

6 Karlsch: Urangeheimnisse, S. 30.

7 Ebd., S. 38.

8 Karlsch, Rainer: Der Aufbau der Uranindustrie in der SBZ/DDR und SR als Folge der sowjetischen »Uranlücke«, in Zeitschrift für Geschichtswissenschaft, 44 (1996) 1, S. 7.

9 Engeln: Uransklaven, S. 29 und 34 f.

10 Karlsch:Urangeheimnisse, S. 39.

11 Zum Uranerzabbau in Jachymov ebd., S. 70-140 sowie die Internetseite http://www.strahlende-vergangenheit.de (Sowjetisch dominierter Uranerzbergbau nach dem Zweiten Weltkrieg im sächsisch-böhmischen Erzgebirge. Ausstellungsprojekt der Stiftung zur Aufarbeitung der SED-Diktatur und der Bergknappschaft Schlettau).

12 Engeln: Uransklaven, S. 34.

tische Besatzungszone und spätere DDR werden. Die politische Voraussetzung dafür war durch das Ende des Zweiten Weltkrieges, die Kapitulation Deutschlands am 8. Mai 1945 und durch die Aufteilung des Landes in Besatzungszonen gelegt worden. Bereits vor dem Ende des Krieges hatten die Alliierten über die zukünftige Deutschlandpolitik beraten; auf den Konferenzen von Jalta und Potsdam entschied man über die Teilung in vier Besatzungszonen unter US-amerikanischer, britischer, französischer und sowjetischer Kontrolle, über die Einrichtung eines Kontrollrats in Berlin und die Pflicht der Deutschen zur wirtschaftlichen Widergutmachung.[13] Sachsen und Thüringen wurden zunächst von den Amerikanern besetzt, aber kurze Zeit später im Tausch gegen West-Berlin an die UdSSR abgetreten, da den Westalliierten eine Einflussmöglichkeit in der deutschen Hauptstadt strategisch wichtiger erschien. Ähnlich wie die sowjetischen Funktionäre ahnten die Amerikaner zu diesem Zeitpunkt wohl nicht, dass das atomwaffenfähige Uranerz in wirtschaftlich relevanten Mengen am Nordrand des Erzgebirges vorhanden war.

Im Spätsommer 1945 kamen Berijas Erkundungstruppen ins Erzgebirge, um nach dem begehrten Erz zu suchen. Die militärisch geführte Sächsische Erkundungsexpedition wurde von Iwan A. Serow, Chef des sowjetischen Geheimdienstes in der SBZ, geleitet und erhielt die Feldpostnummer 27304 der Roten Armee.[14] Als Operationsbasis wählte sie die Bergakademie Freiberg und das ehemals nationalsozialistische Staatsunternehmen Sachsenerz Bergwerks AG. Der Rüstungsbetrieb stand ab 1945 unter Sequesterverwaltung; er wurde auf Grundlage des SMAD-Befehls Nr. 128 vom 26. Mai 1947 enteignet und in sowjetisches Eigentum überführt. Zur Feststellung der Uranvorkommen werteten die sowjetischen Geologen Archivunterlagen aus und öffneten alte Grubenbaue. Darüber hinaus wurden Bergleute der ehemaligen Sachsenerz AG sowie deutsche Wissenschaftler rekrutiert. Friedrich Schumacher, der Leiter des Geologischen Instituts der Bergakademie Freiberg, schätzte die Uranvorräte in Johanngeorgenstadt auf 80-90 Tonnen, die sowjetischen Geologen gingen von einer wesentlich geringeren Ausbeute aus. Für das Schneeberger Revier wurden gerade einmal zehn Tonnen vorausgesagt. Obwohl diese Prognosen nicht für eine wirtschaftlich rentable Exploitation sprachen, beschloss der Ministerrat der UdSSR im Juni 1946, mit dem Abbau der sächsischen Vorkommen zu beginnen.

Von da an ging alles sehr schnell. Bergwerke wurden beschlagnahmt, Schürfgräben gezogen, alte Gruben und Schächte aus der Zeit des sächsischen Silberbergbaus aufgewältigt. Für die nötige Wasserzufuhr und Stromversorgung der Schächte wurden Trafo- und Pumpstationen errichtet. Im Mittelpunkt der Arbeiten standen dabei zunächst die Gegenden um Johanngeorgenstadt, Oberschlema[15]

---

13 Kleßmann, Christoph: Die doppelte Staatsgründung. Deutsche Geschichte 1945-1955, Bonn 1991, S. 28-34.

14 Zum Aufbau des sowjetisch geführten Uranerzabbaus in der SBZ, seiner strukturellen und rechtlichen Grundlagen Karlsch: Urangeheimnisse; ders.: Der Aufbau der Uranindustrie; Wismut GmbH: Chronik sowie Engeln: Uransklaven.

15 Bis 1958 existierten die nahe bei Aue gelegenen Gemeinden Nieder- und Oberschlema, dann wurden sie zu dem Ort Schlema zusammengelegt. Die Ortsbezeichnungen im Text richten sich nach dem jeweiligen zeitlichen Kontext. Seit 1994 ist der traditionelle Kurort wieder ein Bad.

und Schneeberg. Im ehemaligen Blaufarbenwerk der Stadt Aue entstand ein Erzlabor. Betriebe wie die Pechtelsgrüner Anreicherungswerke oder die Grube »Weißer Hirsch« in Schneeberg wurden dabei laut Befehl der Sowjetischen Militäradministration in Sachsen (SMA/S) Nr. 131 vom 30. Mai 1947 zur Abdeckung von Reparationsansprüchen in sowjetisches Eigentum überführt. Immer weiter dehnte sich der Uranbergbau auf die umliegenden Gebiete wie Marienberg, Annaberg und Freiberg aus.

Von Rücksichtnahme auf Mensch und Natur konnte keine Rede sein. Die beschaulichen Bergstädte des Erzgebirges, die im Spätmittelalter bei der Entdeckung von Silber- und Zinnerzlagerstätten gegründet worden waren, erlebten ein neues »Berggeschrei«. Die Verantwortlichen der Erkundungsexpedition, die per Beschluss des Ministerrates der UdSSR am 29. Juli 1946 in eine »Sächsische Bergbauverwaltung« umgebildet wurde, beschlagnahmten die Grundstücke der Bauern und leiteten Trinkwasser um, wobei dieses nicht selten verunreinigt wurde.[16] Gefördert wurde da, wo man das strategisch wertvolle Erz vermutete, mitten in Ortschaften, zwischen Wohnhäusern und in Gärten. Die Zerstörung städtebaulicher Strukturen nahm man dabei gewissermaßen als Kollateralschaden in Kauf. Nach Probebohrungen unter dem Kurhaus des bekannten Radiumbades in Oberschlema versiegten die Heilquellen, das Gebäude wurde kurzerhand zum Kommandanturbüro der »Bergbauverwaltung« umfunktioniert.[17] Die Altstadt Johanngeorgenstadts musste wegen Unterhöhlung und Einsturzgefahr 1954 abgerissen werden, nur die denkmalgeschützte Kirche konnte auf Grund von Protesten aus Stadt- und Kirchenkreisen gerettet werden. Der Beschluss des Ministerrates der UdSSR vom 10. Mai 1947 legte die Bildung der »Staatlichen Sowjetischen Aktiengesellschaft der Buntmetallindustrie Wismut« (SAG Wismut) fest. Am 2. Juli 1947 wurde der Uranerzbergbau offiziell in einen sowjetisch geführten Betrieb umgewandelt und in das Handelsregister der Stadt Aue eingetragen. Die Hauptniederlassung befand sich in Moskau. Die Bezeichnungen »Buntmetall« und »Wismut«[18] waren Tarnung und dienten der strengen Geheimhaltung, von deren Aura der Betrieb fast bis zuletzt umgeben war.

Die neue Eigentumsform der SAG war nicht allein auf den Uranerzbergbau beschränkt. Bereits 1946 hatten die sowjetischen Besatzungsoffiziere begonnen, wirtschaftlich relevante Industriebetriebe in der SBZ in Sowjetische Aktiengesellschaften umzuwandeln.[19] Auf Grundlage des SMAD-Befehls Nr. 167 vom Juni 1946 wurden im Laufe von Monaten mehr als 200 Betriebe, teilweise zur Deckung von Reparati-

---

16 Sächs HSA Dresden, LRS, 11384 Ministerium für Wirtschaft, Nr. 1524. Schreiben des Ministeriums für Land- und Forstwirtschaft an das Ministerium für Industrie und Verkehr: »Verunreinigung der fließenden Gewässer und Gefährdung des Hochwasserabflusses durch den Uranbergbau im Erzgebirge«, 10. 9. 1948, S. 1.

17 Engeln: Uransklaven, S. 38.

18 Wismut (auch: Wismuth, Bismut oder Bismuth) ist ein chemisches Element (Metall) mit geringer Radioaktivität; im Periodensystem steht es unter Bi mit der Ordnungszahl 83.

19 Zur Organisations- und Strukturgeschichte der SAG: Karlsch, Rainer und Johannes Bähr: Die Sowjetischen Aktiengesellschaften (SAG) in der SBZ/DDR. Bildung, Struktur und Probleme ihrer inneren Entwicklung, in: Lauschke/Welskopp: Mikropolitik im Unternehmen, S. 214-255 sowie Karlsch: Die Arbeitsverhältnisse in den Betrieben der sowjetischen Aktiengesellschaften, in: Hübner/Tenfelde: Arbeiter, S. 269-300.

onsansprüchen, in sowjetisches Eigentum überführt. Dazu gehörten die leistungsfähigsten und profitabelsten Industrieunternehmen wie z. B. die Neptun-Werft in Rostock, das Kabelwerk Oberspree in Berlin, die Chemiewerke in Leuna, der Krupp-Gruson Schwermaschinenbau in Magdeburg oder die Simson-Werke in Suhl. Mit der Aktiengesellschaft wählten die sowjetischen Entscheidungsträger zwar bewusst eine dem deutschen Recht entlehnte Eigentumsform: Alle SAG wurden ins deutsche Handelsregister eingetragen, es gab einen Aufsichtsrat und einen Vorstand, außerdem wurde ein Gesellschaftervertrag abgeschlossen. Doch in diesen Maßnahmen erschöpfte sich die formale Anlehnung an deutsches Wirtschaftsrecht. Die Aktiengesellschaften hatten weder eine Publikationspflicht noch die Erlaubnis, Aktienhandel zu betreiben (was zunächst den Bestimmungen des Alliierten Kontrollrats entsprach).[20] »Aktionäre« waren die sowjetischen Wirtschaftsfunktionäre, die der Verwaltung sowjetischen Eigentums in Deutschland unterstanden und dieser ihre Pachten und Gewinne abführten. Diese Praxis gewährleistete den sowjetischen Steuerbehörden die willkürliche Festsetzung der Pachtsummen und begrenzte gleichzeitig die Einflussmöglichkeiten des deutschen Fiskus.

Formale und alleinige Anteilseigner der SAG Wismut waren die Hauptverwaltung des sowjetischen Vermögens im Ausland beim Ministerrat der UdSSR sowie die sowjetische Aktiengesellschaft der Buntmetallindustrie »Medj«[21]. Das symbolische Vermögen der Aktiengesellschaft bestand aus 50 Millionen Rubel.[22] Generaldirektor des Bergbauunternehmens wurde Generalmajor Michail Mitrofanowitsch Malzew, der bereits die Feldposteinheit 27304 geleitet hatte. Seine Biographie schien ihn für eine solche Aufgabe zu prädestinieren: Im sibirischen Workuta hatte er während des Krieges eines der größten Straflager im Steinkohlebergbau geführt.[23] Unter Malzews Ägide wurde der Uranerzbergbau zu einem »Staat im Staate« ausgebaut, der ein lückenloses Netz von Hilfs- und Nebenbetrieben, Zulieferern, Telekommunikations- und Transporteinrichtungen, ein eigenes Gesundheitswesen sowie eine eigene Handelsorganisation (HO) unterhielt. Gleichermaßen etablierten sich 1947 eigenständige Partei- und Gewerkschaftsorganisationen im Urangebiet, die nicht in die territorialen Strukturen eingebunden waren. Die monopolisierte Jugendorganisation der SED, die Freie Deutsche Jugend (FDJ) sowie das Deutsche Rote Kreuz (DRK) und das Ministerium für Staatssicherheit (MfS) gründeten ebenfalls Gebietsorganisationen.[24] Schächte bzw. Bergwerke, zu denen auch Bau- oder Schlosserbetriebe gehörten, wurden zu größeren Einheiten, den »Objekten«, zusammengefasst. Objekt 1 lag im Gebiet um Johanngeorgenstadt, Objekt 2 in Oberschlema, Objekt 3 in Schneeberg. Kurze Zeit später expandierte die Wismut AG auch nach Ostthüringen mit dem Schwerpunkt um Gera und Ronneburg. Die Objektbezeichnungen änderten sich jeweils mit der Schließung unrentabler und der Öffnung neuer Bergwerke.

---

[20] Karlsch/Bähr: Die Sowjetischen Aktiengesellschaften, S. 220.

[21] Medj, russ.: Kupfer.

[22] Wismut GmbH: Chronik, S. 23.

[23] Karlsch: Urangeheimnisse, S. 152 f.

[24] In Verwaltungs- und Umgangssprache wurde alles, was zum Einflussbereich der AG Wismut gehörte, »Gebiet« genannt, die staatlichen Verwaltungsstrukturen außerhalb dessen bezeichnete man als »Territorium«.

Der Anspruch, so viel Erz als möglich zu gewinnen erforderte, gerade wegen der fehlenden Mechanisierung im Uranerzbergbau, ein immenses Arbeitskräftereservoir. Die erfahrenen Bergleute der Erzgebirgsgruben reichten 1945/46 bei weitem nicht aus, um das auf Leistung und Effizienz orientierte Unternehmen im Sinne des sowjetischen Atomprojekts voranzutreiben. Verantwortlich für die Gestellung der Arbeitskräfte waren die Arbeitsämter.[25] Sie standen vor der Herausforderung, kräftige und erfahrene Fachleute für den Bergbau rekrutieren zu müssen. Dabei waren Arbeitskräfte in der gesamten SBZ rar, allerorten wurde Personal für den Aufbau der zerstörten Städte und Fabriken benötigt. Unter dem Druck der SMA/S gingen die Arbeitsämter schnell dazu über, alle verfügbaren Arbeitskräfte in den Bergbau einzuweisen – auf Bergbautauglichkeit und Freiwilligkeit wurde dabei kaum Rücksicht genommen. Die rechtliche Grundlage für diese Praxis lieferte der Kontrollratsbefehl Nr. 3 vom 17. Januar 1946. Demnach konnten die Ämter für Sozialfürsorge bzw. die Arbeitsämter aller vier Besatzungszonen jeder erwerbslosen Person einen Arbeitsplatz für mindestens sechs Monate und längstens zwei Jahre zuweisen.[26] Bei Arbeitsverweigerung drohte der Entzug der in den ersten Nachkriegsjahren überlebenswichtigen Lebensmittelkarte. Mit dieser Politik der Zwangseinweisung stieg nicht nur das Arbeitskräftepotenzial explosionsartig an. Die einsetzende Massenwanderung ins Erzgebirge bedeutete zugleich gewaltigen sozialen Sprengstoff, da nun Zehntausende Menschen mit unterschiedlichen Schicksalen und Biographien in die Bergstädte zogen. Waren es im Frühjahr 1946 noch 500 Arbeitskräfte, stieg die Zahl der Arbeitsvermittlungen bis zum Herbst 1947 auf insgesamt ca. 21.000 an. Im Jahr 1948 arbeiteten fast 50.000 vermittelte Arbeiter im Uranerzbergbau, 1949 waren es über 70.000.[27] Den Höhepunkt des Arbeitskräftezuwachses erreichte der Uranbetrieb Mitte der fünfziger Jahre mit ca. 200.000 Beschäftigten.

Die Bergbauverpflichteten bildeten ein Gemisch aus Flüchtlingen und Vertriebenen, aus Kriegsheimkehrern, Haftentlassenen und Abenteurern. Viele von ihnen hatten noch nie in einem Bergwerk gearbeitet. Auch aus Auffanglagern für Vertriebene holten sich die sowjetische Offiziere ihre Arbeitskräfte. Nicht selten waren Kriegsversehrte, Alte und Kinder unter ihnen. Hoffnung lag deshalb auf den bergbauerfahrenen »Umsiedlern«[28] aus traditionellen Bergrevieren wie Ober-

---

[25] Zum Problem der Arbeitskräfterekrutierung und der Rolle der Arbeitsämter: Roeling: Arbeiter im Uranbergbau.

[26] Auch die britischen und französischen Besatzungsbehörden machten von diesem Recht Gebrauch, um das Arbeitskräftereservoir vor allem im Bergbau aufzustocken. Roeling: Arbeiter im Uranbergbau, S. 102.

[27] Von den 21.000 vermittelten Arbeitskräften 1946/47 waren Roelings Berechnungen zufolge alle zwangseingewiesen. Der Anteil der Zwangsvermittelten ging1948 auf 39 Prozent zurück, ein jahr drauf lag er nur noch bei einem Prozent. Roeling: Arbeiter im Uranbergbau, S. 106.

[28] Als »Umsiedler«, später als »Neubürger«, wurden in euphemistischer Umdeutung die Vertriebenen, Flüchtlinge oder zwangsausgesiedelten Bewohner der ehemaligen Ostgebiete Deutschlands in Polen, der Tschechoslowakei, Ungarn und Rumänien bezeichnet; ausführlicher dazu Schwartz, Michael: Vom Umsiedler zum Staatsbürger. Totalitäres und Subversives in der Sprachpolitik der SBZ/DDR, in: Hoffmann, Dierk/Krauss, Marita/Schwartz, Michael (Hg.): Vertriebene in Deutschland. Interdisziplinäre Ergebnisse und Forschungsperspektiven, München 2000, S. 135-166.

schlesien, Ungarn und Rumänien. Sie wurden zum Teil direkt aus ihrer Heimat mit sogenannten »Bergarbeitertransporten« ins Erzgebirge verschickt.

Sowohl das Uranunternehmen als auch die Städte und Gemeinden waren auf die veränderten sozialen Bedingungen der Massenwanderung keineswegs vorbereitet. Es mangelte an Wohnunterkünften und Verpflegung. Die Menschen mussten in Baracken, Schulen oder Sammellagern übernachten, die primitivste Lebensausstattung, Strohsäcke und Essgeschirr, fehlte. Der Weg zur Arbeitsstelle konnte Stunden dauern, da sich der Ausbau eines geregelten Berufsverkehrs erst in den Anfängen befand. Überquellende Schichtzüge, auf deren Dächern und Trittbrettern sich zahllose Kumpel drängten, waren charakteristisch für diese Zeit. Die Arbeitsbedingungen vor Ort spotteten ebenfalls jeder Beschreibung. Angemessene Arbeitskleidung und Arbeitsschutzmittel (z. B. Staubmasken, Gummikleidung, Arbeitshandschuhe oder Schutzhelme) waren Mangelware, die Bergleute fuhren meist mit Holzschuhen ins Bergwerk ein. In den Gruben war es feucht, oft standen die Kumpel stundenlang im knietiefen Wasser. Umkleideräume, Sanitäranlagen und Waschgelegenheiten gab es kaum oder sie befanden sich in einem unhaltbaren Zustand. Nach der Arbeit liefen oder fuhren die meisten Beschäftigten in ihrer verdreckten und feuchten Arbeitsbekleidung zurück in die Quartiere. Lange Schlangen an der Essenausgabe und eine willkürliche Lohnauszahlung taten ihr Übriges. Viele der meist zwangsverpflichteten Arbeitskräfte flüchteten nach Westdeutschland, wenn sich ihnen die Gelegenheit bot. Bis 1956 war der Uranerzbergbau militärisch bewachtes Sperrgebiet, welches nur mit einem Sonderausweis betreten oder verlassen werden durfte. Obwohl offiziell kein Militär- oder Rüstungsbetrieb, wurde die Wismut in den Anfangsjahren militärisch geführt, Weisungen der Generaldirektion wurden bis 1956 als Befehle herausgegeben. Die deutschen Beschäftigten bekamen einen Schachtausweis, den sogenannten Propusk, der deutsche Personalausweis wurde bis zur Entlassung einbehalten. Diese Praxis folgte nicht nur Kontroll- und Sicherheitserwägungen, sie öffnete dem Machtmissbrauch Tür und Tor. Mit der Einbehaltung des Personalausweises versuchten die zuständigen Stellen nicht selten, Beschäftigte nach Ablauf ihrer Dienstzeit zur Weiterbeschäftigung zu zwingen. Wer sich davon nicht schrecken ließ und das Urangebiet trotzdem verließ, musste in seiner Heimat mit Schwierigkeiten bei der polizeilichen Meldung rechnen, was gleichzeitig den Entzug der Lebensmittelkarten zur Folge haben konnte. Die Interventionen der deutschen Behörden gegen die Eigenmächtigkeiten der Generaldirektion blieben lange ohne Erfolg.[29] Für die deutschen Behörden war es ohnehin schwierig, ihren Einfluss in dieser Sonderzone geltend zu machen. Doch die Übervölkerung der Ortschaften, die Zwangsumsiedlungen der Einheimischen und die damit verbundene Zuspitzung der sozialen Verhältnisse zwangen die Landesregierung Sachsen zum Handeln. Auf einer Sekretariatssitzung am 19. November 1946 beschloss der

[29] Karlsch: Urangeheimnisse, S. 184. In Verhandlungen mit dem Ministerium des Innern des Landes Sachsen wurde zumindest eine Sonderregelung erwirkt: Die Generaldirektion erklärte sich bereit, die Ausweise der Entlassenen an die Polizeibehörde in Chemnitz zu übersenden. Der Umtausch der Ausweise bei Einstellung blieb jedoch erhalten. 1952 wurden die Schachtausweise von Kasernierter Volkspolizei, Volkspolizei sowie der Wismut AG den deutschen Personalausweisen gleichgestellt.

SED-Landesvorstand die Einrichtung einer Regierungsaußenstelle, die sich ausschließlich um die sozialen Belange des Erzbergbaus kümmern sollte. Ihr Beauftragter wurde Max Weber, selbst ehemaliger Bergmann und in der Weimarer Republik Landesarbeitsrichter in Sachsen.[30]

1948 konnten die Zustände im Urangebiet durch Verordnungen und Verhandlungen verbessert werden. Maßgeblich dafür waren vor allem die Beschwerden der Betriebsräte an den FDGB-Landesvorstand Sachsen. Der brachte die Missstände des Uranerzbergbaus in einem Brief an die »russischen Gewerkschaften« vom 15. April 1947 zur Sprache in der Hoffnung, über diesen Umweg General Malzew zu erreichen.[31] Der Plan ging auf und nach einigen Verhandlungen kündigte die Generaldirektion Verbesserungen in der Arbeits- und Versorgungspolitik an. In Anlehnung an den SMAD-Befehl Nr. 234 vom 9. Oktober 1947 wurde der bis dahin bestehende Lohnstopp aufgehoben sowie ein leistungsabhängiges Lohn- und Prämiensystem eingeführt. Die Arbeitsorganisation wurde verbessert, Frauenarbeit untertage abgeschafft. Eine Verordnung der Deutschen Wirtschaftskommission (DWK)[32] vom Juni 1948 beseitigte weitgehend die Praxis der Zwangsverpflichtungen.

Diese Maßnahmen sowie die bessere Versorgung mit warmen Mahlzeiten, mit Kleidungscoupons und akzisefreiem Trinkbranntwein sollten nicht nur leistungsstimulierend wirken, sondern auch den freiwilligen Zuzug von Arbeitskräften ins Erzgebirge erhöhen. Nun reisten Werber in der gesamten Besatzungszone umher und priesen die Vorzüge des Uranerzbergbaus. Nicht selten köderten sie Interessierte dabei mit falschen Versprechungen. Tatsächlich wurden in der Folgezeit viele Abenteurer angelockt, die das Erzgebirge zu einem El Dorado Ostdeutschlands machen sollten. Mit den Bergleuten kamen auch Prostitution und Kriminalität. Schlägereien waren an der Tagesordnung. Respekt vor der Ordnungsmacht kannten die Kumpel kaum, da sie der Polizei schon zahlenmäßig meist überlegen waren. Die Wirtshäuser waren voll mit Arbeitern, die das Geld buchstäblich mit vollen Händen ausgaben. Pointiert beschrieb der Schriftsteller Werner Bräunig die Atmosphäre und den Charakter des Urangebietes in den späten vierziger und frühen fünfziger Jahren, das auch »Klein-Texas« genannt wurde:

---

30 Zur Geschichte der Gebietsparteiorganisation Wismut der SED. Teil 1: Die Gründung und Entwicklung der SED-Parteiorganisation in der AG Wismut – Ihr Beitrag zur Stärkung und Festigung der Kräfte des Friedens und des Sozialismus (1947-1949), hg. v. der Gebietsleitung Wismut der SED, Kommission zur Erforschung der Geschichte der örtlichen Arbeiterbewegung, 1988, S. 14.

31 Brief des FDGB-Landesvorstandes Sachsen an die russischen Gewerkschaften, 15. April 1947. Die Thermokopie des Briefs befindet sich im Privatarchiv von Gotthard Bretschneider. Zur Auswertung s. a. Karlsch, Rainer und Wladimir Sacharow: Ein Gulag im Erzgebirge? Besatzer und Besiegte beim Aufbau der Wismut AG, in: DA 32 (1999), 1.

32 Die DWK wurde per SMAD-Befehl Nr. 138 vom 14. Juni 1947 eingesetzt und war für die Koordination der Zentralwirtschaft sowie für den gesamten Wirtschaftsaufbau zuständig. Nach einer Verschärfung des Ost-West-Konflikts wurden die Kompetenzen der DWK gestärkt und sie konstituierte sich am 9. März 1948 neu als einheitliche, hierarchisch strukturierte Behörde. Als Instrument der SMAD/SED-Politik wurde die DWK nun zum »Hebel eines umfassenden Zentralisierungsprozesses«; Zank, Wolfgang: Wirtschaftliche Zentralverwaltungen und Deutsche Wirtschaftskommission (DWK), in: Broszat, Martin und Hermann Weber (Hg.): SBZ-Handbuch. Staatliche Verwaltungen, Parteien, gesellschaftliche Organisationen und ihre Führungskräfte in der Sowjetischen Besatzungszone Deutschlands 1945-1949, München 1990, S. 253-269.

> Die Wismut ist ein Staat im Staate, und der Wodka ist ihr Nationalgetränk. Hinter den Buden blüht der Schwarzhandel, geliebt wird auf umgestürzten Grabsteinen, auf vergessenen Bänken, an einen Baum gelehnt. Hin und wieder bricht eine Schlägerei aus, dann strömen sie herbei von allen Seiten, bilden einen Ring, feuern die Kämpfer an oder schlagen selber zu. Polizisten lassen sich nach Einbruch der Dunkelheit nur selten sehen. Und wenn schon, dann allenfalls weitab vom Schuß.[33]

Die Generaldirektion fühlte sich für die sozialen Missstände kaum verantwortlich, solange ihre Belegschaft die geforderte Leistung erbrachte.

Darüber hinaus dürfen die Repressions- und Strafmethoden der sowjetischen Geheimdienstabteilungen im Urangebiet nicht vergessen werden.[34] Die Bildung vermeintlicher oder tatsächlicher Untergrundbewegungen ehemaliger Nazis, die Angst vor Sabotage oder Spionage, vor allem aber die hohe Fluchtbewegung der Arbeitskräfte in den Westen zogen eine rigide Strafverfolgung nach sich. Ein kurzer Streik aus Protest gegen Lohnkürzungen brachte dem Bergmann Ludwig Hecker zehn Jahre Arbeitslager ein.[35] Und 1947 wurden 47 Arbeiter wegen »antisowjetischer Untergrundtätigkeit« verhaftet, elf von ihnen wurden dem Sowjetischen Militärtribunal (SMT) überstellt und erhielten Haftstrafen zwischen acht und 25 Jahren, 36 Personen kamen in die Speziallager des NKWD.[36] Da sich der Verdacht einer weitläufigen antisowjetischen Untergrundtätigkeit nicht bestätigte, konzentrierten sich die Sicherheitsorgane bald stärker auf die Verfolgung von »Schädlingselementen«, zu denen 3.000 Personen gezählt wurden, sowie auf sogenannte »Arbeitsbummelanten«. Unter diesem Vorwurf wurden 1947 1.571 Bergleute festgenommen.[37] Der Verdacht auf Sabotage und Spionage konnte jedoch noch schlimmer enden: In den fünfziger Jahren wurden mehr als 900 Deutsche unter dem Vorwurf der Sabotage, antisowjetischer Propaganda oder des illegalen Waffenbesitzes vom NKWD nach Moskau verschleppt und ohne Prozess erschossen. Unter ihnen befanden sich mindestens 72 ehemalige Beschäftigte der SAG Wismut.[38]

2. Konsolidierung und Normalisierung

Größere Entlassungswellen in den Jahren 1949/50 läuteten die Konsolidierung des Bergbaubetriebes ein. Unrentable Schächte wurden geschlossen, »Arbeits-

---

33 Werner Bräunig: Rummelplatz. Roman, Berlin 2007.

34 Das MGB, das sowjetische Ministerium für Staatssicherheit und Nachfolger des NKWD, verfügte in der Wismut AG über einen eigenen Sicherheitsapparat. Hilger, Andreas und Nikita Petrow: »Im Namen der Union der Sozialistischen Sowjetrepubliken«. Sowjetische Militärjustiz in der SBZ/DDR von 1945 bis 1955, in: Roginskij, Arsenij et al. (Hg.): Erschossen in Moskau. Die deutschen Opfer des Stalinismus auf dem Moskauer Friedhof Donskoje 1953, Berlin 2005, S. 23.

35 Karlsch: Urangeheimnisse, S. 212 f.

36 Ebd., S. 181.

37 Ebd.

38 Rudolph, Jörg: »Verstorben auf dem Territorium der UdSSR«. Das lange Warten auf die Wahrheit, in: Roginskij: Erschossen in Moskau, S. 82.

bummelanten« oder leistungsschwache Bergleute erhielten die fristlose Kündigung. In der Anordnung Nr. 66 des Generaldirektors Malzew hieß es dazu:

> »Zum Zwecke der weiteren Festigung der Arbeitsmoral der Arbeiter, Angestellten und des ingenieur-technischen Personals befehle ich den Objektleitern: a) Arbeiter, Angestellte und ingenieur-technisches Personal, die sich systematisch Fehlschichten und Verstöße gegen die Arbeitsdisziplin zuschulde kommen lassen, Müßiggänger und Simulanten von der Arbeit zu entlassen.«[39]

Aus vormaligen Zwangs- wurden nun »privilegierte Kaderarbeiter«,[40] deren Arbeitsfreude und Betriebstreue mit Hilfe neu gebauter Werkswohnungen und attraktiver Kultur- und Freizeitmöglichkeiten, durch Qualifizierungsangebote und Treueprämien gefestigt wurde. An der Bergakademie Freiberg sowie an zahlreichen Berufs- und Fachschulen konnte man den Bergmannsberuf erlernen oder ein Ingenieurstudium absolvieren. Hielten bis 1953 mehr als 3.000 sowjetische Kader alle Leitungsfunktionen in der Generaldirektion und in den Schächten inne (bis auf die Funktion des Obersteigers), wurden nun immer mehr Führungspositionen an deutsche Mitarbeiter übertragen.[41]

Nach dem Volksaufstand des 17. Juni 1953 beschloss die UdSSR, ihre 33 verbliebenen Reparationsbetriebe an die Regierung der DDR zurückzugeben. »Die Wismut-AG bleibt sowjetisch« titelte eine westdeutsche Zeitung[42] – tatsächlich musste für den strategisch wichtigen Uranproduzenten eine Ausnahmeregelung gefunden werden. So wurde der Betrieb mit Wirkung vom 1. Januar 1954 in eine gemischte Sowjetisch-Deutsche Aktiengesellschaft (SDAG) umgewandelt, die zu gleichen Teilen von der Hauptverwaltung für das sowjetische Vermögen im Ausland des Ministeriums für Innen- und Außenhandel der UdSSR und dem Ministerium für Berg- und Hüttenwesen (später Ministerium für Schwerindustrie) der DDR gehalten wurde.[43] Die Institutionen wurden durch die jeweiligen Minister Iwan F. Semitschastnow und Fritz Selbmann vertreten. Gemeinsam mit Gerhart Ziller, dem Minister für Schwermaschinenbau der DDR, und Valentin N. Bogatow waren sie auch die Aktieninhaber. Vorstandsvorsitzender wurde Selbmann, Generaldirektor Bogatow. Laut Vereinbarung sollte der Posten des Generaldirektors alle fünf Jahre zwischen sowjetischen und deutschen Funktionären wechseln, de facto behielt sich die sowjetische Seite bis 1986 den alleinigen Anspruch auf diese Position vor. Die Gesellschaft war keine AG im herkömmlichen Sinne, sondern ein bilaterales Staatsunternehmen. Als eigenständige juristische Person besaß sie weder ein beziffertes Grundkapital noch gab es einen Aufsichtsrat oder eine Hauptversammlung.[44] Sitz der Gesellschaft war Karl-Marx-

39 Barch, DQ 2/1995. »Verordnung für die AG. Wismut in Deutschland Nr. 66 vom 25. März 1949. Betreff: Maßnahmen über die weitere Festigung der Arbeitsmoral der Arbeiter, Angestellten und des ingenieur-technischen Personals«, unpag.

40 Niethammer, Lutz: Erfahrungen und Strukturen. Prolegomena zu einer Geschichte der Gesellschaft der DDR, in: Kaelble et al.: Sozialgeschichte der DDR, S. 101.

41 Wismut GmbH: Chronik, S. 24.

42 Der Kurier vom 25. 8. 1953.

43 Wismut GmbH: Chronik, S. 25.

44 Zu den rechtlichen und vertraglichen Fragen der SAG/SDAG Wismut vgl. Karlsch, Rainer: Ungleiche Partner: Vertragliche und finanzielle Probleme der Uranlieferungen der DDR, in: Karlsch/Schröter: Strahlende Vergangenheit, S. 263-300.

Stadt.[45] Für die DDR bedeutete die Umwandlung mehr Mitbestimmungsrechte und Einflussnahme auf das Uranunternehmen, der Geschäftsbetrieb wurde unter deutsches Recht gestellt.[46] Hatten die deutschen Verwaltungsorgane nahezu alle anfallenden Kosten für Straßen- und Wohnungsbau, Arbeitskräftefinanzierung und Sozialtransfers allein getragen, war ihnen ein Mitspracherecht bis dato verwehrt geblieben.

Die UdSSR behielt sich das alleinige Recht für Erkundung und Abbau des Erzes vor. Dafür erhielt sie die unentgeltliche Übertragung der Bergbaurechte sowie der für ihre Zwecke benötigten Grundstücke. Die gesamte Uranproduktion war an die Sowjetunion zu liefern. Die vertraglichen Verpflichtungen auf Seiten der DDR erstreckten sich auf die ununterbrochene Lieferung aller für den Betrieb notwendigen Rohstoffe wie Kohle, Chemikalien, Energie, Ausbaustoffe, Maschinen und sonstige Ausrüstung. Überdies war sie für die Arbeitskräftegestellung zuständig. Im Gegenzug stellte die UdSSR wissenschaftlich-technische Hilfe, Fachkräfte sowie wichtige Ausrüstung zur Verfügung. Sie belieferte die Wismut mit Metallerzeugnissen und Dieselkraftstoff. Zur Deckung der Produktionskosten hatte die DDR jährlich bis zu 750 Millionen Mark an die Wismut AG zu zahlen. Außerdem verpflichtete sich die deutsche Seite, das Uran zur Hälfte der tatsächlichen Selbstkosten an die UdSSR zu verkaufen.[47] Diese finanziellen Regelungen wurden in den folgenden Jahren immer wieder neu verhandelt.[48]

Die Wismut AG war also spätestens ab 1954 kein Staat im Staate mehr. Im September 1956 wurde die Sperrzone aufgehoben, das Passportsystem abgeschafft, der sowjetische Wachschutz von der deutschen Bereitschaftspolizei abgelöst.[49] Dennoch blieb der Uranerzbergbau ein Sonderbetrieb mit besonderen Konditionen. Weder Kombinat noch volkseigener Betrieb (VEB) unterstand er keinem Ministerium der DDR. In den Unterlagen der Staatlichen Plankommission (SPK) und in den Statistischen Jahrbüchern tauchten keinerlei Angaben zu dem Uranunternehmen auf. Zollkontrollen für Uranlieferungen in die Sowjetunion gab es nicht. Die Parteiorganisation Wismut besaß den Rang einer Bezirksleitung, die sogenannten Blockparteien[50] gab es im Uranbetrieb nicht. Auch die

---

45 Am 10. Mai 1953 wurde Chemnitz in Karl-Marx-Stadt umbenannt.

46 Wismut GmbH: Chronik, S. 40.

47 BStU, MfS, HA XVIII, Nr. 7758. »Abkommen zwischen der Deutschen Demokratischen Republik und der Regierung der Union der Sozialistischen Sowjetrepubliken über die Fortsetzung der Tätigkeit der gemischten Sowjetisch-Deutschen Aktiengesellschaft »Wismut«, die entsprechend dem Abkommen vom 22. August 1953 gegründet wurde. (Vermerk: Abschrift mit dem Text der vereinbarten Präzisierungen. Ein Originalabkommen in dieser Fassung besteht nicht), undat. Aus dem Text geht hervor, dass es sich dabei um den Vertrag vom 14. November 1975 handelt, der die Laufzeit der Wismut AG bis zum Jahre 2000 verlängerte.

48 Konkreter dazu Karlsch: Ungleiche Partner, S. 275 ff.

49 SächsStAC, 32301, GL Wismut der SED, IV 2/1/38. Protokoll der 7. Tagung der SED-Gebietsleitung Wismut am 31. 8. 1956, S. 104.

50 Die nach dem Krieg gegründeten Parteien CDU, LDPD, NDPD, DBD wurden unter der »führenden Rolle der SED« zu einem »Demokratischen Block« zusammengefasst und in den Entwicklungsprozess des sozialistischen Gesellschaftssystems einbezogen, weshalb sie auch Blockparteien (und im Volksmund spöttisch »Blockflöten«) genannt wurden. Schneider, Kurt und Detlef Nakath: Demokratischer Block, Nationale Front und die Rolle und Funktion der Blockparteien, in: Stephan, Gerd-Rüdiger et al. (Hg.): Die Parteien und Organisationen der DDR. Ein Handbuch, Berlin 2002, S. 80 f.

Gewerkschaftsorganisation war von den Kreis- und Bezirksstrukturen unabhängig und nur dem FDGB-Bundesvorstand in Berlin rechenschaftspflichtig.

Die zunächst nach sowjetischem Vorbild in Objekte zusammengefassten Lagerstätten, Schächte und Betriebe wurden 1967 zu Bergbaubetrieben (BB) umgeformt. In den fünfziger Jahren verlagerte sich der Schwerpunkt der Uranerzgewinnung von Aue nach Gera/Ronneburg. Der BB Gera umfasste die Betriebe Reust, Schmirchau, Paitzdorf, Beerwalde (später zum Jugendbergbaubetrieb »Ernst Thälmann« umbenannt) sowie den Tagebau Lichtenberg. In Crossen und Seelingstädt befanden sich die Aufbereitungswerke für das Uranerz. Kleinere Zentren des Uranbetriebes entstanden auch in anderen Regionen wie beispielsweise das Bergbaukombinat Königstein bei Dresden oder der BB »Willi Agatz« in Freital.[51] Die Belegschaftszahl nahm kontinuierlich ab. Hatte das Uranunternehmen auf dem Höhepunkt seiner Tätigkeit 1950 fast 200.000 Arbeitskräfte beschäftigt, waren es 1960 nur noch 51.000. In den siebziger und achtziger Jahren pegelte sich die Belegschaftsstärke auf 44.000-45.000 ein, 1989 arbeiteten nur noch 42.000 Menschen für den Uranbetrieb.[52]

3. Stagnation und Niedergang

In den sechziger Jahren wurde das Erz knapp. Erste Andeutungen auf diesen Umstand fanden sich jedoch eher beiläufig in einem Beschluss des FDGB-Bundesvorstandes von 1973. »Trotz der sich verschlechternden geologischen Bedingungen« sollte der Weg der Kostensenkung sowie der Eigenerwirtschaftung von Betriebsmitteln im Rahmen der Wettbewerbsverpflichtungen in der SDAG Wismut »konsequent weitergeführt« werden.[53] Fünf Jahre später kamen die Entscheidungsträger nicht mehr umhin, sich intensiver mit den wirtschaftlichen Problemen bei der Uranerzförderung zu befassen. In einem alarmierenden Schreiben teilte der Leiter der Abteilung für Grundstoffindustrie, Horst Wambutt, dem Sekretär für Wirtschaft im ZK, Günter Mittag mit, dass einige Bergbaubetriebe den Plan 1977 aufgrund geringer Erzausbeute nicht hatten erfüllen können. Auch für das folgende Jahr wurde eine »angespannte Situation« prognostiziert.[54] In einigen Betrieben kam es deshalb zur Korrektur der Planauflagen um fast 40 Prozent nach unten. Die Verschlechterung der geologischen Voraussetzungen sollte mit Technik und Wissenschaft, höherer Leistung der Hilfs- und Nebenbetriebe sowie besserer Qualität in Leitung und Planung der geologischen Forschungsarbeit kompensiert werden.[55] Die typischen Phrasen der Wirtschaftspla-

[51] Wismut GmbH: Chronik, S. 54 f.

[52] Ebd., S. 738.

[53] SAPMO-BArch, DY 34/25242, FDGB-BuVo. Beschluss des Präsidiums des Bundesvorstandes des FDGB, 7. 5. 1973, S. 5.

[54] SAPMO-BArch, DY 30/2824, Büro Mittag. Schreiben Wambutt an Mittag, 12. 1. 1978, S. 1.

[55] Ebd., S. 2 f.

ner halfen hier jedoch nicht weiter, die Generaldirektion beantragte stattdessen eine Absenkung der Uranlieferungen um 1.240 Tonnen für die Jahre 1979 und 1980. Das wiederum bedeutete eine Verringerung der Verkaufserlöse um 204,5 Millionen Mark, die Verteuerung der Produktion sowie einen Anstieg der Selbstkosten pro Kilogramm Erz von zehn Prozent.[56] Daher schlug Wambutt die Einberufung einer deutsch-sowjetischen Expertenkommission vor, die die Vorschläge der Generaldirektion prüfen sollte. Bis dahin blieben die Planauflagen für 1978 und 1979 unverändert in Kraft.[57]

Im August des Jahres 1978 informierte Mittag den Generalsekretär des ZK der SED, Erich Honecker, vermutlich zum ersten Mal über die wirtschaftlichen Komplikationen im Uranerzbergbau.[58] Nach einer Besprechung Kaminskys mit dem Ministerratsvorsitzenden Willi Stoph schlug dieser einen zinslosen Überbrückungskredit zur reibungslosen Fortsetzung der Uranproduktion für das Jahr 1979 vor.[59] Gleichzeitig war die Sowjetunion darum bemüht, neue Spielregeln zur Fortführung der SDAG auszuhandeln. Zwar hatte sich auch die sowjetische Seite an das Regierungsabkommen von 1962 bzw. 1975 über die Weiterführung des Betriebes bis zum Jahr 2000 zu halten, doch sie zielte immer stärker auf die Reduzierung des Abnahmepreises. Eine deutsch-sowjetische Expertengruppe traf sich zum ersten Mal im Januar 1979, um die mittelfristige Zukunft des Uranunternehmens zu beratschlagen.[60] Geleitet wurde sie von einem deutschen Vertreter der SPK und einem sowjetischen Unterhändler aus dem Ministerium für mittleren Maschinenbau der UdSSR. Diskussionsgrundlage für die Kommission war ein Brief des sowjetischen Maschinenbauministers Efim P. Slawski an Horst Kaminsky vom 26. Dezember 1978, in dem vor allem drei Aspekte der weiteren Zusammenarbeit herausgestellt wurden: die Beibehaltung der Außenhandelpreise für das Uran in den Jahren 1979 und 1980, die Bildung neuer Uranpreise für das nächste Planjahrfünft ausgehend von den tatsächlichen Produktionsaufwendungen sowie die Korrektur des Planes.[61] Der Wunsch der Sowjetunion nach Diskussionen über die Preisbildung des Urans scheiterte; die deutschen Emissäre waren bereits im Vorfeld instruiert worden, sich keinesfalls auf Preisverhandlungen einzulassen, da dies Sache von Regierungsverhandlungen sei.[62] In allen anderen Punkten herrschte Einigkeit. Wenige Monate später, am 19. April 1979, kam es in Berlin zum Treffen der Regierungsdelegationen unter Leitung von Kaminsky und dem stellvertretenden Außenhandelsminister der UdSSR, Osipow. Hier wurden die »entgegengesetzten Standpunkte« über die Neupreisbildung des strahlenden Rohstoffes offenbar.[63] Die sowjetische Seite weigerte sich, einer Erhöhung des Preises

---

56 Ebd. Schreiben Wambutt an Mittag, 20. 4. 1978, S. 1.
57 Ebd., S. 2 f.
58 Ebd. Schreiben Mittag an Honecker, 9. 8. 1978, S. 2 f.
59 Ebd. Schreiben Kaminsky an Mittag, 24. 1. 1979, S. 1.
60 SAPMO-BArch, DY 30/2824, Büro Mittag. Schreiben Kaminsky an Mittag, 15. 1. 1979, S. 1.
61 Ebd. Schreiben Kaminsky an Mittag, 9. 1. 1979, unpag.
62 Ebd., 15. 1. 1979, S. 2.
63 Zit. in: Mager, Diethard: Wismut – die letzten Jahre des ostdeutschen Uranbergbaus, in: Kuhrt, Eberhard/Buck, Hannsjörg/Holzweißig, Gunter (Hg.): Am Ende des realen Sozialismus: Beiträge zu einer Bestandsaufnahme der DDR-Wirklichkeit in den 80er Jahren, Opladen 1996, Bd. 2: Die wirtschaftliche und ökologische Situation der DDR in den 80er Jahren, S. 283.

zuzustimmen, da die Preisbildung für Uran Sonderkonditionen, und nicht den Preisbildungsprinzipien des RGW[64] unterliege. Im nächsten Planjahrfünft, also ab 1981, könne man aber möglicherweise über eine Preisneuregelung nach dem Prinzip der Aufwandsdeckung verhandeln. Andererseits erklärte sich der sowjetische Vertragspartner bereit, die vom Plan abweichenden Mehrkosten für Abbau und Verarbeitung des Uranerzes in Höhe von 416 Millionen Mark in den Jahren 1979/80 zu übernehmen. Überdies einigten sich beide Seiten auf eine Reduzierung des Produktionsvolumens.[65] In den achtziger Jahren wurden Neuverhandlungen über die Finanzierung des Uranbetriebes bzw. über seine Zukunftsperspektive unvermeidlich. In mehreren Verhandlungen zwischen Regierungsvertretern der DDR und der UdSSR im Zeitraum 1984-1988 versuchte die DDR ihre Position zu stärken. Sie zielte auf eine Erhöhung des Außenhandelspreises sowie auf die Beteiligung der UdSSR an den Produktionskosten für den Uranerzbergbau.

Im Oktober 1985 und im Januar 1986 kam es zu Regierungsgesprächen über die Finanzierung der Wismut AG, die sich »in der ersten Etappe sehr kompliziert« gestalteten.[66] Für die DDR-Wirtschaft bedeutete der vereinbarte Außenhandelspreis von knapp 66 Rubeln pro Kilogramm Uran eine Belastung von 2,8 Milliarden Mark Staatssubventionen im nächsten Planjahrfünft, da der Verkaufserlös nur die Selbstkosten der Uranförderung deckte. Über eine Neufestlegung des Preises auf 108 Rubel pro Kilogramm ließ die sowjetische Seite zwar nicht mit sich reden,[67] sie versprach jedoch eine paritätische Beteiligung an der Deckung des Produktionsaufwandes in Höhe von 583 Millionen Mark.[68] Überdies plante die Regierung der DDR, bis 1997 sechs Bergbaubetriebe zu schließen und nur noch die Abbaubetriebe Drosen und Beerwalde weiter zu betreiben. Von der tatsächlichen und prognostizierten Menge an Uran in Höhe von 127.000 Tonnen sollte bis zum Jahr 2000 nur noch etwa ein Drittel abgebaut werden. Die Zukunft des geplanten Rumpfbetriebes sah die Expertenkommission in der Belieferung der Kernkraftwerke der DDR.[69] Ein Ministerratsbeschluss vom 25. Mai 1987 ordnete die Schließung des BB »Willi Agatz« in Dresden-Gittersee an, auf dem Gelände sollte eine Produktionsstätte des Kombinats Mikroelektronik Erfurt entstehen.[70] Mit einem Schachzug in der Personalpolitik versuchte die Sowjetunion möglicherweise, sich ein weiteres Stück aus dem Uranbergbau zurückzuziehen. Nachdem sie sich über 30 Jahre lang nicht an die Vereinbarung gehalten hatte, den

---

64 RGW, Abk. für Rat für Gegenseitige Wirtschaftshilfe. Gegründet 1949, war der RGW ein Zusammenschluss von sozialistischen Staaten zum Zwecke der »sozialistischen ökonomischen Integration« und folgte der Absicht, die Ostblockstaaten von Handelsbeziehungen mit dem Westen abzuhalten. Schwerpunkt der Zus.arbeit war die Koordinierung der Fünfjahrpläne. Eppelmann, Rainer/Möller, Horst/Nooke, Günter/Wilms, Dorothee (Hg.): Lexikon des DDR-Sozialismus. Das Staats- und Gesellschaftssystem der Deutschen Demokratischen Republik, 2 Bd., Paderborn et al. 1997, S. 647 f.

65 Mager: Wismut die letzten Jahre, S. 284.

66 BStU, MfS, HA XVIII, Nr. 4730. »Information zum Schreiben der BV Karl-Marx-Stadt vom 28.1.1986 zu Problemen der weiteren Tätigkeit der SDAG Wismut«, 18. 2. 1986, Bl. 1.

67 Ebd. »Information zu Problemen bei der Nutzung von Uranressourcen der DDR«, 31. 12. 1985, Bl. 8.

68 Ebd. Information zum Schreiben ..., Bl. 1.

69 Ebd. Information zu Problemen ..., Bl. 9 f.

70 Wismut GmbH: Chronik, S. 2548.

Posten des Generaldirektors alle fünf Jahre mit einem deutschen Mitarbeiter zu besetzen, bestand sie nun zum ersten Mal auf einem Wechsel. Im Gegenzug übernahm die sowjetische Seite den Posten des Aufsichtsrates. Aber »in einer Zeit, wo komplizierte Fragen im Wismut-Bergbau zu lösen sind«, hielt die deutsche Seite die Neubesetzung des Generalsdirektorpostens mit Horst Bellmann nicht für geraten.[71] Sie hatte sich wohl erhofft, mit Hilfe eines sowjetischen Betriebsleiters die Zukunftsaussichten des Uranbetriebs in Moskau zu ihren Gunsten beeinflussen zu können.

Zu weiteren Verhandlungsgesprächen zwischen Regierungsvertretern der DDR und der UdSSR in der Angelegenheit des Uranunternehmens kam es im Juli 1988. Gerhard Schürer, Leiter der SPK und Ko-Vorsitzender der Paritätischen Regierungskommission für wissenschaftlich-technische Zusammenarbeit von DDR und UdSSR, traf mit dem Minister für mittleren Maschinenbau der UdSSR, Lew D. Rjabjew, zu einer »Konsultation« im Kernkraftwerk »Bruno Leuschner« in Greifswald zusammen.[72] Auch der Vorstandsvorsitzende der SDAG Wismut, Nikolai I. Tschesnokow, war anwesend. Schon in vorangegangenen Verhandlungsgesprächen mit Willi Stoph und dessen Stellvertreter Alfred Neumann hatte Rjabjew eine Reduzierung der Uranlieferung um 15.000 Tonnen vorgeschlagen. Schürer hielt diese Kennziffer durchaus für realistisch, wollte der Betrieb »stabil« bleiben und »ökonomisch arbeiten«. Er sprach von wirtschaftlicher Rechnungsführung, von Rationalisierungsprozessen, von höherer Arbeitsproduktivität und sogar von »Markterfordernissen«. Vor allem aber sprach er über die Freisetzung von mindestens 10.000 Arbeitskräften bis 1995.[73] Sie sollten im Werkzeug- und Verarbeitungsmaschinenbau sowie in anderen »strukturbestimmenden Volkswirtschaftszweigen« eingesetzt werden. Rjabjew war begeistert von dieser Größenordnung, Tschesnokow fand die Maßnahmen »revolutionär«.[74] Schließlich versicherte der Minister, dass das Regierungsabkommen seine Gültigkeit nicht verlieren, die Bedeutung des Urans zukünftig aber eher im zivilen als im strategischen Bereich liegen werde.[75] Die »Umprofilierung« des Uranbetriebes wurde mit dem Ministerratsbeschluss »Zur Entwicklung der SDAG Wismut im Zeitraum 1990-95 und zur Nutzung freiwerdender Kapazitäten« vom 27. April 1989 endgültig fixiert.[76] Eine Regierungskommission unter Leitung des 1. Stellvertreters des Ministerratsvorsitzenden, Günter Kleiber, war für die »straffe staatliche Leitung dieses Profilierungsprozesses« verantwortlich, was die Einschränkung der Produktion, die Verkleinerung oder Schließung der Betriebe sowie die Umsetzung der Arbeitskräfte in andere Industriebereiche umfasste. Doch das war nur eine

[71] BStU, MfS, Sekr. Mittig, Nr. 153. »Informationen über die weitere Arbeit am Fünfjahrplan der SDAG Wismut«, 5. 3. 1986, Bl. 42.

[72] SAPMO-BArch, DY 30/2439, Büro Honecker. »Information über das Gespräch mit dem Minister für Mittleren Maschinenbau der UdSSR, Genossen L.D. Rjabjew, am 8. 7. 1988 im Gästehaus des Kernkraftwerkes »Bruno Leuschner« in Greifswald«, 12. 7. 1988.

[73] Ebd., S. 2 f.

[74] Ebd., S. 4 f.

[75] Ebd., S. 5.

[76] BStU, MfS-ZAIG, Nr. 15824. Ministerrat der DDR: »Beschluss zur Entwicklung der SDAG Wismut im Zeitraum 1990/95 und zur Nutzung freiwerdender Kapazitäten« (Geheime Verschlusssache), 27. 4. 1989.

Seite des Problems – eine akzeptable finanzielle Beteiligung der Sowjetunion an den Kosten für eine absehbare Sanierung und Stilllegung der zu schließenden Betriebsteile stand noch immer aus.

In einem für Herbst 1989 geplanten Treffen Schürers mit dem Stellvertreter des Ministerrates der UdSSR, Igor S. Beloussow, standen deshalb eine erneute Verhandlung zum Außenhandelspreis und die Partizipation der sowjetischen Seite an der Umprofilierung der SDAG auf der Agenda.[77] In der Verhandlungsdirektive wurde Schürer angewiesen, eine Liefermenge von zehn bis elf Kilotonnen Uran für das Planjahrfünft 1991-1995 zu vereinbaren und den Außenhandelspreis von 66 Rubeln zumindest beizubehalten. Dem von der UdSSR vorgeschlagenen Preis von 63 Rubeln sei nur unter der Bedingung zuzustimmen, dass er konstant bliebe und dass eine paritätische Finanzierung der Differenz zwischen Aufwand und Erlös gewährleistet werde.[78] Im Weiteren sollte Schürer den sowjetischen Vertragspartner daran erinnern, dass die DDR »aus ihren volkswirtschaftlichen Ressourcen wesentliche Leistungen für das gemeinsame Unternehmen erbringt, wie z. B. Aufwendungen für die Infrastruktur, unentgeltliche Bereitstellung von Grund und Boden, Bereitstellung der erforderlichen Arbeitskräfte, [...] Verzicht auf die Erhebung von Steuern und auf den Beitrag für gesellschaftliche Fonds.«[79] Einem von der DDR gegründeten Fonds für die Aufwendungen von »Liquidation, Verwahrung und Wiederurbarmachung der stillzulegenden Betriebe und Anlagen« sollten die Vertragspartner mit 50-prozentiger Finanzierungsbeteiligung beitreten. Die Höhe dieses Fonds wurde auf 190 Millionen Mark für den Zeitraum 1991-1995 festgesetzt. Eine von den Sowjets gewünschte gemeinsame Exploitation des Westerzgebirges von Zinn und Flussspat kam für die DDR wegen der »völlig unzureichenden Effektivität« ihrer Technologie nicht in Frage.[80] Die Regierungsvertreter der DDR liebäugelten stattdessen mit dem Aufschluss von Goldlagerstätten im mongolischen Boroo, bei dessen Verarbeitung man sich die Erfahrungen des Geologischen Betriebes der SDAG Wismut zunutze zu machen gedachte.[81]

Da es Arbeitslosigkeit in der DDR offiziell nicht gab, standen die Verantwortlichen mit der Reduzierung des riesigen Industriebetriebes vor einer enormen sozialen und wirtschaftlichen Herausforderung, deren Konsequenzen vor allem im Hinblick auf die Reaktion der Belegschaft nicht abzusehen waren. Im Argumentationsleitfaden des Ministerratsbeschlusses wurden die bevorstehenden Veränderungen deshalb in eine harmonische Form gegossen: »[Mit der Umprofilierung des Betriebes] wird ein neues Kapitel in der von Plantreue und staatsbürgerlicher Verantwortung gekennzeichneten über 40-jährigen Tradition dieses hochmodernen Bergbauindustriezweiges und seiner Werktätigen eingelei-

[77] BStU, MfS-ZAIG, Nr. 15823. Ministerrat der DDR: »Beschluß zur Direktive für die Verhandlungen mit der sowjetischen Seite zur Entwicklung der SDAG Wismut für den Zeitraum 1991-1995«, (Geheime Verschlussache), 20. 7. 1989, Bl. 11. Das Treffen fand schließlich am 16. September 1988 statt, wie aus dem folgenden Dokument hervorgeht: BStU, MfS-ZAIG, Nr. 15823. Schreiben Rjabjews an Höfner (Finanzminister der DDR), 3. 2. 1989, Bl. 33.

[78] Ebd., Bl. 15.

[79] Ebd.

[80] Ebd., Bl. 16.

[81] BStU, MfS, ZAIG, Nr. 15824. Ministerrat der DDR: Beschluss zur Entwicklung der SDAG Wismut ..., Bl. 9.

tet […].«[82] Kernpunkte dieses »neuen Kapitels« waren die Entlassung von 10.000 Arbeitskräften und die Schließung von vier der sieben Bergbaubetriebe bis 1995.[83] Das betraf die BB Aue (mit 3.100 freizusetzenden Arbeitskräften), Beerwalde (2.430 freizusetzende Arbeitskräfte), »Willi Agatz« (er wurde dem Kombinat Mikroelektronik zugeordnet, von dem die gesamte Belegschaft übernommen werden sollte) sowie Schmirchau (1.820 freizusetzende Arbeitskräfte). Ebenso fielen der Aufbereitungsbetrieb Crossen (700 Arbeitskräfte), die Lagerstätte Niederschlema/Alberoda sowie der für Erkundung und Aufschluss zuständige Geologische Betrieb dem Rotstift zum Opfer. Lediglich die BB Paitzdorf, Drosen und Königstein sowie die Lagerstätte Tellerhäuser blieben nach diesen Plänen zunächst bestehen.[84] Die freigesetzten Beschäftigten sollten nach den Vorstellungen des Ministerrates in verschiedenen Industriebetrieben und Kombinaten untergebracht werden, wie z. B. dem Kombinat TEXTIMA in Karl-Marx-Stadt, dem Kombinat Nahrungsgütermaschinenbau NAGEMA, dem Werkzeugmaschinenkombinat »Fritz Heckert«, dem Automobilwerk Zwickau oder dem Dampfkesselbau Gera.[85] Mit der Umsetzung Tausender Arbeitskräfte in die volkseigenen Industriebetriebe standen die Entscheidungsträger vor dem Dilemma, die bisherigen Privilegien und Sonderregelungen für Bergleute mit den zukünftigen Arbeitskonditionen in Einklang bringen zu müssen. Im Ministerratsbeschluss wurde das in der Verfassung fixierte Recht auf Arbeit ebenso zugesichert wie »soziale Sicherheit und Geborgenheit« und ein »gutes Arbeitseinkommen«.[86] Diese eher vagen Formulierungen bekamen einen offiziellen Rahmen durch die »Vereinbarung zur Regelung arbeitsrechtlicher Fragen«, die zwischen dem Ministerrat der DDR (und hier den Ministerien für Werkzeug- und Verarbeitungsmaschinenbau und für Maschinen-, Landmaschinen- und Fahrzeugbau), der Generaldirektion der SDAG Wismut sowie den Zentralvorständen der IG Wismut und der IG Metall getroffen wurden.[87] Die Regelung der arbeits- und sozialrechtlichen Fragen sollte den »Werktätigen« die Überleitung in andere Industriebetriebe leicht machen. So wurde jedem Beschäftigten, der mindestes seit zwei Jahren bei der SDAG Wismut arbeitete, ein erhöhtes Überbrückungsgeld bzw. eine Ausgleichszahlung zugesichert. Das Überbrückungsgeld lag in der Höhe der voraussichtlichen Minderung des Durchschnittsverdienstes. Zusätzlich gab es eine Treueprämie für die Dauer der Arbeitsjahre im Uranbetrieb. Arbeiter, die höchstens fünf Jahre vor Bezug der Altersrente standen, bekamen eine Ausgleichzahlung in Höhe von maximal 300 Mark monatlich bis zum Eintritt ins Rentenalter. Das Überbrückungsgeld wurde einmalig ausgezahlt und war weder steuer- noch sozialversicherungspflichtig. Mit dieser Zahlung waren gleichzeitig die Ansprüche auf akzisefreien Trinkbranntwein oder den kostenlosen Berufsverkehr abgegolten.[88] Der

---

[82] Ebd., Bl. 20.
[83] Ebd.
[84] Ebd., Bl. 6-11.
[85] Ebd., Bl. 11 f.
[86] Ebd., Bl. 22 f.
[87] Ebd., Bl. 24 ff.
[88] SAPMO-BArch, DY 52/2340, ZV IGW. Arbeitsberatung der Zentralvorstände IG Wismut und IG Metall, 18. 7. 1989, S. 19.

Anspruch auf erhöhtes Überbrückungsgeld sowie auf Ausgleichzahlungen galt nicht bei »unplanmäßigem Ausscheiden« aus der Wismut, das heißt also bei Ablehnung eines neuen Arbeitsverhältnisses im vorgesehenen Betrieb. Bei unbotmäßigem Verhalten, namentlich bei Fehlschichten und »schweren Verletzungen der sozialistischen Arbeitsdisziplin oder der staatsbürgerlichten Pflichten«, entfielen die Ausgleichszahlungen ebenfalls.[89] Der Anspruch auf Bergmannsaltersvollrente galt für alle Arbeiter mit einer Beschäftigungsdauer von mehr als fünf Jahren, sofern sie bergbaulich versichert blieben. Die zusätzliche Altersversorgung sollte der neue Betrieb übernehmen. Arbeiter mit einer Beschäftigungsdauer von 25 Jahren, davon 15 Jahren untertage, behielten ihren Anspruch auf Bergmannsaltersvollrente ab dem 50. Lebensjahr.[90] Die ärztliche Betreuung der Beschäftigten, der »Veteranen« sowie der Familienangehörigen erfolgte weiterhin durch das wismuteigene Gesundheitswesen, da es sich bei den Arbeitern um »staub- und strahlenexponierte Werktätige« handelte.[91] Die Veröffentlichung von medizinischen Werten und Daten der Beschäftigten lag nicht im Interesse der Generaldirektion. Kurvergabe und Kurdurchführung blieben ebenso im Verantwortungsbereich des Gesundheitswesens Wismut wie die Verteilung der Ferienschecks. Überdies sollten aus der Wismut ausgeschiedene Arbeiter weiterhin kostenlos mit der Deutschen Reichsbahn[92] in den Urlaub fahren dürfen.[93] Die umfangreichen Maßnahmen zu einer friedlichen Überleitung der Beschäftigten in neue Arbeitsbereiche dürfen nicht darüber hinwegtäuschen, dass diesen Beschäftigten nun eine vollkommen neue Arbeits- und Lebenssituation bevorstand. Trotz Überbrückungsgeldern, Ausgleichzahlungen und Treueprämien, trotz spezieller Urlaubs- und Rentenregelungen waren sie mit Lohn- und Urlaubskürzungen sowie dem Wegfall zahlreicher Privilegien konfrontiert. Auf Generaldirektion, Gewerkschaft und Parteileitung kamen daher Beschwerden, Eingaben und Widersprüche zu, auf die das Kapitel Eigen-Sinn und Mikropolitik näher eingehen wird.

Bevor diese Strukturmaßnahmen in ihrer vollen Konsequenz wirksam werden konnten, kam die Friedliche Revolution und stellte die politischen, gesellschaftlichen und sozialen Verhältnisse in der DDR auf den Kopf. Der Fall der Mauer, die Bildung einer neuen Regierung und die Verhandlungen zur deutschen Einheit wirkten sich natürlich auch auf den Uranbetrieb aus. Mit dem Rücktritt Willi Stophs wurde Hans Modrow am 13. November 1989 Vorsitzender des Ministerrates der DDR. Die Regierungsumbildung und die Zusammenlegung verschiedener Ressorts bedingte die Neugründung eines Ministeriums für Schwerindustrie, dem der deutsche Aktionär der SDAG nun zugeordnet wurde. Mit den Volkskammerwahlen am 18. März 1990 gelangte Lothar de Maizière ins Amt des Ministerpräsidenten, das Ministerium für Schwerindustrie wurde aufgelöst. Die

89 BStU, MfS-ZAIG, Nr. 15824. Ministerrat der DDR: Beschluss zur Entwicklung der SDAG Wismut …, Bl. 36.
90 SAPMO-BArch, DY 52/2340, ZV IGW. Arbeitsberatung, S. 24.
91 Ebd., S. 27 a.
92 Deutsche Reichsbahn; gegr. 1920; ab 1949 zentral geleitetes staatliches Verkehrunternehmen, das dem Ministerium für Verkehrswesen unterstellt war. Mit ca. 245.000 Beschäftigten (1981) war es der größte Betrieb in der DDR. Lexikon der Eisenbahn, Berlin 1981, S. 681 f.
93 SAPMO-BArch, DY 52/2340, ZV IGW. Arbeitsberatung, S. 29 f.

deutsche Seite der SDAG Wismut unterstand nun dem Ministerium für Wirtschaft. Neuer Generaldirektor wurde Horst Richter, sein Vorgänger Horst Bellmann verblieb im Vorstand der Aktiengesellschaft.[94] In einem Abkommen zwischen der Bundesrepublik Deutschland und der Sowjetunion (vertreten durch Bundesfinanzminister Theo Waigel und Wladislaw Terechow) vom 9. Oktober 1990 wurden nicht nur die Modalitäten des sowjetischen Truppenabzuges aus dem Gebiet der ehemaligen DDR beschlossen. Artikel 8 des Gesetzes verfügte die Einstellung der Geschäftstätigkeit der SDAG Wismut mit Wirkung vom 1. Januar 1991 sowie deren Liquidation auf Grundlage des deutsch-sowjetischen Abkommens von 1962. Verantwortlich für die Klärung aller sich daraus ergebenden Fragen war eine gemeinsame Arbeitsgruppe der Aktionäre.[95] Ein erneutes Abkommen vom 16. Mai 1991, unterzeichnet von Bundeswirtschaftsminister Jürgen W. Möllemann und dem sowjetischen Atomminister Vitali Konowalow, besiegelte die endgültige Auflösung der SDAG. Die von der Sowjetunion gehaltene Aktie ging dabei zu 100 Prozent auf die Bundesrepublik über – die Sowjetunion wurde von jeglichen Verpflichtungen zu Stilllegung, Sanierung oder Entschädigungszahlungen befreit.[96] Beschäftigte die Wismut im Jahre 1989 ca. 40.000 Menschen, arbeiten 20 Jahre später noch rund 1.700 Mitarbeiter in Europas größtem Bergbausanierungsprojekt.

---

94 Wismut GmbH: Chronik, S. 2548.

95 Gesetz zu dem Abkommen vom 9. Oktober 1990 zwischen der Regierung der Bundesrepublik Deutschland und der Regierung der Union der Sozialistischen Sowjetrepubliken über einige überleitende Maßnahmen, in: Bundesgesetzblatt, 1990 Teil II, Nr. 48, S. 1654-1659.

96 Abkommen zwischen der Regierung der Bundesrepublik Deutschland und der Regierung der Union der sozialistischen Sowjetrepubliken über die Beendigung der Tätigkeit der Sowjetisch-deutschen Aktiengesellschaft Wismut; unterzeichnet in Chemnitz am 16. Mai 1991 vom Bundeswirtschaftsminister Jürgen W. Möllemann und dem sowjetischen Atomminister Konowalow, in: Bundesgesetzblatt II, Nr. 13 vom 17. Dezember 1991, S. 1138-1140, Bonn.

III.

HANDLANGER ODER INTERESSENVERTRETUNG? DIE ROLLE DER IG WISMUT UND DIE ARBEITSBEZIEHUNGEN IM URANERZBERGBAU

1. Der Aufbau von Gewerkschafts- und Parteiorganisation

Die legale Voraussetzung für die Bildung von Gewerkschaftsbewegungen in der SBZ wurde am 10. Juni 1945 geschaffen. Befehl Nr. 2 der Sowjetischen Militäradministration in Deutschland (SMAD) ordnete die Zulassung »antifaschistischer Parteien« und »freier Gewerkschaften und Organisationen« an. Schon fünf Tage später erging, auf Initiative der KPD, der erste zentrale FDGB-Gründungsaufruf von Berlin aus. Ihm schlossen sich, zum ersten Mal in der Geschichte der deutschen Arbeiterbewegung, die Gewerkschaftsfunktionäre aller politisch-weltanschaulichen Richtungen an.[1] Zum Vorbereitenden Gewerkschaftsausschuss gehörten die Kommunisten Hans Jendretzky, Roman Chwalek und Paul Walter, die Sozialdemokraten Otto Braß, Bernhard Göring und Hermann Schlimme sowie die Christdemokraten Jakob Kaiser und Ernst Lemmer. Teilweise dank ihrer Beziehungen zur SMAD sowie der Einmischung Walter Ulbrichts beim Aufbau der Einheitsgewerkschaft gelang den kommunistischen Kräften die »Brechung der traditionellen sozialdemokratischen Vormachtstellung.«[2] Mit der zügigen Implementierung zentralistischer Strukturen wurde ein Gewerkschaftsaufbau von oben nach unten betrieben, denn die Basis der Gewerkschaftsorganisationen fehlte bis dahin völlig, während sich die Spitze bereits gebildet hatte. Der Vorbereitende Ausschuss entschied nicht nur über die territoriale Strukturierung, sondern über die Konstituierung der Industrieverbände.[3] Der Gründungskongress des FDGB fand schließlich am 11. Februar 1946 statt. Die KPD hielt die Hälfte der Vorstandssitze inne, vier Vorstandsmitglieder gehörten der SPD an, die CDU erlangte keinen Sitz. Zu diesem Zeitpunkt zählte die Einheitsgewerkschaft bereits zwei Millionen Mitglieder, von denen viele im Zuge der geplanten Vereinigung von SPD und KPD mobilisiert worden waren, um die SED-Gründung an der Basis vorzubereiten.[4] 1. Vorsitzender des FDGB-Bundesvorstandes wurde Hans Jendretzky. Im Juni 1946 konstituierten sich die Einzelgewerkschaften des FDGB

---

1 Helf, Klaus: Von der Interessenvertretung zur Transmission. Die Wandlung des Freien Deutschen Gewerkschaftsbundes (FGDB) 1945-1950, in: Weber, Hermann (Hg.): Parteiensystem zwischen Demokratie und Volksdemokratie. Dokumente und Materialien zum Funktionswandel der Parteien und Massenorganisationen in der SBZ/DDR, Köln 1982, S. 339.

2 Ebd., S. 340.

3 Stadtland: Neubildung, S. 91.

4 Schroeder, Klaus: Der SED-Staat. Partei, Staat und Gesellschaft 1949-1990, München 2000, S. 44.

nach dem vom Gewerkschaftsausschuss festgelegten Industrieverbandsprinzip. Danach gab es 15 Industriegewerkschaften, eine Gewerkschaft für Angestellte, eine für Kunst und Schrifttum und eine Gewerkschaft für Lehrer und Erzieher.[5] Die Beschäftigten der SAG Wismut fielen zunächst in den Organisationsbereich der IG Bergbau, die sich am 13. und 14. Juni 1946 in Halle gegründet hatte.[6] Der erste Vorsitzende wurde Paul Lähne, sein Stellvertreter Arthur Schreiber. Die gewerkschaftliche Vertretung im Uranerzbergbau bekam den Status einer Kreisorganisation mit Sitz in Aue. Im Januar 1947 beauftragte der Landesvorstand Sachsen der IG Bergbau den Bergmann Richard Gründel mit der Schaffung einer eigenen Gewerkschaftsorganisation für das Urangebiet, zu deren 1. Sekretär er am 20. Februar 1947 gewählt wurde.[7]

Gründel war dem Landesvorstand seiner Gewerkschaft als engagierter Funktionärstyp aufgefallen, als er im Sommer 1946 einen Bergarbeiter-Transport von »Umsiedlern« in das Steinkohlerevier Zwickau-Oelsnitz geleitet hatte. Er konnte auf eine langjährige Partei- und Gewerkschaftsarbeit verweisen. Als Bergmann im niederschlesischen Waldenburg war er 1922 der KPD beigetreten und hatte Erfahrungen als Betriebsrat und in der Gewerkschaftsarbeit gesammelt.[8] Die IG Bergbau wurde, ähnlich wie die Teilgewerkschaften Metall und Chemie, von ehemaligen Kommunisten dominiert. Eine in der Satzung des FDGB verankerte parteipolitische Neutralität war von Anfang an von den kommunistischen Funktionären hintertrieben worden.[9]

Bei der Strukturanalyse des Gewerkschaftsaufbaus ist auch die Rolle der Betriebsräte zu berücksichtigen, die wohl als erste betriebliche Interessenvertretungen nach dem Zweiten Weltkrieg gelten können.[10] Ihre Existenzberechtigung war in der gesamten SBZ von kurzer Dauer, bei ihrer Abschaffung spielte die SAG Wismut eine Vorreiterrolle. Nach dem Zusammenbruch des Dritten Reichs hatten sich überall in der sowjetischen Besatzungszone Betriebsräte neu gebildet. Meist verwiesen sie auf ihre traditionelle Verankerung in der antifaschistischen Bewegung oder auf die Weiterführung ihrer Arbeit aus den Zeiten der Weimarer Republik. Von der SMAD wurden die Betriebsräte zunächst ignoriert, der Befehl Nr. 2 ließ sie unerwähnt. Sowohl der FDGB als auch die kommunistischen Funktionsträger standen ihnen auf Grund ihrer Eigenständigkeit ablehnend gegenüber und versuchten immer wieder, ihre Auflösung zu betreiben.[11] Doch im

---

5 Stadtland: Neubildung, S. 91.

6 SAPMO-BArch, DY 37/1345, IG Bergbau. Protokoll der 1. Zonendelegiertenkonferenz am 13. und 14. Juni 1946 in Halle.

7 Intensiv mit der Geschichte des Gewerkschaftsaufbaus in der Wismut beschäftigt hat sich Engeln: Uransklaven.

8 Zur Geschichte der Gebietsparteiorganisation Wismut, S. 19. Weitere Lebensdaten Gründels waren nicht zu ermitteln.

9 So hatten die am Aufbau des FDGB beteiligten Sozialdemokraten bereits im Vorbereitenden Ausschuss erfahren müssen, dass das SPD-Gründungsmitglied Otto Braß bereits seit langer Zeit Mitglied der KPD war, Helf: Von der Interessenvertretung zur Transmission, S. 340.

10 Zur kurzen Geschichte der Betriebsräte in der SBZ Suckut, Siegfried: Die Betriebsrätebewegung in der SBZ (1945-1948), Frankfurt/M. 1982; Stadtland: Herrschaft nach Plan sowie, Gill, Ulrich: Der Freie Deutsche Gewerkschaftsbund. Theorie – Geschichte – Organisation – Funktionen – Kritik, Opladen 1989.

11 Stadtland: Herrschaft nach Plan, S. 119 f.

Sommer 1945 steckte der Aufbau zentraler Gewerkschaftsorganisationen noch in den Kinderschuhen und der zu erwartende Unmut alter Arbeiterfunktionäre über eine öffentliche Negierung der Betriebsräte konnte für die Kommunisten nur schädlich sein – vor allem im Hinblick auf die Vereinigung von SED und KPD. Deshalb fuhr Ulbricht gleichzeitig eine Strategie der Anerkennung, um die politische Instrumentalisierung der Betriebsräte und deren Eingliederung in »Gewerkschaftsausschüsse« zu erreichen.[12] Mit dem Kontrollratsgesetz Nr. 22 vom 17. April 1946 erlangten sie schließlich eine rechtliche Grundlage. Ihre Mitbestimmungsrechte in sozialen und wirtschaftlichen Fragen allerdings waren, auch im Vergleich zur Weimarer Gesetzgebung, deutlich eingeschränkt. Die Handlungsmöglichkeiten der Gewerkschaft hingegen wurden durch das Betriebsrätegesetz gestärkt. So hatten sie die Möglichkeit, sich in Betriebsrätewahlen einzumischen, indem sie an den Wahlvorbereitungen teilnehmen und eigene Kandidaten vorschlagen konnten.[13]

Auch im Uranerzbergbau gründeten sich 1947 die ersten Betriebsräte. Einer der Akteure betrieblicher Interessenvertretung war Fritz Harzer aus Johanngeorgenstadt. Seine Aufgaben bestanden in der Erfassung, Gewinnung und Kassierung neuer Mitglieder, aber auch in der Lösung dringlicher sozialer Fragen sowie im Kampf um einen Bergarbeitertarif.[14] Doch ähnlich wie in anderen SAG machte die Generaldirektion den Betriebsräten das Arbeiten nicht leicht. Da in den Aktiengesellschaften das Prinzip des Einzelleiters herrschte und die sowjetischen Funktionäre die Form des Betriebsrates nicht kannten, versuchten sie die Mitbestimmung der Arbeitervertreter so weit als möglich auf untergeordnete Aufgaben wie die Verteilung von Prämien oder Sonderrationen zu reduzieren. Die Betriebsräte wurden nicht von der Arbeit freigestellt und mussten ihre Versammlungen vor oder nach ihrem Arbeitstag abhalten.[15] Den zonenweiten Betriebsrätewahlen vom 26. Mai bis 15. Juni 1947 schlossen sich auch die Betriebsräte des Uranerzbergbaus an. Sie wurden jedoch bereits drei Monate später von der Generaldirektion mit dem Vorwurf, von zu vielen ehemaligen Nazis durchsetzt zu sein, endgültig aufgelöst. Vergeblich setzten sich der FDGB-Landesvorstand Sachsen sowie der Vorstand der IG Bergbau mit dem Verweis auf die vom sowjetischen Außenminister Molotow postulierte Gültigkeit deutschen Rechts in den SAG für die Anerkennung der Betriebsräte ein. Die Generaldirektion bestand darauf, dass der Oberste Befehlshaber der Sowjets in Deutschland, Marschall Wassili D. Sokolowski, die Arbeit der Betriebsräte im Uranerzbergbau verboten habe und betriebliche Interessenvertretung nun nur noch eine Angelegenheit der Gewerk-

12 Suckut: Betriebsrätebewegung, S. 223-229.

13 Stadtland: Herrschaft nach Plan, S. 122.

14 Fritz Harzer, geb. 1918 in Schwarzenberg, Wismut ab 1947 als Fördermann, im Betriebsrat und in der Ortsgewerkschaftsleitung Johanngeorgenstadt, zit. in Bretschneider, Gotthard: Kein Schutz vor Willkür? Zur Arbeit der Gewerkschaft in der SAG Wismut 1946-1953 (= Schriftenreihe der Traditionsstätte für den sächsisch-thüringischen Uranbergbau im Kulturhaus »Aktivist« Schlema), o.O. 1997, S. 9.

15 Der Umgang mit den Betriebsräten in den SAG war unterschiedlich. In einigen Betrieben wurde ihre Arbeit kaum behindert, die meisten Generaldirektoren aber schränkten ihre Handlungsmöglichkeiten stark ein, viele durften sich nur einmal im Monat versammeln. Engeln: Uransklaven, S. 172.

schaft sei.[16] Der Grund für diese unerbittliche Haltung der Generaldirektion lag in ihrem strengen Geheimnisschutz. Während man die sich zu dieser Zeit konstituierenden Gewerkschaften in der SBZ kaum verhindern konnte, gedachte man zumindest mit der Abschaffung der Betriebsräte eine Einmischung bzw. einen Einblick in die betrieblichen Abläufe des Uranerzunternehmens zu unterbinden. Auch in der übrigen Zone waren die Tage der Betriebsräte gezählt. Ihre schrittweise Auflösung endete mit den Beschlüssen der Bitterfelder Konferenz des FDGB am 25./26. November 1948, wo die Beseitigung des »noch bestehenden Dualismus in der Tätigkeit der Betriebsgewerkschaftsleitungen und der Betriebsräte« gefordert wurde.[17] Nach der Abschaffung der Betriebsräte 1948 waren die Betriebsgewerkschaftsleitungen (BGL) die einzige Interessenvertretung der Arbeiter. Ihre Wahl erfolgte meist durch Einheitslisten, die von den Gewerkschaftsvorständen aufgestellt wurden. Wenn die BGL diesen nicht folgten, konnten sie auch ohne Wahl von den Vorständen eingesetzt oder abberufen werden.[18] Sie unterstanden den Strukturen und Weisungen des FDGB, der die Befugnisse seinerseits aus den Anordnungen der Partei ableitete. Von einer eigenständigen betrieblichen Gewerkschaftspolitik der BGL konnte also nicht die Rede sein. Umso mehr, als Herbert Warnke 1948, noch vor seinem Antritt als Vorsitzender des FDGB, die Aufgaben der BGL mit der Propagierung der Planerfüllung und der Einführung des Leistungslohnes verbunden hatte.[19] Die Gewerkschaft im Uranerzbergbau wurde im Laufe des Jahres 1947 von einer Kreis- in eine Revierorganisation umgewandelt. Die Umbenennung deutete bereits die allmähliche Herauslösung der Gewerkschaftsorganisation aus den Verwaltungsstrukturen der IG Bergbau an. Dieser Sonderstatus änderte allerdings nichts daran, dass Gründels Auftrag zum Aufbau einer soliden Gewerkschaftsbewegung von Hindernissen begleitet war. Ob und in welchem Maße es bereits eine Basis für eine betriebliche Gewerkschaftsorganisation gab, ist nicht bekannt, da Zahlen über den Organisationsgrad der Mitglieder bis 1947 weitgehend fehlen. Engeln berechnete, dass der Anteil von Gewerkschaftsmitgliedern an der Gesamtbelegschaft 1947 bei 20 Prozent lag.[20] Die Gründe für diese extrem niedrige Mitgliederzahl waren u. a. auf die mangelhafte Arbeit von Partei und Gewerkschaft zurückzuführen, wie im Folgenden noch zu zeigen sein wird. Ursachen lagen aber sicherlich auch in dem rasanten Wachstum des Uranunternehmens, mit dessen Tempo die Mitgliederentwicklung der IG Bergbau nicht mithalten konnte. Überdies hatten viele Beschäftigte zu dieser Zeit ihren Hauptwohnsitz in anderen Regionen der SBZ und waren deshalb zumeist in ihrem Heimatort organisiert, wo sie auch ihre Beiträge bezahl-

16 Bretschneider: Kein Schutz vor Willkür, S. 14.

17 Zit in: Weber, Hermann (Hg.): DDR. Dokumente zur Geschichte der Deutschen Demokratischen Republik. 1945-1985, München 1987, S. 130. Diese unkonkreten Äußerungen über die Abschaffung waren beabsichtigt, da die Betriebsräte zum einen durch das Kontrollratsgesetz abgesichert waren und man zum anderen negative Reaktionen aus dem Westen vermeiden wollte. Stück für Stück wurden die Betriebsräte in ihren Handlungsmöglichkeiten beschnitten, die 1948 anstehenden Betriebsrätewahlen schließlich nicht mehr durchgeführt. Vgl. Stadtland: Herrschaft nach Plan, S. 132. Gill: FDGB, S. 151-155. Suckut: Betriebsrätebewegung, S. 513-517.

18 Gill: FDGB, S. 154.

19 Ebd.

20 Engeln: Uransklaven, S. 179.

ten.[21] Über die Ergebnisse der ersten Wahlen der BGL 1947 und 1948 ist fast nichts bekannt. Doch in vielen Schächten spielte die Gewerkschaftsorganisation so gut wie keine Rolle. Die Annahme der SED, dass man die Arbeit der Betriebsräte im institutionellen Rahmen der Industriegewerkschaft ohne Weiteres fortführen könne, erwies sich als irrig. Die geringe Verankerung der BGL in den Schächten und Betrieben zog unweigerlich auch Probleme in der Mitgliederwerbung nach sich, und darunter musste wiederum der Aufbau betrieblicher Gewerkschaftsorganisationen leiden. Personell und strukturell war die Gewerkschaftsarbeit im ersten Jahr ihres Aufbaus so mangelhaft, dass sich selbst der sowjetische Leiter des Objektes 24 (Bärenstein) darüber beschwerte, nie etwas von Partei oder Gewerkschaft in seinem Arbeitsbereich zu hören.[22] Doch es waren gerade die sowjetischen Funktionäre, die das Arbeiten der Revierleitung erschwerten. Sie nahmen an den Sekretariatssitzungen teil, wo alle wichtigen Entscheidungen getroffen wurden, gaben »Hinweise« und übten nicht selten Druck aus. Unter solchen Umständen waren die wenigsten Belegschaftsangehörigen bereit, sich gewerkschaftlich, dazu in den meisten Positionen ehrenamtlich, zu engagieren und sich als »Russenknechte« beschimpfen zu lassen. Auch die Verdienstmöglichkeiten von 250 bis 300 Reichsmark im Monat waren kein angemessener Anreiz, wenn man in der Produktion das Dreifache verdienen konnte.[23] Die mangelhafte betriebliche Verankerung der BGL und der niedrige Organisationsgrad führten beim Zentralvorstand der SED zu dem Schluss, dass eine personelle Neubesetzung der Revierleitung nötig sei. Auf der Sekretariatssitzung der Betriebsparteileitung vom 24. März 1948 stellte der Vorsitzende Kurt Böhme fest, dass es Gründel »an der durchschlagenden Kraft, die ein führender Funktionär der Gewerkschaftsbewegung haben muss«, fehle.[24] Das Landessekretariat der SED habe »ganz offen und klar die Frage gestellt, dass der Genosse Leppi zur Verstärkung der Arbeit hier eingebaut werden soll.«[25] So wurde Richard Leppi ab April 1948 neuer Vorsitzender der Revierleitung Aue. Der Vorgang zeigt, dass die SED spätestens zu diesem Zeitpunkt massiven Einfluss auf die Gewerkschaftsorganisation nahm. Hatte noch ein Jahr zuvor der FDGB die Besetzung der Positionen im Reviervorstand vorgenommen, war es ab 1948 die Partei, die über Einberufung und Absetzung der Gewerkschaftsvorsitzenden entschied. Das spiegelte die Vorgänge auf gesamtzonaler Ebene wider, wo sich mit der Stalinisierung der SED auch die allmähliche Unterordnung des FDGB unter die Parteilinie vollzog.[26] Dabei hatte die SED zunächst Anlaufschwierigkeiten bei ihrem Versuch, Einfluss auf die Ereignisse im Uranerzbergbau zu nehmen. Ihr Handlungsspielraum war schon allein dadurch eingeschränkt, dass das Urangebiet militärisch abgesperrte Zone und ein Betreten nicht ohne Weiteres möglich war. Generaldirektor Malzew

21 Bis 1949 waren das ca. 25 Prozent der Belegschaft. Bretschneider: Kein Schutz vor Willkür, S. 13.

22 Engeln, Ralf: Zur Gründung und Rolle des FDGB im sächsisch-thüringischen Uranbergbau 1946-1954, in: Tenfelde: Ein neues Band, S. 120.

23 S. a. das Kapitel Löhne, Prämien, Arbeitszeiten.

24 SächstSAC, 32301, GL Wismut der SED, IV 2/3/1. Protokoll über die Sekretariatssitzung am 24. März 1948.

25 Ebd.

26 Helf: Von der Interessenvertretung zur Transmission, S. 343 f.

ließ sich nicht gern in die Karten schauen. Überdies war das Verhältnis der sowjetischen Funktionäre zu deutschen Parteigenossen noch von starkem Misstrauen begleitet, da die SED 1947, wenige Monate nach der Vereinigung von SPD und KPD, paritätisch besetzt und ihr »Charakter [...] noch nicht klar zu erkennen« war.[27] Für die SED aber war es in zweierlei Hinsicht von großer Bedeutung, einen Fuß ins Territorium der Wismut setzen zu können: Zum einen konnte sie als »Vorhut der Arbeiterklasse« die Nachrichten über die unhaltbaren sozialen Lebensbedingungen der Arbeiter nicht ignorieren. Zum anderen gehörte es zu ihrem Alleinvertretungsanspruch, jeden Winkel des gesellschaftlichen Lebens zu besetzen und zu kontrollieren. Gerade in den Jahren ihrer Etablierung hätte es von großer Schwäche gezeugt, keinen Zugriff auf einen so weiträumigen Bereich der Besatzungszone zu haben.

Ihre Chancen auf Einfluss verbesserten sich im Laufe des Jahres 1947, als sich auf zonaler Ebene die Zentralisierung und Vereinheitlichung des Parteiapparates der SED und der Verwaltungsstrukturen der SBZ nach sowjetischem Vorbild abzeichneten.[28] Indikator dafür war vor allem der II. Parteitag der SED im September 1947. Hier wurde nicht nur das Bekenntnis zur UdSSR und zum Sowjetsystem geäußert, Walter Ulbricht sprach außerdem von der Entwicklung der SED zu einer »Partei neuen Typus«.[29] Das war augenscheinlich auch die Eintrittskarte für den Uranerzbergbau, wie die Parteihistoriographen später im Hinblick auf die Gründung von SED-Betriebsgruppen andeuteten: »...mit Belangen des Erzbergbaus befaßte deutsche Genossen verwiesen [die sowjetische Betriebsleitung – J.S.] auf den in der SED inzwischen vollzogenen Entwicklungprozeß.«[30] Im Sommer 1947 entstanden die ersten Betriebsgruppen in den Schächten und Betrieben. Angeleitet wurden sie zunächst vom Landesvorstand der SED in Sachsen. Die vier »Sonderbevollmächtigten« waren Kurt Böhme, Ernst Wabra, Robert Keßler und Herbert Pomp. Sie bildeten die »Betriebsparteiorganisation Erzbergbau«, die sich einige Monate später in »Kreisparteiorganisation Aue II« umbenannte. Ihr Vorsitzender wurde der 34 Jahre alte Kurt Böhme.[31] Vom Paritätsprinzip zwischen Sozialdemokraten und Kommunisten, das bei der SED-Gründung 1946 festgelegt worden war, konnte in dieser Zusammensetzung keine Rede sein: Alle vier Funktionäre waren »bewährte Antifaschisten« mit einer klassischen Karriere in kommunistischen Organisationen und in der »Partei

27 Karlsch: Urangeheimnisse, S. 156.

28 Malycha, Andreas: Die SED. Geschichte ihrer Stalinisierung 1946-1953, Paderborn 2000.

29 Entschließung des II. Parteitages zur politischen Lage, in: Dokumente der Sozialistischen Einheitspartei Deutschlands, Bd. 1, Berlin 1951, S. 217.

30 Zur Geschichte der Parteiorganisation Wismut, S. 21.

31 Kurt Böhme; geb. 1913 in Deuben b. Dresden als Sohn eines Arbeiters; Ausbild. zum Tischler und Polier; 1946 Sekretär der KPD/SED; 1947-49 Instrukteur der Abt. Kader des SED-Landesvorstandes Sachsen; 1947-51 1. Sekretär der Kreisparteiorganisation Aue II bzw. SED-GL Wismut; ab 1951 Offizier der KVP, dann NVA; ab 1957 stellvertr. Leiter der Politischen Verwaltung des Ministeriums für Nationale Verteidigung; 1961/62 Militärattaché an der DDR-Botschaft der UdSSR; 1963-69 Stellvertr. des Vorsitzenden für Innere Angelegenheiten des Rates des Bezirkes Karl-Marx-Stadt; gest. 1991. Müller-Enbergs, Helmut/Wielgohs, Jan/Hoffmann, Dieter/Herbst, Andreas (Hg.): Wer war wer in der DDR? Ein Lexikon ostdeutscher Biographien, Berlin 2006, S. 109.

Ernst Thälmanns«.[32] In der offiziellen Begründung hieß es, dass die Schaffung der Parteiorganisation Wismut erst nach der SED-Gründung stattgefunden habe und somit eine paritätische Besetzung obsolet geworden sei.[33] Doch mit anderen als solch altgedienten Kommunisten hätte die sowjetische Betriebsleitung wohl auch nicht zusammengearbeitet.

So lag auch der Fall bei der Neubesetzung des Gewerkschaftsvorsitzenden. Richard Leppis Biographie ähnelt der seines Vorgängers Gründel: 1904 als Sohn eines oberschlesisches Bergarbeiters geboren, wurde er selbst Bergmann und engagierte sich schon früh im Kommunistischen Jugendverband und in der KPD. 1931 wurde er Sekretär für Agitation und Propaganda der KPD-Bezirksleitung Oberschlesien. Nach mehrjähriger Haft in nationalsozialistischen Konzentrationslagern wurde er 1941 in die Freiberger Erzgruben zwangsverpflichtet. Seit 1947 hatte er sich intensiv am Aufbau der Parteiorganisation im Uranerzbergbau beteiligt.[34] Diese Vita zeichnete Leppi als verlässlichen Genossen aus, der die Gewerkschaftsbewegung im Sinne der Parteilinie voranbringen würde. Doch der »Gewerkschafter alter Schule« hatte durchaus seine eigenen Vorstellungen von der ihm anvertrauten Position – obschon er sich nie in Opposition zur sowjetischen Generaldirektion oder zur Parteileitung stellte. Zunächst setzte er, gegen den anfänglichen Widerstand der SED, die Weiterbeschäftigung Richard Gründels als Leiter eines »Arbeitsgebietes« durch, wie die Objektorganisationen von Gewerkschaft und Partei genannt wurden.[35] Die Arbeit des Reviervorstandes unter Leppis Führung lässt sich aus den Protokollen der Sekretariatssitzungen nachvollziehen. In seitenlangen Diskussionen über den Organisationsaufbau der Gewerkschaft dominierten strukturelle und personelle Fragen, wie beispielsweise die Aufteilung der Arbeitsgebiete und deren Bedeutung für die Organisation. So befand Leppi, dass »in allererster Linie« die Abteilungen Organisation, Bildung, Schulung, Werbung, Kultur sowie Arbeit und Sozialpolitik ausgebaut werden müssten. Die Arbeitsgebietsleiter waren im gesamten Wismut-Gebiet tätig und verantworteten die Anleitung der BGL. Der Bereich Arbeit und Sozialpolitik reichte von Arbeitsrechtsfragen und Tarifpolitik über Entschädigungen und Vergünstigungen bis hin zur Betreuung von Massenquartieren und Erholungsheimen.[36] Da die Generaldirektion der Revierleitung bereits 1947 fünf Erholungsheime übereignet hatte, verfügte die zukünftige Industriegewerkschaft als erste Revierleitung des FDGB über einen eigenen Feriendienst.

Auch die Sozialversicherungskassen (SVK) gingen im Laufe der ersten Jahre in die Verantwortung der Gewerkschaft über. Auf Befehl Malzews 1948 im ganzen Wismut-Territorium gebildet, unterstanden sie der staatlichen Sozialversicherung.[37] Ihre organisatorische Entwicklung lief parallel zur Zentralisierung aller gesellschaftlichen Institutionen in der SBZ/DDR, so dass sich auch die Knappschaften einer Einbeziehung in die Einheitsversicherung nicht verweigern konn-

32 Zur Geschichte der Parteiorganisation Wismut, S. 21.
33 Engeln: Uransklaven, S. 151.
34 Karlsch: Urangeheimnisse, S. 160 f.
35 Engeln: Gründung, S. 121.
36 SAPMO-BArch, DY 52/1257. Sekretariatssitzung am 18. Mai 1948, S. 6 f.
37 Engeln: Uransklaven, S. 164.

ten. Sachsen und Thüringen hatten die Knappschaftskassen bereits 1945/46 in die SVK eingegliedert, während sich Länder wie Brandenburg bis 1948 noch dagegen wehrten. Und auch die IG Bergbau sträubte sich zunächst gegen eine Übernahme, befürchtete sie doch den Verlust bergmännischer Privilegien aus der Knappschaftszeit. 1947 kam ein Kompromiss zwischen SVK und IG Bergbau zustande, demzufolge Abteilungen für die Beschäftigten des Bergbaus in den entsprechenden Kreisen der SVK und Bergbau-Rentenkassen bei den Versicherungsanstalten der Länder eingerichtet werden sollten. Eine Ausnahme bildete auch in diesem Falle der Uranerzbergbau; er wurde 1949 aus der SVK des Landes Sachsen ausgegliedert.[38] Zwei Jahre später wurden die SVK nach der Verordnung des Ministerrates vom 26. April 1951 in die Verantwortung des FDGB bzw. ihrer Einzelgewerkschaften übergeben.[39]

Der Ton der Besprechungen im Reviervorstand war kritisch, oft sogar rau und schonungslos. Probleme beim Organisationsaufbau, vor allem aber die Konflikte in der Zusammenarbeit mit sowjetischen Offizieren wurden offen auf den Tisch gebracht. Und mit Kritik an der Parteileitung der Wismut hielt Leppi ebenfalls nicht hinter den Berg. Eine Ursache für die unbefriedigenden Gewerkschaftswahlen im Sommer 1948 sah er in der mangelnden Unterstützung durch den Kreisvorstand Aue II: »Wir müssen feststellen, dass die Partei nicht überall auf dem Posten war.«[40] Sie hatte seiner Meinung nach die Betriebsgewerkschaftswahlen als »mobilisierenden Faktor« in den Betrieben unterschätzt. Denn da die Belegschaft seit Jahren daran gewöhnt sei, den Produktionsplan »von oben diktiert« zu bekommen, habe sich keine Initiative von unten bilden können. Doch gerade diese Bewegung von der Basis der Werktätigen könne helfen, das Plansoll zu erfüllen und über zu erfüllen.[41] Mit dieser Argumentation hatte er nicht nur den Nerv von Partei- und Betriebsleitung getroffen – Leistungssteigerung und Planerfüllung – sondern auch unverhohlen Kritik am Führungsstil der Funktionäre geäußert. Damit waren Leppis Tage als Gewerkschaftsvorsitzender gezählt.

Ende des Jahres 1948 zog die Revierleitung von Aue in den Chemnitzer Stadtteil Siegmar-Schönau, wo sich auch der Sitz von Generaldirektion und Parteiorganisation befand. Die räumliche Anbindung an Betriebs- und Parteileitung ging der endgültigen Abspaltung der Gewerkschaftsorganisation von der IG Bergbau voraus. Auf maßgebliches Betreiben des Generaldirektors und gegen den Willen des FDGB-Vorsitzenden Herbert Warnke wurde die Revierorganisation 1950 aus der IG Bergbau ausgegliedert. Sie erhielt den Status einer Einzelgewerkschaft, die, im Unterschied zu allen anderen Einzelgewerkschaften, nicht in die Strukturen des FDGB integriert war, sondern direkt dessen Bundesvorstand in Berlin unterstand.[42] Diese Entwicklung vollzog sich gleichzeitig in der Parteiorganisation, die 1949 aus dem Landesverband herausgenommen und dem Parteivorstand in Berlin unterstellt wurde, dessen Direktiven sie fortan ausführte.

[38] Ebd., S. 165.
[39] SAPMO-BArch, DY 52/104 ZV IGW. Sekretariatssitzung am 19. Juni 1952, S. 3.
[40] SächsStAC, 32301, GL Wismut der SED, IV 2/1/23. Kreisvorstandssitzung am 10. September 1948.
[41] Ebd.
[42] Engeln: Uranenklaven, S. 186.

Als Vorsitzender des Zentralvorstandes der IG Wismut konnte sich Richard Leppi nicht mehr lange halten. Einen ersten Versuch des SED-Landesvorstandes 1949, ihn aus dem Amt zu entfernen, vermochte er dank der Protektion des Generaldirektors abzuwenden. Doch schon ein Jahr später fand die SED eine Gelegenheit, den selbstbewussten Funktionär seines Postens zu entheben. Auf einem Seminar der sächsischen Landesparteischule hatte er eine Kollegin geohrfeigt und wurde daraufhin wegen »parteischädigenden Verhaltens« ausgeschlossen.[43]

2. »Sind wir Gewerkschaften oder sind wir keine?« Funktion, Legitimation, Transformation

In den ersten Monaten ihres Wirkens war die Gewerkschaft vor allem mit Organisationsaufbau und Mitgliederwerbung beschäftigt. Der Gewerkschaftsapparat sollte kein »starres Gefüge« sein, sondern sich in jeder Periode jeder Situation anpassen können.[44] Um das zu erreichen, so Leppis Vorstellung, brauche man einen funktionierenden Apparat, der mit »einem einzigen Druck auf den Knopf« den gesamten Schacht in Bewegung bringen könne. Das setze eine straffe Organisation des Leitungsapparates voraus, dessen Mitglieder nicht mehr »nur Politiker, sondern Organisator« sein sollten.[45] Ziel dieser Bemühungen war gleichzeitig die Verbesserung des Organisationsgrades, der 1948 bei gerade einmal 20 Prozent lag. Mit Massenpropaganda wollte man deshalb die Belegschaft auf die Notwendigkeit des Gewerkschaftsbeitrittes hinweisen. Die bunte Ausschmückung der Objekte gehörte ebenso dazu wie die »Herausgabe von Losungen in möglichst auffälliger Form«.[46] Unter den Beschäftigten sollten talentierte Zeichner oder Karikaturisten ausfindig gemacht werden, die ein- bis zweimal pro Woche Werbeplakate und Wahlsprüche entwerfen würden. Nach Veranstaltungsende sollte alles »schlagartig« abgenommen werden, da veraltete Parolen nur »Geist und Nerventötend [sic]« seien.[47] Doch mit bunten Plakaten allein ließ sich kein Blumentopf gewinnen. Die individuelle und unmittelbare Rekrutierung der Arbeiter in den Schächten selbst sollte den gewünschten Erfolg bringen. Wie das in der Praxis aussah, demonstrierte Gewerkschaftsleiter Maß, der die Mitgliederzahl auf Schacht 38 innerhalb von zwei Monaten vervierfachte (von 200 auf 800 Organisierte bei einer Belegschaftsstärke von 1.500). Seine Argumentation für diesen Erfolg war simpel: »Wir haben uns die Kumpel vorgenommen und gefragt, ob sie organisiert sind und wenn nicht, haben wir ihnen klargemacht, daß sie verpflich-

[43] Karlsch: Urangeheimnisse, S. 161.
[44] SAPMO-BArch, DY 52/1257, ZV IGW. Sekretariatssitzung am 18. Mai 1948, S. 6.
[45] Ebd.
[46] SAPMO-BArch, DY 52/1257, ZV IGW. Sekretariatssitzung am 18. Mai 1948, S. 8.
[47] Ebd.

tet sind, in der Gewerkschaft organisiert zu sein.«[48] Dass diese Art der Mitgliederwerbung offenbar Früchte trug, zeigte sich schon 1949, als Leppi einen Organisationsgrad von 60 Prozent feststellte.[49] In den folgenden Jahren stagnierte die Mitgliederzahl allerdings bei durchschnittlich 53 Prozent, bis 1953 schließlich ein Organisationsgrad von 90 Prozent erreicht wurde.[50] Neben der Mitgliederwerbung für die eigene Organisation sorgte sich die Gewerkschaft auch um die deutsch-sowjetische Verständigung. Plakate und Losungen in den Kulturhäusern wiesen auf die UdSSR als den »einzigen Friedensgarant der Welt« hin, die Gesellschaftszimmer schmückten Büsten von Lenin und Stalin, an den Wänden hingen Bilder von Puschkin, Dostojewski und Majakowski neben dem Porträt von Heinrich Heine, »die darauf hinweisen, daß hier die Kultur verkörpert ist.«[51] Geplant war die Ausstrahlung sowjetischer Kulturfilme in Wanderkinos[52] »mit anschließender Diskussion, um Aufklärung in unser Volk über das Wesen des sowjetischen Menschen zu bringen.«[53] Es bedarf keiner angestrengten Phantasie, sich die Begeisterung der Bergleute vorzustellen, die nach einem harten Arbeitstag Propagandafilme der ungeliebten »Russen« schauen und obendrein darüber diskutieren sollten.

Arbeit und Sozialpolitik aber sollte nach Auffassung Leppis das »umfassendste Arbeitsgebiet« sein.[54] Es beinhaltete Arbeitsrechtsfragen, Arbeitsschutz, Tarifpolitik, Urlaub, die Betreuung von Massenunterkünften und Erholungsheimen. Bei den katastrophalen sozialen Verhältnissen, die 1947/48 im Uranbergbau herrschten, gab es eine Menge zu tun. Lag in diesen Umständen, zumal nach Ausschaltung der Betriebsräte, eine potenzielle Möglichkeit der Gewerkschaft, sich als Interessenvertretung zu profilieren?

Die erste und in ihrer Konsequenz wohl auch letzte »Amtshandlung« der Gewerkschaft, die als wirkliche Vertretung von Arbeiterinteressen bezeichnet werden kann, war eine Initiative des FDGB-Landesvorstandes Sachsen. Am 15. April 1947 hatte der einen Brandbrief an die »russischen Gewerkschaften« verfasst und nach Moskau abgeschickt.[55] In ihm wurden die unhaltbaren Zustände im Wismut-Gebiet geschildert und dabei die Hilflosigkeit von Partei und Gewerkschaft mit dem Unwillen der sowjetischen Betriebsleitung in Zusammenhang gebracht. Die Verfasser des Briefes beklagten u.a. die Nichteinhaltung des Bergarbeitertarifes, mangelhafte Arbeitsmaterialien, die die Einhaltung des Plansolls unmöglich machten, fehlende Arbeitskleidung sowie Seuchengefahr infolge unzureichender Sanitäranlagen in den Schächten und Quartieren.[56] Den Brief an die

48 SAPMO-BArch, DY 52/101 a, ZV IGW. Sekretariatssitzung am 7. Oktober 1949, S. 1 f.
49 Ebd. Sekretariatssitzung am 19. August 1949, S. 1 f.
50 Engeln: Uransklaven, S. 179.
51 SAPMO-BArch, DY 52/101 a, ZV IGW. Sekretariatssitzung am 19. August 1949, S. 14.
52 Wanderkinos waren Filmwagen mit transportablen Filmapparaten, mit denen man umherfahren und u. a. in Kulturhaussälen Filme vorführen konnte. 1949 soll es 13 Wanderkinos im Wismut-Gebiet gegeben haben. Wismut GmbH: Chronik, S. 881.
53 SAPMO-BArch, DY 52/101 a, ZV IGW. Sekretariatssitzung am 19. August 1949, S. 14.
54 SAPMO-BArch, DY 52/1257, ZV IGW. Sekretariatssitzung am 18. Mai 1948, S. 7.
55 Unternehmensarchiv der Wismut GmbH, 10-Abt 1/A/2, 1-7. »Ergebnis der Besprechungen in Aue (Erzbergbaugebiet) am 2. und 3. Juni 1947«, 16. 6. 1947. Abschrift von Thermokopie, unpag.
56 Ebd.

»russischen Gewerkschaften« zu adressieren hatte einen Hintersinn, dessen Absicht nicht ohne Wirkung blieb. Nur die Generaldirektion konnte die Zustände in ihrem Einflussbereich ändern und so musste der Landesvorstand hoffen, dass der Brief auf Umwegen Generalmajor Malzew erreichen würde. So geschah es, denn bereits elf Tage später, am 26. April 1947, zitierte Malzew eine Abordnung von Gewerkschaftsfunktionären in sein Büro in Aue. Bei den Unterhändlern handelte es sich um die Vorsitzenden der IG Bergbau, Paul Lähne und Arthur Schreiber, den 2. Vorsitzenden der Landesleitung der IG Bergbau Sachsen, Fritz Schreiber, sowie Richard Gründel. »Auf der Tagesordnung stand die Durchführung einiger Maßnahmen zur Verbesserung der Lage im Erzbergbau«, hielten Lähne und Schreiber in ihrem Bericht des Treffens fest.[57] Das betraf die Ausgabe von Warmverpflegung für alle Belegschaftsmitglieder unabhängig von der Normerfüllung, die Durchführung und Kontrolle des Arbeitsschutzes und die Überstellung von fünf Erholungsheimen in den Verantwortungsbereich der Gewerkschaft. Über die sensiblen Fragen von Tarif, Arbeitszeit und Sonntagsarbeit wollte sich der Generaldirektor erst auf einem weiteren Treffen äußern. Das fand am 2. und 3. Juni 1947 mit August Friedel, Vertreter des Landesvorstandes Sachsen der SED, je einem Vertreter der Kreisvorstände des FDGB und der SED sowie Rudi Jahn, dem Leiter der Hauptabteilung Schulung und Bildung im Landesvorstand Sachsen des FDGB statt. Zunächst brachte Malzew seinen Unmut darüber zum Ausdruck, dass man ihn umgangen und die »sowjetischen Gewerkschaften« von den Problemen informiert habe; vermutlich hatte er Kritik aus Moskau einstecken müssen. Doch nun solle »alles Vergangene [...] vergessen« sein und die Arbeit mit der Gewerkschaft verbessert werden.[58] Er diktierte die Verdopplung der Gewerkschaftsmitglieder durch eine groß angelegte Werbekampagne und die Konstituierung von Betriebsgewerkschaftsleitungen in allen Schächten und Betrieben. Überdies »wünscht der General Malzew eine stärkere kulturelle Betreuung der Erzbergbaubetriebe durch die Gewerkschaften«, was die Belieferung mit Zeitungen und Büchern sowie die Organisation von Konzerten oder Theaterveranstaltungen einschloss.[59] Von Tarif- und Arbeitszeitregelungen war in dieser Besprechung keine Rede mehr.

Der Vorstoß des FDGB-Landesvorstandes hatte Wirkung gezeigt, die sozialen Verhältnisse im Urangebiet verbesserten sich allmählich. Doch gleichzeitig wurde klar, dass Malzew sich das Heft nicht aus der Hand nehmen ließ. Er bestimmte den Rahmen der Zusammenarbeit mit der Gewerkschaft und gab ihr zugleich Handlungsanweisungen, die sogar die Mitgliederentwicklung der Organisation betrafen. Sozialpolitische Maßnahmen wurden ohnehin in den ersten Jahren als Befehle der sowjetischen Generaldirektion herausgegeben, die von der Gewerkschaft nur noch umzusetzen waren.

---

[57] Unternehmensarchiv der Wismut GmbH, 10-Abt 1/A/2, 1-7. Bericht von Paul Lähne und Arthur Schreiber über die Besprechung mit Generalmajor Malzew am 26. April 1947 (Thermokopie), unpag.

[58] Unternehmensarchiv der Wismut GmbH, 10-Abt 1/A/2, 1-7. »Ergebnis der Besprechungen in Aue (Erzbergbaugebiet) am 2. und 3. Juni 1947«, 16 .6. 1947 (Thermokopie), unpag.

[59] Ebd.

Die Gewerkschaftspolitik war also zu keinem Zeitpunkt eigenständig oder unabhängig. Interessenvertretung war sie so lange und in solchem Maße, wie es Generaldirektion oder Partei zuließen. Die Akteure der frühen Gewerkschaftsarbeit sahen sich daher stets in ihrer eigenen Legitimation in Frage gestellt. In den ersten Jahren gab es immer wieder massive Beschwerden von Arbeitsgebietsleitern oder BGL über die Behinderung ihrer Arbeit durch sowjetische Funktionäre. Die schienen nach Gutdünken die Arbeit der Gewerkschaft zu unterstützen oder zu untergraben. So kam es vor, dass ein sowjetischer Offizier die Bitte des Gewerkschaftsfunktionärs Nietzsch ablehnte, eine Arbeiterin mit Kleiderstoff für ihre sechs Kinder auszustatten. Als sich die Frau direkt an ihn wandte, genehmigte er den Antrag.[60] Der für Sozialpolitik zuständige Arbeitsgebietsleiter Karl Kintscher[61] berichtete im Herbst 1948, dass Befehle der Generaldirektion über Lohnfortzahlung im Krankheitsfall, über die Erhöhung des Trennungsgeldes sowie die Zulagekarte für werdende Mütter offenbar nicht zur Ausführung kamen. Die Bergleute mussten außerdem oft tagelang auf ihre Lebensmittelkarten warten. Hinzu kam, dass die sowjetischen »Freunde« Schuhleder für ihre Stiefel verarbeiteten, welches die Regierungsaußenstelle ursprünglich zur Verteilung an die Belegschaft geschickt hatte. Doch eine Intervention beim verantwortlichen Offizier in der Wirtschaftsabteilung zeitigte keinen Erfolg: »Ich komme nicht mehr zu Major Tschujew. Wenn er mich im Vorzimmer sitzen sieht, nimmt er seine Tasche und verschwindet.«[62] Während sich mancher Sowjetfunktionär also vor der Konfrontation mit den Gewerkschaftern drückte, machte Politoffizier Pschorlow die Machtbefugnisse deutlicher. Er mischte sich in die Personalangelegenheiten der Gewerkschaft und entschied über Absetzung und Einstellung von Funktionären. Stieß er dabei auf die Gegenwehr des Reviervorstandes, stellte er klar, dass die Gewerkschaft nichts zu entscheiden habe, »ohne nicht mit ihm über jede einzelne Frage gesprochen zu haben.« Für manchen Gewerkschaftsfunktionär stellte sich deshalb die Frage, »ob der Reviervorstand noch Geltung hat.«[63] Vor allem bei delikaten Themen wie Arbeitszeiten und Tarifpolitik demonstrierte die Generaldirektion, wer der »Herr im Hause« war. Trotz des Briefes an die »russischen Gewerkschaften« und monatelanger Interventionen schaffte es der Reviervorstand nicht, den Bergarbeitertarif im Uranerzbergbau durchzusetzen. Und die verlorene Schlacht bei der Verhinderung von Sonntagsarbeit weitete sich für den Reviervorstand ebenfalls zu einem Glaubwürdigkeitsproblem aus. Als Interessenvertretung der Arbeiter wurde die Gewerkschaftsbewegung ohnehin kaum akzeptiert. Mit der Unterstützung bei der Einführung von Sonntagsarbeit musste sie befürchten, ihren Kredit bei den Bergleuten endgültig zu verspielen. Schon im Frühjahr 1948 hatte die sowjetische Betriebsleitung die Feiertage 1. Mai, Chris-

[60] SAPMO-BArch, DY 52/101 a. Sekretariatssitzung am 19. August 1949, S. 6.

[61] Karl Kintscher, 1894- ?, geb. in Waldenburg/Schlesien; Bergarbeiter, Betriebsratsvorsitz. u. Unterbezirksleiter KPD; ab 1947 Auftrag, die IG Bergbau in den Schächten um Annaberg aufzubauen; 1947-59 Mitglied des Reviervorstandes der IG Bergbau Aue bzw. ZV der IG Wismut, u.a. Sekretär f. Arb. u. Soziales; 1960 Fritz-Heckert-Medaille, vgl. SAPMO-BArch, DY 52/2355.

[62] SAPMO-BArch, DY 52/1257, ZV IGW. Sekretariatssitzung am 15. November 1948, S. 12 f. Major Tschujew war Beauftragter des Generaldirektors.

[63] Ebd. Sekretariatssitzung am 13. Dezember 1948, S. 7.

ti Himmelfahrt und die Pfingstfeiertage als Arbeitstage einkalkuliert und das Plansoll nach Moskau geschickt. Leppi interpretierte diesen Vorstoß diplomatisch als Versehen und schlug vor, anstelle der Feiertage Stoßschichten in der Zeit vom 20. bis 30. Mai zu verfahren, um den Plan erfüllen zu können.[64] Zusätzlich wollte er dafür sorgen, dass es künftig keine Sonn- und Feiertagsarbeit mehr gäbe – damit beabsichtigte die Gewerkschaft, ihr Ansehen bei der Belegschaft zu erhöhen. Es war nun Aufgabe der BGL in den Schächten und Betrieben, den Werktätigen die Notwendigkeit der erhöhten Arbeitsleistung in »intensiver Aufklärungsarbeit« zu erörtern. Den Gewerkschaftsfunktionären war bei diesem Kompromiss selbst nicht ganz wohl zumute, wie die apologetischen Begründungen implizieren: »Dass wir das durchführen, ist klar. Nicht etwa deshalb, weil es uns befohlen wurde, wie es den Anschein haben könnte, sondern weil es eine zwingende Notwendigkeit ist im Interesse unserer Wirtschaft insgesamt.«[65] Wenige Monate später kam es erneut zur Diskussion über Sonntagsschichten, in der Leppis eingeschränkter Handlungsspielraum noch deutlicher wurde. Auf einer Sitzung der Betriebsparteileitung im August 1948 gab die Vorsitzende der FDJ-Gebietsorganisation, Inge Rosch,[66] bekannt, dass »die Jugend am 5. September anlässlich des Weltfriedenstages der Jugend eine Friedensschicht verfährt [...].«[67] Leppi protestierte, da auf Grund des nicht erfüllten Planes schon mehrere Pflichtsonntage für den Monat September angesetzt seien, nicht zu reden von der allgemeinen Sonderschicht zur Übererfüllung des Wirtschaftsplanes. Doch mit dieser Meinung stand er auf verlorenem Posten. »Es wurde festgelegt, dass unter allen Umständen die Jugend am 5. September die Friedensschicht verfährt [...].«[68] Die Einführung der Sonntagsschichten wurde schließlich im Frühjahr 1950 administrativ entschieden.[69] Diese Situation führte in den ersten Jahren zu starken Selbstzweifeln über die Legitimation der eigenen Arbeit, was in beinahe jeder Arbeitsberatung zu spüren war. Kintscher brachte sie schließlich auf den Punkt mit der Frage: »Sind wir Gewerkschaften oder sind wir keine.«[70] Schon auf einer seiner ersten Sekretariatssitzungen hatte Leppi beklagt, dass »unsere Arbeiter [...] uns nicht mehr als Gewerkschafter [betrachten], sondern [...] uns als Handlanger der Objektleitungen [einschätzen].«[71] Das lag zum einen am Machtmonopol der sowjetischen Generaldirektion. Wenn es sich unter der Belegschaft herumsprach, dass Offiziere den Arbeitern direkt bewilligten, was sie der Gewerkschaft verweigert hatten – wie sollte sie die Gewerkschaft dann noch ernst nehmen? Und die als Befehle

---

64 Stoß- oder Ehrenschichten gingen auf sowjetisches Vorbild zurück. Dort waren schon 1926/27 sog. Stoßbrigaden gebildet worden, die sich überdurchschnittliche Arbeitsleistungen zum Ziel setzten. Stoßschichten mussten immer dann verfahren werden, wenn das Planziel nicht erfüllt werden konnte und kamen zur normalen Arbeitszeit noch hinzu.

65 SAPMO-BArch, DY 52/1257, ZV IGW. Sekretariatssitzung am 18. Mai 1948, S. 9.

66 Inge Rosch, später Lange, geb. 1927 in Leipzig, 1949/50 1. Sekretärin der FDJ-Gebietsleitung Wismut u. Mitarbeiterin der SED-Gebietsleitung, ab 1961 Leiterin der Abt. Frauen des ZK der SED. Müller-Enbergs et al.: Wer war wer in der DDR?, S. 590.

67 SächsStAC, 32301, GL Wismut der SED, IV 2/1/23. Sekretariatssitzung am 17. August 1948.

68 Ebd.

69 Karlsch: Urangeheimnisse, S. 161.

70 SAPMO-BArch, DY 52/1257, ZV IGW. Sekretariatssitzung am 15. November1948, S. 12 .

71 Ebd. Sekretariatssitzung am 18. Mai 1948, S. 8.

herausgegebenen sozialpolitischen Verordnungen der Generaldirektion trugen ebenfalls nicht die Handschrift der Gewerkschaft. Obwohl sie für die Ausführung dieser Maßnahmen verantwortlich war, musste es auf die Arbeiter wirken, als ob Verbesserungen nur von der sowjetischen Verwaltung kamen. Die Gewerkschaftsfunktionäre wünschten sich deshalb, zumindest Mitunterzeichner der Verordnungen zu sein, da sie ihre Existenzberechtigung bei den Bergleuten schwinden sahen: »Die Kumpels sagen: Wir brauchen die Organisation nicht.«[72] Die Verbesserung der materiellen Lage war besonders in den frühen Jahren der Gradmesser für die Akzeptanz der Gewerkschaft als Interessenvertretung. Dabei konnte die Organisation oftmals nicht einhalten, was sie versprochen hatte. Darunter litt wiederum die Werbung um Mitglieder. Gab es Unzufriedenheiten in der Versorgung – und handelte es sich auch nur um »nachgeordnete« Konsumgüter wie Rasierseife – hatten die Gewerkschafter augenblicklich einen schlechteren Stand in den Schächten und Betrieben. Andererseits taten viele der mit Organisation und Mitgliederwerbung beschäftigten Gewerkschaftsfunktionäre die Forderungen der Beschäftigten als »Kleinigkeiten« ab, auf denen die Arbeiter ihrer Meinung nach »herumritten«.[73] Diese Ignoranz konnte das Verhältnis zwischen Gewerkschaft und Kumpels nicht gerade verbessern.

Die brüchige Glaubwürdigkeit der Gewerkschaft als Interessenvertretung manifestierte sich in dem anonymen Beschwerdebrief eines Kumpels. Der Brief war ein Hilferuf über die unhaltbaren Zustände auf dem Schacht »Kleine Malwine« in Objekt 4 (Annaberg-Buchholz), gerichtet an den Arbeitsgebietsleiter der SED-Parteiorganisation, Merkel. Unterzeichnet mit »Ein Sozi«, bedeutete er auch eine Warnung an Partei und Gewerkschaft, sich ihrer sozialen Verantwortung für die Menschen im Urangebiet zu erinnern.

> [...] Sind das noch Zustände auf der kleinen Malwine, und ihr als Arbeitervertreter seht das so weiter mit an? Schämen müßt ihr euch! Sperrung der Zusatzkarten [...] Seht das Gedränge am Tor beim Schichtwechsel, durch einen schmalen Gang mit gleichzeitiger Essenmarkenausgabe. Letztens haben wir 35 Minuten gestanden und ½ Stunde bei der Essenausgabe. – Kumpels liegen stundenlang in der Sanitätsstube ohne durch das Krankenauto abgeholt zu werden. [...]
> Das Interesse an Gewerkschaft und Partei läßt rapide nach. Vertragt eine gesunde Kritik und schaltet Euch ein ehe es ganz zu spät ist. Heute leider noch anonym, aber bald werden wir unsere Klagen öffentlich vorbringen müssen.[74]

Doch die Legitimierungsversuche der Gewerkschaft waren schwach. Mit dem Kampf um arbeitsfreien Sonntag und um Tariflöhne hatte sie vergeblich die eigene Popularität zu erhöhen versucht. Dabei war sie immer wieder von Betriebsleitung oder Partei in die Grenzen ihres Handlungsraumes verwiesen worden. Das Glaubwürdigkeitsdefizit bei der Belegschaft wurde schließlich hingenommen, ab 1950 war von internen Selbstzweifeln kaum noch etwas zu spüren.

Gleichzeitig deutete sich in der Arbeit des Reviervorstandes ab 1949 ein Funktionswandel an, der so gar nichts mit betrieblicher Interessenvertretung im tradi-

---

72 SAPMO-BArch, DY 52/101 a ZV IGW. Sekretariatssitzung am 19. August 1948, S. 6.
73 Ebd.
74 Ebd. Sekretariatssitzung am 10. Januar 1949, unpag.

tionellen Sinne zu tun hatte und dem Legitimationsanspruch der Gewerkschaft nicht förderlich sein konnte. Leistungswettbewerb und Produktionspropaganda standen auf der Tagesordnung: »[Man muss] dem Kumpel beibringen, daß unsere Organisation und die Produktion ein untrennbarer Begriff sind. Wenn er Gewerkschaftsorganisation hört, muß er in erster Linie an die Organisation denken.«[75] Das ging einher mit Strukturmaßnahmen im Apparat des Reviervorstandes, in deren Konsequenz die Sozialpolitik zu einer nachgeordneten Kategorie abqualifiziert wurde: »Es steht weiter die Frage, daß heute die Gewerkschaft keine sozialpolitische Abteilung mehr hat, sondern daß alles zusammengefaßt ist unter dem Sekretariat Massenarbeit.«[76] Die Arbeitsgebiete hießen nun Hauptabteilungen und waren aufgeteilt in Organisation, Schulung und Massenarbeit. »Das ist die Form, wie sie die IG jetzt annehmen.«[77] Im Oktober 1949 bezeichnete Leppi die Gewerkschaft gar leicht despektierlich als »Sozialverein«, der im Zuge des Aufbaus einer »neuen, demokratischen Wirtschaft« zur »Kampforganisation« umgestaltet werden müsse.[78] Diese Umstrukturierungen waren charakteristisch für die Entwicklung im gesamten FDGB, der sich 1950 endgültig der Linie der SED-Parteiführung unterordnete.[79] Hatte sich die Einheitsgewerkschaft bis 1947 noch relativ unabhängig und »durchaus kämpferisch«[80] gezeigt in Hinblick auf die betriebliche Interessenvertretung, insbesondere Lohn- und Tarifpolitik, so konnte sie sich doch der fortschreitenden Zentralisierung und Einbindung in die staatlichen Strukturen nicht entziehen. Schon auf der Bitterfelder Konferenz im November 1948 erklärte der Führungsapparat des FDGB den Kampf gegen »Schumacherismus« (nach dem SPD-Vorsitzenden Kurt Schumacher) und gegen das »Nurgewerkschaftertum«, um die sozialdemokratisch orientierte sowie die innergewerkschaftliche Opposition zu diffamieren. Zu den vordringlichsten Aufgaben der Gewerkschaft wurden nun Arbeitsmobilisierung und Produktionssteigerung erklärt.

Parallel dazu hatte die SED ihre Macht mit Hilfe der SMAD und ungeachtet des bestehenden Mehrparteiensystems immer weiter gefestigt und verkündete auf dem III. Parteitag 1950 schließlich ihren alleinigen Führungsanspruch. Mit dem Aufruf, die »Überreste des Sozialdemokratismus« sowie »Spione und Agenten«, »Titoisten und Trotzkisten« zu bekämpfen, gingen Parteisäuberungen einher, denen selbst hochrangige Funktionäre wie Paul Merker oder Franz Dahlem zum Opfer fielen.[81] Gleichzeitig mit der Stalinisierung der SED verlief der Transformationsprozess des FDGB zum Transmissionsorgan der Partei. Auf dem 3. Bundeskongress der Einheitsgewerkschaft im Spätsommer 1950

75 SAPMO-BArch, DY 52/101 b, ZV IGW. Sekretariatssitzung am 28. Oktober 1949, S. 11.
76 SächsStAC, 32301, GL Wismut der SED, IV 2/3/2. Sekretariatssitzung vom 24. Mai 1949, S. 10.
77 Ebd.
78 SAPMO-BArch, DY 52/101 b, ZV IGW. Sekretariatssitzung am 28. Oktober 1949, S. 11.
79 Zur Transformation des FDGB Werum, Stefan Paul: Gewerkschaftlicher Niedergang im sozialistischen Aufbau. Der Freie Deutsche Gewerkschaftsbund (FDGB) 1945 bis 1953, Göttingen 2005; Brunner, Detlev (Hg.): Der Wandel des FDGB zur kommunistischen Massenorganisation. Das Protokoll der Bitterfelder Konferenz des FDGB am 25./26. November 1948, Essen 1996; Helf: Von der Interessenvertretung zur Transmission.
80 Gill: FDGB, S. 128.
81 Malycha: Die SED, S. 405-435.

wurde die führende Rolle der SED anerkannt und der »demokratische Zentralismus« als Organisationsprinzip in der Satzung verankert.[82] Für die IG Wismut hieß das unter anderem »Bekämpfung des Arbeitsbummelantentums«. Die Zwangsverpflichtungen der Arbeitsämter, falsche Versprechungen von Werbern sowie die harten Arbeitsbedingungen führten nicht nur zu einer maroden Arbeitsmoral, sondern auch zur massenhaften Flucht aus dem Erzgebirge. Die Zahl der »Arbeitsbummelanten« wurde 1949 auf drei bis vier Prozent geschätzt. Für den Reviervorstand stellte sich deshalb die Aufgabe, »uns um die Verstärkung unserer Belegschaft zu kümmern. [...] Das ist Gewerkschaftsarbeit.«[83] Um das Fluchtproblem auswärtiger Arbeiter zu umgehen, wollte man sich dabei zunächst auf Sachsen konzentrieren, insbesondere in Chemnitz gäbe es noch 11.000 Erwerbslose, darunter »auch eine ganze Reihe gesunder Kräfte.« Der Einwand, dass es sich hier größtenteils um berufsfremde Arbeitskräfte handelte, störte Leppi wohl ebenso wenig wie die Generaldirektion: »[...] das hat damit nichts zu tun. Man muß ihnen sagen, welche Entwicklungsmöglichkeiten sie bei uns haben.«[84] Als Erfolgmodell für die Besetzung eines Schachtes mit einheimischen Arbeitern hob Leppi den Schacht 55 (Johanngeorgenstadt) hervor, der im ganzen Jahr nicht eine einzige »Bummelschicht« gehabt habe. Im Gegensatz beispielsweise zum Schacht Malwine in Annaberg-Buchholz, wo man 1948 400 bis 500 Fehlschichten pro Monat registrierte.[85] Mit einheimischen Beschäftigten, die nicht auf Bus und Bahn angewiesen waren, habe hier die Produktion erhöht und die »Bummelantenziffer« auf ein Minimum reduziert werden können. Für den Gewerkschaftsvorsitzenden ein Zeichen, dass »es auch an der Organisation liegt.«[86] Die offizielle Verkündung der Transformation der IG Wismut zum Instrument der Parteiführung fand auf der Zentralvorstandstagung der IG Wismut am 15./16. Juni 1951 statt. Dort fiel der Begriff der Gewerkschaften als »Transmissionen«. Im Rekurs auf Stalins Theorie von den »Gewerkschaften als Schulen des Kommunismus«, die »unter Führung der Partei der Arbeiterklasse die Diktatur des Proletariats [...] verwirklichen«,[87] implizierte der Referent die zukünftigen Aufgaben der IG Wismut. Demzufolge oblag den Gewerkschaften die Organisierung und Durchführung des sozialistischen Wettbewerbs und der Produktionsberatungen. Sie hätten dafür zu sorgen, dass der Wettbewerb »von unten herauf« entwickelt würde und eine Massenbewegung entstünde: »Der Wettbewerb entwickelt sich aus der Brigade, aus der Abteilung, aus dem Betrieb.«[88]

Das Image der Gewerkschaft war 1951 allerdings so angeschlagen, dass sowohl die Wismut-SED, die sich seit 1950 Gebietsparteiorganisation Wismut

[82] Helf: Von der Interessenvertretung zur Transmission, S. 344.

[83] SAPMO-BArch, DY 52/101 a, ZV IGW. Sekretariatssitzung am 19. August 1949, S. 9 f.

[84] Ebd., S. 9.

[85] SächsStAC, 32301, GL Wismut der SED, IV 2/19/101. Kreisvorstandssitzung am 16. April 1948, S. 10.

[86] SAPMO-BArch, DY 52/101 a, ZV IGW. Sekretariatssitzung am 11. Januar 1949, S. 3.

[87] SAPMO-BArch, DY 52/1395, ZV IGW. Referat für die Zentralvorstandssitzung am 15. und 16. Juni 1951: »Die Aufgaben der IG Wismut auf der Grundlage des Studiums der positiven Erfahrungen der Arbeit der Gewerkschaften in der Sowjet-Union«, S. 2.

[88] Ebd., S. 5 f.

nannte, als auch Walter Ulbricht selbst im November 1951 klare Worte sprechen mussten. Grund für den offensichtlichen Totalverlust von Autorität und Popularität bei der Belegschaft war nicht nur das Dilemma zwischen Durchführung sozialpolitischer Verbesserungen und Durchsetzung der Parteilinie. Am 16. und 17. August 1951 war es in einem der neuen Wismut-Gebiete in Ostthüringen, in der Kleinstadt Saalfeld, zu einem Aufruhr von Wismut-Kumpel gekommen, dessen eruptive Gewalt die Partei- und Gewerkschaftsführung in Alarmbereitschaft versetzte. Zwei Tage lang hatten Hunderte Bergleute aus dem Objekt Dittrichshütte auf dem Marktplatz randaliert, das Polizeigebäude geplündert und das Gefängnis gestürmt, um darin einsitzende Kumpel zu befreien. Aufgrund des Schießverbotes und der Zurückhaltung der Volkspolizei konnten Todesfälle vermieden werden.[89] Für Partei und Gewerkschaft bot sich nun Gelegenheit, die eigenen Versäumnisse in den noch jungen Urangebieten um Gera und Ronneburg zu rekapitulieren. Endlich kamen die enormen sozialen Missstände zur Sprache, mit denen die Bergleute in Thüringen seit Monaten kämpften. Die Funktionäre mussten geradezu erstaunt feststellen, wie gering ihr Einfluss auf die Geschehnisse im thüringischen Uranbergbau gewesen war.[90] Es schien einige Wochen zu dauern, bis sich Partei und Gewerkschaft von dem Schock erholt hatten und die Ereignisse auswerteten. Der Gewerkschaftsvorsitzende Heinz Raeder[91] hatte erst im Herbst, nach entsprechenden Weisungen der Partei, ein Instrukteurkollektiv nach Saalfeld entsandt, das innerhalb von drei Wochen die schwache Gewerkschaftsorganisation im Kreisgebiet auf Vordermann zu bringen plante.[92] Wie ein solcher Kraftakt in so kurzer Zeit gelingen sollte, blieb im Dunkeln. Raeders Engagement wurde nicht honoriert, für die Vorfälle musste ein Schuldiger gefunden werden. Mit dem Vorwurf, er habe Gewerkschaftsgelder unterschlagen, wurde er im November 1951 von Herbert Flämig abgelöst.[93] Kurze Zeit später forderte ein Parteifunktionär auf der 17. Gebietsleitungstagung, den Gewerkschaften zu »ermöglichen, wieder Autorität zu bekommen«.[94] Der Aufruhr blieb unerwähnt. Oberstes Gebot war nun die Wiederherstellung des Vertrauens der Arbeiter zu ihrer Gewerkschaft. Wie sie das erreichen sollte, brachte die Parteileitung in eine einfache Formel, die wohl an anderer Stelle dem Vorwurf des »Nurgewerkschaftertums« nicht standgehalten hätte: Mit der »Verbesserung gewisser Bedingungen in den Kulturräumen, in Küchen« sollte sich die IG Wismut wieder »stärker um die Belegschaft kümmern« – allerdings ohne auf »überspannte Forderungen« oder »unberechtigte Wünsche« einzugehen.[95]

---

89 Ausführlich dazu im Kapitel Eigen-Sinn und Mikropolitik im Betriebsalltag.

90 ThStA Rudolstadt, Bezirksleitung der SED Gera, Nr. IV 2/6/822. »Die gegenwärtige Lage in der Wismuth-AG (sic) im Kreisgebiet Gera«, undat., S. 5 f.

91 Die Lebensdaten Raeders waren nicht zu ermitteln.

92 SächsStAC, 32301, GL Wismut der SED, IV 3/2/5. Sekretariatssitzung am 9. Oktober 1951, S. 4.

93 Engeln: Uransklaven, S. 190. Auch zu Flämig fanden sich keine biographischen Angaben.

94 SächsStAC, 32301, GL Wismut der SED, IV /1/26. 17. Tagung der SED-Gebietsleitung Wismut am 3. November 1951, S. 26.

95 Ebd.

Walter Ulbricht präzisierte die Funktion der Gewerkschaft noch einmal auf der außerordentlichen Leitungssitzung der Gebietsparteileitung (GPL) im November. Der Generalsekretär und einige sowjetische »Freunde« waren mit den Funktionären der GPL zusammengetroffen, um abschließende Schlussfolgerungen aus den Saalfeld-Ereignissen zu ziehen. Die IG Wismut sollte sich um die materiellen und kulturellen Bedürfnisse der Werktätigen sorgen, ihre Vorschläge beachten und Missstände beseitigen, »damit nicht unnötige Unzufriedenheit vorhanden ist.« Gleichzeitig aber hatte sie, »wie überhaupt bei uns in den Produktionen die Wettbewerbe zu leiten und die Aktivistenbewegung zu entwickeln.«[96] Mit diesen Worten strafte Ulbricht nicht nur die schlechte Gewerkschaftsarbeit in Thüringen und die Vorgänge in Saalfeld ab. Seine Ausführungen markieren eine neuerliche Wende in der Gewerkschaftspolitik der SED, die nach dem »Nurgewerkschaftertum« nun auch das »Nurwirtschaftertum« kritisierte. Damit sollten die Gewerkschaften für die wirtschaftlichen Schwierigkeiten in der DDR und die wachsende Unzufriedenheit der Bevölkerung verantwortlich gemacht werden.[97] Zwischen 1950 und 1952 gab es deshalb kaderpolitische Säuberungen, denen auch mehrere Mitglieder des Zentralvorstandes zum Opfer fielen, unter anderem der erst kurze Zeit im Amt befindliche Flämig. Raeders und Flämigs Amtshandlungen blieben konturlos, die Präsenz ihres Vorgängers in den Überlieferungen von Partei und Gewerkschaft konnten sie, schon wegen der Kürze ihrer Amtszeit, nicht erreichen. Den kaderpolitischen Säuberungen der Partei, die in der Wismut AG besonders gründlich arbeitete, fiel auch Kurt Böhme zum Opfer.[98] Er wurde im März 1951 von Horst Dohlus[99] abgelöst, der seinen Platz bereits nach wenigen Monaten für Günter Röder[100] räumen musste. Röder blieb drei Jahre im Amt, sein Nachfolger wurde 1954 Alois Bräutigam,[101] der spätere »Erste« in der Bezirkparteileitung Erfurt. Weitere Par-

[96] SächsStAC, 32301, GL Wismut der SED, IV 1/2/26. Außerordentliche Leitungssitzung am 11. November 1951, S. 5 f.

[97] Engeln: Gründung, S. 126.

[98] Engeln: Uransklaven, S. 157 f. Böhme fiel allerdings weich, vermutlich auch wegen der Protektion der sowjetischen Funktionäre: er brachte es bis zum Militärattaché an der Botschaft der DDR in der Sowjetunion. Vgl. seine biographischen Angaben weiter oben.

[99] Horst Dohlus, geb. 1925 in Plauen (Vogtland) als Sohn eines Bauhandwerkers; Ausbildung zum Friseur; 1947-49 Bergarbeiter in der SAG Wismut in Annaberg; ab 1947 Mitglied der BPO-Leitung, Instrukteur der GL Wismut; 1950-54 und ab 1971 Abgeordneter der Volkskammer, 1950-63 Kandidat, danach Mitglied des ZK der SED, 1951 1. Sekretär und 1951-53 2. Sekretär der GL Wismut; 1955 »Rüge« wegen »parteischädigenden Verhaltens«; 1958-60 2. Sekretär der SED-BL Cottbus; 1960-86 Leiter der Abt. Parteiorgane beim ZK der SED; 1990 aus der SED-PDS ausgeschlossen; lebt in Berlin. Müller-Enbergs et al.: Wer war Wer, S. 185.

[100] Zu Röder konnten keine biographischen Angaben gefunden werden.

[101] Alois Bräutigam, geb. 1916 in Grünlos/Böhmen als Sohn eines Maurers; Ausbildung zum Maurer, danach als Bergmann tätig; 1946 Aussiedlung nach Schmalkalden; seither hauptamtl. SED-Funktionär z. B. als 1. Sekretär der KL Arnstadt und Weimar; 1954-58 1. Sekretär der GL Wismut; 1958-80 1. Sekretär der SED-BL Erfurt; 1958-89 Mitgl. des ZK der SED; 1982-89 Vorsitzender des Zentralausschusses der Volkssolidarität. Müller-Enbergs et al.: Wer war Wer, S. 130.

teivorsitzende waren Rolf Weihs (1958-1960),[102] Kurt Kieß (1960-1970)[103] und Alfred Rohde (1970-1989).[104]

3. Schule des Sozialismus

1952 wurde Werner Lucas Vorsitzender der IG Wismut. Der 38-jährige gelernte Maler war 1947 als Hauer zur Wismut gekommen, hatte sich zum Steiger qualifiziert und war dann als Instrukteur in die Gebietsleitung berufen worden. Wie Gründel und Leppi kam auch er aus dem Kaderstamm der Parteiorganisation. Nach seiner Abberufung 1955 machte er Karriere im FDGB und wurde später Vorsitzender der IG Bergbau-Chemie (1963-1974).[105] Für Lucas stand vor allem die Mitgliederwerbung im Mittelpunkt der Amtsgeschäfte, wiewohl er weniger von »Werbung«, als von »Erziehungsarbeit der Nichtorganisierten« sprach.[106] Der Grund dafür lag in der Belegschaftsentwicklung der SAG Wismut. Von 1950 bis 1952 hatten viele Zwangsverpflichtete den Uranbergbau verlassen dürfen, die Generaldirektion entließ zusätzlich Tausende Beschäftigte auf Grund von Umstrukturierungen. Gleichzeitig aber blieb die Mitgliederzahl der Gewerkschaft stabil, da vermutlich viele der unorganisierten Kumpel die Wismut verlassen hatten. 1952 wuchs der Organisationsgrad auf 90 Prozent an.[107] Lucas´ Loyalität zu Partei- und Betriebsleitung ließ nichts zu wünschen übrig. »Vorschläge« der sowjetischen »Freunde« wurden von ihm beherzigt, auch wenn es sich dabei beispielsweise um das heikle Thema der Arbeitszeiten handelte. Zu Ostern 1953 ging es nicht mehr darum, ob sonntags überhaupt gearbeitet wurde, sondern nur, wann der Arbeitssonntag stattfinden sollte. »Wegen der Arbeitszeit zu Ostern haben wir uns mit den Freunden geeinigt, daß wir nicht am 29.3., sondern erst am 12.4.53

102 Rolf Weihs, geb. 1920 in Goldlauter/Suhl; Ausbildung zum Metallformer; Nach 1945 Mitglied der SED und hauptamtlicher SED-Funktionär; 1954-58 2. Sekr. und 1958-60 1. Sekr. der GL Wismut; 1960-63 Mitgl. des ZK der SED und 1. Sekr. der SED-BL Karl-Marx-Stadt; 1970-86 stellv. Vorsitzender der SED-BPKK Erfurt. Müller-Enbergs et al.: Wer war wer, S. 1068.

103 Kurt Kieß, 1914-1970; geb. in Griesbach/Erzg. als Sohn eines Schlossers; Ausbild. zum Klempner; 1945-48 sowjet. Kriegsgefangenschaft; ab 1949 Maschinenschlosser bei der SAG Wismut in Oberschlema; 1951/52 2. Sekretär der SED-Objektleitung des Objektes 11; 1952/53 1. Sekretär der SED-KL Wismut Breitenbach; 1957 Sekretär für Wirtschaft in der GL Wismut; 1958 2. und 1960-70 1. Sekretär der GL Wismut; ab 1963 Abgeordneter der Volkskammer und ab 1963 Kandidat des ZK der SED. Müller-Enbergs et al.: Wer war wer, S. 500.

104 Alfred Rohde, 1921-1990, geb. in Dresden als Sohn einer Arbeiterfamilie, Ausbild. zum Maschinenschlosser; 1946-50 BGL-Vors. und Mitgl. der SED-Stadtbezirksleitung Dresden; 1951-52 Abt.-Leiter in SED-KL Dresden; 1955-66 polit. Mitarbeiter im ZK der SED; 1966-70 2. Sekr. und 1971-89 1. Sekr. der GL Wismut; 1971-89 Mitglied des ZK der SED und Abgeordneter der Volkskammer. Ebd, S. 837.

105 Müller-Enbergs et al.: Wer war wer, S. 634.

106 Engeln: Uransklaven, S. 193.

107 Ebd.

einen Arbeitssonntag durchführen.« Und auch in nachgeordneten Fragen folgte er den »Hinweisen« der sowjetischen Funktionäre.

> Die sowjetischen Freunde haben uns vorgeschlagen, noch im März eine Vorstandssitzung durchzuführen und dort Sportfragen zu behandeln. Ich würde vorschlagen, das am 30.3.1953 durchzuführen. [...] Von einem Vorsitzenden des OGV muß ein Kurzreferat gehalten werden, was sie bisher zur Unterstützung des Sports getan haben.[108]

Überdies duldete er keinen Zweifel an der Rolle der Partei. Gewerkschaftsfunktionäre, die sich noch nicht an die völlige Subordination gewöhnt hatten, wurden darauf hingewiesen, dass »die Partei immer noch die führende Kraft [ist] und nichts anderes.«[109] Lucas war der letzte Vorsitzende, unter dessen Führung die Sekretariatssitzungen in Gesprächsprotokollen wiedergegeben wurden. Sie geben Einblick in eine zumindest in Ansätzen kritische Diskussionskultur, in der die Probleme des gewerkschaftlichen Handelns noch reflektiert wurden. Dabei ging es um die schleppende Beitragskassierung bei den Mitgliedern, das mangelnde Vertrauen der Kumpel oder die lähmende Wirkung allzu vieler Sitzungen und Konferenzen.[110] Mitarbeiter wurden kritisiert, nicht aussagekräftige Berichte zurückgewiesen, Schwachpunkte offen angesprochen.

> Koll. E., wenn Du nicht endlich anfängst, Deine Arbeit zu verändern, geht es mit Dir rapid bergab [...]. Dem Koll. D. möchte ich sagen: das ist nicht der Bericht eines ernsthaft arbeitenden Sekretariats und eines ernsthaft arbeitenden Vorsitzenden. [...] Der Bericht [...] ist mangelhaft, enthält keine ernsthafte Analyse über die geleistete Arbeit im OGV E., die Schlußfolgerungen sind unzureichend.[111]

Diese Praxis änderte sich deutlich ab der zweiten Hälfte der fünfziger Jahre. Die Protokolle des ZV wurden von Jahr zu Jahr umfangreicher, aber auch unpersönlicher. Seitenlange Vorlagen, Rede- oder Beschlussentwürfe geben zwar inhaltlich Aufschluss über die Entscheidungen und Vorgänge im Gewerkschaftsapparat. Doch je dicker die Konvolute wurden, desto weniger spiegeln sich in ihnen Konflikte, Reibungspunkte und Kontroversen innerhalb des Apparates wider. Gesprächsprotokolle der Sekretariatssitzungen wurden abgeschafft, so dass sich Auseinandersetzungen unter den Mitglieder nicht mehr ohne Weiteres nachvollziehen lassen. Lediglich in den Protokollen von Tagungen oder Konferenzen finden sich Diskussionsbeiträge, an denen Konfliktlinien oder Problempunkte sichtbar werden. Profil und Persönlichkeit eines Gewerkschaftsvorsitzenden fanden nun keinen Niederschlag im Schriftverkehr mehr. Dafür wurden Klima und Atmosphäre innerhalb der Betriebe immer plastischer geschildert. Dank einer in den sechziger Jahren intensiver werdenden Informationspolitik war der Zentralvorstand (ebenso natürlich wie die SED-Gebietsleitung) monatlich über jede Äußerung der Beschäftigten zu außen- und innenpolitischen, sozialpolitischen oder gesellschaftlichen Ereignissen auf dem Laufenden. Lucas´ Nachfolger war der zum Zeitpunkt seines Amtsantrittes 31-jährige Heinz Schönfeld. Geboren 1924

108 SAPMO-BArch, DY 52/1263, ZV IGW, Protokoll der Sekretariatssitzung am 12. März 1953, S. 2.
109 SAPMO-BArch, DY 52/131, ZV IGW, Sekretariatssitzung am 2. September 1954, S. 5.
110 SAPMO-BArch, DY 52/114, ZV IGW. Sekretariatssitzung am 9. Mai 1953, Ebd. Sekretariatssitzung am5. November 1953.
111 SAPMO-BArch, DY 52/107 c, ZV IGW. Sekretariatssitzung am 23. Oktober 1952, S. 6.

als Sohn einer Chemnitzer Arbeiterfamilie, kam er 1947 zur SAG Wismut nach Annaberg. Seine gewerkschaftliche Laufbahn startete er als Vertrauensmann, wurde Schichtgruppenleiter und schließlich BGL-Vorsitzender. 1950 absolvierte er die Gewerkschaftsschule in Bernau und die Kreisparteischule in Aue, wo ihm überdurchschnittliche Intelligenz, ein hohes Maß an Selbstsicherheit sowie die Fähigkeit zur Selbstkritik, aber auch Tendenzen zur Überheblichkeit bescheinigt wurden. Im Zentralvorstand arbeitete er zunächst als Organisations-Instrukteur, bevor man ihn zum 1. Vorsitzenden berief.[112] Er füllte den Posten bis zu seinem Tod 1966 aus, sein Nachfolger wurde Herbert Strienitz. Der zu diesem Zeitpunkt 46-jährige Bergarbeiter kam aus einer Arbeiterfamilie im Erzgebirge und war 1946, nach britischer Kriegsgefangenschaft und einem kurzen Arbeitsaufenthalt bei der Deutschen Reichsbahn, zur Sozialversicherung der Wismut in Annaberg gestoßen. In der Industriegewerkschaft arbeitete er sich bis zum stellvertretenden Vorsitzenden hoch und übte schließlich von 1966 bis zu seinem Ruhestand 1985 die Funktion des Vorsitzenden aus.[113] Sein Nachfolger Gotthard Stark, Jahrgang 1943, war bei Amtsantritt 42 Jahre alt. Er hatte seine Ausbildung zum Kipperfahrer in der SDAG Wismut absolviert, wurde FDJ-Sekretär in Lichtenberg und später 1. Sekretär der FDJ-Gebietsleitung Wismut (1973-1978).[114] Seine Karriere endete mit dem Mauerfall.

Nahezu von Anfang an standen Planerfüllung und Produktionspropaganda auf der Agenda der Gewerkschaft. Sie organisierte den sozialistischen Wettbewerb und die Neuererbewegung, welche durch die Implementierung neuer Arbeitsmethoden bei der Steigerung der Arbeitsproduktivität helfen sollte. Die Kreisvorstände waren für das Aufstellen von Wettbewerbstafeln verantwortlich, Brigaden sollten sofort am Ausgang des Schachtes mit Wimpeln, Fahnen und kleinen Präsenten zum Erreichen des Wettbewerbszieles beglückwünscht werden.[115] 1950 hatte der FDGB die Initiative zur Brigadegründung angestoßen, nachdem es bereits in den späten vierziger Jahren vereinzelt Produktionsbrigaden in den Industriebetrieben gegeben hatte. Sie gingen zumeist aus den Arbeitskolonnen der nationalsozialistischen Betriebe hervor, ihre Bedeutung war aber bis dato gering geblieben.[116] Auf einer Sitzung des Bundesvorstandes am 3. und 4. März 1950

112 Schönfeld war verheiratet und hatte drei Kinder, zu einem in Westdeutschland lebenden Bruder unterhielt er keinerlei Kontakt, er kannte nach eigenen Angaben nicht einmal dessen Adresse. Weitere Funktionen: Sekretär der Grundorganisation, Mitglied der SED-Gebietsleitung, Mitglied des FDGB-Bundesvorstandes sowie des Präsidiums des BuVo. SächsStAC, 32301, GL Wismut der SED, IV 2/V/28. Selbstverfasster Lebenslauf Heinz Schönfeld vom 21. 10. 1950. Schülerbeurteilung der Kreisparteischule »Otto Hempel« Aue vom 18. 12. 1950. Kurzbiographie von 1955.

113 Strienitz wurde 1921 in Schlettau geboren; Baumgartner, Gabriele und Dieter Hebig: Biographisches Handbuch der SBZ/DDR 1945-1990, München 1997, S. 910.

114 Buch, Günther: Namen und Daten wichtiger Personen der DDR, Berlin/Bonn 1987, S. 308.

115 SAPMO-BArch, DY 52/162, ZV IGW. »Schlußfolgerungen des Zentralvorstandes der Industriegewerkschaft Wismut zur Verbesserung der Gewerkschaftsarbeit entsprechend den Hinweisen der Instrukteurbrigade des Zentralkomitees der SED«, 15. 4. 1957, S. 2.

116 Zur Entstehung und Entwicklung der Brigadebewegung vgl. die zeitgenössischen Publikationen von Dittrich, Gottfried: Die Anfänge der Aktivistenbewegung, Berlin 1987; Henneberg, Horst-Otmar: Zur Entwicklung und Organisation der Arbeitsbrigaden in der volkseigenen Industrie, Berlin 1955; sowie in der aktuellen DDR-Forschung Roesler: Der Brigadier, der Meister und der Plan; ders.: Die Produktionsbrigaden; Reichel, Thomas: Konfliktprävention.

forderte Herbert Warnke die Übertragung des sowjetischen Brigadesystems auf die DDR-Betriebe, um die reibungslose Durchführung der Wettbewerbsbewegung gewährleisten zu können. Bis zum Ende des Jahres schossen die Neugründungen in den Himmel: Anstatt der geforderten 15.000 Arbeitsbrigaden wurden bis Dezember 1950 fast 100.000 Brigaden gebildet. Bis 1957 waren 1,9 Millionen Beschäftigte in 179.000 Brigaden zusammengefasst.[117] Während die Brigaden im Allgemeinen die »unterste Arbeitseinheit in der jeweiligen Organisation« bilden sollten, wurden sogenannte Komplex- oder Instrukteurbrigaden hingegen nur für ganz bestimmte, zeitlich begrenzte Aufgaben gegründet.[118] Vielerorts waren die explosionsartigen Erfolge der Brigadegründungen jedoch nicht viel mehr als ein »statistisches Windei«.[119] So hatten beispielsweise im Braunkohlenkombinat Böhlen nur 124 von über 450 neu gegründeten Brigaden Bestand. Und ein in die Chemiewerke Leuna entsandter Instrukteur musste feststellen, dass von 200 auf dem Papier existierenden Brigaden lediglich 45 arbeiteten.[120] Genaue Angaben über die Brigadegründungen in der SAG Wismut waren nicht zu ermitteln, doch in anderen Zusammenhängen dokumentierte Zahlen lassen Rückschlüsse auf die Größenordnungen zu. 1953 verpflichteten sich die Jugendlichen des Uranerzbergbaus, bis zum Pfingsttreffen der FDJ im Folgenden Jahr über 500 neue Jugendbrigaden zu gründen.[121] Und im Herbst des Jahres 1955 hatten bereits 1.000 Wismut-Brigaden den Fünfjahrplan erfüllt. 91 Prozent nahmen am Wilhelm-Pieck-Aufgebot teil, womit sie sich zur Verbesserung der Arbeitsqualität, der Selbstkostensenkung, der Materialeinsparung sowie zur Unterstützung schwächerer Brigaden verpflichteten.[122] Denn mit der Verpflichtung einer Brigade zur Einhaltung ökonomischer Kriterien war es nicht getan: Leistungsmobilisierung und Motivierung anderer Brigaden gehörten ebenfalls zu den Aufgaben einer solchen Arbeitseinheit, um möglichst viele »Werktätige« in den sozialistischen Massenwettbewerb einzubinden.[123] Ob diese öffentlich verbreiteten Zahlen immer der Realität entsprachen, ist schwer einzuschätzen. Nach einer Statistik der Parteiorganisation der Wismut jedenfalls belief sich die Anzahl der untertage tätigen Brigaden im Jahr 1956 auf 508.[124] 1958 initiierte die Gewerkschaft eine neue Form der Brigadebewegung, die »Brigaden der sozialistischen Arbeit«, in denen sich die Mitglieder verpflichteten, »sozialistisch zu arbeiten, sozialistisch zu leben und sozialistisch zu lernen.«[125] Angestoßen wurde die Bewegung von der Jugendbrigade »Nicolai Mamai« des Elektrochemischen Kombinats Bitterfeld, die den Aufruf in der Gewerkschaftszeitung »Tribüne« veröffentlichte.[126] Triebfeder für diese Initiative war nicht nur die Stärkung der gewerkschaftlichen Autorität, sondern

[117] Roesler: Der Brigadier, der Meister und der Plan, S. 259, ders.: Die Produktionsbrigaden, S. 144.
[118] Henneberg: Zur Entwicklung, S. 5.
[119] Roesler: Der Brigadier, der Meister und der Plan, S. 260.
[120] Roesler: Die Produktionsbrigaden, S. 147.
[121] »Bis zum Deutschlandtreffen 500 neue Jugendbrigaden«, in: Junge Welt vom 21. November 1953.
[122] »1.000 Wismut-Brigaden erfüllten Fünfjahrplan«, in: Junge Welt vom 2. September 1955.
[123] »Wismut-Kumpel bleiben vorn«, in: Tribüne vom 16. September 1955.
[124] SächsStAC, 32301 GL Wismut der SED, IV 2/1/38. Protokoll der 7. Tagung der SED-Gebietsleitung am 31. August 1956, S. 5.
[125] Roesler: Die Produktionsbrigaden, S. 145.
[126] »Wir wollen auf sozialistische Weise arbeiten, lernen, leben«, in: Tribüne vom 7. Januar 1959.

Betriebsbindung und Leistungssteigerung sowie die Erziehung der Beschäftigten zu »Neuen Menschen«. Auch die Einführung und Propagierung von Betriebskollektivverträgen (BKV) 1951 wurde durch die Gewerkschaft unterstützt. Die BKV stellten einen verbindlichen Katalog von Selbstverpflichtungen zwischen Belegschaft und Betriebsleitung dar, sie wurden im Wesentlichen zur Absegnung neuer Arbeitsbedingungen, Löhne und Normen ins Leben gerufen. Die Einführung der BKV stieß zunächst auf massiven Widerstand in den Betrieben der DDR, die für den 31. Mai 1951 geplante Abschlussfrist musste mehrmals verlängert werden.[127] In den frühen fünfziger Jahren vollzogen sich im Organisationsapparat der IG Wismut einige Strukturveränderungen, die parallel zu denen der GPL verliefen. Die 1949 zu Hauptabteilungen zusammengefassten Arbeitsgebiete wurden mit insgesamt 24 Reviervorständen besetzt. 1952 erfolgte ihre Umbenennung in Objektgewerkschaftsvorstände (OGV), die den Namen ihrer Leiter erhielten. Die OGV wurden bereits ein Jahr später aufgelöst und in zehn Kreisvorstände umgewandelt, die für Annaberg-Buchholz, Aue, Auerbach, Crossen, Freital, Gera, Johanngeorgenstadt, Karl-Marx-Stadt, Oberschlema und Schneeberg zuständig waren. Im Gegensatz zum FDGB hatten nicht die Vorstände die operative Leitung inne, sondern die mit hauptamtlichen Mitarbeitern besetzten Sekretariate.[128] 1951 wurden überdies Abteilungsgewerkschaftsleitungen (AGL) geschaffen.[129] Beim Organisationsaufbau von Partei und Gewerkschaft zeichnete sich mit der Auflösung der Kreisvorstände 1963 eine stärkere Zentralisierung und Betriebszentriertheit ab: Die SED-Gebietsleitung führte nun sogenannte Grundorganisationen (GO) in den Betrieben, bei der Gewerkschaft waren nur noch BGL und AGL für die »Basisarbeit« verantwortlich.[130] Die IG Wismut machte gleichzeitig deutlich, dass sie sich von den herkömmlichen Strukturen der Teilgewerkschaften unterschied und es »keinerlei Einfluß der Kreis- und Bezirksvorstände des FDGB« in ihrem Verantwortungsbereich gab.[131] Diese Abschottung wurde besonders dann augenfällig, wenn sich territoriale FDGB-Kreisvorstände an den ZV wandten und um Unterstützung baten. So richtete sich der Kreisvorstand Aschersleben an die Abteilung Arbeiterversorgung mit der Bitte, die Rahmenkollektivverträge der SDAG zu übersenden, da es sich um eine arbeitsrechtliche Angelegenheit eines ehemaligen Wismut-Kumpels handelte. Die Gewerkschaft machte dem Kollegen jedoch klar, dass dies »auf Grund bestimmter Besonderheiten, die sich aus der Produktion innerhalb der SDAG Wismut ergeben« unmöglich sei und die Unterlagen ohnehin »für Euch keinen Nutzen« hätten. Ehemalige Wismut-Beschäftigte müssten sich in arbeitsrechtlichen Fällen stets persönlich an die IG Wismut wenden.[132]

---

[127] Gill: FDGB, S. 182; Mühlfriedel/Hellmuth: Carl Zeiss Jena, S. 108 f.

[128] Engeln: Uransklaven, S. 187 f.

[129] SächsStAC, 32301, GL Wismut der SED, IV /1/26. 17. Tagung der SED-Gebietsleitung Wismut am 3. November 1951, Bl. 26.

[130] SAPMO-BArch, DY 52/72, ZV IGW. Beschluss auf der 14. Zentralvorstandstagung der IG Wismut am 15.3.1963 in Karl-Marx-Stadt, unpag.

[131] Ebd. »Struktur und Arbeitsweise des Zentralvorstandes der IG Wismut, seines Sekretariates und des Apparates«, 27. 6. 1963, S. 3.

[132] SAPMO-BArch, DY 52/1240, ZV IGW. Brief der Abt. Arbeiterversorgung/Feriendienst an den FDGB-Kreisvorstand Aschersleben, 29. 3. 1966, unpag.

Die soziale und kulturelle Betreuung der Beschäftigten, aber auch deren Erziehung zu sozialistischen Menschen standen im Mittelpunkt der gewerkschaftlichen Aufgaben. Mit Hilfe von ehrenamtlichen Arbeiterkontrolleuren wurde die Qualität der Küchen und Kantinen, die Sortimentsgestaltung der Einkaufsläden oder die Einhaltung des Arbeitsschutzes überprüft.[133] Im Schriftverkehr des ZV der IG Wismut der späten fünfziger und der sechziger Jahre sind Vorlagen, Arbeitspläne und Konferenzen von einem Schlagwort geprägt: Steigerung der Arbeitsproduktivität. Ebenso wie die strenge Anwendung des »Sparsamkeitsregimes«, die »Rentabilität der Betriebe« und natürlich die Planerfüllung diente sie, den Auslegungen des FDGB zufolge, letztendlich den Arbeitern selbst. Denn schließlich sei die Verbesserung des Lebensstandards der »Werktätigen« das vornehmliche Ziel der Gewerkschaften, die sich selbst als »konsequente Vertreter der Arbeiterinteressen« betrachteten.[134] Dazu aber müssten die Arbeiter die Mittel selbst erarbeiten. Gebetsmühlenhaft wurde das Postulat von der Steigerung der Arbeitsproduktivität aufs äußerste strapaziert: Schönfeld erwähnte es in einem ca. dreiminütigen Redeabschnitt neun Mal.[135]

Neben Arbeitsmobilisierung und Organisation der Neuererbewegung gehörte auch die Plandiskussion in den Aufgabenbereich der Gewerkschaft. In Rundtischgesprächen, Betriebsfunksendungen und Vortragsreihen wurden die Beschäftigten mit den Problemen der Best- und Typentechnologie oder der Durchsetzung der sozialistischen Rationalisierung vertraut gemacht. Überdies nutzten die Funktionäre die Versammlungen zur »Klärung politischer Grundfragen«, um die »politisch-ökonomische Stärkung der DDR zu entwickeln«.[136] Die monatlichen Mitgliederversammlungen dienten Produktionspropaganda und politischer Indoktrination. Dieser Anspruch wurde 1973 nach den Beschlüssen des 8. FDGB-Kongresses noch einmal gestrafft, nachdem sich in den Mitgliederversammlungen noch nicht immer die »unmittelbaren Aufgaben des Betriebes« mit den »konkreten Fragen der Werktätigen des jeweiligen Betriebes verbunden« hatten.[137] Für jede Versammlung waren nun zentrale Themen festzulegen. Dazu gehörte die Diskussion über die Beschlüsse des ZK der SED und ihrer Tagungen, die Durchführung der Rechenschaftslegungen der Kollektive im Kampf um den Titel »Kollektiv der sozialistischen Arbeit«, die Erarbeitung der Kampfprogramme für das Planjahr sowie die Diskussion über den

---

133 Die Arbeiterkontrolle wurde in der DDR von der Arbeiter-und-Bauern-Inspektion übernommen, für die IG Wismut galten allerdings andere Spielregeln, da sie kaum auswärtigen Kontrolleuren Einblick in das »Hoheitsgebiet« des Uranbergbaus gewähren konnte. SAPMO-BArch, DY 52/246, ZV IGW. »Maßnahmen über die gewerkschaftliche Kontrolltätigkeit, insbesondere der Arbeiterkontrolle der IG Wismut auf der Grundlage der Grundsätze des Präsidiums des FDGB-Bundesvorstandes vom 20. 6. 1963«, 9. 8. 1963, S. 1.

134 SAPMO-BArch, DY 52/1416, ZV IGW. Referat Kurt Meier, Vorsitzender des BuVo des FDGB, auf der Zentralen Gewerkschaftsaktivtagung am 6. Dezember 1954 in Karl-Marx-Stadt, S. 23.

135 SAPMO-BArch, DY 52/73, ZV IGW. Referat von Heinz Schönfeld auf der 15. Zentralvorstandstagung der IG Wismut am 25. Juni 1963 in Crossen, S. 4 f.

136 SAPMO-BArch, DY 34/5159, FDGB. »Bericht über die politisch-ideologischen Probleme bei der Planvorbereitung 1966 in Verbindung mit der Erfüllung des Planes 1965«, S. 1-3.

137 SAPMO-BArch, DY 34/25242, FDGB. »Beschluß des Präsidiums vom 4. 5. 1973: Erfahrungen der Leitungen der Industriegewerkschaft Wismut bei der politisch-ideologischen Arbeit mit den Werktätigen des Industriezweiges zur Entwicklung der vielfältigen Initiativen bei der Verwirklichung des Volkswirtschaftsplanes«, unpag.

Freundschaftsvertrag zwischen DDR und UdSSR. Im Einzelnen wurden die Arbeitsergebnisse der Brigaden besprochen und detailliert über Arbeitsproduktivität, Leistungssteigerung, Materialeinsparung und Selbstkostensenkung diskutiert.[138] Die Gewerkschaft sorgte jedoch nicht nur für die Propagierung dieser Richtlinien, sondern auch für die Kontrolle der Durchführung und begab sich so in die »Rolle des Arbeitsaufsehers.«[139] Strenge Kontrollmechanismen kamen vor allem bei denjenigen Beschäftigten zum Einsatz, die ihre Arbeitskraft anscheinend absichtlich zurückhielten. Hatte sich die IG Wismut schon Ende der vierziger Jahre gegen das »Arbeitsbummelantentum« ausgesprochen, ging sie nun unerbittlich gegen das Krankfeiern vor. Die »Arbeitsbummelei« kam in den fünfziger und sechziger Jahren sicherlich nicht mehr so häufig vor wie in den Tagen der Dienstverpflichtung. Sie hatte nicht selten auch einen anderen Hintergrund. Da bei einer ärztlichen Krankschreibung sechs Wochen Lohnausgleich in Anspruch genommen werden konnten, fanden sich immer Beschäftigte, die diese Regelung ausnutzten. Die bei der IG Wismut zuständige Sozialversicherung führte deshalb Listen, oftmals über mehrere Jahre, mit den Namen potenzieller »Bummelanten«. Dabei entschied der Vorsitzende des Rates der Sozialversicherung, ob die in den Krankenblättern gestellten Diagnosen der Realität entsprechen konnten. Im besten Falle hatten die »Arbeitsbummelanten« Aussprachen durch die Gewerkschafter zu gewärtigen, im schlimmsten Falle drohte ein Abzug des Krankengeldes bis zu drei Tage.[140] Ob diese Sanktionen zu einer wesentlichen Verbesserung der Situation beitrugen, ist fraglich. An die ehrenamtlichen Funktionäre der Sozialversicherung und des Gesundheits- und Arbeitsschutzes erging daher immer wieder die Aufforderung, darauf zu achten, dass »die Mittel der Sozialversicherung nicht mißbräuchlich in Anspruch genommen werden.«[141] Weitere gewerkschaftliche Aufgaben ergaben sich aus dem Anspruch, die »Werktätigen« zum »sozialistischen Bewußtsein« erziehen zu wollen.[142] So galt es beispielsweise bei der Vorbereitung zu den Volkskammer- oder Kommunalwahlen, die Arbeiter von der »Sieghaftigkeit des Sozialismus« zu überzeugen. Und nicht nur das. Die BGL hatten überdies detaillierte Berichte über die Stimmung der Beschäftigten in den Betrieben, den Wohngebieten sowie in den Landwirtschaftlichen Produktionsgenossenschaften (LPG) zu erstellen. Ferner füllten sie den Begriff der »Wahlpflicht« mit konkreten Inhalten. Denn auch, wer sich am Wahltag zur Kur oder in Urlaub befand, hatte seiner Pflicht zum Urnengang nachzukommen. Auf Urlaubs- und Reiseschecks musste dies mit Stempel und Unterschrift des BGL-Vorsitzenden nachgewiesen werden.[143] Darüber hinaus gehörte die Heranführung

138 SAPMO-BArch, DY 52/352, ZV IGW. »Information über den Verlauf und die Ergebnisse der gewerkschaftlichen Mitgliederversammlungen im Monat Dezember 1975«, 16. 1. 1976, S. 1 u. 5.

139 Gill: FDGB, S. 180.

140 SächsStAC, 32301, GL Wismut der SED, IV 2/19/9. 26. 5. 1962, S. 2 f.

141 SAPMO-BArch, DY 52/1237, ZV IGW. »Einschätzung über die Durchführung einer operativen Plankontrolle bei dem Zentralvorstand der IG Wismut auf Grund des Schreibens der Verwaltung der SV beim Bundesvorstand des FDGB vom 10. 6. 1963«, 15. 7. 1963, S. 7.

142 SächsStAC, 32301, GL Wismut der SED, IV 2/1/55. »Protokoll der 7. Tagung der SED-Gebietsleitung Wismut vom 19. Juli 1961«, S. 134.

143 SAPMO-BArch, DY 52/246, ZV IGW. »Maßnahmen des Sekretariates des Zentralvorstandes der IG Wismut zur Vorbereitung und Durchführung der Wahlen der Volkskammer und Bezirkstage«, 8. 8. 1963, S. 3 u. 7.

der Familien an die Jugendweihe zur Erziehungsarbeit.[144] 1964 nahmen fast 95 Prozent der ca. 3.000 Kinder von Betriebsangehörigen an dem sozialistischen Initiationsritus teil, wie viele davon aber stillschweigend auch die Konfirmation begingen, konnten die Funktionäre nicht ermitteln. Selbstkritisch stellte die Gewerkschaft daher fest, dass sie sich mit ihrer »atheistischen Propaganda noch nicht genügend in der Offensive« befinde.[145] Im ländlichen und traditionell protestantischen Erzgebirge war es schwer, an das sozialistische Bewusstsein der Arbeiter und vor allem ihrer Familien zu appellieren. So manche Ehefrau drohte mit Scheidung, sollte Sohn oder Tochter zur Jugendweihe gedrängt werden – so zumindest argumentierten nicht wenige der von den BGL zur Rede gestellten Kumpel.[146] Die Gewerkschaft ließ deshalb verstärkt Jugendstunden in Patenschulen und Klubhäusern durchführen, oft mit Staatsausgezeichneten und den besten Produktionsarbeitern. Aufführungen des Arbeitertheaters, Filmvorführungen und Schülerkonzerte dienten ebenfalls der Werbung für die Jugendweihe.[147]

Mit dem Fall der Mauer standen Partei und Gewerkschaft vor einem existenziellen Abgrund. Niemand konnte vorhersagen, wie es mit dem Betrieb weitergehen würde, doch die Entscheidungsträger demonstrierten positives Denken und die Bereitschaft zur Neuorientierung. Auf der Außerordentlichen Zentraldelegiertenkonferenz der IG Wismut am 10. März 1990 war die Gewerkschaft durchaus zu einer selbstkritischen Bilanz ihrer 40-jährigen Arbeit im Uranerzbergbau bereit. Neben den sozialen und kulturellen Errungenschaften, den positiven Ergebnissen des Feriendienstes, des Arbeiterberufsverkehrs oder der Kantinenversorgung kam auch das Verhältnis zur Partei und zu den Arbeitern zur Sprache. In vorsichtigen Formulierungen konzedierten die Gewerkschafter, dass sich »die ständige Kontrolle und das Hineinreglementieren« durch die Partei auf eine eigenständige Gewerkschaftsarbeit und Interessenvertretung »sehr nachteilig« ausgewirkt habe.[148] Vergessen war das »eindeutige Bekenntnis unserer Mitglieder zur führenden Rolle der Partei der Arbeiterklasse, zur Sozialistischen Einheitspartei Deutschlands«, das der Zentralvorstand noch im März 1987 postuliert hatte.[149] In diesem Zusammenhang musste der neue Gewerkschaftsapparat eingestehen, dass Ansehen, Vertrauen und Autorität bei den Beschäftigten »auf den Nullpunkt« gesunken waren.[150] Auch in der Führung des sozialistischen Wettbewerbs habe man versagt. Zur Erfüllung der Planaufgaben seien nicht immer geeignete Arbeitsbedingungen vorhanden gewesen, unreale Planziele hätten zu »Formalismus, Schematismus und zur Zahlenhascherei« sowie zu einer »teilweise falschen Er-

---

144 Die Jugendweihe, ein aus der Zeit vor 1933 stammendes Ritual der Arbeiter- und Freidenkerbewegung, wurde Mitte der fünfziger Jahre von der SED wiederbelebt, um »ein säkulares, der herrschenden Staatsdoktrin verpflichtetes Ritual des Erwachsenwerdens an die Stelle der Konfirmation bzw. Kommunion« zu setzen. Mählert, Ulrich: FDJ 1946-1989, Erfurt 2001, S. 46.

145 SAPMO-BArch, DY 52/251, ZV IGW. Bericht zur Lage, 31. 1. 1964, S. 11.

146 Ebd., S. 12.

147 Ebd.

148 SAPMO-BArch, DY 52/2280, ZV IGW. Außerordentliche Zentraldelegiertenkonferenz am 10. März 1990, S. 1.

149 SAPMO-BArch, DY 52/1791, ZV IGW. Rechenschaftsbericht des ZV auf der 11. Zentraldelegiertenkonferenz am 21. März 1987, S. 7.

150 SAPMO-BArch, DY 52/2280, ZV IGW. Außerordentliche Zentraldelegiertenkonferenz ..., S. 1.

gebnisanalyse« geführt.[151] Und in den Mitgliederversammlungen hätten »die vorgegebenen politischen Themen immer weniger Anklang« gefunden, da sie sich von Jahr zu Jahr in endlosen Wiederholungen erschöpften und »in ihrer Abstraktheit nicht der tatsächlichen Interessenlage der Mitglieder entsprachen.«[152] Gleichzeitig versuchte sich die IG Wismut neu zu definieren. In einem Aktionsprogramm bezeichnete sie sich als »freie, unabhängige und eigenständige Gewerkschaft«, die die »gemeinsamen ökonomischen, sozialen, ökologischen und kulturellen Interessen aller Werktätigen der SDAG Wismut« vertrete.[153] Unter »Wahrung der gewerkschaftlichen Mitentscheidungsrechte« forderte die Gewerkschaft nun von Regierung und Generaldirektion eine klare Äußerung über die Zukunft des Betriebes. Dabei kam es ihr vor allem auf den Erhalt der Arbeitsplätze sowie die Sicherung sozialer Errungenschaften an. Zur Durchsetzung dieser Ziele schloss die Gewerkschaft auch die Möglichkeit des Generalstreiks oder andere »notwendige Formen des gewerkschaftlichen Kampfes« nicht aus.[154] Und die Gewerkschaftszeitung »Unser Wort« informierte in der Rubrik »Wie fahre ich in der BRD und in Berlin West?« über Fahrverhalten, Einparken, Halten oder Höchstgeschwindigkeiten auf den Straßen der Bundesrepublik.[155] Der Gewerkschaftsvorsitzende Gotthard Stark musste zurücktreten, an seine Stelle trat sein Stellvertreter Dieter May, dessen Aufgabe es nun war, die eigene Organisation aufzulösen.[156] Mit einem Vertrag vom 18. Juni 1990 wurde der Übergang der IG Wismut in die IG Bergbau-Energie im Deutschen Gewerkschaftsbund (DGB) der Bundesrepublik beschlossen. Um ein »Rechtsvakuum und eine Mitbestimmungspause« auszuschließen, kam es im Sommer 1990 zum ersten Mal seit über 40 Jahren wieder zu Betriebsratswahlen in der SDAG Wismut. In 46 Betrieben und Einrichtungen des Uranerzbergbaus bestimmten 60 Prozent der über 40.000 Wahlberechtigten insgesamt 455 Betriebsratsmitglieder.[157]

Im Apparat der SED-Gebietsleitung ging es kurz nach Öffnung der innerdeutschen Grenze rapide bergab. Eine eilig einberufene Gebietsleitungstagung am 12. November 1989 sollte Klarheit über die zukünftige Stoßrichtung der Partei bringen, es wurde viel von Erneuerung, Wende und dem Überleben der Partei gesprochen. Kritik an der SED-Führung in Berlin und Selbstkritik an dem eigenen

---

151 Ebd., S. 4.
152 Ebd., S. 11.
153 SAPMO-BArch, DY 52/2280, ZV IGW. Aktionsprogramm der IG Wismut, Einblattdruck, vermutlich aus der Zeitung »Unser Wort«, mit den Seitenzahlen 3 und 4 versehen, hier S. 3.
154 SAPMO-BArch, DY 52/2280, ZV IGW. Aktionsprogramm der IG Wismut, S. 3.
155 SAPMO-BArch, DY 52/2280, ZV IGW. Sonderdruck der Zeitung »Unser Wort«, März 1990, S. 8.
156 Dieter May, geb. 1940; Ausbild. zum Zerspahnungsfacharbeiter in Gera; ab 1963 SDAG Wismut als Kipperfahrer und Kfz-Schlosser, 1964-67 Vertrauensmann; 1966-68 Jugendsekretär des Transportbetriebs Ronneburg; 1979-82 Abt.leiter für Mitglieder- und Organisationsfragen im ZV IG Wismut; 1982-85 Gewerkschaftsvorsitzender beim Bau der Erdgasleitung in der UdSSR; 1985-1990 stellvertr. Vorsitzender des ZV der IG Wismut; 31. 10. 1990 Geschäftsführender Vorstand der IG Wismut; ab 1. 11. 1990 Beauftragter der IG Bergbau-Energie und Liquidator der IG Wismut; 1991-97 Mitglied im Geschäftsführenden Vorstand der IG Bergbau-Energie, ab 1997 Rente; lebt in Essen. Diese Informationen wurden mir freundlicherweise von der IG Bergbau, Chemie, Energie mit Sitz in Hannover am 17. 10. 2007 zur Verfügung gestellt.
157 »Betriebsräte gewählt. Geschäftsführender Vorstand der IG Wismut zu den Ergebnissen der Betriebsrätewahlen«, in: Ostthüringer Nachrichten vom 10. Juli 1990, S. 3.

Glaubwürdigkeits- und Vertrauensverlust bei den Mitgliedern gingen einher mit der Zuversicht, durch »einschneidende Kaderveränderungen« die »politische Offensive« wieder zu erlangen.[158] Damit spiegelte die Gebietsleitung die Geschehnisse in der gesamten DDR, wo nicht nur Zehntausende Demonstranten in allen Teilen des Landes, sondern auch große Teile der Parteibasis ihrem Unmut über die verkrustete SED-Führungsriege freien Lauf ließen. Der 1. Sekretär Alfred Rohde bat um seine Abberufung, »nicht nur aus Altersgründen, sondern weil eine neue Führung gebraucht wird.«[159] Sein Nachfolger wurde Heinz Freitag,[160] dessen Maxime »Es macht keiner alles richtig und es macht keiner alles verkehrt« nicht gerade eine Radikalerneuerung versprach.[161] Doch dafür war es ohnehin zu spät. Nach einem auf dieser Tagung getroffenen Beschluss wurden die Parteiorganisation Wismut und ihr Apparat am 7. Dezember 1989 aufgelöst. Die Grundorganisationen in den Betrieben sollten den jeweiligen Kreis- und Bezirksleitungen untergeordnet werden, welche sich jedoch ebenfalls nach kurzer Zeit auflösten.[162]

4. Die BGL – Gewerkschaftsarbeit zwischen den Stühlen

Als Konsequenz aus den Ereignissen in Saalfeld wurden 1952 die unteren Gewerkschaftsebenen stärker ausgebaut. Bei den BGL sollten nun die Abteilungen Arbeit und Löhne, Rationalisierung- und Erfindungswesen, Wettbewerbe und Aktivisten, Kulturelle Massenarbeit, Arbeitsschutz, Arbeit unter den Kindern, Arbeiterversorgung, Kader, Schulung, Rat der Sozialversicherung und Feriendienst eingerichtet werden. Ein so breites Spektrum konnten die meisten BGL nicht realisieren. Letztlich waren es die Feriendienst-Kommissionen, die bei den BGL am besten arbeiteten.[163] Die BGL leiteten die AGL an, welche wiederum für die Vertrauensleute verantwortlich waren. 1962 gab es eine weitere Umstrukturierung, die die Gewerkschaftsarbeit, vor allem auf der Ebene der AGL, auf ehrenamtlicher Basis verstärken sollte. Diese Maßnahme folgte dem Beschluss des 14. Plenums des ZK der SED vom 23.-26. November 1961, die Zahl der hauptamtlichen Funktionäre zu reduzieren, da ihre Präsenz nicht mehr dem »weiter-

---

158 SächsStAC, 32301, GL Wismut der SED, IV F 2/1/006. 16. Tagung der SED-Gebietsleitung Wismut am 12. November 1989, 12. 11. 1989, S. 6.

159 Ebd.

160 Heinz Freitag, geb. 1936 in Crimmitschau als Sohn eines Arbeiters; Ausbild. zum Färber; 1950-55 Hauer und Hauerbrigadier im Schacht Schmirchau der S(D)AG Wismut; 1965-70 1. Sekretär der FDJ-GL Wismut; 1963-71 Mitarbeiter des Zentralrates der FDJ; 1971-89 2. und 1989/90 1. Sekretär der SED-GL Wismut. Müller-Enbergs et al.: Wer war wer, S. 264.

161 SächsStAC, 32301, GL Wismut der SED, IV F 2/1/006. 16. Tagung der SED-Gebietsleitung Wismut, S. 13.

162 Ebd. Tagung der SED-Gebietsleitung Wismut am 7. Dezember 1989, 7.12.1989.

163 Das galt auch für andere DDR-Betriebe, wie Francesca Weil für den VEB Goldring Markkleeberg und das Leipziger Arzneimittelwerk herausarbeitete. Weil: Herrschaftsanspruch, S. 98 f.

entwickelten Bewußtsein der Mitglieder« des Industriezweiges entsprach.[164] Einen BGL-Vorsitzenden gab es von nun an nur noch in Betrieben mit mehr als 500 Mitgliedern. Diese Strukturveränderungen verliefen parallel zur Entwicklung in den Grundorganisationen der SED-Gebietsleitung.[165] Die Parteizugehörigkeit der BGL war in der gesamten Zeit des Uranbergbaus verhältnismäßig gering. Bei der Gewerkschaftswahl von 1950 wurden 11.046 Vertrauensleute gewählt, doch gerade einmal 3.785 von ihnen gehörten der SED an. Partei und Gewerkschaft betonten das Positive an dem Ergebnis: Im Gegensatz zu den Gewerkschaftswahlen im Steinkohle-, Braunkohle- und Kupferbergbau hatte es weniger ungültige Stimmen gegeben, auch wenn die Zahl der Wahlverweigerer bei 14 Prozent lag.[166] Doch die mangelnde Verankerung der SED in den Betriebsgewerkschaften blieb ein Problem. Bei den Gewerkschaftswahlen 1963 gab der Zentralvorstand deshalb Anweisungen heraus, die die Auswahl geeigneter BGL-Mitglieder betrafen. Die sollten vor allem aus altbewährten und erfahrenen Kadern bestehen, die den Kampf um die Steigerung der Arbeitsproduktivität genauso unter Beweis stellten wie ihre Treue zum Arbeiter-und-Bauern-Staat. Neben einem gewissen Anteil von Frauen und Jugendlichen sollten die BGL auch auf das Verhältnis von Parteilosen und Parteiangehörigen achten, um »die führende Rolle der Partei der Arbeiterklasse« zu garantieren.[167] Bei der Auswertung dieser Wahlen auf der Zentralvorstandstagung mussten die Gewerkschaftsfunktionäre jedoch ermahnt werden. Wie viele von den fast 24.000 BGL-Mitgliedern, Vertrauensleuten und Kommissionsmitgliedern zur SED gehörten, wurde zwar nicht erwähnt. Aber die Kritik des stellvertretenden Vorsitzenden der IG Wismut, Strienitz, lässt vermuten, dass die Zahl nicht den Erwartungen entsprach. Trotz der »zentralen Orientierung« des Zentralvorstandes habe sich gezeigt, dass »in vielen Fällen nicht die aktivsten Mitglieder unserer Organisation, die auch im gesellschaftlichen und persönlichen Leben ein hohes Ansehen und Vertrauen bei unseren Mitgliedern haben, gewählt wurden.«[168] Bei der nächsten Wahl sei stärker als bisher zu beachten, dass die »ehrenvolle« Funktion eines Gewerkschaftsfunktionärs gleichzeitig die Rolle des »Erzieher[s], Organisator[s] und Vertrauensmann[es] der Arbeiterklasse« beinhalten müsse.[169] Beim Zentralvorstand geführte Statistiken über die Zusammensetzung einzelner BGL zeigen, dass der Anteil von SED-Mitgliedern fast nie mehr als 50 Prozent erreichte. So gehörten in der BGL der HO Karl-Marx-Stadt 6 von 17 Mitgliedern 1965 der Partei an, in der Revisionskommission waren alle parteilos.[170] Zwei Jahre später waren in der BGL des Schachtes »Deutsch-

---

164 SAPMO-BArch, DY 52/284, ZV IGW. »Vorschlag für den Einsatz hauptamtlicher Funktionäre in den Betrieben der SDAG Wismut, HO Wismut und dem Gesundheitswesen Wismut.« 7. 3. 1962, S. 1 f.

165 Ebd.

166 Engeln: Uransklaven, S. 184.

167 SAPMO-BArch, DY 52/240, ZV IGW. »Hinweise für die kaderpolitische Vorbereitung und Durchführung der Gewerkschaftswahlen in der Industriegewerkschaft Wismut«, 10. 1. 1963, S. 2 f.

168 SAPMO-BArch, DY 52/72, ZV IGW. 14. Zentralvorstandstagung der IG Wismut am 15. März 1963 in Karl-Marx-Stadt, S. 1.

169 Ebd.

170 SAPMO-BArch, DY 52/262, ZV IGW. Statistik über BGL und Revisionskommission in der HO Wismut Karl-Marx-Stadt, 10. 4. 1965, unpag.

Sowjetische Freundschaft« Reust »Genossen« und Parteilose zu gleichen Teilen besetzt, ebenso in der Revisionskommission.[171] Bis in die achtziger Jahre hatte sich an diesem Zustand nichts geändert. Zu den Gewerkschaftswahlen 1984 gehörten 35 Prozent der Funktionäre der Partei an, also 3.400 von insgesamt 9.600 Gruppenfunktionären. Bei den Vertrauensleuten lag der Anteil der »Genossen« bei 32 Prozent. Der Gewerkschaftsapparat war's zufrieden: Die »im Kaderprogramm festgelegte Linie« sei mit dieser Zusammensetzung »gut realisiert« worden.[172]

Stärker noch als die Parteizugehörigkeit wog die Vergangenheit der BGL-Mitglieder und damit ihre politische Glaubwürdigkeit, wobei in einigen Fällen so manches Auge zugedrückt wurde. Das Problem ehemaliger Nazis in Partei- und Gewerkschaftsorganisation war so lange evident, bis es sich gewissermaßen aus biologischen Gründen erledigt hatte. 1948 war der Parteivorsitzende Böhme zu dem alarmierenden Schluss gekommen, dass bis zu 90 Prozent der Parteifunktionäre in der Wismut belastet seien und man noch »bei vielen Genossen Enttäuschungen erleben« werde.[173] Doch die Abneigung vieler Beschäftigter, sich in der »Russenpartei« zu engagieren sowie der Mangel an qualifiziertem Personal machten Zugeständnisse erforderlich. So müsse man sich doch erlauben können, »alte Fachleute zu verwenden, die dann nach einer gewissen Einarbeitungszeit von unseren Leuten abgelöst werden sollen.«[174] Schließlich habe die frühe Sowjetunion bei ihrem Verwaltungsaufbau auch auf zaristische Generäle zurückgegriffen. Überdies galt es zu beweisen, dass es »ohne Kapitalisten schneller« ginge.[175] Die Entnazifizierungspolitik wurde gerade in den industriellen Großbetrieben und SAG schon frühzeitig vernachlässigt, da für die sowjetischen Werkleiter nicht Ideologie, sondern Effektivität und die Erfüllung der Reparationspläne im Vordergrund standen.[176] Fachkräfte, Ingenieure, Wissenschaftler und leitendes Personal ließen sich nun einmal nicht so schnell ersetzen. Das anfänglich strikte Verbot der NKWD-Bergbauverwaltung in Sachsen über den Einsatz ehemaliger NS-Funktionsträger in den Schächten der Wismut wurde ab 1947 immer mehr aufgeweicht, da man jede Arbeitskraft zur Förderung des strategisch wichtigen Rohstoffes benötigte. Und auch die SED setzte in den ersten Jahren nicht etwa auf konsequente Entnazifizierung. Da es ihr um die kontinuierliche Unterordnung der Eigentumsverhältnisse und Verwaltungsstrukturen in ihren Machtbereich ging, bemühte sie sich ab 1945/46 sogar per Parteibeschluss um die Integration der sogenannten »kleinen Nazis«.[177]

---

[171] SAPMO-BArch, DY 52/284, ZV IGW. »Bestätigung der BGL und Rev.-Kommission des Schachtes DSF Reust für die Kandidatur zur Gewerkschaftswahl 1967/68, 30. 8. 1967, unpag.

[172] SAPMO-BArch, DY 52/1592, ZV IGW. »Abschlußbericht über Verlauf und Ergebnisse der Wahlversammlungen in den Gewerkschaftsgruppen.«, 5. 11. 1984, S. 7.

[173] SächsStAC, 32301, GL Wismut der SED, IV 2/3/1. Protokoll der Sekretariatssitzung am 12. Februar 1948, S. 2.

[174] Ebd. Sekretariatssitzung am 18. Februar 1948, S. 2.

[175] Ebd.

[176] Karlsch: Arbeitsverhältnisse, S. 284 f.

[177] Niethammer, Lutz: Schule der Anpassung. Die Entnazifizierung in den vier Besatzungszonen, in: Ders.: Deutschland danach. Postfaschistische Gesellschaft und nationales Gedächtnis, hrsg. v. Ulrich Herbert und Dirk van Laak, Bonn 1999, S. 56 f. Neben dieser Integrationspolitik darf allerdings nicht vergessen werden, dass die von der SMAD geführten Speziallager, in denen zum großen Teil

Auch die Gewerkschaft tat sich schwer, ehemalige Nazis konsequent aus dem Apparat zu entfernen. 1949 musste die Revierleitung feststellen, dass einer ihrer Arbeitsgebietsleiter als ehemaliger SS-Gefreiter an Judenpogromen teilgenommen hatte. Doch das schien als Argument für seine sofortige Absetzung nicht zu genügen. Ihm wurden mangelnde Arbeitsmoral, Diebstahl und Unterschlagung vorgeworfen, schließlich lehnten auch Partei- und Betriebsleitung eine Zusammenarbeit mit ihm ab. Geeigneten Ersatz sollte ein Parteifunktionär aus dem Kreis Schwarzenberg bieten – ein ehemaliger SA-Anwärter, der aber »Qualitäten hätte, [...] als Org[anisations]-Leiter zu arbeiten.[178] Der genaue Anteil ehemaliger »Pg´s« in den Gewerkschaftsgruppen lässt sich nicht einmal verlässlich aus den Personalakten rekonstruieren, da hier die Wenigsten ehrliche Angaben machten.[179] Dass ehemalige NSDAP-Mitglieder jedoch eine nicht zu vernachlässigende Größe im Kaderstamm der Gewerkschaft ausmachten, legt eine Richtlinie der Kaderabteilung für die Auswahl von Funktionären zur Delegierung an die Gewerkschaftsschulen von 1952 nahe. Im Hinblick auf ehemalige Mitglieder faschistischer Organisationen und der Wehrmacht sei »höchste Wachsamkeit« gefragt, damit eine »Konzentration solcher Kollegen« unbedingt vermieden werde.[180] Die Zugehörigkeit zur NSDAP bedeutete also im Umkehrschluss nicht den völligen Ausschluss der Funktionäre von der Delegierung. Schließlich kam es auf die gesellschaftspolitische Entwicklung der Kader nach 1945 an und darauf, ob sich die vorgesehene Funktion mit ihrer politischen Vergangenheit vereinbaren ließ.[181] Bevorzugt zur Delegierung sollte vorgeschlagen werden, wer sich in sowjetischer Kriegsgefangenschaft befunden und dort an antifaschistischen Seminaren teilgenommen hatte. Gewerkschafter, die Kriegsgefangene der Westalliierten gewesen waren und dort Schulungen und Kurse besucht oder sich nach Entlassung aus der Gefangenschaft in Westdeutschland aufgehalten hatten, wurden dagegen gänzlich von einer Delegierung ausgeschlossen.[182] Bei der Aufstellung der Kandidatenlisten anlässlich der Gewerkschaftswahlen 1967/68 kamen erstaunliche Einzelheiten in der Zusammenarbeit mit ehemaligen Nazis ans Licht. In einer Zusatzbemerkung wurden all jene Kandidaten aufgeführt, deren Biographien politische Schwach-

---

ehemalige Nazis der unteren und mittleren Ebenen, Hitlerjungen, aber auch missliebige Sozialdemokraten und Kommunisten interniert waren, noch zwei weitere Jahre bestanden.

178 SAPMO-BArch, DY 52/101 a, ZV IGW. Sekretariatssitzung am 19. März 1949, S. 21 ff.

179 Im Personalbestand Thüringen liegt der prozentuale Anteil aller vor 1930 geborenen Betriebsangehörigen, die eine NSDAP-Mitgliedschaft angaben, im einstelligen Bereich.

180 SAPMO-BArch, DY 52/107 c, ZV IGW. »Richtlinien über die Auswahl von Kadern für die Zentralschulen und Zentralen Spezialschulen der Gewerkschaften«, 23. 10. 1952, S. 2.

181 Das bestätigen auch die Ergebnisse der westdeutschen Historiker Lutz Niethammer, Alexander v. Plato und Dorothee Wierling, denen es 1987 gelang, biographische Interviews mit Bürgern in der DDR zu führen. Im Interview mit dem 62-jährigen Abt.-Leiter Herrn Jeschke, der offen bekannte, erst nach 1945 zu einem Umdenken über die nationalsozialistische Ideologie gekommen sei (während man zu selben Zeit in der Bundesrepublik die eigene NS-Vergangenheit oft als persönliche moralische Herausforderung darstellte), wird der Schluss gezogen: »In der DDR zählt weniger, wie man sich damals, als wie man sich danach zur herrschenden Politik stellte.« Niethammer, Lutz: Der Prügelknabe, in: Niethammer, Lutz/Plato, Alexander von/Wierling, Dorothee: Die volkseigene Erfahrung. Eine Archäologie des Lebens in der Industrieprovinz der DDR. 30 biographische Eröffnungen, Berlin 1991, S. 461.

182 SAPMO-BArch, DY 52/107 c, ZV IGW. Richtlinien über die Auswahl von Kadern ..., S. 2.

punkte bargen. Im Schacht »Willi Agatz« (Dresden) waren zwei BGL-Mitglieder vor 1945 in der NSDAP bzw. der SA organisiert gewesen. Andere besaßen Verwandte in Westdeutschland, der Sohn eines Funktionärs war »Republikflüchtling«.[183] Da sich diese »unsicheren« Kandidaten jedoch bereits seit vielen Jahren gesellschaftspolitisch engagierten, nebenbei als Stadtbezirksabgeordnete oder Gemeindevertreter tätig waren, sollten sie sich auch in diesem Jahr wieder zur Wahl stellen dürfen.[184] Auf herausragende Leistungen und hohes Engagement in der sozialistischen Gemeinschaft konnte beispielsweise Helmut M. verweisen, der als Leitungsmitglied im »Jugendschacht 1. Mai« (Objekt Aue) kandidierte. Für seine hervorragenden Errungenschaften in der Produktion wurde er sieben Mal als Aktivist, zweimal als Meister der Arbeit und einmal als Meisterhauer der DDR ausgezeichnet. Gemeinsam mit seinen Kollegen brachte er es zum Titel »Kollektiv der sozialistischen Arbeit«. Seit 1954 engagierte er sich in der Gewerkschaftsarbeit und war seit 1964 als Leitungsmitglied der AGL tätig. Frühere Stationen seines Lebens waren hingegen weniger rühmlich. Als Mitglied der Waffen-SS hielt sich M. 1944 in Polen auf, wo er nach eigener Aussage »an keinem besonderen Einsatz« beteiligt gewesen sein wollte. 1946 aus sowjetischer Kriegsgefangenschaft geflohen, verschlug es ihn in den Uranerzbergbau, wo er sich vom Fördermann zum Hauer und schließlich zum Brigadier qualifizierte und »in seiner gesamten Zeit besonders gute Produktionserfolge« nachweisen konnte. Wegen einer Schlägerei wurde er 1957 zu drei Monaten Gefängnis verurteilt, entzog sich der Inhaftierung allerdings durch Flucht in den Westen. Nach acht Wochen kehrte er reumütig zurück und stellte sich der Volkspolizei in Aue, woraufhin seine Haftstrafe getilgt wurde.[185] Leistung, Produktionserfolg und das (letztendliche) Bekenntnis zum Sozialismus wogen also stärker als die Taten der Vergangenheit.

Angeleitet wurden die BGL vom Zentralvorstand bzw. von dessen jeweiligen Abteilungen. Wie vorbildliche gewerkschaftliche Basisarbeit auszusehen hatte, zeigt das Beispiel des Musterbetriebes »Jugendschacht 1. Mai«. Die ursprünglich als Schacht 371 eröffnete Anlage des Objekts Aue wurde 1956 in kürzester Zeit geteuft und war die technisch modernste im gesamten Wismut-Gebiet. Die Beschäftigten kamen aus 132 Ortschaften im Umkreis von 60 Kilometern, das Durchschnittsalter der durchweg vollbeschäftigten Belegschaft lag bei 34 Jahren und der Organisationsgrad in der Gewerkschaft betrug 100 Prozent.[186] Zum Schacht gehörten eine Betriebsküche, eine Ladenstraße, eine Betriebsakademie zur Weiterbildung sowie eine Verkaufsstelle untertage mit alkoholfreien Getränken. Drei von 21 BGL-Mitgliedern waren hauptamtlich tätig, was den Beschlüssen des ZK der SED entsprach. 16 von ihnen waren Arbeiter, die übrigen Ingeni-

---

183 SAPMO-BArch, DY 52/284, ZV IGW. »Bestätigung der BGL und Rev.-Kommission des Schachtes »Willi Agatz« für die Kandidatur zur Gewerkschaftswahl 1967/68.« 29. 8. 1967, S. 5.

184 Ebd.

185 SAPMO-BArch, DY 52/289, ZV IGW. »Bestätigung der BGL und Rev.-Kommission für die Kandidatur zur Gewerkschaftswahl 1967/68 des Grubenbereiches I vom Jugendschacht 1. Mai, 29. 12. 1967, S. 2 f.

186 SAPMO-BArch, DY 52/1238, ZV IGW. »Einschätzung über die Entwicklung eines vielseitigen geistigen, frohen und kulturvollen Mitgliederlebens, der ehrenamtlichen Arbeit sowie eine sachkundige Leitungstätigkeit der BGL des »Jugendschachtes 1. Mai« der SDAG Wismut.« 14. 2. 1964, S. 1.

eure und Angestellte. Die BGL leitete insgesamt 14 AGL an, welche wiederum für zehn bis zwölf Gewerkschaftsgruppen mit Vertrauensleuten verantwortlich waren. Der BGL dieses Vorzeige-Schachtes unterstand eine breite Palette an Kommissionen: Wettbewerbskommission, Ständige Produktionsberatung, Gesundheits- und Arbeitsschutz, Prämienkommission, Jugendausschuss, Arbeiterversorgung/Arbeiterkontrolle, Kulturkommission, Veteranenkommission, Kommission für Jugend und Sport sowie das Neuereraktiv. Jede Kommission wurde von einem BGL-Mitglied geleitet. Überdies gab es neun Konfliktkommissionen mit 108 Kollegen.[187] Das Mitgliederleben spielte sich zumeist im Rahmen von Gewerkschaftsgruppenversammlungen ab, die sonntagmorgens statt fanden. Sie setzten sich mit den »politisch-ideologischen Problemen« auseinander und trugen nach Einschätzung ihrer Leiter einen »großen erzieherischen Charakter«. Hier würden die »echten Probleme« der Werktätigen diskutiert – um welche es sich dabei handelte, ist in diesem Dokument nicht überliefert.[188] Für die spezifischen Sorgen der Frauen und Jugendlichen des Betriebes gab es gesonderte Aussprachen. Bei den Frauen waren das drängende Fragen wie die Verbesserung der Versorgung, die Einrichtung von Bestellsystemen sowie die berufliche Qualifizierung, mit den Jugendlichen diskutierten die BGL-Mitglieder über die Gründung von Jugendbrigaden und die sinnvolle Gestaltung der Freizeit.[189] Diese idealtypische Darstellung hatte jedoch wenig mit der Realität des Arbeitsalltags vieler BGL gemein. Die Kaderpolitik der Einbeziehung zumindest potenziell »Unzuverlässiger« ebenso wie die Weiterbeschäftigung ehemaliger Betriebsräte waren vermutlich Gründe dafür, dass sich BGL-Mitglieder nicht immer loyal zur Partei, den sowjetischen »Freunden« und sogar zum eigenen Apparat verhielten. So waren in den frühen fünfziger Jahren Auflehnung und Verweigerung gegen die Beschlüsse sowjetischer Leiter keine Seltenheit. »Antisowjetische Stimmung«, wie sie vor allem in Thüringer Schächten immer wieder aufkam, wurde augenscheinlich von Gewerkschaftsmitgliedern genutzt, um »Haltung gegen die sowj[etischen] Schachtleiter« zu beziehen.[190] Mögen hier sicherlich auch politische Ressentiments eine Rolle gespielt haben, wie es der Bericht nahe legt, war es oft die Behinderung der alltäglichen Arbeit durch die sowjetischen Funktionäre, die so manchen Gewerkschafter in Opposition zu den »Freunden« brachte. Für viele BGL-Mitglieder war es überdies schwierig, die »führende Rolle« der Partei zu akzeptieren und deren Einmischung in Fragen der Gewerkschaftsarbeit hinzunehmen: »Da sagt der Kollege K., ich kann nicht einsehen, warum die Partei beschließt, die Gewerkschaft muß Aktivtagung durchführen, das ist ein Eingriff in die innergewerkschaftliche Demokratie.«[191] Derartige Meinungen sind charakteristisch für die ersten Jahre des gewerkschaftlichen Handelns, doch auch später gab es immer wieder BGL-Mitglieder, die ihren Unmut über die Art der Zusammenarbeit mit Partei und Betriebsleitung äußerten. Der Gewerkschaftsfunktionär W. aus dem Baukontor Dresden befand, dass zwar die Beschlüsse der Regierung richtig seien, »was jedoch

187 Ebd., S. 2 f.

188 Ebd., S. 4.

189 Ebd., S. 9.

190 SächsStAC, 32301, GL Wismut der SED, IV 2/3/7, Sekretariatssitzung am 19. August 1952, unpag.

191 SAPMO-BArch, DY 52/131, ZV IGW. Sekretariatssitzung am 2. September 1954, S. 5.

von den Funktionären in den Betrieben daraus gemacht wird, ist alles große Scheiße!«[192] Seine Kollegen taten sich schwer, ihn für solche Äußerungen, die nicht zum ersten Mal vorkamen, zur Rechenschaft zu ziehen, so dass der Kreisvorstand handeln musste und W. aus dem Betrieb »entfernte«.[193] BGL- und Parteimitglied Günter M. lehnte sich gegen die Beschlüsse seiner Organisation auf, jedoch nicht in seiner Position als Gewerkschaftsvertreter, sondern als einfacher Arbeiter der Bohrabteilung in der Thüringisch-Sächsischen Such- und Erkundungsexpedition (TSSE) in Ronneburg. Da die Brigade im Dezember 1962 falsche Schichtrapporte geschrieben hatte, wurde die Progressivprämie für einen Monat gestrichen.[194] Herr M. hielt diese Strafe für unangemessen – eine Verwarnung hätte es seiner Meinung nach auch getan – und kündigte an, zukünftig »jede gesellschaftliche Arbeit« zu verweigern.[195]

Wie schon in den vorangegangenen Kapiteln erläutert, hatten die BGL von Beginn an keinen guten Stand bei den Beschäftigten, da sie zunehmend mit dem Machtapparat identifiziert und als Erfüllungsgehilfe der Parteiführung angesehen wurden. Um so mehr, als sie ab 1955 für die regelmäßige Berichterstattung der Stimmung in den Schächten und Betrieben verantwortlich waren.[196] Schon 1952 hatte der Zentralvorstand der IG Wismut für jede Sekretariatssitzung den Tagesordnungspunkt »Stimmung der Kumpels« aufgesetzt.[197] Von der Berichterstattung erhofften sich Partei und Gewerkschaft wohl, »negative« Stimmungen frühzeitig erkennen und schnell darauf reagieren zu können, um Gewaltausbrüche wie in Saalfeld zukünftig zu verhindern. BGL-Mitglieder hatten deshalb nicht nur in den Schächten und Betrieben, sondern auch in Schichtbussen und Zugabteilen ein Ohr am Diskussionsgeschehen.[198]

Der Eindruck vorauseilenden Gehorsams bei den BGL bestätigte sich immer dann auf drastische Art, wenn Betriebsgewerkschaftsfunktionäre bei der Umsetzung der Beschlüsse über das Ziel hinausschossen. Dabei machten sie auch vor Zwang und Druck nicht halt. Das brachte die Gewerkschafter aber nicht nur in Konflikt mit der Belegschaft, die ihrerseits Verweigerungsmöglichkeiten besaß, sondern evozierte oft auch die Kritik des Partei- und Gewerkschaftsapparates. So wurde Lucas´ Aufforderung, den Organisationsgrad der Gewerkschaft zu erhöhen, von einer BGL des Schachtes 54 in Johanngeorgenstadt so interpretiert, dass sie die Arbeit mit unorganisierten Beschäftigten gänzlich einzustellen plante. Da es

---

192 SAPMO-BArch, DY 52/171, ZV IGW. »Informatorische Hinweise«, 3. 1. 1958, S. 3.

193 Ebd.

194 Progressivprämie war Bestandteil der Lohnform »Progressiver Stücklohn«, die 1950 eingeführt wurde. Sie erforderte die Anwendung fortschrittlicher Arbeitsnormen, die Berechnung des ökonomischen Nutzwertes und die exakte Messbarkeit der Arbeitsleistung. Bei einer Normerfüllung von über 150 Prozent konnte sich die Progressivprämie auf 33,8 Prozent des Bruttolohnes belaufen. Diese Lohnform wurde 1972 abgeschafft. Wismut GmbH: Chronik, S. 796 f.

195 SächsStAC, 32301, GL Wismut der SED, IV 4/06/186 b. »Informbericht«, 17. 1. 1962, S. 4.

196 SächsStAC, 32301, GL Wismut der SED, IV 4/06/121. »Stellungnahme über die Informationsarbeit im Kreisgebiet Wismut Gera«, 28.2.1956, S. 1. In diesem Dokument befindet sich der Hinweis auf einen Beschluss der GPL vom 10. 11. 1955 zur Verbesserung der Informationsarbeit.

197 SAPMO-BArch, DY 52/103 a, ZV IGW. Sekretariatssitzung am 25.1.1952, Beschluss 31/52, S. 1.

198 Die detaillierten Inform-Berichte unterschieden meist sehr genau, wo man sich die einzelnen Meinungen »abgehört« hatte, ob im Schacht, auf der Mitgliederversammlung oder eben im Berufsverkehr.

sich dabei immerhin um 36 Prozent der Belegschaft handelte und der von der BGL angestrebte Ausschluss der Nichtorganisierten von Sozialleistungen, Sonderzuwendungen und Rechtsbeistand allein technisch nicht machbar gewesen wäre, wurde der Antrag vom Zentralvorstand zurückgewiesen.[199] Um zahlreiches Erscheinen bei Belegschaftsversammlungen zu sichern, die oft kurz nach Schichtende durchgeführt wurden und deshalb ein ständiges Ärgernis für die Kumpel waren, leiteten die Gewerkschaftsfunktionäre das eine oder andere Mal die Schichtbusse zum Versammlungsort um. Oder sie verweigerten die Ausgabe der Lebensmittelmarken, wie es 1954 auf Schacht 66 (Niederschlema) geschah. So zwangen sie die Kumpel, nach Arbeitsschluss auf dem Werksgelände zu bleiben, wo die Gewerkschafter ein kleines Podest zum Verlesen des BGL-Rechenschaftsberichts errichtet hatten. Die Arbeiter bekundeten ostentativ ihren Unwillen, indem sie sich laut unterhielten und den Redner ignorierten. Nur wenige Meter entfernt wurde geschweißt und genietet, so dass sich der Gewerkschaftsfunktionär wie ein »Ausschreier« fühlte.[200] Von der Parteileitung war für dieses Verhalten der BGL keine Verständnis zu erwarten, da diese »anstelle des Überzeugens das Administrieren« gesetzt hätte.[201] Auf die Verweigerungshaltung der Arbeiter reagierten manche Gewerkschafter jedoch noch drastischer. Beschäftigte, die sich nicht von Neuerungen im Arbeitsregime überzeugen lassen wollten, konnten auf eine schwarze Liste gesetzt werden. So geschah es bei der Einführung der »rollenden Woche« im Werk 101 (Crossen), die bei vielen Arbeitern auf erheblichen Unmut stieß.[202] Beschäftigte, die sich trotz der Aussprachen nicht mit der Arbeitszeitregelung einverstanden erklärten, wurden vor ein Gremium von Partei- und Gewerkschaftsfunktionären des Betriebes geladen, um nochmals nachhaltig »überzeugt« zu werden. Scheiterte die Überredungskunst der Funktionäre, konnte es durchaus zu Entlassungen kommen. Von der Leitungsebene wurde dieses Verhalten jedoch heftig kritisiert, da es auch bessere Wege »zu den Herzen und Hirnen der Arbeiter« geben müsse.[203]

Die BGL besaßen aber durchaus Einflussmöglichkeiten und Handlungsspielräume, um sich als betriebliche Interessenvertretung zu behaupten. Die Stimmungs- und Lageberichte schienen dafür eine günstige Plattform zu bieten. Dabei gab es Berichte, die das Aufkeimen negativer Stimmungen indirekt mit den schlechten Arbeitsbedingungen im Betrieb in Verbindung brachten; andere wiederum verbanden ihren Report über Verärgerungen der Arbeiter mit der expliziten Bitte um Verbesserung. So gaben sie beispielsweise Forderungen nach staubfreien Arbeitsplätzen, gerechter Versorgung mit Briketts oder höherer Entlohnung an die übergeordneten Instanzen weiter. Oft wurde dabei deutlich, dass vorhergehende Eingaben und Anträge an die Betriebsleitung oder die Generaldirektion keinen Erfolg gezeitigt hatten.[204]

---

199 Engeln: Uransklaven, S. 193.

200 SächsStAC, 32301, GL Wismut der SED, IV 2/1/31. Bericht des Büros der GPL zur Gebietsleitungssitzung am 30. 9. 1954, S. 17.

201 Ebd.

202 In der »rollenden Woche« bzw. der durchgängigen Arbeitswoche wurde sonntags gearbeitet und dafür ein anderer Tag der Woche frei genommen.

203 SächsStAC, 32301, GL Wismut der SED, IV 2/1/53. 5. Tagung der Gebietsleitung am 27. 1. 1961, S. 81 f.

204 SAPMO-BArch, DY 52/260, ZV IGW. Bericht zur Lage, 6. 2. 1965, S. 1 f.

IV.

SOZIALPOLITIK ALS STEUERUNG UND STIMULANZ

1. Löhne, Prämien, Arbeitszeiten

1.1 Kampf um Tariflöhne

Mit der Direktive Nr. 14 vom 12. Oktober 1945 verhängte der Alliierte Kontrollrat einen Lohnstopp für alle Besatzungszonen. Die SMAD hatte bereits im Sommer eine ähnliche Anordnung erlassen.[1] Doch mit niedrigen Löhnen bzw. ohne Aussicht auf Lohnerhöhungen konnten kaum genug Arbeitskräfte, vor allem die dringend benötigten Facharbeiter, für den Wiederaufbau geworben werden, was sich besonders in den Bereichen Chemie, Metall und Bauwesen bemerkbar machte. Deshalb kam es dort bald zu Sonderregelungen. Überdies wurde klar, dass man durch Lohndifferenzierungen höhere Leistungsanreize schaffen konnte. Die volkswirtschaftliche Bedeutung des Bergbaus, insbesondere des Kohlebergbaus, wurde zu dieser Zeit noch nicht erkannt. Das änderte sich jedoch im Laufe der kommenden Monate: Mit der Kontrollratsdirektive Nr. 41 vom 17. Oktober 1946 wurde eine Lohnerhöhung von 20 Prozent im Kohlebergbau festgelegt. Die SMAD übernahm diese Anordnung für ihre Besatzungszone im November des Jahres. Auf Grundlage dieses Befehls vereinbarten der sächsische FDGB-Landesvorstand und die Industrie- und Handelskammer einen Tarifvertrag, der weitere lohn- und sozialpolitische Verbesserungen umfasste.[2] Dieser Tarifvertrag sollte den Bergmannsberuf attraktiver für Arbeitskräfte machen – nicht zuletzt wegen des Bedarfs an Heizmaterial im strengen Winter 1946/47.

Die Bergleute im Uranbergbau blieben von diesen Vereinbarungen ausgeschlossen. Die Löhne der Hauer und Förderleute waren von einer 100-prozentigen Normerfüllung abhängig, bei Nichterfüllung gab es nicht einmal den Mindestlohn. Doch bei Arbeitsbedingungen wie in der Frühen Neuzeit, primitiven oder gänzlich fehlenden Geräten sowie schlecht ausgebauten Schächten waren Normerfüllung und Produktionssteigerungen kaum realisierbar. Überdies verdiente man bei der Wismut weniger als im Kohlebergbau. Während ein Hauer vor Kohle um 1947 einen Schichtlohn von 10,56 Reichsmark bekam, verdiente ein Wismut-Kumpel in Johanngeorgenstadt 9,50 RM, ein Fördermann sogar nur 7,20 RM (statt 9,31 RM im Kohlebergbau).[3] Ein Obersteiger erhielt im ersten Jahr des offiziel-

---

[1] Anordnung Nr. 1 vom 23. Juli 1945. Hübner: Konsens, S. 16 f.

[2] Engeln: Uransklaven, S. 201.

[3] Brief an die russischen Gewerkschaften, unpag.

len Uranbergbaus 420-500 RM, ein Steiger 340-400 RM, ein Dolmetscher 380 RM, ein Koch 190 RM. Der Zuschlag für Nachtarbeit betrug zehn Prozent.[4]

Missstände gab es auch bei der Auszahlung der Löhne. Sie erfolgte oft unregelmäßig und unpünktlich, die Arbeiter mussten dafür stundenlang Schlange stehen, was ihre Freizeit noch verkürzte. Die Betriebsräte hatten kaum Einfluss auf die Generaldirektion, jeder Vorstoß in Richtung eines Tarifvertrages wurde abgeblockt. Die Willkür sowjetischer Betriebsleiter in tarif- und lohnrechtlichen Fragen zeigte sich auch in anderen SAG-Betrieben, wo mitunter zu wenig Lohn gezahlt oder Kohledeputate für bestimmte Personenkreise verweigert wurden.[5] Partei und Gewerkschaft standen am Anfang ihres Organisationsaufbaus und hatten wenig Handlungsspielraum. Der Brief des sächsischen FDGB an die »russischen Gewerkschaften« und ein darauf folgendes Treffen zwischen dem Generaldirektor und Richard Gründel sowie einigen Vertretern der IG Bergbau im April 1947 brachte zwar Zusagen für soziale und kulturelle Verbesserungen, die tatsächlich eintrafen. In Sachen Lohnpolitik ließ Malzew jedoch nicht mit sich handeln, das sensible Thema wurde vertagt.[6] Nach weiteren Verhandlungen reagierte die Betriebsleitung schließlich und veröffentlichte den Befehl Nr. 115 vom 3. Juni 1947. Er schrieb nicht nur sozialpolitische Maßnahmen, wie die bessere Betreuung der Massenunterkünfte, eine stärkere Kontrolle der Lebensmittelausgabe oder die reguläre Ausgabe von Seife und Arbeitsbekleidung vor, sondern außerdem die termingerechte Zahlung von Mindestlöhnen, die Ausrüstung der Arbeiter mit funktionstüchtigem Werkzeug sowie die Verbesserung der Förderanlagen. Überdies erhielten Verheiratete ein Trennungsgeld von 2,00 RM und Ledige mit Familienangehörigen 1,50 RM pro Kalendertag zugesichert.[7] Im Juli 1947 konnten Untertagearbeiter der höchsten Kategorie (Hauer) 16,00 RM pro Schicht verdienen, in der niedrigsten Kategorie waren es nur 4,80 RM. Übertagearbeiter bekamen höchstens 13,20 RM und mindestens 4,00 RM.[8] Hier deutete sich bereits die Spreizung der Löhne an, deren vielfältige Auffächerung später noch durch ein komplexes Lohn- und Prämiensystem verstärkt werden sollte. Ziel war es, höhere Leistungsanreize zu schaffen, vor allem bei den Schwerstarbeitern in den oberen Lohnkategorien, und sich damit die Loyalität der Arbeiter zu sichern.

In den folgenden Monaten und Jahren kam es auf Grund weiterer Befehle und Maßnahmen zu lohnpolitischen Differenzierungen. Befehl Nr. 250 vom 1. November 1947 diente der »Steigerung der Arbeitsproduktivität« und führte den Wismut-Zuschlag von 40 Prozent (untertage) bzw. zehn bis 30 Prozent (übertage) ein. Der Zuschlag war sozialversicherungspflichtig, aber steuerfrei und blieb bis zum Ende des Uranbergbaus erhalten. Akkordarbeiter erhielten zusätzlich 15 Prozent zum Tarifsatz hinzu, die Gehaltssätze aller deutschen Spezialisten und Angestellten waren in Übereinstimmung mit den Vorgaben der SMAD zu

[4] Beyer, Klaus/Kaden, Mario/Raasch, Erwin/Schuppan, Werner: Wismut Erz für den Frieden, S. 39.
[5] Stadtland: Herrschaft nach Plan, S. 416 f.
[6] Unternehmensarchiv der Wismut GmbH, 10-Abt 1/A/2, 1-7. Bericht, unpag.
[7] Wismut GmbH: Chronik, S. 781.
[8] Unternehmensarchiv der Wismut GmbH, 10-Abt 33. »Zeitweilige Normen und Tarife für Arbeitsleistungen beim Schürfen, Abtaufen (sic), Gewinnen, Arbeiten über Tage.« 14. 7. 1947, S. 4.

bringen.[9] Die hatte mit Befehl Nr. 234 vom Oktober 1947 einige sozial- und lohnpolitische Maßnahmen angestoßen, die die prekäre wirtschaftliche Lage der Industriearbeiter wesentlich verbessern und damit gleichzeitig das Leistungsniveau steigern sollten. Der Lohnstopp wurde endgültig aufgehoben, die niedrigeren Sätze für Frauenarbeit abgeschafft. Es galt der Grundsatz »Gleicher Lohn für gleiche Arbeit«.[10] Akkordarbeiter der Wismut untertage konnten nun bis zu 18,30 RM pro Schicht verdienen, übertage 15,18 RM. Zeitarbeiter erhielten höchstens 18,00 bzw. 13,20 RM.[11] Eine ähnliche Erschwerniszulage wie den Wismut-Zuschlag gab es in den übrigen Industriebetrieben erst Anfang der fünfziger Jahre mit dem Ministerratsbeschluss »Über die Wahrung der Rechte der Werktätigen und über die Regelung der Entlohnung der Bergarbeiter« vom 20. Mai 1952.[12] Paragraph 10 des Beschlusses legte die Gewährung eines 15-prozentigen Zuschlages für schwere, gefährliche und gesundheitsschädliche Arbeit fest. Auf Grundlage dieses Beschlusses setzte die Generaldirektion den bis dahin bestehenden Zuschlag von zehn Prozent für Rechnungsführer oder Mitarbeiter des Wohnungskontors auf 20 Prozent herauf – und begründete die allgemein höheren Zuschläge in der Wismut mit dem Paragraphen 3, der eine Erweiterung bei Tätigkeiten »erschwerten Charakters« zuließ.[13] SED und FDGB propagierten die Einführung von Leistungslöhnen in der gesamten SBZ. Zwar war es in manchen Industriezweigen zu einer Umwandlung von Akkordlöhnen in Zeitlöhne gekommen, um allzu starke Lohnminderungen der in der Nachkriegszeit geschwächten Arbeiter zu verhindern. Im Bergbau blieb es jedoch weitgehend beim Akkordlohn.[14] Der Leistungslohn, schließlich nur eine andere Bezeichnung für den in der Weimarer Republik bekämpften Akkordlohn, wurde vielerorts von traditionell denkenden Gewerkschaftern abgelehnt. Andererseits fügte er sich in durchaus landläufige Gerechtigkeitsvorstellungen der von Armut und Not gebeutelten Arbeiterschaft, was nicht selten in das von Stalin geprägte Postulat »Wer nicht arbeitet, soll auch nicht essen« mündete.[15] Das bedeutete allerdings nicht, dass man es mit der Einführung des Leistungslohnes leicht hatte; ein enormer Rechtfertigungsdruck blieb, unter dem die neue Lohnform deutlich von der kapitalistischen Praxis des Akkords abgegrenzt werden musste. In der Wismut wurden alle Ortsarbeiter mit Befehl Nr. 239 (der sich eng an den SMAD-Befehl

---

9 Unternehmensarchiv der Wismut GmbH, 10-Abt 1/A//2, 1-7. »Befehl für die Aktiengesellschaft ›Wismut‹ in Deutschland Nr. 250«, 1. 11. 1947, S. 25.

10 Hübner: Konsens, S. 22.

11 Wismut GmbH: Chronik, S. 782.

12 Verordnung über die Wahrung der Rechte der Werktätigen und über die Regelung der Entlohnung der Arbeiter und Angestellten vom 20. Mai 1952, in: GBl. der DDR Nr. 64 vom 27. Mai 1952, S. 377-383.

13 Unternehmensarchiv der Wismut GmbH, Büro GD 39/2. »Information zum Entwurf der Bestimmung über die Zahlung des Zuschlages für besondere Arbeitsbedingungen bei der SDAG Wismut (Wismut-Zuschlag) an Arbeiter, ingenieur-technisches Personal und Angestellte der sowjetisch-deutschen Aktiengesellschaft«, undat., vmtl. 1954, S. 1 f.

14 Hübner: Konsens, S. 30 f.

15 So die Ansichten von Teilnehmern auf der ersten Landesdelegiertenkonferenz der IG Metall 1946 und ein Teilnehmer auf der Landesdelegiertenkonferenz der IG Bergbau 1947, zit. in Stadtland: Herrschaft nach Plan, S. 428 f.

Nr. 234 anlehnte) per 1. Dezember 1947 auf Stück- und Akkordarbeit gesetzt.[16] Der 1. Sekretär der SED-Gebietsleitung Böhme gab sich »tief beeindruckt« von dem Befehl,[17] musste zugleich aber seinen Funktionären die Notwendigkeit des Leistungsprinzips deutlich machen. Die Kumpel würden bei der Arbeit nicht kaputt gemacht, alles sei eine Frage der Leistungsanerkennung. Wer mehr arbeite, könne höhere Verdienste und somit eine Verbesserung der Lebenshaltung erreichen. Das hätten schließlich auch die Arbeiter erkannt.[18] Der progressive Leistungslohn hing aber nicht nur von der Arbeitskraft ab, sondern auch von Ausrüstung, Material und Arbeitsbedingungen vor Ort, so dass es zu starken Lohngefällen innerhalb der Belegschaft kommen musste. Darüber hinaus stieg der Lohn schneller als die Leistung. Für 20 Prozent der Beschäftigten lag der Durchschnittslohn 1948 bei 1.500 bis 1.600 RM im Monat, Hauer in Spitzenbrigaden konnten bis zu 4.000 RM verdienen.[19] Im Verhältnis zum Durchschnittslohn für Industriearbeiter in der SBZ waren das astronomische Verdienste.[20] Und auch Funktionäre und Verwaltungsangestellte kamen auf einen wesentlich geringeren Verdienst.

Tab. 1: Löhne für das ingenieur-technische Personal bei Untertagearbeiten, 1952

Funktion untertage	Bruttomonatslohn in Mark
Obertechniker, Techniker, Schichtsteiger, Schichtmechaniker, Normierer, Rettungstruppführer, Instrukteure des Grubensicherheitsdienstes	700-800
Ingenieure, Reviersteiger, Mechaniker, Markscheider, Geologen der Reviere, Revierleiter der Bohrarbeiten	900-1050
Oberingenieure, Leiter des Grubensicherheitsdienstes	1.160-1.320
Hauptmechaniker und Hauptmarkscheider, Werkleiter der Bergarbeit der Schächte	1.490-1.710
Hauptingenieure der Schächte und der geologischen Erkundungsabteilung	1.910-2.190

Der 1. Gewerkschaftsvorsitzende bekam ein Monatsgehalt von 700 RM,[21] die Sekretäre der Parteiorganisation 400 RM (plus 200 RM Spesen), eine Stenotypis-

[16] Unternehmensarchiv Wismut GmbH, 10-Abt, 1/A/2, 1-7. »Für die Aktiengesellschaft ›Wismut‹, Nr. 239: Ausführung des Befehls 234 des obersten Chefs der sowjetischen Militärverwaltung vom 9. 10. 1947«[Abschrift der FDGB-Landesleitung Sachsen], 3. 11. 1947.

[17] Zit. in Engeln: Uransklaven, S. 231.

[18] SächsStAC, 32301, GL Wismut der SED, IV 2/1/23. Sekretariatssitzung am 7. Januar 1948, S. 2.

[19] Engeln: Uransklaven, S. 207.

[20] So erhielten gerade einmal 2,6 Prozent der Produktionsarbeiter des ebenfalls recht privilegierten Großbetriebs Neptun-Werft in Rostock, also 118 Beschäftigte, einen Monatsbruttolohn von 1.100 Mark und darüber. 51,4 Prozent der insgesamt 5.120 Produktionsarbeiter verdienten durchschnittlich 500-825 Mark Brutto, die übrigen Beschäftigten weniger als 500 Mark (Stand 1956). Alheit/Haack: Die vergessene Autonomie, S. 301.

[21] Engeln: Uranskaven, S. 207.

tin verdiente gerade einmal 150-250 RM.[22] Ähnlich erging es vielen Bergarbeitern, die nicht im Leistungslohn arbeiteten oder zu anderen Berufsgruppen gehörten. Sie verdienten oftmals nicht mehr als den vertraglich vereinbarten Mindestlohn von 400 RM, manche sogar weniger.[23] Der progressive Leistungslohn nach »russischem Prinzip« hatte jedoch auch einen unübersehbaren Haken: » [...] wenn du eben nichts bringst, haste Pech gehabt! Warum, weshalb, weswegen – das ist anfangs nicht gefragt worden.«[24] Waren also die Arbeitsbedingungen vor Ort schlecht, der Erzgehalt gering oder die körperliche Leistungsfähigkeit nicht gleich bleibend hoch genug, musste der Hauer das eine oder andere Mal mit 500 Mark[25] oder weniger nach Hause gehen.[26] 1949 drängte der Bundesvorstand des FDGB erneut auf die Schaffung konkreter Tarifverträge im Uranbergbau, zumal es durch Normerhöhungen von zehn Prozent erhebliche Schwierigkeiten in der Planerfüllung und damit Einbußen in den Lohntüten der Arbeiter gegeben hatte. Der Vorstoß scheiterte aber wiederum am Unwillen der Generaldirektion.[27] Mit dem Gesetz der Arbeit vom 19. April 1950 beabsichtigte die Parteiführung, in der gesamten DDR neue tarifrechtliche Regelungen einzuführen. Dazu gehörte die Substituierung der herkömmlichen Tarifverträge durch »Betriebsverträge«, die gegenseitige Verpflichtungen zwischen Werksleitung und Belegschaft festschreiben sollten. Konkreter wurden die neuen arbeitsrechtlichen Fragen in einer Regierungsverordnung vom 8. Juni 1950 über Kollektivverträge festgelegt. In allen volkseigenen und gleichgestellten Betrieben waren nun Rahmenkollektivverträge (RKV) abzuschließen, in denen wiederum Betriebskollektivverträge (BKV) abgefasst werden sollten.[28] In den BKV verpflichteten sich die Arbeiter zur Einhaltung der Produktionsaufgaben, zur Planerfüllung sowie zur Anwendung neuer Arbeitsmethoden. Die Festsetzung der Löhne und Gehälter sollte nach dem Leistungsprinzip erfolgen. Im Gegenzug waren die Betriebe im Rahmen des Planes für kulturelle und soziale Verbesserungen, z. B. den Wohnungsbau oder für Maßnahmen des Arbeitsschutzes verantwortlich.[29] Die Betriebspläne seien ein »wichtiges Mittel zur Entfaltung der Initiative der Werktätigen« und würden Arbeitern und Angestellten ein neues Verhältnis zur Arbeit vermitteln.[30] In vielen Betrieben der DDR stieß die Einführung der BKV auf massiven Widerstand, so dass man später auf die Zustimmungserklärungen der Belegschaft verzichtete.

22 SächsStAC, 32301, GL Wismut der SED, IV 2/3/1. Sekretariatssitzung am 25. November 1947, S. 2.

23 Engeln: Uransklaven, S. 207.

24 Zeitzeugenaussage Herbert Weigel, von 1952-1990 Hauer, Steiger und Leiter des Transportsbetriebes Objekt Aue.

25 Nach der Währungsreform 1948 hieß die zonenweite Währung »Mark der Deutschen Notenbank« (MDN), später »Deutsche Mark« (DM). Aus Gründen der Vereinfachung wird die Währung ab 1948 hier nur als »Mark« bezeichnet.

26 Auf einer Sekretariatssitzung der Revierleitung war sogar von nur 250 Mark Monatslohn für einen Hauer die Rede, dessen Brigade die Pläne nicht erfüllen konnte. SAPMO-BArch, DY 52/101 a, ZV IGW. Sekretariatssitzung am 7. Oktober 1949, S. 1.

27 Engeln: Uransklaven, S. 214.

28 »Verordnung über Kollektivverträge vom 8. Juni 1950«, in: GBl. der DDR Nr. 66 vom 22. Juni 1950.

29 Ebd., S. 494.

30 Die gegenwärtige Lage und die Aufgaben der Sozialistischen Einheitspartei Deutschlands, in: Dokumente der Sozialistischen Einheitspartei Deutschlands, Bd. 3, S. 110.

In der Wismut AG war die Abschaffung der Tarifverträge im Grunde genommen unnötig, da es nie welche gegeben hatte. Trotz allem bestand der FDGB auf einheitlichen Kollektivverträgen für den Uranbergbau und legte im März 1951 die ersten Muster vor. Die Generaldirektion hingegen wollte möglichst überhaupt keine Verträge abschließen und beschränkte innerbetriebliche Vereinbarungen auf sogenannte Kampfplankonferenzen, auf denen nur die Produktionsaufgaben diskutiert wurden.[31] Letztendlich kam es zur Einführung der BKV auch in der Wismut AG, begleitet von anfänglichem Misstrauen der Beschäftigten, ob sich die Generaldirektion an die Regelungen des Arbeitsrechts halten würde. Tatsächlich erließ Malzew im Juli 1952 den Befehl Nr. 224 auf der Grundlage der Regierungsverordnung vom 20. Mai 1952 über die Wahrung der Rechte der Werktätigen. Darin regelte er Zuschläge für Sonn- und Feiertagsarbeit (50 bzw. 100 Prozent des Tariflohnes), für Überstunden und Nachtarbeit (25 bzw. 10 Prozent) sowie die Gewährung von Urlaubstagen bei Vermählung, Niederkunft der Ehefrau (jeweils ein Tag), Todesfällen in der Familie (zwei Tage) oder Wohnungswechsel (ein bis zwei Tage). Überdies sollten die Beschäftigten bei nicht verschuldetem betriebsbedingtem Arbeitsausfall 90 Prozent des Tariflohnes erhalten – eine Regelung, deren ordnungsgemäße Realisierung angezweifelt werden muss.[32] 1956 weigerte sich die Schachtleitung in Schmirchau, Brigaden mit dem Leistungsgrundlohn zu entlohnen, die ihre Norm wegen Wassereinbruchs und der angeblich schlechten Arbeitsorganisation durch das ITP nicht hatten erfüllen können. Erst nach Intervention von Partei und Gewerkschaft stimmte sie einer Bezahlung nach dem Grundlohn zu.[33]

1.2 Neue Normen – höhere Leistung?

Gerüchte unter den Kumpels über Normerhöhungen waren eine »heikle Angelegenheit«, wie Bedenkenträger in der IG Wismut 1952 feststellten.[34] Vor allem dann, wenn die technischen und organisatorischen Gegebenheiten in den Schächten unzureichend waren – das betraf besonders die Bereitstellung von Hunten – und so die Norm in vielen Brigaden überhaupt nicht zu schaffen war. Die SED arbeitete deshalb schon in den frühen fünfziger Jahren an der Einführung »technisch begründeter Arbeitsnormen« (TAN) in den Industriebetrieben der DDR. Sie hoffte, so eine Steigerung der Arbeitsproduktivität und die Verbesserung der Arbeitsorganisation und damit auch die Erhöhung der Reallöhne der »Werktätigen« erreichen zu können. Verlust- und Stillstandszeiten, ineffektive Maschinenleistungen und ungenügende Ausnutzung der Betriebsmittel sollten nun mit

---

31 Engeln: Uransklaven, S. 216 f.

32 Unternehmensarchiv der Wismut GmbH, 10-Abt, Hb Radon. »Befehl des Generaldirektors der Sowj. Staatl. Abteilung der A.G. Wismut Nr. 224. Ergänzung und Änderung in der Entlohnung der Arbeiter und Angestellten aus der deutschen Bevölkerung, auf Grund der Verordnung der Regierung der DDR vom 20. Mai 1952«, unpag.

33 SAPMO-Barch, DY 52/151, ZV IGW. Bericht zur Lage, 28. 5. 1956, S. 11.

34 SAPMO-BArch, DY 52/26, ZV IGW. »Auswertung der Diskussionen der erweiterten Zentralvorstandssitzung vom 26. 3. 1952 der Industriegewerkschaft Wismut«, 1. 4. 1952, S. 4.

Hilfe des Engagements der Arbeiter der Vergangenheit angehören.[35] Die Befürchtungen der Gewerkschaft wurden bestätigt, als die im Mai 1953 verordnete zehnprozentige Normerhöhung von den Produktionsarbeitern der DDR zum Anlass genommen wurde, am 17. Juni 1953 gegen soziale und wirtschaftliche Missstände auf die Straße zu gehen.[36] In den Betrieben des Uranbergbaus blieb es jedoch weitgehend friedlich, was nicht nur mit der schärferen Bewachung des Gebietes durch sowjetische Soldaten, sondern zweifellos mit den höheren Löhnen der Bergleute zu tun hatte. Möglicherweise wurden aus diesem Grunde die neuen, technisch begründeten Arbeitsnormen 1955 zuerst in den Betrieben der SDAG Wismut eingeführt. Sie brachten zunächst einmal einige Verunsicherung in der Belegschaft mit sich. Differenzen bis zu 100 Mark zum Vormonatsverdienst, Löhne von gerade einmal 300 Mark bei Hauern sowie die Angst, bald noch weitere Normerhöhungen in Kauf nehmen zu müssen, bestimmten die Atmosphäre in manchen Betriebsteilen. Für viele bedeutete die Normerhöhung zunächst eine Lohnsenkung, welche idealiter durch eine bessere Arbeitsorganisation ausgeglichen werden sollte. Doch im Allgemeinen blieben die Arbeiter friedlich, die Berichterstatter von Partei und Gewerkschaft konstatierten »überraschend« wenige Vorsprachen im Normenbüro.[37] Die beabsichtigte Wirkung der TAN schien nach wenigen Monaten einzutreten. Im zweiten Quartal des Jahres 1955 verzeichnete die Abteilung Arbeit und Löhne eine Steigerung der Arbeitsproduktivität um vier Prozent, die Lohnsumme hingegen war gleich geblieben. Der Schichtlohn von Beschäftigten im Leistungslohn betrug nun durchschnittlich, mit allen Zuschlägen, 46,28 Mark untertage und 24,10 Mark übertage.[38] Doch in den folgenden Jahren kam es immer wieder zu erheblichen Lohnunterschieden, die sich vor allem in der verhältnismäßig hohen Entlohnung niedrig qualifizierter Arbeiter bemerkbar machten. Lok-Fahrer verdienten mehr Geld als Beschäftigte im Abbau, Haldenarbeiter mehr als Schlosser und Mechaniker. Und selbst innerhalb einer Berufsgruppe gab es Differenzen. Reinigungskräfte der HO Wismut bekamen gerade einmal 190 Mark, während in den Objekten angestellte Putzfrauen 220 Mark verdienen konnten.[39] Das lag unter anderem an der Tatsache, dass nicht in allen Betriebsteilen der Wismut technisch begründete Arbeitsnormen eingeführt worden waren. 1958 entschieden sich deshalb Partei und Gewerkschaft für die Beseitigung all zu großer Lohndifferenzen sowie für die Abschaffung einiger anderer Privilegien, die bis dahin im Uranerzbergbau bestanden. Als Grund gab man »eine Reihe Disproportionen und Überspitzungen« an, die sich in lohn- und sozialpolitischen Regelungen eingeschlichen hatten. So war in einigen Betriebsteilen der Lohn von Übertagearbeitern wesentlich höher als bei Untertagebeschäf-

[35] Hübner: Konsens, S. 45.

[36] Ausführlicher zum 17. Juni 1953 allgemein und speziell in den Betrieben der Wismut im Kapitel Eigen-Sinn und Mikropolitik im Betriebsalltag.

[37] SächsStAC, 32301, GL Wismut der SED, IV 2/3/380. Bericht zur Lage, 14. 5. 1955, S. 1-3.

[38] SAPMO-BArch, DY 52/143, ZV IGW. »Sekretariatsvorlage über den Stand der Lohnpolitik in den Betrieben der SDAG Wismut, 21. 9. 1955, S. 2.

[39] SächsStAC, 32301, GL Wismut der SED, IV 4/06/121. Informationsbericht, 27. 10. 1956, S. 4. SächsStAC, 32301, GL Wismut der SED, IV 2/1/38. »Protokoll der 7. Tagung der SED-Gebietsleitung Wismut am 31. 8. 1956, S. 62 f.

tigten. In den Baubetrieben und mechanischen Werkstätten plante man die Einführung der TAN, gleichzeitig sollten Brigadierzuschläge abgeschafft und neue Tariflohntabellen eingeführt werden. Weitere Maßnahmen waren die Abschaffung des 20-prozentigen Wismut-Zuschlages für Angestellte der Sozialversicherung und die Neuregelung der Jahresendprämie, deren Auszahlungspraxis immer wieder zur Verärgerung unter den Beschäftigten geführt hatte. Die Maßnahmen, im Zuge der Abschaffung der Lebensmittelkarten von Partei und Gewerkschaft erstellt, würden »zum Teil erhebliche Kürzungen des Lohnes und Urlaubes« nach sich ziehen.[40] Offensichtlich blieb es bei den »Vorschlägen«. Anstatt Lohnkürzungen kam es ein Jahr darauf in allen Industriezweigen der DDR zu Lohnerhöhungen. Für mehr als 20.000 Berg- und Bauarbeiter der SDAG befanden sich nun durchschnittlich 45,70 Mark mehr in der Lohntüte. Arbeiter, Angestellte und ITP der niedrigen Lohn- und Gehaltsgruppen verzeichneten einen Zuwachs von 25-50 Mark. So konnten Lohnspreizungen beseitigt werden, ohne den Ärger der Belegschaft herauszufordern.[41] Doch die Probleme des Lohngefälles, die disparaten Tariflohntabellen innerhalb der Betriebe und Berufsgruppen, führten immer wieder zu unerwünschten Resultaten. In Vorbereitung der Volkskammerwahl 1961 bereitete man verstärkt die Einführung neuer Normen vor, deren Legitimierung durch die Arbeiter selbst zustande kommen sollte. So hätten sich die Kipperfahrer in Lichtenberg von allein für höhere Normen ausgesprochen, da ihnen ihr Verdienst von 1.200 bis 1.400 Mark bei einer nur 20-prozentigen Normerfüllung selbst nicht mehr geheuer sei. Selbst parteilose Brigademitglieder würden diese Entwicklung vor dem 1. Sekretär des ZK der SED, Walter Ulbricht, nicht mehr verantworten wollen. In den Folgemonaten gab es immer wieder »freiwillige« Forderungen nach Einführung technisch begründeter Arbeitsnormen.[42] 1963 spielte die Wismut AG eine Vorreiterrolle bei der Einführung der »neuen, fortschrittlichen Arbeitsnormen« in der gesamten DDR.[43] Ziel war es, die Arbeitsproduktivität um acht Prozent zu steigern, ohne wesentliche Lohneinbußen besonders in der Hauergruppe zu riskieren. Man hatte feststellen müssen, dass der reine Leistungslohn der Hauer um einiges geringer war als bei Arbeitern in der Steinkohle oder im Bleierzbergbau, die einen Bruttoverdienst von 970 bzw. 1.050 Mark im Monat erhielten. Der Hauer in der Wismut kam ohne Erzprämie und andere Zuschläge auf 930 Mark. Mit Zuschlägen wuchs sein Bruttolohn allerdings

[40] SächsStAC, 32301, GL Wismut der SED, IV 2/15/1. »Vorlage für das Sekretariat des Bundesvorstandes des Freien Deutschen Gewerkschaftsbundes. Betr.: Vorschläge zur Verwirklichung der Beschlüsse des 33. Plenums des Zentralkomitees der SED auf dem Gebiet der Durchsetzung des Leistungsprinzips zur Steigerung der Arbeitsproduktivität. Beseitigung einiger ungerechtfertigter Privilegien«, 12. 3. 1958.

[41] SächsStAC, 32301, GL Wismut der SED, IV 2/1/48. »Protokoll der 6. Tagung der SED-Gebietsleitung Wismut v. 22.-23. 10. 1959«, S. 54.

[42] SächsStAC, 32301, GL Wismut der SED, IV 4/06/136. »Bericht zur Lage und Einschätzung der Periode der Vorbereitung und Durchführung der Wahl am 17. September 1961«, 25. 9. 1961, S. 27. SächsStAC, 32301, GL Wismut der SED, IV 4/06/137. »Bericht zur Lage«, 10. 1. 1962, S. 7.

[43] SAPMO-BArch, DY 52/240, ZV IGW. »Bürovorlage über die Entwicklung des Lohnes und der Normerfüllung in den ersten 9 Monaten des Jahres 1962 im Industriezweig Wismut«, 14. 1. 1963, S. 1.

auf 1.180 Mark – und das bei geringerer Normerfüllung als im Steinkohle- und Bleierzbergbau.[44]

Tab. 2: Lohnentwicklung nach Arbeitsbereichen, 1965.

Arbeitsprozess	Durchschnittl. Bruttomonatsverdienst in Mark
Überhauen	1.379,-
Teufe	1.369,-
Geologische Bohrung untertage (SGEG)	1.351,-
Abbau	1.337,-
Gemischt-Arbeiten	1.252,-
Vortrieb (Horizontal)	1.230,-
Geologische Bohrung übertage (SGEG)	1.058,-
Hilfsbetrieb unter Tage	985,-
Schurf SGEG über Tage	797,-
Hilfs- und Nebenbetrieb SGEG	730,-

1.3 Arbeitszeitregime und Lohnentwicklung

Von Anfang an herrschte das Dreischichtsystem im Uranerzbergbau. Jede Schicht hatte acht Stunden, die Arbeitswoche sechs Tage. 1948 setzte sich die Generaldirektion überdies auch mit ihrer Forderung nach Sonntagsarbeit durch. Das Dreischichtsystem konnte jedoch auf Grund fehlender Ausrüstung und Maschinen nicht immer eingehalten werden, so dass die dritte Schicht in den ersten Jahren als Reparaturschicht gefahren wurde.[45] 1957 beschloss der Ministerrat der DDR die teilweise Einführung der 45-Stunden-Woche in den Industriebetrieben. Schon seit einigen Jahren hatte sich in der DDR-Wirtschaft die Verlangsamung der Arbeitsproduktivität und die Zunahme der Lohnkosten abgezeichnet, deren Gründe in hohen Arbeitsausfällen durch Krankschreibungen oder in den zahlreichen gesellschaftlichen Verpflichtungen der Beschäftigten, aber auch in Produktionsstörungen lagen.[46] Der Weg über Normerhöhungen schien den Funktionsträgern jedoch nicht ratsam, vielmehr erhofften sie, durch die Verkürzung der Arbeitszeit Rationalisierungs- und Intensivierungseffekte in den Betrieben zu erreichen. Außerdem sollten die Produktionsarbeiter auf diese Weise zu höheren Leistungen angespornt werden, da sie ja gleichzeitig eine Gegenleistung erhielten.[47] Die Wismut gehörte zu den ersten Produktionsbetrieben bei der Einführung des neuen Arbeitszeitregimes. Die Reduzierung der Arbeitszeit sollte durch jeweils eine halbe Stunde pro Tag in ein- und zweischichtig arbeitenden Betrieben realisiert werden, samstags sollte die Schicht nicht mehr länger als fünf Stunden dauern.

[44] Ebd., S. 3 f.
[45] Wismut GmbH: Chronik, S. 789.
[46] Hübner: Konsens, S. 96.
[47] Ebd., S. 99.

Für Betriebe mit Dreischichtsystem wurde der Wegfall der sechsten Nachtschicht am Samstag im Drei-Wochen-Takt geplant.[48] Auswirkungen auf den Lohn sollten die neuen Regelungen selbstverständlich nicht haben, zumindest keine negativen: Für Zeit- und Prämienzeitlöhner wurde ein Lohnzuschlag von 6,6 Prozent zu ihrem in der 45-Stunden-Woche erzielten Bruttoverdienst vereinbart.[49] Ob diese Kompromissregelung zur Anwendung kam, ist nicht gesichert. Die Parteileitung der Wismut jedenfalls hielt nichts von generellen Lohnerhöhungen, wie sie offenbar im Vorfeld des neuen Arbeitszeitregimes in einigen Betriebsteilen gefordert wurden: »Man muß also ganz offen sagen, Genossen, die Löhne in der Wismut sind die höchsten in der ganzen Republik und wenn die Frage der Lohnerhöhungen steht, dann steht sie nicht in der Wismut [...].«[50] Die Arbeitszeitverkürzung stieß im Uranbergbau, ebenso wie in anderen Industriebetrieben der DDR, zunächst einmal auf Skepsis und Ablehnung, erblickten die Produktionsarbeiter darin doch eine versteckte Normerhöhung.[51] Zudem waren viele Beschäftigte nicht mit den konkreten Arbeitszeitregeln einverstanden und wünschten sich mehr Freizeit, vor allem am Wochenende.[52] Forderungen nach einer Fünf-Tage-Arbeitswoche konnten Anfang der sechziger Jahre mit einem Produktionsaufgebot unter der Losung »In der gleichen Zeit für das gleiche Geld mehr Erz für den Frieden« unterdrückt werden, doch 1966 waren neuerliche Veränderungen im Arbeitszeitregime nicht mehr zu vermeiden.[53] In vielen Industriebetrieben hatte sich ohnehin schon seit längerer Zeit die Fünf-Tage-Woche eingeschlichen – und das unter stillschweigender Billigung vieler BGL, Zentralvorstände und vermutlich sogar Parteisekretäre, wie die Funktionäre des FDGB auf ihrer 8. Tagung im Februar 1966 entsetzt feststellen mussten.[54] Der vorläufige Kompromiss, die Fünf-Tage-Arbeitswoche mit 44 Wochenstunden zuerst einmal in jeder zweiten Woche zu etablieren, hatte deshalb nicht lange Bestand. Am 28. August 1967 wurde die durchgängige Fünf-Tage-Woche bei einer Arbeitszeit von 40-43¾ Stunden in der gesamten DDR Industrie eingeführt. Fester Grundsatz war dabei die Vermeidung von Lohnminderungen, doch bei einem Ausfall von 300.000 Arbeitsstunden im Jahr mussten Kompensationsmöglichkeiten gefunden werden. Die Lösung des Problems hieß Sonderschichten. Zumindest ein Teil der »Werktätigen« würde nach Meinung der Generaldirektion ein- bis zweimal pro Monat Vorbereitungs- oder »Nachholeschichten« fahren und so öfter auf den freien

48 SächsStAC, 32301, GL Wismut der SED, IV 2/6/143. »Anordnung des Generaldirektors der SDAG Wismut zum Gesetz über die Verkürzung der Arbeitszeit in den Betrieben der SDAG Wismut«, 1957, S. 2.

49 Ebd., S. 5.

50 SächsStAC, 32301, GL Wismut der SED, IV 2/1/40. 9. Tagung der SED-Gebietsleitung Wismut, 8. 2. 1957, S. 43.

51 Hübner: Konsens, S. 101 f.

52 SächsStAC, 32301, GL Wismut der SED, IV 2/3/414. »Zusammenfassender Bericht zu den Vorschlägen und Diskussionen zur Einführung der 45-Stunden-Woche in der SDAG Wismut«, 1957, S. 1 u. 3.SächsStAC, 32301, GL Wismut der SED, IV 4/06/122. »Bericht über den ideologischen-politischen Zustand im Kreisgebiet« [Ronneburg], 7. 3. 1957, S. 4.

53 Das Problem bestand in allen Produktionsbetrieben der DDR, dort lautete die Losung »In der gleichen Zeit für das gleiche Geld mehr produzieren«. Hübner: Konsens, S. 123.

54 Ebd., S. 128 f.

Samstag und Sonntag verzichten müssen. Das galt vor allem für Arbeiter der Hilfsbetriebe und der Mechanischen Betriebe.[55] Vorteile aus der Arbeitszeitverkürzung sollten vor allem die Hauer genießen, da auf sie »spezifische gesundheitsgefährdende Faktoren« einwirkten, denen man im Uranerzbergbau zwangsläufig ausgesetzt war. Ihre Arbeitszeit wurde deshalb auf eine 40-Stunden-Arbeitswoche verkürzt. In einer vertraulichen Verschlusssache werteten Gewerkschaft und Generaldirektion die Vorlage für einen diesbezüglichen Beschluss des Ministerrates aus. In der Vorlage wurde offen über die gesundheitsschädlichen Auswirkungen von Radon, Uran sowie von dem Gift Arsen gesprochen, die man durch die kürzere Arbeitszeit zu reduzieren gedachte. Neben der Strahlenbelastung führte auch die hohe Staubkonzentration zu sich häufenden Silikoseerkrankungen.[56] Die neuen Arbeitszeitmaßnahmen folgten den Empfehlungen der Internationalen Strahlenschutzkommission ICRP (International Commission on Radiological Protection). In der UdSSR und in Ungarn betrug die Arbeitszeit im Erzbergbau zu diesem Zeitpunkt nur noch 36 Stunden, in der ČSSR wurde die 35-Stunden-Woche vorbereitet.[57] In den kurze Zeit später für die Belegschaft verfassten »Argumentationshinweisen« war von den immensen Gefährdungen durch Strahlen, Staub und Gifte keine Rede mehr. Lediglich »länger anhaltende physische Belastungen« wurden als Grund für die neuen Arbeitszeitregelungen in der Hauergruppe benannt, wie beispielsweise »Lärm und Vibration«.[58] Für die Kosten der Lohnerhöhungen sowie für die Heraufsetzung der Mindestlöhne und des Mindesturlaubes bilanzierte die Generaldirektion eine Million Mark zusätzlich pro Jahr.[59] Die »außerordentliche stimulierende Wirkung« des progressiven Stücklohnes verlor in den sechziger Jahren an Bedeutung.[60] Die 1950 in der Wismut eingeführte Form des Leistungslohnes hatte auf der Anwendung der fortschrittlichen Arbeitsnormen, der Berechnung des ökonomischen Nutzeffektes, der Kostensenkung und auf der exakten Messung des geleisteten Arbeitsumfanges basiert. Gründe für die Abschaffung des Progressivlohnes lagen zum einen in der fehlenden »materiellen Interessiertheit« größer gewordener Brigaden, die an verschiedenen Betriebspunkten arbeiteten. Der Brigadier verlor dabei oftmals den Umfang der Normerfüllung aus den Augen. Zum anderen machte die Einführung »realer Arbeitsnormen« die Erfüllung der Vorgaben schwieriger. Nur bei einer über 150-prozentigen Normerfüllung konnte man von 25 auf 33,8 Prozent Progressivprämie kommen,

---

[55] Unternehmensarchiv der Wismut GmbH, Büro GD 44/1. »Protokollarische Aufzeichnung von der Sitzung des Vorstandes der Sowjetisch-Deutschen Aktiengesellschaft Wismut am 23. Juni 1967«, S. 17.

[56] SAPMO-BArch, DY 52/1226, ZV IGW. »Beschluss des Präsidiums des Ministerrates über die Einführung der durchgängigen 40-Stunden-Arbeitswoche für die Hauergruppe unter Tage in den Betrieben der SDAG Wismut«, 5. 7. 1967, S. 3.

[57] SAPMO-BArch, DY 52/1226, ZV IGW. Beschluss des Präsidiums ... , S. 2 f.

[58] SAPMO-BArch, DY 52/1224, ZV IGW. »Argumentationshinweise zur Einführung der durchgängigen 40-Stunden-Arbeitswoche unter Tage in den Betrieben der SDAG Wismut« [hrg. v. Generaldirektion und ZV IG Wismut], 24. 7. 1967, S. 2.

[59] Unternehmensarchiv der Wismut GmbH, Büro GD 44/1. »Information über den Stand der Vorbereitung der vom VIII. Parteitag der SED vorgeschlagenen und vom Ministerrat der DDR beschlossenen Maßnahmen zur weiteren Verbesserung der Arbeits- und Lebensbedingungen der Werktätigen in der SDAG Wismut«, 20. 6. 1967, S. 7.

[60] Wismut GmbH: Chronik, S. 796.

was in den sechziger Jahren lediglich von zwölf Prozent der Brigaden erreicht wurde. Die Lohnform lief 1972 aus.[61] Kompensiert wurden die aus dieser Maßnahme zu erwartenden Verschlechterungen mit einer Lohnerhöhung von durchschnittlich 2,2 Prozent (das entsprach einem Lohnfondszuwachs von 11,5 Millionen Mark für das Jahr 1972), womit man wiederum die Arbeitsproduktivität um 7,1 Prozent zu steigern gedachte. Die Erhöhungen galten vorrangig für Produktionsarbeiter. Im Produktionshauptprozess konnten Beschäftigte zudem einen weiteren Anstieg des Lohnes durch überplanmäßige Leistungssteigerungen erreichen.[62] Mit der Einführung von staatlichen Grundlöhnen 1977 bzw. von Produktivlöhnen 1986 setzte die SDAG Wismut die Grundsätze der staatlichen Lohnpolitik um. Die Grundlöhne, praktisch eine Weiterführung der in den sechziger Jahren verankerten Prämienstücklöhne,[63] sollten abermals Arbeitsproduktivität und Leistung der Beschäftigten steigern sowie die Senkung der Selbstkosten bewirken. Vor allem aber sollten sie die wachsende Schere im Lohngefälle zwischen der Hauergruppe und anderen Produktionsarbeitern wie den Bau- und Montagearbeitern oder den mechanischen Berufen, verringern. Deren Lohn galt es »schneller anwachsen zu lassen als das durchschnittliche Leistungswachstum dieser Bereiche.«[64] Mit den Grund- bzw. den späteren Produktivlöhnen wurden die unterschiedlichen Lohnformen abgeschafft. Die geplanten Lohnsteigerungen konnten zunächst nicht erreicht werden. Statt eines Zuwachses von 47,80 Mark pro Monat waren drei Monate nach Einführung der Grundlöhne nur 42,35 Mark mehr in der Lohntüte der Produktionsarbeiter. Die Generaldirektion zeigte sich dennoch optimistisch, da die »erwartete stimulierende Wirkung auf eine hohe Leistungssteigerung« eingetroffen sei und die »geplante Arbeitsproduktivität [...] trotz verkürzter Arbeitszeit« erfüllt und übererfüllt werden konnte.[65] Doch die Steigerung von Leistung und Arbeitsproduktivität schien der Gewerkschaft noch nicht weit genug zu gehen. Auf ihrer Rechtskonferenz 1983 kritisierten die Funktionäre des Zentralvorstandes, dass staatliche Leiter und BGL noch zu wenig für eine »leistungsgerechte Differenzierung des Lohnes« tun würden. Um ein schnelleres Entwicklungstempo im Wirtschaftswachstum und eine hohe »volkswirtschaftliche Wirksamkeit von Wissenschaft und Technik« zu erreichen, müsse die »schöpferische Initiative der Werktätigen« viel stärker genutzt werden. Mit anderen Worten: »höherer Lohn durch höhere Leistungen«.[66] Mit der sukzessiven

---

[61] Ebd., S. 797.

[62] SAPMO-BArch, DY 52/317, ZV IGW. »Programm der lohnpolitischen Maßnahmen der SDAG Wismut für das Jahr 1972«, 24. 1. 1972, S. 1 f.

[63] Prämienstücklöhne lösten den progressiven Leistungs/Stücklohn 1962 sukzessive ab. Bei dieser Lohnform wurde das quantitative Arbeitsergebnis auf Grundlage der TAN und des einfachen Stücklohnes berechnet. Die Qualität der Arbeit konnte durch Mehrlohnprämien vergütet werden. Wismut GmbH: Chronik, S. 797.

[64] SAPMO-BArch, DY 52/353, ZV IGW. »Vorlage. Konzeption der leistungsorientierten Lohnpolitik für die SDAG Wismut im Zeitraum 1976-1980«, 20. 2. 1976, S. 18.

[65] SAPMO-BArch, DY 52/362, ZV IGW. »Stand der Vorbereitung der 3. Etappe der Grundlohneinführung und Einschätzung des Standes der Verwirklichung der Lohnverwendungskonzeption 1977«, 8. 8. 1977, S. 1-3.

[66] SAPMO-BArch, DY 52/1116, ZV IGW. 9. Rechtskonferenz des ZV der IG Wismut am 11. Januar 1983 in Crossen, Kulturhaus »Freundschaft«, S. 14.

Einführung der Produktivlöhne von 1986 bis 1989 glaubte man sich am Ziel dieses Vorhabens. Die Gewerkschaft bilanzierte auf ihrer letzten Zentraldelegiertenkonferenz, dass mit Einführung der neuen Lohnform ein selbstkostensenkender Nutzen von fast 90 Millionen Mark entstanden war bei gleichzeitiger Einsparung von 1.532 Arbeitskräften. Das entsprach einem Aufwand an Lohnmitteln in Höhe von 50,6 Millionen Mark.[67] Wie in der SDAG Wismut waren auch in der gesamten DDR die Bruttolöhne der Produktionsarbeiter ständig angestiegen. Doch die Uranarbeiter lagen bis zuletzt weit vorn in der Lohnentwicklung. Betrug das Lohnniveau der Industriearbeiter in der DDR 1960 noch durchschnittlich 571 Mark, so war es bis 1989 auf 1.324 Mark angewachsen. Der durchschnittliche Bruttolohn eines Hauers in der SDAG erhöhte sich von 1.050 Mark 1960 auf 2.111 Mark im Jahr 1989.[68]

1.4 Prämien

Prämien galten als enormer Stimulus der Arbeitsmoral. Sie waren steuerfrei und nicht sozialversicherungspflichtig. Mit Befehl Nr. 112 vom 5. Mai 1948 wurde die Treueprämie eingeführt, die nach Betriebszugehörigkeit gestaffelt war und der Herausbildung von Stammbelegschaften dienen sollte. Nach den ersten sechs Monaten bei der Wismut AG betrug sie fünf Prozent (untertage) bzw. drei Prozent (übertage) und konnte auf bis zu 20 bzw. zehn Prozent nach zweijähriger ununterbrochener Betriebsangehörigkeit steigen. Die Prämie war weder sozialversicherungs- noch steuerpflichtig.[69] Das setzte allerdings eine einwandfreie Arbeit ohne »Bummelschichten« voraus. Eine weitere Maßnahme zur Bildung von Stammbelegschaften war die unmittelbare Prämierung der Schichtleistung für die gesamte Brigade. Bis dahin hatte allein der Brigadier die Prämie erhalten, was zu einem Verfall der Arbeitsmoral und zur Leistungsminderung bei den übrigen Arbeitern geführt hatte. Auf einer Aktivistenkonferenz begrenzte der sowjetische Politoffizier die Brigaden auf zwölf Beschäftigte, um »die Form eines Kameradschaftsgedinges« zu fördern und verkündete die neuen Prämien. Bei einem Vortrieb von 90 Metern standen jedem Brigademitglied ein Fahrrad, ein Lebensmittelpaket sowie ein zusätzliches Gehalt zu, bei 80 Metern Vortrieb erhielt die gesamte Brigade fünf Fahrräder und jeder Arbeiter ein halbes Lebensmittelpaket sowie ein Monatsgehalt. Steiger bekamen bei 100-prozentiger Normerfüllung ein Lebensmittelpaket, bei 120-prozentiger Erfüllung zusätzlich Kleiderstoff und ein Fahrrad oder Radio. Bei 150-prozentiger Normerfüllung erhielten Obersteiger drei Fahrräder, die auf die besten Arbeiter der Schicht zu verteilen waren. Unfall-

[67] SAPMO-BArch, DY 52/2280, ZV IGW. »Geschäftsbericht Zentralvorstand der IG Wismut« auf der Außerordentlichen ZDK am 10.3.1990, S. 5.

[68] Statistisches Jahrbuch ´90 der Deutschen Demokratischen Republik, hrg. v. Statistischen Amt der DDR, Berlin: 1990, S. 144; Wismut GmbH: Chronik, S. 800.

[69] Unternehmensarchiv der Wismut GmbH, 10-Abt, 1/A-2, 1-7. »Verordnung über die Vergünstigung für die Arbeiter, Ingenieure, Techniker und Angestellte für ihre einwandfreie Arbeit und längere Tätigkeit in der Abteilung der Staatlichen Aktiengesellschaft ›Wismut‹ in Deutschland – gültig ab 1. Januar 1948«, 5.5.1948, unpag.

steiger konnten ein Lebensmittelpaket erhalten, wenn im jeweiligen Monat keine tödlichen Unfälle vorgekommen waren. Die Arbeiter zeigten sich mit dieser Regelung einverstanden und »erklärten, alle Kraft zur Steigerung der Leistung einzusetzen.«[70] Diese Art der Prämierung erforderte natürlich die Leistungsbereitschaft der gesamten Brigade. Dass die Höhe der Prämie manches Mal wegen der unzureichenden Arbeitsergebnisse des Einzelnen auf dem Spiel stand, führte deshalb nicht selten zu Konflikten.

Im Jahre 1949 kamen Erzprämien hinzu. Für eine Kiste gefundenen Uranerzes konnte, unabhängig von der Normerfüllung, ein Lebensmittelpaket verteilt werden. Gekoppelt an die Übererfüllung der Pläne konnte die Zahl der Pakete bis auf vier Stück pro Arbeiter steigen.[71] Überdies gab es neben den Abbauhauern auch sogenannte Erzhauer, die oftmals auf bereits abgebauten Blöcken nach Erz suchten und einer weitaus höheren Strahlenbelastung ausgesetzt waren. Deren Prämien und Zuschläge konnten sich auf bis zu 1.000 RM/Mark im Monat belaufen.[72] 1952 wurde die Erzgeldregelung noch einmal aktualisiert. Nun ging es auch darum, das Erz nach Qualität zu sortieren. Pro Kiste war eine Prämie von bis zu 100 Mark möglich. Brigaden, die das Erz freigelegt hatten, bekamen einen Anteil von bis zu 40 Prozent und Brigaden, die das Erz gewannen, bis zu 80 Prozent der Prämie.[73] Doch mit Einführung der »neuen fortschrittlichen Arbeitsnormen« 1963 glaubte die Generaldirektion, auch die Prämienregelung einer Revision unterziehen zu müssen. Seit Beginn der Einführung von Erzprämien war es zu ständigen Steigerungen gekommen, die die Verteilungsgerechtigkeit in manchen Betriebsteilen in Frage stellten. So betrug das Erzgeld in einigen Objekten mehr als 50 Prozent des progressiven Leistungslohnes. Eine Überarbeitung der Prämienregelung mache sich notwendig, weil diese seit nahezu zehn Jahren unverändert bestehe, während sich die Arbeits- und Abbaumethoden verbessert hätten, argumentierte die Abteilung Arbeit der Generaldirektion. Zudem seien »aufgrund der fehlenden Differenzierung nach Umfang und Qualität des Erzvorkommens ... ungerechtfertigt hohe Erzprämien« gezahlt worden.[74] Dies entsprach allerdings nicht ganz den Tatsachen. Ein Jahr zuvor hatte die Generaldirektion eine Prämientabelle herausgegeben, in der das Erzgeld nach den vorgenannten Kriterien abgerechnet werden sollte. Je nach Qualität des Erzes konnte man pro Hunt (mit einem Fassungsvermögen von 0,65 Kubikmetern) bis zu 360 Mark verdienen. Den an der Gewinnung des Erzes beteiligten Arbeitern stand ein Prämienanteil von 87,5 Prozent zu, der Rest ging an Physiker, Revierleiter, Schichtleiter sowie Lok-Führer.[75] Für Brigaden in Abbaublöcken mit hoher Vererzung konnte das in Spitzenzeiten einen Prämienanteil von fast 2.000 Mark pro Arbeiter bedeuten – bei einer vergleichsweise durchschnittlichen Normerfüllung. Beschäftigte im Vor-

[70] SAPMO-BArch, DY 52/1257, ZV IGW. Protokoll zur Sekretariatssitzung am 7. Juni 1948, S. 2 f.
[71] Wismut GmbH: Chronik, S. 782.
[72] Ebd.
[73] Ebd., S. 783.
[74] SAPMO-BArch, DY 52/240, ZV IGW. Bürovorlage über die Entwicklung des Lohnes ..., S. 5.
[75] SächsStAC, 32301, GL Wismut der SED, IV 2/6/152. »Anordnung für die Sowjetisch-Deutsche Aktiengesellschaft Wismut Nr. 25: Verbesserung der Qualität der gewonnenen Stufenerze, die in Hunten gefördert werden«, Anlage, 18. 1. 1962, S. 1 ff.

trieb oder auf schwach vererzten Blöcken hielten diese Gewinne für regelrecht unanständig.[76] Und nicht nur sie. Auch die Gewerkschaft machte sich kurze Zeit später zur Fürsprecherin einer neuen Erzgeldberechnung, um neben dem »materiellen Anreiz noch stärker für die ständige Entwicklung der Arbeitsproduktivität« einzutreten.[77] Die neue Prämienregelung trat am 1. Oktober 1963 in Kraft. Für die meisten Brigaden bedeutete dies eine Verringerung ihres Schichtlohnes um ca. 6,00 Mark, in einem Fall war der Lohn von 105,39 Mark im September auf 27,85 Mark im Oktober gefallen.[78] Prämien für hohe Vortriebsleistungen hingegen wurden in den fünfziger Jahren wesentlich attraktiver als noch einige Jahre zuvor. In horizontalen Betriebspunkten konnten Brigaden 2.500-4.500 Mark hinzuverdienen, wenn sie einen Vortrieb von 170-250 Metern oder mehr im Monat erreichten. Im Vertikalvortrieb beliefen sich die Prämien auf 4.500-8.500 Mark pro Brigade (35 bis mind. 45 Meter im Monat).[79] Bei einer Brigade mit sieben Beschäftigten, wie sie in den fünfziger Jahren durchaus üblich war, konnte ein einzelner Arbeiter im Horizontalvortrieb theoretisch 350-650 Mark, im Vertikalvortrieb bis 1.020 Mark zusätzlich verdienen. In praxi wurden in den fünfziger Jahren Leistungen im Horizontalvortrieb von lediglich 100 Metern erreicht – von ausgewählten Spitzenbrigaden mit bester Ausrüstung und Vorbereitung.[80] Das Prämiensystem wurde im Laufe der Jahre immer komplexer. Es gab auftragsgebundene Prämien, Initiativ- oder Zielprämien, Prämien für betriebliche und staatliche Auszeichnungen. 1957 gründete die SDAG den Direktorenfonds zur Prämierung besonderer Leistungen. Voraussetzung zur Mittelvergabe aus diesem Fonds waren die Erfüllung des Produktionsplanes sowie die Senkung der Selbstkosten des jeweiligen Betriebes. Mit dem Ministerratsbeschluss vom 11. Mai 1957 zur Einführung von Betriebs- sowie Kultur- und Sozialfonds in den Betrieben wurde der Direktorenfonds abgeschafft.[81] Ein Teil des Kultur- und Sozialfonds war für ITP, Meister, Steiger sowie leitendes kaufmännisches Personal vorgesehen, ein zweiter für besondere Leistungen im sozialistischen Wettbewerb der Produktionsarbeiter, Aktivisten und Neuerer. Die Verteilung der Prämien sollte allerdings nicht überstrapaziert werden, da sonst der Erziehungsfaktor und der materielle Anreiz verloren gingen.[82] Gesellschaftliches Engagement spielte, neben der fachlichen Qualifikation, ebenfalls eine Rolle bei der Prämienvergabe, was jedoch

[76] SAPMO-BArch, DY 52/246, ZV IGW. Bericht zur Lage, 9. 8. 1963, S. 7.

[77] SAPMO-BArch, DY 52/72, ZV IGW. 14. Zentralvorstandstagung der IG Wismut am 15. März 1963 in Karl-Marx-Stadt (Referat Schönfeld), S. 33.

[78] Die Angaben beziehen sich auf den Schichtlohn inklusive Erzgeld. SächsStAC, 32301, GL Wismut der SED, IV A2/5/098. »Das Sekretariat der SED Gebietsleitung Wismut bestätigt den Bericht ›Zur Tätigkeit der Parteiorganisation nach der 4. Tagung des ZK der SED‹«, 25. 11. 1963, S. 17.

[79] Unternehmensarchiv der Wismut GmbH, 10-Abt 33. »Befehl Nr. 10 des Leiters des Objektes Nr. 8 vom 19. 2. 52: Bekanntmachung einer zeitweiligen Verfügung über Prämiierung [sic] der Bergarbeiter und Steiger der AG Wismut für die besten Leistungen im Schnellvortrieb der Bergbauproduktionspunkte, unpag.

[80] Wismut GmbH: Chronik, S. 1286.

[81] Verordnung über den Betriebsprämienfonds sowie über den Kultur- und Sozialfonds in den volkseigenen und ihnen gleichgestellten Betrieben vom 11. Mai 1957, in: GBl. der DDR Nr. 36 vom 15. Mai 1957, S. 289.

[82] SächsStAC, 32301, GL Wismut der SED, IV 2/6/129. »Änderungsvorschläge zur Betriebsprämienordnung des Objektes 09«, 20. 12. 1958, S. 2 f.

oftmals nicht genug berücksichtigt wurde.[83] Die Vergabe der Jahresendprämien fand öffentlich statt, meist in Verbindung mit der Rechenschaftslegung zum BKV oder der Auswertung der erreichten Planergebnisse des Vorjahres.[84]

In den gesetzlichen Bestimmungen vom 2. Februar 1967 wurde der Ermittlung des Prämienfonds eine »positive Effektivitätsentwicklung« im Vergleich zur Vorjahresleistung des Betriebes zugrunde gelegt, die in der Wismut allerdings nicht erbracht werden konnte. Somit hätte sich eine Reduzierung oder zumindest die Stagnation der Jahresendprämie ergeben, aber das war »unter Berücksichtigung der Leistungen der Werktätigen und der Bedeutung des Industriezweiges nicht zu vertreten.«[85] Die Abteilung Arbeit der Generaldirektion legte den Prämienfonds für 1968 in Höhe von 25 Millionen Mark einfach selbst fest. Für jeden Beschäftigten standen nach dieser Berechnung nun maximal 756 Mark an Prämienmitteln bereit. Wie hoch die individuellen Prämien sein konnten, lässt sich an der Spendenaktivität der Arbeiter ablesen. Die Auszahlung der Jahresendprämie war oftmals verbunden mit einer sogenannten Solidaritätsspende der Beschäftigten. Im Dezember des Jahres 1972 kamen so beispielsweise im Bergwerk Reust 16.867 Mark und in Schmirchau 35.000 Mark zusammen. Ein Arbeiter spendete 500 Mark für Vietnam, andere entrichteten im Durchschnitt 200-300 Mark von ihrer Prämie. Der Leiter der Abteilung Gesundheits- und Arbeitsschutz in Reust spendete seine gesamte Jahresendprämie in Höhe von 760 Mark.[86] 1987 betrug diese Prämienform –»bei entsprechender Leistung« – durchschnittlich 1.023 Mark und unter guten Bedingungen konnte sie sich auch auf 2.000 Mark belaufen.[87]

2. Nahrung, Konsum, Wohnen

2.1 Vom Überleben zum Konsumieren

Die Koinzidenz von Arbeiterversorgung und Leistungsbereitschaft erkannten Generaldirektion, Partei und Gewerkschaft nahezu von Anfang an. Um so mehr, als die körperlich schwere und kräftezehrende Arbeit im Bergwerk wirtschaftlich und politisch von größter Wichtigkeit war. In ganz Europa waren es die Beschäftigten des Bergbaus, insbesondere des für die Energieversorgung essenziellen

83 SächsStAC, 32301, GL Wismut der SED, IV 4/03/35. »Informationsbericht«, 21. 2. 1958, unpag.

84 SAPMO-BArch, DY 52/285, ZV IGW. »Entwurf. Bestimmung über die Bildung und Verwendung des einheitlichen Prämienfonds der SDAG Wismut sowie der betrieblichen Prämienfonds 1968«, 22. 9. 1967, S. 8.

85 SAPMO-BArch, DY 52/285, ZV IGW. »Begründung der neuen Bestimmungen über die Bildung und Verwendung des einheitlichen Prämienfonds der SDAG Wismut sowie der betrieblichen Prämienfonds im Jahre 1968«, 22. 9. 1967, S. 1.

86 SAPMO-BArch, DY 52/326, ZV IGW. »Information für das Sekretariat des ZV«, 21. 2. 1973, S. 2.

87 SAPMO-BArch, DY 52/1791, ZV IGW. Rechenschaftsbericht auf der 11. ZDK der IG Wismut am 21. März 1987 in Gera, S. 22. Zeitzeugenaussage Herbert Weigel.

Braun- und Steinkohlebergbaus, die in der Nachkriegszeit besser versorgt wurden als der Rest der Bevölkerung.[88] Dennoch reichte die Lebensmittelversorgung unmittelbar zu Beginn des Uranabbaus nicht, um die von Hunger und Schwäche geplagten Bergleute angemessen zu verpflegen.

Die Zuteilung der nach dem Krieg so knappen Lebensmittel, Kleider und Brennstoffe erfolgte nach einem Kartensystem, dessen Versorgungs- und Verteilungsprinzipien von der SMAD festgelegt wurden. Demnach war die Versorgung an den Wohnort sowie den sozialen Status des Empfängers gekoppelt. Für Bewohner der großen Städte bedeutete dies eine bessere Versorgung, da man von der Landbevölkerung erwartete, sie könne sich durch eigene Gärten und Höfe selbst versorgen. Das »wichtigste Dokument der Nachkriegszeit«[89] war in fünf Kategorien eingeteilt: Schwerstarbeiter und Funktionäre erhielten die Karte I, Schwerarbeiter die Karte II und »normale« Arbeiter die Karte III, während Angestellte mit der IV und die »sonstige Bevölkerung« (Kinder, Rentner, Erwerbslose) mit der Karte V auskommen mussten. Laut SMAD-Befehl Nr. 152 vom 29. November 1945 bekamen alle Bergarbeiter die Schwerstarbeiterkarte I plus eine tägliche Mahlzeit.

Doch mit 3.200 Kilokalorien lag eine solche Lebensmittelration unter dem Durchschnitt dessen, was ein Schwerstarbeiter im Bergwerk täglich benötigte, nämlich 4.200 Kilokalorien.[90] Und Malzew schien überdies nach Stalins Slogan zu handeln, dass, wer nicht [genug] arbeite, auch nicht essen solle. Die Ausgabe des warmen Mittagessens war nämlich zunächst an eine 100-prozentige (untertage) bzw. 125-prozentige (übertage) Normerfüllung gebunden.[91] Auch die Verteilung von Naturalienpaketen, die es bereits 1945 für die ersten Bergleute gegeben haben soll, hing von einer »guten Arbeit« ab.[92] Nach einem weiteren SMAD-Befehl vom 29. August 1946 (Nr. 259) zugunsten der Beschäftigten in Stein- und Braunkohlebetrieben sowie in Brikettfabriken besserte sich die Ernährungssituation allmählich.[93] Untertagebeschäftigte der Wismut AG erhielten nun von der Besatzungsmacht eine Schwerstarbeiterkarte und monatlich fünf Kilo Mehl, 800 Gramm Nudeln, 600 Gramm Fleisch und 300 Gramm Butter. Von der Landesverwaltung Sachsen bekamen sie monatlich 4,5 Kilo Mehl, 7,5 Kilo Kartoffeln, 600 Gramm Nudeln, 300 Gramm Butter, 150 Gramm Marmelade, 375 Gramm, 300 Gramm Salz sowie 62 Gramm Kaffee. Übertagearbeiter erhielten ebenfalls die Schwerstarbeiterkarte, aber nur die Hälfte der genannten Nahrungsmittel.[94] Für die Bergleute der Wismut gab es ab 1. April 1947 eigene Lebensmittelkarten, die von den

88 Roeling: Uranbergbau, S. 104.

89 Kaminsky, Annette: Illustrierte Konsumgeschichte der DDR, Erfurt 1999, S. 13.

90 Roeling: Uranbergbau, S. 104 f.

91 Bretschneider: Kein Schutz vor Willkür, S. 8 f. Er zitiert einen Brief des Sekretärs des FDGB-Ortsvorstandes Johanngeorgenstadt, Max Friedrich, vom 9. 4. 1946 an die Präsidentin des Landesarbeitsamtes Sachsen, Heinze, in dem er auf die unhaltbaren Lebensbedingungen der Bergarbeiter in seiner Stadt aufmerksam machen will.

92 Das Datum 1945 geht auf eine Zeitzeugenaussage zurück. Demnach enthielt ein solches Paket zehn Dosen Obstkonserven, je ein Kilo Zucker, Butter und Mehl, zwei Kilo Fleisch sowie zwei Kilo Käse oder Quark. Wismut GmbH: Chronik, S. 821.

93 Hübner: Konsens, S. 132.

94 Roeling: Uranbergbau, S. 105 f.

Grubenverwaltungen an die jeweiligen Schächte ausgegeben wurden und von den Empfängern in wismuteigenen Läden eingelöst werden konnten.[95] Trotz der verbesserten Ernährungslage blieb die Fluktuation in der Wismut hoch. Die Anzahl der vom Landesarbeitsamt Sachsen Zwangsvermittelten lag bis Anfang 1947 noch bei 100 Prozent, von denen viele kurz nach ihrer Einweisung in den Uranerzbergbau wieder flüchteten. Eine genaue Übersicht über die Fluktuationsraten ist jedoch nicht bekannt.[96] Es lag also auf der Hand, dass sich die Menschen nicht mit Zwang und Druck im Uranbergbau halten ließen, vor allem nicht unter den gegebenen Arbeits- und Lebensbedingungen. Bis 1949 erließ die Generaldirektion deshalb neue Befehle, die sich stärker mit der Versorgungssituation der Belegschaft befassten. Befehl Nr. 115 vom 3. Juni 1947 zog zunächst die Kopplung der warmen Mahlzeit an die Erfüllung der Norm zurück. Zusätzliche Produkte, z. B. Industriewaren wie Radios oder Fahrräder, waren als »Maßnahmen zur Arbeitsbegeisterung« an Untertagearbeiter zu verteilen – jedoch nur bei »unaufhörlicher Arbeit ohne Aussetzung der Maschinen und deren gute Behandlung« sowie »für ehrliches und gutes Verhalten zur Arbeit«.[97]

Tab. 3: Ausgabe von Zigaretten an Arbeiter, Angestellte und Ingenieure pro Monat bei Übererfüllung der Norm, 1947.

Untertage	Für die Akkordarbeiter bei durchschnittlicher Erfüllung		Für die Gehaltempfänger, Ingenieure und Angestellten
	von 100-124 %	von 125-149 %	Von 150 % und mehr
Arbeiter	20	35	20
Ingenieure, Techniker	20	35	35
Angestellte	20	35	15

Die Befehle Nr. 239 vom 20. Oktober 1947 und Nr. 250 vom 1. November 1947 brachten noch einmal wesentliche Verbesserungen. Sie enthielten die Aufforderung an die Objektleiter, die Ausgabe des warmen Mittagessens in allen Schächten und Betrieben zu verbreiten sowie Verkaufsmagazine im ganzen Wismut-Gebiet einzurichten und mit dem nötigen Inventar auszustatten. Bergarbeiter, die Frau,

95 Wismut GmbH: Chronik, S. 822.

96 Roeling: Uranbergbau, S. 106. Noch 1949 stellte Leppi fest, dass ca. 100 Beschäftigte allein aus dem Gebiet Berlin-Brandenburg das Wismut-Gebiet verließen, die Quote der »Arbeitsbummelanten«, deren unerlaubtes Fortbleiben auch mit den Arbeitsbedingungen zusammenhing, belief sich auf drei bis vier Prozent. SAPMO-BArch, DY 52/101 a, ZV IGW. Sekretariatssitzung am 19. August 1949, Bl. 9 f.

97 Unternehmensarchiv der Wismut GmbH, 10-Abt 1/A/2, 1-7. Anlage Nr. 2 zum Befehl Nr. 115: »Die Ausgabe der warmen Mahlzeiten an die Arbeiter, Techniker und Ingenieure sowie der zusätzlichen Produkte und Zigaretten (nur für Deutsche) lt. Befehl SMA Nr. 152, 259«, 3. 6. 1947, S. 21.

Kinder oder Eltern zu versorgen hatten, bekamen zusätzlich die Lebensmittelkarte IV.[98] Sie konnte allerdings bei »Bummelantentum«, »Nichtnormerfüllung« und »Pflichtvergessenheit« entzogen werden. Ein weiterer Leistungsanreiz war die Ausgabe akzisefreien Trinkbranntweins. Für die Verteilung des »Kumpel-Tod«, wie der Schnaps im Jargon hieß, galten ab 1953 klare Richtlinien, die einem Beschluss der DDR-Regierung für die Schnapsausgabe an alle Bergarbeiter folgten. Demnach bekamen Untertagearbeiter, Ingenieure und Techniker sowie Beschäftigte, die im Winter im Freien arbeiteten, zwei Liter pro Monat, alle anderen – auch das Verwaltungspersonal – einen Liter. Minderjährige und Beschäftigte der Kultureinrichtungen, Kindergärten, Feuerwehren, Lehrstätten oder medizinischen Einrichtungen erhielten keinen Alkohol, ebenso wie »Fehlschichtler« und Personen, die die Arbeitsdisziplin verletzen«.[99] Die Prämierung minderjähriger Arbeiter erfolgte ab 1954 mit Talons für akzisefreie Schokolade – 100 Gramm Schokolade entsprachen dabei einem Liter Schnaps.[100] 1949 legte eine Verordnung der Generaldirektion die Verteilung zusätzlicher Lebensmittelrationen fest, um einen »weiteren Ansporn« der Untertagearbeiter und Ingenieure zur Übererfüllung der Monatspläne zu erreichen. Eine Zusatzration enthielt 500 Gramm Fleisch, drei Kilo Mehl, 500 Gramm Fett, 300 Gramm Zucker, 150 Zigaretten, einen Liter Schnaps sowie 100 Gramm Seife. Bei einer Übererfüllung der Normen um 150 Prozent konnte man vier solcher Zusatzrationen erhalten.[101]

Verantwortlich für den Aufbau versorgungstechnischer Infrastrukturen war zunächst die bei der SAG geführte »Abteilung für Lebensmittel und Manufakturwaren«, deren Verwaltung in Chemnitz saß. Die Arbeiter wurden durch eigene Küchen und Magazine versorgt, welche ihre Waren wiederum von privaten Groß- oder Einzelhändlern bezogen. Diese Handelseinrichtungen waren entweder von der SAG selbst übernommen oder durch Pacht an private Einzelhändler übergeben worden. Dazu gehörte ein Netz aus Bäckereien, Fleischereien und Industriewarenläden, aber auch Dienstleistungseinrichtungen wie Nähstuben oder Schusterwerkstätten.[102] Die Verbesserung der Ernährungslage (und der Entlohnung) trug Früchte. Schon im April 1947 verzeichneten die Arbeitsämter steigende Zahlen bei freiwilligen Anmeldungen. Bereits Ende des Jahres kamen so viele Arbeitswillige aus anderen Betrieben der Region zur Wismut, dass sich mancher Kleinbetrieb in seiner Existenz bedroht sah.[103] Partei und Gewerkschaft waren ebenfalls interessiert an zufriedenen Arbeitern. Das Unruhepotenzial der frühen Jahre war hoch, immer wieder kam es zu Tumulten, Raufereien und Aus-

[98] 350 Gramm Brot, 10 Gramm Fett, 450 Gramm Kartoffeln, 25 Gramm Fleisch, 20 Gramm Zucker, 25 Gramm Nährmittel, 30 Gramm Marmelade.

[99] Unternehmensarchiv der Wismut GmbH, 10-Abt 33. »Befehl Nr. 192 des Generaldirektors der Aktiengesellschaft Wismut vom 11. Juni 1953«, unpag.

[100] Unternehmensarchiv der Wismut GmbH, 10-Abt, Hb Radon. Notiz des Leiters der 5. Abteilung der GD an den Leiter des Objektes 9, 23. 7. 1954, unpag.

[101] SächsStAC, 32301, GL Wismut der SED, IV 2/6/143. »Bestimmung über die Ausgabe der zusätzlichen Lebensmittel an Arbeiter und ingenieurtechnisches Personal, die in der A.G. »Wismut« untertage beschäftigt sind, für die Übererfüllung der Monatsnormen und Monatspläne«, 28. 1. 1949, S. 1f.

[102] Wismut GmbH: Chronik, S. 825.

[103] Roeling, S. 113 f.

fällen gegen die Ordnungsmacht. Zufriedenheit, die in Arbeitsfreude und Leistungsbereitschaft mündete, konnte in einer Zeit des Mangels vor allem durch eine reibungslose Versorgung erreicht werden. Die Gewerkschaft kontrollierte deshalb verstärkt die Qualität der Küchen: »Es ist eine Tatsache, dass von der Arbeit in den Küchen die Stimmung der Kumpels abhängt.«[104] Dabei stieß sie immer wieder auf Hindernisse. Vertraglich gebundene Gasthäuser lieferten oftmals nicht die gewünschte Qualität, nicht selten wurden Teile der gelieferten Lebensmittel auf dem Schwarzmarkt weiter verkauft.[105] Überdies sorgten lange Schlangen vor der Essensausgabe, teilweise unter freiem Himmel, für Unmut unter den Kumpels. Die Gewerkschaftsfunktionäre versuchten die Missstände in ihren Arbeitsgebieten abzuschaffen, berieten sich mit den Küchenleitern und gingen schließlich dazu über, das Essen servieren zu lassen. Mit einer besseren Qualität der Speisen und der »anständigen« Behandlung der Kumpel sollten so die Motivation erhöht und der Zweijahresplan vorzeitig erfüllt werden.[106] Auch die Partei glaubte die Auswirkungen der verbesserten Versorgungssituation in ihrer Arbeit spüren zu können. Bei der Abstimmung zum 3. Deutschen Volkskongress im Mai 1949 verzeichneten die Funktionäre eine um zehn Prozent höhere Abgabe von Ja-Stimmen in den Wismut-Kreisen als anderswo im Westerzgebirge. In manchen Massenunterkünften hatten über 90 Prozent der Kumpel für den Volkskongress votiert. Die 1947 initiierte Volkskongressbewegung war gewissermaßen eine von »oben« vorbereitete Gegenreaktion auf die westdeutschen Verfassungsdebatten sowie die Vorbereitungen zur Gründung der Bundesrepublik. Sie folgte dem Gedanken, eine »nationale Repräsentation« gegenüber den Alliierten zu schaffen, solange die Spaltung Deutschlands nicht aufgehoben wäre.[107] Nach der Konstituierung eines »Deutschen Volksrates« auf dem 2. Volkskongress im März 1948 war der 3. Volkskongress eine Reaktion auf die Verabschiedung des Bonner Grundgesetzes. Obwohl sich der Deutsche Volksrat als eine Art gesamtdeutsches Vorparlament verstand, sollte er im Falle des Scheiterns die Vorbereitungen zur Bildung eines ostdeutschen Separatstaates leisten.[108]

Böhme negierte zunächst den Zusammenhang zwischen besserer Verpflegung der Bergleute und Wahlergebnis. Das positive Resultat sei vielmehr der »guten politischen Arbeit« sowie der »richtigen politischen Linie« geschuldet, die die Parteileitung vertreten habe. Bei näherer Betrachtung der nach Kreisen aufgeschlüsselten Ergebnisse, aus denen eine im Durchschnitt 70-prozentige Zustimmung der Wismut-Beschäftigten zum Volkskongress hervorging, zeigte sich der Parteivorsitzende doch enttäuscht. Er habe »auf Grund der verbesserten Ernährungslage« ein eindeutigeres Wahlverhalten erwartet.[109] Dabei hätte sich Böhme besser über das unverhältnismäßig hohe Wahlergebnis freuen sollen, hatte die Abstimmung doch in der gesamten Zone ein für die SED niederschmetterndes

---

104 SAPMO-Barch, DY 52/101 a, ZV IGW. Sekretariatssitzung am 28. März 1949, S. 1.

105 SAPMO-BArch, DY 52/1257, ZV IGW. Sekretariatssitzung am 14. Juni1948, S. 4. Zeitzeugenaussage Margarete Assmann, 1951-52 Küchenkraft in Dittrichshütte.

106 SAPMO-Barch, DY 52/101 a, ZV IGW. Sekretariatssitzung am 28. März 1949, S. 2.

107 Kleßmann: Die doppelte Staatsgründung, S. 202 f.

108 Ebd., S. 204.

109 SächsStAC, 32301, GL Wismut der SED, IV/2/3/2. Sekretariatssitzung am 17. Mai 1949, S. 10 f.

Ergebnis gebracht, das nur mit Hilfe von Wahlmanipulationen auf 61 Prozent gehoben werden konnte.[110] Am 7. Oktober 1949 konstituierte sich der Deutsche Volksrat als Provisorische Volkskammer, bestätigte den vorgelegten Verfassungsentwurf und begründete somit die Deutsche Demokratische Republik.

In der Wismut AG wurde die Qualität der Arbeiterversorgung auch zu den Kommunalwahlen im April 1952 nicht dem Zufall überlassen. Der Gewerkschaftsvorsitzende Lucas traf sich im Vorfeld mit den Geschäftsstellenleitern der Wismut-Läden in Aue, Johanngeorgenstadt und Schwarzenberg, um eine »reibungslose Versorgung« für die an den Wahltagen 27. und 28. April sowie am Feiertag 1. Mai stattfindenden Volksfeste zu sichern. Denn schließlich sei »die Versorgung unserer Kumpels [...] von größter Wichtigkeit für den Verlauf der Wahlen«.[111] Strukturell war die Arbeiterversorgung im Uranerzbergbau Anfang der fünfziger Jahre einigen Veränderungen unterworfen, bei denen sich eine sukzessive Übernahme dieses Sektors in den staatlichen Verantwortungsbereich abzeichnete. Seit 1948 hatte die Generaldirektion mit Hilfe von Partei und Gewerkschaft versucht, den Verband der Konsumgenossenschaften (VdK) zur Übernahme der Küchen und Läden zu bewegen. Doch selbst die Intervention Marschall Sokolowskis[112] konnte den VdK lange Zeit nicht dazu bewegen, die besonderen Konditionen eines solchen Vertrages zu akzeptieren.[113] Schließlich erreichte man eine – nur kurzzeitige – Übereinkunft. Zehn Monate lang, vom 1. Oktober 1950 bis 14. Juli 1951, existierte der Konsum Wismut. Die Verhandlungen mit der Zentralleitung der Handelsorganisation in Berlin wurden ebenfalls bereits 1948 aufgenommen, als die ersten »freien Läden« in der SBZ öffneten. Hier konnten die Bürger erstmals außerhalb des Schwarzmarktes Waren ohne Karten oder Bezugsscheine kaufen, allerdings zu hohen Preisen. Damit gedachte man den Schwarzmarkt zu bekämpfen und die Versorgung der Bevölkerung zu verbessern, denn bis 1958 hatte allein die HO das Monopol auf Mangelware und hochwertige Nahrungsmittel inne. Gleichzeitig aber sollte sich die Organisation zur Basis eines ausschließlich staatlich kontrollierten Handels entwickeln, in dem es keine privat geführten Geschäfte mehr geben würde.[114] Nach Verhandlungen zwischen der SAG und der Regierung der DDR beschloss der Ministerrat am 12. Juli 1951 die Bildung einer Staatlichen HO Wismut, die dem Ministerium für Handel und Versorgung der DDR unterstellt war und am 15. Juli 1951 mit ihrer Tätigkeit begann.[115] Mit 1.000 Verkaufseinrichtungen übernahm die HO Wismut die Versorgung von 126.000 Betriebsangehörigen.[116] Sie wurde zum Inbegriff einer pri-

---

110 Ungültige Stimmen bzw. Stimmenenthaltungen wurden als Ja-Stimmen gewertet, Kleßmann: Die doppelte Staatsgründung, S. 204.

111 SAPMO-Barch, DY 104 a, ZV IGW. Sekretariatssitzung am 17. April 1952, Beschlussprotokoll Nr. 15/52, S. 1.

112 SAPMO-BArch, DY 52/1257, ZV IGW. Sekretariatssitzung am 14. Juni 1948, S. 4.

113 So bestand die Wismut beispielsweise auf einen Preis für ein Mittagessen von 17 Pfennigen, wovon die Konsumgenossenschaft noch Heizung, Licht und Personalkosten hätte tragen müssen. Überdies sollte der Warenverkauf nicht auf Rechnung des Konsums, sondern auf Provisionsbasis geschehen. Wismut GmbH: Chronik, S. 827.

114 Kaminsky: Illustrierte Konsumgeschichte, S. 17 f.

115 Wismut GmbH: Chronik, S. 828.

116 Ebd., S. 832.

vilegierten Versorgung, an die die Menschen gern zurück denken. Margarete und Rudolf Assmann, die in Dittrichshütte (Ostthüringen) bei der Wismut AG arbeiteten, erinnerten sich an stets gefüllte Regale in den Geschäften, in denen auch Mangelware und Luxusgüter zu erschwinglichen Preisen zu haben waren. »Du kauftest in der Wismut-HO relativ billig ein, billiger als in der zivilen HO – und hast mehr verdient als die anderen«.[117] Und die Versorgung mit Werkküchenessen war ebenfalls üppig. Es wurde, wie auch die Industriewaren in den Geschäften, gegen Vorlage von Talons ausgegeben. Die Küche in Dittrichshütte schien Anfang der fünfziger Jahre » sehr modern« gewesen zu sein, sie brachte »hohe Leistung [...] und ein ganz vorzügliches Essen.« Die Kumpel konnten zwischen zwei und mehr Mahlzeiten wählen, zum Nachtisch gab es Äpfel oder Kirschen, manchmal auch Südfrüchte.[118] In den Akten der Gewerkschaft liest sich die Situation allerdings anders. Das Angebot der Wismut-Läden beschränke sich auf eine Sorte vertrockneten Käses und das Küchenessen bestünde aus künstlichen Fertigsoßen und billigem Essiggemüse, monierte Leppi, »während man in jeder Privatgaststätte für wenig Geld Dosengemüse bekommen kann.«[119] Außerdem verlange die HO, zumindest im Erzgebirge, teilweise so hohe Preise, dass die Ehefrauen der Bergleute bis nach Karl-Marx-Stadt führen, um ihre Einkäufe wesentlich preiswerter erledigen zu können.[120] Diese Diskrepanz zwischen Zeitzeugenaussage und Schriftdokument könnte mit der selektiven Erinnerung erklärt werden, die die Vergangenheit rosiger erscheinen lässt als sie in Wirklichkeit war. Möglich ist aber auch, dass die Maßnahmen zur Beseitigung sozialer Missstände, welche Partei und Gewerkschaft im Thüringer Raum nach den Unruhen in Saalfeld 1951 getroffen hatten, dort tatsächlich griffen.

Mängel und Engpässe spiegelten die alltägliche Realität wider – und das nicht nur für große Teile des Wismut-Gebietes, sondern für die Gesamtsituation in der DDR. Zwar hatte es zunächst den Anschein, als ob sich die Versorgungslage bessern würde. Die Regierung erließ in Folge des Zweijahrplanes 1949/50 Verordnungen, die u.a. die Aufhebung der Rationierung, die Verbesserung der Lebensmittelversorgung sowie die höhere Produktion von Bedarfsgütern betrafen.[121] Die Preise in den »freien Läden« sanken und Waren, die vorher nur »theoretisch« auf der Lebensmittelkarte existiert hatten, gab es tatsächlich zu kaufen.[122] Diese Verbesserungen waren gewagt, befand sich doch die Wirtschaft der DDR in keiner stabilen Verfassung. Die fortdauernden Reparationszahlungen an die Sowjetunion, die Bevorzugung der Schwerindustrie und nicht zuletzt die restriktive Agrarpolitik der Regierung gingen zu Lasten der Nahrungs- und Konsumgüterindustrie. Mit Walter Ulbrichts Ankündigung auf der II. Parteikonferenz im Juli 1952 in Berlin über den »planmäßigen Aufbau des Sozialismus« endete die positive Entwicklung. Nun wurde Sparsamkeit zum obersten Gebot.

117 Zeitzeugenaussage Margarete und Rudolf Assmann.
118 Ebd.
119 SAPMO-Barch, DY 52/103 b, ZV IGW. Sekretariatssitzung am 22. Februar 1952, Beschlussprotokoll 8/52, S. II.
120 SAPMO-BArch, DY 52/1263, ZV IGW. Sekretariatssitzung am 28. August 1953, S. 2.
121 Hübner: Konsens, S. 145.
122 Kaminsky: Illustrierte Konsumgeschichte, S. 18.

Preis- und Normenerhöhungen, Subventionsstreichungen und die Kollektivierung der Landwirtschaft, in deren Folge viele Bauern in den Westen flüchteten, blieben nicht folgenlos für die wirtschaftliche Situation im Land. Ein wesentlicher Grund dafür lag in den Aufrüstungsbestrebungen der DDR-Regierung und ihrem Aufbau eigener Streitkräfte. Die Verschlechterungen wirkten sich auf die Stimmung der Menschen aus, welche auf Grund der stetigen Normalisierung des Alltagslebens Hoffnung für die Zukunft geschöpft hatten. Unmut über die Versorgungslage, aber auch über politische Restriktionen und ideologische Vereinnahmung führten schließlich zum Volksaufstand des 17. Juni 1953.

Am 29. Mai 1958 wurden in der gesamten DDR die Lebensmittelkarten abgeschafft.[123] Da derlei einschneidende Veränderungen meist erst einmal auf den Widerstand oder zumindest die Missbilligung der Beschäftigten stießen, zerbrachen sich Partei und Gewerkschaft in der Wismut monatelang den Kopf darüber, wie man Qualitäts- und Preisniveau der Waren und der Mahlzeiten attraktiver gestalten könnte. Man entschied, die Lebensmittelkarten zukünftig durch Talons zu ersetzen, gegen die man hochwertige Industriewaren wie Schuhe oder Obertrikotagen, aber auch Qualitätsschnaps, Schokolade und Werkküchenessen einlösen konnte.[124] Das entsprach zwar immer noch einem Rationierungssystem, wie man es gerade abschaffen wollte, doch diente es offensichtlich als Kompromiss für die Bergleute, die sich nicht mit möglichen Verschlechterungen in der Versorgungslage abfinden wollten.[125] Ähnliches war noch 1962 zu beobachten. Defizite in der Versorgung mit Butter, Molkereierzeugnissen und Südfrüchten führten zur »Kritik« unter den Bergleuten, so dass man sich für ein temporär eingerichtetes Kartensystem entschied, damit die Arbeiter nicht stundenlang umsonst an den Geschäften anstehen mussten.[126] Eine weitere flankierende Maßnahme bei der Abschaffung der Lebensmittelkarten war die Einführung der Untertageversorgung 1957. Dieses ambitionierte Programm sah die Einrichtung kleiner Verkaufsstützpunkte in den Schächten vor, oftmals direkt auf den Sohlen, wo sich die Arbeiter mit Imbissmahlzeiten, Getränken, Südfrüchten und Zigaretten versorgen konnten.[127] Die betriebliche Versorgung wurde bis in die siebziger Jahre hinein zahlreichen Korrekturen unterzogen. Schließlich sollte die »gastronomische Versorgung«, wie es 1969 hieß, nicht nur der »Reproduktion der Arbeitskraft«, der »Gesunderhaltung der Werktätigen« sowie der »Beseiti-

---

[123] Weber: DDR Grundriss, S. 300.

[124] SächsStAC, 32301, GL Wismut der SED, IV 2/3/414. »Vorschläge zur Erhöhung des materiellen Anreizes der Kumpels der SDAG Wismut, wenn im Jahre 1957 die Lebensmittelkarten wegfallen«, 26. 10. 1956, S. 1 f.

[125] Allerdings zwang die prekäre wirtschaftliche und versorgungstechnische Lage noch Anfang der sechziger Jahre dazu, das Rationierungssystem mittels »Kundenlisten« in der gesamten DDR faktisch aufrecht zu erhalten. Karlsch, Rainer: Krisen als Chance? Die DDR-Wirtschaft nach Volksaufstand und Mauerbau, in: Dietrich, Torsten und Ilko-Sascha Kowalczuk (Hg.): Staatsgründung auf Raten. Auswirkungen des Volksaufstands 1953 und des Mauerbaus 1961 auf Staat, Militär und Gesellschaft der DDR, Berlin 2005, S. 197.

[126] SAPMO-BArch, DY 52/234, ZV IGW. »Bericht über den gegenwärtigen Stand der Arbeiterkontrolleure und Schlußfolgerungen für die Weiterführung der Arbeit auf diesem Gebiet.«, 29. 6. 1962, S. 2f.

[127] SAPMO-BArch, DY 52/1861, ZV IGW. »Arbeitsrichtlinien der Untertageversorgung in den Schächten der SDAG Wismut«, 20. 11. 1957, S. 2.

gung des während der Arbeit auftretenden Hungergefühls« dienen. Auch die »Überwindung des Leistungsgefälles« innerhalb der Arbeitszeit und die Erhöhung der Arbeitsfreude und damit der Attraktivität des Betriebes konnten durch eine gut durchdachte betriebliche Versorgung erreicht werden.[128] Dazu gehörten die Ausgabe von Imbissbeuteln (mit erhöhtem Obstanteil) für 90 Pfennige, die Versorgung der Arbeiter mit warmen Mahlzeiten in allen drei Schichten und auf abgelegenen Baustellen, der Verkauf von Trinkmilch in Einwegverpackungen sowie die »niveauvolle Ausgestaltung der Speisesäle und Imbißräume« mit Tischdecken, Blumen und Gardinen. Mit Hilfe dieser Maßnahmen sollte die Wismut auf dem Gebiet der Betriebsversorgung zum »Schrittmacher in der DDR« werden.[129] Kernstück der Neuerungen wurde die Zwischenverpflegung in den Schächten und Betrieben.

Die Zwischenverpflegung war ein Gemeinschaftsprojekt von Gesundheitswesen, Zentralvorstand, HO und Generaldirektion und zielte vor allem auf die »Berücksichtigung der Grundsätze einer gesunden Ernährung«.[130] Sie sollte zunächst einmal nur Berufsgruppen mit schweren Arbeitsbedingungen, wie z. B. Hauern, zugute kommen, und auf alle strukturbestimmenden Schächte der SDAG Wismut übertragen werden. Die Finanzierung der Zwischenverpflegung erfolgte aus dem zentralen Kultur- und Sozialfonds der SDAG. Wurden im ersten Jahr der Einführung ca. 290.000 Beutel mit Zwischenverpflegung ausgegeben, waren es 1978 bereits drei Millionen Portionen.[131] Ein weiterer Service des Wismut-Handels war der Bestelldienst. Diese Idee der Kundendienstform kam bereits in den fünfziger Jahren auf und entsprang der Absicht, berufstätigen Frauen in der Wismut den Einkauf zu erleichtern.[132] Doch erst zehn Jahre später schien sich die bequeme Art des Einkaufs erfolgversprechend etabliert zu haben. Alle Belegschaftsangehörigen konnten die Industriewaren oder Konsumgüter in den Schächten und Betrieben bestellen und direkt nach Hause liefern lassen.[133] Ein ehemaliger Bergmann der letzten Wismut-Generation erinnerte sich an diesen Kundendienst: »[...] es sind meistens die Läden schon im Schachtgebiet gewesen. Wenn du untertage hochkamst: Autos, Klamotten konntest du da bestellen, Lebensmittel [...].«[134] Im Verantwortungsbereich des Wismut-Handels lagen ferner die Gaststätten, Klubhausgaststätten und Kaufhallen, die Küchen und Restaurants

[128] SAPMO-Barch, DY 52/1076, ZV IGW. »Aktionsprogramm des Wismut-Handels für das Jahr 1970«, 12. 11. 1969, S. 13 f.

[129] SAPMO-Barch, DY 52/87, ZV IGW. »Arbeitsmaterial [der SDAG] zur Vorbereitung des Referats der 6. Tagung des ZV der IG Wismut«, 1969, S. 19-21.

[130] SAPMO-BArch, DY 52/1723, ZV IGW. »Analyse zum Planablauf der Handelsorganisation Wismut-Handel für das Planjahr 1969, 4. 9. 1970, S. 15.

[131] Ebd., S. 15. SAPMO-BArch, DY 52/1724, ZV IGW. »Analyse zum Planablauf für das Jahr 1978«, 12. 3. 1979, S. 2.

[132] SAPMO-BArch, DY 52/1861, ZV IGW. »Arbeitsrichtlinien für die Untertageversorgung in den Schächten der SDAG Wismut«, 20. 11. 1957, S. 7.

[133] Erst ab Ende der sechziger, Anfang der siebziger Jahre taucht der Bestelldienst immer wieder in den Jahresbilanzen des Wismuthandels mit zufriedenstellenden Ergebnissen auf. SAPMO-BArch, DY 52/1723, ZV IGW. »Analyse zum Planablauf im Wismut-Handel für das Jahr 1970«, 4. 3. 1971, S. 20.

[134] Zeitzeugenaussage Olaf Mendler, Hauer in Ronneburg 1981-89.

der Naherholungsgebiete, der Betrieb Sonder-Bedarf (S-Bedarf) sowie der Versand- und Bestelldienst einschließlich Genex[135].

2.2 *Sonderversorgung und Subsysteme*

Das SED-Regime hatte seine Lehren aus dem Volksaufstand vom 17. Juni 1953 gezogen. Zum einen baute es seinen Sicherheits- und Überwachungsapparat stärker aus. Zum anderen setzte es sich die Verbesserung des Lebensstandards und die Erfüllung individueller Konsumwünsche der Bevölkerung als oberstes Ziel.[136] Das lag auch im Interesse der Generaldirektion der SAG Wismut. Auf der Gründungsversammlung für die gemischte Sowjetisch-Deutsche Aktiengesellschaft im Dezember 1953 wurde festgeschrieben, dass die »vorrangige Versorgung der Bergarbeiter der Wismut A.G. mit Lebensmitteln und Industriewaren« auch zukünftig zu gewährleisten sei. Das Ministerium für Handel und Versorgung der DDR, so hieß es selbstbewusst weiter, erhalte dafür »die entsprechenden Anweisungen«.[137] Überdies versuchte die Betriebsleitung, sich die Loyalität der Arbeiter durch Zusatzversorgung zu sichern. Wer sich neben der Arbeit gesellschaftlich oder politisch engagierte, z. B. als Stadtverordneter oder Gemeindevertreter, als Teilnehmer an Plenarsitzungen der Massenorganisationen oder als Mitglied in einer Konfliktkommission, solle zusätzliche Lebensmittelkarten erhalten. Der entstandene Arbeitsausfall wurde als normaler Arbeitstag berechnet. Diese Konditionen galten allerdings nur für Untertagearbeiter und Ingenieure unter der Prämisse der Normenübererfüllung.[138] Ob die Maßnahme eine temporär begrenzte Reaktion auf den 17. Juni 1953 darstellte und ob sie auch später noch Bestand hatte, ließ sich nicht genau ermitteln. Ein weiterer Aspekt der Sonderversorgung innerhalb der Wismut war nur kurzlebig und blieb bei der Idee. Im Frühjahr 1953 plante der Ministerrat in der gesamten DDR die Abschaffung der Lebensmittelkarten für die »Intelligenz« bei gleichzeitiger Einrichtung sogenannter »Intelligenzläden«. Zum potenziellen Kundenkreis zählten u. a. Nationalpreisträger, hervorragende Wissenschaftler, Verdiente Erfinder und Ärzte, aber auch Verdiente Bergmänner, Helden der Arbeit sowie das ingenieurtechnische Personal. Mangelware sollte in diesen Verkaufsstellen kein Thema sein; PKW, Paddelboote oder Fernsehgeräte seien der »Intelligenz unseres Betriebes [...] persönlich« anzubieten. Nach dem Volksaufstand legte der Zentral-

---

135 GENEX (Geschenkdienst und Kleinexport GmbH) wurde 1957 gegründet und gab Westdeutschen die Gelegenheit, ihren Verwandten in der DDR zollfrei und unter Umgehung langer Wartezeiten größere Geschenke zu machen (z. B. PKW oder Schrankwände); Merkel, Ina: Utopie und Bedürfnis. Die Geschichte der Konsumkultur in der DDR, Köln/Weimar/Wien 1999, S. 243-248.

136 Kaminsky: Illustrierte Konsumgeschichte, S. 20.

137 Unternehmensarchiv der Wismut GmbH, Büro-GD 39/1. »Protokoll der Sitzung des Vorstandes der Sowjetisch-Deutschen Aktiengesellschaft Wismut«, 21. 12. 1953, S. 1.

138 Diese Unternehmensarchiv der Wismut GmbH, 10-Abt, Hb Radon. »Anordnung des Generaldirektors der Sowj. Staatl. A.G. Wismut Nr. 248: Ausgabe von zusätzlichen Lebensmittelkarten an Untertage-Arbeiter, die staatliche und gesellschaftliche Pflichten erfüllen«, 3. 8. 1953, unpag.

vorstand das Projekt zu den Akten.[139] Die HO Wismut hatte nicht nur die Belegschaft, sondern im Laufe der Jahre auch die übrige Bevölkerung in den Bergbaukreisen zu versorgen. Die »vorrangige Orientierung« auf die Konsumwünsche der Bergarbeiter sollte zwar nicht zu Lasten des staatlichen Einzelhandels gehen, das aber ließ sich kaum vermeiden bei den permanenten Versorgungsdefiziten in der DDR-Wirtschaft. Aus diesem Grunde wurde vorsorglich darauf hingewiesen, dass »Kürzungen sich im territorialen Netz auswirken müssen.«[140] So geschah es bei der Butterkrise im Jahre 1959. Die äußerst prekäre Situation bei der Lieferung von Molkereierzeugnissen führte zu langen Schlangen in den Läden und zur Kontingentierung der Butter, was sich natürlich auf die Stimmung der Bürger niederschlug. So manche Kundin wollte sogar im Laden übernachten, um gleich am nächsten Tag etwas von der frisch gelieferten Butter zu erstehen. Mit derlei unangenehmen Lageberichten, die die Hauptverwaltung des Wismut-Handels nahezu jeden Tag an die SED-Gebietsleitung schickte, erreichte man letztendlich eine Aufstockung des Butterkontingents um 45 Tonnen im Monat Oktober. Damit gelang es einerseits, das Versorgungsniveau wieder auf Bezirksdurchschnitt zu heben, andererseits aber mussten »größere Einschränkungen im territorialen Handelsnetz« konstatiert werden.[141] Doch schließlich hatte die Handelsorganisation damit konsequent die Beschlüsse des Politbüros zur vorrangigen Versorgung der Bergarbeiter durchgesetzt.

In den siebziger Jahren gehörte die entbehrungsreiche Zeit endgültig der Vergangenheit an. Seit dem Mauerbau 1961 stieg der Lebensstandard der Bevölkerung kontinuierlich an und hochwertige Gebrauchsgüter wie Waschmaschinen, Fernseher und Autos zogen in die Haushalte der DDR-Bürger ein.[142] Auch im Wismut-Handel war man bemüht, Qualitätsartikel anzubieten. Dazu gehörten z. B. Schuhe und Oberbekleidung, die noch immer über ein Kartensystem zu beziehen waren. Auf diese Weise wurden allein 1970 über 100.000 Paar Talonschuhe sowie 500.000 Stück Talonunterwäsche verteilt.[143] Begehrtestes Konsumgut aber war der PKW. Im Jahre 1975 verkaufte die HO Wismut Autos im Wert von 60 Millionen Mark an die Belegschaft, 1976 im Wert von 69 Millionen – bei kürzeren Wartezeiten als im territorialen Handel. 1977 gingen die Verkaufszahlen wieder etwas zurück, was an längeren Wartezeiten für die PKW aus einheimischer Produktion lag. Dafür bekamen die Bergleute ein höheres Kontingent an den allseits beliebten Importwagen aus Rumänien oder der Tschechoslowa-

[139] SAPMO-BArch, DY 52/113 a, ZV IGW. »Einrichtung von Intelligenz-Verkaufsstellen in der HO-Wismut«, 22. 4. 1953, S. 1 f. DY 52/115 b, ZV IGW. Protokoll der Sekretariatssitzung am 3. Juli 1953. Unter verschiedenen Beschlüssen zur Versorgung der Bergleute heißt es lakonisch: »Besondere Einkaufsläden für die Intelligenz werden nicht geschaffen«, S. 1.

[140] SAPMO-BArch, DY 52/1861, ZV IGW. »Arbeitsrichtlinien für die Untertageversorgung in den Schächten der SDAG Wismut«, 20. 11. 1957, S. 1.

[141] SächsStAC, 32301, GL Wismut der SED, IV 2/8/11. »Situationsbericht über die Versorgung unserer Wismutangehörigen in Kantinen und Küchen«, 7. 11. 1959, S. 1. Ebd. Versorgungsbericht, 13. 11. 1959, S. 1. Ebd. Versorgungsbericht, 14. 11. 1959, unpag.

[142] Kaminsky: Illustrierte Konsumgeschichte, S. 72.

[143] SAPMO-BArch, DY 52/1724, ZV IGW. »Analyse zum Planablauf im Wismut-Handel für das Jahr 1970«, 4. 3. 1971, S. 20.

kei.[144] Im übrigen existierte die sogenannte »Betriebsleiterreserve«. Dabei handelte es sich um eine bestimmte Menge an PKW, meist waren es die Marken »Trabant« und »Wartburg«, die die Generaldirektion an die Leiter der jeweiligen Bergbaubetriebe für ein Kalenderjahr verteilte.[145] Über die Zuteilung entschieden der Betriebsdirektor und der Betriebsgewerkschaftsvorsitzende. Ausschlaggebend waren Kriterien wie gesellschaftspolitisches Engagement, Zugehörigkeit zu den Betriebskampfgruppen oder anderen Organisationen sowie Auszeichnungen, aber auch soziale Aspekte, z. B. kranke oder behinderte Familienmitglieder. Einem jährlichen Kontingent von durchschnittlich 20 PKW standen im BB Aue Ende der achtziger Jahre bis zu 70 Anträge gegenüber – dieser »Kampf ums Auto« herrschte in fast jedem Bergbaubetrieb.[146] Neben der »Schwerpunktversorgung« der Bergleute lag ein weiterer Aspekt der Sonderversorgung in der Verantwortung des Wismut-Handels: die Verkaufsstellen für die sowjetischen Mitarbeiter. In den fünfziger Jahren gab es bereits ausgewählte Artikel in einzelnen Wismut-Verkaufsstellen, die allein ihnen vorbehalten waren. Doch in Zeiten des Mangels liefen die Funktionäre Gefahr, damit »Stimmung gegen die Sowjetmenschen zu machen«.[147] Auch wenn die offenkundige Bevorzugung daraufhin vermutlich eingestellt wurde, so richteten doch Partei, Gewerkschaft und Generaldirektion immer ein besonderes Augenmerk auf die Versorgung der »Freunde«. Während der Versorgungsknappheit bei Butter und Molkereierzeugnissen im Herbst 1959, als die HO fast jeden Tag Hiobsbotschaften über Engpässe und Stimmungen nach »oben« schickte, konnte die »Versorgung unserer sowjetischen Freunde anläßlich der Oktober-Revolutionsfeierlichkeiten als gut« bezeichnet werden.[148] Das lag vermutlich auch daran, dass sich die Konsumbedürfnisse der sowjetischen Mitarbeiter eher auf hochwertige Industriewaren konzentrierten. Butterknappheit hin oder her – ärgerlich für die sowjetischen Konsumenten war die Tatsache, dass eine beträchtliche Stückzahl tschechoslowakischer Waschmaschinen nicht zur Verteilung in den Wismut-Handel gekommen war.[149] Dieses Problem sollte mit der Einrichtung von Spezialverkaufsstellen sowie der Vorrangigkeit bei der Zuteilung von Konsumgütern beseitigt werden. In Absprache mit dem sowjetischen Gewerkschaftskomitee und unter Beachtung der »spezifischen Verbrauchsgewohnheiten« erreichte die HO Wismut 1975 eine qualitative Verbesserung in der Sowjetversorgung. Konsumgüter im Wert von 1,8 Millionen Mark waren »gezielt« in den Wohngebieten der sowjetischen Betriebsangehörigen verkauft worden, sowjetische Klubs und Gaststätten verzeichneten einen

[144] SAPMO-BArch, DY 52/1724, ZV IGW. »Analyse zum Planablauf im Wismut-Handel für das Jahr 1975«, 5. 3. 1976, S. 15. Ebd. Analyse ... 1976, 2. 3. 1977, S. 20. Ebd. Analyse ... 1977, 10. 3. 1978, S. 57.

[145] Beyer, Klaus: Eigentlich wollte ich nur ein Jahr bleiben ... Erinnerungen, Episoden, Gedanken aus vierzig Jahren Berufsleben im westerzgebirgischen Uranerzbergbau der SAG/SDAG Wismut, Marienberg 2006, S. 150 f.

[146] Ebd., S. 151.

[147] SAPMO-BArch, DY 52/103 b, ZV IGW. Sekretariatssitzung am 22. Februar 1952, Beschlussprotokoll 8/52, S. III.

[148] SächsStAC, 32301, GL Wismut der SED, IV 2/8/11. »Situationsbericht über die Versorgung unserer Wismutangehörigen in Kantinen und Küchen«, 7. 11. 1959, S. 2.

[149] Ebd.

Umsatz von 600.000 Mark. Das Angebot umfasste vor allem begehrte Luxusartikel wie Bleikristall, Perserteppiche, perlmuttfarbene Kaffeeservices, Plüschdecken und Pelze.[150]

1982 wurde der Wismut-Handel aufgelöst und in den »Betrieb Arbeiterversorgung« umgewandelt, der nun der SDAG unterstand. Für die Werkküchenverpflegung waren jetzt die Betriebe selbst zuständig, die Läden und Versorgungsstützpunkte gingen an den volkseigenen Handel über.[151] Die rechtliche Grundlage dafür bildete der Ministerratsbeschluss vom 24. November 1981 über wirtschaftsrechtliche Veränderungen im Wismut-Handel.[152] Die Sicherung einer vorrangigen Versorgung der Bergleute sollte sich auf Grund der fortgeschrittenen wirtschaftlichen Situation in der DDR nicht mehr erforderlich machen. War die Warenbereitstellung für die Bergleute gerade bei Obst und Südfrüchten in den letzten Jahren systematisch erfolgt, sei nun ein gleichrangiges Niveau in der Wismut und in der Bevölkerung erreicht.[153] Doch die ökonomischen Gründe für die Auflösung des Wismut-Handels waren anderer Natur. Bis zu seiner Liquidierung war er in zwölf Kreisen der Bezirke Karl-Marx-Stadt, Dresden, Gera und Leipzig neben dem volkseigenen Einzelhandel vertreten, in drei Kreisen (Aue, Schwarzenberg und Gera-Land) stellte die HO Wismut das einzige Handelsnetz dar. In über 500 Verkaufsstellen, 140 Gaststätten, 28 Werkküchen und 53 Betriebsverkaufsstellen hatten 6.770 Handelsmitarbeiter einen Einzelhandelsumsatz von einer Milliarde Mark erarbeitet. Die Umsätze waren also stattlich, vor allem im Bereich hochwertiger Industriewaren. Aber ein eigener Handelszweig der HO kostete zusätzliches Geld, im Zuge der Auflösung konnten sowohl Verkaufsstellen geschlossen als auch Mitarbeiter »freigesetzt«, also entlassen werden. Die Strukturmaßnahme besaß jedoch auch einen psychologischen Hintersinn, weil man den Uranerzbergbau in der Wahrnehmung der Bevölkerung noch stärker als »normalen« Betrieb der DDR legitimieren und die Bevorzugung der Kumpel als abgeschlossen bezeichnen wollte. Das Ministerium für Handel und Versorgung und die Generaldirektion sorgten indessen weiter für die vorrangige Versorgung der Bergleute. Denn bei speziellen Konsumgütern wie Autos mochten die Entscheidungsträger kein wirtschaftliches Risiko eingehen. Der wismuteigene Versorgungsbetrieb für PKW wurde zwar dem VEB IFA-Vertrieb[154] zugeordnet. Doch die Autobestellungen der Wismut-Angehörigen erfolgten separat, um eine gezielte Zuteilung zu gewährleisten.[155] Mit den politischen Veränderungen des Herbstes 1989 waren die

---

150 SAPMO-BArch, DY 52/1724, ZV IGW. »Analyse zum Planablauf im Wismut-Handel für das Jahr 1975«, S. 3 f.

151 SAPMO-BArch, DY 30/ vorl. SED/31782, Brief von Merkel, Stellv. Minister für Handel u. Versorgung, an Jarowinsky, Vors. d. Ausschusses f. Handel u. Versorgung, 2. 11. 1981, S. 2.

152 Wismut GmbH: Chronik, S. 853.

153 SAPMO-BArch, DY 30/ vorl. SED/31782, Merkel an Jarowinsky, S. 1.

154 VEB IFA-Vertrieb: Abk. für Industrieverband Fahrzeugbau; Zusammenschluss von Industriebetrieben des Fahrzeugbaus, dem u. a. VEB Simson Suhl, VEB Automobilwerk Eisenach, VEB MIFA Fahrradwerke Sangerhausen angehörten; gegr. 1948 aus enteigneten Fahrzeug-, Motoren- sowie Zuliefererfabriken in der SBZ. Kirchberg, Peter: Plaste , Blech und Planwirtschaft. Die Geschichte des Automobilbaus in der DDR, Berlin 2001, S. 55.

155 SAPMO-BArch, DY 30/vorl. SED/31880. Vereinbarung zwischen dem VEB IFA-Vertrieb Karl-Marx-Stadt und der Generaldirektion der SDAG Wismut, 19. 1. 1982, S. 1 f.

Tage der Arbeiterversorgung in der SDAG Wismut gezählt. Im Juni 1990 legte die Generaldirektion die Weiterführung des Talonsystems bei Hauptmahlzeiten fest; wenig später wurde die Unterscheidung zwischen Untertage- und Übertageverpflegung abgeschafft, Trinkmilch und Imbissbeutel wurden zu einem höheren Preis angeboten. Am 30. Juni 1991 stellte die Unternehmensleitung den Betrieb Arbeiterversorgung endgültig ein, seine Abwicklung erfolgte bis zum Ende des Jahres.[156]

2.3 Wohnen

Der Zweite Weltkrieg hatte sich katastrophal auf die Wohnraumlage ausgewirkt. 14 Prozent der insgesamt ca. 4,6 Millionen Wohnungen in der sowjetischen Besatzungszone waren zerstört, 640.000 Wohnungen unbewohnbar. Im Sowjetsektor von Groß-Berlin waren 40 Prozent des Vorkriegsbestandes vernichtet worden, in Dresden sogar 65 Prozent und in Dessau und Halberstadt 80 Prozent.[157] Die Situation verschärfte sich noch durch den Zustrom von Vertriebenen und Flüchtlingen aus den ehemaligen deutschen Ostgebieten sowie von heimkehrenden Kriegsgefangenen oder Evakuierten, so dass ein Jahr nach Kriegsende ca. 1,5 Millionen Wohnungen fehlten.[158] Im Land Sachsen waren zwölf Prozent aller Wohnungen vollständig und 22 Prozent teilweise zerstört worden. In absoluten Zahlen hatte dieses Land mit 214.000 vernichteten Wohnungen die höchsten Verluste aller Länder und Provinzen der SBZ.[159] Für die Städte und Kreise des Erzgebirges bedeutete also die Bereitstellung angemessener Unterkünfte für Zehntausende Bergleute ein immenses Problem, das auch nach Jahren noch nicht zufriedenstellend gelöst war.

Den Zustrom auswärtiger Arbeitskräfte ins Erzgebirge gelang es zunächst durch Einquartierungen in Privatunterkünfte und Gasthäuser aufzufangen. Dabei schreckte man auch nicht vor Zwangsräumungen zurück, die schließlich durch das Kontrollratsgesetzt Nr. 18 abgesichert waren.[160] Dieses Gesetz vom 8. März 1946 gestattete die Zwangsbewirtschaftung des gesamten verfügbaren Wohnraumes und ebnete so den Weg zur Wohnraumlenkung als Kernstück der Wohnungspolitik. Wohnungsämter bei den Gemeinden waren nun für die Zuweisungen der Wohnungen verantwortlich, unterstützt wurden sie von »Wohnungsausschüssen«, deren mehrheitlich mit »bewährten Antifaschisten« besetzte Positionen die Vormachstellung der SED auch in diesem Bereich garantieren sollten.[161] Bekamen also zunächst Opfer des Faschismus, kinderreiche Familien, Kriegsbeschädigte

---

156 Wismut GmbH: Chronik, S. 863.

157 Gemessen am Vorkriegsbestand von 1939. Buck Hannsjörg F.: Wohnungspolitik (SBZ), in: Geschichte der Sozialpolitik in Deutschland seit 1945, hrsg. v. Bundesministerium für Gesundheit und Soziale Sicherung und Bundesarchiv. Bd. 8: Deutsche Demokratische Republik 1949-1961. Im Zeichen des Aufbaus des Sozialismus, Baden Baden 2004, S. 893 f.

158 Ebd., S. 896.

159 Ebd., S. 894.

160 Karlsch: Urangeheimnisse, S. 207.

161 Buck: Wohnungspolitik, S. 903.

und Schwerbehinderte Wohnungen zugesprochen, nahm die Wohnraumlenkung schnell eine Wendung zu wirtschaftspolitischen Zweckmäßigkeiten. In erster Linie wurden nun Facharbeiter der sowjetischen Aktiengesellschaften, Bestarbeiter, Aktivisten, Nationalpreisträger, Brigadiere mit überdurchschnittlichen Arbeitsleistungen sowie regimetreue Ärzte und Angehörige der »Intelligenz« bei der Wohnraumvergabe bedacht. Vertriebene und Flüchtlinge hingegen konnten von dieser Privilegierung nicht profitieren.[162] In Sachsen kamen vor allem die Beschäftigten des Uranerzbergbaus in den Genuss der Wohnraumlenkung. Dass es sich dabei nicht um komfortable Zwei-Raum-Wohnungen handelte, sondern um die massenhafte Unterbringung möglichst vieler Arbeiter auf kleinstem Raum, verstand sich unter den gegebenen Bedingungen von selbst. Die Wohnraumfrage sei nicht so dringend wie die Beschaffung von Betten, erklärte daher Parteisekretär Schott, denn ein Bett ließe sich schließlich überall aufstellen. Überdies ordnete er die Abstellung eines Gewerkschaftsfunktionärs an, der sich ausschließlich um Wohnraumfragen und Unterbringungsmöglichkeiten kümmern sollte.[163] Die von der sowjetischen Leitung zugesagte Hilfe indes blieb aus. Die Generaldirektion gedachte das Problem mit anderen Methoden zu lösen: Sie wollte eine rigorose Zwangsaussiedelung der Einheimischen durchsetzen. Das konnte jedoch auf Intervention der sächsischen Landesleitung verhindert werden.[164] Max Weber, der Leiter des Sonderstabes Erzbergbau, reagierte allerdings mit Zuzugssperren und der Ausweisung von Flüchtlingen, die keine Familienmitglieder im Uranbergbau hatten. Dennoch standen Tausende von Neuankömmlingen oftmals völlig ohne Unterkunft da.

In den Mittelpunkt der Wohnraumbeschaffung rückten deshalb die Massenunterkünfte, hastig aus schlechtem Baumaterial gezimmert, oft mit dünnen Wänden, unzureichenden Heizmöglichkeiten und mangelhaften Sanitäranlagen. Parteifunktionäre bezeichneten den Zustand dieser Quartiere als »menschenunwürdig«.[165] Zuständig für die Betreuung der Unterkünfte sowie die Zuweisung von Bergleuten in Wohnungen und Privatquartiere waren die BGL. Für die ersten Jahre existieren keine Statistiken über die Anzahl der Quartiere und deren Belegung, da die Fluktuation äußerst groß war.

In einem ersten Bauprogramm der Wismut AG wurden bis 1949 120.000 Quadratmeter Wohnfläche geschaffen. Unter dem Motto: »Den besten Arbeitern die besten Wohnungen« erhielten allerdings nur Aktivisten eine eigene Unterkunft.[166] Ab 1948 begann der Bau einstöckiger Massenquartiere, der »Wiener Häuser«, die noch heute das Bild vieler Ortschaften prägen. Die sogenannten »Berliner Häuser« waren Einfamilienbauten für die »Intelligenz«, für Funktionäre oder die Verwaltung. Von 1949 bis 1950 stieg die Zahl der Massenunterkünfte von 137 auf

---

162 Ebd.

163 SächsStAC, 32301, GL Wismut der SED, IV 2/3/1. Sekretariatssitzung am 16. Dezember 1947, S. 3.

164 Engeln: Uransklaven, S. 211. Solche Methoden gab es allerdings auch in anderen Mangelberufen wie dem sächsischen Kohlebergbau.

165 SächsStAC, 32301, GL Wismut der SED, IV 2/3/3. Sekretariatssitzung am 20. September 1949, unpag.

166 Engeln: Uransklaven, S. 212.

217 an, wobei der Höhepunkt der Belegung erst 1952 mit 42.000 Bewohnern erreicht war.[167] Im Bereich des Objektes 1 trug die Gewerkschaft die Verantwortung für 73 Gemeinschaftsquartiere mit über 8.000 Bergleuten und in mehreren tausend Privatquartieren wohnten über 6.000 Menschen, so dass das Wohnungskontor allein in der Region um Johanngeorgenstadt mehr als 14.800 Menschen betreute.[168] Da ein beträchtlicher Teil des Wohnraumbedarfs durch Privatquartiere abgedeckt werden musste – 1950 immer noch 80 Prozent – war die Situation auf diesem Gebiet angespannt. Viele Einheimische sträubten sich, wildfremde Menschen bei sich aufzunehmen. Zumal sich die Kumpel bald als raubeinig, rauflustig und trinkfreudig erwiesen. Partei und Gewerkschaft warben daher für Verständnis unter der Bevölkerung, schließlich stehe der Bergarbeiter »an der Spitze der produzierenden Kräfte« und habe das Recht, als »Mensch 1. Klasse« angesehen zu werden.[169]

»Wohnlich und behaglich« sollte ein Bergarbeiterquartier sein, ausgestattet nach den »Bedürfnissen eines Normalverbrauchers« und modernen hygienischen Anforderungen genügend, geleitet von Betreuern, die »den Sinn ihrer Aufgabe erkennen unter dem Schutz der demokratischen Organisationen, Partei und Gewerkschaft.«[170] Denn von der angemessenen Unterbringung und Betreuung der Kumpel sei schließlich die Erfüllung des Planes abhängig. Die Realität sah anders aus. Bis in die fünfziger Jahre hatten sich die unhaltbaren Zustände in den Massenbaracken kaum geändert. Überbelegung, kaputte Türen und zu kleine Spinde, undichte Dächer und mangelhafte Isolierung, fehlende Waschhäuser, Öfen und Badewannen sowie ständiger Wassermangel waren immer wieder Thema der Gewerkschaftsberichte.[171] Ein 1949 gegründeter Sonderbaustab war sowohl für den Bau von Wohnungen, als auch von Klubhäusern und Sozialeinrichtungen verantwortlich. Die Finanzierung lag bei der Regierung der DDR, der Sozialversicherungskasse Wismut und der Generaldirektion.[172] Die Arbeit des Baustabes wurde immer wieder durch wirtschaftliche und technische Schwierigkeiten behindert. Es mangelte an Arbeitskräften und Baumaterialien und die fortwährend initiierten »freiwilligen« Arbeitseinsätze der Kumpel reichten bei weitem nicht aus, um die Bauvorhaben zur Zufriedenheit voranzutreiben. Überdies stieß der Sonderbaustab bei der Materialzuteilung auf erheblichen Widerstand, da die Bezirksleitungen nicht gewillt waren, ihre eigenen knappen Ressourcen auch noch mit der Wismut zu teilen.[173] Offenbar vertraten die Funktionäre der Wismut-Bezirke die Meinung, das Bauprogramm der Wismut sei ein Sonderprojekt, wel-

167 Ebd., S. 212 f.

168 SAPMO-BArch, DY 52/102 a, ZV IGW. Sekretariatssitzung am 10. März 1950, S. 21.

169 Ebd. Sekretariatssitzung am 10. Februar 1950, S. 7.

170 Ebd.

171 Ebd. Sekretariatssitzung am 10. März 1950, S. 22 (Johanngeorgenstadt). DY 52/102 b, ZV IGW. Sekretariatssitzung am 23. Mai 1952, S. 4. DY 52/105, ZV IGW. »Analyse der Überprüfung über die kulturelle und soziale Betreuung der Bergarbeiter in der Siedlung Schneckenstein«, 30.7.1952, S. 2.

172 SächsStAC, 32301, GL Wismut der SED, IV 2/1/31. SED-Gebietsleitungstagung am 30. September 1954, S. 21.

173 SächsStAC, 32301, GL Wismut der SED, IV 2/6/162. Brief von Findeisen, Leiter des Sonderbaustabes Wismut, an Schwanz, ZK der SED, 4. 3. 1955, S. 4.

ches vorrangig behandelt werde und nicht in die Verantwortung der Bezirksleitungen fiele. Doch der Leiter des Sonderbaustabes, Findeisen, betonte immer wieder, dass es den gleichen gesetzlichen Bestimmungen unterliege wie alle anderen Bauprogramme und von der Staatlichen Plankommission genauso behandelt werde. Es genieße keinesfalls besondere Vorzüge wie beispielsweise das Energieprogramm der DDR oder das Braunkohlekombinat »Schwarze Pumpe«.[174]

Von 1952 bis 1955 schuf der Sonderstab über 6.000 Wohneinheiten und 196 Plätze in Ledigenheimen. Drei Ledigenheime in Plauen, Berga/Elster und Ronneburg sollten bis 1956 fertiggestellt sein. Die 1954 in der DDR gegründeten Arbeiter-Wohnungsbau- Genossenschaften (AWG)[175] stellten in der Wismut AG 90 Wohneinheiten für 1956 zur Verfügung. Die Generaldirektion unterstützte sie mit 192.000 Mark sowie mit Baumaterialien, Lastwagen und Arbeitsgeräten zum Selbstkostenpreis.[176] Trotz allem reichten die Wohnungen nicht aus. Allein in Gera konnten nur wenige der 2.500 wohnungssuchenden Bergarbeiter versorgt werden.[177] Der Sonderbaustab wurde im Juni 1958 aufgelöst, die Betreuung der Bauvorhaben nun von den Räten der Städte und Kreise übernommen.[178] Hatte sich der Wohnungsbau in der SBZ/DDR bis in die fünfziger Jahre auf die Instandsetzung kriegbeschädigter Häuser konzentriert, nahm die Anzahl neu gebauter Wohnungen ab Mitte der fünfziger Jahre rapide zu. Die Zunahme von Werkswohnungen und AWG zeigte, dass sich vor allem Arbeiter »in der Konkurrenz um die Mangelware Wohnung in einer vorteilhafteren Position« befanden.[179] Dieser Trend blieb jedoch zum großen Teil auf Zentren der Schwerindustrie wie Stalinstadt (das spätere Eisenhüttenstadt) oder Hoyerswerda beschränkt. Das galt auch für die Wismut AG, wo 1952 mehr als 2.600 geplante Wohnungen (in Ronneburg, Bad Blankenburg und Schneeberg) vorrangig für Arbeiter in den Hauptberufen des Bergbaus, vor allem aber für Meister und Helden der Arbeit vorgesehen waren.[180] Die Vergabe der Wohnungen, für die die Wohnungskommissionen der BGL das Vorschlagsrecht hatten, erfolgte also nach dem Leistungsprinzip. »[...] wer die meisten Sonderschichten leistet, [wird] bei der Vergabe der Zuteilung der Wohnungen bevorzugt [...].«[181] Aber auch zusätzliche gesellschaftliche Verpflichtungen, wie z. B. die Teilnahme am Nationalen Aufbauwerk (NAW), verhießen eine bevorzugte Stellung bei der Wohnungsvergabe. Im Betriebskollektiv des Bergwerkes Schmirchau etwa wurde jenen Arbeitern Vorrangigkeit bei der Zu-

174 SächsStAC, 32301, GL Wismut der SED, IV 2/6/160. »Sonderbauprogramm Erzbergbau – Volkswirtschaftsplan 1958«, 10. 12. 1957, S. 3.

175 Für AWG Wohnungen mussten, abhängig von Größe der Wohnung und Einkommen des Antragstellers, Genossenschaftsanteile erworben werden. Sie waren allerdings nicht nur Arbeitern vorbehalten. Hübner: Konsens, S. 158.

176 SächsStAC, 32301, GL Wismut der SED, IV 2/3/414. Entwicklung des Wohnungsbaus, 1956, S. 1 f.

177 SächsStAC, 32301, GL Wismut der SED, IV 4/06/121. Informationsbericht der Kreisleitung Wismut Gera, 20. 9. 1956, S. 2.

178 SächsStAC, 32301, GL Wismut der SED, IV 2/6/165. »Übernahme der Bauleitungsarbeiten des ehemaligen Sonderbaustabes (Erzbergbau) von den Räten der Kreise«, 12. 8. 1958, S. 1.

179 Hübner: Konsens, S. 158.

180 SAPMO-BArch, DY 52/107, ZV IGW. Sekretariatssitzung am 4. September 1952, S. 1.

181 SächsStAC, 32301, GL Wismut der SED, IV 2/3/7. Sekretariatssitzung am 2. September 1952, unpag.

teilung von Neubauwohnungen versprochen, die »gute Arbeit« beim Bau des Platzes der Republik in Gera leisten würden.[182]

Tab. 4: Von der Generaldirektion der SDAG Wismut bewilligter Wohnungsbau, 1954.

Stadt	Wohnungen (individueller Bau)	Wohnungen (genossenschaftlicher Bau)	Kosten in Mark
Johanngeorgenstadt	10	36	900.000
Oberschlema	30	28	700.000
Schneeberg	12		
Aue	25		
Annaberg	10		
Karl-Marx-Stadt	10		
Auerbach	35	20	500.000
Gesamt	132	84	2. 100.000

Hauptaugenmerk bei der Wohnungsvergabe lag seit den sechziger Jahren auf der »Heranführung von Mitarbeitern an den Arbeitsplatz«. Unter dieser Prämisse spielten politische, betriebliche und soziale Kriterien – und zwar in dieser Reihenfolge – eine entscheidende Rolle für die mit der Zuweisung betrauten BGL, die dabei weitgehend selbständig entscheiden konnten.[183] Begünstigt wurde diese Entwicklung durch den Bau großer »Bergarbeiterwohnzentren« vor allem in den Regionen mit »strukturbestimmenden Betrieben« wie Gera, Ronneburg, Karl-Marx-Stadt oder Zwickau. In der gesamten DDR wurde dieser Industriesiedlungsbau in den sechziger Jahren vorangetrieben, um die Industriearbeiter bedeutender Standorte wie Riesa, Hoyerswerda, Guben, Schwedt oder Leuna an ihre Betriebe zu binden. Dabei kam zum ersten Mal verstärkt die Montage von Fertigteilen zur Anwendung. Auf diese Weise ließen sich zügig kleine und mittlere Wohnungen schaffen, um möglichst viele Arbeiter in den Siedlungen unterbringen zu können.[184] Diese Vorgehensweise war rationell, aber familienfeindlich und in der Wismut wurden immer wieder Forderungen nach größeren Wohnungen laut.

Bau und Zuteilung der Wohnungen für die SDAG Wismut übernahmen die bei den Bezirken 1954 gegründeten »Abteilungen für Wismutangelegenheiten«.[185] Sie legten fest, dass die Wohnungen als Werkswohnungen zu nutzen seien. Beschlüsse und Vereinbarungen zwischen den Räten der Bezirke und der Wismut AG über

[182] Unternehmensarchiv der Wismut GmbH, 10-Abt-Bibliothek, 51. »Betriebskollektivvertrag 1959 Bergwerk Schmirchau«, S. 23 f.

[183] SAPMO-BArch, DY 52/265, ZV IGW. »Bericht über den Stand der Realisierung der gemeinsamen Maßnahmen zur Verbesserung der Arbeiterversorgung in der SDAG Wismut im 1. Halbjahr 1965«, S. 14.

[184] Hübner: Konsens, S. 173.

[185] Diese Abteilungen lagen bei den Bezirken Dresden, Karl-Marx-Stadt, Leipzig und Gera. Sie hatten die Aufgabe, Fragen, Probleme und Anforderungen zwischen der SDAG und den staatlichen Stellen zu koordinieren und zentral zu bearbeiten. Wismut GmbH: Chronik, S. 74.

Wohnungskontingente konnten bis in die siebziger Jahre meist erfüllt werden.[186] Das musste zwangsläufig zu Lasten des territorialen Wohnungsbaus gehen, da Maschinen, Material und Arbeitskräfte aus den Bezirken abgezogen wurden. Im Gesamtbereich der Wismut waren 1964 insgesamt 6.100 Wohnungssuchende registriert, darunter 1.458 Mitglieder von AWG sowie 510 Nichtangehörige der Wismut. Der überwiegende Teil der Wohnungssuchenden (78 Prozent) hatte bereits eine Bleibe, war aber auf der Suche nach größerem Wohnraum.[187]

Bis 1970 verfügte die Wismut AG über mehr als 15.000 Werkswohnungen. Im Fünfjahrplan 1971-1975 sollten noch einmal 10.000 Neubauten hinzu kommen, die Plankommission bewilligte allerdings nur 6.750. Für 1981-1985 waren über 7.000 geplant.[188] Diese Vorgabe konnte jedoch nicht realisiert werden; in den achtziger Jahren war ein genereller Rückgang in der Bereitstellung von Wohnungen für die Wismut zu verzeichnen.[189] Bei den Betriebsangehörigen gab es deshalb immer wieder Verärgerung über unzureichenden Wohnraum oder die Verschiebung lange geplanter Bezugstermine.[190] Die Vergabe der begehrten Neubauwohnungen wurde zum Politikum, denn »die Verbesserung der Wohnverhältnisse stimuliert die Bergarbeiter [...] zu hohen Leistungen in der Produktion.«[191] Im Übrigen habe man bereits feststellen können, dass mit der Vergabe von Neubauwohnungen das Vertrauen in die Partei gewachsen sei. Die Plattenbauten sollten der »Festigung von Stammbelegschaften« dienen und die Arbeiter zur »Betriebstreue« animieren. Aus diesem Grunde mussten sich Anwärter verpflichten, mindestens fünf Jahre in einem Betrieb der Wismut zu arbeiten, um eine Neubauwohnung zu erhalten.[192] Im Jahr 1989 wurden noch einmal über 800 Neubauwohnungen an die Wismut übergeben. 40 gewerkschaftliche Wohnungskommissionen regelten die Zuweisung nach einem von Gewerkschaft und Betriebsleitung ausgearbeiteten Verteilerschlüssel. Dabei waren nicht nur Neubezug, sondern auch »Lenkung« und Tausch relevant, da in einer allgemeinen Situation der Wohnungsknappheit eine Unterbelegung von Wohnungen kaum geduldet wurde. Große Wohnungen mit drei oder vier Zimmern blieben bis zuletzt Mangelware.[193]

---

186 Ebd., S. 81 f.

187 SAPMO-BArch, DY 52/253, ZV IGW. »Gemeinsame Maßnahmen des Zentralvorstandes der IG Wismut, der Generaldirektion der SDAG Wismut und der Hauptverwaltung der HO Wismut zur weiteren Verbesserung der Arbeiterversorgung in der SDAG Wismut«, 10. 4. 1964, S. 36.

188 SAPMO-BArch, DY 52/960, ZV IGW. »Konzeption zur Entwicklung der sozialen und kulturellen Betreuung der Werktätigen der SDAG Wismut im 5-Jahrplan 1981-85«, 4. 1. 1980, S. 1. u. 4. SAPMO-BArch, DY 52/1123, ZV IGW. »Information über die geplante Bereitstellung von Neubauwohnungen für die SDAG Wismut bis 1985 und die Aufteilung auf die Betriebe und Einrichtungen im Jahre 1982, S. 1.

189 Wismut GmbH: Chronik, S. 82.

190 SAPMO-BArch, DY 52/1123, ZV IGW. Beschluss Nr. 14/8/159: »Bereitstellung von Neubauwohnungen bis 1985 und die Aufteilung auf die Betriebe des Industriezweiges Wismut für das Jahr 1982«, 4. 8. 1981, S. 2.

191 SAPMO-BArch, DY 52/1587, ZV IGW. »Ergebnisse und die weiteren Aufgaben bei der Verwirklichung der sozialistischen Wohnungspolitik und der Entwicklung des Wohnungswesens im Industriezweig Wismut«, 27. 3. 1984, S. 2.

192 Ebd., S. 3.

193 SAPMO-BArch, DY 52/2280, ZV IGW. Geschäftsbericht des Zentralvorstandes auf der Außerordentlichen Zentraldelegiertenkonferenz am 10.3.1990, S. 8.

Tab. 5: Übersicht über geplante Neubauwohnungen im Wismut-Gebiet, 1982-85.

Standort/Bezirk	1981	1982	1983	1984	1985	1981-85
Karl-Marx-Stadt	150	150	200	200	100	800
Zwickau	20	150	120	140	170	600
Aue	30	60	-	-	-	90
Zwönitz	180	-	-	-	-	180
Schneeberg	-	240	270	-	-	510
Lößnitz	-	-	-	-	170	170
Kirchberg	-	-	150	50	-	200
Schwarzenberg	-	-	-	75	75	150
Bezirk Karl-Marx-Stadt	380	600	740	465	515	2700
Gera	383	560	650	650	1031	3274
Greiz	40	40	-	-	-	80
Ronneburg	-	-	48	-	-	48
Seelingstädt	-	-	-	48	-	48
Bezirk Gera	423	600	698	698	1031	3450
Altenburg	200	50	100	50	-	400
Bezirk Leipzig	200	50	100	50	-	400
Dresden	50	150	85	140	25	450
Pirna	95	-	-	-	-	95
Bezirk Dresden	145	150	85	140	25	545
Gesamt	1148	1400	1623	1353	1571	7095

3. Kulturarbeit und Kulturpolitik

Schon kurz nach dem Krieg hatte der FDGB seinen Alleinvertretungsanspruch in der betrieblichen Kulturarbeit postuliert.[194] Bis 1947 vollzog der Gewerkschaftsapparat die Abkehr von den Traditionen der Arbeiterkulturbewegung der Weimarer Republik; im Mittelpunkt stand nun die kulturelle Massenarbeit als Erziehungsinstrument sowie die zentrale Rolle der »Produktionsstätte«, also des Betriebes, bei der Bildung und Erziehung der »Werktätigen«.[195] Die Kulturpolitik in den Schächten und Betrieben der SAG Wismut konzentrierte sich in den ersten Jahren vor allem auf die kulturelle Betreuung der Bergleute in den Massenquartieren, auf den Ankauf von Klub- und Kulturhäusern sowie auf die Organisation

[194] Kott: Zur Geschichte des kulturellen Lebens, S. 170 f.; Schuhmann: Kulturarbeit im sozialistischen Betrieb, S. 35 f.

[195] Schuhmann: Kulturarbeit im sozialistischen Betrieb, S. 36.

kultureller Veranstaltungen und Schulungen.[196] Dabei wurde die Gewerkschaft von der Generaldirektion materiell und finanziell unterstützt. Auslöser war auch in diesem Fall der Brief des FDGB an die »russischen Gewerkschaften«, der Major Malzew zum Handeln zwang. In seiner Besprechung mit den Gewerkschaftsfunktionären forderte er eine stärkere Belieferung mit Literatur und Zeitungen, mehr Theaterveranstaltungen und Konzerte. Außerdem sollten sich die Kulturfunktionäre des FDGB um das Engagement von Musikkapellen, Ensembles und Orchestern bemühen. Im übrigen versprach der Generaldirektor, »größere finanzielle Mittel für diese Dinge zur Verfügung zu stellen.«[197] Über die Höhe dieser Mittel ist nichts bekannt, in den folgenden Jahren wurden jedoch beachtliche Leistungen auf dem Gebiet der betrieblichen Kulturarbeit in der Wismut AG erzielt. Den finanziellen Unterbau sicherte aber nicht allein die Generaldirektion. Das Land Sachsen stellte dem Uranbergbau schon im März 1947 eine Summe von 500.000 Mark zur Verfügung, die u. a. zur Zuzahlung von Eintrittskarten für kulturelle Veranstaltungen verwendet werden sollte.[198] Mit dem für den gesamten Uranbergbau charakteristischen Entwicklungstempo wurden in kürzester Zeit vielfältige Möglichkeiten der kulturellen Betätigung geschaffen, so dass sich 1948 bereits 21 Kulturhäuser, 42 Zentralbibliotheken, 188 Nebenbibliotheken (mit einem Buchbestand von 83.000 Büchern und ca. 30.000 Lesern) sowie 13 Wanderkinos im Wismut-Gebiet befanden. Zwei Jahre später war in den Städten und Gemeinden die Zahl der Kultureinrichtungen, die von der SAG Wismut verwaltet und finanziert wurden, von 82 auf 129 angewachsen.[199] Im Sinne der von Partei und Gewerkschaft propagierten »künstlerischen Selbstbetätigung« der »Werktätigen« gab es 1948 bereits 17 Laienspielgruppen und über 100 Zirkel in den Kulturhäusern, 1950 waren es 50 Laienspielgruppen[200] mit 400 Mitwirkenden. Von der wismuteigenen FDJ-Organisation wurde eine 1948 in Freiberg gegründete »zentrale Kulturbrigade« mit Chor, Tanzgruppe, Musikkapelle und Rezitatoren geleitet. Im gleichen Jahr entstand das hauptberuflich arbeitende Wismut-Orchester mit 32 Musikern und einem Kapellmeister, ein Jahr später ein Berufstheater mit dem Namen »Deine Bühne«, das 22 Schauspieler und einen Intendanten beschäftigte.[201] Doch schon 1949 bekam der Reviervorstand finanzielle Schwierigkeiten, da die sowjetische Unternehmensleitung mit der Übernahme ihrer Kultureinrichtungen in die Verantwortung der Gewerkschaften rechnete und somit auch »in ihrem Etat keine Mittel mehr für die Unterhaltung« einplante. Sie stellte allerdings in Aussicht, »einen bestimmten Beitrag für die kulturelle Betreuung der Belegschaft bereitzustellen« – ähnlich, wie dies bei den volkseigenen Betrieben der Fall war. Nach Verhandlungen bekam der Reviervorstand zwei Millionen Mark von der SAG, die nur zur Finanzierung vertragsgebundener

196 SAPMO-BArch, DY 52/1257, ZV IGW. Sekretariatssitzung am 19.März 1949, S. 14 f.

197 Unternehmensarchiv Wismut, 10-Abt 1/A/2, 1-7. »Ergebnis der Besprechungen in Aue (Erzberg-baugebiet) am 2. und 3. Juni 1947«, 16. 6. 1947, unpag. (Thermokopie).

198 Wismut GmbH: Chronik, S. 882.

199 Ebd., S. 883.

200 Das entsprach zehn Prozent der geforderten 500 Laienkunstgruppen in der gesamten DDR. Schuhmann: Kulturarbeit im sozialistischen Betrieb, S. 56.

201 Wismut GmbH: Chronik, S. 883.

Kulturaktivitäten genutzt werden sollten, weshalb das Wismut-Orchester des Objektes 11 (Oberschlema) und das Theater »Deine Bühne« aufgelöst werden mussten.[202]

Aus dem Volksaufstand des 17. Juni 1953 wurden nicht nur sozial-, sondern auch kulturpolitische Konsequenzen gezogen, die zur »Verordnung über die weitere Verbesserung der Arbeits- und Lebensbedingungen der Arbeiter und die Rechte der Gewerkschaften« vom 10. Dezember 1953 führten. Dabei ging es um eine stärkere Zentralisierung der Kulturarbeit und damit auch um die Verbesserung der kulturellen Versorgung. Im Zuge dessen wurden alle betriebseigenen Kulturhäuser und Bibliotheken den Gewerkschaften zur kostenlosen Nutzung übergeben.[203]

3.1 Das Klubhaus als Hort der Kulturpolitik

»Kulturhäuser sind ein Geschenk des Sozialismus an den werktätigen Menschen.« So formulierte es Josef Kaiser, einer der Architekten des Kulturhauses des Stahlwerkes Maxhütte in Unterwellenborn, das bei seiner Eröffnung 1955 den Idealtypus des stalinistischen Kulturhauses verkörperte.[204] Diese charakteristische Bauweise mit Säulenvorhallen und Giebeln, in der auch die meisten Klubhäuser der Wismut errichtet wurden, hatte ihr Vorbild im Neoklassizismus und galt als »Architektur der nationalen Traditionen«.[205] Die in den ersten Jahren vorrangig an den Produktionsstandorten erbauten Kulturhäuser[206] waren Mehrzweckgebäude und sollten zur Formung des »Neuen Menschen« und seiner allseitigen Bildung dienen. Deshalb besaßen sie meist einen großen und einen kleinen Festsaal mit Foyer, eine vollständige Bühnenanlage mit Orchestergraben und eine Filmeinrichtung.[207] Die Kulturhäuser waren allerdings keine Erfindung der staatssozialistischen Gesellschaft, ihre Wurzeln gingen auf die Anfänge der europäischen Arbeiterbewegung zurück. Von den Gewerkschaften eingerichtete Bildungs- und Versammlungsstätten, Volkshäuser und *Maisons du Peuple* für die städtische Unterschicht entstanden zu Beginn des 19. Jahrhunderts in Amerika, England, Belgien sowie im deutschen Kaiserreich.[208] Hier konnte man, weit ab von der Enge der Arbeiterwohnungen, debattieren und musizieren, Vorträgen lauschen oder Theaterstücke aufführen.

---

[202] Ebd., S. 883 f.

[203] Schuhmann: Kulturarbeit im sozialistischen Betrieb, S. 66 f.

[204] Zit. in: Flierl, Bruno: Gebaute DDR. Über Stadtplaner, Architekten und die Macht. Kritische Reflexionen 1990-1997, Berlin 1998., S. 108.

[205] Ebd., S. 109.

[206] Im Folgenden werden die Begriffe Klubhaus oder Kulturhaus synonym verwendet, da in den schriftlichen Quellen kein Unterschied zu ersehen ist. Die Literatur gibt an, dass das Klubhaus kleiner ist und keinen Mehrzwecksaal besitzt wie das Kulturhaus. Flierl, Bruno: Gebaute DDR. Über Stadtplaner, Architekten und die Macht. Kritische Reflexionen 1990-1997, Berlin 1998, S. 109.

[207] Hartung: Ulrich: Arbeiter- und Bauerntempel. DDR-Kulturhäuser der fünfziger Jahre. Ein architekturhistorisches Kompendium, Berlin 1997, S. 46.

[208] Hain, Simone: Die Salons der Sozialisten. Geschichte und Gestalt der Kulturhäuser in der DDR, in: Dies. und Stephan Stroux: Die Salons der Sozialisten. Kulturhäuser in der DDR, Berlin 1996.

Da der Aufbau neuer Kulturstätten einige Zeit in Anspruch nahm, wurden die ersten Klubhäuser der Wismut meist in Gasthöfen mit Vereinszimmern und Sälen eingerichtet, die man zu diesem Zwecke anmietete. Dazu gehörten beispielsweise der ehemalige Bürgergarten in Aue, neu eröffnet als Klubhaus »Fortschritt« am 31. Mai 1948, oder das Hotel »Karlsbader Haus« in Neustädtel.[209] Die frühen fünfziger Jahre waren die Blütezeit des Kulturhausbaus in der Wismut. Produktionsorientiert wurden sie nahe der Schachtanlagen in die neu errichteten Wohnsiedlungen des Erzgebirges integriert, so z. B. auf dem Rabenberg bei Breitenbrunn, in Wolfgangmaaßen bei Schneeberg oder in Antonshöhe bei Schwarzenberg.[210] Auch bei der Entdeckung kleinerer Lagerstätten ließ sich die Wismut AG blitzschnell nieder und sorgte für den raschen Aufbau kultureller Institutionen. 1950/51 zog der Uranerzbergbau in die 300-Einwohner-Gemeinde Dittrichshütte im Thüringer Schiefergebirge (Landkreis Rudolstadt) ein und dies bedeutete die Unterbringung, Versorgung und kulturelle Betreuung von insgesamt 15.000 Arbeitern in den umliegenden Ortschaften.[211] Zur gleichen Zeit begann ebenfalls der Bau des Kulturhauses im charakteristischen Stil des stalinistischen Neoklassizismus:

> Im Winter ging der Bau unseres Kulturhauses hier los, das war ja innerhalb eines Jahres gebaut, das ging sehr rasch. Und in dem Kulturhaus war dann, nachdem es eingeweiht war, ich möchte mal sagen, jeden Abend eine Kulturveranstaltung irgendwelcher Art. Es war dort ´ne große Bibliothek, [eine] sehr gute, wo es nicht nur politische Literatur gab, der Buchbestand war hervorragend, auch Geschichtsliteratur war da vorhanden, also, es war für jeden Geschmack was da.[212]

Fast jeden Abend gab es Theateraufführungen, Tanz- oder Volksmusikveranstaltungen im Kulturhaus Dittrichshütte, die auch von Dorfbewohnern besucht werden konnten. Mit der »Chiemseer Bauernbühne« wurde gar die bürgerliche Unterhaltungskunst der Bundesrepublik importiert.[213] Die Lagerstätte Dittrichshütte existierte nur drei Jahre und wurde Anfang 1954 wegen Ineffizienz geschlossen; das Kulturhaus indes besteht bis heute.

Unverzichtbar für ein Klubhaus war die Bibliothek mit Leseraum. Dem Bedürfnis der Arbeiter nach Ruhe und Entspannung wurde mit einem Klubraum bzw. einem Spielzimmer Rechnung getragen, ausgestattet mit Couch und Sesseln. Gaststätte oder Bierkneipe waren allerdings nicht vorgesehen und Alkohol sollte nicht ausgeschenkt werden (ausgenommen Sekt bei Feierlichkeiten). Dieser Grundsatz konnte jedoch nicht durchgehalten werden, so dass die meisten Kultur- und Klubhäuser im Laufe der Jahre nachträglich einen Gastraum einrichteten.[214] Ob man das »alkoholfreie Prinzip« anfangs auch in den Kulturhäusern der Wismut AG durchzusetzen versuchte, ist nicht bekannt. Da es aber durch die Ausgabe des Bergarbeiterschnapses ein immenses Alkoholproblem gab, das mit Gewalttätigkeiten und Wirtshausschlägereien einherging, ist anzunehmen, dass die

[209] Wismut GmbH: Chronik, S. 883.
[210] Ebd., S. 884.
[211] StadtA Rud, S/CBf. Renneberg, Lothar: Chronik des Gewinnungsbetriebes Dittrichshütte der SDAG Wismut (Objekte 27, 30, 41), undat., vmtl. neunziger Jahre, S. 8.
[212] Zeitzeugenaussage Rudolf Assmann.
[213] Ebd.
[214] Hartung: Arbeiter- und Bauerntempel, S. 49.

neuen Klubs und Kulturhäuser nicht nur zur Durchsetzung kulturpolitischer Ziele, sondern auch zur Pazifizierung der Belegschaft dienen sollten:

> Man hatte [mit dem Bau des Kulturhauses Dittrichshütte – J.S.] eben das Ziel erreicht schon, die Kumpels aus den Gaststätten zu locken. Das spielte schon ´ne Rolle, denn die Trinkerei hat bei der Wismut ´ne große Rolle gespielt. Die Kumpels hatten Geld, und wer nicht ein festgestecktes Ziel hatte und ein bisschen labil war, der hat sich eben auch in Gaststätten rumgetrieben viel. Und da gab´s viele Betrunkene.[215]

Highlight des Kulturhausbaus wurde der 1954 eröffnete »Kulturpalast der Werktätigen« in Karl-Marx-Stadt, erbaut im Stadtteil Siegmar-Schönau, unweit der Standorte von Generaldirektion, Partei und Gewerkschaft. Dafür spendeten fast alle Beschäftigten einen Schichtlohn oder leisteten Freiwilligeneinsätze.[216] Die Rangunterschiede zwischen Funktionären und einfachen Bergleuten waren aber auch im »Kulturpalast der Werktätigen« nicht ganz abgeschafft. In einer Richtlinie zur Arbeit im Klubhaus hieß es: »Die Leitung des Kulturpalastes hat zu jeder Zeit die Mittelloge freizuhalten für die Mitglieder des Sekretariates des FDGB, FDJ, DSF und Partei sowie Informationsabteilung und Gäste.«[217] Gerade einmal neun Jahre später musste das Haus wegen wirtschaftlicher Ineffizienz an den Rat des Bezirkes Karl-Marx-Stadt übergeben werden[218] – ein Vorgang, mit dem sich die IG Wismut in den sechziger und siebziger Jahren vieler ihrer Kulturstätten entledigte. Neben der Abgabe von Kultureinrichtungen an Kommunen, Räte der Kreise und Räte der Bezirke ging man dazu über, die Klubhäuser in die Verantwortung der Betriebe zu übergeben.[219]

Das Kulturhaus diente als Dreh- und Angelpunkt für das »volkskünstlerische« Schaffen der Arbeiter. Ob Zirkel, Musik- und Tanzgruppen, Orchester und Arbeitertheater, ob Feierlichkeiten wie Jugendweihe, Kinderweihnachtsfeier oder sozialistische Eheschließung – die Klubhäuser sollten »Zentren der kulturellen Massenarbeit in den Objekten« sein.[220] Im Jahr 1949 fanden in allen Klub- und Kulturhäusern der Wismut 82 Veranstaltungen mit politischem Inhalt und 21.755 Besuchern, 71 kulturelle Veranstaltungen mit 19.845 Besuchern sowie 115 Filmvorführungen mit 17.600 Besuchern statt. Wenn auch die Kulturhäuser und ihre Programme in der Verantwortung der Gewerkschaften standen, wurde doch die inhaltliche Ausrichtung aller Veranstaltungen bis 1954 noch stark von den Politoffizieren der sowjetischen Inform-Abteilung bestimmt. Alle Programm- und Filmpläne mussten ihr zur Bestätigung vorgelegt werden.[221]

Als Konsequenz aus dem 17. Juni 1953 sowie aus der Erkenntnis, dass die kulturelle Massenarbeit in den fünfziger Jahren einen vorläufigen Tiefpunkt erreicht hatte, trafen sich Parteisekretäre und Klubhausleiter 1953 erstmals zu einer Ar-

---

215 Zeitzeugenaussage Rudolf Assmann.

216 Wismut GmbH: Chronik, S. 883.

217 SächsStAC, 32301, GL Wismut der SED, IV 2/902/14. »Exposé über die Linie der Arbeit im Kulturpalast der Werktätigen der Wismut AG in Zusammenarbeit der demokratischen Organisationen unseres Betriebes mit dem Kulturpalast«, 23. 2. 1951, S. 3.

218 Wismut GmbH: Chronik, S. 884.

219 Ebd., S. 888 f.

220 SächsStAC, 32301, GL Wismut der SED, IV 2/902/14. »Die Aufgabe der Klubhäuser«, 1953, S. 1.

221 Wismut GmbH: Chronik, S. 884.

beitsberatung.[222] Für das im Perspektivplan der Gebietsleitung manifestierte Ziel, in den Kulturhäusern die kulturelle Massenarbeit fest zu verankern, war es nicht nur nötig, die Erfahrungen der Sowjetunion auf kulturpolitischem Gebiet zu studieren und anzuwenden. Aufgabe der Klubhausleiter sollte es außerdem sein, Kumpel, Intelligenz, Verwaltungsangestellte sowie die Familienangehörigen an die »bedeutendsten Werke der Literatur und Kunst des deutschen Volkes, der Völker der Sowjetunion, der Volksdemokratien und der besten Werke der Literatur und Kunst der kapitalistischen Länder« heranzuführen.[223] Die kulturelle Arbeit mit den Kindern der Wismut-Angehörigen war bereits sehr zufriedenstellend: Neben Kindertagen und Märchenvorlesungen waren die Sprösslinge in der Zirkelarbeit und der Volkskunst aktiv, überdies gehörten sie zu den eifrigsten Nutzern der Bibliotheken. In Klingenthal z. B. waren von 320 Lesern 240 Kinder. Die Parteifunktionäre warnten jedoch davor, über den kulturellen Aktivitäten mit den Kleinsten »die erzieherische Arbeit unserer Kumpel« nicht zu vergessen.[224] Zum Zwecke der Verbesserung der Kulturarbeit wurden Klubhauswettbewerbe ausgeschrieben. Schon im Sommer 1954 vermeldete der Kreisvorstand der IG Wismut Gera die ersten Erfolge in den Kulturhäusern bei der Erziehung der »Werktätigen zum soz.[ialistischen] Bewußtsein, zu wehrhaften Patrioten und Friedenskämpfern sowie zu hochqualifizierten Facharbeitern[...].«[225] Demnach hatte sich schon zu Beginn des Jahres die Arbeit in den Klubhäusern »systematisch gebessert«, die Programme waren anspruchsvoller und vielseitiger geworden. Es kam zu regelmäßigen Aufführungen der Deutschen Konzert- und Gastspieldirektion, des populären Max-Reimann-Ensembles und zu besonderen Anlässen, wie dem ersten Todestag Stalins, spielten staatliche Symphonieorchester. In allen Klubhäusern bestand eine rege Zirkelarbeit (Mal-, Foto-, Musik-, Näh-, Schach-, Literatur-, Russisch-, Stenografie-, Tischtennis- und Billardzirkel).[226] Das lebhafte Interesse an der Kulturarbeit spiegelte sich auch in den monatlichen Besucherzahlen der Ostthüringer Kulturhäuser wider: Während im April 1953 noch 8.300 Besucher im Klubhaus Ronneburg gezählt wurden, waren es im Mai schon 12.700. Im Klub Gera stieg die Besucherzahl im Zeitraum eines Monats von 12.700 auf 14.000, im Kulturhaus Crimmitschau von 11.800 auf 13.700.[227]

Die Klubs und Kulturhäuser dienten jedoch nicht nur kulturellen Aktivitäten oder Unterhaltungsveranstaltungen. Die Ausstattung der Häuser mit großen Sälen und Kinos eignete sich besonders zur Verbreitung politischer Propaganda, zu Parteiversammlungen oder zur Mitgliederwerbung für die Massenorganisationen. In unzähligen Seminaren und Diskussionsabenden wurden »die Beschlüsse der Partei und unserer Organisation durchgesprochen sowie Vorbereitungsseminare für die gewerkschaftlichen Bildungsabende durchgeführt.«[228] Filme

[222] SächsStAC, 32301, GL Wismut der SED, IV 2/902/14. Die Aufgabe ..., S. 1.
[223] Ebd., S. 3.
[224] Ebd., S. 16.
[225] SAPMO-BA, DY 52/127, ZV IGW. »Bericht über den Stand des Klubhaus-Wettbewerbes 1954 zur Verwirklichung der Ministerratsverordnung vom 10. 12. 1953«, 21. 6. 1954, S. 1.
[226] Ebd., S. 3.
[227] Ebd., S. 2.
[228] Ebd., S. 1.

spielten dabei eine wesentliche Rolle, da man mit diesem Medium in verhältnismäßig kurzer Zeit ein breites Publikum erreichen konnte. Als das ZK der SED 1956 beschloss, bis zum Jahresende mindestens 50.000 Produktionsarbeiter in die Reihen der Partei aufzunehmen, initiierte die Gebietsparteileitung eine groß angelegte Werbeaktion in den Klubhäusern mit Hilfe von Film und Buch. Für alle zum Parteieintritt ausgewählten Kumpel gab es »besondere Filmveranstaltungen, in denen solche Filme gezeigt werden, die die führende Rolle der Partei zum Ausdruck bringen.«[229] Kulturhäuser dienten auch als Orte der Produktionspropaganda, für deren Verbreitung ebenfalls das filmische Mittel eingesetzt wurde. Werke wie »Klare Köpfe – Ehrliche Arbeit«, »Nur eine Bohrkrone« oder auch »300 Jahre sächsischer Erzbergbau« waren nach Meinung der Funktionäre »aus dem Leben unserer Kumpel« gegriffen und sollten deshalb in die Produktionspropaganda einbezogen werden.[230] Dazu gehörte es, »dem Kumpel bei[zu] bringen, daß unsere Organisation und die Produktion ein untrennbarer Begriff sind. Wenn er Gewerkschaftsorganisation hört, muß er in erster Linie an die Produktion denken.«[231] Denn die Steigerung der Arbeitsproduktivität, die Bekämpfung des »Arbeitsbummelantentums« und die Durchführung des strengsten Sparsamkeitsregimes, also die Rentabilität der Betriebe und die Erfüllung der Pläne, mussten zwangsläufig im Interesse der Werktätigen liegen – und damit wiederum sah die Gewerkschaft ihre Funktion »als die konsequenten Vertreter der Arbeiterinteressen« erfüllt. »[...] Und von diesem Standpunkt aus müssen wir es den Arbeitern erläutern.«[232] Und wo ließ sich die systemimmanente Logik besser vermitteln als im Klubhaus, in dem man große Teile der Arbeiterschaft ansprechen konnte?

Bei der Fülle an politischen und propagandistischen Veranstaltungen waren die Kumpel jedoch nicht immer leicht zu bewegen, sich nach einer körperlich schweren Acht-Stunden-Schicht zum gewerkschaftlichen Vortrag zu begeben. Das zwang die Gewerkschaftsfunktionäre, weiter zu denken. Herr H. von der Klubkommission des Schachtes 31 im Objekt 1 (Johanngeorgenstadt) hatte erkannt, dass man über den Umweg der Freizeitgestaltung der Familienangehörigen auf die »Arbeitsfreudigkeit der Kumpel fördernd« einwirken könne, beispielsweise mit Märchenstunden für die Kinder und geselligen Nachmittagen für die Frauen der Bergleute. »Denn unsere Frauen erzählen danach zu Hause, heute war es aber schön im Klubhaus.«[233] Er forderte deshalb auch die Klubhausleitungen auf, nicht mehr nur gedankenlose und eintönige Veranstaltungspläne aufzustellen und sich darüber klar zu werden, dass »in Verbindung mit der Produktion Aufgaben zu erfüllen und gewisse Fragen zu lösen« seien. In anderen Fällen lud man die Kum-

[229] SächsStAC, 32301, GL Wismut der SED, IV 2/1/38, 7. Tagung der SED-Gebietsleitung Wismut am 31. 8. 1956, , S. 13.

[230] SächsStAC, 32301, GL Wismut der SED, IV 2/3/72. »Auflösung der Filmstudios Aue und Gera und Bildung eines zentralen Filmstudios«, 13. 11. 1962, S. 2.

[231] SAPMO-BA, DY 52/101 b, ZV IGW. Sekretariatssitzung am 28.Oktober 1949, S. 11.

[232] SAPMO-BA, DY 52/1416, ZV IGW. Referat des Vorsitzenden des FDGB-Bundesvorstandes Kurt Meier auf der Zentralen Gewerkschaftsaktivtagung der IG Wismut am 6. Dezember 1954 in Karl-Marx-Stadt, S. 23.

[233] Ebd., unpag.

pel und ihre Ehefrauen zum gewerkschaftlichen Bildungsabend mit anschließendem Kulturprogramm und Tanz ins Klubhaus ein.[234]

Die Idee der Familieneinbindung wurde in den sechziger Jahren mit den Abteilungs- und Bildungsabenden weiter ausgebaut, da als Folge der 1. Bitterfelder Konferenz auch die Brigadebewegung mit Wettbewerbsverpflichtungen und Leistungsvergleichen in die Betriebe eingezogen war. Schon 1963 kämpften 70 Prozent der Brigaden um den Titel »Kollektiv der sozialistischen Arbeit«, für den sie nicht nur die ökonomischen Wettbewerbsverpflichtungen erfüllen, sondern auch Kultur- und Bildungspläne realisieren mussten.[235] In einer Vereinbarung zwischen Generaldirektion und Gewerkschaft wurde 1965 festgelegt, dass alle Brigaden ihren Titel jährlich zu verteidigen bzw. ihre Ergebnisse offen zu legen hatten, wenn sie den Titel noch nicht besaßen. Mit der öffentlichen Austragung der »ökonomisch-kulturellen Leistungsvergleiche« (im Allgemeinen »Ökulei« genannt), sollte die betriebliche Kulturarbeit neue Impulse bekommen. Veranstalter der Ökulei waren die Kulturhäuser, die im Vorfeld die Ergebnisse der Brigaden im Foyer an Tafeln aushängten. Oft wurden die Ehefrauen und sogar die Schulklassen der Patenschulen des Betriebes eingeladen. Auf der ersten Leistungsschau des Industriezweiges Wismut moderierte ein bekannter Rundfunksprecher. Die Vorstellung der Ergebnisse in der Kultur- und Bildungsarbeit wurde in den ersten Veranstaltungen mit einer künstlerischen Darbietung verbunden, was aber oft auch zu Peinlichkeiten führte und deshalb bald wieder aufgegeben wurde. Am Ende des Wettbewerbs überreichten Betriebsdirektor und BGL Urkunden, Prämien und Medaillen.[236]

Tab. 6: Veranstaltungs- und Besucherstatistik in den Kultureinrichtungen der SDAG Wismut, 1987-1989.

	1987	1988	1989
Veranstaltungen der Kulturhäuser	9.925	9.914	9.104
- Besucher	593.000	690.834	675.040
Leser der Gewerkschaftsbibliothek	41.921	38.412	35.679
- Buchbestand	271.665	307.198	308.168
- Ausleihen gesamt	364.893	276.920	367.144
Betriebsfestspiele Veranstaltungen gesamt	917	850	552
- Besucher	180.000	182.000	200.390
Besucher Feste der Bergarbeiter	61.000	75.000	96.000

Weil sich die Ökulei oftmals als zu aufwändig erwiesen, verschob sich der Charakter des Kulturlebens von den Großaufführungen hin zu intimeren Veranstaltungen. Brigadeabende, Brigadesonntage oder ganze Wochenendausflüge, deren

[234] SAPMO-BA, DY 52/119 a, ZV IGW. Sekretariatssitzung am 5. November 1953, S. 7.
[235] Wismut GmbH: Chronik, S. 889.
[236] Ebd.

Finanzierung Betrieb und Gewerkschaft übernahmen, wurden nun in den Kulturplänen verankert. So konnte man die »Neuerer der Produktion« fester aneinander binden und dabei auch ihre Familien, die Ehefrauen und Kinder mit einbeziehen.[237] Neben Ausflügen in Museen oder Ausstellungen gehörten z. B. Grillabende im Garten des Kollegen zum Programm. Für die Zusammenkünfte der »Brigaden der sozialistischen Arbeit« wurden immer ausreichende finanzielle Mittel von der Betriebsleitung zur Verfügung gestellt, die auch im Betriebskollektivvertrag fixiert waren. Die Kulturhäuser oder Ferieneinrichtungen in den Naherholungsgebieten stellten ihre Klubräume kostenlos zur Verfügung. Für die inhaltliche Ausgestaltung der Brigadeabende und Wochenendfahrten gab es beispielsweise 1962 im Bergwerk Schmirchau insgesamt 30.000 Mark.[238] Es war sicherlich nicht immer leicht, die Ehefrauen zu derartigen Brigadeversammlungen zu bewegen, wie die durchaus realitätsnah anmutende Passage aus der Erzählung »Am Rande eines Brigadesonntags« des Schreibenden Arbeiters Arthur Griesbach zeigt:

> So Inge – nun zum Sonntag. Kommst du morgen mit nach Hartenstein?« »Was ist denn da los?«, fragt Inge. »Brigadeabend. Du bist eingeladen. Gehörst doch auch zu uns.« »Ooch – der schöne Sonntag«, schmollt sie.« Ich hab doch gar nichts anzuziehen und dann wird das auch so langweilig. Was verstehe ich als Frau von eurer Arbeit.« »Aber Inge! Du hast nichts anzuziehen? Das blaue Wollkleid, das steht dir gut – und langweilig? Du wirst staunen. Musik, Kaffeetafel, Abendbrot und allerhand Überraschungen. Mag sein, daß die Angelegenheiten der Brigade dich weniger interessieren. Immerhin, du gehörst zu uns wie alle anderen Frauen der Brigade. Wie sollen wir eine ›Brigade der sozialistischen Arbeit‹ werden, wenn alle so denken wie du? Das geht nicht.[239]

3.2 Der Kumpel als Volkskunstschaffender

Die Kulturfunktionäre des FDGB mussten der kulturellen Massenarbeit in den Betrieben im Laufe der fünfziger Jahre Vernachlässigung und gebremste Entwicklung attestieren, die betriebliche Kulturarbeit sei nach einer kurzen Blütezeit wieder eingeschlafen.[240] Abhilfe sollte die vom Mitteldeutschen Verlag veranstaltete 1. Bitterfelder Konferenz schaffen, die im April 1959 im Kulturhaus des Elektrochemischen Kombinats Bitterfeld stattfand. Unter der Ägide der SED initiierte diese Versammlung mit 300 Arbeitern und 150 Schriftstellern eine »kul-

[237] SAPMO-BA, DY 52/69, ZV IGW. Referat des Vorsitzenden des Zentralvorstandes der IG Wismut, Heinz Schönfeld, auf der 11. Zentralvorstandstagung der IG Wismut am 21. 2. 1962 in Karl-Marx-Stadt, S. 37.

[238] Unternehmensarchiv der Wismut GmbH, 10-Abt-Bibliothek, 53. »Betriebskollektivvertrag 1962 Bergwerk Schmirchau«, S. 29.

[239] Griesbach, Arthur: Am Rande eines Brigadesonntags, in: Erlebt – Durchdacht – Geschrieben. Neue Arbeiten der Mitglieder des Literaturzirkels im Kulturhaus »Ernst Thälmann« der IG Wismut Aue, hrg. v. Kreisvorstand der IG Wismut Aue, o.J. (aus dem Vorwort des Zirkelleiters geht hervor, dass die Texte unmittelbar nach dem Mauerbau 1961 verfasst wurden), S. 88.

[240] Schuhmann: Kulturarbeit im sozialistischen Betrieb, S. 89, Kott: Zur Geschichte des kulturellen Lebens, S. 177.

turpolitische Massenbewegung der Arbeiterklasse«, die von Walter Ulbricht als »Bitterfelder Weg« verklärt wurde.[241] Das »Spezialistentum« sollte nun endgültig »zurückgedrängt« und die künstlerischen Fähigkeiten der Arbeiter intensiver gefördert werden.[242] Schwerpunkt des »Bitterfelder Weges« lag auf der Mobilisierung des Laien- und Volkskunstschaffens. »Neue enge Beziehungen zwischen den Schriftstellern und der Arbeiterklasse und das aktive Verhältnis der Werktätigen zu den Kunstwerken sollten helfen, die Kluft zwischen Kunst und Leben zu überwinden.«[243] Mit dem Aufruf des Konferenzteilnehmers Werner Bräunig[244] »Greif zur Feder, Kumpel, die sozialistische deutsche Nationalliteratur braucht dich!« begann die Massenbewegung der Schreibenden Arbeiter.

Mit der Forderung nach Laienschriftstellern war die IG Wismut ihrer Zeit sogar voraus. 1957, also zwei Jahre, bevor die 1. Bitterfelder Konferenz Volkskunstinitiative und Laienwettbewerb postulierte, hatte es in der Wismut ein Preisausschreiben zur »sozialistischen Gegenwartsliteratur« gegeben.[245] Die Resonanz war allerdings enttäuschend: Lediglich neun Laienschriftsteller und zwei junge Autoren beteiligten sich an dem Wettbewerb. Dabei handelte es sich um Horst Salomon[246] und Martin Viertel[247] – die zukünftigen Stars unter den Schreibenden Arbeitern der Wismut AG. Ihr Potenzial wurde offensichtlich von den Gewerkschaftsfunktio-

---

241 Kott: Zur Geschichte des kulturellen Lebens, S. 178.

242 Zit. in: Hartung: Arbeiter- und Bauerntempel, S. 51.

243 Meyers Kleines Lexikon in drei Bänden, Leipzig 1968, S. 294.

244 Werner Bräunig, 1934-1976, geb. in Chemnitz als Sohn eines Hilfsarbeiters; Lehre als Schlosser; in der Nachkriegszeit wegen Schmuggels und Schwarzmarktgeschäften zu drei Jahren Haft verurteilt; Hilfsjobs im Oelsnitzer Steinkohlerevier und der Schneeberger Papierfabrik; 1956 Instrukteur der FDJ-KL Schneeberg; erste Schreibversuche; 1957 Aufnahme in die Arbeitsgemeinschaft Junger Autoren der Wismut AG; 1958-61 Studium am Literaturinstitut »Johannes R. Becher« in Leipzig; Praktikum in der Wismut AG; 1961-67 Assistent am Literaturinst. »Johannes R. Becher«, 1965 Vorabdruck seines Wismut-Romans *Rummelplatz* und scharfe Kritik durch das ND wegen angebl. Diffamierung der Arbeiter; 1966 Abbruch des Romans; gest. 1976 in Halle-Neustadt; Auswahl seiner Werke: *Städte machen Leute* (1969), *Ein Kranich am Himmel. Unbekanntes und Bekanntes* (1981), Posthum Veröffentl. seines Romanfragments *Rummelplatz* 2007. Müller-Enbergs et al.: Wer war wer, S. 129; Bilke Jörg Bernhard: Der Wismut-Roman blieb ungedruckt. Zu Werner Bräunigs 70. Geburtstag, in: DA 2 (2004), 37. Jg., S. 264-268.

245 Fichtner, Lutz: Die Industrie als Kunstmäzen und Auftraggeber in der DDR. Die Sowjetisch-Deutsche Aktiengesellschaft Wismut, Frankfurt/M. 2005, S. 74 f.

246 Horst Salomon, 1929-1972; geb. in Pillkallen/Ostpr. als Sohn eines Landarbeiters; 1951-58 Bergmann bei der Wismut AG; 1958-61 Delegierung an das Literaturinst. »Johannes R. Becher« in Leipzig; 1961-65 Inspektor des Grubenrettungsdienstes bei der AG Wismut; ab 1965 freischaffend; gest. in Gera. Baumgartner/Hebig: Biographisches Handbuch, S. 751. Auswahl seiner Werke: Die Bühnenstücke *Katzengold* (1964), *Der Lorbass* (1967), *Auf höherer Ebene* (1969); Gedichtsammlung *Getrommelt, geträumt und gepfiffen* (1960).

247 Martin Viertel, 1925-2005; geb. in Lugau/Erzg. als Sohn eines Bergmanns; kaufmänn. Lehre; Kriegsdienst und französische Kriegsgefangenschaft bis 1947; 1947-56 Fördermann, Lehrhauer, Hauer, Steiger, FDJ-Funktionär sowie kulturpolitischer Mitarbeiter in der Wismut; 1956-59 Delegierung ans Leipziger Literaturinstitut »Johannes R. Becher«; bis 1962 kulturpolitischer Mitarbeiter und Leiter des Arbeitertheaters in der Wismut; ab 1962 freischaffend; Vorstandsmitglied im Schriftstellerverband; gest. in Gera. Auszeichnungen: Kunstpreis der Gesellschaft für DSF (1960); Literaturpreis des FDGB (1969); Heinrich-Mann-Preis (1970); Auswahl seiner Werke: *Sankt Urban* (1968); *Schlambambomil oder Der Eiserne Seehund* (1976); *Ticki Mumm* (1978); *Bollerbock. Sein fünffacher Aufstieg und sein merkwürdiges Verschwinden* (1986). Baumgartner/Hebig: Biographisches Handbuch, S. 960 f.

nären noch nicht recht erkannt und die Qualität der restlichen Einsendungen war ebenfalls nicht zufriedenstellend. Die Juroren konnten sich nicht entschließen, das beachtliche Preisgeld von 4.000 Mark zu vergeben.[248] Hatte der Jungschriftsteller Martin Viertel mit dem beim Preisausschreiben eingereichten Fragment »Erster Vortrieb« nicht reüssieren können, erlangte er 1968 mit dem Roman »Sankt Urban« landesweite Bekanntheit. Viertel verkörperte den Idealtypus des auf der Bitterfelder Konferenz propagierten Arbeiterschriftstellers. Nachdem er als Hauer in Johanngeorgenstadt begonnen hatte, engagierte er sich in Schreibzirkeln und wurde Ende der fünfziger Jahre als »Junger Autor« ans Literaturinstitut Johannes R. Becher nach Leipzig delegiert. Nach Abschluss des Studiums kehrte er zur Wismut zurück und erhielt eine Stelle als hauptamtlicher Kulturfunktionär, die er bis 1988 besetzte. Er leitete zunächst das Arbeitertheater, schrieb Stücke und gab Anleitungen für die Zirkel Schreibender Arbeiter.[249] So zeichnete er beispielsweise für das Stück »Der Weg zum Wir« verantwortlich, dessen Aufführung gleichzeitig die Entstehung der Arbeitertheater einleitete. Der offiziellen Version zufolge hatte die Hauerbrigade Batram nach einer Diskussion mit Künstlern des Kreistheaters Annaberg-Buchholz entschieden, den Schauspielern nicht nur beratend zur Seite stehen: »Wir wollen selbst Theater spielen, wir wollen die Entwicklung unserer Brigade darstellen.«[250] Am 5. Oktober 1959 wurde das Stück mit dem programmatischen Titel von der Brigade um Hermann Batram im »Kulturpalast der Werktätigen« uraufgeführt. Da dieser Akt künstlerischer Selbstbetätigung in idealer Weise die Beschlüsse der Bitterfelder Konferenz umsetzte, wurde die Brigade als eine der ersten in der Wismut mit dem Titel »Kollektiv der sozialistischen Arbeit« ausgezeichnet und in Berlin von Ministerpräsident Otto Grotewohl geehrt.[251] Nach der Bitterfelder Konferenz und der Fokussierung auf die künstlerische Selbstbetätigung der Arbeiter rückten sowohl die »Zirkel Schreibender Arbeiter« als auch das Verfassen von Brigadetagebüchern stärker in den Mittelpunkt. Die Novellen, Gedichte und Kurzgeschichten der Schreibenden Arbeiter spiegelten immer das Leben und Arbeiten im Betrieb wider und kamen oft als Motivation zur Produktionssteigerung und Normerfüllung daher. Sie vermittelten aber auch einen realitätsnahen Eindruck des Betriebsklimas und des kollegialen Umganges. Gerade beim Thema Leistungssteigerung und Planerfüllung wurden die Stimmungen und Meinungen der Kumpel recht wirklichkeitsgetreu wiedergegeben, so, wie man sie auch in den Archivdokumenten findet – in den Texten der Schreibenden Arbeiter allerdings subtil als Floskeln, Ausreden oder Irrglauben abgetan. Das wird an der Kurzgeschichte des Schreibenden Arbeiters Willi Benning besonders augenfällig, daher fällt das Zitat etwas umfänglicher aus:

> Hans, unser Brigadier, meinte in einer Frühstückspause:
> »Sag mal, Willi, wie verstehst du das nun alles? Ich weiß nicht, mir kommt es so vor, als sei das eine ausgesprochene Normkampagne.«

---

248 Fichtner: Industrie, S. 75.
249 Wismut GmbH: Chronik, S. 895.
250 Aus einem Artikel im Neuen Deutschland vom 28. Oktober 1959, zit. in: Wismut GmbH: Chronik, S. 891.
251 Ebd., S. 892.

Willi antwortete spontan: »Das ist ja Quatsch. Im Produktionsaufgebot soll die Arbeitsproduktivität gesteigert werden. Durch die Aufdeckung und Ausnutzung von Reserven, durch Anwendung und Auslastung der neuen Technik. Gleichzeitig alle Stillstands- und Verlustzeiten beseitigen.«
»Was du bloß immer von Reserven sprichst«, erwidert Hans, »wo gibt es bei uns noch Reserven? Da oben in der Verwaltung und in der Kantine, da sind Reserven! Gehe nur mal vormittags hinein, da siehst du immer dieselben beim Kaffeetrinken.«
[...] Da schaltete sich Günter ein:
»Ich will dir mal was sagen, ich will schließlich noch einige Jahre mitmachen, und wenn ich im Laufschritt arbeiten soll und vielleicht nicht einmal meine Brote in Ruhe essen kann, dann bin ich in kurzer Zeit fertig auf dem Docht.«
Erich entgegnete in voller Lautstärke:
»Na globste, bei der Versorgung mit Material, wo du tagelang das Gelumpe in allen Querschlägen zusammensuchen mußt, da kannst du noch was herausholen? Sollen die erst mal beim ITP anfangen, die Arbeitsorganisation zu verbessern, da sind Reserven [...].[252]

Diese Darstellung entsprach den Forderungen von Partei und Gewerkschaft, »die Konflikte in den Brigaden, die Auseinandersetzung mit alten Gewohnheiten, rückständigen Auffassungen und Verhalten [...] mehr in den Mittelpunkt« des Schreibens zu stellen.[253] Dies galt natürlich auch und vor allem für das Brigadetagebuch, das als »Mittel der kollektiven Erziehung in den Brigaden« noch nicht immer genügend Aufmerksamkeit fand. Der Appell der Gewerkschaft lautete deshalb: »Jede Brigade ein Tagebuch.«[254] Erfolgreich in der Realisierung des »Bitterfelder Weges« erwies sich der Amateurfilm. Die ersten Filmzirkel entstanden bereits 1958, wenige Jahre später wurde das wismuteigene Filmstudio »Aktuell« gegründet. Es unterstand der Generaldirektion und arbeitete nach langen Anlaufschwierigkeiten, die finanzielle und personelle Hintergründe hatten, ab 1970 professionell. Einige der insgesamt 180 Produktionen erlangten Bekanntheit über die Landesgrenzen hinaus und erhielten Auszeichnungen in der Sowjetunion, Polen, Schweden, Indonesien und Spanien.[255]

3.3 Die Mühen der Ebene

Von Anfang an hatten es die Gewerkschaften nicht leicht, die kulturpolitischen Vorstellungen von Partei und Regierung in den Betrieben der Wismut AG durchzusetzen. Das lag nicht nur an der gelegentlichen Machtlosigkeit der Gewerkschaft gegenüber willkürlicher sowjetischer Einflussnahme in den frühen Jahren, sondern vor allem an der fehlenden Bereitwilligkeit der Arbeiter selbst. Die Ablehnung und der Mangel an Akzeptanz gegenüber Partei und Gewerkschaft waren charakteristisch für die hartgesottenen Kumpel, gerade in der »wilden Zeit«.

252 Benning, Willi: Aller Anfang ist schwer, in: Erlebt – Durchdacht – Geschrieben, S. 20.
253 SAPMO-BArch, DY 52/237, ZV IGW. »Aufgaben der Industriegewerkschaft Wismut für die weitere Entwicklung der Volkskunstarbeit in Vorbereitung der 5. Arbeiterfestspiele 1963«, 2. 11. 1962, S. 7.
254 Ebd.
255 Wismut GmbH: Chronik, S. 893 f.

Für Partei und Gewerkschaft stellte das Bemühen, die Menschen durch kulturelle und politische Versammlungen und Vorträge ans Klubhaus zu binden, eine große Herausforderung dar. Ein typisches Ergebnis solcher Bemühungen spiegelt der entmutigende Bericht eines Gewerkschafters wider:

> Wir haben durchgeführt: eine Heinefeier mit 102 Besuchern, Mitgl. Schulung der SED ist ausgefallen, weil niemand da war, Parteiarbeiterkonferenz ebenfalls ausgefallen, zur Manifest-Feier waren 6 Personen anwesend, Sportfunktionärssitzung ist ausgefallen, weil niemand da war, Tag der Betriebsgruppen ist ausgefallen, Arbeitsgebietssitzung ist ausgefallen, Funktionärssitzung der FDJ mit 3 Mann ist ebenfalls ausgefallen, zur Versammlung der Sportgemeinschaft war kein Besuch, Funktionärssitzung ist ausgefallen, wieder nur 3 Mann anwesend, die Sitzung im Arbeitsgebiet des FDGB ist ausgefallen, zur Feier anläßl. des internat. Frauentages waren 39 Frauen da, die aber nur deshalb kamen, weil einige prämiert wurden, zur Karl-Marx-Feier waren 8 Mann einschließlich Musik anwesend, zur Funktionärsschulung der SED war niemand da, zur Funktionärssitzung der Sportgemeinschaft erschienen 2 Mann, zur Funktionärssitzung der SED 4 Mann.[256]

Das Fernbleiben der Arbeiter war sicherlich nicht ausschließlich ihrem Desinteresse zuzuschreiben. Nach einer sechstägigen Arbeitswoche im Bergwerk hielt sich die Begeisterung für stundenlange Referate und Diskussionen in Grenzen. Doch das Dogma der kulturellen Massenarbeit forderte, weite Teile der Belegschaft in die betriebliche Kulturpolitik einzubinden – das galt auch für die gesetzlichen Feiertage. Da vor allem in den frühen Jahren viele Bergleute aus anderen Teilen der SBZ/DDR kamen und jeden freien Tag nutzten, um ihre Familien zu besuchen, versuchten Partei- und Gewerkschaftsfunktionäre sie mit einer verstärkten kulturellen Betreuung im Wismut-Gebiet und damit in ihrem Einflussbereich zu halten. So organisierten die Mitglieder der Parteileitung in Kooperation mit den Klubhausleitern an den Osterfeiertagen 1951 ein »großzügiges Kulturprogramm« mit Tanz, Varieté und Konzerten.[257] Ob diese Initiative die Arbeiter tatsächlich von der Fahrt zur Familie abhalten konnte, geht aus dem überlieferten Material nicht hervor.

Auch die Verbindung von gewerkschaftlicher Mitgliederversammlung und anschließendem Tanz mit den Ehefrauen stieß nicht immer auf die gewünschte Resonanz. Obschon man sich bei der Vorbereitung eines gewerkschaftlichen Bildungsabends die größte Mühe gegeben und alles gut vorbereitet habe, obwohl man Autos bereitgestellt und Einladungen verteilt habe, sei die Beteiligung der Kumpel unbefriedigend ausgefallen, klagte ein Gewerkschafter 1953: Gerade einmal zwei Stuhlreihen des Klubhauses waren besetzt. Die Ursachen dafür sah er im mangelnden Vertrauen der Kumpel und der ungenügenden Arbeit in den Gewerkschaftsgruppen der Betriebe.[258] Eine große Herausforderung für die Kulturarbeit der Gewerkschaften lag in der Heranführung der Bergleute an das Buch – entscheidend war allerdings die richtige Wahl des Lesestoffes. Obwohl die Bibliotheken 1953 einen Bestand von 330.000 Büchern aufwiesen, gäbe es immer

---

256 SAPMO-BArch, DY 52/101 a, ZV IGW. Sekretariatssitzung am 19. März 1949, S. 15.
257 SächsStAC, 32301, GL Wismut der SED, IV 2/3/5. Sekretariatssitzung am 6. März 1951, S. 3.
258 SAPMO-BArch, DY 52/119 a, ZV IGW. Sekretariatssitzung am 5. November 1953, S. 7.

noch Arbeiter, die »rückständige« und »kleinbürgerliche« Literatur konsumierten. Die Werke Goethes, Schillers und Heines seien den meisten Arbeitern überhaupt nicht bekannt, von Gegenwartsschriftstellern wie Anna Seghers oder Stefan Hermlin ganz zu schweigen. Im Klubhaus Raschau beispielsweise läsen die Bergarbeiter vorzugsweise Kriminal- und Liebesromane, klagte ein Gewerkschafter und lieferte den Grund des Übels gleich mit: »Diese Bücher erhalten sie von irgendwelchen Elementen, die absichtlich das Bewußtsein unserer Kumpel mit der bürgerlichen Ideologie verseuchen wollen.«[259] Üblicherweise suchte man die Schuld für solcherlei Versäumnisse bei den Akteuren der Kulturarbeit, also den BGL, Klubhausleitern oder Bibliothekaren. Bei der Analyse der Bibliotheksarbeit stellte sich heraus, dass »Bibliothekare vor allem Bücher ausleihen, aber keine politischen Funktionäre sind.«[260] Der Bibliothekar des Klubhauses Ronneburg beispielsweise hatte auf einem zur Parteiaktivtagung aufgebauten Büchertisch so gesellschaftlich »rückständige« Werke wie die »Kleine Kräutersammlung« ausgelegt.[261] Auch zehn Jahre später war die Arbeit mit dem Buch noch nicht zur Zufriedenheit gediehen. Wenngleich im Kreisgebiet Gera bis 1962 mehr als 80 Bibliotheken eingerichtet und auch die Ehefrauen der Kumpel als regelmäßige Leserinnen gewonnen werden konnten, waren die Buchbesprechungen in den Brigaden noch verbesserungsbedürftig. Inhalt des Buches und die Rolle des Verfassers wurden zwar ausführlich besprochen, die Aussagen der Werke jedoch noch ungenügend auf die eigene Arbeit im Kollektiv bezogen, denn »gerade diese unmittelbare Einflußnahme des Kunstwerkes auf die aktive Erziehung des Menschen ist hierbei die wichtigste und ausschlaggebendste.«[262] Die Bibliothekare sollten deshalb mit den politischen Grundfragen vertraut gemacht und zu Agitatoren und Propagandisten ausgebildet werden. Auch die staatlichen Leiter und das ITP waren sich nach dem Dafürhalten der Gewerkschaftsfunktionäre nicht immer der Konsequenzen des »Bitterfelder Weges« bewusst und verstanden nicht den Zusammenhang zwischen technischer und Kulturrevolution. Bei der Forderung, die Gewerkschaftsleitungen stärker in der Erfüllung der Kulturpläne zu unterstützen, vertraten sie oftmals die Meinung: »Vor uns stehen andere Probleme als die Kulturrevolution« und sahen dabei nicht ein, dass »Kulturarbeit ideologische Arbeit« sein sollte.[263]

Auf der letzten Zentraldelegiertenkonferenz der IG Wismut im März 1990 kamen die Gewerkschafter zu einem positiven Fazit der betrieblichen Kulturarbeit. Mit Hilfe »niveauvoller [...] Kulturangebote, attraktiver Betriebsfestspiele, [...] der Pflege bergmännischer Traditionen, in der Volkskunstolympiade und den

[259] SächsStAC, 32301, GL Wismut der SED, IV 2/902/14. »Die Aufgabe der Klubhäuser im Betrieb der AG Wismut«, 1953, S. 15.

[260] SAPMO-BArch, DY 52/127, ZV IGW. »Bericht über den Stand des Klubhaus-Wettbewerbes 1954 zur Verwirklichung der Ministerratsverordnung vom 10. 12. 1953«, 21. 6. 1954, S. 3.

[261] Ebd.

[262] SAPMO-BArch, DY 52/230, ZV IGW. »Bericht über den Stand der Vorbereitung der Kulturfesttage der Gewerkschaften anläßlich der IV. Arbeiterfestspiele 1962 im Kreisgebiet der Wismut Gera«, 6. 3. 1962, S. 7.

[263] SAPMO-BArch, DY 52/253, ZV IGW. »Sekretariatsvorlage: Bericht über die Entwicklung des geistig-kulturellen Lebens in unseren Gewerkschaftsgruppen sowie die Ergebnisse des künstlerischen Volksschaffens in Vorbereitung der 6. Arbeiterfestspiele«, 25. 3. 1964, S. 4-6.

Programmen der Volkskunstkollektive« habe sich die kulturelle Betreuung der Gewerkschaft bewährt.[264] Doch nur die Errungenschaften und Erfolge der gewerkschaftlichen Aktivitäten zu betonen, erschien den Funktionären angesichts der veränderten politischen Lage wohl nicht mehr zeitgemäß. Deshalb sparten sie nicht an Kritik an der »ständige[n] Kontrolle« und dem »Hineinreglementieren in die Gewerkschaftsarbeit sowohl durch den Apparat der SED-Gebietsleitung als auch durch die Leitungen der SED-Grundorganisationen in den Betrieben und Einrichtungen«.[265] Bei dieser Abrechnung mit den Genossen spielte natürlich auch die Selbstverortung im neuen gesellschaftspolitischen System eine Rolle, schließlich wollte man sich in der »künftigen Gewerkschaftsarbeit« stärker auf »inhaltliche Ausgestaltung und reale Abrechnung« konzentrieren. Und weil neben Kritik auch die Selbstkritik nicht fehlen durfte, unterzog man die betriebliche Kulturarbeit ebenfalls einer abschließenden Beurteilung. Ihr »demokratischer Charakter« sei, trotz der guten Entwicklung des geistig-kulturellen Lebens, durch »‚ideologische' Vorgaben [...] in der freiwilligen und bewußten Auswahl und Aneignung kultureller und künstlerischer Leistungen eingeengt und behindert« worden.[266]

4. Ferienwesen und Erholung

Die Anfänge des Feriendienstes der IG Wismut gehen auf das Jahr 1947 zurück, als Generaldirektor Malzew der Revierleitung Aue fünf Erholungsheime übergab. Die Betriebsleitung übernahm die Finanzierung der Heime und überließ der Gewerkschaft die Auswahl der Erholungsbedürftigen sowie der Heimleiter.[267] Da die Heime ausschließlich im Erzgebirge lagen, die meisten Beschäftigten aber schon im Berg arbeiteten und einer Abwechslung bedurften, sahen sich Leppis Mitarbeiter schon bald nach neuen Urlaubsorten »im Flachland oder an der See« um. Gleichzeitig machte der Reviervorsitzende klar, dass Urlaub vor allem Erholung sein müsse, die der Regeneration der Gesundheit diene.[268] Ab 1949 wurden daher Heilverfahren und Kuraufenthalte in Warmbad, Oberwiesenthal, Kreischa, Bad Elster, Wiesenbad sowie dem Seeband Binz auf Rügen durchgeführt. Der Aufenthalt für Kumpel oder Mitarbeiter der wismuteigenen Einrichtungen und Betriebe war zunächst kostenlos, Familienangehörige durften in den ersten Jahren nicht mitreisen.[269] Mit der Gründung der IG Wismut 1950 konstituierte sich auch der Feriendienst als eigenständige Abteilung, dessen 40-jährige Tätigkeit als Er-

264 SAPMO-BArch, DY 52/2280, ZV IGW. Außerordentliche Zentraldelegiertenkonferenz am 10. 3. 1990, S. 7.

265 Ebd.

266 Ebd., S. 11.

267 Brief des FDGB-Landesvorstandes Sachsen an die russischen Gewerkschaften, 15. April 1947.

268 SAPMO-BArch, DY 52/1257, ZV IG. Protokoll der Sekretariatssitzung am 14. 6. 1948, S. 3.

269 Wismut GmbH: Chronik, S. 866.

folgsgeschichte bezeichnet werden kann. In keinem Bereich der Industriegewerkschaft wurde wohl so nachhaltig und mitgliederorientiert gearbeitet wie im Feriendienst, was vor allem in der Rückschau ehemaliger Bergleute immer wieder deutlich wird. Auf die Frage nach den Aufgabenbereichen der IG Wismut bzw. ihrer Funktion als Interessenvertretung fiel den meisten Interviewpartnern sofort die Vergabe der Urlaubsplätze und Kuren ein. Das mag zum einen daran liegen, dass Urlaub und Erholung im Allgemeinen wichtige Parameter des Arbeitslebens sind, zumal für Menschen mit körperlich schweren Berufen. Zum anderen bot die Wismut ein Ferien- und Kurenprogramm, das seinesgleichen in der DDR suchte.

4.1 Preise, Leistungen, Angebote

Hatte die Eigenständigkeit des Feriendienstes 1950 mit 4.000 Betten begonnen,[270] waren es 1955 bereits 63.000 Betten in 71 Heimen. Sie lagen im Erzgebirge, im Thüringer Wald, im Vogtland und an der Ostsee.[271] 1953 hatte die Gewerkschaft den Urlaubsort Binz an die kasernierte Volkspolizei abgeben müssen, da hier eine Sperrzone entstehen sollte; im Tausch wurden mehrere Ferienheime in Zinnowitz übernommen. Das beschauliche Seebad auf Usedom entwickelte sich im Laufe der folgenden Jahre zum Zentrum der Bergarbeitererholung.[272] Ab 1953 wurden kleinere »Unkostenbeiträge« für die Urlaubsreisenden erhoben, schließlich galt auch in der IG Wismut das »Prinzip der Sparsamkeit«. Die Höhe des Beitrages richtete sich nach der Qualität und Beliebtheit des Urlaubsortes: In Zinnowitz betrugen die Kosten nun 20 Mark, in Schwarzburg (Thüringen) 15 Mark und für Oberwiesenthal, Rosenthal sowie Eibenstock im Erzgebirge zehn Mark pro Feriengast für einen vierzehntägigen Aufenthalt. An- und Abreise waren im Preis inbegriffen.[273] Ehepartner fuhren zum gleichen Preis, Kinder konnten unter besonderen Bedingungen sogar kostenlos mitreisen. Für die Sozialversicherungskasse der IG Wismut bedeutete dies einen erheblichen finanziellen Aufwand, so dass 1955 darüber nachgedacht wurde, den Beschlüssen des FDGB-Bundesvorstandes zu folgen und den Eigenanteil für nicht organisierte Angehörige drastisch zu erhöhen. Bei einer Reise an die Ostsee konnte das bis zu 200 Mark pro Person bedeuten. Durch Intervention der SED-Gebietsleitung kam dieser immense Preisanstieg allerdings nicht zustande, da man die zu erwartende Verärgerung der Bergleute vermeiden wollte. Stattdessen wurde leichten Erhöhungen von fünf bzw. zehn Mark zugestimmt. Der Gebietsleitungsvorsitzende Alois Bräutigam setzte auf das Verständnis der Werktätigen und erwartete folglich »keine weiteren

270 Ebd., S. 867.

271 SächsStAC, 32301, GL Wismut der SED, IV 2/3/398. Bericht von Wenzel (Sozialversicherung Wismut) über die Leistungen und Einrichtungen der Ferienkombinate, 23. 1. 1956, S. 1.

272 SächsStAC, 32301, GL Wismut der SED, IV 2/902/37. »Bericht über den Einsatz zur Klärung der Ostseebäder Binz und Graal-Müritz als Erholungsheime der Wismut für das Jahr 1953«, 24. 2. 1953, S. 1.

273 SAPMO-BArch, DY 52/113 a, ZV IGW. »Erhebung eines Beitrages für die Urlaubsreisen 1953«, 15. 4. 1953, unpag.

Diskussionen«.[274] Die Preisregelungen blieben aber im Laufe der folgenden Jahre immer ein Politikum, da man bei den geplanten Anhebungen eben nicht mit dem Einvernehmen der Arbeiter rechnen konnte. 1963 schloss sich die IG Wismut einer vom Präsidium des FDGB-Bundesvorstandes getroffenen Neuregelung der Preise für Ferienreisen an, die unter anderem eine Berechnung des Urlaubsschecks von der Höhe des Einkommens abhängig machte. Begründet wurden die Preiserhöhungen mit dem Argument, die »Gleichmacherei« bei der Kostenfestsetzung beseitigen und differenzierter auf die unterschiedliche Qualität der Heime, ihre geographische Lage, saisonale Bedingungen sowie auf den gestiegenen Verdienst der Werktätigen eingehen zu wollen. Zudem wollte man die Auslastung der Erholungsheime in der Nebensaison sichern. Ein pädagogischer Nutzeffekt der Neuregelung wurde ebenfalls gewünscht: Die Arbeiter sollten sich darüber bewusst werden, dass die Erhaltung ihrer Gesundheit nicht ohne eine angemessene Selbstbeteiligung zu haben war.[275] Der tatsächliche Hintergrund des Beschlusses lag aber vermutlich in der Tatsache, dass die hohen staatlichen Zuschüsse nun beinahe wegfielen und die einzelnen Gewerkschaften selbst für die Verwaltung und Verteilung der Gelder zuständig waren. Dies war eine Konsequenz aus dem 1963 eingeführten »Neuen Ökonomischen System der Planung und Leitung der Volkswirtschaft« (NÖS), mit dem Ulbricht die Wirtschaft modernisieren und so die Herrschaft der SED sichern wollte. Einen Kernpunkt der Reform bildete die Anwendung »ökonomischer Hebel«, was für Branchen und Betriebe eine stärkere Gewinnorientierung sowie die selbständige Erwirtschaftung von Geld- und Investitionsmitteln bedeutete.[276] Die im Vorfeld der neuen Preise durchgeführte Berichterstattung über Stimmungen und Reaktionen der »Werktätigen« ergab, neben einigem Unmut, die einhellig optimistische Meinung, dass es in der Wismut AG sicherlich wieder einmal eine Sonderregelung geben würde.[277] Und tatsächlich stimmte der FDGB-Bundesvorstand einem »Vorschlag« der Industriegewerkschaft für Ausnahmeregelungen zu. Wismut-Angehörige bekamen 15 statt 13 Tagen Urlaub im Ferienheim, ihr täglicher Verpflegungssatz betrug 4,25 Mark statt 3,25 Mark, Fahrtkosten, Kurtaxe sowie Strandkorbmiete wurden vom Betrieb getragen. Ein Mitarbeiter des Uranbetriebs musste nun für einen Urlaubsaufenthalt mit Ehepartner und Kind rund 200 Mark zahlen, während die Gewerkschaftsmitglieder anderer DDR-Betriebe unter ähnlichen Bedingungen 330 Mark aufzubringen hatten.[278]

Beliebtestes inländisches Ferienziel der Bergleute war, wie für alle DDR-Bürger, die Ostsee.[279] Im Gegensatz zu anderen Urlaubsreisenden stand den Wismut-

---

[274] SächsStAC, 32301, GL Wismut der SED, IV 2/3/414. Notiz des GL-Vorsitzenden Bräutigam an das ZK-Mitglied Schirdewan, 4. 3. 1955, S. 1.

[275] SAPMO-BArch, DY 52/1877, ZV IGW. Bundesvorstand des FDGB, Abt. Feriendienst: »Neuregelung der Preise für Ferienreisen des FDGB«, 1. 2. 1963, S. 3-5.

[276] Steiner, André: Von Plan zu Plan. Eine Wirtschaftsgeschichte der DDR, Berlin 2007, S. 147 f.

[277] SAPMO-BArch, DY 52/1877, ZV IGW. »Diskussionen aus den Kreisen über die Neuregelung im Feriendienst der Gewerkschaften«, 18. 2. 1963, S. 1-3.

[278] SAPMO-BArch, DY 52/1877, ZV IGW. »Vorschlag der IG Wismut zur Neuregelung der Preise für Ferienreisen des FDGB«, 22. 2. 1963, unpag.

[279] Die Zahl der DDR-Bürger, die im Ostseebezirk Rostock Urlaub machten, stieg von Jahr zu Jahr an. Waren es 1950 noch 218.000 Touristen, so reisten 1960 schon über eine Million Urlauber ans

Angehörigen allerdings ein eigener Zug der Deutschen Reichsbahn zur Verfügung. Die Arbeiter sollten sich schon zu Beginn der Reise wohlfühlen, was in den überfüllten Abteilen der Reichsbahn nicht gewährleistet werden konnte. 1950 wurde deshalb das erste Sonderzugpaar eingesetzt, dessen Ausstattung nach Meinung der Gewerkschaftsfunktionäre »zum größten Teil sehr mangelhaft« war.[280] Der Feriendienst wünschte sich Wagen mit Leichtpolstersitzen, einen Gaststättenwagen der MITROPA[281] und einen Kulturwagen mit Bibliothek. Die Kooperation der Deutschen Reichsbahn ließ sehr zu wünschen übrig, nach zähen Verhandlungen wurden die Bedingungen der Gewerkschaft schließlich erfüllt.[282] Die Züge fuhren dreimal wöchentlich nach Zinnowitz und starteten in Karl-Marx-Stadt. Obwohl An- und Abreise im Allgemeinen kostenlos waren, musste für die Sonderzüge ein Selbstkostenzuschuss von durchschnittlich 50 Mark gezahlt werden.[283] Auf Dauer konnte oder wollte sich die Deutsche Reichsbahn den gehobenen Ansprüchen des Feriendienstes nicht beugen. Trotz Intervention der Gewerkschaft beim Ministerium für Verkehrswesen stellte sie nicht immer D-Züge[284] zur Verfügung, sondern oftmals »nur« einfache Personenwagen. Überdies entsprach der Service der MITROPA nicht den Vorstellungen der Bergarbeiter: zu wenige Sitzplätze im Restaurant, mangelhafte Qualität der Speisen, nicht genügend Getränke für die mehrstündige Fahrt.[285] 1963 erhob die Deutsche Reichsbahn einen D-Zug-Zuschlag von zehn Mark. Darüber hinaus versuchte sie, die völlige Abschaffung der Sonderzüge durchzusetzen und stattdessen zwei bis drei zusätzliche Wagen an die regulären Urlauberzüge anzuhängen. Dieser Vorstoß konnte abgewendet werden,[286] die Sonderzüge fuhren bis zum Ende der SDAG Wismut. Bis zuletzt wurden die schlechte Qualität der MITROPA-Versorgung sowie die unbeheizten Abteile von den Urlaubsreisenden moniert.[287] 1962 beschloss der Zentralvorstand der IG Wismut, Preiszuschüsse für die neu eröffnete Fluglinie der Lufthansa nach Usedom zu gewähren und so »durch das Erlebnis einer Luftreise den Urlaub weiter zu verschönern.«[288] Der Flug musste über das

Meer und 1989 hatte der Bezirk fast 3,5 Millionen Urlaubsreisende zu verzeichnen. Statistisches Jahrbuch ´90, S. 60.

280 SAPMO-BArch, DY 52/107 b, ZV IGW. »Analyse über die Entwicklung des Feriendienstes innerhalb der Wismut«, 8. 10. 1952, S. 5.

281 MITROPA (Abk. für Mitteleuropa): 1916 gegründetes Gastronomieunternehmen mit Sitz in Frankfurt/Main; 1949 geteilt und in Westdeutschland als Deutsche Schlafwagen- und Speisewagen- Gesellschaft mbH geführt; in der DDR zentral geleiteter Gastronomiebetrieb, der Zugrestaurants, Bahnhofsgaststätten, Interflug-Flugzeuge und Autobahnraststätten betrieb. 1990 von der Deutschen Bahn übernommen.

282 SAPMO-BArch, DY 52/107 b, ZV IGW. »Analyse über die Entwicklung des Feriendienstes«, S. 5.

283 SAPMO-BArch, DY 52/233, ZV IGW. »Zuschuß für Luftreisen ... , S. 1.

284 D-Zug, Abk. für Durchgangszug, da die einzelnen Wagen miteinander verbunden sind; Reisezug, der mit hoher Geschwindigkeit auf längeren Strecken verkehrt und in dem sich die Reisenden frei bewegen können, da sie zwischen den Wagen umhergehen können; Lexikon der Eisenbahn, Berlin 1981, S. 683.

285 SächStAC, 32301, GL Wismut der SED, IV/2/902/37. »Abschluss-Analyse der Saison 1961 in Zinnowitz«, undat., S. 2 f.

286 SAPMO-BArch, DY 52/240, ZV IGW. »Abschlußbericht des Sektors Arbeiterversorgung über die Arbeit des Feriendienstes der IG Wismut im Jahre 1962«, 22. 1. 1963, S. 12.

287 BStU, BV Karl-Marx-Stadt, AKG 2199, BV Karl-Marx-Stadt. Wochenbericht, 25. 2. 1986, Bl. 18.

288 SAPMO-BArch, DY 52/233, ZV IGW. »Zuschuß für Luftreisen ... , S. 1.

Deutsche Reisebüro[289] gebucht und zunächst voll bezahlt werden, in Zinnowitz erhielten die Urlauber dann gegen Vorlage des Ferienschecks und des Flugtickets die Zuschüsse ausgezahlt. Ein Hinflug von Karl-Marx-Stadt nach Usedom betrug 74 Mark pro Erwachsene und 41 Mark für Kinder von zwei bis zwölf Jahren, von Leipzig aus waren es 67 bzw. 37 Mark. Die Gewerkschaft finanzierte einen Zuschuss von 40 bzw. 20 Mark, Kinder unter vier Jahren bekamen keine Erstattung. Die Reise konnte auch mit einer Eisenbahnfahrt kombiniert werden.[290] Eine sehr beliebte, aber seltene Möglichkeit, der Erholungsreise einen Anstrich von Weltläufigkeit zu geben, war die Fahrt mit einem der »Traumschiffe des Sozialismus«.[291] Von Rostock aus kreuzten die exklusiven Urlauberschiffe des FDGB die Weltmeere zwischen der Karibik und Kalkutta, eine Passage kostete bis zu 2.500 Mark pro Person.[292] Bis 1961 angefahrene Häfen nichtsozialistischer Länder wie Helsinki oder Rhodos wurden nach dem Mauerbau umschifft. Die Kreuzfahrten konnten, zumindest in den sechziger Jahren, ausschließlich als Prämienreisen wahrgenommen werden und waren daher nur einer ausgewählten Gruppe von Beschäftigten zugänglich. Wer sich einen Platz auf einem der Schiffe verdient hatte, musste lediglich 30 Prozent der Reisekosten selbst tragen, der Rest wurde aus dem Prämienfonds des jeweiligen Betriebes entnommen.[293] In den späten achtziger Jahren konnten ca. 10.000 Bürger der DDR jährlich mit dem Kreuzfahrtschiff »Arkona« reisen;[294] 260 Plätze entfielen dabei auf die Beschäftigten der Wismut AG.[295] Darüber hinaus besaß der Feriendienst eigene Kinderferienlager[296], stellte ab 1980 Plätze in Hotels und Interhotels zur Verfügung[297] und organisierte Reisen ins sozialistische Ausland. Im Zuge des »Internationalen Urlauberaustausches« konnten Wismut-Angehörige Ungarn, Polen, die ČSSR, Rumänien oder

[289] Deutsches Reisebüro (DER), gegr. 1917 in Berlin; 1949 in der DDR unter Zentralverwaltung gestellt; 1958 als staatliches Deutsches Reisebüro in der DDR gegründet; 1964 in »Reisebüro der DDR« umbenannt. www.deutschesreisebuero.de: broschuere85JahreDER.[1].pdf sowie Weidemann, Johannes: Wo ein Genosse ist, da ist die Partei. Die führende Rolle der Parteiorganisation in der Geschichte des Reisebüros der DDR, in: Reisebüro der DDR: 20 Jahre Reisebüro (Impuls – Betriebliche Mitteilungen), o.O. 1977, S. 6 f.

[290] SAPMO-BArch, DY 52/233, ZV IGW. Zuschuß für Luftreisen ... , S. 1.

[291] Eine reich bebilderte, jedoch recht unkritische Geschichte der FDGB-Urlauberschiffe liefert der ehemalige Kapitän Gerd Peters: Vom Urlauberschiff zum Luxusliner. Die Seetouristik des VEB Deutsche Seereederei Rostock, Hamburg 2005. Die erste wiss. Publikation zu den Urlauberschiffen war bei Drucklegung dieser Arbeit ebenfalls in Druck: Stirn, Andreas: Traumschiffe des Sozialismus. Die DDR-Urlauberschiffe 1953-1990, Berlin 2010.

[292] Peters: Vom Urlauberschiff, S. 317.

[293] SächsStAC, 32301, GL Wismut der SED, IV 2/6/153. »Anordnung für die Deutsch-Sowjetische Aktiengesellschaft Wismut Nr. 229. Auswahl der Werktätigen der SDAG Wismut zur Teilnahme an Reisen mit den FDGB-Urlauberschiffen, Regelung der Bezahlung derselben und anderer Prämienreisen sowie Regelung des zu solchen Reisen benötigten Urlaubes«, 23. 7. 1962, S. 1 f.

[294] Diesen Hinweis verdanke ich Andreas Stirn.

[295] SAPMO-BArch, DY 52/1791, ZV IGW. Rechenschaftsbericht des Zentralvorstandes der IG Wismut auf der 11. Zentraldelegiertenkonferenz am 21. 3. 1987 im Kulturhaus »Glück Auf«, Gera, S. 78.

[296] Während 1952 gerade 1.000 Plätze in Kinder- und Jugendlagern zur Verfügung standen, waren es 1974 9.000 und 1989 7.200 Plätze. Wismut GmbH: Chronik, S. 865.

[297] Im Zeitraum von 1983 bis 1987 gab es für die Wismut insgesamt 2.800 Plätze in den Hotels und Interhotels der DDR, z. B. im »Neptun« (Rostock), »Bastei« (Dresden) oder im »Panorama« (Oberhof). SAPMO-BArch, DY 52/1791, ZV IGW. Rechenschaftsbericht, S. 78.

die Sowjetunion besuchen. 1967 kamen im Rahmen des Urlauberaustausches mit den Gewerkschaften des Uranbergbaus in Ungarn und der Tschechoslowakei 260 Reisen zustande,[298] 1971 reisten 1.037 Urlauber[299] und 1987 ca. 2.200 Urlauber ins sozialistische Ausland.[300] Neben den eigenen Ferienschecks erhielt der Feriendienst jährlich ca. 900 Auslandsreisen über das Reisebüro der DDR, die von der SDAG bezahlt wurden sowie 250 Reisen vom Bundesvorstand des FDGB. Für Wismut-Angehörige war die Fahrt kostenfrei, Familienmitglieder zahlten einen geringen Zuschuss.[301]

4.2 Auswahlkriterien

Die Ausgabe der Urlaubsschecks erfolgte über die Feriendienst-Kommissionen der BGL, die ihre Kontingente vom Zentralvorstand der IG Wismut zugeteilt bekamen. Ein Verteilerschlüssel bestimmte über die Anzahl der Bettenplätze in den jeweiligen Berufsgruppen. Bei den Untertagearbeitern, den Beschäftigten im Aufbereitungsbetrieb, im Transportbetrieb rollende Woche, in der Gießerei oder der Schmiede der Mechanischen Betriebe, den Außenbaustellen sowie beim Geologischen Betrieb galt ein Verhältnis von eins zu eins, d. h. pro Person ein Bett. Bei übertage Beschäftigten lag das Verhältnis bei 1,4 zu 1, bei Verwaltungsangestellten bei 2,1 zu 1.[302] Darüber hinaus existierte eine von der SED-Gebietsleitung festgesetzte Richtlinie, die die Bedingungen zur Vergabe eines Ferienschecks an bestimmte Kriterien band. Demnach sollte zuerst einen Scheck bekommen, wer sich durch gute Leistungen in der Produktion, bei der Erfüllung der Kampfpläne und der Anwendung des Neuerersystems verdient gemacht oder durch seine Mitarbeit in Verwaltung und Schule ein »höheres Staatsbewußtsein« bewiesen hatte. An zweiter Stelle galt es, die sozialen Verhältnisse der Werktätigen zu berücksichtigen. Und schließlich sollten auch Funktionäre, die sich durch »ihre Leistungen und ihren Arbeitselan« vorbildhaft gezeigt hatten, in die Vergabe einbezogen werden. Die »Delegierung« ins Erholungsheim setzte allerdings voraus, dass Urlaubszeit und Betriebsplan übereinstimmten.[303]

Die Nachfrage nach Urlaubsplätzen war enorm und stieg noch mit der wachsenden Freizeit der Beschäftigten, bedingt zum einen durch die Einführung der Fünf-Tage-Woche 1967, zum anderen durch die Erhöhung des Urlaubes um drei Tage 1979.[304] Die Auslastung der Plätze lag bei fast 100 Prozent und in den Som-

---

298 SAPMO-BArch, DY 52/1847, ZV IGW. Beschluss 16/67/222: »Entwicklung und Verbesserung des Feriendienstes der IG Wismut in Auswertung des VII. Parteitages der SED und der 12. Tagung des FDGB-Bundesvorstandes«, 11. 8. 1967, S. 3.

299 SAPMO-Barch, DY 52/311, ZV IGW. »Verteilung der Auslandsreisen für das Jahr 1971«, 4. 2. 1971, S. 2.

300 SAPMO-BArch, DY 52/1791, ZV IGW. Rechenschaftsbericht, S. 78.

301 Wismut GmbH: Chronik, S. 873.

302 Ebd., S. 872.

303 SächsStAC, 32301, GL Wismut der SED, IV 2/3/398. »Erläuterung, wer einen Urlaubsscheck benutzen kann«, 23. 1. 1956, unpag.

304 SAPMO-BArch, DY 52/737, ZV IGW. »Aufgaben der Betriebsgewerkschaftsleitungen zur Erhöhung der gewerkschaftlichen Einflusses auf das betriebliche Erholungswesen und zur Verwirklichung der Verteilungsprinzipien der Ferienplätze«, 1. 6. 1979, S. 1.

mermonaten reichten die Kapazitäten bei weitem nicht aus. So war es nur alle sechs Jahre möglich, einen Urlaubsplatz zu bekommen, im Sommer alle acht bis zehn Jahre und in Zinnowitz alle zwölf Jahre.[305] Bei der Auswahl der Beschäftigten für die begehrten Urlaubsplätze schienen politische Zuverlässigkeit oder Parteizugehörigkeit eine geringere Rolle zu spielen als Leistung und Arbeitskraft. Dabei waren es Hauer und andere Schwerstarbeiter, denen ein Platz am Strand oder in den Bergen vorrangig gesichert werden sollte. Für sie waren die langen Wartezeiten auf drei Jahre zu verkürzen; in der Perspektivplanung des Feriendienstes für 1971-1975 sah man für Hauer sogar eine Erhöhung des Erholungsaufenthaltes von zwei auf drei Wochen vor.[306] Bei der Vergabe von Ferienplätzen in betriebliche Erholungseinrichtungen waren Schichtarbeiter zu bevorzugen. Und auch hier hing die Entscheidung von »hohen Leistungen in der Produktion, gesellschaftlichen Aktivitäten [und] sozialen Erfordernissen« ab.[307]

Die Verteilung von Prämien- und Auslandsreisen erforderte ebenfalls strenge Auswahlkriterien. Prämienreisen konnten zu 100 Prozent aus den dafür vorgesehenen Fonds der Betriebe gezahlt werden, die Auswahl der Berechtigten erfolgte in enger Absprache von Betriebsleitung, Partei und Gewerkschaft. So legte beispielsweise eine Anordnung der Generaldirektion vom 23. Juli 1963 fest, welche Arbeiter das Vorrecht auf eine Prämienreise auf einem FDGB-Urlauberschiff erhalten sollten:

> Bei der Auswahl der Reiseteilnehmer sind vor allem solche Werktätigen zu berücksichtigen, die beispielgebend bei der Herausbildung einer sozialistischen Arbeitsmoral, Arbeitsdisziplin, der Durchsetzung des wissenschaftlich-technischen Fortschrittes, des schnellen Wachstums der Arbeitsproduktivität, der Senkung der Kosten und der allseitigen Erfüllung der Verpflichtungen des innerbetrieblichen Wettbewerbes sind.[308]

Die Vergabe von Auslandsreisen oder Auslandskuren war mit einer Prüfung der Lebensläufe der Antragsteller verbunden. Meist wurden Kurzbiographien beigelegt, die fast immer die »klassischen« Curricula der Arbeiterklasse widerspiegelten.[309] Voraussetzung für eine Delegierung zum Internationalen Urlauberaustausch war, »daß die vorgeschlagenen Kollegen gute Produktionsarbeiter sind und ein gutes politisches Bewußtsein besitzen.« Eine Mitgliedschaft in der Partei schien nicht prioritär zu sein. Nur sechs von elf Teilnehmern besaßen das Mitgliedsbuch. Dafür konnten alle verschiedene Staatsauszeichnungen vorweisen: als

---

305 SAPMO-BArch, DY 52/1847, ZV IGW. Beschluss 16/67/222, S. 2.

306 SAPMO-BArch, DY 52/1847, ZV IGW. »Zentrale Konzeption zur Perspektivplanung 1971-1975 des Feriendienstes der IG Wismut«, 12. 9. 1969, S. 2.

307 SAPMO-BArch, DY 52/1593, ZV IGW. »Bericht über die Arbeit in den betrieblichen Erholungseinrichtungen und die weiteren Aufgaben zur Durchsetzung des Beschlusses des ZK der SED über die Planung und Nutzung betrieblicher Erholungseinrichtungen vom 27. 3. 1984«, 6. 11. 1984, S. 4.

308 SächsStAC, 32301, GL Wismut der SED, IV 2/6/153. Anordnung für die Deutsch-Sowjetische Aktiengesellschaft Wismut Nr. 229: Auswahl der Werktätigen ... , S. 1.

309 D. h., die Ausgewählten stammten aus Arbeiterfamilien und hatten selbst Handwerks- oder Industrieberufe erlernt. SAPMO-BArch, DY 52/113 a, ZV IGW. »Internationaler Urlauberaustausch im Sommer 1953«, 23. 4. 1953 oder SAPMO-BArch, DY 52/134, ZV IGW. »Vorschläge für den internationalen Urlauberaustausch Winter 1954/55«, 29. 11. 1954, unpag.

Aktivistin, Meister der Arbeit oder Verdienter Bergmann des Volkes.[310] Während andere Industriearbeiter in der DDR oft jahrlang auf einen Urlaub am ungarischen Balaton oder in der slowakischen Hohen Tatra sparen mussten, bereisten Wismut-Angehörige öfter den gesamten Ostblock. Der Sprengmeister Veit Kühn beispielsweise bekam zu Ehren der Verleihung des Nationalpreises 1958 eine fünfwöchige Reise in die Sowjetunion zugesprochen, die ihn ans Schwarze Meer, nach Leningrad und Moskau führte. Darüber hinaus bereiste er mit seiner Frau im Laufe der Jahre nahezu alle osteuropäischen Großstädte von Prag über Krakau und Gdansk bis Budapest.[311] Nach einer Richtlinie des Feriendienstes sollten Untertage- und andere Schwerstarbeiter einen Anteil von 60 Prozent der Urlauber in den Erholungsheimen stellen.[312] Tatsächlich aber sank der Anteil der Untertagearbeiter in den fünfziger und sechziger Jahren.

Tab. 7: Soziale Zusammensetzung in der Belegung der Erholungsheime in Zinnowitz, 1953-1961, in Prozent.

	1953	1954	1955	1956	1957	1958	1959	1960	1961
Untertage	35,0	24,4	24,4	22,1	20,8	21,4	20,1	20,5	17,8
Übertage	17,8	19,1	18,3	19,1	19,8	19,4	19,6	18,1	17,5
Verwaltung	5,4	2,9	2,2	2,0	2,1	2,1	2,1	2,8	4,3
Kinder	1,9	13,8	18,2	21,0	21,6	21,0	22,0	22,6	23,7
Intelligenz	0,8	1,5	0,7	0,5	0,6	0,6	0,5	0,8	1,4
FH*	39,1	37,3	36,0	35,3	35,0	35,5	35,6	35,0	35,0
Rentner	-	-	-	-	-	-	0,1	0,2	0,3

* Die Bedeutung der Abk. „FH" geht aus der Akte oder dem Sinnzusammenhang nicht hervor. Möglicherweise bedeutet das Kürzel „Freigestellte/Ehrenamtliche" und meint damit sämtliche Funktionäre von Partei oder Massenorganisationen. Sollte dies der Fall sein, wäre deren Anteil an der Ferienheimbelegung signifikant hoch. Den Hinweis verdanke ich Rainer Kohlisch.

Die Erholungsheime in Zinnowitz wiesen einen kontinuierlichen Rückgang der Kumpel auf, von 35 Prozent 1953 bis 17 Prozent 1961. Der Anteil von Übertagearbeitern lag indes gleichbleibend bei ca. 19 Prozent, von Beschäftigten aus der Verwaltung bei ca. zwei Prozent. Dafür stieg die Anzahl der mitgebrachten Kinder (Tab. 7). Eine Erklärung dafür fand ein Inspekteur des Feriendienstes, der die Heime in Zinnowitz 1962 einer eingehenden Überprüfung unterzog. Er musste feststellen, dass der Anteil an Urlaubsplätzen für Verwaltungsmitarbeiter ungewöhnlich hoch war, nämlich 14 Prozent.[314] Diese Angabe weicht stark von den Mittelwerten der oben stehenden

[310] Ebd.

[311] Interview mit Anneliese und Veit Kühn. Kühn war von 1951-83 Schießsteiger und Bergbauingenieur in Dittrichshütte und Schmirchau.

[312] SAPMO-BArch, DY 52/240, ZV IGW. »Abschlußbericht des Sektors Arbeiterversorgung über die Arbeit des Feriendienstes der IG Wismut im Jahre 1962«, 22. 1. 1963, S. 2.

[313] Die Bedeutung der Abk. „FH" geht aus der Akte oder dem Sinnzusammenhang nicht hervor. Vermutlich bedeutet das Kürzel „Freigestellte/Ehrenamtliche" und meint damit sämtliche Funktionäre von Partei oder Massenorganisationen. Sollte dies der Fall sein, wäre deren Anteil an der Ferienheimbelegung signifikant hoch. Den Hinweis verdanke ich Rainer Kohlisch.

[314] Ebd.

Statistik ab und es ist wenig wahrscheinlich, dass sich der Anteil von Verwaltungsmitarbeitern innerhalb eines Jahres von vier auf 14 Prozent erhöht hatte. Möglicherweise war hier die Statistik zugunsten eines hohen Anteils von Untertagearbeitern geschönt worden. Der Bericht konstatierte weiter, dass es gerade die am besten ausgestatteten Erholungsheime in den beliebtesten Reisemonaten Juli und August waren, in denen Mitarbeiter aus den politischen oder wirtschaftlichen Funktionsbereichen der Wismut AG ihren Urlaub verbrachten. Und auch später wurde die unrechtmäßige Bereicherung höherer Verwaltungsangestellter an Ferien- und Prämienschecks kritisiert. In der APO der Hauptverwaltung des Bau- und Montagebetriebes (BMB) Ronneburg war aufgefallen, dass von 1.300 Werktätigen lediglich drei eine Prämienreise erhalten hatten. Dabei gab es viele Arbeiter unter ihnen, die sowohl Kriterien der Schwerstarbeit als auch sozialer Bedürftigkeit erfüllten, da sie zum Teil weniger als 400 Mark verdienten. Insgesamt zwölf Schecks für Reisen und Kuren gingen hingegen an acht Abteilungsleiter, einen Hauptbuchhalter, einen persönlichen Referenten und den Objektleiter Horst Lewandowski. Die Ehefrauen wurden ebenfalls aus dem Prämienfonds des Betriebes bezahlt. Ähnliches galt für die Prämienverteilung anderer Betriebspunkte, deren Listen sich der Berichterstatter angesehen hatte. Auch die »Intelligenz« wurde dabei nicht geschont, deren Anteil an den Auszeichnungsreisen oft in keinem Verhältnis von Arbeitern und ITP im jeweiligen Betrieb stand. Der Inspekteur kam deshalb zu dem Schluss, dass »man bei den vergebenen Reisen nicht in jedem Falle nach dem Leistungsprinzip auszeichnete, sondern nach Funktionen verteilte.«[315] Die Vorteilsnahme politischer und Wirtschaftsfunktionäre bei Erholungs- und Kuraufenthalten blieb bis zum Ende der SDAG Wismut evident. 1990 setzte der Zentralvorstand der IG eine unabhängige Untersuchungskommission ein, die Fälle von Amtsmissbrauch, Korruption oder Veruntreuung von Privilegien aufdecken sollte.[316] Die Kommission förderte die Existenz von »Sonderzimmern« zutage, die 1956 in den populärsten Urlaubsgegenden eingerichtet worden waren, u. a. in Zinnowitz, Bad Schandau, Schwarzburg und Tabarz. Sie wurden von hochrangigen Funktionären aus Gewerkschaft, Partei und Generaldirektion und deren Gästen genutzt. Sie tauchten nicht im Schriftverkehr der Institutionen auf und waren zum großen Teil unentgeltlich. Zimmer 320 im Ferienheim »Aktivist« in Oberwiesenthal stand nur für den 1. Sekretär der SED-Gebietsleitung zur Verfügung, Zimmer 153 für den Vorsitzenden der IG Wismut. Diese »Zimmer« waren vielmehr kleine Wohneinheiten, bestehend aus Wohn-, Schlaf- und Kinderzimmern und ausgestattet mit Fernseher, Radio, Kaffeemaschine und Anbauwänden. Die Versorgung der Gäste erfolgte in einem gesonderten Speiseraum. Bei Ess- und Trinkgelagen zahlten Gäste der Funktionäre nichts, Menüs mit bis zu sieben Gängen wurden auf die Rechnung des Zentralvorstandes der IG Wismut gesetzt und vom Erholungsheim nur zum Endverbraucherpreis berechnet.[317] In den siebziger Jahren führten die Funktionäre überdies sogenannte »Protokollveranstaltungen« im Oberwiesenthaler Ferienheim »Aktivist« ein. Hinter dem offiziellen Terminus verbargen sich Silvesterpartys

[315] SächsStAC, 32301, GL Wismut der SED, IV A 2/5/095. Bericht von Supke an den Sekretär der GO Hauptverwaltung, Scholz, 21. 7. 1965, S. 1 f.

[316] SAPMO-BArch, DY 52/2280, ZV IGW. »Bericht der unabhängigen Untersuchungskommission der IG Wismut«, 10. 3. 1990, S. 1.

[317] Ebd., S. 4-7.

mit handverlesenen Gästen, unter ihnen der 1. und 2. Sekretär der GPL, der Gewerkschaftsvorsitzende, Politbüromitglied Horst Dohlus, der Leiter des Betriebsschutz-Kommandos sowie deren Familien und Sicherheitskräfte. Für Zimmerservice, kleine Gastgeschenke und Lebensmittel aus dem »Delikat«[318] entstanden im Laufe der Jahre Kosten von 35.000 Mark, die die Generaldirektion beglich. Die Übernachtungskosten sowie Speisen und Getränke des Ferienheims wurden gar nicht berechnet.[319]

4.3 Erholung, Betreuung, Zugriff

Das Betreuungs- und Unterhaltungsangebot in den Erholungseinrichtungen der Wismut war vielfältig und bis 1952 völlig kostenlos.[320] In gut ausgestatteten Urlauberorten standen zahlreiche Sportgeräte, Kegelbahnen und Billardräume zur Verfügung, in Zinnowitz konnten die Urlauber den eigenen Bootspark ebenso nutzen wie die mit 10.000 Bänden ausgestattete Bibliothek im Klubhaus »Deutsch-Sowjetische Freundschaft«. Da der Aufenthalt aber auch Kurcharakter tragen und zur »Reproduktion« der »Werktätigen« beitragen sollte, gab es in vielen Erholungszentren die Möglichkeit der medizinischen Betreuung. In Zinnowitz besaß die IG Wismut seit 1953 ein eigenes Ambulatorium, in dem ein leitender Arzt des Gesundheitswesens der IG Wismut ganzjährig Dienst tat. Es war überdies mit Massage- und Bestrahlungsräumen und einem Erste-Hilfe-Zentrum ausgestattet.[321] Für die Abendunterhaltung sorgten die Deutsche Konzert- und Gastspieldirektion, das Orchester der IG Wismut sowie internationale Künstler, die nicht selten aus dem westlichen Ausland kamen.[322] Verträge mit Theatern, der URANIA[323], der Deutschen Künstleragentur und dem Fernsehfunk garantierten ein abwechslungsreiches Unterhaltungsprogramm.[324] Das Ostseebad Zinnowitz als Bergarbeitererholungszentrum war das über Jahrzehnte hinweg begehrteste Reiseziel innerhalb der DDR und bot somit das vermutlich vielfältigste Betreuungs- und Unterhaltungsangebot. Es gab Ausflugsfahrten in die Umgebung, Kegel-, Skat-, Tischtennis- und Romméturniere, Preisschießen, Schachabende, Turnfeste, Gymnastik, Bastelnachmittage, Frauennachmittage, Ponyreiten für die Kinder, Lichtbildervorträge, Tanzabende, Buchbesprechungen sowie Zeichen- und Foto-

---

[318] Die »Delikatläden« wurden 1966 gegründet und sollten konsumpolitisch den Anschluss der DDR ans »Weltniveau« herstellen. Hier konnte man seltene Feinkost kaufen, die in den HO- oder Konsumverkaufsstellen höchstens unter dem Ladentisch zu haben war. Die »Delis« waren das Äquivalent zu den 1962 eröffneten »Exquisit«, in denen man hochwertige und modische Kleidung erwerben konnte. Merkel: Utopie, S. 251 sowie Kaminsky: Illustrierte Konsumgeschichte, S. 92.

[319] SAPMO-BArch, DY 52/2280, ZV IGW. Bericht Untersuchungskommission, S. 19.

[320] Wismut GmbH: Chronik, S. 867.

[321] SAPMO-BArch, DY 52/1972, ZV IGW. »Information über die Organisation der Urlauberbetreuung, die Struktur und die Arbeitsweise des Feriendienstes der IG Wismut Zinnowitz (Usedom).« undat. (aus dem Dokument geht hervor, dass es sich um das Jahr 1963 handeln muss), S. 4 f.

[322] Wismut GmbH: Chronik, S. 868.

[323] URANIA war die Gesellschaft zur Verbreitung wissenschaftlicher Kenntnisse, die wiss. und technische Vorträge anbot; sie hatte einen eigenständigen Gebietsvorstand in der Wismut AG.

[324] SAPMO-BArch, DY 52/1847, ZV IGW. »Prognostische Aspekte für die Entwicklung des Feriendienstes der IG Wismut Zinnowitz zu einem vorbildlichen sozialistischen Erholungszentrum mit Perspektivplankonzeption 1971-1975«, 13. 3. 1970, S. 10.

exkursionen. Höhepunkte wie das Konzert der Dresdener Philharmonie unter Heinz Bongartz mit dem sowjetischen Geigenvirtuosen Wladimir Malinin rundeten den Urlaubstag ab.[325] Die kulturelle Betreuung diente jedoch nicht nur der Kurzweil der Urlauber, sondern auch ihrer politischen Indoktrination. Die »sozialistische Erziehung« der Arbeiter sollte gerade während des Erholungsaufenthaltes nicht ruhen. Schon 1948 hatte Richard Gründel die Durchführung von Schulungsabenden in den Erholungsheimen vorgeschlagen, um »den Leuten unser Ideengut zugängig zu machen, ihnen zu denken zu geben.«[326] Da die Beschäftigten aber bereits im Arbeitsalltag mit zu vielen Versammlungen und Sitzungen konfrontiert wurden und sich im Urlaub wirklich erholen sollten, lehnte Leppi den Vorschlag ab.[327] Doch auch ein Übermaß an kulturellem Vergnügen konnte die Urlauber ermüden. Im Ferienheim Schönberg waren 13 von 14 Aufenthaltstagen mit Veranstaltungen ausgefüllt, so dass selbst ein Gewerkschaftsfunktionär von einer zu hohen Belastung der Kumpel sprach.[328] Solcherlei Zweifel an der Wirksamkeit einer umfassenden Kulturarbeit waren selten. Auf einer Beratung von Parteisekretären, Heimleitern, Kulturfunktionären und Gewerkschaftsleitern 1959 wurden Sinn und Zweck kultureller Urlaubsgestaltung in den Ferienheimen diskutiert: »Im Mittelpunkt steht die Sicherung des politisch-ideologischen Einflusses auf die Urlauber durch einen sozialistischen Inhalt der Kulturarbeit.«[329] Grund für die Beratung war eine schlechte Kulturarbeit, die sich durch »Schematismus und Gedankenlosigkeit« der Kulturfunktionäre auszeichnete und gänzlich unerwünschte Züge annehmen konnte. Heftig kritisiert wurde die offenbar sehr beliebte Volksmusikgruppe »Rothe Mäd«, die in ihren Stücken immer nur »das alte, arme Erzgebirge besingen und damit in Heimattümelei verfallen«. Und im Ferienort Schwarzburg hatte man es nicht nur verabsäumt, Besuche im nahe gelegenen Theater Rudolstadt zu organisieren, die Urlauber hatten stattdessen »Tonbandsendungen der Westsender« anhören können.[330] Dass sich die Bergarbeiter an vermeintlich oberflächlichem Entertainment stärker erfreuten als an politischen Programmen, war nicht neu und von den Funktionären schon oft kritisiert worden: »[...] unsere Kumpel lieben im allgemeinen noch den sogenannten Klamauk.«[331] Und wenn die Gewerkschaft versuchte, politische Vorträge mit einem Tanz- oder Musikabend zu verbinden, kehrten die Kumpel dem Etablissement nicht selten den Rücken zu. Um diese Missstände zu beseitigen, beschlossen die Funktionäre die Erstellung langfristiger Kulturpläne. Von nun an sollten revolutionäre Traditionen der Arbeiterbewegung, Lebensfreude und Optimismus

---

325 SAPMO-BArch, DY 52/258, ZV IGW. »Bericht des Feriendienstes Zinnowitz über die Urlaubssaison 1964«, 23. 11. 1964, S. 4.

326 SAPMO-BArch, DY 52/1257, ZV IGW. Sekretariatssitzung am 14. Juni 1948, S. 3.

327 Ebd.

328 SAPMO-BArch, DY 52/119 a, ZV IGW. Sekretariatssitzung am 5. November 1953, S. 2.

329 SächsStAC, 32301, GL Wismut der SED, IV 2/3/38. »Referat für die Beratung mit den Funktionären des Feriendienstes der Industriegewerkschaft Wismut«, 1959, S. 17.

330 Ebd., S. 4.

331 SAPMO-BArch, DY 52/1972, ZV IGW. »Protokoll über die stattgefundene Auswertung des Urlaubsjahres 1957 mit allen Verantwortlichen der Erholungsheime der IG Wismut, Arbeiterversorgungs-Funktionären und Feriendienst-Sachbearbeiterinnen der Kreisvorstände sowie Vorsitzenden der Feriendienst-Kommissionen«, undat. vermutlich 1958, S. 3.

und die Geißelung der imperialistischen Politik im Mittelpunkt der Programme stehen. Mit Hilfe künstlerischer Agitationsgruppen, »Lebender Zeitungen« und »Roter Revuen«, der Organisation von Volksfesten oder dem Vorführen von die sozialistische Ideologie transportierenden Filmen erhoffte man sich den Kampf gegen den »Nur-Vergnügungscharakter« der Urlaubsunterhaltung zu gewinnen. So suchten die Kulturfunktionäre den Aufenthalt der Urlauber durch den Ausbau des Betriebsfunks der Heime »angenehm« zu gestalten, damit die Nachrichten des Staatlichen Rundfunks dreimal am Tag die wichtigsten politischen Informationen wie z. B. Volkskammertagungen ausstrahlen konnten.[332]

Die gesellschaftspolitische Lenkung der Beschäftigten in ihren Ferien verlief nie ganz zur Zufriedenheit der Funktionäre. Dies lag zum einen daran, dass man sich nicht immer auf die Programmgestaltung der Vertragspartner verlassen konnte. Das Theater Greifswald beispielsweise musste 1961 erst überzeugt werden, in Zinnowitz kein »seichtes Lustspiel aus dem alten Griechenland« aufzuführen, sondern ein Stück mit erzieherischem Inhalt. Und der Sprecher des Orchesters Opel beeinflusste die Gäste im Ostseebad gar mit klassengegnerischen Kommentaren.[333] Auch in den siebziger Jahren waren in den Programmen der Urlaubsveranstaltungen noch keine »wesentlichen Fortschritte in Inhalt und Aussage« erreicht – obwohl Ausflüge in die Nationale Mahn- und Gedenkstätte in Buchenwald für Urlauber in Bad Blankenburg, Wanderungen auf den Spuren der Roten Bergsteiger in Bad Schandau sowie der Besuch der Theodor-Neubauer-Gedenkstätte in Tabarz zum festen Bestandteil der Ferienbetreuung gehörten.[334] Verantwortlich war – wie gewöhnlich – das unausgereifte politisch-ideologische Bewusstsein der Mitarbeiter in den Ferienheimen. Das Verhalten der Erholungssuchenden selbst, ihre Reaktionen auf die erzieherische Rundumbetreuung, fanden keinen Niederschlag in den archivalischen Überlieferungen dieser Jahre.

Neben den herkömmlichen Urlaubsreisen wurden Sonder- und Wochenendfahrten angeboten. Bei einer solchen Fahrt setzte sich oftmals ein Konvoi von 30 bis 40 Bussen in Bewegung, denn meist fuhren ganze Kollektive zum Kyffhäuser, nach Bad Schandau oder in den Kulturpalast der Werktätigen nach Karl-Marx-Stadt.[335] Hintersinn dieser Fahrten waren nicht nur Erholung und Bildung, sondern vor allem die Festigung des Kollektivs und eine daraus resultierende Produktivitätssteigerung.[336] 1956 betrug die Plansumme für Wochenend- und Sonderfahrten 400.000 Mark, wofür 40.000 Teilnehmer rekrutiert werden sollten.[337]

Für die Finanzierung des Feriendienstes war bis 1967 ausschließlich die Sozialversicherung der Wismut zuständig. Pro Bettenplatz zahlte sie einen Zuschuss von 160 Mark, Investitionen nicht inbegriffen. Im Jahr 1967 belief sich die Summe

332 SächsStAC, 32301, GL Wismut der SED, IV 2/3/38. Referat für die Beratung ... , S. 17.
333 SächStAC, 32301, GL Wismut der SED, IV/2/902/37. Abschluss-Analyse ... , S. 2.
334 SAPMO-BArch, DY 52/318, ZV IGW. »Einschätzung über die Ergebnisse der Urlaubsgestaltung im Urlaubsjahr 1971 mit Schlußfolgerungen für das Urlaubsjahr 1972«, 11. 2. 1972, S. 3.
335 Wismut GmbH: Chronik, S. 867.
336 SAPMO-BArch, DY 52/119 a, ZV IGW. Sekretariatssitzung am 5. November 1953, S. 2.
337 SAPMO-BArch, DY 52/149, ZV IGW. »Durchführung der Wochenend- und Sonderfahrten durch das Deutsche Reisebüro«, 9. 3. 1956, S. 1 f.

der Sonderleistungen auf über fünf Millionen Mark – ein wesentlich höherer Anteil, als ihn die übrigen Teilgewerkschaften zu zahlen hatten. Die Investitionsleistungen umfassten eine weitere Million Mark. Die Abteilung Arbeiterversorgung/Feriendienst forderte deshalb die Generaldirektion der SDAG auf, sich an den Aufwendungen zu beteiligen.[338] Aber auch die HO Wismut sowie das Gesundheitswesen steuerten ab 1968 Zuschüsse aus ihren Kultur- und Sozialfonds bei. Im Zeitraum 1968-1989 wurden über 500 Millionen Mark für den Feriendienst der Wismut ausgegeben. 400 Millionen davon trug die Sozialversicherung der IG Wismut, 60 Millionen Mark die Generaldirektion der SDAG und 28 Millionen Mark der Haushalt der IG Wismut, Abteilung Feriendienst. Aus dem Staatshaushalt und Mitteln des FDGB kamen insgesamt 30 Millionen Mark, die ausschließlich dem Prestigeobjekt »Roter Oktober« in Zinnowitz zukamen. Darüber hinaus flossen mehr als 240 Millionen Mark in bauliche Investitionen.[339]

5. Gesundheit und Arbeitsschutz

5.1 Der Aufbau des betrieblichen Gesundheitswesens

Krankheiten und Seuchen waren ein schwerwiegendes Problem im von Not und Hunger gezeichneten Nachkriegsdeutschland. Es grassierten Typhus, Diphterie, Fleckfieber, Tuberkulose und Ruhr, aber auch ansteckende Haut- und Geschlechtskrankheiten.[340] Die Verbreitung der Krankheiten, von denen auch die Angehörigen der sowjetischen Besatzungsmacht betroffen waren, zwang die SMAD bald zu handeln und das am Boden liegende Gesundheitswesen rasch wieder aufzubauen. Mit Befehl Nr. 17 vom 27. Juli 1945 wurde deshalb die Deutsche Zentralverwaltung für das Gesundheitswesen (DZVG) ins Leben gerufen, die ab 1950 als Ministerium für Gesundheitswesen der DDR fortbestand.[341] Im Auftrag der SMAD traf die DZVG eine Reihe von Maßnahmen, die die Verbreitung von Krankheiten eindämmen und die medizinische Versorgungslage im Land stabilisieren sollten. Am 18. September 1945 veröffentlichte sie die »Verordnung über den Neuaufbau des öffentlichen Gesundheitswesens«. Die »Errichtung von Ambulanzen und Polikliniken zur Sicherstellung der ärztlichen Versorgung der deutschen Bevölkerung in der sowjetischen Besatzungszone« ging auf den SMAD-Befehl Nr. 272 vom 11. Dezember 1947 zurück. Maßgeblich für die Etablierung

338 SAPMO-BArch, DY 52/283, ZV IGW. »Entwicklung und Verbesserung des Feriendienstes der IG Wismut in Auswertung des VII. Parteitages der SED und der 12. Tagung des FDGB-Bundesvorstandes«, 25. 8. 1967, S. 11.

339 Wismut GmbH: Chronik, S. 874.

340 Welsh, Helga: Deutsche Zentralverwaltung für das Gesundheitswesen (DZVG), in: Broszat/Weber: SBZ-Handbuch, S. 247. 1945/46 waren in der SBZ 129.700 Menschen an Typhus, 149.580 an Diphterie und über 200.000 an Syphilis und Gonorrhoe erkrankt.

341 Ebd., S. 244.

des betrieblichen Gesundheitswesens war vor allem der bereits mehrfach erwähnte Befehl Nr. 234 vom 9. Oktober 1947 »zur Steigerung der Arbeitsproduktivität und zur weiteren Verbesserung der materiellen Lage der Arbeiter und Angestellten in der Industrie und im Verkehrswesen«. Nach den Bemühungen in den ersten beiden Nachkriegsjahren, einen funktionsfähigen Gesundheitsapparat zu etablieren, setzte mit diesem Befehl die »Sowjetisierung des Gesundheitswesens« ein. Mobilisierung und Leistungssteigerung der »Werktätigen« prägten den weiteren Ausbau der medizinischen Strukturen.[342] Im Laufe eines Jahres wurden deshalb in der gesamten SBZ beachtliche Fortschritte beim Bau von medizinischen Einrichtungen gemacht: Hatte es 1947 gerade einmal vier Polikliniken und 681 Werksärzte bzw. Sanitätsstellen auf dem Gebiet der SBZ gegeben, waren es 1948 bereits 27 Polikliniken sowie 1.635 Ambulanzen und Sanitätsstellen.[343]

Im Uranerzbergbau leisteten die Massenwanderung und der damit verbundene rasche Aufbau unzulänglicher Massenquartiere ohne adäquate Sanitäranlagen sowie die katastrophalen hygienischen Bedingungen der Ausbreitung von Epidemien und Seuchen noch Vorschub. Dazu kam die Nichteinhaltung der Hygienevorschriften bei Transport und Lagerung von Lebensmitteln, vor allem bei Fleisch. Noch 1950 war die Typhusgefahr im Erzgebirge besorgniserregend. Es gab zehn Typhusfälle im Uranbetrieb und sieben in der Bevölkerung. Die meisten Meldungen kamen aus den Massenquartieren.[344] Aus all diesen Gründen begann die Generaldirektion sehr früh, sich um den Aufbau eines betrieblichen Gesundheitswesens zu bemühen. Befehl Nr. 239 von 1947 regelte die Ausgabe von »gutem Werkzeug und Lampen«, von Bohrern und Presslufthämmern, von Stahlhelmen für Untertagearbeiter sowie winterfester Arbeitskleidung zum Zwecke eines wirksameren Arbeitsschutzes. Überdies war der Aufbau von drei Polikliniken und mehreren »Stützpunkten der ärztlichen Hilfe« innerhalb eines halben Jahres geplant, die die bereits existierenden Betriebsambulatorien ersetzen sollten.[345] Mit einer Anordnung der DZVG vom Herbst 1948 mussten zukünftige Beschäftigte der SAG Wismut an ihrem Wohnort mit einem Gesundheitspass ausgestattet und ihre Bergbautauglichkeit vom zuständigen Gesundheitsamt beurteilt werden.[346] Die Organisation des betrieblichen Gesundheitswesens lag zunächst in der Hand der Generaldirektion, verantwortlich für Aufbau und Weiterentwicklung war der sowjetische Militärarzt Oberstleutnant Leonow. Bis 1949 unterstanden alle Gesundheitseinrichtungen sowie das medizinische Personal der SAG. Erst mit dem Befehl Nr. 1/1950 vom 31.12.1949 endete dieses Unterstellungsverhältnis, das Gesundheitswesen wurde an die Sozialversicherungskasse (SVK) abgegeben.[347] Das oberste Organ der SVK war der Rat der Sozialversicherung, der genau wie

[342] Wienhold, Lutz: Arbeitsschutz, in: Geschichte der Sozialpolitik, S. 202.

[343] Ebd.

[344] Besprechung über Seuchenlage und Ortshygiene am 29.8.1950, zit. in: Beyer: Erz für den Frieden, S. 64. Über die Provenienz des Dokumentes oder die Teilnehmer der Besprechung liegen keine Angaben vor.

[345] Unternehmensarchiv der Wismut GmbH, 10-Abt, 1/A/2, 1-7. »Abschrift für die Aktiengesellschaft »Wismut« Nr. 239. Ausführung des Befehls 234 des obersten Chefs der sowjetischen Militärverwaltung vom 9. 10. 1947«, 20. 10. 1947 (Thermokopie), unpag.

[346] Wismut GmbH: Chronik, S. 665.

[347] Ebd.

Partei, Gewerkschaft und Generaldirektion in Chemnitz bzw. Karl-Marx-Stadt saß. In jedem Objekt befand sich ein untergeordneter Rat der Sozialversicherung, bei den Betriebsgewerkschaftsleitungen wurden Kommissionen eingerichtet.[348]

Das erste Bergarbeiterkrankenhaus (BAK) entstand in Schneeberg, bis 1949 kamen fünf weitere Krankenhäuser sowie sechs Sanatorien hinzu. Zu den ersten Neubauten gehörte das BAK Erlabrunn. Das beeindruckende Gebäude im stalinistischen Neoklassizismus besaß über 1.200 Betten und wurde, nach nur einem Jahr Bauzeit, am 8. Mai 1951 eröffnet.[349] Am Ende des Jahres 1953 verfügte die SVK über ein weitläufiges Netz von Gesundheits- und Erholungseinrichtungen, welches 15 Polikliniken, 13 Krankenhäuser, vier Nachtsanatorien, vier Sanatorien und ein Prophylaktorium umfasste.[350] Zu den bekanntesten Sanatorien gehörten Warmbad Wolkenstein, Bad Elster und Kreischa.

Die ärztliche und medizinische Versorgung des Betriebsgesundheitswesens kann als gut bezeichnet werden. 1950 kam ein Arzt auf 821 Beschäftigte, 1953 auf nur noch 619 – was allerdings nicht mit der Aufstockung des medizinischen Personals, sondern mit dem Arbeitskräfteabbau innerhalb der SAG zusammenhing.[351] Trotzdem klagte die SVK immer wieder über Ärztemangel, 1952 beispielsweise fehlten 100 Mediziner, um die »Kumpel so intensiv zu betreuen, wie dies eigentlich erforderlich wäre.«[352] Die fehlende Bereitschaft der Mediziner, eine Tätigkeit im Uranbergbau aufzunehmen, hatte möglicherweise Gründe in der Unregelmäßigkeit ihrer Bezahlung. So erhielten manche Ärzte nicht den versprochenen Bruttosatz von 700 Mark, sondern nur 400 Mark vom Objektleiter.[353] Der »Exodus« der Mediziner Ende der fünfziger Jahre in den Westen[354] führte zu einem regelrechten Konkurrenzkampf zwischen dem Gesundheitswesen des Uranbergbaus und dem der Bezirke. Obwohl das medizinische Personal der Wismut den 20-prozentigen Zuschlag erhielt und ein Assistenzarzt nun mehr verdiente als sein Kollege in den Bezirken (960 Mark plus 20 Prozent anstatt 850 Mark), wurde der Wechsel ins staatliche Gesundheitswesen durch Zugeständnisse in Gehalts- und Arbeitsfragen immer attraktiver.[355] Viele Ärzte nutzten diese Situation, um ihre Wünsche hinsichtlich der Arbeitskonditionen in Verhandlungen durchzuset-

[348] Engeln: Uransklaven, S. 166.

[349] Wismut GmbH: Chronik, S. 668.

[350] Unternehmensarchiv der Wismut GmbH, Büro GD 39/1. Vortrag des Generaldirektors Bogatow auf der Konstituierenden Sitzung des Vorstandes der SDAG Wismut am 21. 12. 1953 in Karl-Marx-Stadt, unpag.

[351] Engeln: Uransklaven, S. 167. Zum Vergleich: Im staatlichen Gesundheitswesen wurden 1949 mehr als 1.400 Einwohner von einem Arzt betreut, 1952 waren es noch ca. 1.300 Menschen. Zahlen gerundet. Statistisches Jahrbuch '90, S. 374.

[352] SAPMO-BArch, DY 52/107, ZV IGW. Sekretariatssitzung am 4. September 1952, S. 3.

[353] SächsHSA Dresden, LRS, 11391 MAS, Nr. 2174/1. »Bericht des Sonderbeauftragten für den Erzbergbau«, 7. 3. 1949, S. 4.

[354] 1956 verließen insgesamt 511 Ärzte, Zahnärzte und Apotheker die DDR, 1957 waren es bereits 529 und 1958 über 700. Nach einem kurzen Rückgang der Republikflucht, die mit einer kurzfristigen – auch finanziellen – Aufwertung des Ärztestandes und vor allem der niedergelassenen Ärzte einherging, stieg die Zahl 1960 wieder auf 855 an. Dokumentation zur Geschichte des Gesundheitswesens der DDR, 6 Teile, Berlin 1998, hier Teil III: Das Gesundheitswesen der DDR zwischen neuem Kurs und der Schließung der Staatsgrenze (1953-1961), Berlin 1999, S. 33 f. u. 37.

[355] SächsStAC, 32301, GL Wismut der SED, IV 2/3/397. Bericht der SVK, 3. 2. 1959, S. 1.

zen.[356] In den frühen fünfziger Jahren vollzogen sich eine Reihe von Neuerungen in der medizinischen Betreuung, die auf ein gewachsenes Bewusstsein für Prävention und Behandlung arbeitsbedingter Krankheiten hindeuten. 1952 richtete die SVK eine Abteilung Hygiene ein, die einen Hygieneaufseher in jedes Objekt entsandte.[357] Im selben Jahr wurden sowohl der Mobile Röntgenzug als auch die Silikosezentralstelle Erzbergbau ins Leben gerufen. Schließlich begannen Ärzte und Gewerkschaftsfunktionäre zu dieser Zeit über den Umgang mit berufserkrankten und bergbauuntauglichen Beschäftigten und deren Wiedereingliederung in den Arbeitsprozess nachzudenken.

Ähnlich wie die Kultur- und Feriendiensteinrichtungen wurden auch Krankenhäuser und Sanatorien in den sechziger Jahren an das Gesundheitswesen der Bezirke abgegeben, wenn sie der SVK nicht mehr rentabel erschienen. Die Unterhaltung der Sanatorien und Nachtsanatorien kostete die Sozialversicherung jährlich fast acht Millionen Mark, die Auslastung der meisten Häuser lag im Durchschnitt bei 70-80 Prozent.[358] Zwischen 1954 und 1963 wurden daher über 20 Institutionen des Gesundheitswesens Wismut[359] an den »territorialen Sektor« übergeben.[360] Bei seiner Auflösung 1990 bestand das Gesundheitswesen aus sieben Krankenhäusern, neun Ambulanzen in den Wohngebieten, 18 Betriebsambulatorien, drei Sanatorien, einer geriatrischen und drei Kinderkureinrichtungen, dem Arbeitshygienischen Zentrum (AHZ) in Niederdorf, einem pathologischen sowie einem mikrobiologischen Institut und einem Speziallabor für Keramik und Modellgussprothetik. Die Anzahl des medizinischen Personals lag in den letzten 20 Jahren konstant bei etwa 6.000, davon waren 600 Mediziner und 60 Zahnmediziner.[361] Somit konnte die Personalsituation, im Vergleich zum staatlichen Gesundheitswesen, als »optimal« bezeichnet werden.[362] Überdies verdienten Ärzte ca. 500

---

[356] In einem Brief an die SVK verwies der Ärztl. Direktor des BAK Erlabrunn, Dr. Mährlein, auf den Fall eines HNO-Arztes, der die Einrichtung verlassen hatte, da er ursprünglich in ein BAK nach Ronneburg oder Gera versetzt werden wollte. Seiner Bitte nach schriftlicher Zusicherung dieses Anliegens sowie einem »Einzelvertrag in angemessener Höhe« war man bei der SVK allerdings nicht nachgekommen. Dr. Mährlein mahnte darauf hin, »daß wir uns genau überlegen sollten, wie wir die bei uns ausgebildeten Ärzte in Zukunft einsetzen und welches Gehalt wir ihnen zuteil werden lassen sollten.« SächsStAC, 32301, GL Wismut der SED, IV 2/3/397. Brief Dr. Wolfgang Mährlein an Max Wenzel (Rat der SV), 13. 1. 1959, S. 1.

[357] Wismut GmbH: Chronik, S. 668.

[358] SächsStAC, 32301, GL Wismut der SED, IV 2/19/3. Diskussionsbeitrag Wenzel (Sekr. für Arbeits- und Gesundheitsschutz des ZV IG) auf der 1. Gesundheitskonferenz des GHW am 6. 12. 1961, S. 6. SAPMO-BArch, DY 52/237 ZV IGW. »Erläuterungen zu den einzelnen Positionen des Haushaltsplanes Gesundheitswesen Wismut für das Jahr 1963«, 30. 10. 1962, S. 2.

[359] Hier wird in Abgrenzung zum »territorialen« Gesundheitswesen der Terminus »Gesundheitswesen Wismut« verwendet, obwohl es verwaltungstechnisch nicht zur S(D)AG Wismut, sondern zur Gewerkschaft gehörte.

[360] Wismut GmbH: Chronik, S. 666.

[361] Ebd., S. 674 f.

[362] Im Bezirk Karl-Marx-Stadt beispielsweise fehlten 96 Ärzte. Die Personalsituation kann auch an der Anzahl der Vollbeschäftigteneinheiten (VbE) pro belegtes Bett verdeutlicht werden. Während im GH Wismut durchschnittlich 2,1-4,2 VbE zur Verfügung standen, waren es in Karl-Marx-Stadt 1,32 VbE pro Bett. BstU, MfS, BV Karl-Marx-Stadt, XX, 2289. »Information über das Betriebsgesundheitswesen Wismut«, 25. 11. 1986, S. 2 f.

Mark mehr als in den Bezirken, das Gehalt des Pflegepersonals lag 100-200 Mark über dem Republikdurchschnitt.

5.2 Gesundheit im Dienste der Produktion?

Bei den Arbeitsbedingungen der ersten Jahre konnte von einem wirksamen Arbeits- und Gesundheitsschutz keine Rede sein. Es mangelte an Material und Werkzeug, das Gestein wurde in frühneuzeitlicher Manier mit Hammer und Schlägel abgebaut, die Bewetterung der oftmals nur provisorisch ausgebauten Gänge und Sohlen war schlecht. Aus Mangel an Hunten oder adäquaten Fördermaschinen wurde das Erz anfangs sogar im Rucksack aus dem Schacht getragen.[363] Da man bis Anfang der fünfziger Jahre trocken bohrte, war die Staubbelastung zunächst immens.[364] Erst 1951 begann die regelmäßige Ausgabe kostenloser Arbeitskleidung und Körperschutzmittel, wie z. B. Staubschutzmasken.[365] Hinzu kamen, unter dem Rekrutierungsdruck in den Gründungsjahren, die nachlässigen Tauglichkeitsprüfungen. So wurden Menschen mit Furunkulose, Magengeschwüren oder Brüchen zur Arbeit tauglich befunden, ihren »Einwänden hinsichtlich ihrer körperlichen Beschaffenheit und ihres gesundheitlichen Zustandes kein Gehör geschenkt.«[366] Andererseits gab es viele Menschen, die von den Vergünstigungen, Zusatzkarten und Verpflegungsboni des Uranbergbaus angelockt wurden und ihre Leiden vor den untersuchenden Ärzten verschwiegen. So soll beispielsweise ein schwer geschädigter Kriegsveteran mit Schädelschussverletzung untertage gearbeitet haben.[367] Erst 1952 konnte sich die Sozialversicherungskasse rühmen, jeden Beschäftigten vor Aufnahme seiner Tätigkeit einer Einstellungsuntersuchung zu unterziehen – und damit die »einstigen untragbaren Verhältnisse, dass manche Menschen mit chronischen schweren Leiden zur Wismut AG kamen und sich hier noch den Rest holten«, für immer beseitigt zu haben.[368]

Bereits kurz nach Ende des Krieges begann in der SBZ der Aufbau zentraler Arbeitsschutzstrukturen. In allen Landes-, Provinzial-, Kreis-, Stadt- und Bezirksämtern für Arbeit und Sozialfürsorge erfolgte die Bildung von Arbeitsschutzinspektionen (ASI), in die die Funktionen der bisherigen Gewerbeaufsichtsämter, Berufsgenossenschaften, Bergbaurevierbeamten sowie der Technischen Überwachungsvereine integriert wurden. Diese Strukturen blieben bis in die Anfangsjahre der DDR bestehen.[369] Neben den Arbeitsschutzinspektionen entstanden 1956 die Arbeitssanitätsinspektionen (ASANI). Sie verantworteten u. a. die Bewertung der ärztlichen Gutachten bei Berufskrankheiten (BK) und Arbeitsun-

363 Karlsch: Urangeheimnisse, S. 142.
364 Wismut GmbH: Chronik, S. 635 f.
365 Ebd., S. 636.
366 Bericht des Landesarbeitsamtes Sachsen an die HA Gesundheitswesen der Landesregierung Sachsen vom 11. 3. 1948, zit. in: Beyer: Erz für den Frieden, S. 50.
367 Wismut GmbH: Chronik, S. 664.
368 SAPMO-BArch, DY 52/107, ZV IGW. Sekretariatssitzung am 4. September 1952, Bericht der SVK, S. 1.
369 Wienhold: Arbeitsschutz, S. 204.

fällen (AU).[370] Da die ASANI der Wismut ihre Berichte und BK-Meldungen an das Ministerium für Gesundheitswesen nach Berlin schickte, hatten ihre Gutachter aus Geheimhaltungsgründen keinen Zugang zu Messwerten der Arbeitsplätze. 1958 wurde die ASANI aus der Sozialversicherung herausgelöst und der 18. Abteilung der Generaldirektion unterstellt. Meldungen nach Berlin wurden damit obsolet und die Ärzte der ASANI konnten nun auch betriebliche Auskünfte erhalten.[371] In der Praxis zeigten sich die Betriebsleiter jedoch noch zurückhaltend mit der Herausgabe von Messwerten, so dass sich einige Ärzte weigerten, ohne Kenntnis der dosimetrischen Angaben ihre Gutachten zu erstellen.[372] Zur gleichen Zeit beschloss die 35. Tagung des ZK der SED im Februar 1958, die Funktion der ASI und ASANI als staatliche Kontrollorgane des Betriebsschutzes umzustrukturieren und unterstellte sie den Gewerkschaften, die damit wieder mehr Autorität erlangen sollten.[373] Die gewerkschaftliche Mitbestimmung bei der Einhaltung des Arbeitsschutzes erstreckte sich zum einen auf die Einsetzung von Arbeitsschutzobleuten, die direkt von der Gewerkschaftsgruppe des Betriebes gewählt wurden. Die Funktion des Obmannes bestand in Kontrolle und Einhaltung der Arbeitsschutzvereinbarungen sowie in der Aufklärung der Mitarbeiter über die jeweiligen Bestimmungen.[374] Zum anderen bildeten die BGL Arbeitsschutzkommissionen, deren Arbeit anleitend und beratend sein sollte. Aber sie hatten auch das Recht, bei wiederholter Nichteinhaltung von Hinweisen und Vorschriften eine Bestrafung zu beantragen.[375] Das betriebliche Gesundheitswesen der SBZ/DDR – und hier vor allem der Arbeitsschutz – sah sich von Anfang an im Dienste von Planerfüllung und Leistungssteigerung. Dafür sprach, dass der Betriebsarzt der »Arzt des Gesunden« sein sollte, Arbeitsschutz wurde als »Pflege und Förderung der Arbeitskraft« verstanden.[376] So betonte man in der Wismut beispielsweise die leistungsmobilisierende Funktion der Schachtambulatorien. Ihre Arbeit bestand nicht vorrangig aus Behandlung und Betreuung der Beschäftigten, sondern diente »der ständigen Erhöhung des Arbeitsvermögens der Werktätigen«.[377] Doch Planerfüllung und Leistungsanstieg konnten nicht immer mit den Arbeitsschutzbestimmungen korrespondieren. Die Aktivistenbewegung sowie die Arbeit mit Bestzeitnormativen waren Instrumente der Arbeitsmobilisierung in der gesamten SBZ/DDR, die zur Intensivierung der Leistung beitragen sollten. Eine gleichzeitige Einhaltung des Arbeitsschutzes war unter diesem Druck nicht immer

370 Wismut GmbH: Chronik, S. 667.

371 Ebd., S. 667 f.

372 SächsStAC, 32301, GL Wismut der SED, IV 2/3/399 Brief Oberarzt Dr. Scholze, BAK Erlabrunn an die Arbeitsschutzinspektion Wismut, 27. 9. 1958, unpag. SächsStAC, 32301, GL Wismut der SED, IV 2/3/399 Brief des stellv. Chefarztes der ASI, Winkler, an den 1. Sekretär der SED-GL Wismut, Rolf Weihs, 28. 1. 1959, S. 3.

373 Wienhold: Arbeitsschutz, S. 206 f.

374 Ebd., S. 242.

375 SAPMO-BArch, DY 52/103 a., ZV IGW. »Instruktion über die Arbeit der Kommissionen für Arbeitsschutz der A.-G. Wismut«, 13. 2. 1952.

376 So Erwin Gniza, ein leitender Mitarbeiter des Zentralinstitutes für Arbeitsschutz, zit. in: Wienhold: Arbeitsschutz, S. 203.

377 SächsStAC, 32301, GL Wismut der SED, IV A 2/19/020. »Probleme zur zielstrebigen perspektivischen Weiterentwicklung des Arbeits- und Gesundheitsschutzes im Industriezweig Wismut und seinen Einrichtungen«, 22. 3. 1967, S. 2.

gewährleistet, was zwangsläufig zu Unfällen, Krankheiten und Arbeitsunfähigkeit führen musste. Überdies führten mangelnde Qualifikation der Beschäftigten sowie unzureichende Sicherheitsbestimmungen zu einem hohe Unfallvorkommen vor allem in den frühen Jahren des Uranbergbaus.

Die höchsten Unfallzahlen lagen in den späten vierziger und frühen fünfziger Jahren und gingen später merklich zurück. Detaillierte Unfall- und Krankenstatistiken existieren allerdings erst ab 1955. Vor diesem Zeitpunkt gemachte Aufzeichnungen werden in den Moskauer Archiven vermutet. Für die gesamte Periode des Uranerzbergbaus ermittelten die Verfasser der Wismut-Chronik eine Zahl von ca. 800 Toten.[378] Nimmt man allerdings die von der Gewerkschaft ab 1949 sowie die von der Parteileitung geführten Unfall- und Krankenstatistiken, so lassen sich allein für den Zeitraum 1949-1955 mehr als 900 tödliche Unfälle nachweisen (Tab. 8). Es ist aber anzunehmen, dass auch Partei und Gewerkschaft die Höhe der tödlichen und schweren Unfälle der ersten Jahre nur zu schätzen vermochten. Hinzu kommt, dass lediglich Unfälle mit sofortiger Todesfolge registriert wurden. Starb der Verunglückte erst 24 Stunden später, so ging das Vorkommnis »nur« als schwerer Unfall in die Statistik ein.[379]

Auf Grund der erschreckend hohen Unfallzahlen bemühte sich die sächsische Landesregierung schon ab 1946, den Einfluss ihrer Sicherheitsinspektoren im Urangebiet geltend zu machen. Die Generaldirektion aber verweigerte den Berginspektoren das Recht auf Kontrollbefahrungen. Erst nach einigen Verhandlungen kam ein Kompromiss zustande, mit dem General Malzew sowohl die Geheimhaltung seines Unternehmens wahren als auch das Verlangen der deutschen Verwaltung nach Einhaltung der Arbeitsschutzbestimmungen befriedigen konnte. Die Position des Arbeitsinspektors wurde dafür allerdings aus den Strukturen der Landesregierung ausgegliedert und in den Funktionsbereich der Generaldirektion gestellt, von der sie auch bezahlt wurde.[380] Noch 1971/72 lag die Gesamtzahl der Arbeitsunfälle bei ca. 2.000. Quotenmäßig sei damit der niedrigste Unfallstand seit 20 Jahren erreicht worden, hatte die Abteilung Arbeitsschutz bei der Gewerkschaft ermittelt.[381] Dieser Erfolg durfte jedoch nicht darüber hinwegtäuschen, dass die Zahl der schweren und tödlichen Unfälle von 1971 auf 1972 zugenommen hatte. Damit war nicht nur menschliches Leid bei Betroffenen und Angehörigen verbunden, sondern auch »die Einschränkung des gesellschaftlichen Arbeitsvermögens und damit [...] ökonomische Verluste.«[382] Erst in den letzten Jahren der Wismut war ein signifikanter Rückgang der Unfallzahlen erreicht. 1983 sanken sie von 9,6 je 1000 Beschäftigte auf 9, die meldepflichtigen Arbeitsunfälle auf 7,8. Fünf Jahre später lag die Quote der meldepflichtigen Arbeitsunfälle bei 7,7 von 1000 Beschäftigten – das bis dahin beste Ergebnis seit Bestehen des Uranbergbaus.[383] Zu den

378 Wismut GmbH: Chronik, S. 642 f.

379 BStU, MfS, BV Dresden, Nr. 243/60/44/89. IM-Bericht am 30. 7. 1973, Bl. 311.

380 Engeln: Uransklaven, S. 248.

381 SAPMO-BArch, DY 52/125, ZV IGW. Sekretariatssitzung am 1. April 1954, S. 4. SAPMO-BArch, DY 52/322. »Information über die Entwicklung des Unfallgeschehens im 1. Halbjahr 1972 gegenübergestellt zum 1. Halbjahr 1971 in den Betrieben der SDAG Wismut an Hand der EDV-Statistik«, 13. 9. 1972, S. 2.

382 Ebd.

383 SAPMO-Barch, DY 52/1116, ZV IGW. 9. Rechtskonferenz des ZV der IG Wismut am 11. Januar 1983 im Kulturhaus »Freundschaft« in Crossen, S. 10. Unternehmensarchiv der Wismut GmbH,

häufigsten Ursachen für schwere und tödliche Unfälle zählten Steinschlag und Abstürze, mehr als die Hälfte der Verletzungen entfielen auf Hände und Füße. Betroffen waren vor allem Untertagearbeiter, und hier besonders Hauer, Schweißer, Zimmerer, Förderleute und Elektriker.[384] Das wohl schwerste Grubenunglück in der Geschichte des Uranerzbergbaus ereignete sich in der Nacht vom 15. zum 16. Juli 1955 in Niederschlema. Bei einem Grubenbrand im Schacht 250 hatten die Verantwortlichen nicht schnell genug reagiert, so dass ein Teil der Frühschicht in Unkenntnis des Brandes ohne Sauerstoffgeräte einfuhr.[385] Zehn Bergarbeiter der Nachtschicht waren überdies auf der Sohle eingeschlossen. Die Rettung der Kumpel zeichnete sich durch Kopflosigkeit und Nachlässigkeit aus. So fuhren hochrangige Funktionäre – der Leiter der Bergbauinspektion der Wismut AG, ein Inspekteur der Gewerkschaft sowie der Revierleiter – offenbar in Unterschätzung des Gefahrenpotenzials ohne Sauerstoffmasken ein, um sich ein Bild von der Lage vor Ort zu machen. Sie starben ebenso wie 30 weitere Bergleute und Rettungskräfte an Kohlendioxid-Vergiftungen. 98 Menschen mussten stationär behandelt werden. Nur fünf der zehn eingeschlossenen Kumpel konnten zwei Tage später, am 18. Juli lebend geborgen werden.[386]

Arbeitsbestimmungen wurden immer wieder umgangen, wenn es um die Einhaltung der Arbeitsleistung ging, Arbeitsschutzkleidung oder Körperschutzmittel oftmals nicht benutzt, da sie unbequem waren und die Bewegungsfreiheit einschränkten. 40 Prozent aller leichten Unfälle im Februar 1954 waren Handverletzungen, weil die Untertagearbeiter keine Handschuhe trugen. Sie waren meist zu groß.[387] Zudem bestanden sie aus Baumwolle. Das Problem konnte erst Jahre später mit einem speziellen Handrückenschutz gelöst werden, der auf einen Entwurf des Chefarztes von Oberschlema zurückging.[388] Wie auf vielen zeitgenössischen Fotographien zu sehen, verrichteten Kumpel ihre Arbeit untertage oft mit freiem Oberkörper oder nur in Unterhosen, da die Temperatur mit zunehmender Tiefe eines Bergwerkes steigt. Steinschlag oder fallende Gegenstände waren jedoch die häufigste Unfallursache – das Fehlen von Schutzkleidung musste sich da umso verheerender auswirken.[389] Vor allem im Objekt Aue, und hier besonders im

---

G-St-Bl 9/5. »Information über die Lage im Unfallgeschehen und über erforderliche Maßnahmen zur Verbesserung«, 16. 11. 1983, S. 4. SAPMO-BArch, DY 52/1791, ZV IGW. 11. ZDK der IG Wismut am 21. März 1987 im Kulturhaus »Glück Auf« in Gera, S. 58.

384 SächsStAC, 32301, GL Wismut der SED, IV 2/6/129. »Gegenüberstellung der schweren und tödlichen Unfälle im Jahre 1954/55, unpag. SächsStAC, 32301, GL Wismut der SED, IV 2/3/379. »Protokoll über die Auswertung der Unfälle im Monat Januar 1957«, 23. 2. 1957, S. 2. SAPMO-BArch, DY 52/322. »Information über die Entwicklung des Unfallgeschehens im 1. Halbjahr 1972«, S. 5.

385 BStU, MfS, BV Karl-Marx-Stadt, 7/56 »W«, Bd. 9. Bericht der Untersuchungskommission der SDAG Wismut, undat.

386 Eine ausführliche Rekonstruktion der Ereignisse in Schütterle, Juliane: Die toten Helden der Arbeit. Das Grubenunglück auf Schacht 250 im Uranerzbergbau Wismut am 16. Juli 1955, in: Muhle, Susanne/Richter, Hedwig/Schütterle, Juliane (Hg.): Die DDR im Blick. Ein zeithistorisches Lesebuch, Berlin 2008.

387 SAPMO-BArch, DY 52/125, ZV IGW. Sekretariatssitzung am 1. April 1954, S. 4.

388 SächsStAC, 32301, GL Wismut der SED, IV 2/3/379. »Protokoll über die Auswertung der Unfälle im Monat Januar 1957«, 23. 2. 1957, S. 2.

389 SAPMO-BArch, DY 52/125, ZV IGW. Sekretariatssitzung am 1. April 1954, S. 4. SAPMO-BArch, DY 52/322. »Information über die Entwicklung des Unfallgeschehens im 1. Halbjahr 1972«, S. 5.

Schacht 371, waren die grubenklimatischen Bedingungen äußerst prekär, Hitze und hohe Luftfeuchtigkeit bestimmten die Arbeitsatmosphäre. Da es an der entsprechenden Technik wie Kühlanlagen mangelte, verordneten die Betriebsleiter Arbeitszeitverkürzung und Kühlungspausen. Der sogenannte Abkühlungskoeffizient sah vor, dass die Brigaden während der Arbeit das Ort für einige Zeit zu verlassen hatten. Die ausgefallene Arbeitszeit wurde bezahlt und musste nicht herausgearbeitet werden. Mit der Unterbrechung bestand allerdings das Risiko, den Plan nicht erfüllen oder gar übererfüllen zu können, was wiederum zu Einbußen bei Löhnen und Prämien führen konnte. Die Beschäftigten ignorierten deshalb oftmals den Abkühlungskoeffizienten, arbeiteten weiter und hatten somit keine finanziellen Verluste.[390] Auch in anderen Arbeitsbereichen wurden die Schutzbestimmungen immer wieder ignoriert. So betraten die Bergleute oft schon kurz nach dem Schießen das Ort, um Zeit zu sparen und setzten sich damit zahlreichen Stäuben aus. Oder sie transportierten schwere Holzstämme zum Ausbau der Schächte allein anstatt zu zweit, um die Arbeitszeit besser auszunutzen.[391]

Tab. 8: Schwere und tödliche Unfälle in der Wismut AG von 1949-1989[392]

Jahr	Tödliche Unfälle	Schwere Unfälle	Belegschaftsstärke
1949	248		195.100
1950	255		208.600
1951	122		195.700
1952	101		115.700
1953	66		124.600
1954	49	30	117.200
1955	85	31	104.466
1957	25	53	78.634
1. Halbjahr 1958	12	22	63.029
1971	3	13	45.610
1972	6	17	45.049
1974	6		44.301
1975	12		44.800
1978	1	9	45.443
1979	11	17	45.534
1982	7		44.625
1983	9	23	45.812
1987-1989	18	20	42.313

390 Zeitzeugenaussage Dietmar Römer, 1956-68 Wetterleiter auf Schacht 371 in Hartenstein, Objekt 09 bzw. BB Aue.

391 Zeitzeugenaussagen Herbert Weigel und Olaf Mendler.

392 Zusammengestellt nach eigenen Berechnungen, die sich aus der Auswertung der Partei-, Gewerkschafts- und Betriebsleitungsdokumente ergaben. Sie sind unvollständig, lückenhaft und oftmals für mehrere Jahre zusammengefasst.

1975 liefen 886 Disziplinarmaßnahmen wegen Verstößen gegen die Arbeitsschutzbestimmungen sowie 183 Ordnungsstrafverfahren der Bergbaubehörde Karl-Marx-Stadt und der ASI. Die häufigste Unfallursache machte die Generaldirektion in »subjektiven Faktoren« wie der Nichtbeachtung von Verhaltensregeln und in Mängeln der Leitungstätigkeit aus.[393] 99 Prozent aller Unfälle seien auf »eigenes Verschulden, Nachlässigkeit oder Unvorsichtigkeit« zurückzuführen. In vielen Brigaden werde mit Leichtsinn über die Bestimmungen hinweggegangen unter der Devise »Hauptsache, das Geld stimmt.«[394] Die Bergleute glaubten oft, dass man die zahlreichen Arbeitsschutzverordnungen ohnehin nicht einhalten könne, wenn man effektiv arbeiten wolle. Überdies verließen sie sich auf ihre Berufserfahrung: »Wir sind schon 15 Jahre Bergmann, uns ist noch nichts passiert.«[395] Arbeitsinspektor Max Markstein wiederum machte die »guten sozialen Gesetze« für das hohe Unfallaufkommen verantwortlich.[396] Während dem Arbeiter in Zeiten des Kapitalismus bei Arbeitsunfähigkeit nur der Leierkasten als Broterwerb übrig geblieben sei, könne er heute Lohnausgleich bei Krankheit bzw. eine hohe Rente in Anspruch nehmen. »Die Kumpel nehmen sich da eben gar nicht mehr so in Acht, weil sie wissen, daß ja für sie gesorgt ist, wenn ihnen mal was passiert.«[397] Doch die eigentlich Verantwortlichen für den Arbeitsschutz in den Betrieben waren die Betriebsleiter und deren leitende Mitarbeiter. Auf der Gesundheits- und Arbeitsschutzkonferenz der IG Wismut 1964 mussten sie sich daher mit dem Vorwurf der Einseitigkeit konfrontieren lassen. Sie hätten sich zwar auf die Schwerpunkte der Masseninitiative und des sozialistischen Wettbewerbs ganz richtig konzentriert, dabei aber die Fragen des Arbeits- und Gesundheitsschutzes vernachlässigt. Die Leistungen und die Rentabilität der Betriebe müssten eine Einheit bilden mit dem Leben und der Gesundheit der »Werktätigen«. Die Wirtschaftskader dürften keinesfalls »nur die Steigerung der Produktion im Auge« haben. Stärker noch als bisher müsse dem Gesetzbuch der Arbeit sowie den Bestimmungen der Generaldirektion Folge geleistet werden. Bei etwa einem Drittel der Arbeitsunfälle liege eine Pflichtverletzung der Betriebe vor.[398] Die Gewerkschaft machte es sich leicht damit, alle Schuld auf Wirtschaftsleiter und ingenieur-technisches Personal abzuwälzen. Dabei oblag ihr formal mit den Arbeitsschutzkommissionen ebenso die Überwachung und Kontrolle des Arbeitsschutzes. Der achtlose Umgang mit Arbeitsschutzvorschriften kann aber auch nicht ohne die Rolle der Steiger begriffen werden. Sie waren verantwortlich für die Einhaltung der Arbeitsschutzbestimmungen und die Meldung der Unfälle. Grobe Verstöße gegen den Arbeitsschutz wurden zwar juristisch geahndet. Doch die Urteile fielen oftmals zu milde aus, beklagte Markstein. Die Steiger würden

[393] Unternehmensarchiv der Wismut GmbH, G-St-Bln 6/3. »Bericht über den Stand des Gesundheits- und Arbeitsschutzes und der technischen Sicherheit in der SDAG Wismut«, undat., der Inhalt des Textes lässt vermuten, dass es sich um das Jahr 1975 handelt, S. 5.

[394] SAPMO-BArch, DY 52/23, ZV IGW. Gesundheits- und Arbeitsschutzkonferenz der IG Wismut am 16. 12. 1964 im Klubhaus Grüna, Diskussionsbeitrag Josef Wenig, unpag.

[395] SAPMO-Barch, DY 52/79, ZV IGW. 7. Zentralvorstandstagung der IG Wismut am 15. November 1966 in Schlema, S. 42.

[396] SAPMO-BArch, DY 52/107 c, ZV IGW. Sekretariatssitzung am 30. Oktober 1952, S. 3.

[397] Ebd.

[398] SAPMO-BArch, DY 52/23, ZV IGW. Gesundheits- und Arbeitsschutzkonferenz ..., S. 7 u. 36.

lediglich mit einer Bewährungsstrafe belegt und könnten ihre Tätigkeit sofort wieder aufnehmen. Desgleichen erledigten viele Steiger ihre Arbeit nur noch vom Büro aus und seien »dauernd besoffen«, besonders nach der Gehaltserhöhung im September 1952.[399] Aber gerade die Diskrepanz in der Entlohnung – Hauer verdienten bei weitem mehr als Steiger – sowie die Bevorrechtung der Produktionsarbeiter führten zu einem Autoritätsverlust von Steigern und Meistern, der auch durch eine Steigerordnung in den sechziger Jahren nicht beseitigt werden konnte.[400] Bei der Unfallverschleierung zogen Steiger und Arbeiter nicht selten an einem Strang, hing doch die Quartalsprämie der Brigaden und des Schichtleiters von den Vorkommnissen im Schacht ab. Bagatellunfälle wurden so oftmals nicht angezeigt, dem Verletzten bis zur Genesung ein Schonplatz zugewiesen.[401] Das Konzept des Schonplatzes sah vor, zeitweilig in ihrer körperlichen Leistungsfähigkeit geminderte Beschäftigte auf einen anderen Arbeitsplatz zu setzen. Damit war gleichzeitig eine reibungslose Produktionserfüllung gewährleistet, die Arbeitskraft des Rehabilitanden konnte weiter genutzt werden. Die Verordnung über »die Wahrung der Rechte der Werktätigen« vom 27. Mai 1953 legte erstmals eine solche Weiterbeschäftigung fest bei Zahlung des bisherigen Durchschnittsverdienstes.[402] Das Gesetzbuch der Arbeit (GBA) von 1961 bestimmte die Dauer der Schonarbeit mit vier Wochen, im Arbeitsgesetzbuch (AGB) von 1977 wurde diese Zeit auf zwölf Wochen erweitert und die Schonarbeit gleichzeitig als prophylaktische und therapeutische Maßnahme betrachtet.[403] Doch diese sozialistische Errungenschaft diente nach Ermessen der Wismut-Ärzte nicht selten zur Verschleierung von Arbeitsunfällen. Kurz nach einem Unfall entwickelten Schachtleiter, Revierleiter und Steiger »ungeahnten Eifer, sich umgehend mit dem behandelnden Arzt des Ambulatoriums oder der Poliklinik in Verbindung zu setzen und sich nach der Art des Unfalles zu informieren, obwohl der Patient manchmal noch gar nicht an der Behandlungsstelle ist.«[404] Der verunglückte Mensch schien dabei wenig zu interessieren. Diese Problematik wurde auch 1973 von einem als Inoffiziellen Mitarbeiter (IM) der Staatssicherheit tätigen Kernphysiker der Generaldirektion moniert:

> Es ist eine Tatsache, daß unvergleichlich mehr Aufwand betrieben wird, daß ein Verunglückter wieder auf Arbeit kommt (sonst meldepflichtiger Unfall – z. B. Schonplatz = legale Verschleierung des Unfallgeschehens!), als zur Verhinderung des Unfalles getan wurde.[…] Da werden alle Register gezogen: Verunglückter muß Urlaub machen, Aussprache mit Arzt, Drohung, nicht krank zu machen, usw. – wem nützt das?[405]

399 SAPMO-BArch, DY 52/107 c, ZV IGW. Sekretariatssitzung am 30. Oktober 1952, S. 3.

400 Wismut GmbH: Chronik, S. 638.

401 SächsStAC, 32301, GL Wismut der SED, IV 2/19/3. 1. Gesundheitskonferenz des GH Wismut am 6. Dezember 1961, Diskussionsbeitrag Dr. C., S. 7.

402 Dritte Durchführungsbestimmung zur Verordnung über die Wahrung der Rechte der Werktätigen und über die Regelung der Entlohnung der Arbeiter und Angestellten vom 22. Mai 1957, in: GBl. der DDR Nr. 70 vom 29. Mai 1957, S. 773.

403 § 94 des GBA der DDR vom 12. April 1961, in: GBl. der DDR Nr. 5 vom 17. April 1961, S. 41 sowie § 216 des AGB der DDR vom 16. Juni 1977, in: GBl. der DDR Nr. 18 vom 22. Juni 1977, S. 216.

404 SächsStAC, 32301, GL Wismut der SED, IV 2/19/3. 1. Gesundheitskonferenz …, S. 7.

405 BStU, MfS, BV Dresden, Nr. 243/60/44/89. IM-Bericht am 30.7.1973, Bl. 310.

Das war keine rhetorische Frage, wie der IM in seinen weiteren Ausführungen darlegte. Eine derartige Verschleierung der Arbeitsunfälle begünstige die reibungslose Planerfüllung, den Verdienst sowie die Prämien der Werktätigen und sichere so die Staatsauszeichnung der Brigadiere. Der Informant mahnte daher ein hartes Durchgreifen bei Disziplinverstößen an.[406] Erst 1976 trat bei der Generaldirektion eine Kontrollordnung in Kraft, die dezidierte und überprüfbare Aufgaben von der Generaldirektion bis zum Steiger beinhaltete. Dazu gehörten u. a. der tägliche Telefonrapport der Betriebsleiter an den Hauptingenieur der SDAG über Unfälle und Vorkommnisse, die tägliche Auswertung von Schwerpunkten des Arbeitsschutzes, die monatliche Befahrung aller bergmännischen Betriebspunkte durch die Grubenbereichsleiter, Schichtrapporte der Steiger sowie die monatliche Auswertung des Gesundheits- und Arbeitschutzes der Betriebsdirektoren mit den leitenden Mitarbeitern.[407] Ein ähnliches Politikum wie die Bekämpfung der Unfälle und Unfallursachen waren die Bemühungen um Senkung des Krankenstandes, der in den frühen sechziger Jahren bei sechs bis sieben Prozent lag. Das entsprach einem Mehrausfall von 44.700 Tagen und somit der Monatsproduktion eines mittleren Bergbaubetriebes wie Reust. Die Mittel der Sozialversicherung wurden 1962 um 400.000 Mark überzogen.[408] Mit ca. fünf Prozent lag der Krankenstand in der Wismut AG 1966 sowohl über dem des Bergbaus allgemein (4,7 Prozent), als auch über dem Republikdurchschnitt (4,9 Prozent). Das bedeutete 650.000 Arbeitsunfähigkeitstage bzw. den Ausfall von 2.500 Arbeitern.[409] Erkältungskrankheiten, Magen- und Darmerkrankungen, Knochen- und Gelenkschäden sowie Erkrankungen des Herz-Kreislauf-Systems waren die häufigsten Gründe für Krankschreibungen. Der Anteil der Arbeitsunfälle am Krankenstand betrug elf Prozent.[410] Auch in den siebziger Jahren konnte der Krankenstand nicht unter ein Niveau von sechs Prozent gesenkt werden. 1986 war die Zahl der Ausfalltage wegen Arbeitsunfähigkeit auf eine Million angestiegen, was einem Wegbleiben von 4.000 Arbeitern pro Tag entsprach. Die Aufwendungen der Sozialversicherung beliefen sich auf 45 Millionen Mark.[411] Parallel zur Bekämpfung der objektiven Ursachen für den hohen Krankenstand fokussierten die Funktionsträger des Arbeits- und Gesundheitsschutzes immer auch auf das Phänomen des »Krankfeierns«. 1949 wurde die Zahl der »Arbeitsbummelanten« auf drei bis vier Prozent geschätzt, doch zu dieser Zeit hing die Arbeitsverweigerung noch

[406] Ebd., Bl. 311.

[407] Ebd., Bl. 639.

[408] SAPMO-BArch, DY 52/236, ZV IGW. »Einschätzung des Krankenstandes und des Unfallgeschehens im 1. Halbjahr 1962 im Industriezweig Wismut und Schlußfolgerungen zur Senkung des Krankenstandes«, 14. 9. 1962, S. 8. SAPMO-BArch, DY 52/69, ZV IGW. 11. Zentralvorstandstagung der IG Wismut am 21. 2. 1962 in Karl-Marx-Stadt, S. 28.

[409] SAPMO-BArch, DY 52/1440, ZV IGW. »Bericht über die politisch-ideologischen, sozialen und ökonomischen der Einführung der 5-Tage-Arbeitswoche in jeder 2. Woche und Verkürzung der Arbeitszeit in der SDAG Wismut sowie der HO Wismut«, 10. 8. 1966, S. 12. SächsStAC, 32301, GL Wismut der SED IV B 2/19/979. Gebietskonferenz für Gesundheits- und Arbeitsschutz am 30. November 1968 in Crossen, S. 12.

[410] SAPMO-BArch, DY 52/23, ZV IGW. Gesundheits- und Arbeitsschutzkonferenz ..., S. 22.

[411] SAPMO-BArch, DY 52/369, ZV IGW. »Bericht über den Krankenstand der IG Wismut«, 4.5.1978, S. 5. SAPMO-BArch, DY 52/1791, ZV IGW. 11. ZDK, S. 62.

stark mit den unhaltbaren Lebensbedingungen und den Zwangseinweisungen zusammen.[412] Wie hoch der Anteil unrechtmäßiger Krankschreibungen in der Zeit der Konsolidierung und Normalisierung des Uranbergbaus war, ließ sich nicht ermitteln. Partei und Gewerkschaft hielten sich mit statistischen Angaben zurück. Es verging jedoch keine Sitzung oder Tagung, auf der das Verhalten der »Simulanten« und »Arbeitsbummelanten« nicht angeprangert wurde. Ein Teil der »Werktätigen« stand in dem Verdacht, regelmäßig im Jahr die gesetzlich zugesicherten sechs Wochen Krankheit bei Lohnausgleich in Anspruch zu nehmen, vor allem dann, wenn sich ohnehin gerade Grippeepidemien verbreiteten. Arbeitsdirektor Josef Wenig nannte diese Beschäftigten die »Sechs-Wochen-Kranken«, die man sich in Zukunft »ein bisschen besser ansehen« werde.[413]

Eine prophylaktische Maßnahme zur frühzeitigen Feststellung von Berufskrankheiten waren die Reihenuntersuchungen. Sie wurden 1955 in der DDR verbindlich für alle Arbeiter eingeführt.[414] Da es vermutlich von Anfang an Schwierigkeiten mit einer umfassenden Umsetzung der Maßnahmen gab, werteten Partei, Gewerkschaft und Generaldirektion die Funktion der Reihenuntersuchungen auf. Sie wurden zur »Hauptaufgabe« der medizinischen Einrichtungen sowie der Leiter der Abteilung Gesundheitswesen in der SVK erklärt.[415] Die Reihenuntersuchungen, für deren Organisation die ASANI verantwortlich zeichneten, sollten nach dem Nachtsanatoriumsprinzip vonstatten gehen, da so eine reibungslose Fortsetzung der Produktion gewährleistet war. Für die Sicherung eines termingerechten und vollständigen Erscheinens der Beschäftigten waren die Betriebsleiter zuständig, sie konnten bei Versäumnissen Sanktionen treffen, die bis zu einer Versetzung des Arbeiters an einen anderen Arbeitsplatz ohne Ausgleich des Verdienstausfalles reichten.[416] Doch gerade die mangelnde Unterstützung der Betriebsleiter bei Durchführung der Reihenuntersuchungen war ein permanentes Ärgernis für die Ärzte. So hatte der Kombinatsleiter in Schmirchau Falschmeldungen über den Stand der Untersuchungen abgegeben, um die schleppende Organisation der Maßnahmen zu verschleiern. Monatelange Interventionen der Bergarbeiterpoliklinik Ronneburg führten zu keinem Ergebnis, bis Ende des Jahres hatten 1.632 Beschäftigte noch nicht an der Untersuchung teilgenommen.[417] Vielen Betriebsleitern war die Organisation der Entsendung ihrer Mitarbeiter vermutlich so lästig, dass sie diejenigen delegierten, die gerade abkömmlich waren.

412 SAPMO-BArch, DY 52/101 a, ZV IGW. Sekretariatssitzung am 19. August 1949, S. 9 f.

413 SächsStAC, 32301, GL Wismut der SED, IV 2/6/142. Bericht der Abt. Arbeits- und Gesundheitsschutz des ZV der IG Wismut, 4. 5. 1962, S. 5. SAPMO-BArch, DY 52/23, ZV IGW. Gesundheits- und Arbeitsschutzkonferenz ..., unpag.

414 Wienhold: Arbeitsschutz, S. 239.

415 SächsStAC, 32301, GL Wismut der SED, IV 2/3/397. »Protokoll einer Aussprache mit Vertretern der SED Gebietsleitung Wismut, des Zentralvorstandes der IG Wismut und der Generaldirektion der SDAG Wismut vom 7. 3. 60 über die Fragen der vorbeugenden medizinischen Reihenuntersuchungen der Werktätigen der SDAG Wismut«, 25. 3. 1960, S. 2. Teilnehmer der Besprechung waren die Vorsitzenden von Partei und Gewerkschaft, Kurt Kieß und Heinz Schönfeld, sowie Generaldirektor W. A. Sobko mit seinem 1. Stellvertreter Fritz Kroll.

416 Ebd., S. 3.

417 SächsStAC, 32301, GL Wismut der SED, IV 2/19/3. 1. Gesundheitskonferenz ..., S. 6. Diskussionsbeitrag Dr. Czerny.

Oft handelte es sich dabei um Übertagearbeiter oder Berufsgruppen, deren Werte nichts über spezifische Erkrankungen des Bergmannsberufes aussagten.[418] Den Funktionären des Arbeitsschutzes war durchaus bewusst, dass die Unfall- und Krankenstände in einem Kausalzusammenhang mit den Arbeitsbedingungen standen. Neben der medizinischen Prophylaxe galt es demnach also, angemessene Konditionen in den Betrieben zu schaffen. Die »Gestaltung des Arbeitsplatzes«, so erkannte in den sechziger Jahren der Leiter des Objekts Gera, Horst Lewandowski, müsse schließlich auf das Bedürfnis zur Arbeit und auf die Verbundenheit zum Betrieb Einfluss nehmen. Die Schaffung arbeitshygienischer und somit arbeitserleichternder Faktoren werde sich dann gleichzeitig leistungssteigernd auswirken.[419] Doch die Bemühungen glichen bis zum Ende des Uranbergbaus einem Kampf gegen Windmühlen. Sowohl in den Wohnunterkünften als auch in den Betrieben selbst ließen die sanitärhygienischen Bedingungen oftmals zu wünschen übrig. Wassermangel und fehlende Sanitär- und Duschanlagen im Schachtgelände zeichneten nicht nur die Situation der »wilden Jahre« aus. Noch 1961 beschwerten sich Arbeiter, sich nach der Schicht in einem Holzfass waschen zu müssen, wollten sie nicht schmutzig und nass nach Hause gehen.[420] Derartige Zustände waren keine Ausnahme.[421] Sie konnten zwar später teilweise verbessert werden: Im Gebiet Gera beispielsweise wurden 1964 einige neue Duschkombinate gebaut.[422] Aber selbst in den späten achtziger Jahren gab es Wohnunterkünfte, in denen die Arbeiter mit undichten Dächern, nassen Wänden, defekten Heizungen, Fenstern und Türen leben mussten.[423] Solche Lebensumstände wirkten sich nicht nur auf die Arbeitsmoral, sondern auch auf das Immunsystem aus – ebenso wie unbeheizte Arbeitsräume (z. B. Temperaturen von acht Grad Celsius in Werkhallen) oder kalte Schichtbusse und Züge, von denen fortwährend berichtet wurde.[424]

---

418 SächsStAC, 32301, GL Wismut der SED, IV 2/19/016. Informationsbericht des Medizinischen Versorgungsbereiches Gera an die GPL, 12. 2. 1964, S. 1.

419 SAPMO-BArch, DY 34/1305, FDGB-BuVo. »Schlußfolgerungen für die weitere Arbeit zur Senkung des Unfallgeschehens und des Krankenstandes in den Schächten und Betrieben des Objektes 90«, 22. 5. 1964, S. 2.

420 SächsStAC, 32301, GL Wismut der SED, IV 2/1/57. 9. Tagung der SED-Gebietsleitung Wismut am 18./19. Dezember 1961, S. 140.

421 SächsStAC, 32301, GL Wismut der SED, IV A 2/5/094. »Über einige Vorkommnisse in der B.S.Z.«, 1. 7. 1963, S. 1. (Hier ging es um den unhygienischen Zustand der Wasch- und Toilettenanlagen in der Brandschutzzeche des Lehmwerkes Reust.) SAPMO-BArch, DY 52/253, ZV IGW. Bericht zur Lage, 9. 4. 1964, S. 9. (Das Personal der Garage »Deutsch-Sowjetische Freundschaft« in Aue beschwerte sich über fehlende Waschgelegenheiten und ungeheizte Räume.)

422 Die Neu- und Umbauten in den Bergwerken Reust und Schmirchau gehörten zu einer umfassenderen Modernisierung des Objektes 90, in dessen Verlauf auch Betriebsküchen, Reparaturstationen und Heizanlagen entstanden. SAPMO-BArch, DY 34/1305, FDGB-BuVo. »Schlußfolgerungen«, unpag.

423 SAPMO-BArch, DY 1899, ZV IGW. »Bericht über die politische Lage, Stimmung und Meinung der Werktätigen zu aktuellen außen- und innenpolitischen Fragen«, 13. 10. 1987, unpag.

424 SAPMO-BArch, DY 52/231, ZV IGW. »Bericht über die Arbeit mit dem Gesetzbuch der Arbeit in der SDAG Wismut«, 28. 3. 1962, S. 4. SAPMO-BArch, DY 52/251, ZV IGW. Bericht zur Lage, 31. 1. 1964, S. 4. SAPMO-BArch, DY 52/1592, ZV IGW. »Abschlußbericht über Verlauf und Ergebnis der Wahlversammlungen in den Gewerkschaftsgruppen«, 5. 11. 1984, S. 6. SAPMO-BArch,

5.3 Berufskrankheiten

Die größten Probleme bei der Verhinderung von Gesundheitsschäden lagen in der Bekämpfung der berufskrankheitsauslösenden Faktoren wie Staub, Lärm und Vibration. Die BK-Statistik wurde bis 1966 von der ASANI geführt und ging dann in die Verantwortung der Arbeitshygieneinspektion beim Gesundheitswesen Wismut über. Die Daten wurden als Vertrauliche Verschlusssache behandelt, sie gingen nicht in die offizielle BK-Statistik der DDR ein.[425] Heute befindet sich das BK-Archiv beim Hauptverband der gewerblichen Berufsgenossenschaften (HVBG) in Sankt Augustin.

Das Thema der Staubbekämpfung kam spät auf die Agenda der Arbeitsschutzfunktionäre, ausgelöst durch eine Zunahme von Anträgen auf Anerkennung der Silikose als Berufskrankheit. Die umgangssprachlich als »Staublunge« bezeichnete Krankheit gehört zu den klassischen Bergarbeiterkrankheiten. Das Erkrankungsrisiko ist nicht nur abhängig von Dauer und Konzentration der Feinstaubexposition, sondern auch vom Quarzgehalt des Feinstaubes. Da bis in die frühen fünfziger Jahre trocken gebohrt wurde, waren die Bergleute einer massiven Belastung durch silikogene, radioaktive und arsenhaltige Stäube ausgesetzt. 96 Prozent aller bis 1990 als Berufskrankheiten anerkannten Silikosen sowie 96 Prozent aller Lungenkrebse stammten deshalb aus dem Zeitraum von 1946-1952.[426] Im Juli 1952 startete im Wismut-Gebiet die »Silikose-Aktion« für eine rechtzeitige Diagnose von Lungenkrankheiten. Von jedem Kumpel sollten Röntgenbilder angefertigt werden, die sofort durch eine Silikosekommission aus Ärzten zu begutachten waren.[427] Die Silikosekommission Erzbergbau war die erste zentrale Gutachterstelle für Berufskrankheiten und arbeitete unter Leitung des medizinischen Chefarztes des BAK Stollberg.[428] Während für Erst- und Obergutachten von Berufskrankheiten in der DDR das Deutsche Zentrum für Arbeitsmedizin (DZA) verantwortlich war, blieb diese Aufgabe im Uranerzbergbau dem AHZ Niederdorf vorbehalten.[429] Um jeden Bergarbeiter für die medizinische Untersuchung erreichen zu können, setzte sich ab September 1952 der Mobile Röntgenzug in Bewegung. In den ersten Jahren wurden 40.000 Schirmbilder pro Jahr gefertigt, später verringerte sich die Anzahl um ca. die Hälfte.[430] Bedingt durch eine Latenzzeit von durchschnittlich 23,8 Jahren rückte das Krankheitsbild verstärkt erst in den sechziger Jahren ins Bewusstsein des Arbeits- und Gesundheitsschutzes der DDR.[431] Erst jetzt entstanden Silikose-Erhebungsstellen überall im Land, die

DY 52/1657, ZV IGW. »Inhalt, Verlauf und Ergebnisse der gewerkschaftlichen Mitgliederversammlungen in den Monaten Januar und Februar 1985«, 12. 3. 1985, S. 4.

425 Wismut GmbH: Chronik, S. 690.

426 Selig, Rolf: Gesundheitliche Folgen des Uranbergbaus, in: Karlsch/Schröter: Strahlende Vergangenheit, S. 382.

427 SAPMO-BArch, DY 52/107, ZV IGW. Sekretariatssitzung am 4. September 1952, S. 2.

428 Wismut GmbH: Chronik, S. 667.

429 Selig: Gesundheitliche Folgen, S. 383.

430 Ebd., 376.

431 Möhner, Matthias et al.: Analyse der Krankenstandes der Wismut-Beschäftigten im Zeitraum 1985-1989, Dortmund/Berlin 2001, S. 177.

insgesamt 275.000 von Staubexposition betroffene Arbeiter betreuten.[432] Zur Eindämmung der Staubexposition und zur Verbesserung der Arbeitsbedingungen installierte die Generaldirektion der SDAG Wismut 1960 einen Staubbekämpfungsdienst in allen Schächten und Betrieben.[433] Wasserbesatz[434], das regelmäßige Besprühen des Gesteins sowie der Einbau leistungsfähiger Staubsauganlagen gehörten zu seinen Aufgaben.[435] In den Betriebskollektivverträgen wurde die Staubbekämpfung als fester Bestandteil des Arbeitsschutzes festgeschrieben, ebenso die Installation von Berieselungsanlagen oder die obligatorische Nutzung von Staubbekämpfungsgeräten.[436] Aber erst in den achtziger Jahren führte die Generaldirektion das zentrale, also zeitgleiche Schießen kurz nach Schichtende ein, so dass die Beschäftigten den Stäuben nicht mehr während der gesamten Arbeitszeit ausgesetzt waren.[437] In Ausnahmefällen kam es bei hohem Staubaufkommen zur Zahlung des doppelten Wismut-Zuschlages.[438] Trotz der Versuche, die lungengängigen Staubaufkommen zu verringern, wurden die Grenzwerte oft überschritten. In einigen Betriebspunkten lag die Staubbelastung 80-100 Prozent über den Normativen, in der Schwarzkaue in Reust betrug sie gar das Vierfache vom Staubnormativ der DDR.[439] Mit Galgenhumor bezeichneten die Arbeiter des Erzkellers im Schacht 366 (Schlema) ihren Arbeitsplatz als »Silikosekeller«. Grenzwertüberschreitungen gab es auch in Schmirchau und einigen Tagebauen, das Betonwerk Buchenberg (Objekt Gera) musste 1962 wegen der unzumutbaren Staubkonzentration geschlossen werden.[440] Dass nicht nur Arbeiter in bergmännischer Tätigkeit gefährdet waren, entdeckte ein Mediziner des Gesundheitswesens in Reust. Die Putzfrauen des Duschkombinats setzten sich jeden Tag einer höheren Staubbelastung aus als ihre männlichen Kollegen untertage.[441]

Obermedizinalrat Schulze warnte 1963, die Zahl der Silikosen werde noch zunehmen, wenn nicht bald »energische Maßnahmen« ergriffen würden.[442] Er

---

432 Kreibich, Herbert: Gesundheitsschutz in den Betrieben, in: Dokumentation zur Geschichte des Gesundheitswesens, Teil IV, S. 181.

433 Auf eine detaillierte Übersicht zu allen Staubbekämpfungsmaßnahmen, Verordnungen und Messungen soll hier aus Platzgründen verzichtet werden. Einen ausführlichen Einblick liefert Wismut GmbH: Chronik, S. 514-527.

434 Wasserbesatz ist das Anbringen wassergefüllter Plastikschläuche beim Sprengen, so dass der entstehende Staub sofort gebunden werden kann.

435 SAPMO-BArch, DY 52/247, ZV IGW. »Stand und Auswertung der Berufskrankheiten in den Betrieben der SDAG Wismut«, 20. 9. 1963, S. 3.

436 SächsStAC, 32301, GL Wismut der SED, IV A/17/012. »1. Entwurf des BKV 1966/67 des Bergbaukombinates Königstein«, 11. 12. 1965, S. 18.

437 Wismut GmbH: Chronik, S. 522.

438 SächsStAC, 32301, GL Wismut der SED, IV A 2/5/095. »Gewährung des doppelten Wismutzuschlages für die Fahrdienstleiter und Rangierer im Bereich Erzbunker Objekt 102«, 31. 8. 1965, unpag.

439 SAPMO-BArch, DY 52/23, ZV IGW. Gesundheits- und Arbeitsschutzkonferenz ... , S. 19.

440 SAPMO-BArch, DY 52/236, ZV IGW. »Einschätzung des Krankenstandes und des Unfallgeschehens im 1. Halbjahr 1962 im Industriezweig Wismut und Schlußfolgerungen zur Senkung des Krankenstandes«, 14. 9. 1962, S. 13.

441 SAPMO-BArch, DY 52/23, ZV IGW. Gesundheits- und Arbeitsschutzkonferenz ... , S. 1. Diskussionsbeitrag Dr. Böttcher, Reust.

442 SAPMO-BArch, DY 52/72, ZV IGW. 14. Zentralvorstandskonferenz der IG Wismut am 15. März 1963 in Karl-Marx-Stadt, unpag.

sollte Recht behalten. Denn obwohl dank der Staubekämpfungsmaßnahmen nach 1957 Silikose nur noch bei zwei Prozent der Beschäftigten neu auftrat, stieg die Zahl der diagnostizierten Staublungenerkrankung aufgrund der hohen Latenzzeiten.[443] Schon 1962 waren bei einer Untersuchung nur eines Drittels der Bergbaubeschäftigten 3.051 Silikoseerkrankungen diagnostiziert worden. Die Ursachen dafür wurden sowohl auf die Zeit des Trockenbohrens als auch auf den großen Anteil älterer Bergleute, die bereits vor 1945 in den schlesischen Kohlerevieren gearbeitet hatten, zurückgeführt.[444] Bis 1990 waren fast 15.000 Silikoseerkrankungen von der SVK als Berufskrankheit anerkannt worden, wobei die Zahlen eine fallende Tendenz erkennen lassen (Tab. 9). Wie viele Fälle gemeldet, aber nicht anerkannt wurden, ist seltener dokumentiert. Nur für die Jahre 1961 und 1962 konnte eine entsprechende Statistik gefunden werden. Demnach wurden 1961 von registrierten 751 Silikoseerkrankungen 440 anerkannt. 1962 standen 891 Meldungen einer Anerkennung von 351 gegenüber.[445] Die Silikose nahm mit 48 Prozent den höchsten Anteil der Berufskrankheiten in der Wismut AG ein.[446] Waren in den ersten Jahren die primitiven Arbeitsgeräte und -methoden für hohe Unfall- und Krankenzahlen verantwortlich, stiegen mit dem wachsenden Mechanisierungsgrad der Betriebe andere Krankheitsrisiken an. Gehörschäden und Gelenkkrankheiten nahmen zu. Sie wurden u. a. ausgelöst durch laute Maschinen, durch die Sprenggeräusche oder die starke Vibration beim Bedienen der Bohrhämmer. 31 Prozent aller Berufskrankheiten lassen sich auf Gelenk- und Gehörschäden zurückführen.[447] Auch hier zeigte sich in der Bekämpfung der Ursachen ein Dilemma zwischen Modernisierungswille und Arbeitsbedingungen. So hatte man zwar mit dem Bohrhammer BH 62 ein Gerät entwickelt, mit dessen Leistungsvermögen man zur »Weltspitze« aufschließen konnte und das manuelle Arbeit weitgehend obsolet machte. An einen möglichst niedrigen Lärmpegel war bei der Konstruktion der Maschine allerdings nicht gedacht worden. Mit 113 Dezibel erreichte der BH 62 ein »Weltniveau im negativen Sinne.«[448] Die meisten Bohrgeräte der Wismutbetriebe lagen 30 Prozent über den gesetzlich festgeschriebenen Grenzwerten. Schallschutzmaßnahmen in den Betrieben, die Bereitstellung individueller Gehörschutzmittel sowie die Entwicklung schallgedämpfter Maschinen bewirkten in den siebziger und achtziger Jahren einen Rückgang der Krankheiten.[449] Die Beschäftigten des Uranerzbergbaus waren jedoch nicht nur Staub, Lärm und physischer Belastung ausgesetzt, sondern auch den Auswirkungen des Rohstoffes, den sie förderten. Radioaktivität wird nicht nur vom Uran, sondern auch von seinem Zerfallsprodukt Radon freigesetzt.[450] Radon wurde zumeist in-

443 Brüske-Hohlfeld, Irene/Möhner, Matthias/Wichmann, Heinz-Erich: Lungenkrebsrisiko bei Uranbergarbeitern, hrsg. v. d. Bundesanstalt für Arbeitsschutz und Arbeitsmedizin, Dortmund/Berlin/Dresden 2006, S. 15.

444 SAPMO-BArch, DY 52/247, ZV IGW. Stand und Auswertung ..., S. 1 f.

445 Ebd., S. 2 f.

446 Gesehen auf den Zeitraum von 1952-1990, Wismut GmbH: Chronik, S. 692.

447 Gesehen auf den Zeitraum von 1952-1990. Ebd., S. 692.

448 SAPMO-BArch, DY 52/23, ZV IGW. Gesundheits- und Arbeitsschutzkonferenz ..., S. 13.

449 SächsStAC, 32301, GL Wismut der SED IV B 2/19/979. Gebietskonferenz, S. 28. Wismut GmbH: Chronik, S. 559-561.

450 Schmidt: Vorgeschichte, S. 80.

haliert und kann sich bei staubintensiven Wettern durch elektrostatische Bindungskräfte auf den Lungenpartikeln anlagern; bei staubarmen Wettern dringt das Radon in molekularer Form in die Lunge ein.

Tab. 9: Anerkannte Berufskrankheiten von 1952-1990.

Jahr	Silikosen/ Silikotuberkulosen	Bronchialkrebs durch ionisierende Strahlen	Vibrations- und Überlastungsschäden	Lärmschwerhörigkeit	Haut-Erkrank.	Sonst	Ges.
1952-1956	1.087	11	54	1	65	49	1.267
1957	294	7	12	-	19	11	343
1958	358	8	18	7	14	6	411
1959	470	15	16	34	10	4	549
1960	514	10	16	26	9	4	579
1961	563	25	28	81	10	4	711
1962	498	46	37	130	16	5	732
1963	575	50	90	318	13	2	1.048
1964	927	65	213	403	11	-	1.619
1965	858	74	392	624	6	12	1.966
1966	567	77	281	731	8	5	1.669
1967	467	100	219	500	15	4	1.305
1968	471	113	227	604	18	4	1.437
1969	587	122	211	251	13	151	1.335
1970	619	168	235	104	23	30	1.179
1971	409	183	286	81	23	12	994
1972	448	243	194	46	27	4	962
1973	291	267	209	90	30	21	908
1974	288	127	102	44	10	1	572
1975	525	231	124	67	18	24	989
1976	476	235	150	92	12	37	1.002
1977	382	245	140	63	31	26	887
1978	286	277	193	52	24	24	856
1979	271	232	210	48	10	14	785
1980	285	233	177	61	13	6	765
1981	259	208	141	34	13	19	674
1982	256	257	117	51	12	13	706
1983	229	226	121	43	36	9	664
1984	218	214	100	17	22	12	583
1985	188	194	123	13	11	19	548
1986	250	218	130	11	16	25	650
1987	170	197	128	7	13	15	530

Jahr	Silikosen/ Silikotuberkulosen	Bronchialkrebs durch ionisierende Strahlen	Vibrations- und Überlastungsschäden	Lärmschwerhörigkeit	Haut-Erkrank.	Sonst	Ges.
1988	157	192	134	9	15	23	530
1989	174	271	134	10	15	30	634
1990	175	144	91	4	6	12	432
1952-1990	14.592	5.275	5.053	4.657	607	637	30.821

Erstmals beschrieb der sächsische Arzt und Montanwissenschaftler Georg Agricola in seinem 1556 in Basel erschienenen Werk »De re metallica« die schädlichen Auswirkungen des Uranerzes auf die Lunge der Bergleute im Erzgebirge.[451] Die Ursache dafür war jedoch noch nicht bekannt, da die natürliche Radioaktivität erst 1896 von Antoine-Henri Becquerel entdeckt wurde. Agricola führte die Lungenkrankheit allerdings ganz richtig auf die schlechte Grubenluft zurück.[452] Seither spricht man auch von der »Schneeberger Krankheit«, die die Mediziner Friedrich Härting und Walter Hesse 1876 als Lungenkrebs identifizierten.[453] Nachdem 1924 ein Zusammenhang zwischen Erkrankung und radioaktiver Strahlung hergestellt worden war, fand der Schneeberger Lungenkrebs 1925 Eingang in die »Verordnung über Ausdehnung der Unfallversicherungen auf gewerbliche Berufskrankheiten« und somit Anerkennung als Berufskrankheit.[454] Die sowjetischen Funktionäre konnten also durchaus von der Gefahr wissen, die vom Uran und seinen Zerfallsprodukten ausging. Doch bei der Förderung von Erz um jeden Preis war nicht an eine gesundheitliche Rücksichtnahme zu denken. Überdies erwiesen sich die Kenntnisse der sowjetischen Mitarbeiter oft als wenig hilfreich. So suchten sie sich durch Bleiwesten vor der Radioaktivität zu schützen, obwohl diese durch Inhalation in den Körper gelangt.[455] In den ersten Jahren war die Strahlenexposition besonders hoch. Schlechte Grubenbewetterung, mangelhafte Versorgung mit Atemschutzmasken sowie unzulängliche Arbeitsschutzbedingungen waren die Ursachen. So wurde das Erz wegen fehlender Hunte lange Zeit in Metallkisten transportiert. Nicht selten geschah es, dass sich Untertagebeschäftigte – ob aus Unwissenheit oder aus Mangel an anderen Möglichkeiten – auf diese Kisten setzten, um auszuruhen oder ihr Pausenbrot zu verzehren. Jutta Ebert vom Grubenrettungsdienst Johanngeorgenstadt beispielsweise musste wegen starker Blutungen im Nachtsanatorium behandelt werden, nachdem sie sich auf einer Kiste ausgeruht hat-

[451] Agricola, Georg: De re metallica. Zwölf Bücher vom Berg- und Hüttenwesen, Nachdr. d. Ausgabe, Wiesbaden 1928.
[452] Ebd., S. 183 f.
[453] Trübenbach, Julia: Die Geschichte des »Schneeberger Lungenkrebses« von der Erstbeschreibung bis zur Anerkennung als Berufskrankheit, in: Hauptverband der gewerblichen Berufsgenossenschaften (Hg.): Ist das Berufskrankheitenrecht noch zeitgemäß? Sankt Augustin 2002, S. 118 f.
[454] Ebd., S. 121.
[455] Ebd., S. 92 f.

te.[456] Besonders gefährdet waren die – überwiegend weiblichen – Beschäftigten in den Erzwäschereien. Während bei den Männern nach einiger Zeit wieder eine »gewisse Zeugungsfähigkeit« einsetze, berichtete der Gewerkschaftsfunktionär Karl Kintscher, sei das »bei den Frauen [...] nicht der Fall.«[457] Noch in den sechziger Jahren wurde das Erz in manchen Betriebsteilen manuell gefördert und gebrochen, erst mit der Einführung von Verlade- und Brecheranlagen konnte diese gesundheitsschädigende Praxis beseitigt werden. Trotzdem waren die Kontrolleure der Maschinen einer hohen Staubentwicklung ausgesetzt.[458] Bemerkenswerte Erfolge in der Verbesserung der Grubenluft konstatierte die Generaldirektion 1968. Mit einer Hermetisierung alter Grubenbaue sowie umfangreichen wettertechnischen Maßnahmen habe man einen »hervorragenden Stand im Weltmaßstab« erreicht. Zukünftig solle der Strahlenschutz einen noch wichtigeren Bestandteil der Planung einnehmen.[459] Offene Äußerungen wie diese über Strahlung und Radioaktivität waren sehr selten und vermutlich nur durch den optimistischen Anstrich legitimiert. Partei, Gewerkschaft und Generaldirektion schwiegen das heikle Thema lieber tot, selbst in der internen Korrespondenz wurde die Strahlenproblematik kaum je erwähnt. Der Sonderstatus der SDAG Wismut und deren Geheimhaltungspraxis begünstigten diese Tendenz. So hatte auch das in den fünfziger Jahren gegründete Staatliche Amt für Atomsicherheit und Strahlenschutz (SAAS) der DDR keinerlei Aufsichtbefugnis über den Uranbergbau.[460] Erst in der Diskussion um die Einführung der 40-Stunden-Arbeitswoche 1967 wurde mit den gesundheitlichen Gefährdungen durch Radioaktivität und Gifte argumentiert. Um künftig eine Verminderung der gesundheitlichen Belastungen besonders in der Hauergruppe erreichen zu können, bewilligte der Ministerrat am 28. August 1967 einen Antrag der Generaldirektion auf Verkürzung der Arbeitszeit.[461] In der Begründung war von einer starken Exposition der Bergleute mit silikogenen, toxischen sowie radiotoxischen Stäuben die Rede. Obschon die Radonkonzentration in den vergangenen Jahren hatte drastisch gesenkt werden können, würden die gesetzlich festgelegten Normen nicht immer eingehalten. Der Gehalt von freier kristalliner Kieselsäure – maßgeblich verantwortlich für Silikoseerkrankungen – betrüge in einigen Lagerstätten mehr als 50 Prozent. 5.600 »Werktätige«, also 41 Prozent der Untertagebeschäftigten, seien diesen Arbeitsbedingungen ausgesetzt, hieß es in dem Papier. An eine Aufklärung über die Risiken beim Umgang mit radioaktivem Material war in den Anfangsjahren überhaupt nicht zu denken. Und die Unkenntnis der Beschäftigten wurde durch die Geschmack- und Geruchlosigkeit des strahlenden Rohstoffes begünstigt. Oftmals erfuhren die Arbeiter erst aus der westlichen Presse oder vom West-Berliner Radiosender RIAS, welchen Gefährdungen sie ausgesetzt waren. So lernten sie beispielsweise aus der Berichterstattung der West-Medien, sich nicht mehr auf die Erz-

[456] Zeitzeugenaussage Jutta Ebert, 1954-57 Mitarbeiterin und später Laborleiterin des Grubenrettungswesens Johanngeorgenstadt.

[457] SAPMO-BArch, DY 52/101 b, ZV IGW. Sekretariatssitzung am 27. Mai 1949, S. 333.

[458] SAPMO-BArch, DY 52/23, ZV IGW. Gesundheits- und Arbeitsschutzkonferenz ..., S. 14.

[459] SächsStAC, 32301, GL Wismut der SED, IV B 2/19/979. Gebietskonferenz ..., S. 30.

[460] Schröter, Harm: Die Wismut, der Umweltschutz und ein zentrales Dokument, in: Karlsch/Schröter: Strahlende Vergangenheit, S. 348.

[461] SAPMO-BArch, DY 52/1226, ZV IGW. »Beschluss des Präsidiums des Ministerrates über die Einführung der durchgängigen 40-Stunden-Arbeitswoche für die Hauergruppe unter Tage in den Betrieben der SDAG Wismut« (Geheime Verschlusssache), 5. 7. 1967, S. 1-3.

kisten zu setzen, da die Strahlung zu Impotenz führen könnte.[462] Dezidierte gesetzliche Bestimmungen zur Strahlenschutzaufklärung gab es nicht. Das Atomenergiegesetz der DDR vom 28. März 1962 wies die Verantwortung für die Einzelheiten der gesundheitlichen Schutzbestimmungen den Betrieben zu.[463] An einer intensiveren Aufklärung zum Strahlenschutz war dem stellvertretenden Generaldirektor Werner Richter gelegen. Immer wieder mahnte er die Versäumnisse im Strahlenschutz an und zog damit die Aufmerksamkeit der Staatssicherheit auf sich.[464] Ab 1969, so betonte er zu unterschiedlichen Anlässen, werde es eine breitere Aufklärung über die Strahlenschutzproblematik geben, um einerseits die seit Jahren bestehenden Gesetze befolgen und andererseits eine Verbesserung des Gesundheitsschutzes erreichen zu können.[465] Erst 1975 erließ die Regierung eine Anordnung über die Weiterbildung bei Atomsicherheit und Strahlenschutz. Sie galt für alle leitende Mitarbeiter von Institutionen, in denen mit ionisierender Strahlung umgegangen wurde, für Strahlenschutzbeauftragte, Ärzte sowie alle beruflich strahlenexponierten Personen.[466] Ob und in welcher Größenordnung tatsächlich strahlenexponierte Wismut-Angehörige teilnahmen, ließ sich nicht ermitteln. Der bereits erwähnte Kernphysiker und Informant der Staatssicherheit nahm auch zu diesen Missständen kein Blatt vor den Mund. Nach seinem Dafürhalten sei die völlige Vernachlässigung des Strahlenschutzes entweder auf eine Unterschätzung der tatsächlichen Gefahr oder auf den Primat der Planerfüllung zurückzuführen. Vor allem die Missachtung der Gesetze beim Umgang mit Jugendlichen und der Radioaktivität kritisierte er scharf in seinem Bericht an den Führungsoffizier. Nähme man die Belastung des Bergbaubetriebes Aue, dessen radioaktive Strahlung schon einzelnen Isotopengruppen nahe käme, so dürften die minderjährigen Lehrlinge nicht mehr einfahren. Doch niemand halte sich an diese Vorschriften.[467] Wenige Monate später wies er erneut auf die Dringlichkeit eines spezifischen Strahlenschutzes für jugendliche Beschäftigte hin.[468] Vielleicht glaubte der junge Ingenieur, mit seiner äußerst engagierten Berichterstattung tatsächlich Veränderungen herbeiführen zu können. Sein Führungsoffizier war indes mehr daran interessiert, etwas über Stimmungslagen und Diskussionen im Arbeitsbereich des Informanten zu erfahren.

Auch die beste Aufklärung hätte letztendlich nicht vor der Radioaktivität schützen können. Nur eine gute Bewetterung der Gruben konnte die Strahlenexposition lindern. Doch für viele Beschäftigte kamen auch diese Maßnahmen zu spät. Wie viele der insgesamt ca. 500.000 Beschäftigten im Laufe von 40 Jahren an Lungenkrebs erkrankten, ist nicht bekannt. Etwas mehr als 5.000 Fälle von Bronchi-

[462] Engeln: Uransklaven, S. 252.
[463] »Gesetz über die Anwendung der Atomenergie in der Deutschen Demokratischen Republik – Atomenergiegesetz«, GBl. der DDR, Teil I, Nr. 3 vom 23. März 1962, S. 47-50.
[464] BStU, MfS, BV Dresden, Nr. 243/60/44/89. Bericht Oberleutnant H., 7. 11. 1968, Bl. 110.
[465] Ebd. (beim Strahlenschutzlehrgang in der Berufsschule Gera vom 28. 10.-1. 11. 1967). SächsStAC, 32301 GL Wismut der SED, IV B 2/19/979. Gebietskonferenz am 30. 11. 1967, S. 31.
[466] Anordnung über die Weiterbildung auf dem Gebiet der Atomsicherheit und des Strahlenschutzes vom 27. Januar 1975, in: Atomsicherheit und Strahlenschutz. Vorschriften, Normative, Grenzwerte, hrsg. v. Präsidenten des Staatlichen Amtes für Atomsicherheit und Strahlenschutz beim Ministerrat der Deutschen Demokratischen Republik, Berlin 1977, S. 446
[467] BStU, MfS, BV Dresden, Nr. 243/60/44/89. IM-Bericht vom 6. 8. 1965, Bl. 162.
[468] Ebd., IM-Bericht vom 3. 12. 1965, Bl. 176.

alkrebs wurden zwischen 1952 und 1990 anerkannt.[469] Das Problem der Berufskrankheiten war mit dem Ende des Uranerzbergbaus 1990/91 natürlich nicht abgeschlossen. In den neunziger Jahren kamen jährlich ca. 200 anerkannte Lungenkrebserkrankungen hinzu – mit abnehmender Tendenz.[470] Verantwortlich für die Entschädigung und Anerkennung von Arbeitsunfällen sowie Berufskrankheiten ist seit 1990 der HVBG, der 1992 eine Zentrale Betreuungsstelle für ehemalige Wismut-Beschäftigte einrichtete.[471]

6. Frauenpolitik

6.1 Frauen im Männerberuf

»Die deutsche Frau wird vorläufig nicht für den Bergbau herangezogen werden können.«[472] Diese Bemerkung eines Gewerkschaftsfunktionärs auf der ersten Zonendelegiertenkonferenz der IG Bergbau 1946 in Halle enthielt eine Einschränkung: nur untertage sei Frauenarbeit ausgeschlossen. Da es der Mangel an Arbeitskräften erforderlich mache, die »Frau in den Produktionsprozess einzureihen«, solle sie zumindest in Beschäftigungsfeldern übertage »ihren Mann stehen«.[473] Auch in den westlichen Besatzungszonen hielt man ein grundsätzliches Verbot von Frauenarbeit im Bergbau nicht für zweckmäßig: »Wir können es uns nicht erlauben, vollwertige Arbeitskräfte brachliegen zu lassen, nur weil sie für die anfallende Arbeit nicht ausgebildet sind.«[474] Doch auch hier wurde die Untertagebeschäftigung abgelehnt.

Die Auseinandersetzung mit der Frage der Frauenarbeit im Bergwerk war kein Phänomen der Nachkriegszeit. Schon im 19. Jahrhundert hatten sich die Bergbehörden des Ruhrreviers gegen die Beschäftigung von Frauen in den Gruben ausgesprochen, da »Bergbau keine Weiberarbeit« sei und deren Beschäftigung »den Ruin der Arbeiterfamilie unfehlbar herbeiführen« werde.[475] Die wenigen Frauen,

[469] Hier gibt es verschiedene Angaben: Die Chronik der Wismut spricht von 5.272 Fällen (Tab. 9), die Bundesanstalt für Arbeitsschutz und Arbeitsmedizin von 5.337 Fällen zwischen 1958 und 1990. Brüske-Hohlfeld et al.: Lungenkrebsrisiko, S. 16.

[470] Ebd., S. 16.

[471] Zu Forschung und Anerkennung der Berufskrankheiten beim HVBG: www.dguv.de/inhalt/forschung/jahrhundert/documents/heft_diebg_5_05_pdf. Schwerpunktthema: Ein Jahrhundert BG-Forschung.

[472] SAPMO-BArch, DY 37, IG Bergbau. 1. Zonendelegiertenkonferenz der IG Bergbau am 13. und 14. Juni 1946 in Halle, unpag.

[473] Ebd.

[474] Die Berliner Funktionärin der christlichen Gewerkschaften, Mina Amann, 1947 im Zentralblatt für Arbeitswissenschaft, zit. in: Kuhn, Annette (Hg.): Frauen in der deutschen Nachkriegszeit, Düsseldorf 1986, S. 265.

[475] Zit. in: Tenfelde, Klaus: Sozialgeschichte der Bergarbeiterschaft an der Ruhr im 19. Jahrhundert, Bonn 1977, S. 271.

die dennoch zu Beginn des Ruhrbergbaus wegen Arbeitskräftemangels in den Revieren beschäftigt waren, wurden mit sechs bis neun Mark Wochenlohn geringer entlohnt als jugendliche Bergarbeiter.[476] Auch in den oberschlesischen Erz- und Steinkohlegruben arbeiteten seit Mitte des 19. Jahrhunderts Frauen und Mädchen als preiswerte Arbeitskräfte, um zum spärlichen Familieneinkommen beizutragen.[477] Ein generelles Berufsverbot für Frauen und Jugendliche in den Bergwerken des Kaiserreichs forderten die Gewerkschaften Anfang des 20. Jahrhunderts, vornehmlich im Kalksteinabbau in Bayern, wo die Arbeiterinnen meist für kräftezehrende Aufgaben wie das Schleppen von Steinen, das Verladen von Briketts oder das Setzen von Nasspresssteinen für die Grubengerüste herangezogen wurden.[478]

Die Forderung, auch Frauen für die schwere Arbeit im Bergbau einzusetzen, spiegelte die Arbeitskräftesituation im gesamten Nachkriegsdeutschland wider. Jede verfügbare Arbeitskraft wurde für den Wiederaufbau benötigt, da die Anzahl der Männer durch Krieg und Gefangenschaft stark dezimiert worden war. Bei 18,5 Millionen Menschen in der SBZ 1946 betrug der Anteil der Frauen 57,5 Prozent, so dass 135 weibliche auf 100 männliche Personen kamen. 1950 lag der Frauenanteil immer noch bei 55,6 Prozent, also standen 125 Frauen 100 Männern gegenüber.[479] Die Hauptlast des Wiederaufbaus lag also bei den Frauen. Die Frauenerwerbspolitik der SED und der Besatzungsbehörden war jedoch von widersprüchlichen Handlungen geprägt. Mit ihrer Gleichstellungskonzeption orientierte sich die Partei an sozialdemokratischen und kommunistischen Ideen der Arbeiterbewegung, die eine gleichberechtigte Einbindung der Frau in die Erwerbstätigkeit vorsahen. Die Befehle der Besatzungsbehörden wiederum zielten einerseits auf das Beschäftigungsverbot für Frauen bei schwerer und gesundheitsschädlicher Arbeit, andererseits auf die Lockerung bestehender Arbeitsverbote für bislang typisch männliche Beschäftigungsfelder.[480] So arbeiteten die Frauen in der Nachkriegszeit als Maschinenarbeiterinnen, Bahnschaffnerinnen, Montiererinnen oder Bauhilfsarbeiterinnen (»Trümmerfrauen«).[481] Ein erster Schritt zur Gleichberechtigung der Frau im Erwerbsleben wurde mit dem SMAD-Befehl Nr. 253 vom 17. August 1946 gemacht, in dem die gleiche Entlohnung für Arbeiter und Angestellte für gleiche Arbeit, unabhängig von Alter und Geschlecht, festgelegt wurde.[482] Die praktische Umsetzung in den Betrieben gestaltete sich allerdings schwierig, da in der Vorstellung männlicher Vorgesetzter die Arbeitskraft von Frauen nicht an die der Männer heranreichen konnte.

Im Uranunternehmen gab es zunächst kein Untertageverbot für Frauen. Im Mai 1947 forderte die SAG Wismut vom Arbeitsamt Aue 700 weibliche Arbeits-

---

476 Ebd.

477 Puls, Detlev: Rochaden zwischen Unterwerfung und Widerstand. Oberschlesische Bergarbeiter 1871-1914, Dortmund 1994, S. 106 f.

478 Hirsch, Max: Frauen und jugendliche Arbeiter im deutschen Bergbau, in: Sozialistische Monatshefte 10-12 (1906), Heft 11, S. 954 f.

479 Trappe, Heike: Emanzipation oder Zwang? Berlin 1995, S. 47 f.

480 Ebd., S. 49.

481 Ebd., S. 50.

482 Frerich, Johannes und Martin Frey: Handbuch der Sozialpolitik in Deutschland, Bd. 2 Sozialpolitik in der Deutschen Demokratischen Republik, München/Wien 1993, S. 395.

kräfte an.[483] Sie wurden zwar verstärkt für Übertagetätigkeiten herangezogen wie z. B. für Arbeiten auf den Abraumhalden, kamen aber im Laufe der Monate auch untertage als Haspelführerinnen, Lok-Fahrerinnen, Radiometristinnen oder Anschlägerinnen zum Einsatz.

Das Bild von der hohen Zahl im Bergwerk arbeitender Frauen war ungewöhnlich und wurde auch im Westen registriert.[484] Während die Untertagearbeit weiblicher Bergleute ein Novum in der Geschichte des mitteleuropäischen Bergbaus darstellte, hielten die sowjetischen Besatzungsbehörden diese Erscheinung für ganz normal. Hatte doch die Eingliederung der Frauen in Männerberufe zu einem Bestandteil der sowjetischen Industrialisierung gehört.[485] Die Arbeits- und Lebensbedingungen der »Erzengel«, wie die Uranbergarbeiterinnen im Volksmund genannt wurden, waren haarsträubend. Zu ihren Aufgaben gehörte das Tragen schwerer Erzkisten, das Beladen von Schubkarren mit Steinen sowie die Kontrolle der Erzqualität mit bis zu 17 Kilogramm schweren Apparaten. Viele klagten über Rücken- und Unterleibsschmerzen. Die von der Generaldirektion ausgegebene Arbeitsausstattung beschränkte sich in der Regel auf ein Paar Holzschuhe. Besonders hart waren diese Umstände für »Umsiedlerinnen«, die oftmals nur mit dem gekommen waren, was sie am Leibe trugen. Es gab häufig weder Waschgelegenheiten noch Garderoben zum Wechseln der Arbeitskleidung. Die Toilettenanlagen waren primitiv, meist bestanden sie aus offenen Abtritten, so dass sich die Frauen lieber in den Schutz von Büschen oder Bäumen zurückzogen. Lange Wegezeiten und der von Malzew verordnete Pflichtsonntag ließen kaum Zeit für Hausarbeit und Erholung. Zur Verpflegung erhielten die Arbeiterinnen täglich eine Schwerstarbeiterkarte plus 100 Gramm Käse, einen Viertel Liter Milch sowie ein markenfreies Mittagessen. Das reichte kaum zur Stärkung der Arbeitskraft aus, was einen hohen Krankenstand zur Konsequenz hatte.[486] Die überwiegend dienstverpflichteten zugereisten Arbeiterinnen wohnten in überfüllten Baracken und Durchgangslagern, nicht selten mussten sich mehrere Frauen eine Schlafstelle teilen. Trotz Protesten von SED-Ortsgruppen und der Landesregierung Sachsen setzte das Uranunternehmen die Anwerbung weiblicher Arbeitskräfte fort.[487] Auf einem Gebiet zeitigte die Intervention der staatlichen Stellen jedoch Erfolg: Mit Befehl Nr. 239 vom Oktober 1947 verbot der Generaldirektor die Frauenarbeit untertage. Die Verordnung konnte sich zunächst nicht in allen Schächten durchsetzen, bis 1949 mussten die Arbeitsinspektoren der Landesregierung immer wieder Verstöße gegen den Befehl feststellen.[488] Weitere sozialpolitische Verbesserungen für die Arbeiterinnen der Wismut AG kündigte der Befehl Nr. 62 vom 11. März 1948 an. Er regelte die Versorgung schwangerer Frauen. Diese

---

483 Engeln: Uransklaven, S. 134.

484 Presseerklärung der USA vom August 1950, zit. in Karlsch: Urangeheimnisse, S. 175.

485 Conze, Susanne: Sowjetische Industriearbeiterinnen in den vierziger Jahren. Die Auswirkungen des Zweiten Weltkrieges auf die Erwerbstätigkeit von Frauen in der UdSSR, Stuttgart 2001, S. 17.

486 Sächs HSA Dresden, LRS 11391 MAS, Nr. 578. Schreiben des Arbeitsamts Aue an die Landesregierung Sachsen am 16. 6. 1947, am 27. 8. 1947 und am 15. 1. 1948.

487 Karlsch: Urangeheimnisse, S. 176.

488 Sächs HSA Dresden, LRS 11391 MAS, Nr. 578. Bericht des Arbeitsinspektors Markstein an die Landesregierung Sachsen, 11. 11. 1948, unpag. Ebd. Hausmitteilung der Landesarbeitsinspektion, 26. 1. 1949, unpag.

sollten leichtere Arbeit, zusätzliche Lebensmittel sowie Schwangerschaftsurlaub sechs Wochen vor und sechs Wochen nach der Niederkunft erhalten.[489] Verantwortlich für die Umsetzung der Maßnahmen war die Gewerkschaft.

Die Frauen selbst wünschten mancherorts eine Wiederbeschäftigung untertage, wie die Gewerkschaft berichtete. Als Interessenvertretung der Arbeiterinnen setzte sie sich daher bei der Landesregierung für eine Ausnahmeregelung des Untertageverbotes ein. Zumal die Anforderungen neuer Arbeitskräfte »aus dem männlichen Sektor nicht mehr voll befriedigt werden können.«[490] Es gehörte zur Realität, dass ab 1948 viele Frauen freiwillig in den Uranbergbau kamen, angelockt von der Schwerstarbeiterkarte und Sonderrationen. Traditionsfirmen der erzgebirgischen Kleinindustrie beklagten die Abwanderung selbst älterer Mitarbeiterinnen zur Wismut AG; die Korsettfabrik Günther und Neumeister beispielsweise hatte den Verlust von zehn Facharbeiterinnen in nur vier Wochen zu verkraften.[491] Tatsächlich stieg die Zahl der »Erzengel« innerhalb kurzer Zeit rasant an. Waren im Sommer 1947 gerade einmal 1.050 Frauen in den Gruben und Betrieben eingesetzt, belief sich das weibliche Arbeitskräftepotenzial am Ende des Jahres auf über 4.000. Ein Jahr darauf zählte der Uranbergbau bereits mehr als 12.000 weibliche Arbeitskräfte, also ca. zwölf Prozent der Belegschaft. Mit 23.000 Arbeitskräften (22 Prozent) erreichte der Frauenanteil in der Wismut 1950 seinen Höhepunkt, sank allerdings innerhalb eines Jahres wieder auf sieben Prozent ab.[492] Der Großteil der Frauen kam nun aus Sachsen bzw. dem Erzgebirge selbst, gegen Ende der vierziger Jahre sollten die unzureichenden Unterbringungsmöglichkeiten den Frauen nicht mehr zugemutet werden.

Tab. 10: Die von den Ländern gestellten weiblichen Arbeitskräfte per 10. Oktober 1948 (außer Sachsen)

Land	Soll insgesamt	Frauen gestellt bis 10.10.48
Sachsen-Anhalt	7.000	1.207
Thüringen	5.000	702
Mecklenburg	6.000	527
Brandenburg	5.000	811
Gesamt	23.000	3.247

Rollenbewusste Männer wie Arbeitsinspektor Max Markstein sahen in der Anwesenheit von Frauen im Schacht eine sittlich-moralische Provokation. Sie seien »sensationslüstern, nicht die Arbeit führe sie in die Grube, sondern die Produk-

489 Unternehmensarchiv der Wismut GmbH, 10-Abt 33. »Befehl für die Abteilung der Staatl. Aktiengesellschaft ›Wismut‹ in Deutschland Nr. 62«, 11. 3. 1948, unpag. Die monatlichen Zusatzrationen gab es ab dem 6. Schwangerschaftsmonat und bestanden aus 300 g Fett, 300 g Zucker, 500 g Nährmitteln, 1000 g Mehl sowie täglich einem Viertel Liter Milch.

490 Sächs HSA Dresden, LRS 11391 MAS, Nr. 392. Schreiben der Revierleitung Aue an die Landesregierung Sachsen am 6.9.1948.

491 Sächs HSA Dresden, LRS 11391 MAS, Nr. 578. Schreiben des Arbeitsamts Aue an die Landesregierung Sachsen am 27. 8. 1947, S. 2.

492 Zahlen gerundet. Engeln: Uransklaven, S. 137.

tenkarte und der bevorstehende Winter mit seinen Härten.«[493] Dabei übersah der Inspektor, dass auch seine Geschlechtsgenossen weniger aus Freude an der Betätigung im Bergwerk denn zum Zwecke ihrer Existenzsicherung einfuhren. Unmoral und sittlicher Verfall spielten eine große Rolle im öffentlichen Bewusstsein zur Zeit der »wilden Jahre«, waren doch viele der zugereisten Frauen nicht zwangsläufig auf der Suche nach einem soliden Arbeitsplatz, sondern nach Abenteuer und schnellem Geld. Die Prostitution blühte und wurde sogar von den Arbeitsämtern befördert, die sich mit der Dienstverpflichtung von Prostituierten ins Erzgebirge ihrer »asozialen Elemente« entledigten.[494] Doch sollte man sich vor einer allzu voreiligen Verurteilung der Frauen und Mädchen hüten. In der von Entbehrungen und Rationierung geprägten Nachkriegszeit mussten sich gerade alleinstehende, verwitwete oder heimatlose Frauen ihre Möglichkeiten der Subsistenzsicherung suchen. Dass sie dabei die Situation der meist jungen, alleinstehenden oder ohne ihre Familien ins Urangebiet gereisten Bergarbeiter ausnutzten, die viel Geld zur Verfügung hatten, erscheint nur folgerichtig. Eine Folgeerscheinung des moralisch lockeren Lebens waren die Geschlechtskrankheiten. Meldungen des Ostbüros der SPD 1949, dass 70 Prozent aller Beschäftigten im Uranbergbau an Geschlechtskrankheiten litten, dürften zwar ins Reich der Übertreibungen weisen. Doch internen Berichten zufolge sollen immerhin elf bis zwölf Prozent der Belegschaft mit Tripper oder Gonorrhoe infiziert gewesen sein. Auch die Thüringer Uranregion blieb von diesem Problem nicht verschont. Von durchschnittlich 233 Neuerkrankungen pro Monat sprach man 1951 im Ministerium für Gesundheitswesen der DDR. Männer wie Frauen Waren zu gleichen Teilen davon betroffen.[495] Die Generaldirektion fühlte sich für diese Zustände nicht verantwortlich, so dass die staatlichen Ordnungskräfte einschritten. In einer Polizeiaktion, geleitet von der Hauptverwaltung der Deutschen Volkspolizei (HVDVP), wurden im März des Jahres 1952 alle als »deklassierten Elemente« erfassten Personen, hauptsächlich aber Prostituierte bzw. der Prostitution verdächtigte Frauen, aus den Bergbaukreisen ausgewiesen.[496]

Mit der Konsolidierung des Urantunternehmens waren die Frauen nicht mehr nur wegen des Mangels männlicher Arbeitskraft erwünscht, sie waren auch billiger. SMAD-Befehl Nr. 253 über die gleiche Entlohnung von Männern und Frauen hatte keinen Niederschlag in den Verordnungen der Generaldirektion gefunden. In der Erzwäsche oder Erzsortiererei, einem für die vierziger und fünfziger Jahre typischen Frauenarbeitsplatz in der Wismut, verdienten die Arbeiterinnen bis zu 400 Mark.[497] Den Gewerkschaftsfunktionären bereitete dieser Umstand Kopfzerbrechen, denn einerseits setzten sich die Frauen bei dem unmittelbaren Kontakt mit dem Uranerz einem immensen gesundheitlichen Risiko aus. In manchen Objekten könne man die Arbeiterinnen schon nicht mehr als Frauen bezeichnen, mahnte Karl Kintscher auf einer Sitzung, viele Kolleginnen beklagten

493 Sächs HSA Dresden, LRS 11391 MAS, Nr. 578. Bericht Markstein.
494 Engeln: Uransklaven, S. 135.
495 Ebd., S. 136.
496 Potraß: Zur Entfernung, S. 224 f.
497 SAPMO-BArch, DY 52/101 b, ZV IGW. Sekretariatssitzung am 27. Mai 1949, S. 3.

das monatelange Ausbleiben der Menstruation.[498] Andererseits stellten die Frauen einen wesentlich geringeren Kostenfaktor dar als ihre männlichen Kollegen und waren überdies mit ihrem Verdienst vollauf zufrieden.[499]

6.2 Sozialpolitik und gesellschaftspolitische Partizipation

Die Emanzipation der Frauen in der SBZ/DDR war vor allem mit weiblicher Erwerbspolitik verknüpft.[500] Bei der Integration der Frauen in den Arbeitsprozess spielten ebenso ökonomische Zwänge wie ideologische und gesellschaftliche Zwecksetzungen eine Rolle. Nicht nur die sinn- und identitätsstiftende Bedeutung der Erwerbsarbeit wurde von den politischen Funktionsträgern betont, sondern auch die moralische Pflicht der Frau zur Arbeit:

> Jedes junge Mädchen muß erkennen, daß es seine Kraft und seine Liebe dem Arbeiter- und Bauern-Staat schenken und all seine Fähigkeiten und Talente für den Sieg des Sozialismus/Kommunismus einsetzen muß.[501]

Im Gegenzug wurden sozialpolitische Maßnahmen getroffen, die den Frauen das Leben zwischen Beruf, Familie und gesellschaftlicher Arbeit erleichtern sollten. Bestelldienste, Nähstuben, Wasch- und Bügeldienste gehörten zu den Angeboten in den Schachtanlagen und Betrieben. Der Bau von Kindertagesstätten und Kindervollheimen, in denen der Nachwuchs in der Arbeitswoche übernachtete, wurde ebenso forciert wie die Bereitstellung von Kuren und Erholungsaufenthalten für Mutter und Kind. Die Kinderheime sollten sorgenfreie Nacht- und Spätdienste sowie Weiterbildungslehrgänge der Mütter ermöglichen. Für werdende Mütter der Wismut AG stand ab 1957 das nach Angaben der Gewerkschaft größte und modernste Mütterschutzheim der DDR in Oberschlema zur Verfügung. Es unterstand der Sozialversicherung Wismut und war in einer Zeit konzipiert worden, als viele Frauen noch in Massenquartieren und Mehrbettzimmern zusammenleben mussten. Im Mütterheim sollten sie kurz vor und nach der Niederkunft zur Ruhe kommen können.[502] Bei fristgerechter Antragstellung sowie der Bestätigung der sozialen Dringlichkeit durch BGL und Frauenausschüsse konnten die schwangeren Frauen einen maximal zwölfwöchigen Aufenthalt mit kostenloser Betreuung und Verpflegung in Anspruch nehmen. »Hygienisch einwandfreie« Zwei- und Dreibettzimmer gehörten ebenso zum Standard wie ein Musikzimmer, eine Bibliothek und ein Leseraum.

Die Schwierigkeiten der im Dreischichtsystem tätigen Produktionsarbeiterinnen – die Umstellung ihres Körpers, die Versorgung der Kinder und des Haushalts

[498] Ebd.

[499] Zum Vergleich: 1950 betrug das durchschnittliche monatliche Bruttoarbeitseinkommen in Industriebetrieben der DDR 311 Mark. Statistisches Jahrbuch '90, S. 52.

[500] Bouvier, Beatrix: Die DDR – Ein Sozialstaat? Sozialpolitik in der Ära Honecker, Bonn 2002, S. 245 f.

[501] SAPMO-BArch, DY 52/228, ZV IGW. Beschluss 2/62/25: »Zur Verbesserung der gewerkschaftlichen Frauenarbeit in der Industriegewerkschaft Wismut«, 23. 1. 1962, S. 10.

[502] SAPMO-BArch, DY 52/168, ZV IGW. Sekretariatsvorlage vom 23. Oktober 1957 zum Mütterschutzheim Oberschlema, 23. 10. 1957, unpag.

sowie der daraus resultierende Schlafmangel – wurden durchaus von den Gewerkschaftsfunktionären erkannt. Ihr Bestreben zielte jedoch keineswegs auf die Abschaffung dieser Mehrfachbelastung – was ohnehin nicht in ihrer Macht stand[503] – sondern auf die Verbesserung der Arbeitsbedingungen zum Zwecke der Wiederherstellung weiblicher Arbeitskraft.[504] Dazu gehörte auch der Hausarbeitstag. Er war ein freier bezahlter Werktag, der »abhängig Beschäftigten in beiden Teilen Deutschlands unter bestimmten Voraussetzungen des Geschlechts, der häuslichen Verhältnisse und der Wochenarbeitszeit« zustand.[505] Im Befehl Nr. 224 der Generaldirektion war der Hausarbeitstag so geregelt:

> Weibliche Arbeiter und Angestellte, die Kinder oder Schulkinder unter 16 Jahren haben bzw. Familienmitglieder die die Pflege bedürfen [sic] (Lt. Bestätigung des Arztes oder wenn der Ehemann vollbeschäftigt ist) bekommen 1 Arbeitstag im Monat.[506]

Die ausschließliche Erwähnung der weiblichen Beschäftigten machte deutlich, bei wem die sozialistischen Entscheidungsträger die Verantwortung für Haushalt und Familie verorteten. Als die DDR 1952 den Hausarbeitstag für alleinstehende Frauen abschaffte, sorgte dies auch bei den weiblichen Beschäftigten in der Wismut AG für großen Unmut. Immer wieder forderten die Beschäftigten ihre Partei- und Gewerkschaftsfunktionäre auf, die Abschaffung rückgängig zu machen.[507] Und das nicht nur in der Wismut, sondern in der gesamten DDR. Nach vielen Jahren führten die Proteste zum Erfolg: Nachdem der Empfängerkreis durch informelle Regelungen in den Betrieben und die Verankerung in den BKV immer weiter ausgedehnt worden war, fanden die Erweiterungen schließlich Eingang in das Arbeitsgesetzbuch von 1977.[508] Nun konnten auch alleinstehende vollbeschäftigte Väter sowie Frauen über 40 Jahre unabhängig vom Familienstand von der Regelung profitieren. Verheiratete Väter allerdings blieben – bis auf Ausnahmefälle – von der Inanspruchnahme des arbeitsfreien Tages ausgeschlossen.[509] Von

---

503 Auch in anderen westlichen Industriegesellschaften, z. B. der alten Bundesrepublik, zeichnete sich das Problem der Mehrfachbelastung der Frau bei zunehmender weiblicher Erwerbsarbeit ab. Zum Rollenmodell der Frau als Hausfrau und Mutter kam nun auch noch der Beruf hinzu, der die Frauen vor vielfältige Anforderungen stellte. Bouvier: Sozialstaat, S. 247.

504 SAPMO-BArch, DY 52/1402, ZV IGW. Beratung mit Arbeiterinnen der Schächte und Betriebe im Haus des ZV der IG Wismut, 17. 9. 1958, S. 16.

505 Den Hausarbeitstag hatte es bereits zur Zeit des Nationalsozialismus gegeben, allerdings unbezahlt. Im Gegensatz zur Bundesrepublik, wo die Anzahl der Hausarbeitstage den gesetzlichen Mindesttarifurlaub überschritt, lagen in der DDR das Verhältnis von Hausarbeitstagen zu Mindesturlaub ungefähr gleich. Sachse, Carola: Ein »heißes Eisen«. Ost- und westdeutsche Debatten um den Hausarbeitstag, in: Budde, Gunilla-Friederike (Hg.): Frauen arbeiten. Weibliche Erwerbstätigkeit in Ost- und Westdeutschland nach 1945, Göttingen 1997, S. 252 f.

506 Unternehmensarchiv der Wismut GmbH, 10-Abt, Hb Radon. »Ergänzung und Änderung der Entlohnung der Arbeiter und Angestellten aus der deutschen Bevölkerung, auf Grund der Verordnung der Regierung der DDR vom 20. Mai 1952.«, undat., unpag.

507 SächsStAC, 32301 GL Wismut der SED, IV 4/06/121. Wochenbericht der Kreisleitung Gera, 6. 9. 1956, S. 4. SächsStAC, 32301 GL Wismut der SED, IV 4/06/134. Wochenbericht der Kreisleitung Gera, 24. 2. 1961, S. 12.

508 Sachse: Heißes Eisen, S. 258.

509 Schulz, Günther: Soziale Sicherung von Frauen und Familie, in: Hockerts, Hans Günter (Hg.): Drei Wege deutscher Sozialstaatlichkeit. NS-Diktatur, Bundesrepublik und DDR im Vergleich, Berlin 1998, S. 129.

dem am 2. Oktober 1989 eingeführten Hausarbeitstag für die in der SDAG Wismut beschäftigten sowjetischen Mitarbeiterinnen konnten die Empfängerinnen – Ärztinnen, Stenotypistinnen, technische Zeichnerinnen, Reinigungskräfte und eine Haupttechnologin – kaum noch profitieren, da der Uranerzbergbau bereits 18 Monate später nicht mehr existierte.[510]

Anspruch und Wirklichkeit der Sozialmaßnahmen für die weiblichen Beschäftigten klafften oft weit auseinander. Längst waren nicht alle Missstände aus der »wilden Zeit« behoben. In einigen Betrieben wurden die Frauen nach wie vor zu schweren Arbeiten herangezogen, obwohl auch männliche Kollegen zur Verrichtung dieser Tätigkeiten verfügbar waren. Viele lebten noch immer in Massenunterkünften und zogen von einem Quartier ins nächste. Robuste Arbeitskleidung, Garderobenräume oder Waschgelegenheiten an den Arbeitsplätzen waren auch in den fünfziger Jahren Mangelware.[511] Frauen beklagten, dass die Kumpel in den Verkaufsstellen bevorzugt bedient würden, während die »Kumpelinen« stundenlang anstehen müssten. Viele Frauen ließen sich nicht krankschreiben, da sie um den Verlust ihres Arbeitsplatzes fürchteten.[512] In der aktiven Gewerkschafts- oder Gremienarbeit stießen die Frauen immer wieder auf Hindernisse, wenn es um die Beseitigung dieser Zustände ging. Es waren vor allem ihre männlichen Vorgesetzten, die dieses Engagement nicht duldeten. Viele Frauen befürchteten – nicht immer unbegründet – Sanktionen ihrer Vorgesetzten, z. B. in Form einer Abmahnung oder gar der Entlassung: »Die Frauen bei uns sind sehr skeptisch und trauen sich nicht zu sprechen, nachdem ich den Verweis bekommen habe, sie fürchten alle um ihren Arbeitsplatz.«[513] Oder sie trafen auf die Ignoranz der Chefs: »Es ist traurig genug, wenn der deutsche Abteilungsleiter dabeisteht und lächelt, als sie mich als Frau behackt haben.«[514] Mit der Bildung von Frauenkommissionen und Frauenausschüssen erhielten die Arbeiterinnen selbst, zumindest formal, die Möglichkeit, an der Verbesserung ihrer Arbeits- und Lebensbedingungen mitzuwirken. Betriebsfrauenausschüsse wurden 1952 in der gesamten DDR auf Initiative der SED gegründet.[515] Sie fungierten als Interessenvertretung der Frauen in den Industriebetrieben und warben um Akzeptanz der weiblichen Erwerbsarbeit durch die männlichen Kollegen. Vor allem aber sollten die Ausschüsse eine stärkere Einbindung der Frauen in den Arbeitsprozess und somit deren gesellschaftliche Mitwirkung erreichen.[516] Noch deutlicher wurde die Absicht vom 1. Sekretär der Gebietsparteileitung Wismut, Günther Röder, formuliert: »Die Partei muß darüber wachen, daß sich das entsprechend entwickelt, damit man den Frauen

[510] Unternehmensarchiv der Wismut GmbH, 10-Abt 22. »Anordnung für die Sowjetisch-deutsche Aktiengesellschaft Wismut Nr. P 150. Gewährung eines Hausarbeitstages im Monat für sowjetische Frauen.«, 2. 10. 1989, unpag.

[511] SAPMO-BArch, DY 52/121, ZV IGW. Sekretariatssitzung am 14. Januar 1954, Aussprache mit BGL-Mitgliedern der Fabrik 99, Objekt 2 [Aufbereitungsbetrieb 25 in Oberschlema], S. 8 f.

[512] SächsStAC, 32301, GL Wismut der SED, IV 2/17/1. Beratung der Vorsitzenden der Frauenausschüsse, 26. 3. 1956, S. 3-5.

[513] Die Vorsitzende der Frauenkommission in der Fabrik 99, Objekt 2 (Oberschlema). SAPMO-BArch,DY 52/121, ZV IGW. Sekretariatssitzung am 14. Januar 1954, S. 9.

[514] Ebd.

[515] Beschluss des Politbüro des ZK der SED vom 8. Januar 1952. Clemens: Frauenausschüsse, S. 111.

[516] Ebd., S. 110-112.

bewußt macht, daß sie ein Teil der Arbeiterklasse sind und ihre Aufgaben zu erfüllen haben.«[517] Anleitung und Kontrolle der Frauenausschüsse lägen ganz in den Händen der Partei, die Gewerkschaften hätten »damit nichts zu tun«.[518] Mit diesem Seitenhieb kritisierte die Partei die Frauenerwerbspolitik der Gewerkschaft, der die Massenrekrutierung weiblicher Arbeitskräfte offenbar nicht gelungen war. 1956 gab es in den Betrieben der Wismut 225 Frauenausschüsse mit 5.000 Mitarbeiterinnen.[519] Doch auch in diesem Bereich vollzog sich ein strukturpolitischer Kurswechsel: Die Frauenausschüsse wurden 1965 in die Verantwortung der Gewerkschaften übergeben, nun waren die BGL für deren Anleitung verantwortlich.[520] Da Diskriminierung und Voreingenommenheit gegenüber weiblichen Arbeitskräften in den Betrieben der DDR noch immer evident waren, veröffentlichte das ZK der SED 1961 das Kommuniqué »Die Frau, der Frieden und der Sozialismus«. Es sollte dazu beitragen, die Missstände bei der mangelnden Akzeptanz der Frauen zu beheben und diese noch intensiver zu gesellschaftspolitischer Teilhabe motivieren. Die stärkere Einbeziehung der Frauen und Mädchen in Qualifizierungsmaßnahmen sowie deren Heranführung an technische Berufe gehörten ebenso dazu wie die volle Auslastung der Kinderbetreuungseinrichtungen oder die Initiierung der »Oma-Bewegung«, bei der Hausfrauen oder Rentnerinnen die kurzzeitige Betreuung der Kinder der Beschäftigten übernehmen sollten.[521] Ferner wurde die Gründung von »Hausfrauenbrigaden« ausgerufen, durch die erwerbslose Ehefrauen an eine ständige Berufstätigkeit herangeführt werden sollten.[522]

Tab. 11: Die Ausübung gesellschaftlicher Funktionen von 382 befragten Frauen im Bergbaubetrieb Gera, 1968.

Gesellschaftliche Funktion	Anzahl Frauen	Prozent
In der SED im Betrieb	25	6,5
In der SED im Wohngebiet	4	1,04
In der DSF	21	5,5
In der FDJ im Betrieb	6	1,6
In der FDJ im Wohngebiet	1	0,2
In der GST	1	0,2
Im DRK	6	1,6
Im Luft- und Brandschutz	10	2,6
Im Elternbeirat	5	1,3

517 SächsStAC, 32301, GL Wismut der SED, IV 2/3/6 b. »Protokoll der Information durch Gen. Röder an die Objektparteileiter und die Sekretär und die Abteilungsleiter der GPL am 5. 6. 52 von einer Besprechung mit Gen. Walter Ulbricht am 4. 6. 52 zu Fragen der 2. Parteikonferenz«, undat., S. 8.

518 Ebd.

519 SächsStAC, 32301 GL Wismut der SED, IV 2/17/1. »Auswertung der 1. Frauenkonferenz der SDAG Wismut am 15. 4. 1956 im Klubhaus Aue«, 2. 6. 1956, S. 2.

520 SAPMO-BArch, DY 30/ J IV 2/2-968 (Politbüro) »Beschluß über die Frauenausschüsse in den Betrieben (Beschluß des Politbüros vom 15. 12. 1964)«.

521 SAPMO-BArch, DY 52/228, ZV IGW. Beschluss 2/62/25, S. 19.

522 Diese Initiative war bereits auf dem V. Parteitag der SED 1958 gestartet worden. Trappe: Emanzipation, S. 59.

Gesellschaftliche Funktion	Anzahl Frauen	Prozent
In Elternaktiven	18	4,7
Im DFD im Wohngebiet	14	3,6
In der Nationalen Front	9	2,3
Beim Rat der Stadt	3	0,8
Im Sport	2	0,5
Im Konsum	2	0,5
In Konfliktkommissionen	12	3,1
Als Schöffen	2	0,5
In der Arbeiter- und Bauern- Inspektion	2	0,5
Gesamt	143	37,4

Die Frauenerwerbsquote schien dieser Politik recht zu geben. Waren 1955 noch 55 Prozent aller Frauen in der DDR berufstätig, so stieg ihr Anteil Mitte der sechziger Jahre auf 67 Prozent und lag 1975 bei 75 Prozent, bevor die Quote der weiblichen Erwerbstätigkeit 1988/89 ihren Höhepunkt bei 80 Prozent erreichte.[523] In der Bundesrepublik kam der Anteil erwerbstätiger Frauen zwischen 1950 und 1989 nicht über 39 Prozent hinaus.[524] Die Bemühungen von Partei, Gewerkschaft und Betriebsleitungen, den spezifischen Anforderungen weiblicher Arbeitskonditionen Rechnung zu tragen, waren zwar durchaus spürbar. Doch auch in den siebziger und achtziger Jahre lesen sie sich wie ein einziger Konjunktiv. Einen ständigen Kampf galt es bei langen Wartezeiten in den Verkaufsstellen, bei den Öffnungszeiten der Kindergärten, bei Schnelligkeit und Qualität der Bestell-, Näh- und Bügeldienste (soweit überhaupt vorhanden) sowie bei der Verbesserung des Obst- und Gemüseangebotes auszufechten.[525] Darüber hinaus waren in den Betrieben der Wismut noch immer viele Kolleginnen mit unzulänglichen Arbeitsbedingungen konfrontiert. Dazu gehörten schmutzige und beschädigte Sanitäranlagen, schwierige Arbeitsabläufe (zu hohe Kessel in den Großküchen), die ungenügende Bereitstellung von Arbeitskleidung (wegen fehlender Gummistiefel standen Küchenmitarbeiterinnen barfuß im kalten Wasser), unbeheizte Arbeitsräume und schlechte Belüftung.[526] Resultat dieser Arbeitsbedingungen war ein hoher Krankenstand, der oft

[523] Zahlen gerundet. Ebd., S. 52 f.

[524] Zahlen gerundet. Maier, Friederike: Zwischen Arbeitsmarkt und Familie – Frauenarbeit in den alten Bundesländern, in: Helwig, Gisela und Hildegard-Maria Nickel (Hg.): Frauen in Deutschland. 1945-1992, Berlin 1993, S. 259.

[525] SächsStAC, 32301, GL Wismut der SED, IV B 2/17/964. »Programm zur Schaffung von Voraussetzungen für die Teilnahme der Frauen am Arbeitsprozeß und Erleichterung der häuslichen Arbeiten durch Verbesserung der Dienstleistungen und Schaffung günstiger Einkaufsbedingungen im Betrieb und im Wohngebiet« (gemeint ist der Aufbereitungsbetrieb 101 in Crossen), undat. (aus dem Inhalt geht hervor, dass es sich um das Jahr 1970 handelt), S. 5 f.

[526] SächsStAC, 32301, GL Wismut der SED, IV B 2/17/965. »Bericht politisch-ideologische Arbeit mit den Frauen« [im Betrieb »Willi Agatz«, Dresden – J.S.], S. 1 f. SächsStAC, 32301, GL Wismut der SED, IV B 2/17/966. SächsStAC, 32301, GL Wismut der SED, IV D 2/16/551. »Niederschriften von Aussprachen mit Frauen aus der Grundorganisation der Generaldirektion«, 7. 11. 1980, S. 4.

über dem der männlichen Beschäftigten lag,[527] in manchen Betrieben bei durchschnittlich zehn Prozent.[528] Erst in den achtziger Jahren sank der Krankenstand bei den Frauen auf sechs Prozent. Vor allem im Gesundheitsschutz versuchten die Verantwortlichen beständig Fortschritte zu erreichen, so in der Einrichtung von Frauenruheräumen in den Betrieben, Frauenbädern und -saunen in den Wohnlagern. 1978 stand jeder fünfte Kurplatz für eine weibliche Beschäftigte des Uranbetriebes zur Verfügung, 1983 jeder vierte, so dass 1.750 Frauen zur Kur fahren konnten.[529] Trotz der Existenz von Kinderheimen waren meist kinderreiche Mütter nur schwer zur Inanspruchnahme einer Kur zu bewegen; Aussprachen mit dem Ehemann und die Verlagerung seiner Schichten sollten Abhilfe schaffen.[530]

Die Frauenerwerbspolitik der DDR wurde in den sechziger und siebziger Jahren immer stärker mit Familienpolitik gleichgesetzt, wenngleich sich dieser Begriff erst allmählich durchsetzte.[531] Begründet wurde diese Entwicklung mit dem Familiengesetzbuch (FGB) von 1965, das nicht nur die Förderung der Familie auf der Basis der Gleichberechtigung, sondern auch die Verbindung von Ehe und Familie als alternativlose Form der »sozialistischen Lebensweise« erklärte.[532] Mit dem Amtsantritt Erich Honeckers 1971 und der auf dem VIII. Parteitag der SED postulierten »Einheit von Wirtschafts- und Sozialpolitik« wurden auch die Frauen- und die Familienpolitik zu einer Einheit erklärt. Ziel der nun verstärkt auf bevölkerungspolitische Aspekte setzenden Ausrichtung war es, die ökonomisch wichtige Rolle der Frau im Arbeitsprozess mit ihrer biologischen und reproduzierenden Funktion verbinden zu können, um in keinem der beiden Bereiche Einschränkungen in Kauf nehmen zu müssen. Hintergrund war ein kontinuierlicher Geburtenrückgang seit Mitte der sechziger Jahre, der sich vor allem in der Verringerung des Anteils dritter und weiterer Kinder bemerkbar machte.[533] Sozialpolitisch reagierten die Entscheidungsträger mit einem umfassenden Paket, das den Müttern die reibungslose Vereinbarkeit von Familie und Vollzeitbeschäftigung ermöglichen sollte. Dazu gehörte eine einmalige finanzielle Beihilfe von 1.000 Mark zur Geburt jedes Kindes sowie die Erweiterung des Schwangerschafts- und Wochenurlaubs auf 18 Wochen. Ein zinsloser Ehekredit in Höhe von 5.000 Mark sollte junge Paare unter 26 Jahren zur frühzeitigen Familiengründung motivieren: Mit jedem geborenen Kind reduzierte sich die Rückzahlung, nach der Geburt des dritten Kindes war der Kredit abgegolten.[534] Weitere sozialpolitische

527 SAPMO-BArch, DY 52/1307, ZV IGW. Erfahrungsaustausch über »Die Aufgaben des Zentralvorstandes der IG Wismut bei der weiteren Erhöhung der gesellschaftlichen Stellung der Frau« am 21. Juni 1979 in Crossen, S. 33.

528 SächsStAC, 32301, GL Wismut der SED, IV C 2/17/806. »Verbesserung der Arbeits- und Lebensbedingungen der werktätigen Frauen in der Handelsorganisation BVW durch die sozialistische Rationalisierung«, 15. 5. 1974, unpag. Der durchschnittliche Krankenstand in den Betrieben der SDAG Wismut betrug Mitte der siebziger Jahre sechs Prozent.

529 SAPMO-BArch, DY 52/1307, ZV IGW. Erfahrungsaustausch … , S. 34. SAPMO-BArch, DY 52/1902, ZV IGW. Frauenkonferenz am 29. Mai 1987 in Gera, S. 45.

530 SAPMO-BArch, DY 52/1307, ZV IGW. Erfahrungsaustausch … , S. 34.

531 Bouvier: Sozialstaat, S. 261.

532 Trappe: Emanzipation, S. 63.

533 Ebd., S. 66.

534 Ebd., S. 70. Diese Praxis der Kreditabzahlung wurde im Volksmund als »Abkindern« bezeichnet.

Schritte waren die Einführung der 40-Stunden-Arbeitswoche für Frauen mit drei und mehr Kindern unter 16 Jahren bzw. für Frauen im Schichtdienst, die Erhöhung des Mindesturlaubes für Frauen mit zwei und mehr Kindern sowie die bezahlte Freistellung von alleinstehenden Müttern bei Erkrankung des Kindes, wenn kein Krippenplatz zur Verfügung stand.[535] Die monetären Transfers der Sozialversicherung Wismut für das Schwangeren- und Wochengeld erhöhten sich im Zeitraum 1974-1978 um mehr als das Doppelte auf 3,08 Millionen Mark. Die Unterstützung für Mütter mit erkrankten Kindern betrug 166.700 Mark pro Jahr. Kinderbusse sorgten für den Transport des Nachwuchses in die Betreuungseinrichtungen, die oftmals bereits 6.00 Uhr morgens öffneten und insgesamt 1.300 Plätze zur Verfügung stellten. Eigens eingerichtete Frauenbusse beförderten 500 Mütter auf zehn verschiedenen Linien von den Kindertagesstätten zu ihren Arbeitsstellen.[536] Die Familienerholung wurde verbessert, in den Ferienheimen Oberwiesenthal, Berga/Elster und Zinnowitz spezielle »kombinierfähige« Zimmer eingerichtet.[537] 1978 nahmen 12.400 Familien mit Kindern den Feriendienst der IG Wismut in Anspruch. Besonders kinderreichen Familien galt die Sozialpolitik: Sie bekamen eine jährliche finanzielle Unterstützung aus dem Kultur- und Sozialfonds ihres Betriebes sowie bevorzugt Ferienplätze zur Verfügung gestellt.[538] In den späten achtziger Jahren verbesserte die DDR noch einmal die sozialpolitischen und finanziellen Konditionen. Der Schwangerschafts- und Wochenurlaub betrug nun 26 Wochen und wurde von der Sozialversicherung in Höhe des Nettodurchschnittsverdienstes bezahlt. Bei 428 Müttern in der Wismut AG bedeutete das einen Aufwand von 2,04 Millionen Mark im Jahr 1986. In den beliebtesten Urlaubsmonaten Juli und August erhielten kinderreiche Familien 62 Prozent der Plätze in Erholungsheimen, die Zahl der Familienzimmer war von 104 im Jahr 1978 auf 600 im Jahr 1987 gestiegen. 7.000 Ferienplätze konnten an Kinder alleinerziehender Mütter, Schichtarbeiterinnen oder kinderreicher Familien vergeben werden.[539]

6.3 Qualifizierung und Diskriminierung

Bis 1956 hatten sich 1.329 Arbeiterinnen für »höhere und verantwortungsvollere Funktionen« qualifiziert: als Haspelfahrerinnen, Pumpenwärterinnen und Lokführerinnen, aber auch als Sachbearbeiterinnen, Geologinnen oder Abteilungsleiterinnen.[540] Bei einer weiblichen Belegschaft von über 12.000 waren diese Erfolge jedoch mehr als dürftig.

---

535 Bouvier: Sozialstaat, S. 265.

536 SAPMO-BArch, DY 52/1307, ZV IGW. Erfahrungsaustausch ..., S. 27-30.

537 Da Vierbettzimmer in vielen Erholungsheimen rar waren, wurden für Familien mit zwei und mehr Kindern zwei nebeneinanderliegende Zimmer gebucht. SAPMO-BArch, DY 52/1902, ZV IGW. Frauenkonferenz am 29. Mai 1987 in Gera, S. 51.

538 SAPMO-BArch, DY 52/1307, ZV IGW. Erfahrungsaustausch ..., S. 2.

539 SAPMO-BArch, DY 52/1902, ZV IGW. Frauenkonferenz am 29. Mai 1987 in Gera, S. 42 f. u. 51 f.

540 SAPMO-Barch, DY 52/147, ZV IGW. »Bericht über die Förderung und Qualifizierung der Frauen in den Betrieben der SDAG Wismut«, 11. 1. 1956, S. 1.

Mit dem Frauenkommuniqué von 1961 rückte die berufliche Qualifizierung in den Mittelpunkt der Frauenerwerbspolitik. Zu dieser Zeit waren die meisten weiblichen Betriebsangehörigen in die »klassischen« Frauenberufe gewechselt, die es im Uranunternehmen gab: in die Verwaltung, ins Gesundheitswesen und vor allem in die Handelsorganisation Wismut. Im Bergbaubetrieb Aue beispielsweise waren von mehr als 5.000 Frauen 3.410 in den Handelsbetrieben der HO beschäftigt (also fast 60 Prozent), 858 in den Schächten und Übertagebetrieben (16 Prozent), 715 im Gesundheitswesen (13 Prozent) und 137 in der Hauptverwaltung (3 Prozent).[541] 1.150 Frauen besaßen einen Facharbeiterbrief, 250 konnten den Besuch einer Fachschule vorweisen (davon allein 241 aus dem Sektor Gesundheitswesen) und 20 Beschäftigte besaßen einen Hochschulabschluss. Alle Hoch- und Fachschulkader, so verkündete der Berichterstatter stolz, seien ihrer Qualifikation entsprechend eingesetzt.[542] Doch der Anteil von Frauen in mittleren und leitenden Positionen blieb gering, vor allem im Handelssektor. Lediglich 23 weibliche Beschäftigte im Kreisgebiet Aue besetzten höhere Leitungsfunktionen, davon drei in den Schächten und Übertagebetrieben, eine im Handel (bei über 3.000 Mitarbeiterinnen) sowie 19 im Gesundheitswesen.[543] Um die Qualifizierung und Weiterbildung der weiblichen Beschäftigten eines Betriebes zu garantieren, wurden Frauenförderpläne aufgestellt. Es galten Quotenregelungen: »Für die im Jahre 1964 vorgesehenen Lehrgänge für Fördermaschinisten, Kreiselwipper und Anschläger ist es notwendig, mindestens 50 % Frauen zu gewinnen.«[544] Um die Frauen später ihrer Ausbildung entsprechend einsetzen zu können, sollten ihre männlichen Kollegen auf andere Arbeitsplätze »umgesetzt« werden. Die selbstbewussten Forderungen von Partei und Gewerkschaft, die qualifizierten Frauen in entsprechende Funktionen einzusetzen, »wo jetzt noch Männer arbeiten«,[545] stießen jedoch im Betriebsalltag häufig an Grenzen. Für die männlichen Kollegen war das Vordringen der Frauen in »ihre« Domäne – gerade in einem Bergwerksbetrieb – schwer zu verkraften. Sie befürchteten Lohneinbußen und die Verdrängung aus ihrem angestammten Arbeitsplatz. Überdies zweifelten sie an der Vereinbarkeit von Technik und weiblichem Sachverstand. Da half es wenig, dass die Gewerkschaftsfunktionäre auf das glanzvolle Beispiel der sowjetischen Kosmonautin Walentina Tereschkowa verwiesen, die 1963 als erste Frau ins Weltall geflogen war.[546] Insbesondere die für Leitungsfunktionen vorgesehenen Frauen stießen nicht selten bei ihren männlichen Kollegen auf offene Ablehnung: »O je, eine Frau Brigadier, was würdest du denn machen, wenn ein Patschuk[547] verreckt?« fragte ein Arbeiter die im Kampfplan als Brigadeleiterin

[541] SächsStAC, 32301 GL Wismut der SED, IV 2/17/8. »Stand der Förderung und Qualifizierung der Frauen und Mädchen um Kreisgebiet«, 13. 2. 1962, S. 1. Prozentzahlen gerundet.
[542] Ebd.
[543] Ebd., S. 2.
[544] SAPMO-BArch, DY 34/1304, FDGB-BuVo. »Entwurf des Betriebskollektivvertrages 1964 für das Bergwerk Schmirchau«, Frauenförderplan, 6. 12. 1963, S. 18.
[545] SächsStAC, 32301, GL Wismut der SED, IV 2/17/1. Bericht, 7. 4. 1956, S. 2.
[546] SAPMO-BArch, DY 52/73, IGW. Referat Heinz Schönfeld (Vorsitzender der IGW) auf der 15. Zentraldelegiertenkonferenz der IG Wismut am 25. Juni 1963 in Crossen, S. 25.
[547] Vermutlich war Patschuk der Spitzname für ein technisches Gerät oder Fahrzeug, die genaue Funktion konnte nicht recherchiert werden.

vorgesehene Kollegin.[548] Andere verweigerten gar die Gefolgschaft: »Der Schlosser Kollege V. sagte unter anderem, daß er sich auf keinen Fall von einer Frau anstellen oder von ihr Vorschriften machen ließe.«[549] Kaderleiter hatten ihre eigenen Möglichkeiten, die Besetzung der Kolleginnen in Leitungspositionen zu torpedieren. Sie hielten sich nicht an die Frauenförderpläne oder erklärten sie unumwunden für falsch. Einer für die Funktion der stellvertretenden Abteilungsleiterin der Kaderabteilung vorgesehenen Juristin erklärte der Vorgesetzte, dass ihre Perspektiven auf einem anderen Gebiet lägen. Auf welchem, ließ er unerwähnt.[550] Ein weiteres Mittel war es, die Frauen auf ihren Arbeitsplätzen allein zu lassen mit ihren Sorgen und Nöten oder sie bei organisatorischen Veränderungen einfach wieder an eine andere Stelle zu setzen.[551] Die Gewerkschaft machte dafür die Generaldirektion verantwortlich, die nicht genug Einfluss auf die Weiterbildung der Arbeiterinnen nehme.[552] Die Frauen selbst spürten den Druck von allen Seiten auf sich lasten. Die gesellschaftliche Doktrin verlangte, dass sie die »große gesellschaftliche Kraft«, die sie als Frauen für den sozialistischen Staat bedeuteten, auch erkannten und sich weiterbildeten.[553] Zu Hause aber warteten Familie und Haushalt, die es zu besorgen galt. Diese Mehrfachbelastung konnte trotz umfangreicher sozialpolitischer Maßnahmen nie aufgelöst werden. Überdies mangelte es den weiblichen Beschäftigten oft an Selbstvertrauen, um die geforderten Aufgaben in mittleren und leitenden Funktionen erfüllen zu können.[554] Was wiederum nicht verwundert, denkt man an die oben beschriebenen Reaktionen der männlichen Kollegen.

In den siebziger Jahren wurde einiges getan, um das Interesse der Frauen und Mädchen an einer Qualifizierung zu wecken. Frauensonderklassen beim Fern- oder Direktstudium für Mitarbeiterinnen mit »erheblichen häuslichen und familiären Verpflichtungen« oder die zeitweilige Freistellung von der Arbeit bei Aufnahme eines Studiums waren nur ein Teil dieser Bemühungen.[555] Auf dem Feld der Sozialpolitik sorgten die Entscheidungsträger für eine vorrangige Bereitstellung von Kinderkrippen- oder Kindergartenplätzen, für Ferienschecks und Ferienlageraufenthalte besonders für alleinstehende Mütter oder junge Frauen. Büchergeld sowie Anerkennungsprämien für gute Noten beim Abschluss der Qualifizierungsmaßnahmen sollten als materieller Anreiz dienen.[556] Damit sich arbeitende Mütter trotz Mehrfachbelastung schön und weiblich fühlen konnten,

548 SAPMO-BArch, DY 52/73, IGW. Referat Heinz Schönfeld, S. 1.

549 SAPMO-BArch, DY 52/72, ZV IGW. Referat Heinz Schönfeld auf der 14. Zentralvorstandstagung der IG Wismut am 15. März 1963 in Karl-Marx-Stadt, S. 25.

550 SAPMO-BArch, DY 52/73, ZV IGW. 15. Zentralvorstandstagung, S. 22.

551 SAPMO-BArch, DY 34/1305, FDGB-BuVo. »Einschätzung des Standes und der Ergebnisse der Qualifizierung der Frauen in der SDAG Wismut«, 3. 3. 1964, S. 2.

552 SAPMO-BArch, DY 52/72, ZV IGW. 14. Zentralvorstandstagung, S. 24.

553 SAPMO-BArch, DY 34/1305, FDGB-BuVo. Einschätzung des Standes ..., S. 4.

554 Ebd.

555 SAPMO-BArch, DY 52/1076, ZV IGW. »Konzeption für die Aus- und Weiterbildung, für die Förderung der Frauen und Mädchen und der Jugend sowie für die weitere Verbesserung der Arbeits- und Lebensbedingungen der Werktätigen des Wismut-Handels im Planjahr 1971«, undat., S. 5.

556 SAPMO-BArch, DY 52/1303, ZV IGW. Erfahrungsaustausch der Frauenausschüsse mit dem Thema »Die Wirksamkeit der Frauenförderungspläne 1973 und ihre Vorbereitung für das Jahr 1974«, 9. 10. 1973 in Schlema, Beitrag Waltraud C., HO Karl-Marx-Stadt, S. 3.

boten manche Betriebe den kostenlosen Besuch eines Kosmetik- und Pediküresalons an. »[...] Denn nicht nur höhere Bildung, sondern auch gepflegtes Aussehen heben das Selbstvertrauen und fördern die Persönlichkeitsbildung.«[557] Die beabsichtigte Wirkung dieser Maßnahmen indes blieb hinter den Erwartungen zurück. 1973 besaßen zwar 77 Prozent der Frauen und Mädchen in der Wismut AG eine abgeschlossene Berufsausbildung, doch nur 24 Prozent besetzten eine ihrem Abschluss entsprechende Position im Betrieb.[558] Ebenso hatte sich der Anteil von Frauen in mittleren und leitenden Funktionen an der Gesamtbelegschaft kontinuierlich erhöht. Mit insgesamt 50 weiblichen Fachschulkadern im Jahr 1973 war die bis dahin höchste weibliche Qualifikationsrate erreicht worden.[559] Doch das alte Problem mangelnder Krippenplätze, die starke Belastung durch Haushalt und Familie sowie die »noch vorhandene Skepsis [männlicher Kollegen – J.S.] gegenüber dem Leistungsvermögen der Frauen« erschwerten die tatsächliche Einsetzung der Mitarbeiterinnen in Leitungsfunktionen.[560] Frauensonderklassen existierten mancherorts nur auf dem Papier, bei Weiterbildungskursen für insgesamt 710 Mitarbeiterinnen des Wismut-Handels hatte es keine einzige Sonderklasse gegeben.[561] In den achtziger Jahren stagnierte der Anteil von Frauen in Leitungspositionen in der gesamten SDAG bei etwa 30 – und das bei insgesamt 700 Hoch- und Fachschulkadern (1987) und einer Gesamtbelegschaftsstärke von ca. 50.000 Beschäftigten.[562] Bei all den materiellen, finanziellen und sozialen Anreizen, die ohnehin die Mehrfachbelastung der Frau kaum kompensieren konnten, war ein weiterer wichtiger Aspekt ausschlaggebend für die schlechte Integration der Frauen in verantwortungsvolle Positionen: der Verdienst. Obwohl Niedriglöhne von weniger als 400 Mark Brutto bereits 1967 abgeschafft worden waren,[563] erhielten weibliche Bandwarte 1971 gerade einmal 390 Mark.[564] Und während das Gehalt eines Ingenieurs zwischen 900 und 1.050 Mark betrug, erhielt die Ingenieurin K. nur 800 Mark – mit der Begründung, sie habe eine Übertage- anstatt einer Untertageplanstelle bekommen, wodurch sich der Wismut-Zuschlag halbierte.[565] In

[557] Ebd.

[558] SAPMO-BArch, DY 52/1303, ZV IGW. Erfahrungsaustausch ... , S. 12.

[559] Von 3 Prozent 1968 auf 7,3 Prozent 1973. SächsStAC, 32301, GL Wismut der SED, IV C 2/17/803. »Bericht über den Stand und die weitere Entwicklung der Aus- und Weiterbildung weiblicher Hoch- und Fachschulkader der SDAG Wismut und ihr Einsatz«, 22. 3. 1974, S. 2.

[560] Ebd., S. 8.

[561] SAPMO-BArch, DY 52/1077, ZV IGW. »Analyse über den Stand der Gestaltung sozialer Prozesse, insbesondere der Arbeits- und Lebensbedingungen, in den Betrieben des sozialistischen Konsumgüterbinnenhandels«, 30. 3. 1972, S. S. 14.

[562] SAPMO-BArch, DY 52/1792, ZV IGW. Referat Herbert Strienitz (Vorsitzender der IGW) auf der Frauenkonferenz am 28. Juni 1983 in Gera, S. 23 und SAPMO-BArch, DY 52/1902, ZV IGW. Frauenkonferenz am 29. Mai 1987 in Gera, S. 39.

[563] SAPMO-BArch, DY 52/1226, ZV IGW. »Bestimmung zur Durchführung der Verordnung vom 1. Juni 1967 über die Erhöhung des monatlichen Mindestbruttolohnes von 220,- auf 300,- MDN und die differenzierte Erhöhung der monatlichen Bruttolöhne unter 400,- MDN auf der Grundlage der Direktive vom 1. Juni 1967«, 13. 6. 1967, S. 1 f.

[564] Diese Tätigkeit wurde im Prämienzeitlohn bezahlt, d. h., die Frauen konnten 35 Prozent des Einkommens hinzuverdienen, wenn der Plan erfüllt wurde. SAPMO-BArch, DY 52/1309, ZV IGW. Braun, Vorsitzende Zentrale Frauenkommission des ZV der IG Wismut an die BGL, 21. 12. 1971, S. 3.

[565] SächsStAC, 32301, GL Wismut der SED, IV A 2/17/14. Beratung der Frauenkommission der GPL am 19. Juni 1963, 22. 6. 1963, S. 6.

Abb. 1: Blick auf den »Kulturpalast der Werktätigen« in Chemnitz-Siegmar, 1952.

Abb. 2: Vorgeschlagen für den Nationalpreis: Die Brigade Bleisch, die den Fünfjahresplan in 20 ½ Monaten erfüllte, 1952.

Abb. 3: Der 23-jährige »Held der Arbeit« Hans Bleisch, 1952.

Abb. 4: Bergarbeiterkrankenhaus »Georg Benjamin« in Erlabrunn, 1957.

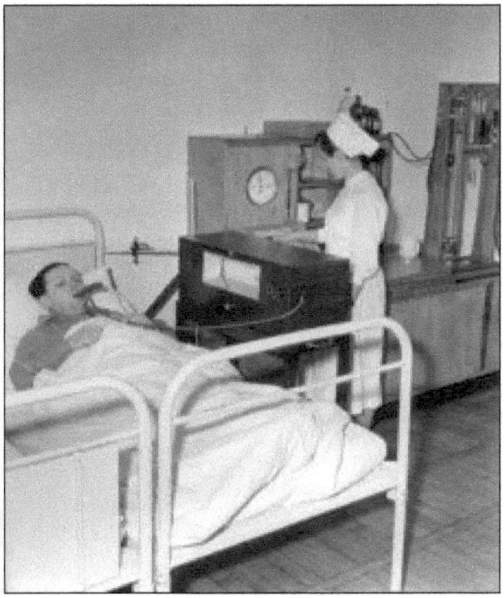

Abb. 5: Schwester Renate Prescher bei der Betreuung eines Schilddrüsenerkrankten im BAK »Dr. Georg Benjamin« Erlabrunn, 1957.

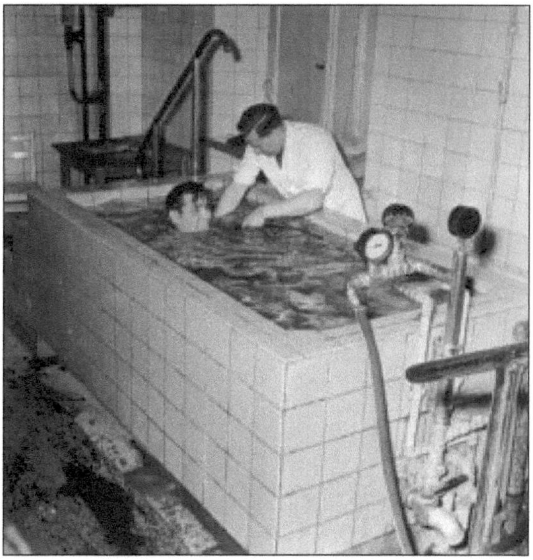

Abb. 6: Unterwassermassage im BAK »Dr. Georg Benjamin« Erlabrunn, 1957.

Abb. 7: »Held der Arbeit« Johannes Pfeiffer beim Bohren eines Sprengloches, Oberschlema, 1957.

Abb. 8: Walter Ulbricht im Gespräch mit dem Nationalpreisträger der Wismut AG, Sepp Wenig, am Rande der Bitterfelder Konferenz, 1959.

Abb. 9: Szenenbild des Arbeitertheaters der IG Wismut: Geprobt wird das Schauspiel »Eine Geschichte aus Irkutsk« von Alexej Arbussow, 1961.

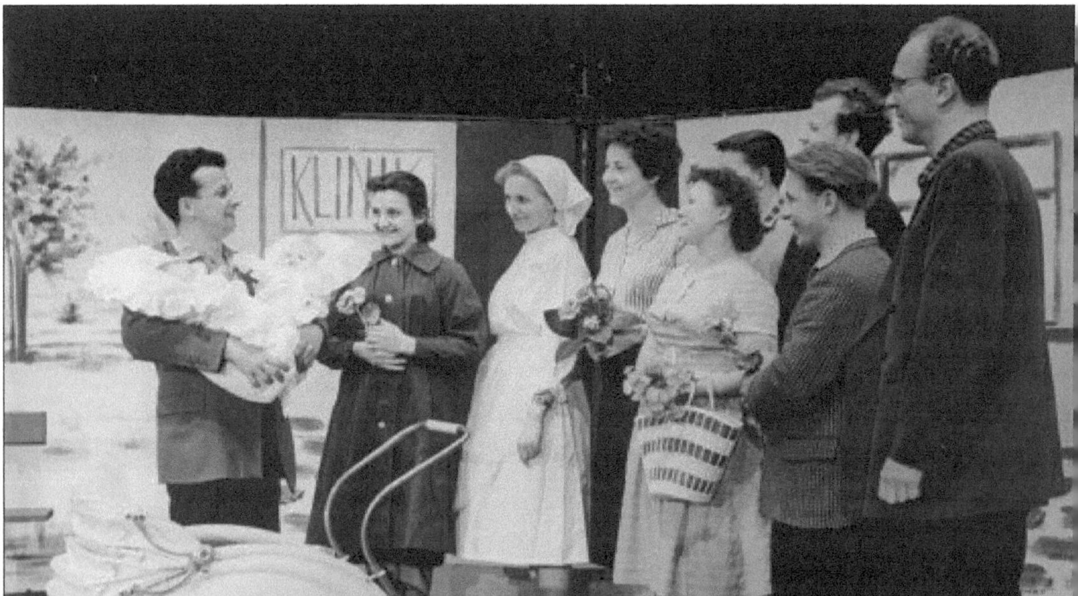

Abb. 10: Blick auf die neu errichtete Bergarbeitersiedlung in Gera Bieblach, 1962.

Abb. 11: Aufbereitungsbetrieb Seelingstädt: Arbeiter verräumen und zerkleinern das Uranerz auf dem Bunkerrost von Hand, 1963.

Abb. 12: Übertageanlagen des Betriebs Schmirchau, 1964.

Abb. 13: Betriebsgelände Beerwalde, 1965.

Abb. 14: Schacht 38 Schlema-Alberoda: Blick vom Parkplatz, 1965.

Abb. 15: Tagebau Lichtenberg: Einsatz der Kipperfahrer unter schlechten Wetterbedingungen, 1965.

Abb. 16: Blick auf Schlema-Alberoda 1965. Im Hintergrund Halde Nr. 64.

Abb. 17: Sepp Wenig, Arbeitsdirektor in der SDAG Wismut. Porträt von Carl Kuhn, 1965.

Abb. 18: Havarie am Tagebau Lichtenberg: Haldenrutsch an der Nordhalde, 1966.

Abb. 19: Vom Bau- und Montagekombinat der SDAG Wismut errichtetes Schwimmbad in Ronneburg, 1968.

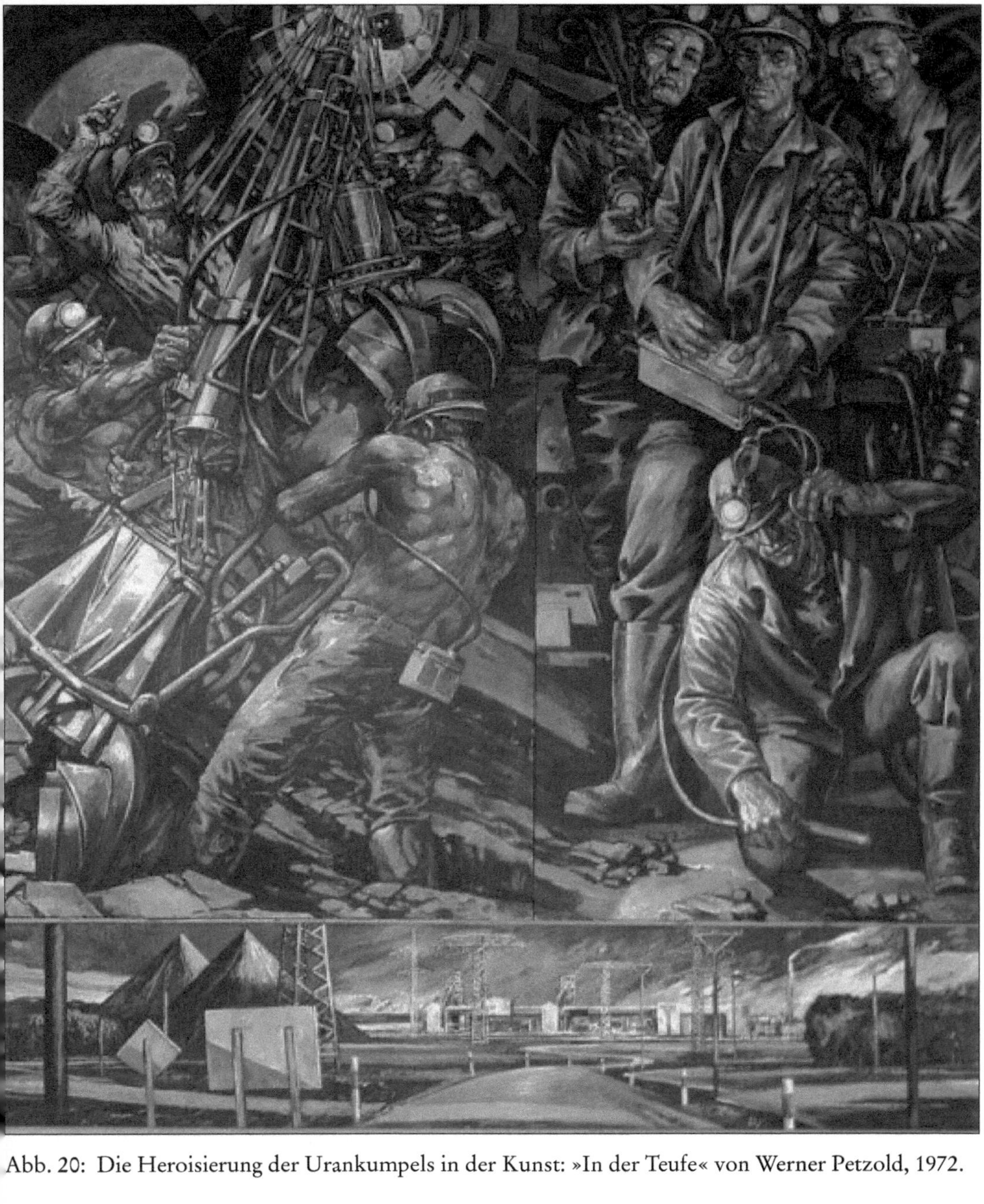

Abb. 20: Die Heroisierung der Urankumpels in der Kunst: »In der Teufe« von Werner Petzold, 1972.

Abb. 21: Wismutkumpel an der Bohrsäule K1R 1976.

Abb. 22: Sprühanlagen zur Staubbekämpfung, 1975.

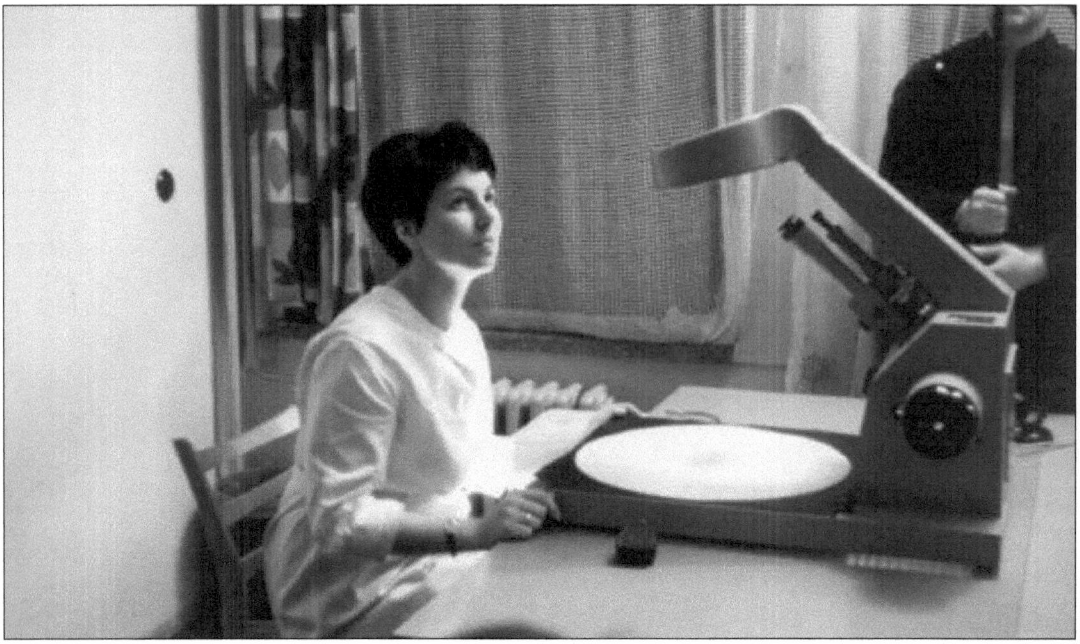

Abb. 23: Auswertung von Staubmessungen im Arbeitshygienischen Zentrum Niederdorf, 1975.

Abb. 24: Schacht und Halde Nr. 66 in Schlema-Alberoda. Im Vordergrund: Busse des Berufsverkehrs, 1975.

Abb. 25: Jugendblasorchester Bernsdorf, finanziert von der Generaldirektion der Wismut AG, 1979.

Abb. 26: Bergarbeiter im Schacht. Siebziger o. Achtziger Jahre.

Abb. 27: Die Spitzkegelhalden bei Ronneburg, 1990. Sie wurden 2007 abgetragen.

Abb. 28: Arbeitskampf in Gera: Tausende Kumpel demonstrieren gegen den Verlust ihrer Arbeitsplätze, 1990.

allen Betriebsteilen der SDAG Wismut war das Problem der geringeren Bezahlung von Frauen bekannt, ohne dass es sichtbare Bemühungen um Abschaffung dieses Übelstandes gegeben hätte.[566]

Ein Ausweg aus dem Dilemma der Mehrfachbelastung lag in der Teilzeitarbeit. Diese Möglichkeit wurde seit den sechziger Jahren verstärkt von den erwerbstätigen Frauen in der gesamten DDR genutzt: Lag der Anteil teilzeitbeschäftigter Frauen 1958 noch bei neun Prozent, so war er 1970 bereits auf 30 Prozent gestiegen.[567] In der SDAG Wismut lag der Anteil bei 10,2 Prozent, d. h. von 4.943 weiblichen Beschäftigten arbeiteten 504 in Teilzeit.[568] Der überwiegende Teil der verkürzt arbeitenden Frauen (319) waren Verwaltungsangestellte wie Buchhalterinnen oder Sekretärinnen, ca. ein Drittel der Teilbeschäftigten (172) waren Produktionsarbeiterinnen. Nur elf der 504 Frauen kamen aus dem Bereich des ingenieur-technischen Personals bzw. waren Hoch- und Fachschulkader.[569] In der Handelsorganisation lagen die Zahlen weitaus höher. Hier arbeiteten 1976 41,2 Prozent der über 5.000 Mitarbeiterinnen in Teilzeit, im Gesundheitswesen betrug der Anteil 17,1 Prozent.[570]

Tab. 12: Gründe für Teilzeitbeschäftigung bei Frauen, nach einer Befragung, 1976.

Motive	Befragte Frauen in Verwaltung, Handel & Gesundheitswesen	Prozent
Gesundheitszustand	807	33,1
Betreuung der Kinder im schulpflichtigen Alter	711	29,2
Ausreichendes Einkommen des Ehegatten	347	14,2
Betriebliche Gründe	320	13,1
Große Familie bzw. Schichtarbeit	113	4,7
Schichtarbeit des Ehegatten	55	2,3
Schlechte Verkehrsanbindungen	42	1,7
Fehlender Kindergartenplatz	22	0,9
Fehlender Kinderkrippenplatz	20	0,8

566 Ebd., unpag. und SächsStAC, 32301 GL Wismut der SED, IV B 2/17/964. »Einschätzung über die Arbeit mit den Mädchen und Frauen entsprechend den Beschlüssen des Frauenkongresses und der SED-Gebietsleitung«, 7.5.1970, S. 1.

567 Schwartz, Michael: Emanzipation zur sozialen Nützlichkeit. Bedingungen und Grenzen von Frauenpolitik in der DDR, in: Hoffmann, Dierk und Michael Schwartz (Hg.): Sozialstaatlichkeit in der DDR. Sozialpolitische Entwicklungen im Spannungsfeld von Diktatur und Gesellschaft. 1945/49-1989, München 2005, S. 66.

568 Diese Angaben beziehen sich nur auf direkt zu den Betrieben der SDAG gehörige Beschäftigte, ausgenommen sind die Sektoren Handel und Gesundheitswesen. SAPMO-BArch, DY 52/320, ZV IGW. »Analyse zum Stand der Teilzeitbeschäftigung von Frauen in den Betrieben der SDAG Wismut und ihre Ursachen«, 26. 5. 1972, S. 1.

569 Ebd., S. 2.

570 SächsStAC, 32301, GL Wismut der SED, IV C 2/17/797. »Die Förderung von Frauen und Mädchen im Industriezweig Wismut und seinen Einrichtungen sowie Probleme der Entwicklung der Teilzeitarbeit«, 16.11.1976, S. 6.

Partei und Gewerkschaft sahen diese Entwicklung nur ungern. Die verkürzte Arbeitszeit behindere nicht nur die Persönlichkeitsbildung, sondern vor allen Dingen die Teilnahme am politischen Leben und die Bereitschaft, eine gesellschaftliche Funktion zu übernehmen.[571] Vor allem aber die von den Frauen angegebenen Gründe für die Übernahme einer Teilzeitbeschäftigung beunruhigten die Funktionäre. Mangelnde Krippenplätze oder ein knappes Zeitbudget auf Grund hoher Ausbleibezeiten und schlechter Verkehrsverbindungen wurden zwar als Ursachen durchaus anerkannt. Oft waren jedoch individuelle Interessen und der Wunsch nach großzügigerer Freizeitgestaltung Hauptmotive für die Teilzeitbeschäftigung.[572]

Für die Funktionäre lag die Beseitigung dieses Übels nicht nur in der Verbesserung der Arbeits- und Lebensbedingungen für die Frauen. Sie scheuten auch vor repressiven Maßnahmen nicht zurück. Vor allem Frauen ohne Kinder oder mit nur einem Kind sahen sich der Null-Toleranz-Politik der Entscheidungsträger ausgesetzt. Dazu gehörten Aussprachen – teilweise unter Hinzuziehung des Ehemannes – oder die Nachweispflicht für soziale Dringlichkeit, wie z. B. ein ärztliches Attest oder die Stellungnahme der Gewerkschaftsgruppe.[573] Vermutlich ließen sich die wenigsten Frauen von dieser Bevormundung schrecken, denn der prozentuale Anteil teilzeitbeschäftigter Mitarbeiterinnen im Handel blieb in den achtziger Jahren weitgehend konstant (Tab. 13)

Tab. 13: Entwicklung der Teilzeitarbeit von Frauen in der HO Wismut, 1976-1981.

Jahr	Frauen insg.	Teilzeitbesch. Frauen		Davon Hochschulkader		Fachschulkader		Rentnerinnen	
		gesamt	%	gesamt	%	gesamt	%	gesamt	%
1976	6.125	2.544	41,5	1	0,04	8	0,3	415	16,3
1977	6.065	2.483	40,9	1	0,04	9	0,4	383	15,4
1978	6.129	2.484	40,1	1	0,04	14	0,6	353	14,2
1979	6.130	2.450	40,0	2	0,08	13	0,5	348	14,2
1980	6.089	2.438	40,6	4	0,16	14	0,6	337	13,8
1981 (30.9.)	6.220	2.531	37,8	3	0,12	19	0,8	323	13,7

571 SAPMO-BArch, DY 52/320, ZV IGW. Analyse zum Stand der Teilzeitbeschäftigung ..., S. 3.

572 SächsStAC, 32301, GL Wismut der SED, IV C 2/17/802. »Die Entwicklung der Beschäftigung von Frauen und Mädchen im Industriezweig Wismut und seinen Einrichtungen, insbesondere Probleme der Teilzeitbeschäftigung«, 13. 6. 1972, S. 4 und SächsStAC, 32301, GL Wismut der SED, IV C 2/17/803. »Einschätzung über die Entwicklung der Teilzeitbeschäftigung der Frauen in den Betrieben der SDAG Wismut«, 21. 2. 1975, S. 2.

573 SächsStAC, 32301, GL Wismut der SED, IV C 2/17/802. Die Entwicklung der Beschäftigung ..., S. 12. Ebd. »Zuarbeit zu Fragen der Teilzeitbeschäftigung im Wismut-Handel«, 22. 8. 1973, S. 1.

V.

»ICH BIN BERGMANN – WER IST MEHR?« INSZENIERUNG, STILISIERUNG, ANEIGNUNG

»Der Mensch [...] verwandelt die Arbeit aus einer schimpflichen und schweren Last, als die sie früher galt, in eine Sache der Ehre, in eine Sache des Ruhmes, in eine Sache des Heldentums und des Heroismus.«[1]

1. Inszenierungsmuster

Die Inszenierung der Arbeiterklasse gehörte von Anfang an zum Legitimationsrepertoire der SED.[2] Da sich die Partei als »Vorhut der Arbeiterklasse« begriff, musste sie diese zwangsläufig als elementaren Bestandteil der DDR-Sozialstruktur präsentieren. Das im Nationalsozialismus vom sozialen Abstieg betroffene Arbeitermilieu wurde nun »zum Ausgangsmilieu für den Elitenwechsel stilisiert«, was zur »massenhaften Erzeugung unechter Proletarier« führte.[3] Quantitativ präsentierten die Funktionseliten die gewünschte Sozialstruktur in großzügig ausgelegten Statistiken, in denen unter dem Begriff des Produktionsarbeiters neben Bergarbeitern und Betriebsschlossern auch Friseurinnen, Krankenschwestern oder Angestellte subsummiert wurden.[4] Bei der Inszenierung der Arbeiterschaft aber griff man gerade in den Nachkriegsjahren auf diejenigen Industriearbeiter zurück, deren Tätigkeiten unmittelbar zum wirtschaftlichen Wiederaufbau beitrugen, wie Fabrik-, Bau- und Bergarbeiter. Die Stilisierung der Arbeiterklasse erinnerte nicht selten an Inszenierungsmuster des Nationalsozialismus, orientierte sich aber überwiegend an sowjetischen Vorlagen.[5] Dazu gehörten sorgfältig geplante Leistungs- und Produktionsrekorde, die in der weithin bekannten Hennecke-Bewegung, in Aktivisten- und Neuererinitiativen kulminierten. Ein weiteres Mittel war die Stilisierung von Einzelpersonen als Paradebeispiele des fortschrittlichen Vertreters der Arbeiterklasse.

---

1 Stalin im Bericht an den XVI. Parteitag der KPdSU 1930, zit. in: Helden der Arbeit. Aus dem Leben und Wirken der Helden unserer Zeit berichten K. Grünberg, E.R. Greulich, P. Körner-Schrader, B. Brennecke, H. Kroll, M. Hein, W. Dworsky, W. Radetz, H. Otto, Berlin 1951, Frontispiz.

2 Hübner, Peter: Arbeiterklasse als Inszenierung sowie Kleßmann, Christoph: Die stilisierte Klasse. Arbeiter und Arbeiterbewegung in der Entstehungsphase der DDR (1945-1948), in: Archiv für Sozialgeschichte 39 (1999), S. 19-71.

3 Merkel, Ina: Arbeiter und Konsum im real existierenden Sozialismus, in: Hübner/Tenfelde: Arbeiter in der SBZ/DDR, S. 538.

4 Hübner: Arbeiterklasse als Inszenierung, S. 206.

5 Ebd., S. 205.

Für die Inszenierung der Wismut-Kumpel gab es besondere Motive. Zum einen genoss der Uranbergbau in den Gründungsjahren bei der einheimischen Bevölkerung einen denkbar schlechten Ruf. Angst und Ablehnung empfanden die meisten Menschen im Erzgebirge und in Ostthüringen angesichts von Alkoholismus, Kriminalität und Wirtshausschlägereien der zugereisten Kumpel. Da die gesellschaftliche Missbilligung auf die Bergleute zurückwirkte, war eine Aufwertung des Berufsbildes auch in deren Interesse vonnöten. Überdies bedurfte eine Tätigkeit, die mit so außerordentlichen Gefahren und Gesundheitsrisiken verbunden war, einer besonderen Legitimation, die nicht allein finanziell kompensiert werden konnte. Die Arbeiter des Uranerzgebietes waren keineswegs eine homogene Bergarbeitergemeinschaft, wie beispielsweise jene im Ruhrgebiet, die sich durch Jahrhunderte lange Traditionen, Symbole und Rituale konstituiert hatte.[6] Ihnen fehlte die Erfahrung von Solidarität und Zusammenhalt, von Berufsstolz und Berufsethos – soziale Komponenten, die dem gefährlichen Beruf den Nimbus der Ehrenhaftigkeit verliehen. Im Gegenteil: Sowohl die gänzlich heterogene Sozialstruktur der zusammengewürfelten Belegschaft als auch der Leistungsdruck des sozialistischen Wettbewerbs führten in den ersten Jahren zur Entsolidarisierung, die ihren Ausdruck unter anderem im gegenseitigen Stehlen des Werkzeugs fand.[7] Es ist daher nicht nur zu fragen, in welcher Weise die Beschäftigten als Vertreter der Arbeiterklasse, als Arbeitshelden inszeniert und stilisiert wurden, sondern ebenfalls, wie diese Mechanismen auf sie zurückwirkten.

Die um 1950 vollzogenen Strukturmaßnahmen in der SAG Wismut, namentlich die Massenentlassungen »unzuverlässiger« Arbeiter sowie die Festigung von Stammbelegschaften, förderten die Inszenierung des Bergmannsberufs in zwei Richtungen: Zum einen forcierten sie die auf Außenwirkung setzende Profilierung der Wismut-Kumpel als fortschrittliche und systemtreue Vertreter der Arbeiterklasse, zum anderen die sinn- und identitätsstiftende Bedeutung der Arbeit zum Zwecke einer zukunftsfrohen Selbstwahrnehmung.

Der Bergmannsberuf im Allgemeinen erfuhr mit der »Verordnung zur Verbesserung der Lage der Bergarbeiter« im August 1950 seine soziale Aufwertung.[8] Dass dieser Erlass die Löhne und Gehälter im Bergbau an die »Spitze der Facharbeiterlöhne [...] aller Industrien« setzte,[9] war für die SAG Wismut kaum relevant, da ihre Löhne ohnehin bereits Spitzenwerte erreicht hatten. Interessanter war Paragraph 6, der die »besonderen Ehrenrechte« der Bergleute fixierte. Neben allgemeinen beruflichen Auszeichnungen wie »Held der Arbeit« sollte es nun bergbauspezifische Ehrentitel geben. Der Titel »Meisterhauer« beispielsweise war an besonderes Können und vorbildliche Leistung geknüpft; das Abzeichen »Verdienter Bergmann des Volkes« konnte nach mindestens fünfjähriger Arbeitszeit im Bergbau mit »hervorragenden fachlichen Qualitäten« sowie mit der »ent-

---

6 Allgemein dazu auch Tenfelde: Sozialgeschichte der Bergarbeiterschaft.

7 Engeln: Uransklaven, S. 229.

8 »Verordnung über die Verbesserung der Lage der Bergarbeiter, des ingenieurtechnischen und kaufmännischen Personals sowie der Produktionsverhältnisse im Bergbau der Deutschen Demokratischen Republik vom 10. August 1950«, in: GBl. der DDR Nr. 91 vom 19. August 1950.

9 Ebd., S. 832 f.

sprechenden gesellschaftlichen Einstellung« erworben werden.[10] Die Verordnung verfügte außerdem die Anschaffung eines einheitlichen Ehrenkleides. Der erste Sonntag im Juli wurde zum »Tag des deutschen Bergmannes« ausgerufen, den man später in »Tag des Bergmannes der DDR« umbenannte.[11] Mit der Aufwertung des Bergarbeiterberufs begab sich die SED-Führung in eine historische Tradition, die den deutschen Bergbau seit Jahrhunderten prägte. Denn nicht immer hatten Bergleute ein hohes Ansehen genossen. Im Römischen Reich holten Sklaven die kostbaren Erdschätze aus dem Berg und auch später blieb die schwere Arbeit unter der Erde den Ungelernten vorbehalten.[12] Im 16. Jahrhundert war die Reputation dieses Berufszweiges so ruinös, dass Georg Agricola das erste seiner »Zwölf Bücher vom Berg- und Hüttenwesen« allein dem Berufsethos der Bergleute widmete. Er verteidigte die Ehre der Arbeiter, die im öffentlichen Ansehen nicht nur als rau und dreckig, sondern auch als unehrlich galten, da das von ihnen geförderte Silber und Gold für Habgier und Verderben in der Welt verantwortlich sei. Agricola versuchte seine Leser davon zu überzeugen, dass ein Bergmann für seine Tätigkeit mannigfaltige Fähigkeiten und Kenntnisse besitzen müsse und daher keineswegs als ungelernt und unnütz bezeichnet werden könne. »Ferner ist der Erwerb des Bergmannes auch nicht schmutzig. Wie könnte er es auch sein, der so groß, so reich und so redlich ist! [...] Der Bergbau ist ein durchaus ehrliches Gewerbe.«[13] Es war schließlich das im 19. Jahrhundert eingeführte Direktionsprinzip,[14] welches vor allem in den Kohlerevieren an der Ruhr und im sächsischen Silberbergbau mit einer Mischung aus Privilegierung, Disziplinierung und Traditionsbildung bergmännisches Berufsethos konstituierte.[15] Traditionsstiftende Maßnahmen wie die Implementierung von Festen, Feiertagen und Uniformen sowie die Gründung bergbauspezifischer Sozial- und Versicherungssysteme, der Knappschaftskassen, generierten nicht nur ein Gemeinschaftsgefühl, sondern stellten auch die Konsolidierung der Machtverhältnisse und die Identifizierung mit der Obrigkeit her.[16] Die Obrigkeit der DDR flankierte die sinn- und traditionsstiftenden Maßnahmen des Bergarbeitergesetzes mit den öffentlichen Auftritten ihres Ministerpräsidenten. Otto Grotewohl nutzte gerade in den fünfziger Jahren die Bergmannstage zu öffentlichen Auftritten in Bergwerken und zu erbaulichen Reden. So pries er 1951 die Errungenschaften der Bergarbeiter – insbesondere im Kohle-, Eisen-, Stahl- und Kalibergbau – als

10 Ebd., S. 834.

11 Es muss hier erwähnt werden, dass nicht nur der Bergmann seinen Ehrentag hatte; dem sowjetischen Vorbild folgend wurden berufliche Festtage auch für Lehrer, Bauarbeiter und andere Berufsgruppen eingeführt, um Leistungsbereitschaft und Motivation zu fördern. Danyiel, Jürgen: Politische Rituale als Sowjetimporte, in: Jarausch, Konrad H. und Hannes Siegrist (Hg.): Amerikanisierung und Sowjetisierung in Deutschland. 1945-1970, Frankfurt/M. 1997.

12 Wächtler, Eberhard: Mit Schlegel und Eisen. Von Bergleuten und Bergbautraditionen, Leipzig 1996, S. 9.

13 Agricola: De re metallica, S. 20 f.

14 Das Direktionsprinzip bedeutete die direkte Leitung der Gruben und ihrer Arbeiterverhältnisse durch den Staat mit Hilfe der Bergbehörden. Tenfelde: Sozialgeschichte der Bergarbeiterschaft, S. 64.

15 Ebd., S. 97 sowie Slotta, Rainer: Regionale Traditionen der Bergbaukultur in Deutschland, in: Löden, Sönke: Montanlandschaft Erzgebirge. Kultur – Symbolik – Identität, Leipzig 2003, S. 30.

16 Tenfelde: Sozialgeschichte der Bergarbeiterschaft, S. 130.

»Schlüssel für den Wohlstand des Volkes«.[17] Den Uranerzbergbau erwähnte Grotewohl aus politischen Gründen nicht – außerdem arbeiteten die Wismut-Kumpel ohnehin nicht für die Volkswirtschaft der DDR. Nach dem Volksaufstand des 17. Juni 1953 hielten es die Machthaber jedoch für angezeigt, neben anderen Bergarbeitern auch die »Wismuter« lobend hervorzuheben. Während der parteitreue Schriftsteller Kurt Barthel (»KuBa«) im Neuen Deutschland scharf mit dem Verhalten der Industriearbeiter ins Gericht ging, die landesweit gegen »ihre« Arbeiter-und-Bauern-Regierung auf die Straße gegangen waren,[18] blieb es Grotewohl vorbehalten, die fortschrittlichen Vertreter der Arbeiterklasse zu würdigen. Anlässlich des Bergmannstages am 4. Juli 1953 in Zwickau lobte er das »vorbildliche Verhalten« der Bergleute während der Juni-Ereignisse.[19] Im Zwickau-Oelsnitzer Revier habe kein einziger Kumpel die Arbeit niedergelegt, die Beschäftigten der Wismut hätten am 17. Juni eine »unbeirrbare Haltung« gezeigt und in der Produktion Großartiges geleistet.[20] Obschon es im Uranerzbergbau tatsächlich verhältnismäßig ruhig blieb, war Grotewohls Aussage nicht ganz korrekt. In Gera war es sehr wohl zu gewalttätigen Ausschreitungen von Wismut-Kumpel gekommen. Davon wird noch ausführlicher zu sprechen sein. Die Worte des Ministerpräsidenten stellten jedenfalls klar, wer zu den fortschrittlichen Akteuren der Arbeiterschaft gehörte und sich die Anerkennung der Machthaber verdient hatte.

Otto Grotewohl soll es auch gewesen sein, der den Slogan »Ich bin Bergmann – Wer ist mehr?« auf dem ersten Tag des Bergmannes 1950 prägte.[21] Möglicherweise kursierte der Wahlspruch auch schon früher, in jedem Falle verfehlte er seine Wirkung nicht. Er plakatierte das Lebensgefühl einer ganzen Generation von Wismut-Kumpels. Und nicht nur im übertragenen Sinne: 1953 entwarf der Grafiker Klaus Wittkugel tatsächlich ein Plakat zum Slogan. Es zeigt einen jungen, fröhlich lachenden Mann mit schmutzigem Gesicht und blendend weißen Zähnen, der wohl gerade aus dem Schacht ausgefahren ist.[22] Die Identifikations- und

---

17 »Der Bergmann für Volk und Regierung – Volk und Regierung für den Bergmann.« Aus der Rede zum Tag des deutschen Bergmannes, 30.6.1951, in: Grotewohl, Otto: Im Kampf um die einige Deutsche Demokratische Republik. Reden und Aufsätze. Auswahl aus den Jahren 1945-1953, Berlin 1954, S. 390.

18 Unter dem Titel »Wie ich mich schäme« bezichtigte er die Arbeiter der Verblendung und Illoyalität gegen den »Tischler Walter Ulbricht«: »Ihr zogt in schlechter Gesellschaft durch die Stadt. Ihr zogt mit dem Gesindel, das, von den großen Weltbrandstiftern gedungen, schon die Benzinflaschen in der Tasche trug, mittels denen sie morgen eure Baugerüste anzünden würden … «, in: Neues Deutschland vom 20. Juni 1953, zit. in: Glaessner, Gert-Joachim: Selbstinszenierung von Partei und Staat, in: Vorsteher: Parteiauftrag, S. 35.

19 »Dank und Anerkennung unseren Bergleuten.« Rede auf dem Staatsakt zum Tag des deutschen Bergmannes in Zwickau, 4.7.1953, in: Grotewohl: Im Kampf, S. 391.

20 Ebd., S. 398.

21 Diesen Hinweis verdanke ich Gotthard Bretschneider, ehemaliger Mitarbeiter im ZV der IG Wismut. Der Zeitzeuge Veit Kühn erinnerte sich im Interview, dass der Ministerpräsident den Slogan bei einer Rede im Bergwerk Schmirchau 1952 geprägt habe. In der Betriebsbroschüre über die Geschichte des Bergwerks Schmirchau ist allerdings nachzulesen, dass Grotewohl erst 1959 in Schmirchau war. Das schließt aber nicht aus, dass sich der Ministerpräsident des Öfteren dieses beliebten Ausspruches bediente.

22 Für diesen Hinweis danke ich Gotthard Bretschneider.

Aneignungsprozesse, die der Slogan möglicherweise auslöste, werden im Folgenden ausführlicher erörtert.

Um Anerkennung und Berufsethos auch nach außen zu festigen, genügte den Entscheidungsträgern in den fünfziger Jahren noch der Verweis darauf, dass die Bergleute als Produktionsarbeiter an der Spitze des Industriegeschehens stünden und daher als »Mensch 1. Klasse« anzusehen seien.[23] Konstituenten dieser Anerkennungspolitik waren zum einen Eingriffe in die traditionellen Praktiken des Erzgebirges: Ab Mitte der fünfziger Jahre marschierten die Wismut-Kumpel an der Spitze der historischen Bergaufzüge, die vor allem in der Adventszeit musizierend durch die Städte ziehen.[24] Die Tradition der Bergmannsparaden wurde später auch auf Thüringer Ortschaften ausgeweitet.[25] Damit erhielten moderne Bergarbeiterstädte wie Ronneburg mit den wismuteigenen Wohnsiedlungen, Läden und Kulturhäusern gleichsam einen traditionellen Impetus und legitimierten den »Mikrokosmos« des Uranerzbergbaus vor der Bevölkerung. Zum anderen sollten die Kumpel und ihre Familien Vorbildfunktionen als »sozialistische Menschen« ausüben, so z. B. bei den Kommunal- oder Volkskammerwahlen. Bei deren Vorbereitung legte die Gewerkschaft größten Wert darauf, dass die Bergleute und ihre Familien die Ersten an den Wahlurnen waren. Kumpel, die einen PKW besaßen, sollten alte und gebrechliche Personen zur Wahl transportieren.[26] Tatsächlich waren 90 Prozent der Bewohner in den Bergarbeitersiedlungen Gera-Bieblach und »Glück Auf« in Ronneburg am Wahltag des 2. Juli 1967 bereits vor elf Uhr zur Wahl erschienen. 80 Hausgenossenschaften in Bieblach hatten geschlossen die Wahllokale besucht.[27] Derlei Gemeinschaftsrituale wirkten in mehrerlei Hinsicht verbindend: erstens zur Vermittlung von Fortschrittlichkeit und Loyalität nach außen, zweitens zur Festigung von Zusammenhalt und Solidarität nach innen; und drittens übte die Gemeinschaft auch eine kontrollierende Funktion aus.[28] Allerdings stellt sich die Frage, ob sich ein zu hoher Grad an Solidarität und Kameradschaftlichkeit nicht auch gegen die Funktionsträger, gegen den Staat richten konnte, zumindest dann, wenn man gemeinsame Interessen durchzusetzen suchte.

2. Helden-(De)Konstruktionen

Mit dem Inszenierungsmuster der öffentlichkeitswirksamen Stilisierung exponierte man Einzelne exemplarisch als »fortschrittliche« Vertreter der Arbeiterklasse.[29]

---

23 SAPMO-BArch, DY 52/102 a, ZV IGW. Sekretariatssitzung am 10. Februar 1950, S. 7.

24 Ein Modell zur Aufstellung der Bergleute bei den Paraden befindet sich im Museum des Uranbergbaus in Schlema.

25 Riedl: Die Wismut in Ronneburg, S. 83-94.

26 SAPMO-BArch, DY 52/282, ZV IGW. Bericht zur Lage, 14. 7. 1967, S. 3.

27 Ebd., S. 4.

28 Danyiel: Politische Rituale, S. 75.

29 Hübner: Arbeiterklasse als Inszenierung, S. 212.

Es waren vor allem der Bergmann Adolf Hennecke, die Textilarbeiterin Frieda Hockauf oder der Ringofenmaurer Hans Garbe, deren kanonisierte Heldenerzählungen im nationalen Gedächtnis der DDR verankert waren.[30] Die Institutionalisierung von Arbeitshelden wurde dem sowjetischen Vorbild entlehnt. Dort hatte es 1927 zum ersten Mal den Titel »Held der Arbeit« gegeben, der später in »Held der sozialistischen Arbeit« umbenannt wurde.[31] Nach einer Phase des »kollektiven Arbeitsheroismus« war es die 1935 initiierte Stachanow-Bewegung, die die individuelle Leistung zur Heldentat erkor.[32] Namensgeber der Aktivisteninitiative war Alexej Stachanow, ein Kohlekumpel aus dem Donezbecken, der in der Nacht des 30./31. August 1935 das Vierzehnfache der Norm, also 102 Tonnen Kohle, aus dem Berg holte.[33] Nach anfänglicher Missbilligung für die Aktion des »Normenbrechers« taten es ihm viele andere Industriearbeiter gleich und lösten einen Rekordboom aus, in dem jeder den anderen zu übertrumpfen suchte.[34] Nach einem solchen Vorbildaktivisten, der die marode Einstellung der Kumpel zur Arbeit ändern sollte, suchten Partei-, Gewerkschafts- und Betriebsfunktionäre des Zwickau-Oelsnitzer Reviers gemeinsam mit Redakteuren der »Täglichen Rundschau« im Oktober 1948.[35] Sie stießen dabei auf den Bergmann Adolf Hennecke. Der gelernte Kaufmann aus dem Ruhrgebiet war weder jung noch besonders stattlich anzusehen.[36] Doch er war SED-Mitglied und Arbeitsinstrukteur – und er besaß offenbar genug politisches Bewusstsein zur Ausführung einer solchen Vorbildtat.[37] In einer gut vorbereiteten Schicht und unter den besten Arbeitsbedingungen erbrachte Hennecke am 13. Oktober 1948 eine Rekordleistung von 387 Prozent.

Zum »Hennecke der Wismut« avancierte Josef Wenig. Mit 51 Jahren ergriff er den Bergmannsberuf recht spät, dafür ging es mit seiner Karriere schnell steil bergauf. Wenig entwickelte sich vom einfachen Fördermann zum Leistungsträger

---

30 Nachlesen lassen sich die Heldenporträts in: Helden der Arbeit von 1951 sowie in: Aus der Geschichte der Aktivistenbewegung der DDR. Arbeiterporträts (Luise Ermisch, Franz Franik, Erich Seifert, Walter Tille, Erich Wirth), in: Beiträge zur Geschichte der Arbeiterbewegung 21 (1979) 5.

31 Sartorti, Rosalinde: Helden des Sozialismus in der Sowjetunion. Eine Einführung, in: Satjukow, Silke und Rainer Gries (Hg.): Sozialistische Helden. Eine Kulturgeschichte von Propagandafiguren in Osteuropa und der DDR, Berlin 2002, S. 38.

32 Ebd., S. 39.

33 Maier, Robert: Die Stachanov-Bewegung 1935-1938. Der Stachanovismus als tragendes und verschärfendes Moment der Stalinisierung der sowjetischen Gesellschaft, Stuttgart 1990, S. 9.

34 Ebd., S. 68-85.

35 Satjukow, Silke: »Früher war das eben der Adolf ... « Der Arbeitsheld Adolf Hennecke, in: Dies./Gries: Sozialistische Helden, S. 117.

36 Zu sehen auf der kanonisierten Fotografie, die den Bergmann während seiner Aktivistentat untertage zeigt. Sie wurde allerdings nachgestellt, u. a. in: Satjukow/Gries: Sozialistische Helden, S. 119.

37 Adolf Hennecke (1905-1975), geb. in Meggen/Westfalen in eine Bergarbeiterfamilie, Lehre als Lohnbuchhalter, ab 1926 im sächs. Bergbau, 1946 SPD/SED; 1948 BGL-Mitglied der Steinkohlegrube »Karl Liebknecht« in Oelsnitz; 1948 Begründer der Aktivistenbewegung; 1948-55 Mitgl. d. Bundesvorstandes u. d. Zentralen Wettbewerbskommission des FDGB; 1949-67 Abgeordneter der Volkskammer; 1950 Qualifizierung an der Bergakademie Freiberg und danach Hauptingenieur im Zwickau-Oelsnitzer Steinkohlerevier; 1951-53 Abt.-Leiter für Rationalisierung im Ministerium für Schwerindustrie; ab 1953 wiss. Mitarbeiter im Ministerium für Kohle u. Energie, später im Ministerium für Grundstoffindustrie; ab 1954 Mitarbeiter in der SPK u. ab 1961 im Volkswirtschaftsrat; Mitgl. im ZK der SED; 1949 Nationalpreis, 1963 Vaterländischer Verdienstorden, 1964 Karl-Marx-Orden. Müller-Enbergs et al.: Wer war wer, S. 398 f.

der Wismut, der als Propagandist neuer Arbeitsmethoden zuerst ins Instrukteurkollektiv der Gewerkschaft und später in die Position des Arbeitsdirektors in der Generaldirektion beordert wurde. Mit seiner Erwerbs- und Aktivistenbiographie, die der Adolf Henneckes nicht zufällig ähnelte, passte Josef Wenig perfekt ins sozialistische Heldennarrativ.[38] Überdies machte er – und das unterschied ihn von Hennecke – auch körperlich eine gute Figur. Zwar nicht von großem Wuchs, aber kräftig und stiernackig, eignete er sich optisch als Prototyp des zupackenden Bergmannes. Körperlichkeit sollte in der Stilisierung der Kumpel zukünftig einen nicht zu vernachlässigenden Platz einnehmen.

Josef »Sepp« Wenig konnte eine lupenreine Arbeitervita vorweisen, die weder durch Wehrmachtsbeteiligung noch durch Kriegsgefangenschaft getrübt, dafür aber durch langjährige Treue zur kommunistischen Sache geprägt war. 1896 im westböhmischen Leiter (heute Rebri) als Sohn einer Arbeiterfamilie geboren, hatte er sich als Ziegelei-, Transport- und Bauarbeiter, als Seemann für eine Hamburger Reederei und als Schausteller durchs Leben geschlagen. Seit 1924 war er Mitglied der Gewerkschaft und der KPD.[39] Bei Kriegsende nach Zeulenroda (Thüringen) zurückgekehrt, wo er seit seiner Kindheit lebte, wurde er 1948 im Auftrag der SED zur SAG Wismut delegiert und kam nach Schneeberg.[40] Wie er zum mustergültigen Aktivisten der Wismut wurde, schilderte Wenig in einem Interview für die Historiographen der SED-Gebietsleitung 1970: »Eines Tages, da kam man und sagte: Hast du Zeitung gelesen, Sepp? Mensch, da ist ein Kohlenhäuer, der hat 387 Prozent in der Schicht gemacht.[41] Ich sage: Na und? Da werden wir es eben auch machen müssen.«[42] Mit der Jugendbrigade Seemann[43] (zur Erinnerung: Wenig war 51 Jahre alt) bildete er daraufhin eine Komplexbrigade, deren auf höhere Effektivität abzielende Arbeitsorganisation wegweisend für den gesamten Uranerzbergbau werden sollte. Ende des Jahres 1948 konnte der Plan mit 210 Prozent erfüllt werden, im März 1949 waren es bereits 277 Prozent.[44] Diese Leistungen waren jedoch nicht nur durch innovative Arbeitsorganisation, sondern vor allem mit Hilfe zusätzlicher Stoß- und Sonntagsschichten zustande gekommen, wie Wenig rückblickend eingestand.[45]

Seit dieser Zeit war Sepp Wenigs Name mit der ab 1949 beginnenden Schnellvortriebsbewegung verbunden. Gemeinsam mit dem Hauer Heinz Rädel schaffte er 1949 in Auerbach (Vogtland) einen Vortriebsrekord von 42,30 Metern.[46]

---

38 Zum »Erzählmuster ›Held‹« Satjukow, Silke und Rainer Gries: Zur Konstruktion des »sozialistischen Helden«. Geschichte und Bedeutung, in: Dies.: Sozialistische Helden, S. 24.

39 Baumgartner/Hebig: Biographisches Handbuch, S. 998.

40 1948 hatte es ein »Parteiaufgebot« für den Uranerzbergbau gegeben, um die Belegschaft mit verlässlichen Genossen zu bereichern. Diesen Hinweis bekam ich von Gotthard Bretschneider. In der Geschichte der SED-Gebietsleitung ist keine Rede davon, dass Wenig im Zuge dieses Aufgebots nach Schneeberg kam.

41 Häuer: veraltet für Hauer. Gemeint war Adolf Hennecke.

42 SächsStAC, 32301, GL Wismut der SED, IV E V/5/31-48. »Aussprache mit dem Genossen Sepp Wenig am 13. 4. 1970«, 15. 4. 1970, S. 2.

43 Rudolf Seemann brachte es bis zum Objektleiter in Aue in den sechziger Jahren.

44 Zur Geschichte der Gebietsparteiorganisation Wismut, S. 72.

45 SächsStAC, 32301, GL Wismut der SED, IV E V/5/31-48. Aussprache ..., S 3.

46 Ebd., S. 5.

Damit hatten sie die Rekordleistungen des Vorjahres um das Vierfache überboten.[47] Sepp Wenig wurde 1949 Mitglied der SED-Gebietsleitung Wismut, 1950 holte ihn der Zentralvorstand der IG Wismut in ein Neuereraktiv. Als Wenig im Mai 1951 einen erneuten Rekord von 38 Metern im Bereich der Abteufung im Vertikalvortrieb erreichte, stellte ihm der Generaldirektor einen »Personenwagen für dienstliche Zwecke« zur Verfügung.[48] Die Funktion des Arbeitsdirektors füllte Josef Wenig von 1955 bis zu seinem Ruhestand 1968 aus, zur gleichen Zeit war er Mitglied im Bundesvorstand des FDGB und im Zentralvorstand der IG Wismut. Überdies entsandte ihn der FDGB von 1950-1981 als Abgeordneten in die Volkskammer. Am 13. Oktober 1950, zwei Jahre nach dem Hennecke-Rekord, erhielt er die Auszeichnung »Held der Arbeit«. Die Verleihung des Ehrentitels für die Arbeitshelden der DDR wurde jedes Jahr anlässlich dieses symbolträchtigen Datums zelebriert. Neben dem Interview von 1970 geben literarische Texte Aufschluss über den Lebensweg vom einfachen Tagelöhner zum Helden der Arbeit. Der von Hans-Gert Lange als »Autobiographie« angelegte Roman »Unser Kumpel Sepp Wenig«[49] sowie ein Kurzporträt von Horst Salomon[50] betonten den Ehrgeiz und das langjährig geschulte politische Bewusstsein Wenigs. Seinen eigenen Erinnerungen zufolge habe er, trotz seines fortgeschrittenen Alters, darauf bestanden, von Anfang an untertage eingesetzt zu werden, damit er sich von den Arbeitsbedingungen der Wismut überzeugen könne, von denen er so viel Negatives gehört habe. Da die Altergrenze für Untertagearbeiter bei 45 Jahren lag, habe er sich die Erlaubnis vom sowjetischen Schachtleiter persönlich einholen müssen, ins Berkwerk einfahren zu dürfen.[51] Doch politisches Bewusstsein war nicht die einzige Triebfeder für Wenigs Karriere als Multiplikator neuer, fortschrittlicher Arbeitsmethoden. Sein beruflicher Werdegang wurde von Gewerkschaft und Partei sorgfältig geplant:

> Koll. Wenig muß sich in seinen Arbeiten angewöhnen wissenschaftlich zu arbeiten. Er ist der Mann, der in der Wismut neue und fortschrittliche Arbeitsmethoden verbreiten helfen soll. Die Einsätze des Koll. Wenig müssen planmäßig erfolgen, sonst haben sie nicht den gewünschten Erfolg.[52]

Bei der Beurteilung seiner ersten Einsätze setzte sich Wenig dem Vorwurf aus, er würde den Arbeitern zu viel versprechen, was er nicht halten könne.[53] Doch gerade mit diesem etwas großspurigen Habitus profilierte er sich als »einer von ihnen«, als Identifikationsfigur, der es nachzueifern galt. Die Charaktermerkmale von Selbstüberschätzung und Prahlerei tauchten immer wieder in seiner Vita auf und sollten ihm später noch so manche Vorhaltung einbringen.

---

47 Zur Geschichte der Gebietsparteiorganisation Wismut, S. 37.

48 SächsStAC, 32301, GL Wismut der SED, IV 2/6/143. »Befehl des Generaldirektors der Sowjetischen Aktiengesellllschaft »Wismut« in Deutschland den Mai 1952«, undat, unpag.

49 Hans-Gert Lange: Kumpel Sepp Wenig, Berlin 1954.

50 Jakobs, Karl-Heinz: Adolf Hennecke, in: Selbmann, Fritz (Hg.): Die erste Stunde, Berlin 1969, S. 192.

51 SächsStAC, 32301, GL Wismut der SED, IV E V/5/31-48. Aussprache ... , S 2 f.

52 SAPMO-BArch, DY 52/104 b, ZV IGW. Sekretariatssitzung am 25. Juni 1952, S. 4.

53 Ebd.

Im Interview von 1970 blickte Wenig auf die frühe Zeit seiner beruflichen Laufbahn in der Wismut mit unverhohlenem Stolz zurück. Er präsentierte sich als zupackend und gerechtigkeitsliebend. Nach eigenen Angaben war er kurz nach seinem Arbeitsantritt im Schneeberger Revier bis zu Generaldirektor Malzew vorgedrungen, um sich über ungerechtfertigte Modalitäten bei der Lohnauszahlung zu beschweren. Der Generaldirektor habe ihm das unangekündigte Eindringen in eine Dienstbesprechung jedoch nicht übel genommen, sondern sich den Sachverhalt eingehend angehört, um dann Abhilfe zu schaffen. Nicht nur Wenig, sondern alle seine Kollegen hätten den ausstehenden Differenzbetrag sofort nachgezahlt bekommen. »Dadurch stieg aber meine Achtung meiner Mitarbeiter mir gegenüber, weil ich auch für sie mit eingetreten war.«[54] Mit dieser Erinnerung strapazierte Wenig die Realität aufs äußerste. Dass sich Malzew, der ehemalige Kommandant eines sibirischen Arbeitslagers, generös der Probleme eines zu dieser Zeit unbekannten Arbeiters angenommen haben soll, ist schwer vorstellbar. Vielleicht gehörte diese Anekdote zum Teil der offiziösen Legendenbildung, vielleicht war sie lediglich der zur Selbstbeweihräucherung neigenden Persönlichkeit Josef Wenigs geschuldet. Ebenso wie seine Rolle als solidarischer Kumpel verinnerlichte Wenig die des fortschrittlichen Vertreters der Arbeiterklasse, des Rollenmodells für alle Bergarbeiter:

> [...] eines Tages früh, wir haben schon fest gearbeitet, [da sind] alle drei Brigaden von Schneeberg ohne Erlaubnis [zu uns] raufgegangen und haben gesagt: Sepp, du kannst uns wegschicken, [aber] wir arbeiten hier bei dir und bei niemand anders.
> Da habe ich das erste Mal gesehen, daß ich richtigen Umgang mit den Menschen hab. Das waren erfahrene Brigadiere und ich habe mich gefreut.[55]

Wie aber wurde der einstige Schiffsmaschinist tatsächlich als Identifikationsfigur von den Arbeitern wahrgenommen? Mit der Implementierung neuer Arbeitsmethoden und damit einer forcierten Leistungsmobilisierung war der Neubergmann zunächst nicht nur auf Freunde gestoßen, wie er selbst schilderte:

> Als wir auf Schacht 50 kamen, wurden wir nicht liebevoll empfangen und auch nicht mit offenen Armen, sondern es hieß: Jetzt kommen die Normenbrecher, die wollen uns das Arbeiten lernen [sic] und werden unsere Löhne herunterdrücken.[56]

Das Bekenntnis, sich mit der Leistungspropaganda anfangs nicht beliebt gemacht zu haben, gehörte zur obligatorischen Erinnerungsrhetorik über die steinigen Aufbaujahre der DDR. Auch Adolf Hennecke räumte später ein, mit dem Vortriebsrekord bei seinen Kollegen auf eisige Ablehnung gestoßen zu sein und sogar Morddrohungen erhalten zu haben.[57] Rückblickend wischte Wenig die unangenehmen Zusammenstöße mit verärgerten Kollegen leichter Hand vom Tisch: Mit der ideologischen Aufklärungsarbeit von Partei und Gewerkschaft sei den Kumpels klar gemacht worden, dass die Anwendung leistungssteigernder Arbeitsmethoden nur zu ihrem Besten sei.[58] Denn die Stichhaltigkeit dieser Argumentation

---

54 SächsStAC, 32301, GL Wismut der SED, IV E V/5/31-48. Aussprache ... , S 7.
55 Hier handelt es sich um das Jahr 1949. Ebd., S 4.
56 Ebd., S. 9.
57 Jakobs: Adolf Hennecke, S. 192.
58 SächsStAC, 32301, GL Wismut der SED, IV E V/5/31-48. Aussprache ... , S 9.

ließ sich für den Einzelnen tatsächlich ganz real überprüfen – anhand der eigenen Lohntüte.

Die literarischen Aufzeichnungen von Lange und Salomon beschäftigen sich insbesondere mit der Rekonstruktion der Jugend- und Wanderjahre Sepp Wenigs. Darin soll die Herausbildung des dezidiert kommunistischen und anti-faschistischen Weltbildes nachvollzogen werden, welches unweigerlich in Wenigs spätere Aktivistenrolle einmündete. Und das Interview mit Gebietsleitungsfunktionären handelte ausschließlich von der Zeit als Aktivist und Rekordhalter. Über seine seit 1955 ausgeübte Funktion als Arbeitsdirektor erfährt man recht wenig. Zur Inszenierung eines Arbeitshelden im stachanowschen Sinne war der frühe Lebensabschnitt wichtiger als Wenigs spätere Tätigkeit als Ansprechpartner für die Probleme der Arbeiter. In seinem politischen Nachlass finden sich keine Briefe oder Eingaben, die auf eine enge Verbindung mit den Produktionsarbeitern schließen lassen.[59] Dennoch scheint Wenig in den fünfziger Jahren eine hohe Popularität genossen zu haben, viele Arbeiter nutzten seine Sprechstunde, um sich bei Arbeitskonflikten an ihn zu wenden.[60] Aufgrund seines Ansehens bei Partei und Betriebsleitung habe er »Narrenfreiheit« besessen und – gepaart offenbar mit seinem Geltungsdrang – nutzte er diese, um den Arbeitern Wohnungen und Autos, Ferienplätze und Auslandsreisen zu verschaffen. »Wenn du Probleme hast, geh´ zu Sepp«, soll ein geflügeltes Wort unter den Kumpels gewesen sein. Überdies habe er die besten Mitarbeiter zur Erledigung seiner Büroarbeiten um sich geschart, um selbst mehr Zeit für öffentlichkeitswirksame Besuche in den Schächten und Betrieben erübrigen zu können.[61]

Mit der Zeit geriet der ehemalige Aktivist immer mehr ins Abseits. Die in den sechziger Jahren von der SED-Führung gestärkte Position der Gewerkschaft als sozialpolitischer Instanz führte vermutlich ebenso zum Bedeutungsverlust des Arbeitshelden wie seine Charakterschwächen, die möglicherweise auch mit dem wachsenden Alter zusammen hingen. So soll er eine Antipathie gegenüber Betriebsdirektoren und Hauptingenieuren gehegt haben, da diese »alles besser wussten« als er.[62] Ein Held braucht kontinuierliche Kommunikation – nicht nur von den Funktionsträgern, die ihre Sinnstiftungen in die Figur einpflanzen, sondern auch von den Rezipienten, den Arbeitern, deren Erwartungen und Wünsche auf den Helden projiziert werden.[63] Dies dürfte mit dem Ende der Stilisierung Wenigs als prononciert arbeiterlichem Helden obsolet geworden sein und eine noch nach Jahrzehnten wirkende Heldenaura hat es in seinem Fall offensichtlich nicht gegeben. Dazu kommt, dass die Zeit der Arbeiterhelden und ihrer Inszenierung in den frühen sechziger Jahren ohnehin vorbei war. Hinsichtlich der späteren Rezeption Sepp Wenigs erscheint die Bemerkung des ehemaligen Wismut-Kumpels Klaus Beyer glaubwürdig. In seinen Memoiren erinnert er sich an die Erlebnisse im

59 SächsStAC, 32301, GL Wismut der SED, V 6/22/1-3. Nachlass Sepp Wenig (Korrespondenz, Aufzeichnungen).

60 SächsStAC, 32301, GL Wismut der SED, IV 2/1/59. 2. Tagung der SED-Gebietsleitung am 31. Juli 1962, S. 120.

61 Diese Informationen verdanke ich Gotthard Bretschneider.

62 Ebd.

63 Satjukow/Gries: Zur Konstruktion, S. 19 f.

Steinkohlerevier Zwickau, wo er in den sechziger Jahren auf Grund einer Delegierung arbeitete: »Versuche, etwas über den Vorzeigekumpel der Steinkohle, Adolf Hennecke, zu erfahren, schlugen mit schöner Regelmäßigkeit fehl. Es sah nicht viel anders aus, wenn man von den Arbeitern der Wismut etwas über ihr großes Vorbild Sepp Wenig hören wollte.«[64] Josef Wenig starb 1981 in Karl-Marx-Stadt.[65]

Mit der Bewegung der Schreibenden Arbeiter Ende der fünfziger Jahre wurde die literarische Stilisierung der Kumpel entdeckt. So initiierte beispielsweise die Agitations-Kommission der SED-GO Schmirchau eine Broschüre mit zum Großteil autobiographischen Geschichten unter dem Titel »Neun von 17 Millionen«.[66] Gemeint sind neun Betriebsangehörige des Bergwerkes Schmirchau (von 17 Millionen DDR-Bürgern), die auf Initiative der Parteiorganisation aus ihrem Arbeitsleben berichteten. Während fast alle Erzählungen als erfahrungsgeschichtliche Miniaturen – vermutlich aus der Feder der loyalsten Parteimitglieder des Betriebes – angelegt sind, fällt die letzte Geschichte aus diesem Muster etwas heraus. Sie ist das Porträt des Ingenieurs Helmut Markstein, niedergeschrieben von Horst Salomon, dem neben Martin Viertel bedeutendsten Arbeiterschriftsteller der Wismut. Helmut Markstein, Jahrgang 1923, war der Sohn des 1955 beim Niederschlemaer Grubenbrand tödlich verunglückten Sicherheitsinspektors Max Markstein. In der beinahe hagiographischen Kurzprosa betonte Salomon nicht nur die bergmännischen Familienwurzeln von Vater und Sohn, sondern apostrophierte beide auch direkt als »Bergmänner«, obwohl sie faktisch zum ingenieur-technischen Personal gehörten. Helmut Markstein war zu diesem Zeitpunkt Hauptenergetiker des Hydrometallurgischen Werkes in Schmirchau.[67] Die literarische Inszenierung des Ingenieurs und staatlichen Leiters gleicht einem Abziehbild des fortschrittlichen »neuen« Menschen sowie des raubeinigen, aber herzlichen Kumpels: Er wird als tüchtiger, zupackender Vertreter der Arbeiterklasse präsentiert, der für beruflichen Aufstieg und Qualifikation, für gesellschaftliches Engagement sowie für Ehe und Familie steht. Fotos zeigen ihn wahlweise mit lässig hochgekrempelten Ärmeln und Zigarette im Mundwinkel beim Ausheben einer Erdgrube, mit weißem Kittel im Chemielabor, mit Sportkameraden der Betriebsfußballmannschaft und mit seinem Sohn vor einem Kornfeld. Marksteins Frau (»klein, schlicht, lebhaft«) wird, schüchtern lächelnd und mit eingezogenem Kopf, beim Stricken vor der Wohnzimmerschrankwand abgebildet.

---

[64] Beyer: Eigentlich wollte ich nur ein Jahr bleiben, S. 172.

[65] Er wurde u. a. ausgezeichnet mit dem Nationalpreis III. Klasse (1951), dem Vaterländischen Verdienstorden in Silber (1954) und Gold (1961), der Verdienstmedaille der DDR (1959) sowie dem Karl-Marx-Orden (1971). Müller-Enbergs et al.: Wer war Wer, S. 906; Baumgartner/Hebig: Biographisches Handbuch, S. 998 sowie Die Volkskammer der Deutschen Demokratischen Republik, 5. Wahlperiode, hrsg. v. Präsidium der Volkskammer der Deutschen Demokratischen Republik mit Unterstützung der Presseabteilung der Kanzlei des Staatsrates, Berlin 1967, S. 606.

[66] SächsStAC, 32301, GL Wismut der SED, V 1/1/2. 9 von 17 Millionen, Herausgeber: Agitationskommission der SED-Grundorganisation Schmirchau, o.J. [Aus dem Nachwort geht hervor, dass es sich um das Jahr 1963 handelt.]

[67] Ebd. Salomon: Ein Mensch wie du und ich. Die folgenden Ausführungen beziehen sich auf diese Quelle.

Salomons Perspektive auf den Ingenieur ist unverhohlen bewundernd und distanzlos. Mit dem Verweis auf die Körperlichkeit des Kumpels, die Eigenschaften des »typisch Bergmännischen« – ständig qualmende Zigarre, kräftige Oberarme und riesige Hände – bemühte der Autor noch einmal die Erinnerung an Sepp Wenig als Prototypen des Wismut-Helden. Ob Markstein im Betrieb Probleme löse, bei Havarien mit Hemd und Krawatte in den Schlamm steige, seinen Kollegen beim Lernen für das Ingenieurstudium helfe – er sei nicht nur Kumpel auf der ganzen Linie, sondern vor allem »der echte Typ des sozialistischen Leiters.« Für jeden Arbeiter habe er ein offenes Ohr, wenn auch sein Umgangston oftmals rau sei. Aber schließlich habe man es auch nicht mit Ballettmädchen, sondern mit Kumpels zu tun. Gleichwohl pflege Markstein auch schöngeistige Interessen, verehre Konstantin Simonow und Bedrich Smetana. Er habe ein so gutes Betriebsklima geschaffen, dass seine Mitarbeiter auch im Winter freiwillig zum Schneeschippen ins Werk kämen. Damit trat ein Darstellungswandel in der Stilisierung ein: Der fortschrittliche Arbeitertypus wurde nun nicht mehr ausschließlich über seine Körperlichkeit und die proletarische Provenienz definiert, er hatte die Möglichkeiten der Qualifizierung und des sozialen Aufstiegs genutzt, um selbst in Leitungsfunktionen zu gelangen.

1968 legte Martin Viertel in Fortsetzung dieser quasireligiösen Arbeiterprosa einen Roman vor, der zwar zu einem Gutteil auf die ästhetischen Normative der vierziger und fünfziger Jahre zurückgreift (wo seine Handlung ja auch angelegt ist) und in dem die Arbeitshelden noch rau und schmutzig daherkommen. Gleichzeitig aber lässt er den Willen zu Qualifizierung und ein entwickeltes sozialistisches Bewusstsein als neue Wesensmerkmale der Wismut-Kumpel erscheinen. Bereits 1957 hatte der Schreibende Arbeiter und spätere Kulturfunktionär Martin Viertel mit dem Roman begonnen, doch erst 1968 wurde »Sankt Urban« veröffentlicht und erlangte landesweite Bekanntheit. Die ideologiekonforme und legitimatorische Prosa sollte den Wismut-Kumpels ein Denkmal setzen.

»Sankt Urban« spielt nahe der als »Bergstadt« anonymisierten Stadt Aue in dem fiktiven Dörfchen Heidelgrün und handelt in der Zeit vom Kriegsende bis um 1950. Der erfahrene Bergmann und Kommunist Georg Bäumeling, der dem Sowjetoffizier Alexander Kargin bei der Aufwältigung alter Erzgänge hilft, sowie der junge und leistungshungrige Kumpel Janek Wolke sind die Protagonisten des Romans. Mit ihren Partnerinnen, der Neulehrerin Maria Bäumeling und Ulla, der 17-jährigen FDJ-Sekretärin des Schachtes, symbolisieren sie den Weg in eine neue, sozialistische Gesellschaft. Neben durchaus wirklichkeitsgetreuen Reflexionen über die »wilde Zeit« und ihre sozialen Zustände, über den alltäglichen Materialmangel und schlechte Arbeitsorganisation, steht bei Viertel vor allem die Heroisierung der Bergleute sowie die Legitimierung ihrer Tätigkeit im Vordergrund. Identifikationsfigur ist der junge und ungestüme Janek Wolke, vaterloser Sohn einer armen Tagelöhnerin aus Vorpommern. Mit 19 Jahren kommt er zur Wismut und arbeitet sich rasch in die Spitzenbrigade des Brigadiers Trosste empor. Während Trosste als rückschrittlicher »Kraftmeier« porträtiert wird, für den Planerfüllung vor allem mit Lohnsteigerung zusammen hängt, verkörpert Janek den tüchtigen und politisch bewussten Arbeiter. Unentwegt versucht er sich an leistungssteigernden Arbeitsmethoden, macht sich damit in der Brigade und bei

Trosste unbeliebt, erreicht aber schließlich einen Vortriebsrekord von 109 Metern, der beispielhaft für den gesamten Schacht sein wird.

> Das Gestänge steckte bis zum Spülkopf im Bohrloch. Die Maschine dampfte die letzten Preßluftstöße aus. Janek schob seine Kappe aus der Stirn. Seine Augenlider waren mit Dreckspritzern und mit Schweiß verklebt, und auf den Lippen und zwischen den Zähnen pulkte sich nasser Dreck, und seine Gummikleidung hing nass und klitschig am Körper.[68]

Dieses charakteristische Bild des Bergmannes bei der Arbeit wurde tausendfach kolportiert, auf Fotografien und Propagandabildern. Es transportiert die heroische Verknüpfung von Manneskraft und körperlicher Schwerstarbeit. Doch Viertel beließ es nicht bei dieser Heldenfigurierung stachanowscher Prägung. Janek ist entwicklungsfähig, er bildet sich weiter, liest und studiert unentwegt in der engen Dachkammer, in der er zur Miete wohnt. Darüber hinaus ist er ein emanzipierter und toleranter Mann. Seine Freundin Ulla erhält eine Delegierung zum Studium in die entfernte Großstadt, vielleicht wird sie eines Tages in Moskau studieren – er akzeptiert diese Entscheidung und wartet auf ihre Rückkehr.

Viertel hielt sich an die ungeschriebene Sprachregelung, das Wort »Uran« kein einziges Mal zu erwähnen, immer nur ist von »Erz« die Rede. Die strategische Bedeutung des strahlenden Rohstoffes bringt der Schriftsteller bereits zu Beginn des Romans in eine einfache Formel, wenn Major Kargin beim Anblick eines schwarzen Erdklumpens – den er bedenkenlos in die Hand nimmt – philosophiert: »Leben oder Tod, beides in einem, waren in diesem Staub gebunden.«[69] Deutlicher wird die Signifikanz der Uranerzförderung an zentraler Stelle, in der Mitte des Romans. Der zum Obersteiger des Schachtes »Sankt Urban« aufgestiegene Georg Bäumeling belehrt den Bürgermeister Hundertmark, der sich über die rücksichtslose Zerstörung von Wald und Flur beschwert, über die Notwendigkeit des Uranbetriebes:

> Und das Erz müssen wir finden und fördern, mein lieber Hundertmark. Wozu, das kann ich dir nachweisen, schwarz auf weiß, und wogegen, das ist auch zu belegen. Ich brauche nur eine x-beliebige Zeitung aus meinem Stapel zu ziehen und auf Namen zu tippen, vulgäre Namen, scheinbar harmlose, so harmlos wie *IG Farben* oder *Fulton und was danach kam* oder *McCarthy* oder *Clay*. Tausend Namen für eine teuflische Absicht.[70]

Die Kalte-Krieg-Rhetorik spielte auf die Kommunistenfeindlichkeit der Westalliierten und auf das Atomwaffenmonopol der USA an.[71] Nur bei einem Mithalten

---

68 Viertel: Sankt Urban, S. 180.
69 Ebd., S. 37.
70 Ebd., S. 247. Hervorhebungen im Original.
71 Zur Erklärung der im Zitat hervorgehobenen Begriffe: IG Farben: dt. Chemiekonzern, der in die Rüstungspolitik der Nationalsozialisten verstrickt war (z. B. Zyklon B für die Gaskammern lieferte) und 1945 vom Alliierten Kontrollrat aufgelöst wurde. Seine Führungskräfte erhielten von US-amerikanischen Gerichten allerdings milde Urteile und kamen in den weiter bestehenden Teilbetrieben der IG Farben unter; Fulton: Rede des britischen Premierministers Winston D. Churchill im US-amerikanischen Fulton/Missouri am 5. März 1946, in der er die sowjetische Bedrohung beschwor und erstmals vom Eisernen Vorhang sprach; Joseph R. McCarthy (1909-57): US-amerikanischer Politiker (Republikaner) und Vorsitzender des Senatsausschusses zur Untersuchung »un-

im Wettrüsten der Supermächte vermochte es nach dieser – nicht ganz von der Hand zu weisenden – Logik die UdSSR, das Kräftegleichgewicht zu halten und somit den Ausbruch eines mit nuklearen Waffen geführten Krieges zu verhindern. Doch eine solche nüchterne Argumentation schien Viertel offenbar nicht hinreichend. Er bediente sich vielmehr der dialektischen Verschränkung von Licht und Finsternis, wie sie bereits in der Bergbauromantik des 19. Jahrhunderts von Heinrich Novalis oder E.T.A. Hoffmann eingeführt worden war.[72] Für ihn aber stand das Licht in Form der Sonne nicht als dualistischer Gegenpart der untertägigen Dunkelheit. Die Sonne und ihre Strahlen dienten vielmehr als symbolisches Äquivalent des geförderten Stoffes. Mit Hilfe der Sonnenmetaphorik verharmloste Viertel also nicht nur die Berührung der Kumpel mit dem strahlenden Element, er bot überdies eine von Pathos gefärbte Identifikationsmöglichkeit an:

> Sonnenkräfte und Weltanfang und Weltende! Und da werden Leute sagen: Der Kampf in Euren Schächten ist eine harte Sache. Viel Härte. Die Nachwelt wird die Härte rühmen. Ich sage, unser Kampf ist eine Sache unserer Menschlichkeit. Wir werden Sonnenkräfte besitzen und es wird ein Segen sein.[73]

So stilisierte er die Kumpel zu Helden, deren schwere und gefährliche Arbeit nur der guten Sache diene. »Erz für den Frieden« hieß denn auch die sinnstiftende Losung der sechziger Jahre in der SDAG Wismut.

Nicht nur die literarische Verklärung der Romantik, auch ein DEFA-Film[74] könnte Impulse für Martin Viertels Sonnenmetaphorik geliefert haben.[75] Der 1958 fertig gestellte Film »Sonnensucher« von Konrad Wolf[76] sollte den schwierigen Prozess beim Aufbau des Sozialismus und die deutsch-sowjetische Freundschaft am Beispiel des Uranbergbaus thematisieren.[77] »Wir wollen – Sonnensuchern gleich – wahrheitsgetreu jene Kräfte widerspiegeln, mit denen die

---

amerikanischer Umtriebe« 1950-54, welcher sich zur Verfolgung vor allem von Kommunisten ausweitete; General Lucius D. Clay (1897-1978): Militärgouverneur in der amerikanischen Besatzungszone in Deutschland 1947-49.

[72] Gold, Helmut: Erkenntnisse unter Tage. Bergbaumotive in der Literatur der Romantik, Opladen 1990, S. 205.

[73] Viertel: Sankt Urban, S. 246 f.

[74] DEFA (Abk. für Deutsche Film AG); gegr. 1946 in Potsdam-Babelsberg; ab 1949 staatl.; ab 1952 VEB.

[75] Darüber darf nicht vergessen werden, dass die Atomkraft in den fünfziger und sechziger Jahren auch im Westen zu verheißungsvollen Zukunftsvisionen verleitete. Hier teilte man in »gute« und »schlechte« Atome, unterschied nach bedrohlicher Funktion und friedlicher Nutzung, beispielsweise als Energiequelle. Stöver, Bernd: Der Kalte Krieg. 1947-1991. Geschichte eines radikalen Zeitalters, München 2007, S. 200.

[76] Konrad Wolf (1925-1982), Sohn des Schriftstellers und Naturheilarztes Friedrich Wolf, Bruder des stellv. Ministers für Staatssicherheit und Leiters der MfS-Hauptabteilung Aufklärung, Markus Wolf. Wuchs in Moskau auf, wohin seine Eltern 1933 nach der Machtergreifung der Nationalsozialisten emigriert waren, kam 1945 mit der Roten Armee nach Deutschland zurück. 1949-55 Regiestudium in Moskau, 1955-82 Regisseur bei der DEFA, 1965-82 Präsident der Akademie der Künste der DDR, 1981 Mitgl. des ZK der SED. Filme u. a. *Genesung* (1956), *Professor Mamlock* (1961), *Ich war neunzehn* (1969), *Mama, ich lebe* (1977), *Solo Sunny* (1980). Müller-Enbergs: Wer war wer, S. 1108 f. sowie die Biographie von Jacobsen, Wolfgang und Rolf Aurich: Der Sonnensucher Konrad Wolf. Biographie, Berlin 2005.

[77] Sonnensucher. Ein Film von Konrad Wolf, DVD, 2004.

sozialistische Gesellschaft ihre Menschen formt«, hatte der Regisseur seine Intention beschrieben.[78] Wolfs Figuren waren jedoch keine prototypischen sozialistischen Helden, sondern ambivalente und gebrochene Charaktere: »Nazis, Halbnazis, haltlose Menschen, Huren, Kommunisten, gemeinsam mit sowjetischen Menschen«.[79] Im Mittelpunkt stehen zwei Frauen: die neunzehnjährige Lutz (gespielt von Ulrike Germer), die nach einer versuchten Vergewaltigung zur ihrer alten Freundin, der lebenslustigen älteren Emmi (Manja Behrens) nach Berlin flieht. Eines Nachts geraten sie in eine Kneipenschlägerei zwischen Wismut-Kumpels und Einheimischen, bei der Emmi ihren alten Freund, den Brigadier und ehemaligen Zirkusmann Jupp König (Erwin Geschonneck) wiedertrifft. Sie werden in den Uranerzbergbau dienstverpflichtet. Der sowjetische Ingenieur Sergej Melnikow (Viktor Awdjuschko) verliebt sich in das Mädchen Lutz, wagt es aber nicht, ihr seine Gefühle einzugestehen. Am Ende heiratet Lutz den einarmigen Obersteiger und ehemaligen SS-Mann Beier (Günter Simon), der ihr eine materiell gesicherte Zukunft bieten kann. Lutz wird schwanger, doch das Kind ist von dem jungen Kumpel Günter. Als Beier bei einem Schachtunfall tödlich verletzt wird, sieht Günter seine Chance auf ein gemeinsames Leben gekommen. Doch die erwachsen gewordene Lutz entschließ sich, ihr Kind alleine aufzuziehen. Mit Ausnahme des virilen Kraftmeiers Jupp sind gewissermaßen alle männlichen Hauptdarsteller Verlierer.

Nachdem die SED-Führung das Drehbuch genehmigt hatte, erhielten die Filmemacher von der Generaldirektion der SDAG Wismut volle Unterstützung bei den Dreharbeiten. Die Filmcrew, die im Nachtsanatorium Antonshöhe wohnte, fand vor allem in Josef Wenig einen auskunftsfreudigen Zeitzeugen über die ersten Jahre des Uranerzbergbaus.[80] Der Arbeitsdirektor beeindruckte den Regisseur und seinen Drehbuchschreiber offenbar so sehr, dass er sich später in der Figur des raubeinigen Jupp König wiederfand. Doch die Präsentation der »Charaktere in Dur und Moll«[81] auf einer Parteiaktivtagung im Januar 1958 stieß nicht auf die Zustimmung der Funktionäre. Anton Ackermann und andere Kulturfunktionäre kritisierten die »revisionistischen Tendenzen« innerhalb der DEFA im Allgemeinen und die parteischädlichen Darstellungen im Film »Sonnensucher« im Besonderen. So sei beispielsweise der Parteisekretär Weirauch, der den Obersteiger Beier wegen Arbeitsunfällen beim sowjetischen Schachtleiter denunziert, als »Russenknecht« und »Speichellecker« inszeniert worden. Mit dieser Darstellung habe man gleichsam den feindlichen Lügen des Klassengegners in die Hände gespielt.[82] Ähnlich abgestoßen zeigten sich die Funktionäre von der Darstellung des unsittlichen Lebenswandels. In einer Szene, in der der Parteisekretär auf dem Bahnhof eine Ansprache hält, zeigt eine Arbeiterin ihr blankes Hinterteil und ruft: »Kann, kann, kann – kannst du denn noch, Jesus?« Und die

---

[78] Zit. in: Jacobsen/Aurich: Der Sonnensucher, S. 287.

[79] Der ehemalige Chefdramaturg der DEFA, Karl-Georg Egel (1919-1995), in einem Interview mit Reinhard Wagner 1989, zit in: Ders.: Sonnensucher (1958/72). Notizen zur Werkgeschichte, in: Beiträge zur Film- und Fernsehwissenschaft, 39 (1990), S. 40.

[80] Ebd., S. 44.

[81] Egel, zit. in: Ebd., S. 40.

[82] Ebd., S. 47 f.

zünftige Party in der Massenunterkunft, bei der Emmi für Jupp nackt auf dem Tisch tanzt, entsprach der Idealvorstellung der Funktionäre über den »Neuen Menschen« ebenso wenig. Auch wismutintern war man von dem Film nicht begeistert. Sepp Wenig sah sich dem Vorwurf ausgesetzt, mit seinem Geltungsdrang ein falsches Bild vom Betrieb abgegeben zu haben: »Dich haben die Filmleute aufs Kreuz gelegt. Du hast ihnen die ganzen Märchen erzählt und nun haben sie aus dir einen ›starken Mann‹ gemacht und aus unserer Wismut eine Ablage des amerikanischen Goldgräbermilieus.«[83] Auch die Darstellung der sowjetischen Funktionäre stieß auf herbe Kritik und so überarbeitete Wolf den Film und baute Jupp König noch stärker zur Führungs- und Identifikationsfigur aus. Vergebens. Auf Drängen des sowjetischen Botschafters in der DDR, Michail G. Perwuchin, wurde der Film nach einer halböffentlichen Presseaufführung im Berliner Kino »Babylon« am 20. Oktober 1959 zurückgezogen. Erst 1971 konnte »Sonnensucher« im DDR-Fernsehen gezeigt werden. Eine Kinopremiere hat es nie gegeben.[84]

»Sonnensucher« war nicht die einzige künstlerische Auseinandersetzung mit dem Uranerzbergbau, deren (unbeabsichtigt) dekonstruierende Heldenfigurierung den Funktionsträgern missfiel. In den frühen sechziger Jahren hatte der ehemalige Schlosser und Bergarbeiter Werner Bräunig die Arbeit an einem Nachkriegsroman begonnen, der zum Großteil im sächsischen Uranerzbergbau spielte. Ein Vorabdruck in der »Neuen Deutschen Literatur« 1965 unter dem Titel »Rummelplatz« erregte den Argwohn der SED-Funktionäre und wurde auf dem 11. Plenum des ZK der SED 1965 wegen »Beleidigung der Werktätigen und der sowjetischen Partner« diffamiert.[85] Erst mehr als vierzig Jahre später veröffentlichte der Aufbau-Verlag Berlin das 600-seitige Romanfragment.[86] Bräunigs Roman entwirft ein intensives und wortgewaltiges Sittengemälde der Nachkriegszeit. Er spielt zwischen 1949 und 1953 im Erzgebirge, rund um das Dorf Bermsthal. Ähnlich wie in Wolfs »Sonnensucher« sind seine Charaktere vom Krieg und vom Leben Gezeichnete, soziale Krüppel, Opportunisten und Raufbolde. Und wie Viertel bedient Bräunig sich des Licht-Dunkel-Gegensatzes, der bei ihm jedoch nicht Sonnenkraft und Heroismus, sondern die Einsamkeit gebrochener Menschen verkörpert:

> Der Platz aber ist hell und die Menschen hier hungern nach Helligkeit stärker und verzweifelter als anderswo. Im Gebirge sind sie fremd, untertage sind sie allein, allein mit sich und dem Berg, allein mit ihren Hoffnungen, ihren Zweifeln, ihrer Gleichgültigkeit, allein mit der Dunkelheit und der Gefahr. [...] Als Glücksritter sind sie aufgebrochen, als Gestrandete, Gezeichnete, Verzweifelte, als Hungrige. Sie sind über das Gebirge hergefallen wie die Heuschrecken. Jetzt zermürbt sie das Gebirge mit seinen langen Wintern, seiner Eintönigkeit, seiner Nacktheit und Härte. Wenn sie nichts mehr erschüttern kann, nach allem, was hinter ihnen liegt, das Licht erschüttert sie.[87]

[83] So erinnert sich Egel an die Reaktionen der Kulturfunktionäre der SDAG, zit in: Ebd., S. 44.

[84] Ebd., S. 63. Dass der Film nicht in die Kinos kam und nach der Fernsehpremiere keine nennenswerte Reaktion hervorrief, liegt nach Auffassung Wagners an der Tatsache, dass der Filmstoff in den siebziger Jahren unzeitgemäß war und die Zuschauer Filmformate wie »Paul und Paula« bevorzugten.

[85] Bilke: Der Wismut-Roman blieb ungedruckt, S. 265 f.

[86] Bräunig, Werner: Rummelplatz. Roman, Berlin 2007.

[87] Ebd., S. 75 f.

Eine der männlichen Hauptpersonen, Peter Loose, gehört zu diesen »Glücksrittern«; und es war gerade seine Charakterdarstellung, die den Machthabern missfiel. Genau wie Viertels Protagonist Janek Wolke ist Loose ein Arbeiterkind und genau wie er ist der Chemnitzer 19 Jahre alt. Auch Peter Loose ist ein körperlich kräftiger, zupackender Kerl, der nach anfänglichem Unbehagen über die Dienstverpflichtung Spaß an der schweren Arbeit findet. Im Gegensatz aber zu Viertels Heldencharakterisierung nehmen Loose und seine Kollegen keine Bewusstseinsentwicklung im sozialistischen Sinne: Respekt erwirbt man sich auf Bräunigs »Rummelplatz« vor allem als Sieger zahlloser Schlägereien, mit Trinkfestigkeit und derben Kneipengesprächen über Frauen und Autos. Obwohl sich Peter Loose immer mitten unter den »Krawallbrüdern« befindet, wird er doch als von Grund auf anständiger und sympathischer Junge gezeichnet, der ein normales Leben führen will. Er bekennt sich nicht zum sozialistischen System, im Gegenteil, er bleibt parteilos, im übertragenen und im wörtlichen Sinne. Was es ihm aber nicht leichter macht, denn: »Parteien haben fast immer etwas gegen Außenseiter. Sie versuchen, den Mann einzugemeinden, mißlingt das, verketzern sie ihn.«[88] Waren in diesem Kontext zwar die Kollegen der Kraftfahrerbrigaden gemeint, welche sich in unterschiedliche Parteien teilten, so kann dieser Satz durchaus in einen größeren Zusammenhang gestellt und auf die Herrschaftsverhältnisse im Allgemeinen bezogen werden. Im Nachhinein liest sich der Satz als selbst erfüllende Prophezeiung, schließlich wurde Bräunig auf Grund seines nonkonformen Romans von der Partei tatsächlich zum Außenseiter gestempelt.

Peter Looses Vita nimmt einen denkbar schlechten Verlauf. Die Ärzte erklären ihn für bergbauuntauglich, nachdem ihm ein Saboteur im Schacht eine schwere Schädelverletzung zugefügt hat; wenig später wird Loose in eine Schlägerei mit der Polizei verwickelt und zu vier Jahren Zuchthaus verurteilt. Diese Entwicklung war es, die nicht nur die SED-Funktionäre aufbrachte, sondern auch vier »ehemalige Brigadiere« der SDAG Wismut zu einem offenen Brief an den Autor im SED-Zentralorgan »Neues Deutschland« veranlasste. Empört warfen die vermutlich Bestellten unter dem Titel »Das Erz des Lebens und der Literatur« dem Schriftsteller vor, den Uranerzbergbau in ein schlechtes Licht zu rücken und fragten, warum er ausgerechnet die Perspektive des »mit sich selbst uneinigen, von falschem Heldentum träumenden Peter Loose« eingenommen habe.[89] Zudem kritisierten sie die ungenügend dargestellte Rolle der SED als führende Kraft für ein »neues, sozialistisches Deutschland« und die negative Präsentation der sowjetischen Genossen. Vor allem aber waren die Brigadiere um den guten Ruf der Bergleute und ihres Betriebes besorgt, was in der Frage mündete: » ... willst Du weiterhin im Schmutz über unsere Bergarbeiter und deren Frauen schreiben wie in »Rummelplatz«?«[90] Das hatte sicherlich nicht in Bräunigs Absicht gelegen. Er, selbst einer der Vorreiter in der Bewegung der Schreibenden Arbeiter, gab die Arbeit an seinem Roman nach mehreren Korrekturen und Einarbeitungen auf.

---

88 Ebd., S. 489.

89 »Das Erz des Lebens und der Literatur. Wismut-Kollegen schreiben an Werner Bräunig zum ›Rummelplatz‹«, in: Neues Deutschland vom 7. Dezember 1965.

90 Ebd.

Alkoholkrank und verbittert starb er 1976, nur 42-jährig, in seiner Wohnung in Halle-Neustadt.

Die öffentliche Heroisierung »realer« Arbeiterfiguren wie Adolf Hennecke oder Josef Wenig war ab den sechziger Jahren nicht mehr üblich. Nun ging es um die Inszenierung von Kosmonauten und Raumfahrern wie Walentina Tereschkowa oder Juri Gagarin, die Fortschritt und Internationalität vermittelten und im gesamten sozialistischen Lager bekannt und beliebt waren.[91] Dass die wegen ihrer Stärke und Produktivkraft weithin bekannten Leistungsträger der Wismut jedoch auch im »wahren« Leben existierten – wenn auch mit größeren Schwächen als ihre literarischen Vorbilder – zeigt die Parteiangelegenheit des Brigadiers Gerhard N. Er verkörperte den archetypischen Wismut-Kumpel, dessen Männlichkeitsgestus nicht nur am Bohrhammer, sondern auch beim Umgang mit Frauen, Alkohol und den Vorgesetzten gemessen werden kann. Diese Umstände brachten ihm eine Parteistrafe ein, weshalb er in der SED-Gebietsleitung aktenkundig wurde.

Der Hauerbrigadier Gerhard N. des »Jugendschachtes 1. Mai« war zum Zeitpunkt der Parteiversammlung, die über seine Strafe entscheiden sollte, 32 Jahre alt und bereits seit zehn Jahren »Leiter eines sozialistischen Kollektivs«, mit dem er mehrere Schnellvortriebe sowie »hervorragende Leistungen auf ökonomischem Gebiet« vollbracht hatte.[92] Seit 1957 gehörte er der SED an. Er war »Held der Arbeit«, »Meisterhauer«, »Verdienter Aktivist«, er trug das »Banner der Arbeit« und die »Medaille für ausgezeichnete Leistungen im sozialistischen Wettbewerb«.[93] Im gesamten Wismut-Gebiet war er »kein Unbekannter«.[94] Mit diesen Attributen und Fähigkeiten ausgestattet, hätte N. beste Voraussetzungen zur Heldenstilisierung besessen: Doch zum einen waren die Zeiten der Arbeitshelden vorbei, zum anderen hätten seine offenkundigen Regelverstöße eine Heldeninszenierung kaum zugelassen. Denn trotz oder gerade wegen seiner großen Erfolge ignorierte N. zunehmend seine Verpflichtungen bei der Arbeit und in der Partei. Er missachtete die Sicherheitsbestimmungen und die Anordnungen des Revierleiters, er legte die Arbeitszeiten seiner Brigade selbst fest und schlief während der Parteiversammlung.[95] Vor allem aber verstieß er gegen die »sozialistische Moral«, indem er seine Ehe vernachlässigte, seine Frau knapp mit dem Haushaltsgeld hielt und sehr häufig – allein oder mit Kollegen – die Gaststätte »Libelle« in Karl-Marx-Stadt aufsuchte. Nach einem Besuch des Lokals am 24. August 1963 war N. im angetrunkenen Zustand nach Hause gefahren und hatte dabei einen Verkehrsunfall verursacht.[96] Bereits 1957 war der Brigadier wegen Trunkenheit am Steuer zu fünf Monaten Haft auf Bewährung verurteilt worden.[97] Die APO IV des »Jugendschachtes 1. Mai« lud N. aus diesen Gründen zum Parteiverfahren. N. trat den

[91] Satjukow/Gries: Konstruktion, S. 26.

[92] SächsStAC, 32301, GL Wismut der SED, IV 2/V/21. »Auszug aus dem Protokoll der Mitgliederversammlung der APO IV vom 28. November 1963«, 3. 12. 1963, S. 1.

[93] Ebd. »Genosse N. – Staatsausgezeichneter« (Mitteilung der Kaderabteilung der SDAG Wismut, BB 9 an die SED-Gebietsleitung Wismut), 12. 8. 1968.

[94] Ebd. Auszug aus dem Protokoll, S. 1.

[95] Ebd.

[96] Ebd. S. 2.

[97] Ebd. »Begleitkarte für Vorgang zum Parteiverfahren«, 9. 12. 1963.

Gang nach Canossa an und zeigte sich einsichtig, wobei er sich auf seine proletarische Herkunft berief. Er sei »ein Arbeiterkind und habe immer mit der Partei in Verbindung« gestanden, »mit aller Kraft« wolle er den Fehler wieder gutmachen. Am wichtigsten war ihm dabei der Erhalt seiner Funktion und damit seiner Reputation: »Ich weiß nicht, ob es für mich gut ist, wenn ich als Brigadier abgelöst werde. Es wäre für mich der größte Schlag.«[98] Zur Abstimmung über die Parteistrafe wurden insgesamt drei Mitgliederversammlungen abgehalten. 14 der 89 anwesenden Parteimitglieder nahmen zu den Vorwürfen gegen N. Stellung. Die meisten von ihnen zeigten sich trotz aller Verfehlungen solidarisch, Sympathie und Anerkennung für die Leistungen des Brigadiers überwogen in den Diskussionsbeiträgen und ein Genosse erkannte sogar Tendenzen der Besserung.[99] In der Konsequenz erhielt N. eine Rüge, die drei Jahre später wieder gelöscht wurde.[100] Ob die Angelegenheit ein strafrechtliches Nachspiel hatte, ist unwahrscheinlich, da Derartiges nirgendwo erwähnt wird. Die Tilgung der Parteistrafe 1966 wurde mit den hervorragenden Produktionserfolgen des weithin bekannten Brigadiers begründet. Überdies hatte die Disziplinierung offensichtlich Wirkung gezeigt. N. engagiere sich nun ebenso vorbildlich bei der Durchsetzung von Neuerermethoden wie in der politischen Arbeit im Kollektiv und in der FDJ, bilanzierten die Parteigenossen Auch seine Familienverhältnisse habe er »in Ordnung« gebracht.[101] Wenige Jahre später wurde bei dem nun 37-jährigen eine »hochgradige Silikose« festgestellt und er erhielt einen Büro-Arbeitplatz im Wissenschaftlich-Technischen Zentrum (WTZ) in Karl-Marx-Stadt mit einem Bruttogehalt von 800 Mark plus 20-prozentigem Wismut-Zuschlag. Es ist zu vermuten, dass diese Perspektive für das Selbstverständnis des ehemals vor Kraft strotzenden Aktivisten ein herber Rückschlag war – von der finanziellen Herabstufung ganz zu schweigen. Doch N. blieb keine Wahl, er nahm das Angebot dankend an.[102]

3. Aneignung und Erfahrungsgeschichte

Bei der Analyse der Inszenierungs- und Heroisierungsprozesse ist die Frage nach deren Aneignung relevant. Schließlich nützten die von »oben« gesteuerten Kampagnen wohl wenig, wenn sich der Nimbus des Heldenhaften bei den Protagonisten nicht einstellte. Von der Rezeption öffentlich propagierter Arbeiterhelden wie Josef Wenig war bereits die Rede, die Bilanz fiel eher unspektakulär aus. Eine Orientierung an Vorzeigearbeitern mag es wohl gegeben haben, aber eher in Erwartung attraktiver Lohn-Leistungs-Verhältnisse als einer verheißungsvollen

98 Ebd. Auszug aus dem Protokoll ..., S. 3.
99 Ebd., S. 3 f.
100 Ebd. »Auszug aus dem Protokoll der Mitgliederversammlung der APO I am 25. und 30. 8. 1966«, 6.9.1966.
101 Ebd., S. 2.
102 SächsStAC, 32301, GL Wismut der SED, IV 2/V/21. Genosse N. – Staatsausgezeichneter ...

Heldenaura. Ob sich die Bergleute selbst als Helden wahrnahmen, die sich der »Sonnenkräfte« zum Zwecke des Weltfriedens bemächtigten, lässt sich aus der schriftlichen Überlieferung kaum nachvollziehen. Um dennoch zu Erkenntnissen über Aneignungs- und Wahrnehmungsmuster der Bergleute zu kommen, sollen an dieser Stelle narrative Zeitzeugeninterviews in ihrer erfahrungsgeschichtlichen Dimension analysiert werden.

Die Befragung von Zeitzeugen stellte von Anfang an einen zwar marginalen, aber doch unerlässlichen Gliederungspunkt für dieses Projekt dar. Marginal aus dem Grunde, als dass sich dieses Forschungsprojekt auf ein umfangreiches Konvolut schriftlicher Überlieferung stützen kann, aus dem Strukturen und Abläufe der Betriebsgeschichte ebenso hervorgehen wie individuelle Arbeitserfahrungen und Äußerungen der Akteure. Daher auch der Entschluss, die Aussagen der Befragten weniger zur Substituierung fehlender Informationen aus den Akten heranzuziehen, sondern sie vor dem Hintergrund der Erfahrungsgeschichte zu analysieren. Im geschichtswissenschaftlichen Diskurs hat die Bedeutung der Oral History im Laufe der Jahre divergierende Wendungen genommen. Während Lutz Niethammer vor 25 Jahren eine stärkere Hinwendung zur Erfahrungsgeschichte von »unten« anmahnte und damit maßgeblich zur Etablierung der »mündlichen Geschichte« in Deutschland beigetragen hat,[103] gilt heute die – wenn auch oft mit einem Augenzwinkern vorgetragene – Maxime, der Zeitzeuge sei der »natürliche Feind des Historikers«.[104] Andererseits haben Zeitzeugen in der medialen Aufbereitung von Geschichte Konjunktur. Keine Fernseh-Dokumentation über Ereignisse der deutschen Zeitgeschichte, vom Zweiten Weltkrieg bis zur Friedlichen Revolution, kommt ohne Zeitzeugen aus. Die Erinnerungsberichte werden überwiegend in Auszügen präsentiert, deren Versatzstücke wiederum zu einer Geschichte verwoben werden – wobei der Zuschauer weder die präzise Fragestellung noch den eigentlichen Kontext erfährt, aus dem diese Bruchstücke herausgelöst wurden. Doch soll es hier nicht um eine Kulturkritik des medialen Umgangs mit Zeitzeugen gehen. So viel sei angemerkt: Die »Erforschung der Volkserfahrung« ist ein essentiell notwendiger Bestandteil der historischen und sozialwissenschaftlichen Zeitgeschichtsforschung, da sie die »subjektiven Voraussetzungen des soziopolitischen Verhaltens« da zu erschließen vermag, wo keine mediale Öffentlichkeit zur unmittelbaren Artikulation zur Verfügung steht.[105] Die Erfahrungswelt von »unten«, die Erinnerungen der »kleinen Leute« ergänzen und kontrastieren die »Herrschaftsakten«, deren Sammlungs- und Dokumentationsziel – gerade in repressiven Systemen – von einer einseitigen Perspektive geprägt ist. Andererseits bestechen die obrigkeitlichen Akten hinsichtlich ihrer Faktizität durch größere Verlässlichkeit, da die Berichterstatter meist aktuell aufzeichneten und sich jedes

[103] Niethammer, Lutz (Hg.): Lebenserfahrung und kollektives Gedächtnis. Die Praxis der Oral History, Frankfurt/M. 1980.

[104] Jarausch, Konrad H.: Zeitgeschichte und Erinnerung. Deutungskonkurrenz oder Interdependenz?, in: Ders. und Martin Sabrow (Hg.): Verletztes Gedächtnis. Erinnerungskultur und Zeitgeschichte im Konflikt, Frankfurt/M. 2002, S. 10.

[105] Einleitung des Herausgebers, in: Niethammer, Lutz (Hg.): »Die Jahre weiß man nicht, wo man die heute hinsetzen soll«. Faschismuserfahrungen im Ruhrgebiet (=Lebensgeschichte und Sozialkultur im Ruhrgebiet, Bd. 1), Berlin/Bonn 1983, S. 7 f.

Details »frisch« erinnerten, wohingegen das individuelle Gedächtnis des Zeitzeugen den Erosionen der Zeitläufte ausgesetzt ist. Daher muss bei der Herangehensweise der Befragung, aber vor allem bei der Auswertung individueller Lebensberichte höchste Vorsicht gelten. Das Gedächtnis ist selektiv und manipulierbar, oft mischen sich in der Erinnerung persönliche Erfahrungen mit fremden, unangenehme Erinnerungen werden ausgeblendet oder überlagert, angenehme überhöht oder verklärt. So beschrieb beispielsweise der Interviewpartner Veit Kühn präzise seine Teilnahme am Aufruhr der Wismut-Kumpel in Saalfeld 1951. Plastisch schilderte er, wie er bei den Unruhen selbst inhaftiert und vom sowjetischen Schachtleiter höchstpersönlich aus dem Gefängnis geholt worden sei, da er als fähigster Sprengmeister unentbehrlich für den Arbeitsablauf im Schacht Dittrichshütte gewesen sei. Beim Transkribieren des Interviews fiel allerdings auf, dass Herr Kühn zuvor seinen Arbeitsantritt in Dittrichshütte mit dem 10. Oktober 1951 datiert hatte – die Unruhen in Saalfeld aber hatten sich im August ereignet. Nun ist es natürlich möglich, dass sich Herr Kühn im Zeitpunkt seines Eintrittsdatums in die Wismut AG irrte; in den meisten Interviews mussten konkrete Zeitpunkte immer wieder nachgefragt werden, da die Angaben des öfteren unlogische Sprünge oder Lücken aufwiesen. Die Diskrepanz in Herrn Kühns Aussage kann aber genau so gut auf eine Verzerrung seiner Erinnerung zurückzuführen sein: Möglicherweise wurde er Ohrenzeuge zahlreicher Geschichten, Gerüchte und Prahlereien über den Aufruhr, die dergestalt in sein Gedächtnis eingingen, dass sie irgendwann zu seinen eigenen Erlebnissen gerannen.

Die Kontakte zu den Interviewpartnern ergaben sich zum Großteil aus persönlichen Beziehungen. Zum einen stamme ich selbst aus dem ehemaligen Abbaugebiet Dittrichshütte und konnte so Ortsansässige nach ihren Arbeitserfahrungen bei der Wismut befragen. Albert Marek sowie das Ehepaar Assmann gehören bzw. gehörten zu diesem Personenkreis.[106] Zum anderen stellte sich heraus, dass auch im weiteren Umfeld von Bekannten oder Kommilitonen Kontakte zu ehemaligen Bergarbeitern bestehen, die mir freundlicherweise vermittelt wurden. Immer wieder musste ich erstaunt feststellen, wie viele Mitmenschen »jemanden kennen, der bei der Wismut war.« So lernte ich das Ehepaar Ebert aus Hessen kennen, welches über Freunde meiner Eltern vermittelt wurde, die von meinem Dissertationsprojekt wussten. Die ehemalige Briefträgerin von Dittrichshütte vermittelte ihren Schwager aus Ronneburg, der fast vierzig Jahre lang für die Wismut im Erzgebirge und in Ostthüringen tätig war. Bernhard Hornung wiederum ist der Halbbruder meines Schwiegervaters. Der Neffe von Konrad Sievert aus Schwarzenberg erfuhr von meiner Arbeit im Doktorandenkolloquium und stellte mir die Adresse seines Onkels zur Verfügung. Dietmar Römer und Herbert Weigel konnten durch die Vermittlung des Museums des Uranbergbaus in Schlema für ein Interview gewonnen werden. Von Olaf Mendler und Lothar Melling erfuhr ich aus Zeitungs- bzw. Internetbeiträgen. Veit und Anneliese Kühn stießen durch einen meiner Artikel in der Ostthüringer Zeitung auf mein Forschungsprojekt und meldeten sich selbst, um Näheres darüber zu erfahren.

---

106 Das Ehepaar Assmann ist in der Zwischenzeit verstorben, Herr Assmann fiel dem berufstypischen Lungenkrebs zum Opfer.

Die erste Kontaktaufnahme war nicht immer unproblematisch. Einige der möglichen Interviewpartner sagten zwar ihr Einverständnis zu, zögerten aber ein konkretes Gespräch immer wieder hinaus. Manche begründeten dies mit gesundheitlichen Problemen. Ich interpretierte dieses Verhalten zunächst als Ausflüchte: Die Zeitzeugen sträubten sich möglicherweise vor der Preisgabe ihrer Erinnerung, ohne jedoch offen eine Absage aussprechen zu wollen. Bei diesem oder jenem dürfte auch die diffuse Angst vor verspäteten Konsequenzen eine Rolle gespielt haben; die restriktive Informations- und Öffentlichkeitspolitik des Gesellschaftssystems im Allgemeinen sowie die geheimnisumwitterte Aura der Wismut im Besonderen wirkten möglicherweise nach. In einem Fall spielten tatsächlich schwerwiegende gesundheitliche Gründe, Operationen und Krankenhausaufenthalte eine Rolle. In anderen Fällen kam der Termin nach langer Zeit doch zustande. Bei den vom Museum vermittelten Zeitzeugen aus dem Erzgebirge war bei der Kontaktaufnahme leichtes Misstrauen zu verspüren, was wohl im Wesentlichen auf ihre Erfahrungen mit Journalisten und Filmemachern zurückzuführen ist. Das nach der Wiedervereinigung gesteigerte öffentliche Interesse am Uranerzbergbau und die Berichterstattung über Gesundheits- und Umweltschäden haben keinen guten Leumund für die Region um Aue und die ehemaligen Kumpel hinterlassen – so jedenfalls empfinden es viele »Veteranen« heute sehr stark. Erst nachdem ich ausdrücklich betont hatte, dass die Befragung ausschließlich wissenschaftlichen Zwecken diene, war Dietmar Römer zu einem Interview bereit.

Die lebensgeschichtlichen Interviews wurden in Sachsen, Thüringen, Bayern, Hessen und Berlin in den Wohnungen der Befragten geführt. Insgesamt konnten 14 Personen interviewt werden, darunter drei Ehepaare. Zwei der Ehepaare arbeiteten gemeinsam bei der Wismut bzw. lernten sich dort kennen. Keiner der Befragten hatte etwas gegen die Nennung seines oder ihres Namens einzuwenden. Trotzdem habe ich mich entschieden, die Namen komplett zu pseudonymisieren, um langwierige Nachkontrollen sowie mögliche Ressentiments im Nachhinein zu vermeiden. Elf der befragten Zeitzeugen sind männlich, zwei der Ehefrauen waren selbst bei der Wismut tätig. Die soziale Zusammensetzung ist beinahe homogen. Außer dem Ehepaar Ebert – Herr Ebert war Zahnarzt und Frau Ebert Mitarbeiterin des Grubenrettungswesens – waren alle Befragten Arbeiter; Herr Hornung arbeitete als Verkehrspolizist im Objekt Gera. Anneliese Kühn, Jahrgang 1935, war Hausfrau, erwies sich aber als interessante Zeitzeugin. Sie erlebte sowohl den Strukturwandel durch die Wismut in Saalfeld/Thüringen in den fünfziger Jahren, als auch die vom Uranerzbergbau geprägte Stadt Gera, wo sie mit ihrem Mann Veit Kühn, Jahrgang 1925, Ende der fünfziger Jahre in eine für die Bergarbeiter neu errichtete Wohnsiedlung zog.

Fast alle Befragten gehörten zur ersten Wismut-Generation, die als berufsfremde Bergarbeiter den »klassischen« Weg vom Fördermann zum Hauer absolviert und sich später zum Ingenieur, Steiger, Obersteiger oder Revierleiter qualifiziert hatten. Keiner kam also aus einer traditionellen Bergarbeiterfamilie, lediglich Herrn Mellings Vater hatte schon bei der Wismut gearbeitet. Sechs Zeitzeugen hatten ihr gesamtes Erwerbsleben bei der Wismut verbracht; sie hatten Ende der vierziger oder Anfang der fünfziger Jahre ihre Tätigkeit dort aufgenommen und teilweise noch die Abwicklungs- und Sanierungsmaßnahmen der frühen neunziger Jahre miterlebt. Drei Bergleute stammten aus den ehemaligen Ostgebieten des Dritten Reichs. Herbert Weigel, Jahrgang 1931, und Manfred Weitmann, Jahrgang 1929, kamen nach 1945 als Flüchtlinge bzw. Vertriebene aus Ostpreußen und den Sudeten. Herr Marek, Jahrgang 1926, war ein Banater Schwabe und bereits während des Krieges aus Kroatien nach Thüringen gekommen. Zeitlich begrenzt waren Herr und Frau Ebert, Jahrgang 1930 und 1933, bei der Wismut tätig. Sie spürten einen großen Freiheitsdrang, reisten viel und gingen 1957, nach drei Jahren in Johanngeorgenstadt, in die Bundesrepublik. Margarete Assmann beendete ihre Tätigkeit als Küchenhilfe bei der Wismut in Dittrichshütte nach der Geburt ihrer Zwillinge. Da in Dittrichshütte ohnehin nur drei Jahre lang Uranerz gefördert wurde, sahen sich die Ortsansässigen Herr Assmann und Herr Marek 1952 nach neuer Arbeit um. Herr Assmann ging für einige Jahre nach Ronneburg zur Wismut, kam aber später zurück, um sich eine Arbeit in Ortsnähe, in den Eisenerzgruben von Wittmannsgereuth zu suchen. Auch Herr Marek arbeitete nach seiner Entlassung in Wittmannsgereuth. Keiner der in der frühen Zeit zur Wismut Gestoßenen war durch Dienstverpflichtung rekrutiert worden, keiner kam »unfreiwillig« in den Uranerzbergbau. Einige erfuhren durch Werbung oder Mundpropaganda von der neuen Arbeitsmöglichkeit, so Herr Weigel, der seinem Bruder in die Wismut nachfolgte oder Herr Weitmann, der aus einem mecklenburgischen Flüchtlingslager geworben wurde. Herr Hornung hatte sich als Angehöriger des Betriebsschutzes in der Eisenerzgrube Wittmannsgereuth für ein Jahr zur Wismut verpflichten müssen und kam nach Ronneburg, wo er bis heute lebt.

Lothar Melling und Olaf Mendler gehörten zur letzten Generation der Wismut-Arbeiter. Sie absolvierten ihre Ausbildung zum Bergmann in den siebziger bzw. achtziger Jahren in Gera. Beide wurden bei Werbestunden in der Schule auf den Uranerzbergbau aufmerksam. Herr Melling, Jahrgang 1957, verbrachte nur seine zweijährige Lehrzeit bei der Wismut und ging dann zum Wachschutz des MfS nach Berlin. Herr Mendler, Jahrgang 1964, arbeitete acht Jahre lang als Hauer in Gera, bis zu seinem Unfall, der mit der Zeit des gesellschaftlichen Umbruchs 1989 zusammen fiel. Ein Großteil der Befragten gehörte der Partei an, bis auf Olaf Mendler, das Ehepaar Ebert sowie die Ehefrauen Assmann und Kühn.

Wie verliefen die Interviews? Jedes Gespräch begann mit der Frage, wie die Zeitzeugen zur Wismut gekommen waren. Dieser konkrete Einstieg wurde gewählt, weil sich mit der Beantwortung neue Fragen und Themen ergaben, die den Stein des Erzählens ins Rollen bringen konnten. Auffällig war, dass die Befragten, obschon sie gern und viel erzählten, nie ausschweifend wurden. Sie hielten sich im Wesentlichen an die gestellten Fragen oder kamen nach einigen Umschweifen auf die ursprüngliche Frage zurück. Die Interviews dauerten im Schnitt 90 Minuten. Im Weiteren wurden Probleme der Arbeits- und Lebensbedingungen, Gesundheitsrisiken oder Wohnverhältnisse behandelt. Aber auch die Beziehungen zu Betriebsleitern und Partei- und Gewerkschaftsfunktionären standen zur Disposition. Konkrete Ereignisse wie der Saalfeld-Aufruhr im August 1951 oder der 17. Juni 1953 gehörten ebenso zum Fragenkatalog wie Punkte des Arbeitsregimes, der Kultur- und Freizeitaktivitäten sowie der gewerkschaftlichen Betreuung. Am Ende des Interviews wurden die Partner um eine Bilanz ihres Arbeitslebens gebeten, bei der sie Wendepunkte sowie gute und schlechte Seiten des Betriebsalltags resümieren sollten. Die Auswertung der Interviews offenbarte starke Parallelen in der Darstellung des individuellen Arbeitslebens, also einen gemeinsamen Tenor. Die im Kern immer wieder kehrenden Aussagen können auf folgende Kriterien kondensiert werden: hohe Identifikation mit dem Betrieb, Aneignung des Heroischen, Apologien des Negativen, starke materielle Orientierung sowie die Betonung von Solidarität und Zusammenhalt.

Tab. 14: Alter, Herkunft und Erwerbsbiographie der Interviewpartner

Name	Jahrgang	Herkunft	Erwerbsbiographie in der Wismut AG	SED-Mitglied
Rudolf Assmann	1930	Thüringen	1951-53 als Bohrer in Dittrichshütte 1953 Ausbildung als Bohrmeister an der Bergakademie Freiberg 1953-56 Bohrmeister in Ronneburg	Ja
Margarete Assmann	1932	Tschechien	1951/52 Küchenkraft in Dittrichshütte	Nein
Jutta Ebert	1933	Sachsen	1954-57 Grubenrettungswesen und Chemielabor in Johanngeorgenstadt	Nein
Karl-Heinz Ebert	1930	Sachsen	1954-57 Zahnarzt in der Poliklinik Johanngeorgenstadt	Nein
Veit Kühn	1925	Sachsen-Anhalt	1951-83 Sprengmeister in Dittrichshütte und Schmirchau	Ja
Anneliese Kühn	1935	Thüringen	Hausfrau	Nein
Bernhard Hornung	1933	Thüringen	1956/57 Betriebsschutz in Ronneburg 1957-91 Verkehrspolizist in Ronneburg	Ja
Albert Marek	1926	Kroatien	1951/52 Schießhauer in Dittrichshütte	Ja
Lothar Melling	1957	Thüringen	1974-76 Lehrausbildung als Hauer in Gera	Ja
Olaf Mendler	1964	Thüringen	1981-89 Lehrausbildung und Hauer in Beerwalde	Nein
Dietmar Römer	1931	Sachsen/Erzg.	1947-92 in Aue als Hauer, Steiger, Grubenbereichsleiter, Hauptdispatcher	Ja
Konrad Sievert	1936	Sachsen/Erzg.	1952-92 als Hauer, Bohrer, Markscheider	Ja
Herbert Weigel	1931	Tschechien	1952-83 in Aue als Hauer und Steiger 1983-90 Leiter des Sägewerkes Aue	Ja

Name	Jahrgang	Herkunft	Erwerbsbiographie in der Wismut AG	SED-Mitglied
Manfred Weitmann	1929	Polen	1949-51 in Marienberg als Elektriker und Hauer 1951-90 in Ronneburg als Hauer, Steiger, Revierleiter	Ja

Überdies akzentuierten vor allem die Befragten der ersten Wismut-Generation die Atmosphäre des Neuen, Abenteuerlichen und Dynamischen. Dass die Befragten ihre Lebensgeschichte nicht als »entwertet und nutzlos« empfinden, wie es viele ehemalige DDR-Bürger nach der Friedlichen Revolution taten,[107] ist nicht verwunderlich. Sie erwiesen sich als vital, lebensfroh und reiselustig. Zum einen waren die meisten von ihnen bereits an der Schwelle zum Rentenalter, als die Mauer fiel und die Uranerzförderung vor dem Aus stand. Zum anderen erlaubt einem Großteil von ihnen die Bergmannsrente ein sorgenfreies Leben. So konnten die meisten der Befragten also die positiven Seiten des neuen Gesellschaftssystems wie Reisefreiheit und Konsumvielfalt in Anspruch nehmen, ohne sich noch einmal radikal auf die veränderten Bedingungen des Arbeitsmarktes einstellen zu müssen. Diese Begründung trifft allerdings nicht auf die jüngeren und/oder gesundheitlich beeinträchtigten Interviewpartner zu – ihren Erinnerungen an eine schöne und ausgefüllte Zeit tat dies offensichtlich keinen Abbruch. Diesem Widerspruch – wenn es überhaupt einer ist – soll im Folgenden auf den Grund gegangen werden.

Das bei fast allen Befragten beinahe als arkadisch geschilderte Arbeitsleben wurde im Interview durch konkretes Nachfragen oder durch die Konfrontation mit offensichtlich misslichen und nachteiligen Aspekten des betrieblichen Alltags, wie Strahlenbelastungen, Berufskrankheiten oder dem Umgang mit Sicherheitsbestimmungen, gespiegelt. Dabei fällt die Gleichzeitigkeit des Ungleichzeitigen ins Auge. Die meisten der Befragten abstrahierten bei Nachfrage von den allgemeinen Zuständen auf ihr individuelles Erleben. So bedienten sich einige der Befragten der Formel, die Wismut sei ein »Staat im Staate« gewesen, ohne damit eine dezidiert negative Konnotation zu verknüpfen.[108] Vielmehr nahmen sie diesen Terminus als Erklärungsmuster für alles Außergewöhnliche oder von der Normalität Abweichende:»Also, diese Wismut war ein Staat im Staate, so kann man das eigentlich sagen, ne. Wir hatten so viele Sonderregelungen, die einmal natürlich nicht immer von Vorteil waren, aber zu 80 Prozent nur Vorteile brachten.«[109] Jutta Eberts Aussage ist charakteristisch für die harmonisch gefärbte Sichtweise, obschon sie nicht den »typischen« Lebenslauf einer Wismut-Beschäftigten aufweist und stärker als andere Interviewpartner zu differenzieren wusste. Sie arbeitete nur wenige Jahre in Johanngeorgenstadt und floh dann mit ihrem Mann in den Westen. Schon als sie mich vom Bahnhof abholte, »warnte« mich Frau Ebert, dass sie nur gute Erinnerungen an die Zeit in der Wismut habe. Offenbar glaubte

[107] Mühlberg, Dietrich: Vom langsamen Wandel der Erinnerung an die DDR, in: Jarausch/Sabrow: Das verletzte Gedächtnis, S. 225.

[108] Diese Formulierung gebrauchten Frau Ebert, Herr Hornung, Herr Weitmann, Herr Kühn.

[109] Interview mit Herrn und Frau Ebert.

sie, meine Erwartungen hinsichtlich der schlimmsten Erfahrungsberichte aus dem Uranerzbergbau dämpfen zu müssen. Frau Ebert war ihrem Vater, der in der Verwaltung der Wismut AG arbeitete, in den fünfziger Jahren ins Sperrgebiet gefolgt.[110] Sie hatte Abitur, aber keinerlei berufliche Ausbildung, bestand einen Test für das Rettungskommando und arbeitete dann in einem Kollektiv mit 80 Männern zusammen. Später wurde sie die Leiterin des Chemielabors. Frau Ebert beschwor den großen Zusammenhalt der Kollegen, nie sei sie ungebührlich oder respektlos von ihren männlichen Mitarbeitern behandelt worden – was nicht zuletzt an ihrem eigenen distanzierten Verhalten gelegen habe. So manche andere Frau habe es nicht geschafft, die »Grenzen zu ziehen«.[111] Vor allem an die niedrigschwellige Bürokratie und die »Alles ist möglich«-Atmosphäre denkt sie gern zurück. Ihre Fahrstunden nahm Frau Ebert bei einem Chauffeur der Wismut, für zehn Mark und einen Kasten Bier erhielt sie ihren Führerschein. Sie kontrastierte die Erfahrungen des lockeren Umgangs mit den späteren Erlebnissen in der Bundesrepublik, wo man sie entsetzt darauf hinwies, dass sie als Frau eine Tätigkeit wie im Grubenrettungswesen Johanngeorgenstadt niemals würde ausüben können. Doch auch in der Bundesrepublik hatte Frau Ebert Glück – gepaart mit ihren naturwissenschaftlichen Kenntnissen, wie Herr Ebert hinzufügte. Ohne entsprechende Ausbildung wurde sie von einem niedergelassenen Arzt als medizinisch-technische Assistentin eingestellt. Diese Tätigkeit übte sie bis zu ihrer Pensionierung in den neunziger Jahren aus. Auch Herr Ebert entsann sich gern der Zeiten im Sperrgebiet, so vor allem der gemeinsamen Kneipenabende von Kumpels und Intelligenz. Man war per Du und kannte keine sozialen Unterschiede. Dennoch wies er seine Gattin während des Gesprächs immer wieder darauf hin, dass die scheinbar grenzenlosen Möglichkeiten ein wismutspezifisches Charakteristikum gewesen seien und nichts mit den sozialen und wirtschaftlichen Verhältnissen in der DDR gemein hatten. Herr Ebert war nach seinem Examen 1954 in Leipzig zur Bergarbeiterpoliklinik Johanngeorgenstadt gewechselt, weil er dort ein besseres Gehalt erhielt: 820 Mark Netto anstatt 490 Mark im staatlichen Gesundheitswesen. Das Ehepaar Ebert entsann sich möglicherweise auch deshalb der schönen Zeit im Urangebiet, weil es sich ungewöhnliche Freiheiten heraus nahm. Beide reisten gern und besaßen einen Interzonenpass[112]. Mit diesem gelangten sie zu Beginn der fünfziger Jahre noch recht problemlos in die Bundesrepublik, von wo sie mit Zelt und Motorrad nach Venedig und an die Côte d´Azur reisten. Ihren Kollegen erzählten sie, sie seien an der Ostsee gewesen, was eines Tages das Misstrauen von Frau Eberts Chef hervorrief, der seinen Urlaub tatsächlich dort verbracht hatte. Frau Eberts gleichmäßige Sonnenbräune stand nämlich im krassen

[110] Frau Eberts Vater war als sogenannter »kleiner Pg«, als Schulleiter einer sächsischen Schule während der NS-Zeit, mehrere Jahre im sowjetischen Speziallager Buchenwald inhaftiert und wurde nach seiner Entlassung vermutlich dienstverpflichtet.

[111] Frau Ebert.

[112] Der Interzonenpass wurde zwar 1952 offiziell abgeschafft, der Grenzverkehr aber im Zuge des »Neuen Kurses« liberaler gehandhabt. DDR-Bürger mussten nun einen Ausreiseantrag bei der VP stellen, der in den überwiegenden Fällen bewilligt wurde. 1957 handhabte das erneut geänderte Passgesetz Grenzübertritte wieder restriktiver. »Republikflucht« galt nun als nun Straftatbestand. Van Melis, Damian und Henrik Bispinck: »Republikflucht«. Flucht und Abwanderung aus der SBZ/DDR 1945 bis 1961, München 2006.

Gegensatz zu dem verregneten Wetter, das der Vorgesetzte auf Usedom erlebt hatte.

Besonders frappant erscheint die Ungleichzeitigkeit der Wahrnehmungen bei den Interviewten, die gesundheitliche Schäden davon trugen, aber keinerlei Ressentiments gegen den Uranbetrieb hegen. So schwärmte Herr Assmann – aufgrund seiner starken Silikose während des Interviews an ein Beatmungsgerät angeschlossen – von den guten Sozialleistungen und den vollen Schaufenstern der HO Wismut. Herr Melling, der die zweijährige Untertagetätigkeit bei der Wismut für seinen Kehlkopfkrebs verantwortlich macht und sich heute im Verein Atomopfer e. V. für Entschädigungszahlungen engagiert, zeigte keinerlei Frustration oder Verbitterung. Ähnliches kann man von Herrn Mendler sagen, den das nach allgemeinen Maßstäben wohl schwerste Schicksal getroffen hat. Bei einem Betriebsunfall im Schacht verletzte sich der damals 25-jährige Hauer Beine und Wirbelsäule so schwer, dass er seitdem im Rollstuhl sitzt. Im Interview erwies er sich als sportlicher und aktiver junger Mann, der im Bogenschießen sogar zweimal paralympisches Gold für die Bundesrepublik Deutschland erkämpft hat. Fragen nach dem Unfall schienen für ihn kein Problem zu sein, vielleicht auch deshalb, weil ihn die Lokalpresse einige Zeit zuvor bereits porträtiert hatte und er daher wohl etwas Routine im medialen Umgang besitzt. Er bekannte offen, dass er selbst eine Teilschuld an dem Unfall trug, da weder er noch andere Brigaden sich allzu streng an die Sicherheitsvorschriften gehalten hätten. Andererseits schilderte er, wie ihn die Wismut »hängen ließ« und ihm noch während seines langen Krankhaus- und Rehabilitationsaufenthaltes die Kündigung ausstellte. Erst später, als sich bereits die Berufsgenossenschaft um seinen »Fall« kümmerte, erfuhr er, dass der Uranerzbergbau ihn so kurz nach dem Unfall »abgeschrieben« hatte. Weder Gewerkschafts- noch Parteifunktionäre besuchten ihn am Krankenbett, lediglich die Brigade war einmal da. Von der Äußerung abgesehen, dass ihn dies »angekotzt« habe, waren weder Verbitterung noch Zorn in seinen Ausführungen zu verspüren. Das kann auf Verdrängung und das Arrangieren mit den Verhältnissen zurückzuführen sein, ist aber vermutlich seinem ausgefüllten und erfolgreichen Leben geschuldet.

Apologetische Umformungen waren charakteristisch für die Mehrzahl der Interviews, besonders wenn es auf Arbeitsschutz und die häufigen Todesfälle zu sprechen kam. Die vorherrschende Meinung vor allem der alten Bergleute war, dass oftmals die Kumpel selbst Schuld an den Unfällen gewesen seien. Laxer Umgang mit den Sicherheitsbestimmungen oder die Missachtung von Anweisungen durch das ingenieur-technische Personal wurden als Begründung für die Berufsunfälle ins Feld geführt. Bei der Frage nach Kenntnis oder Unkenntnis der bergbauspezifischen Gefahren sowie der gesundheitlichen Risiken, die auch durch die radioaktive Strahlung bestanden, gab es im Wesentlichen einheitliche Äußerungen. Die meisten der früh zum Uranerzbergbau gelangten Gesprächspartner konnten sich nicht an eine entsprechende Aufklärung erinnern. Da das Uranerz geschmacks- und geruchsneutral ist, machten sie sich kaum Gedanken über die Gefahren. Man sei jung und lebenshungrig, vor allem aber hungrig gewesen. In Anbetracht der astronomischen Verdienstmöglichkeiten im Uranerzbergbau im Verhältnis zur wirtschaftlichen Not der Nachkriegszeit habe sich die Frage nach körperschonenden Alternativen gar nicht gestellt. Im übrigen hätten die meisten Leute gewusst, dass der Bergbau nun einmal »keine Schokoladenfabrik« sei.[113] Auch die jüngere Generation setzte sich kaum mit den Fragen zu Radioaktivität und Gesundheitsgefährdung auseinander. Im Gegenteil: Herr Melling war als junger Mann der Meinung, dass die Atombomben ja nicht zum Einsatz kommen, sondern lediglich das Kräftegleichgewicht in der Welt sicherstellten. Das Wort Uran wurde ohnehin nie erwähnt, niemand redete über dessen Auswirkungen. Sein Vater, der in den vierziger Jahren in der SAG Wismut beschäftigt war, hatte ihm überdies zu dieser Tätigkeit geraten und ein ausschließlich positives Bild vom Uranerzbergbau vermittelt. Mit seinem heutigen Wissen über die Gesundheitsrisiken hätte er »ausreißen müssen«.[114] Auch Herr Mendler war sich der Gefahren des strahlenden Erzes kaum bewusst. Natürlich war ihm bekannt, wofür das Uran gefördert wurde – auch er erkennt bis heute die Sinnfälligkeit der Argumentation vom Kräftegleichgewicht. Doch Herrn Mendlers Bewertung der Strahlenrisiken ist ambivalent. Einerseits fand er die zur Zeit des Interviews virulenten Diskussionen um strahlende Halden der Wismut zu hysterisch,[115] da im Erzgebirge mancher Hauskeller mehr Strahlung aufweise als die teilweise Jahrhunderte alten Halden. Andererseits konzedierte er, trotz der – nicht gerade umfassenden, aber doch vorhandenen – Strahlenschutzaufklärung in den achtziger Jahren wenig über diese Problematik nachgedacht zu haben: »Es war uns nicht so bewusst, was alles passieren kann. Ansonsten hätte man das doch gar nicht gemacht, das war einfach nur das Geld, was gezogen hat.«[116] Genau wie Herr Melling wurde er sich erst viel später der möglichen Gesundheitsrisiken bewusst. So zum Beispiel erklärt sich Herr Mendler die Wachstums- und Gelenkprobleme seiner Kinder während der Pubertät mit dem eigenen Strahlenkontakt.

Ähnlich widersprüchlich verhält es sich auch mit den Aussagen zu Krankheiten und Todesfällen, die man bei anderen Mitarbeitern beobachtete. Viele Wismut-Beschäftigte waren in den letzten Jahrzehnten des Uranbergbaus mit dem krankheitsbedingten Ableben ihrer Kollegen konfrontiert.

> Meine Leute sind alle tot. Nach der Wende bin ich ins Erzgebirge gefahren und wollte also so´n paar besuchen. Einen einzigen konnte ich besuchen, habe geklingelt [...] der macht die Tür auf, begrüßt mich, nennt mich mit meinem Mädchennamen: Kommen Se rein, Fräulein So und So, also es war ganz herzlich und dann setzte der sich in so´n Lehnsessel und hat mir Bilder gezeigt, ich hab nach Diesem und Jenem gefragt, alle tot, alle tot. Und er hatte noch ein halbes Jahr zu leben und tatsächlich nach einem halben Jahr war er auch tot.[117]

Erstaunlich ist die Genauigkeit, mit der die Mediziner offensichtlich die verbleibende Lebenserwartung der Patienten prognostizieren konnten. Auch Herr und Frau Kühn erinnerten sich an viele lieb gewonnene Arbeitskollegen, die von der

113 Herbert Weigel.
114 Lothar Melling.
115 Zur Zeit des Interviews, im Sommer 2006, wurden gerade die beiden Spitzkegelhalden in Ronneburg abgetragen. Herr Mendler war der Meinung, dass die Strahlung durch den Abtrag sogar noch stärker zu Tage tritt, da das Erdreich der Halden das Erz bedeckt habe.
116 Olaf Mendler.
117 Jutta Ebert.

Diagnose Staublunge oder Lungenkrebs erfuhren und wenig später starben. Dem »schönen Arno« hätten die Ärzte noch vier Wochen Zeit zu leben gegeben und tatsächlich sei er nach Ablauf dieser Frist gestorben. Ein weiterer ehemaliger Mitarbeiter Herrn Kühns hatte monatelang darum gekämpft, Renten- oder Entschädigungszahlungen für seine Erkrankung zu erhalten. Kurz nach Bewilligung der Zahlung erlag er seinem Krebsleiden, was die Kühns nicht für einen Zufall hielten. »Ja, die haben das schon so eingerichtet ... «[118] Ihrer Meinung nach zögerten die Entscheidungsträger also bewusst eine Entscheidung zur Rentenbewilligung hinaus, damit der baldige Tod des Antragstellers die Zahlungen obsolet machte. Wie aber gingen die Beschäftigten und ihre Familien mit diesem ganz offensichtlich zynischen Verhalten der Institutionen um?

> Na, das gehörte dazu. Das gehörte irgendwie dazu. Das haben die Männer so hingenommen, weil sie gesagt haben: solange wie wir können, verdienen wir schönes Geld ... und was dann kommt, ja, ist uns egal.[119]

Darüber hinaus zogen die Interviewpartner das Thema Krankheiten und Gesundheitsrisiken zur Erklärung ihrer Sonderstellung heran. So antwortete Herr Römer auf die Frage, ob er sich seiner privilegierten Lage bewusst war:

> Ja, das war man sich schon bewusst, aber das war auch verdient. Das war auch verdient. Erstens war man Uran-Kumpel. Wir waren bestimmten gesundheitlichen Belastungen und Schädigungen ausgesetzt. Das hat ja dann im Laufe der Jahre auch jeder gewusst und kapiert.[120]

Der Slogan »Erz für den Frieden« sowie die Argumentation, mit der Tätigkeit im Uranerzbergbau zur Sicherstellung des Kräftegleichgewichts zwischen den USA und der Sowjetunion beigetragen zu haben, scheint bei allen Befragten (außer den Eberts) verinnerlicht: »Wir waren schon überzeugt, dass wir nichts Unrechtes machen, dass wir was Gutes machen.«[121] Diese Position ist verständlich, da jeder Mensch auf ein sinnvolles und erfülltes Arbeitsleben zurück blicken möchte und sich ungern mit moralischen Fragen konfrontiert sieht. Möglicherweise eigneten sich manche der Interviewten diese Meinung aus dem Agitationsrepertoire der Funktionäre auch erst ex post an, um sich der kritischen Berichterstattung nach der Wiedervereinigung persönlich erwehren zu können. Es ist anzunehmen, dass sich die meisten von ihnen während ihres Arbeitslebens kaum Gedanken über die politisch-strategische Bedeutung ihres Betriebes gemacht haben, da sie im Interview immer wieder auf die individuellen Vorzüge ihrer Betriebszugehörigkeit, das komfortable Leben und den guten Verdienst rekurrierten. Oder ausgedrückt mit Herrn Kühns Antwort auf die Frage, was er über die Funktion des »Urans für Moskau« gedacht habe: »Gar nüscht, wir haben nur eingestrichen, was wir einstreichen konnten.«[122] Dass bei den langjährigen Wismut-Angehörigen ein hohes Maß an Identifikation mit »ihrem« Betrieb konstatiert werden kann, ist nicht

[118] Anneliese Kühn.
[119] Anneliese Kühn.
[120] Dietmar Römer.
[121] Herbert Weigel.
[122] Veit Kühn.

verwunderlich, da sie bereits seit ihrer Jugend dort gearbeitet hatten. Herr Römer kam mit 16 Jahren in den Uranerzbergbau, Herr Sievert war 18 Jahre alt, Herr Weitmann und Herr Weigel waren 21 Jahre alt. Doch auch der zur späteren Wismut-Generation gehörige Herr Melling identifizierte sich mit dem Betrieb. Die Aneignung des Heroischen ist bei ihm besonders augenfällig. Obwohl ihm die zweijährige Bergarbeitertätigkeit nach eigener Aussage Gürtelrose, Angina und Kehlkopfkrebs einbrachte, erinnert er sich ausgesprochen positiv an seine Lehrzeit. In seiner Jugend sei er schmal und schmächtig gewesen, bei der Wismut habe er sich als Kumpel fühlen und das von Körperlichkeit und Kraft geprägte Männlichkeitsbild für sich reklamieren können. Rückblickend überlegte Herr Melling, dass er körperlich eigentlich nicht für die schwere Arbeit geeignet gewesen sei, die teilweise »unbeschreiblich« hart war. Der Arbeitsdruck war hoch, vor allem, wenn sich sowjetische Funktionäre zur Visitation ankündigten. Der erste Tag im Schacht sei für alle Lehrlinge zuerst ein »Schock« gewesen. Nach der Schicht fiel der Sechzehnjährige meist sofort ins Bett. Doch bei der Wismut habe er gelernt zu arbeiten und zuzupacken. Alle, auch die Lehrlinge, wurden von den Kumpels akzeptiert und waren Teil einer eingeschworenen Gemeinschaft. Überdies verdiente der junge Herr Melling »ein Schweinegeld«, im ersten Lehrjahr bereits 1.400 Mark netto pro Monat.[123] Er lebte in einer anderen Welt, in der er sich über alltägliche Dinge wie Wohnung, Ferienplätze und Konsumgüter keine Gedanken machen musste: »Die Wismut hat für ihre Leute gesorgt.« Dass dies im Rest der DDR anders war, erfuhr der junge Mann durch seine Freundin, die er mit 18 Jahren heiratete und die in einem volkseigenen Betrieb zu »normalen« Konditionen arbeitete. Anstatt darüber nachzudenken, wie diese Diskrepanz zustande kam, wünschte er sich damals, dass alle Menschen in der DDR solch ein Leben wie in der Wismut führen könnten. Deshalb auch war er besonders stolz auf seinen Betrieb: Bereits als Jugendlicher engagierte er sich in der FDJ und stellte mit 17 Jahren einen Antrag auf Mitgliedschaft in der SED. Beim Pfingsttreffen der Jugendorganisation in Berlin zogen er und seine Kollegen durch die Hauptstadt und sangen das »Steigerlied«. Auch Herr Mendler betonte den Zusammenhalt der Bergleute, sie seien so etwas wie eine »riesengroße Familie«, ein »eigenes Volk« gewesen.[124] Die Kumpel waren solidarisch und tauschten beispielsweise Arbeitsmaterialien und Werkzeugen untereinander aus, da diese in den achtziger Jahren immer knapper wurden. Überdies sei man immer unter sich gewesen, zumindest in der Lehrzeit kam Herr Mendler kaum aus dem »Mikrokosmos« der Wismut heraus. Für viele der älteren Bergleute ist die Wismut auch heute noch ein Bestandteil ihres Lebens. Einige der männlichen Befragten zeigten mir stolz ihre Mineralien- und Souvenirvitrinen, in denen sie Gesteine, Pokale

[123] Möglicherweise täuscht sich Herr Melling in dieser hohen Summe. Herr Mendler gab an, im ersten Lehrjahr monatlich 400 Mark verdient zu haben, was realistischer erscheint. Bei ihm steigerte sich der Lohn im zweiten Lehrjahr auf 600-800 Mark, im dritten Lehrjahr auf 1.200 Mark. Zur Erinnerung: das durchschnittliche monatliche Bruttoarbeitseinkommen eines ausgebildeten Arbeiters in anderen Industriebetrieben der DDR betrug 1980 knapp 1.000 Mark. Staatliche Zentralverwaltung für Statistik: Statistisches Jahrbuch der Deutschen Demokratischen Republik 1982, Berlin 1982, S. 119.

[124] Olaf Mendler.

oder museales Bergmannsgerät wie Karbidlampen aufbewahren. Herr Sievert wühlte während des gesamten Interviews in einem riesigen Pappkarton voller Urkunden, Abzeichen und Ehrennadeln, die er in seiner 35-jährigen Wismut-Zeit erworben hatte. Eine große Rolle für das kollektive Erinnern und den Zusammenhalt der Ehemaligen spielen die in den neunziger Jahren gegründeten Traditionsvereine, die Ausflüge, Vorträge und regelmäßige Zusammenkünfte veranstalten.[125] Der bundesweit begangene Deutsche Bergmannstag wird auch von den ehemaligen »Wismutern« gefeiert, obwohl es den Betrieb in seiner ursprünglichen Form und somit den Beruf des »Urankumpels« nicht mehr gibt. Tradition ist auch die vorweihnachtliche Mettenschicht,[126] die von der Traditionsstätte des sächsisch-thüringischen Uranbergbaus kurz vor Weihnachten im Kulturhaus »Aktivist« in Schlema veranstaltet wird. Hier verliest Herr Weigel alljährlich die Namen derer, die »zur letzten Schicht eingefahren«, also verstorben sind und gemeinsam denken die Veteranen an das vergangene Arbeitsleben zurück.

125 Für die gesamte Wismut: Bergbautraditionsverein Wismut. Verein zur Förderung, Bewahrung und Erforschung der Traditionen des sächs.-thüring. Uranbergbaus e.V. In Sachsen: Traditionsstätte des sächsisch-thüringischen Uranbergbaus, Schlema. Hierzu gehört das Museum des Uranbergbaus im Kulturhaus »Aktivist«. In Thüringen: Bergbauverein Ronneburg e. V.

126 Die Mettenschicht ist ein alter Brauch der Bergleute und bezeichnet die letzte eingefahrene Schicht vor Weihnachten. Der Steiger beendet sie vorzeitig mit einer Predigt sowie einem einfachen Essen. Diese Tradition wird seit einigen Jahren auch für die Besucher der Schaubergwerke in Sachsen und Thüringen veranstaltet.

VI.

EIGEN-SINN UND MIKROPOLITIK IM BETRIEBSALLTAG

Das folgende Kapitel beschäftigt sich mit dem Betriebsalltag in der Wismut AG, den Stimmungen der Arbeiter und der Atmosphäre in den Brigaden. Mit Hilfe der sozialwissenschaftlichen Begriffskategorien Eigen-Sinn und Mikropolitik sollen die Handlungsmuster und Spielräume der Beschäftigten einerseits, die Handlungsmöglichkeiten der betrieblichen Entscheidungsträger andererseits sowie deren gemeinsame Aushandlungsprozesse analysiert werden, wobei die Untersuchung jedoch vorwiegend die Perspektive der Arbeiter einnimmt. Das Aktionspotenzial der Arbeiter lässt sich anhand ihres konformen und nonkonformen Verhaltens untersuchen. Bei der Frage nach der Nonkonformität der Arbeiter lösen sich zwei qualitative Ebenen heraus: zum einen die Ebene von Widerspruch und Protestverhalten, welche besonders bei Arbeitskonflikten, sozialen Fragen und Veränderungen im Arbeitsregime zu Tage trat. Verärgerung und Wut über soziale Einschnitte oder (als solche empfundene) Unrechtmäßigkeiten konnten in Arbeitsverweigerung und Streiks kulminieren. Zum anderen existiert die Ebene der Feindseligkeit, deren Spielraum sich von verbalem Drohverhalten bis hin zu offener Gewalt erstreckt. Hier ist auch nach politischen Motiven als Triebfeder für solcherlei aggressives Aktionspotenzial zu suchen. Parallel dazu werden die Mechanismen von Anpassung und Arrangement untersucht, denen nicht selten konkrete oder subtile Verhandlungsprozesse vorausgingen. Ein Augenmerk liegt dabei immer auch auf der Brigade als Ort von Konfliktaustragung, Interessenvertretung und Aushandlung. Dem Protest- und Konfliktverhalten der Arbeiterinnen ist ein eigener Gliederungspunkt gewidmet, da es nach einer spezifisch weiblichen Umgangsweise mit alltäglichem Konfliktmanagement zu fragen gilt.

Die für dieses Kapitel relevanten Äußerungen der Arbeiter fanden ihren Niederschlag vor allem in den Informationsberichten von Partei, Gewerkschaft und Staatssicherheit. Struktur und Erscheinungsbild der Rapporte wandelten sich im Laufe der Jahrzehnte.[1] Die systematische Berichterstattung begann Ende 1955 mit einem Beschluss der SED-Gebietsleitung zur Verbesserung der Informationsarbeit.[2] Damit bewiesen die Funktionäre Timing, denn gerade das folgende Jahr sollte mit den Unruhen in Polen und Ungarn auch in der Wismut AG für viel

1 Zum strukturellen Design von Stimmungsberichten von Partei und Gewerkschaft in DDR-Betrieben der fünfziger Jahre Lüdtke, Alf: » … den Menschen vergessen … «? – oder: Das Maß der Sicherheit. Arbeiterverhalten der 1950er Jahre im Blick von MfS, SED, FDGB und staatlichen Leitungen, in: Ders. (Hg.): Akten, Eingaben, Schaufenster. Die DDR und ihre Texte, Berlin 1997, S. 191 ff.

2 Der Beschluss vom 10. November 1955 ist fixiert in: SächsStAC, 32301, GL Wismut der SED, IV 4/06/121. »Stellungnahme über die Informationsarbeit im Kreisgebiet Gera«, 28. 2. 1956, S. 1.

Zündstoff sorgen. In den sechziger Jahren gab die Gebietsleitung ihre Berichte auch an das ZK der SED, Sektor Information, weiter. Diese Meldungen befassten sich mit den Äußerungen und Reaktionen der »Werktätigen« zur politischen Großwetterlage, aber auch zu Tagungen und Direktiven der Regierung. Sie reflektieren kaum die Haltung der Beschäftigten zu sozialen und betrieblichen Problemen und enthalten wenig Konfliktstoff. Anders hingegen die Berichte von der Basis, von den Gewerkschafts- und Parteiorganisationen in den Betrieben. Je nach Brisanz der diskutierten Themen, also beispielsweise anlässlich des 17. Juni 1953 oder der Ereignisse in Ungarn und Polen 1956, wurden sie wöchentlich, manchmal gar täglich, geliefert.

Die sechziger Jahre markierten den Höhepunkt bei der Anfertigung von Stimmungsberichten – sowohl quantitativ als auch hinsichtlich ihrer Aussagekraft. Im ersten Teil der Rapporte befinden sich meist Diskussionen über die aktuelle politische Weltlage, aber auch über den Stand der Arbeitsbeziehungen, den sozialistischen Wettbewerb oder die Versorgungssituation im Land. Vor der Auflistung der »negativen Stimmungen« gibt es Bekundungen der Arbeiter zur Partei- und Republiktreue und zur Richtigkeit des jeweiligen »Kurses«. Diese Wortmeldungen sind oft in schablonenhafte Formulierungen gepresst, die kaum dem Vokabular eines einfachen Arbeiters zu entsprechen scheinen:

> Wenn man unser Entwicklungstempo real betrachtet mit der Koordinierung der Wirtschaftspläne der sozialistischen Staaten, wird ein so schneller Aufschwung erreicht werden, daß auch wir uns mit dazuhalten müssen, wenn wir mit der Entwicklung Schritt halten wollen.[3]

Wo die Berichterstatter die wirklichen Stimmungen und Meinungen im Betrieb notierten, galt es, präzise Ursachen, Gründe und Verlauf solcher meist »negativen« Diskussionen heraus zu kristallisieren. Überdies spiegelt sich in den Rapporten der immerwährende Kampf gegen das Konsumieren der Westmedien, die Probleme der Kollektivierung, parteifeindliche Äußerungen von Kollegen sowie Sabotageakte und »Feindarbeit« wider. Wichtig war es vor allem, »Rädelsführer« oder »Saboteure« beim Namen zu nennen.

Der Überlieferung zufolge nahm in den späten sechziger und frühen siebziger Jahren die Häufigkeit der Berichterstattung schlagartig ab. Die nurmehr vereinzelten Informationen der achtziger Jahren wurden als »Bericht[e] über Erfahrungen in der Arbeit mit Vorschlägen, Hinweisen und Kritiken während der Gewerkschaftswahlen in der Betriebsgewerkschaftsorganisation« oder auch als »Bericht[e] über Inhalt, Verlauf und Ergebnisse der gewerkschaftlichen Mitgliederversammlung« kategorisiert. Die Umbenennung implizierte eine neue Art der Gewerkschaftsarbeit, die nun vermeintlich konstruktiv mit der Kritik der Beschäftigten umging und deren Bedürfnisse und Hinweise sorgfältig prüfte.[4] In Wirklichkeit wurden die wahren Probleme verschleiert, die zum Großteil auf soziale und ver-

---

3 Der Garagenarbeiter Alex M. aus Aue. SächsStAC, 32301, GL Wismut der SED, IV 4/02/112. Informbericht, 22. 3. 1956, S. 1.

4 SAPMO-BArch, DY 52/1130, ZV IGW. »Bericht über Erfahrungen in der Arbeit mit Vorschlägen, Hinweisen und Kritiken während der Gewerkschaftswahlen in der Betriebsgewerkschaftsorganisation«, 28. 1. 1982, S. 1.

sorgungspolitische Defizite abzielenden Reklamationen der Arbeiter nur noch summarisch aufgelistet. Lakonisch hieß es in einem Rapport der GPL an das Politbüro: »Es ist ein Ansteigen der Anzahl der kritischen Wertungen zu den Arbeits- und Lebensbedingungen festzustellen.«[5] Der Aussagewert dieser Berichte nimmt in den letzten zwei Jahrzehnten der SED-Herrschaft stetig ab.[6] Kompensiert wurde dieses Informationsdefizit der Partei- und Gewerkschaftsakten in den achtziger Jahren von den Berichten der Staatssicherheit. Sie hielt nicht nur nach »Diversanten« und »feindlichen Elementen« Ausschau, sondern sondierte auch die allgemeine Stimmungslage in den Betrieben, insbesondere im Zuge von Modifikationen im Arbeitsregime.

Ein weiterer Indikator für die Stimmung im Betrieb ist die inhaltliche Ausrichtung der Eingaben. Für diese Forschungsarbeit wurden aus Zeit- und Platzgründen nur die Eingaben an die Institutionen der Wismut AG untersucht. Petitionen an übergeordnete Instanzen wie die Regierung der DDR, hier vor allem an den Staatsrat, oder an das DDR-Fernsehen bleiben unberücksichtigt.[7] Eingaben der Wismut-Beschäftigten wurden verstärkt ab den sechziger Jahren registriert. Bei der Parteiorganisation war zunächst die »Zentrale Kontrollstelle für Beschwerden«, später dann die Gebietsparteikontrollkommission (GPKK) für die Auswertung der Petitionen zuständig. Beim Zentralvorstand der IG Wismut bearbeiteten die je nach Art der Eingabe zuständigen Abteilungen die Beschwerden der Mitglieder. Direkt an die Generaldirektion gerichtete Petitionen häuften sich in den späten achtziger Jahren hinsichtlich arbeitsrechtlicher Fragen bei der Umsetzung von Beschäftigten in andere Betriebe.[8] Quantitativ ist die Quellenform in Bezug auf die Wismut AG weniger ergiebig, als es das Eingabewesen für die gesamte DDR vermuten lassen würde.[9] Zumal die zuständigen Instanzen die Petitionen oftmals nur in Kategorien und Statistiken pressten, ohne ihre Inhalte offen zu legen. Im Zeitraum zwischen 1967 und 1983 wurden durchschnittlich 40 Eingaben pro Jahr an Partei oder Gewerkschaft gesandt[10] – bei einer Belegschaft von ca. 50.000 Beschäftigten eine erstaunlich geringe Anzahl. Von 39 Eingaben an die

---

5 SächsStAC, 32301, GL Wismut der SED, IV B 2/5/325. »Information über die weitere Auswertung des VIII. Parteitages der SED«, 12. 7. 1971, S. 6.

6 So verhielt es sich mit den »Herrschaftsakten« im Allgemeinen, Judt, Matthias: »Nur für den Dienstgebrauch« – Arbeiten mit Texten einer deutschen Diktatur, in: Lüdtke: Akten, Eingaben, Schaufenster, S. 35.

7 Speziell zu den Eingaben an das DDR-Fernsehen Merkel, Ina (Hg.): »Wir sind doch nicht die Mecker-Ecke der Nation!« Briefe an das Fernsehen der DDR, Köln/Weimar/Wien 1998.

8 Fraglich ist, ob auch schon in den Jahrzehnten zuvor Eingaben an die Betriebsleitung gerichtet wurden, da der Bestand des Unternehmensarchivs der Wismut GmbH vor allem in Bezug auf soziale und arbeitsrechtliche Belange lückenhaft ist.

9 Merkel spricht von einer »massenhaften kulturellen Praxis«, ja von einer »regelrechten Eingabenkultur«. Die Flut an Beschwerdebriefen war so gewaltig, dass statistisch gesehen jeder Haushalt in der DDR mindestens eine Petition verfasst haben müsste. Merkel: Wir sind doch nicht die Meckerecke, S. 11 u. 13.

10 SächsStAC, 32301, GL Wismut der SED, IV B 2/4/181/1. »Beschwerden und Eingaben an die GPKK seit dem VII. Parteitag der SED (1967-1979), 26. 11. 1970, S. 1 sowie SAPMO-BArch, DY 34/1298, FDGB-BuVo. »Information über die Bearbeitung der Eingaben beim Zentralvorstand der IG Wismut und bei der Verwaltung der Sozialversicherung Wismut im 1. Halbjahr 1983«, 24. 8. 1983, S. 4.

GPKK 1969 waren 30 von Mitgliedern der SED, die übrigen waren parteilos. Die Hälfte aller Petitenten waren Arbeiter, fünf Angehörige der »Intelligenz« und immerhin neun Beschwerdeführer kamen aus dem Wirtschaftsapparat der Betriebe.[11] Inhaltlich änderte sich im Laufe von 30 Jahren kaum etwas. Der Großteil der Eingaben enthält Klagen über das Arbeitsrecht (Arbeitszeit-, Lohn- und Rentenregelungen), den Feriendienst (Urlaubsscheckvergabe und Auslandsreisen) sowie den Sektor Arbeiterversorgung (Wohnungsbereitstellung).

Zur Bestimmung des Betriebsklimas wurden auch die Brigadetagebücher herangezogen. Einige befinden sich in den Beständen der SED-Gebietsleitung im Staatsarchiv Chemnitz, andere konnten im Museum des Uranbergbaus in Schlema eingesehen werden. Sie erwiesen sich allerdings als wenig tauglich, reale Stimmungslagen zu analysieren. Die meist großformatigen und opulent geschmückten Alben sind zuvorderst Zeugnis für die vorbildliche schriftliche Umsetzung von »oben« inszenierter Arbeitsverhältnisse, wie die Wettbewerbsbewegung oder das sozialistische Brigadeleben. Konflikte und Reibungspunkte scheinen nur selten auf und spiegeln, wenn überhaupt, fast nur interne Auseinandersetzungen zwischen Brigademitgliedern wider.

1. Feindseligkeit und offene Gewalt

Gerade in den frühen Jahren war das Konfliktverhalten in der Wismut stark von Feindseligkeiten und Gewalttätigkeiten geprägt. Das ist kaum verwunderlich angesichts einer bunt zusammengewürfelten Belegschaft, der sozialen Zustände sowie eines rigiden Kontroll- und Überwachungssystems. Leistungsdruck und der durch das Prämiensystem begünstigte hohe Alkoholkonsum spielten ebenfalls eine nicht zu unterschätzende Rolle. Die Aggressionen der Bergleute, die sich nicht selten gegen die deutsche Ordnungsmacht richteten, können sowohl als Ausdruck sozialer Unzufriedenheit wie auch als Rebellion gegen politische Verhältnisse und nicht zuletzt als Nichtanerkennung der kommunistischen Machthaber interpretiert werden. Während der Konsolidierungsphase des Uranerzbergbaus und der Herausbildung von Stammbelegschaften kam es immer seltener zu gewalttätigen Auseinandersetzungen, die sich meist in Form verbaler Feindseligkeiten, in Sabotageakten oder in offenen Ausbrüchen zeigte. Stellten sie ein soziales oder politisches Statement dar, spiegelten sie innerbetriebliche Konflikte, richteten sie sich gegen das System selbst oder waren sie von bloßer Zerstörungswut motiviert?

Zunächst sollen Handlungen untersucht werden, die sich im Wesen als »Feindseligkeiten« charakterisieren lassen. Hier sind es vor allem die meist anonymen Sabotageakte oder die »Feindarbeit«, wie die Herrschaftsakten diese Aktionen der fünfziger und frühen sechziger Jahre nannten.[12] Sie reichten vom Herunterreißen

---

[11] SächsStAC, 32301, GL Wismut der SED, IV B 2/4/181/1. Beschwerden und Eingaben ... , S. 1-3.

[12] In den Stimmungsberichten gab es meist eine eigene Rubrik »Feindarbeit« oder »Feindtätigkeit«.

der Wahlplakate oder Hakenkreuzschmierereien[13] über Manipulationen im Produktionsablauf (Nägel auf der Fahrbahn, Eisenstücke auf dem Förderband)[14] bis hin zu offener »Hetze« gegen Staat und Regierung sowie dem Singen faschistischer Lieder.[15] Können diese Aktivitäten gleichermaßen als politisches Statement, Dumme-Jungen-Streiche, Handlungen unverbesserlicher Ex-Nazis oder tatsächlich als vom Westen initiierte Aktionen interpretiert werden (immerhin geht es um die Hoch-Zeit des Kalten Krieges), blieben sie in ihrer Intention doch diffus. Anders verhielt es sich mit individuellen Artikulationen sozialer Unzufriedenheit, die den Gestus der Feindseligkeit annahmen. Dabei schienen Hunte ein geeignetes Kommunikationsmittel zu sein. 1962 schrieb ein Unbekannter an einen Förderwagen der Brigade B.: »Ihr seid Schuld, dass wir kein Geld mehr verdienen«.[16] Ebenso bediente sich das Parteimitglied Sch. eines Huntes, um frustriert Zwischenbilanz zu ziehen: »Zehn Jahre Hundeleben 1962«.[17] Ein Parteisekretär, der die wegen Arbeitszeitveränderungen verärgerten Beschäftigten in einer Aussprache besänftigen wollte, bekam zu hören: »Ihr Parteischweine wollt uns nur aushorchen, schafft lieber die rollende Woche ab.«[18]

Eine feindselige Atmosphäre ließ sich aber auch immer dann registrieren, wenn politische Unruhen in den sozialistischen Nachbarländern das kommunistische Herrschaftssystem auf die Probe stellten. Die heftigen Reaktionen anlässlich der Aufstände in Ungarn und Polen 1956 offenbarten die starke Ablehnung sowohl des Gesellschaftssystems als auch der sowjetischen »Freunde«. In Bemerkungen, Diskussionen oder anonymen Graffiti schien bei den Arbeitern die Hoffnung auf, dass sich die Ereignisse auch in der DDR fortsetzen könnten. Ein »Hetzplakat« im Duschkombinat des Objekts Johanngeorgenstadt forderte auf:

> Kumpel! Denke an Ungarn! Leistet passiven Widerstand, die Freiheitskämpfer in Ungarn kämpfen auch für unsere Freiheit. Raus mit den russischen Mördern, hängt die Lumpen der SED auf. Wir wollen keinen Kommunisten-Staat. Es lebe ein freies Deutschland![19]

Einige Beschäftigte benutzten die offenkundigen Befürchtungen der Parteifunktionäre für unterschwellige Drohungen: »Wir können machen, was wir wollen. Nehmt Euch ein Beispiel an Ungarn.«[20] Nicht selten wurden Parteifunktionäre mit Schlägen oder sogar mit dem Leben bedroht: »Euch kriegen wir schon.« Oder: »Legt Eure Waffen nieder, ihr Kommunistenschweine, ihr kommt auch bald dran.«[21] Der 19-jährige Hauer W. ging in seinen Äußerungen so weit, dass er die

13 SächsStAC, 32301 GL Wismut der SED, IV 2/1/46. 3. Tagung der SED-Gebietsleitung Wismut vom 15. Dezember 1958, S. 30.

14 SächsStAC, 32301 GL Wismut der SED, IV 4/0/27. Informationsbericht, 9. 6. 1960, S. 15 sowie SächsStAC, 32301 GL Wismut der SED, IV A 2/5/093. »Informationsbericht über die Vorkommnisse auf der Zeche 50 am 7. und 8. 6. 63«, 13. 6. 1963, S. 1.

15 SächsStAC, 32301 GL Wismut der SED, IV 4/03/36. Wochenbericht, 5. 5. 1958, S. 9.

16 SAPMO-BArch, DY 52/228, ZV IGW. Informationsbericht, 18. 1. 1962, S. 10.

17 Ebd.

18 SAPMO-BArch, DY 52/240, ZV IGW. Bericht zur Lage, S. 7.

19 SächsStAC, 32301 GL Wismut der SED, IV 4/07/19. Ergänzung zum Bericht zur Lage, 7. 11. 1956, S. 1.

20 SächsStAC, 32301 GL Wismut der SED, IV 4/07/19. Bericht zur Lage, 6. 11. 1956, S. 11.

21 Ebd., S. 11 f.

»Funktionäre persönlich mit aufhängen« wolle, wenn es eines Tages so käme wie in Ungarn.[22] Ob der junge Mann in jugendlichem Leichtsinn oder aus einer tieferen politischen Opposition heraus gesprochen hatte, ist ebenso unklar wie die Konsequenzen, die er zu gewärtigen hatte. Im Allgemeinen blieb es bei verbalen Ausfällen, tatsächliche Versuche, die Ereignisse in den »Bruderländern« auf das eigene Land zu übertragen, sind nicht dokumentiert.

Wachsam registrierten die Berichterstatter von Partei und Gewerkschaft daher die Reaktionen der Beschäftigten nach dem »Prager Frühling« 1968. Das sozialistische Nachbarland hatte in einer Phase der Reformen, die mit der Absetzung der alten Führungsriege im Januar 1968 verbunden war, die verkrusteten kommunistischen Machtstrukturen zu lockern versucht. Das Bestreben, unter dem neuen Parteichef Alexander Dubček einen »Sozialismus mit menschlichem Antlitz« zu schaffen, endete mit dem Einmarsch der sowjetischen Truppen am 20. August 1968 in die ČSSR. Neben der Sowjetunion, die mit dieser Intervention ihren Hegemonialanspruch in Osteuropa erneut zementierte, war die Führungselite der DDR die schärfste Kritikerin der tschechoslowakischen Reformen.[23] Die Beschäftigten der SDAG Wismut verhielten sich zwar sehr ruhig. Doch die versierten Informanten ließen sich davon nicht täuschen. Sie spürten die angespannte Atmosphäre durch das Fehlen offener Diskussionen nur umso deutlicher: »Im weiteren Verlauf der Diskussion wurde eingeschätzt, daß in den Kollektiven mehr über die Lage in der ČSSR diskutiert wird, als uns bekannt ist.«[24] Genosse Sch. fühlte sich »mies« nach den fruchtlosen Aussprachen mit Beschäftigten seiner Betriebsabteilung. Man müsse sich die Arbeiter nur ansehen, um zu wissen, was sie denken und dies sei »beängstigend.«[25] Einige Beschäftigte indes ließen sich zu »feindlichen« Äußerungen hinreißen, indem sie die »Bevormundung« der Sowjetunion ablehnten oder mit der Politik der tschechoslowakischen Regierung sympathisierten.[26] Andere erhofften sich ein Übergreifen der Unabhängigkeitsbestrebungen auf die DDR oder verweigerten die eingeforderten Ergebenheitsadressen an die UdSSR.[27] Ein Arbeiter, der der immer gleichen Floskeln überdrüssig war, zündete ein Exemplar des SED-Zentralorgans »Neues Deutschland« an, aus dem der Abteilungsparteisekretär gerade vorlas.[28]

Im Zusammenhang mit Arbeiterprotesten 1970 in Polen sind feindselige Reaktionen kaum dokumentiert. Die wenigen protokollierten Äußerungen der Beschäftigten zeigten vor allem die Angst der Beschäftigten vor den Zuständen, die ursächlich waren für die polnischen Unruhen: Versorgungsmängel. Sowohl Verständnis für die soziale Unzufriedenheit der polnischen Bürger als auch kulturelle Ressentiments (»Die Polen waren schon immer unzuverlässig«) kamen zum

22 SächsStAC, 32301 GL Wismut der SED, IV 4/02/114. Informationsbericht, 24. 1. 1957, S. 3.
23 Veser, Reinhard: Der Prager Frühling 1968, Erfurt 1998.
24 SächsStAC, 32301 GL Wismut der SED, IV B 2/5/328. »Einschätzung der Stimmung und Meinungen der Werktätigen«, 31. 7. 1968, S. 2.
25 Ebd. »Einschätzung der Lage in der ČSSR«, 1. 8. 1968, S. 2.
26 Ebd. »Auszüge aus Informationsberichten«, undat., S. 2.
27 Ebd. »2. Einschätzung der Drittel über die Lage in der ČSSR«, 27. 8. 1968, unpag.
28 Ebd.

Ausdruck.[29] Die Ablehnung des eigenen Systems (»Wenn die Mauer in Berlin einmal beseitigt wird, wüsste ich, wohin ich ginge«) sowie der insgeheime Wunsch nach ähnlichen Maßnahmen im eigenen Land (»Bei uns hat zu solchen Aktionen keiner einen Arsch in der Hose«) bestimmten die Diskussionen.[30]

1.1 Saalfeld am 16. und 17. August 1951

Aggressive Ausschreitungen gegen die deutsche Ordnungsmacht waren kennzeichnend für das Leben im Urangebiet in den späten vierziger und frühen fünfziger Jahren.[31] Sie kulminierten in einem besonderen Gewaltausbruch am 16. und 17. August 1951 in Saalfeld – einem Ereignis, das die Schatten des 17. Juni 1953 gleichsam vorauswarf.[32] Die Region am Nordrand des Thüringer Waldes gehörte zu den neuen Urangebieten, die seit Ende der vierziger Jahre erschlossen wurden. 1950 hatte die Wismut ihre Fühler in das 400-Seelen-Dorf Dittrichshütte ausgestreckt, Ort und Region wurden binnen weniger Wochen zum Anlaufpunkt Tausender Bergleute. Der schleppende Aufbau angemessener Unterkünfte, Sanitäranlagen oder Freizeiteinrichtungen hinkte dem Zustrom der Bergleute hinterher. Überdies herrschte ein schlechtes Arbeitsregime. Löhne wurden unpünktlich ausgezahlt, Prämien oder Lebensmittelkarten zurückgehalten, der sowjetische Schachtleiter herrschte willkürlich über seine Arbeiter. Von den mit Einquartierung und Beschlagnahmung konfrontierten Bewohnern der Region schlug den Kumpels nur Aversion und Misstrauen entgegen.

Am 16. August 1951, einem Freitag, fuhren die Kumpel des Objektes Dittrichshütte ins zehn Kilometer entfernte Saalfeld, um ihren einen Tag zuvor erhaltenen Lohn auszugeben. Auf dem Marktplatz der 20.000 Einwohner zählenden Stadt begannen zwei betrunkene Kumpel plötzlich zu randalieren, schlugen eine Schaufensterscheibe ein und bedrohten Passanten.[33] Als ein Volkspolizist beide festnahm, bildete sich schnell eine Traube von Kumpels, die lautstark gegen den Eingriff protestierten. Wenig später zogen sie zum direkt am Marktplatz gelegenen Volkspolizeikreisamt (VPKA) und forderten die Herausgabe ihrer Kollegen.

Bis zum Abend hatten sich Hunderte Menschen auf dem Marktplatz versammelt, darunter auch schaulustige Saalfelder Bürger. Unter dem Schlachtruf »Wir

---

29 Ebd. »Informationen über weitere Meinungen und Argumente zu den Ereignissen in der VR Polen«, 17. 12. 1970, S. 2.

30 SächsStAC, 32301 GL Wismut der SED, IV B 2/5/323. »Information zu den Ereignissen in der VR Polen«, 18. 12. 1970, S. 3.

31 Vgl. dazu die Beispiele bei Karlsch: Urangeheimnisse, Engeln: Uransklaven sowie Roth, Heidi: Der 17. Juni 1953 in Sachsen, Köln/Weimar/Wien 1999.

32 In der sozialwiss. Forschung hat sich der Saalfeld-Aufruhr bisher in kleineren Aufsätzen und Artikeln niedergeschlagen. Port, Andrew: Der erste Arbeiteraufstand in der DDR. Die Proteste der Wismut-Arbeiter im thüringischen Saalfeld 1951, in Deutschland Archiv 4 (2007), 40, S. 605-613; ders.: When Workers Rumbled: The Wismut Upheaval of August 1951 in East Germany, in: Social History 2 (1997), S. 145-173 sowie Schütterle, Juliane: Wir sind Wismut, uns kann keiner! in: Neue Zürcher Zeitung vom 17. August 2006.

33 Die folgende Rekonstruktion der Ereignisse bezieht sich auf den Bericht der LdVP in: BStU, MfS BV Karl-Marx-Stadt, Nr. 14/53 »W«, Bd. 1. Landesbehörde der Volkspolizei: »Vorläufiger Schlussbericht über die Ereignisse in Saalfeld bis zum 19. 8. 1951«, 19. 8. 1951.

sind Wismut, uns kann keiner!« gelang es einigen Bergleuten, in den Vorraum des VPKA vorzudringen. Die eilig informierte Landesbehörde der Volkspolizei (LdVP) in Weimar versprach sofortige Verstärkung und meldete den Vorfall nach Berlin. Walter Ulbricht höchstpersönlich ordnete die Freilassung der beiden Gefangenen an und erteilte ein striktes Schießverbot. Gegen 22.00 Uhr kamen immer mehr Kumpel aus Dittrichshütte herangefahren, die von den Ereignissen gehört und sich mit Pickeln und Beilen bewaffnet hatten. Auf einem Lastwagen befand sich eine ganze Ladung Steine, mit denen das VPKA nun bombardiert wurde. Unterdessen war es 80 Kumpels gelungen, ins Wachlokal vorzudringen, wo sie wilde Verwüstungen anrichteten und einen Polizisten verletzten. Danach zogen sie weiter zum nahen Gefängnis, brachen die Türen auf und befreiten zwei Wismut-Angehörige, die dort wegen anderer Delikte einsaßen. Zwei junge Wismut-Arbeiterinnen aus Saalfeld, die das Gefängnis aus eigener Anschauung kannten, zeigten den Kumpels den Weg. Um Mitternacht traf der Chef des Staatssicherheitsdienstes Thüringen, Rudolf Menzel, in Saalfeld ein. Sein Dienstwagen wurde mit Steinen beworfen. Eine von der LdVP gesandte Motorradstaffel wurde noch vor der Stadt »abgefangen«, die Polizisten verprügelt. Währenddessen stürmten einige Dutzend Wismut-Kumpel erneut das Polizeiamt. Den Polizisten blieb nichts übrig, als sich vor der wütenden Menge aufs Dach zu flüchten. Um zwei Uhr morgens hatten sich die Bergarbeiter etwas beruhigt, die meisten fuhren »singend und johlend« davon. Nun trafen einige hochrangige Parteifunktionäre in Saalfeld ein, unter ihnen Erich Mückenberger, 1. Sekretär der SED-Landesleitung Thüringen sowie der thüringische Innenminister Willy Gebhardt. Wenig später kamen auch die Einsatzkräfte aus Gera und Weimar an.

Am nächsten Morgen wurde der Betrieb im Polizeiamt wieder aufgenommen. Auf dem Markt versammelten sich neugierige Bürger, um zu schauen, »wie die Wismut gehaust hatte«. Sie sahen eingetretene Türen, zerbrochene Fensterscheiben, wild verstreute Aktenordner und Schreibmaschinen. Es gab die ersten Festnahmen, darunter die beiden jungen Frauen, deren Beteiligung an diesem von Männern dominierten Treiben mit besonderer Abscheu registriert wurde. Menzel bezeichnete sie in seinem Bericht nur als »Huren«. Mit Hilfe »friedlicher Aussprachen« durch eilig herbeigeholte SED-Agitatoren erhoffte sich die Parteileitung, wieder Ordnung und Sicherheit in die Stadt zu bringen. Doch auch an diesem Abend versammelten sich ca. 2.000 Menschen auf dem Marktplatz, von denen einige abermals versuchten, das Gefängnis aufzubrechen und die dort vermuteten Wismut-Insassen zu befreien. Bei dem Versuch Gebhardts, eine Ansprache zu halten, wurde er mit einem Pfeifkonzert und dem Ruf »Lügenschwein« unterbrochen. Um ein Uhr morgens fuhren die letzten Bergarbeiter nach Hause und sangen »Heute gehört uns Saalfeld und morgen die ganze Welt«. Am nächsten Tag war alles wieder ruhig.

Die Bilanz: fünf verletzte Polizisten und ein Sachschaden von 25.000 Mark. Die Einhaltung des absoluten Schießverbotes hatte Schlimmeres verhindert. Grund für die Zurückhaltung waren vermutlich die gerade stattfindenden III. Weltfestspiele der Jugend und Studenten in Berlin (8.-19. August), wo Internationalität und gute Laune zelebriert wurden. Nachrichten von Schießereien in der Provinz waren da unerwünscht.

In den folgenden Tagen nahm die Staatssicherheit ihre Ermittlungen auf. Nun schlug die Stunde der »Informatoren«, es gab Festnahmen und Verhöre. Währenddessen versuchte die SED-Parteileitung Thüringen, den Ursachen auf den Grund zu gehen. Endlich kamen die enormen sozialen Missstände zur Sprache, mit denen das Wismut-Gebiet seit Monaten zu kämpfen hatte. Überdies sei aus dem Erzgebirge nur das »schlechteste Menschenmaterial«, also »Meckerer und ewig Kranke«, in die neuen Urangebiete abgeschoben worden, kritisierte ein Gewerkschafter.[34] Tatsächlich kamen viele Kumpel aus dem Gebiet um Aue, wo Schlägereien und Ausfälle gegen Volkspolizisten nicht ungewöhnlich waren. Die Partei schätzte ein, dass ihr politischer Einfluss bisher viel zu schwach gewesen sei. Auch die Gewerkschaftsorganisation habe sich nicht um die Sorgen und Nöte der Bergarbeiter gekümmert. Gleichzeitig aber konstruierten die Funktionsträger eine Argumentation, die sich auch am 17. Juni 1953 wiederfinden sollte: Die Ereignisse in Saalfeld seien eine von Agenten und westlichen Provokateuren sorgfältig geplante Aktion gewesen.

> Wichtig ist, in der Agit-Arbeit mit den Kumpels zum Ausdruck zu bringen, daß wir uns von solchen Argumenten isolieren und daß das nicht eine Aktion der Wismut-Arbeiter war, sondern daß das bezahlte Agenten waren, denen die Wismut-Arbeiter zum Opfer gefallen sind und ebenso die Einwohner von Saalfeld.[35]

Doch weder in den unmittelbar nach dem Ereignis verfassten Berichten der Volkspolizei noch in den Verhörprotokollen der Staatssicherheit finden sich stichhaltige Belege für solch eine Behauptung.[36] Staatssicherheit und Justiz verzichteten auf eine groß angelegte Verhaftungs- und Verurteilungswelle, vermutlich um die Ereignisse nicht allzu publik zu machen. Die meisten Beteiligten gestanden unter dem Druck der Verhöre das »Verwerfliche« ihres Tuns ein und gelobten Besserung. Zwölf »Rädelsführer« allerdings wurden im Mai 1952 zu Haftstrafen zwischen acht und fünfzehn Jahren verurteilt.[37] Der Aufruhr von Saalfeld hatte keinen eindeutig politischen Hintergrund. Konkrete Forderungen wurden nicht gestellt. Vielmehr ging es um die gewaltsame Entladung kollektiven Unmutes, eine Mischung aus Wut und Vandalismus, die sowohl die sozialen Verhältnisse der Bergleute als auch ihre Ablehnung des Systems und seiner Vollzugsbeamten widerspiegelte. Dass die Unruhen ein »Aufsehen erregendes und spektakuläres Ereignis« waren, das auch auf höchster Regierungsebene diskutiert wurde, ist zwar durchaus richtig.[38] Doch so eruptiv und überraschend wie der Aufruhr ausgebrochen war, so schnell versank er wieder im Nebengelass der Geschichte. Die repressiven und sozialen Maßnahmen, mit denen die Funktionsträger auf das Ereignis reagierten, zeigten Wirkung und die Lage im Urangebiet Thüringens besserte sich. Im kollektiven Gedächtnis kommt der Aufruhr ebenso wenig vor wie in der regio-

[34] SAPMO-BArch, DY 52/26, ZV IGW. Erweiterte Zentralvorstandstagung am 26. März 1956, unpag.

[35] SächsStAC, 32301, GL Wismut der SED, IV 2/3/5. Sekretariatssitzung am 21. August 1952, S. 1.

[36] Korrekt ist: in einem zweiten Verhör wurde einem der »Rädelsführer« das Geständnis abgetrotzt, er habe bei einem Besuch West-Berlins kurz vor dem Aufruhr einen Fremden kennen gelernt, der ihn zu einem Aufstand in der DDR aufgewiegelt habe. Im ersten Verhörprotokoll war davon noch keine Rede.

[37] Port: When workers rumbled, S. 160.

[38] Ders: Der erste Arbeiteraufstand, S. 613.

nalen Geschichtsaufarbeitung. Keiner der befragten Bergleute aus dem Erzgebirge, die bereits in den fünfziger Jahren bei der Wismut AG gearbeitet hatten, erinnerte sich daran, von diesem prägnanten Ereignis gehört zu haben. Weder in den lokalgeschichtlichen Publikationen noch in den Ausstellungen des Stadtmuseums oder im öffentlichen Raum der Stadt selbst finden sich Hinweise auf den Aufstand. Möglicherweise wird die Erinnerung daran von einem anderen Geschehnis überlagert: dem Volksaufstand des 17. Juni 1953, als die Menschen in der gesamten DDR gegen »ihren« Staat auf die Straße gingen.

1.2 Gera am 17. Juni 1953

An den Erhebungen des 17. Juni 1953 waren die Uranbergarbeiter nicht in dem Maße beteiligt,[39] wie man es aus den Erfahrungen des Saalfeld-Aufstandes oder anderer gewalttätiger Konflikte hätte erwarten können. Nichtsdestoweniger kam es auch in der Wismut AG punktuell zur Beteiligung am Volksaufstand. Diese Beteiligung beschränkte sich im Wesentlichen auf den Bezirk und die Stadt Gera, ihre Akteure waren vornehmlich unter den Übertagebeschäftigten und hier vor allem unter den Kraftfahrern zu finden.[40] Warum diese Ereignisse nicht im Gliederungspunkt zu Streiks und Arbeitsverweigerung eingeordnet wurden, hat einen einfachen Grund: Bei den Aktivitäten der Urankumpel am 17. Juni 1953 handelte es sich nicht um einen Streik per se, ihren gewalttätigen Erhebungen war keine Arbeitsniederlegung vorausgegangen wie im Falle der Bauarbeiter in der Berliner Stalinallee.

Doch zunächst zu den mittelbaren Auslösern des landesweiten Konflikts: Die II. Parteikonferenz der SED vom 9.-12. Juli 1952 hatte den »Aufbau der Grundlagen des Sozialismus« zur grundlegenden Aufgabe der DDR erklärt. Damit zeichnete sich eine stärkere Sowjetisierung der Gesellschaft sowie die Verschärfung des Klassenkampfes von oben ab.[41] Die Auflösung der fünf Länder und somit die endgültige Beseitigung ihrer Autonomie, die Konzentration auf die Schwerindustrie auf Kosten der Konsumgüterproduktion sowie die Kollektivierung der Landwirtschaft waren wesentliche Konsequenzen dieser Politik. Weitere sozialpolitische Einschnitte und Versorgungsengpässe, begleitet von Repressa-

---

39 Die Literatur zum 17. Juni ist gerade in den letzten Jahren stark angewachsen, so dass er wohl als der »besterforschte Tag der deutschen Geschichte« (Niethammer) gelten darf. Zum Überblick über Ursachen, Ereignisse und Akteure vgl. z. B.: Engelmann, Roger und Ilko-Sascha Kowalczuk (Hg.): Volkserhebung gegen den SED-Staat. Eine Bestandsaufnahme zum 17. Juni 1953, Göttingen 2005, Veen, Hans-Joachim (Hg.): Die abgeschnittene Revolution. Der 17. Juni 1953 in der deutschen Geschichte, Köln/Weimar/Wien 2004; Kowalczuk, Ilko-Sascha: 17. Juni 1953: Volksaufstand in der DDR. Ursachen – Abläufe – Folgen, Berlin 2003.

40 Zum 17. Juni in der SAG Wismut Roth, Heidi und Torsten Diedrich: »Wir sind Kumpel – uns kann keiner.« Der 17. Juni 1953 in der SAG Wismut, in: Karlsch/Schröter: Strahlende Vergangenheit, S. 228-259, Roth, Heidi: 17. Juni in Sachsen, Köln/Weimar/Wien 1999 S. 364-394 sowie die Berichte der Volkspolizei in den Bezirken in Diedrich/Hertle: Alarmstufe, hier S. 225-255. Eine Quellensammlung über den 17. Juni in Thüringen liefert Hinweise auf die Beteiligung der Bergarbeiter aus Sicht der Volkspolizei: Herz, Andrea (Hg.): Der 17. Juni 1953 in Thüringen (= Quellen zur Geschichte Thüringens), Sömmerda 2003.

41 Die Zusammenfassung der Ereignisse bezieht sich im Wesentlichen auf Kowalczuk: 17. Juni 1953.

lien gegen Kleinunternehmer, Selbständige und Kirchenanhänger, führten zu einem hohen Konfliktpotenzial und veranlassten viele Menschen zur Flucht in den Westen. Da die Sowjetunion die Gründe für die Fluchtbewegung offenbar klarer erkannte als die SED-Regierung, beorderte sie eine dreiköpfige Delegation (Walter Ulbricht, Fred Oelßner, Otto Grotewohl) vom 2.-4. Juni nach Moskau, um einen rigorosen Kurwechsel zu befehlen. Der am 9. Juni 1953 vom Politbüro der SED beschlossene und am 11. Juni proklamierte »Neue Kurs« enthielt nicht nur das Bekenntnis zu den eigenen Fehlern, sondern stellte auch die Verbesserung der Lebensbedingungen von Arbeitern, Bauern, Intelligenz und Handwerkern in Aussicht. Der unmittelbare Auslöser für die Erhebungen des 17. Juni aber war die bei der Verkündung des »Neuen Kurses« nicht zurückgenommene Erhöhung der Arbeitsnormen um zehn Prozent, die der Ministerrat der DDR am 28. Mai 1953 veröffentlicht hatte.

Als die Bauarbeiter der Stalinallee in Berlin am 16. Juni 1953 ihre Arbeit niederlegten, um gegen die erhöhten Normen auf die Straße zu gehen, machte dieses Ereignis schnell die Runde. Westliche Sender wie der RIAS Berlin verbreiteten die Nachricht vom Generalstreik, so dass auch die Beschäftigten der Wismut AG am Morgen des 17. Juni von den Vorfällen in der Hauptstadt unterrichtet waren. Davon anstecken ließen sich nur wenige Beschäftigte, diese dafür umso heftiger. Schon im April hatte sich unter den Mitarbeitern der Garagen in Thüringen eine gefährliche Unruhe breit gemacht, die mit Streikdrohungen einherging.[42] Ursache dafür waren die erheblichen Lohndifferenzen (mancher ungelernte Arbeiter verdiente mehr als ein Kipperfahrer oder Schießmeister), schlechte Arbeitsorganisation und soziale Missstände. Die Forderungen der Kraftfahrer aus Katzendorf waren dafür bezeichnend: Ausweitung der Öffnungszeiten des Lebensmittelladens, Instandsetzung der hygienischen Anlagen, Versorgung mit Getränken während der Arbeitszeit, Verteilung von Gummistiefeln für Kraftfahrer und Handwerker und Ausbesserung der Rollbahnen der Kraftfahrzeuge, da deren schlechter Zustand die Arbeitsabläufe behindere.[43] Hinzu kam die Erhöhung der Normen Anfang April sowie die Forderung des sowjetischen Schachtleiters, die Fahrzeuge schwerer zu beladen als von der deutschen Garagenleitung erlaubt.[44] Am 17. Juni 1953 stiegen einige Dutzend Kraftfahrer der Garagen Katzendorf und Weida in ihre Kipperfahrzeuge und fuhren nach Gera. Mit 52 Kippern unterstützten sie dort unter anderem den Ansturm Geraer Bürger auf das Gebäude der Bezirksbehörde der Volkspolizei (BdVP). Als dies nicht gelang, fuhren sie weiter zur Haftanstalt des MfS, wo ein Lastwagen das Eingangstor eindrücken konnte. Nur das Eingreifen eines sowjetischen Panzers hinderte die »randalierende Menge«, das Gebäude zu stürmen.[45] Am Nachmittag kamen zehn Autos mit Bergarbeitern, die sich sofort eine Rangelei mit der Volkspolizei lieferten. Sie

---

42 Roth: 17. Juni in Sachsen, S. 372.

43 SAPMO-BArch, DY 52/116 a, ZV IGW. »Bericht über die Tätigkeit der Betriebsgewerkschaftsleitung Garage und Karriere Katzendorf in Zusammenhang mit den Ereignissen des 17. Juni 53«, 30. 7. 1953, S. 7.

44 Roth: 17. Juni in Sachsen, S. 372.

45 Bericht des Leiters der Bezirkskriminalpolizei am 2. 7. 1953, in: Herz: Der 17. Juni in Thüringen, S. 113 f.

entwaffneten die Polizisten und warfen zwei Kraftfahrzeuge um. Ein Hebekran der Wismut versuchte sich unterdessen an der Zerstörung des Schutzgitters am Eingang der BdVP.[46] Auch hier konnte nur die Intervention der »sowjetischen Freunde« den Ansturm auf das Gebäude verhindern. Ein von den sowjetischen Militärbehörden am 17. und 18. Juni verhängter Ausnahmezustand machte den Streiks und Erhebungen schließlich in der gesamten DDR ein Ende.

Die Beteiligung der Wismut-Beschäftigten blieb im Wesentlichen auf diese Vorfälle beschränkt. In Dresden, Johanngeorgenstadt, Oberschlema und Zwickau hatte es zwar kleinere Vorkommnisse gegeben, aber auch diese waren von Kraftfahrern ausgegangen und hatten nicht auf die Bergleute übergreifen können.[47] Die Gründe für diese Zurückhaltung sahen die Funktionäre nicht nur im »hohen Bewusstsein« der Arbeiter. Ausschlaggebend waren vor allem die bessere materielle Lage sowie die starke Präsenz von sowjetischem Wachpersonal, das beispielsweise in Dresden an diesem Tag mit Maschinenpistolen zum Dienst angetreten war.[48] Die Einschätzung Arnulf Barings, die Uranarbeiter hätten die Vorfälle schlichtweg verpasst, da sie im Erzgebirge keine Westsender empfangen konnten,[49] ist falsch, wie der Informationsbericht eines BGL-Vorsitzenden aus Karl-Marx-Stadt am Morgen des 17. Juni beweist: »In der Garderobe, heute früh, tauchte folgendes Gerücht auf: Der Hamburger Sender und englische Sender hätten gebracht, in Berlin wäre es zu Unruhen gekommen. Die Bauarbeiter an der Stalinallee wären in einen Streik getreten.«[50] Die verhältnismäßig geringe Beteiligung an den Streiks und Demonstrationen darf allerdings nicht darüber hinwegtäuschen, dass es durchaus innerbetriebliche Auseinandersetzungen mit den Ereignissen gab. Zum einen zeigten die meisten Beschäftigten Verständnis für die Bauarbeiter der Stalinallee: »Wahrscheinlich hat man dort auch wieder die Normen erhöhen wollen und da ist es eben zum Krach gekommen.«[51] In vielen Betrieben der Wismut stand die Belegschaft dem Kurswechsel der SED »skeptisch« gegenüber, glaubte nicht mehr an die Versprechungen der Regierung oder war entsetzt über das gewalttätige Vorgehen bei der Niederschlagung des Aufstandes.[52] Andere nutzten die Atmosphäre für Forderungen. In der Zentralwerkstatt unterschrieben neun Arbeiter eine Petition zur sofortigen Überprüfung der Normen und verlangten, die »nicht freiwilligen und unter Druck erhöhten Normen [...] sofort auf den alten Stand zurückzubringen.«[53] Bei den eilig einberufenen Belegschaftsversammlungen zur Agitation der Beschäftigten mussten die BGL aber vor allem eines feststellen: Die Arbeiter waren keinesfalls so diskussionsfreudig wie sonst. Sie zeigten »eine abwartende Haltung« und hüllten sich

---

[46] Bericht des 1. Parteisekretärs beim Rat des Bezirkes Gera, undat., in: Herz: 17. Juni in Thüringen, S. 115.

[47] SächsStAC, 32301, GL Wismut der SED, IV 2/3/9. Sekretariatssitzung am 14. Juli 1953, undat., S. 6.

[48] Ebd., S. 5.

[49] Baring, Arnulf: Der 17. Juni, Köln 1965, S. 75.

[50] SAPMO-BArch, DY 52/1742, ZV IGW. Informationsbericht BGL Reichel, 17. 6. 1953, unpag.

[51] Ebd. Informationsbericht Objekt 100, 18. 6. 1953.

[52] Ebd. Informationsbericht, 17. 6. 1953. Um welchen Schacht, Betrieb oder Ort es sich dabei handelte, geht aus den Akten nicht hervor. Ebd., Informationsbericht Objekt 100, 18. 6. 1953.

[53] Ebd. Informationsbericht Zentralwerkstatt, 18. 6. 1953.

besonders gegenüber Parteimitgliedern in Schweigen.[54] Kam es zu Diskussionen, wurden vor allem die sozialen Missstände in den Betrieben kritisiert, so z. B. die schlechte Arbeitsorganisation, Materialengpässe oder die Unzulänglichkeiten sozialer und sanitärer Einrichtungen.[55] Mit einem Sofortpaket an sozialen Maßnahmen begann die Gewerkschaft zu handeln. Dazu gehörten die Rücknahme der höheren Normen (»Von Gehaltskürzungen kann jetzt nicht mehr die Rede sein«[56]), die Zahlung von Fahrgeld für die Versicherten nach alten Sätzen, die Verlängerung der Krankengeldzahlung sowie die Wiedereinführung der Schonzeit nach einem Heilverfahren. Überdies stellte die Generaldirektion der SVK die Auszahlung einer Summe von sechs Millionen Mark in Aussicht, mit deren Hilfe Kindergärten und Nachtsanatorien gebaut werden sollten.[57] Auch die Parteileitung setzte sich für die Verbesserung der Lebenslage der »Werktätigen« ein. Auf einer Sekretariatssitzung vom 2. Juli 1953 ordnete sie die unverzügliche Fertigstellung von Wohnungen in Ronneburg an und verfügte eine bessere Verteilung von Brennmaterialien an die Familien der Bergleute. Die Regelung von Lohn- und Urlaubsgeldzahlungen sollte ebenfalls neu überdacht werden.[58] Weitere Sofortmaßnahmen waren die Bereitstellung von Kohle (drei bis vier Zentner pro Kopf), die Anschaffung von 47.000 Paar Straßenschuhen sowie die Erhöhung des Jahresurlaubes von 24 auf 30 Tage für Rangierarbeiter der E-Lok-Stationen untertage.[59]

Die Ereignisse des 17. Juni 1953 sollten zum Trauma sowohl der Herrschaftselite als auch der Bevölkerung werden. Traditionelle Bezüge zum Streikverhalten aus der Zeit der Weimarer Republik verschwanden, Streiks als »übergreifende, solidarische Aktion« fanden nach 1953 in der DDR nicht mehr statt.[60] Auch in der Wismut AG wirkten die Erlebnisse der Erhebung gegen den SED-Staat, die offen artikulierten Forderungen und die Enttäuschung über die rücksichtslose Niederschlagung nach. Mittelfristig funktionalisierten die Arbeiter das »Schreckgespenst« des 17. Juni und nutzten es als Droh- oder Forderungskulisse bei Unzufriedenheiten mit den Arbeitsbedingungen.[61] Am 20. Juni wurden im Raum Aue Flugblätter mit dem Aufruf zum Generalstreik in der Wismut gefunden. Dieser fand jedoch nicht statt.[62] In Gera forderten die Tankwarte im Juli erneut zum

54 SAPMO-BArch, DY 52/115 b, ZV IGW. »Berichterstattung des OGV D. über die Durchführung von Maßnahmen auf der Grundlage des Beschlusses der 14. Tagung des ZK und des Beschlusses des ZV vom 22. 6. 1953«, 8. 7. 1953, S. 1.

55 Ebd., S. 3.

56 SAPMO-BArch, DY 52/115 b, ZV IGW. »Bericht über die Durchführung von praktischen Maßnahmen auf Grund des Beschlusses des Sekretariates des Zentralvorstandes der IG Wismut vom 22. 6. 1953«, 8.7.1953, S. 1 f.

57 Ebd.

58 SächsStAC, 32301, GL Wismut der SED, IV 2/3/9. Sekretariatssitzung am 2. Juli 1953, Beschlussprotokoll 28/53: »Maßnahmen zur weiteren Verbesserung der Lebenslage der Werktätigen in der AG Wismut«, S. 1 f.

59 SAPMO-BArch, DY 52/116 a, ZV IGW. Sekretariatsvorlage, 11. 8. 1953, S. 4.

60 Hürtgen: Konfliktverhalten, S. 391.

61 SächsStAC, 32301, GL Wismut der SED, IV 2/3/9. Sekretariatssitzung am 18. August 1953, undat. unpag.

62 Roth: 17. Juni in Sachsen, S. 391.

Streik auf, allerdings ohne Erfolg.[63] Die Lok-Fahrer des Betriebes Sorge-Süd im Objekt Ronneburg legten im Juli 1953 tatsächlich für zwei Stunden die Arbeit nieder, weil sie sich bei der Normenberechnung übervorteilt sahen.[64] In Bad Sulza war es die Betriebsgewerkschaftsleitung, die geschlossen ihre Funktion niederlegte, da sie bei der Zuteilung von Hausbrand und Lebensmittelkarten übergangen worden sei. Der Objektgewerkschaftsvorsitzende glaubte allerdings nicht an diese Begründung und stellte das Vorgehen der BGL in Zusammenhang mit dem 17. Juni[65] – womit er die Gewerkschafter unausgesprochen zu »Putschisten« und »feindlichen Elementen« abstempelte. Denn nichts fürchteten die Funktionäre mehr als einen neuen »Tag X«[66] und registrierten vor allem an den Jahrestagen des Aufstandes die Stimmungen der »Werktätigen« ganz genau. Ein Jahr nach dem Volksaufstand beunruhigte die Funktionäre die Nachricht, dass im Objekt Gera Fragen nach dem Streikrecht in der DDR auftauchten. Die Ursache vermutete der GL-Vorsitzende Günter Röder in Streiks in der Bundesrepublik, von denen »der Gegner« durch die Beeinflussung der Wismut-Arbeiter ablenken wolle.[67] Als Argumentationshinweise für seine Mitarbeiter lieferte Röder die Erklärung, dass es zwar ein Streikrecht in der DDR, aber keinen Grund dafür gebe. Schließlich sei der Streik des Arbeiters in seinem eigenen Betrieb ebenso abwegig wie der des Kapitalisten in seinem Unternehmen.[68] Doch die Angst der Funktionäre steckte tief. Aufkommender Unmut der Beschäftigten bei Lohn- oder Wohnungsfragen wurde in den fünfziger Jahren von so manchem Betriebsparteisekretär vorschnell als »neuer 17. Juni« interpretiert, so dass ein Mitarbeiter der SED-Gebietsleitung davor warnte, alles zu »schwarz zu malen«.[69] Andererseits waren die Befürchtungen der Funktionäre in den Betrieben nicht immer grundlos, da gerade das Jahr 1956 ein hohes Konflikt- und Streikpotenzial barg. Der Hauer Sch. aus dem Objekt Gera erklärte am 17. Juni 1961, dass heute »sein Feiertag« sei und rechtfertigte sich in der Aussprache mit dem Brigadier: »Der 17. Juni war doch der Tag, an dem die Arbeiter um ihr Recht gekämpft haben.«[70] Nach wenigen Jahren jedoch verschwand der Rückgriff auf den »Tag X« – zumindest in den Akten.

[63] Ebd., Sekretariatssitzung am 2. Juli 1953, undat., S. 3.

[64] SAPMO-BArch, DY 52/1263, ZV IGW. Sekretariatssitzung am 9. Juli 1953, S. 4.

[65] Ebd., S. 5.

[66] So fragte der Chef des MfS, Erich Mielke, wenige Monate vor dem Mauerfall, am 31. August 1989, seine Mitarbeiter besorgt, ob am nächsten Tag ein neuer 17. Juni ausbrechen könnte. Selbstsicher antwortete ihm der Leiter der MfS-BV Gera, Oberst Dieter Dangrieß, dass dieser nicht stattfinden werde, denn schließlich »sind wir ja auch da.« Zit. in: Mitter, Armin und Stefan Wolle (Hg.): Ich liebe Euch doch alle. Befehle und Lageberichte des MfS Januar-November 1989, Berlin 1990, S. 125.

[67] SächsStAC, 32301, GL Wismut der SED, IV 2/1/30. Tagung der SED-Gebietsleitung Wismut am 3. September 1954, S. a)

[68] Ebd.

[69] SächsStAC, 32301, GL Wismut der SED, IV 2/1/38. 7. Tagung der SED-Gebietsleitung Wismut am 31. August 1956, S. 100.

[70] SächsStAC, 32301, GL Wismut der SED, IV 2/1/55. 7. Tagung der SED-Gebietsleitung Wismut am 19. Juli 1961, S. 130.

2. Widerspruch und Renitenz

2.1 Arbeitskonflikte

In den fünfziger Jahren waren es vor allem die desolate Versorgungslage und die hinter den Erwartungen zurückbleibenden Postulate von der Verbesserung des Lebensstandards, die die Beschäftigten aufwühlten. Die schlechte Stimmung wurde noch begünstigt von Berichten ehemaliger Kollegen, die in die Bundesrepublik geflüchtet waren. Allein im zweiten Halbjahr 1955 verließen über 900 Wismut-Arbeiter die DDR.[71] Im Januar 1956 schrieb ein Kraftfahrer der Garage »Deutsch-Sowjetische Freundschaft« an seine ehemaligen Kollegen: »Ich ging nach dem Westen, weil ich keine Wohnung erhalten habe.«[72] Im Betrieb löste dieser Brief rege Diskussionen über die finanzielle und materielle Lage der Arbeiter aus. Als sich ein Parteimitglied einschaltete und argumentierte, dass die Arbeiter wohl noch nie in der Geschichte so gut gelebt hätten wie jetzt, erwiderten die Kollegen, dies sei selbstverständlich und das bessere Leben stünde ihnen auch zu.[73] Andererseits ließen sich viele Wismut-Arbeiter nicht durch ihre privilegierten Stellung verleiten, einen durchweg geschönten Blick auf die allgemeine Situation im Lande einzunehmen: »Wir von der Wismut können nicht klagen, aber in den VEB`s sieht man, wo die Entwicklung hingeht.«[74] Neben expliziten Forderungen nach Klärung der Fragen und Gerüchte, die sich um manche Versorgungsmängel rankten – so z. B. die Auffassung, dass die Finanzierung der Nationalen Volksarmee (NVA) im Kausalzusammenhang mit der Möbelverteuerung stehe[75] – sahen die Beschäftigten auch andere Möglichkeiten der Interessendurchsetzung. Brigaden mit geringem Verdienst drohten, ihre Lohnstreifen in die Bundesrepublik zu schicken,[76] andere kündigten sogleich ihre Übersiedlung in den Westen an, »falls ihnen keine günstigen Verdienstmöglichkeiten bei uns geboten würden«.[77] Vor allem bei den drohenden »Abstellungen« wegen Schließung des Objektes Johanngeorgenstadt 1956/57 sahen sich Beschäftigte gezwungen, die erwarteten Verschlechterungen und Lohneinbußen durch konkrete Forderungen zu verhindern. Manchmal führte das zum Erfolg. Der Lok-Fahrer F. stellte die Personalabteilung vor die Entscheidung: »Wenn ich hier keine Arbeit bekomme, die mir zusagt, gehe

---

[71] http://www.strahlende-vergangenheit.de (Kapitel Sabotage, Spionage, Republikfluchten).

[72] SächsStAC, 32301, GL Wismut der SED, IV 4/02/112. Informbericht, 4. 1. 1956, S. 1.

[73] Ebd.

[74] SächsStAC, 32301, GL Wismut der SED, IV 4/07/19, Bericht zur Lage, 23. 10. 1956, S. 6. Ähnliche Äußerungen auch in SächsStAC, 32301, GL Wismut der SED, IV 4/07/18. Lagebericht, 6. 4. 1956, S. 3.

[75] SächsStAC, 32301, GL Wismut der SED, IV 4/0003/29. Informationsbericht der KL Wismut Auerbach, 22. 1. 1956, S. 1. Die NVA und das Ministerium für Verteidigung wurden per Beschluss der Volkskammer vom 18. Januar 1956 gegründet.

[76] SächsStAC, 32301, GL Wismut der SED, IV 4/06/121. Wochenbericht, 12. 5. 1956, S. 3.

[77] SächsStAC, 32301, GL Wismut der SED, IV 4/03/30. Wocheninformationsbericht, 4. 10. 1956, S. 9. Ähnliche Äußerungen auch in SächsStAC, 32301, GL Wismut der SED, IV 4/06/125, Bericht zur Lage, S. 4.

ich zu meinem Freund nach Westdeutschland. Dort erhalte ich Arbeit.«[78] Daraufhin wurde seine Abstellung tatsächlich rückgängig gemacht und F. riet seinen Kollegen, es ihm gleich zu tun. Die betrieblichen Instanzen reagierten zweigleisig. Die Gewerkschaft startete eine Kampagne, die die Arbeiter generell von Reisen in den Westen abhalten sollte, da die Wismut die »Waffenschmiede des sozialistischen Lagers« sei und ihre Beschäftigten als Agenten missbraucht werden könnten.[79] Von »feindlichen« Positionen wie denen des Arbeiters F. ließen sich Partei und Betriebsleitung meist nicht unter Druck setzen. Wer mit Übersiedlung in die Bundesrepublik drohte, wurde nicht selten rigoros aus dem Betrieb »entfernt«.[80]

Häufig spielten auch Aspekte der sozialen Gerechtigkeit eine Rolle im Protestverhalten. Hilfsarbeiter oder HO-Mitarbeiter beklagten die Bevorzugung der Hauer in Lohn- und Versorgungsfragen,[81] die Hauer wiederum beargwöhnten die hohen Prämien für Obersteiger und Schachtleiter.[82] Im Werk 37 in Karl-Marx-Stadt kursierte ein Witz, der die als ungerechtfertigt empfundene Diskrepanz zwischen Arbeitern und »Intelligenz« auf den Nenner brachte: »Im Sozialismus erhält der Werkleiter ein Auto, Ingenieure und Abteilungsleiter ein Motorrad, Meister und Brigadiere ein Moped und vier Arbeiter ein ›Mensch, ärgere Dich nicht.‹«[83] Bauarbeiter im Objekt 17 (Ronneburg/Seelingstädt) monierten die im Vergleich zum Braunkohlewerk »Schwarze Pumpe« in Hoyerswerda schlechtere Küchenverpflegung und fragten, warum es bei ihnen weniger Trennungsgeld gäbe als in anderen Baubetrieben. Der Betriebsparteisekretär konterte mit dem Argument, dass nirgendwo in der gesamten Republik der 20-prozentige Wismut-Zuschlag gezahlt würde.[84]

Für die Prozesse und Mechanismen von Eigen-Sinn und Renitenz sind wohl die Überlieferungen der sechziger Jahre am erhellendsten. Der Widerspruch zwischen permanent propagierter Leistungssteigerung auf der einen Seite und wirtschaftlichen Mängeln auf der anderen, wurde von den Beschäftigten nicht ohne Reaktionen hingenommen. Ebenso war es die ständige politische Vereinnahmung, die häufigen Parteiversammlungen und ritualisierten Diskussionen zur Tagespolitik, die die Arbeiter ermüdeten. In Gera weigerten sich die Kollegen der Zeche 4, mit dem Parteisekretär über das Nationale Dokument[85] zu diskutieren, wenn nicht endlich auch die Verbesserung der Versorgungslage in Angriff genommen

---

78 SächsStAC, 32301, GL Wismut der SED, IV 4/07/21. Bericht zur Lage, 11. 10. 1957, S. 5.

79 SAPMO-BArch, DY 52/162, ZV IGW. »Schlußfolgerungen des Zentralvorstandes der Industriegewerkschaft Wismut zur Verbesserung der Gewerkschaftsarbeit entsprechend den Hinweisen der Instrukteurbrigade des Zentralkomitees der SED«, 15. 4. 1957, S. 1.

80 SächsStAC, 32301, GL Wismut der SED, IV 4/06/124. Informationsbericht, 8. 11. 1957, S. 9.

81 SächsStAC, 32301, GL Wismut der SED, IV 4/07/19, Bericht zur Lage, 23. 10. 1956, S. 6 und Ebd., Bericht zur Lage, 20. 11. 1956, S. 5.

82 Ebd., Bericht zur Lage, 28. 12. 1956, S. 1. sowie SächsStAC, 32301, GL Wismut der SED, IV 4/07/18. Bericht zur Lage, 5. 1. 1956, S. 3.

83 SächsStAC, 32301, GL Wismut der SED, IV 4/08/94. Informationsbericht, 11. 11. 1959, S. 7. Dieser Spruch zirkulierte in abgewandelter Form auch in anderen Industriebetrieben der DDR, z. B. in den Leuna-Werken. Wiesener: Taktieren und Aushandeln, S. 251.

84 SächsStAC, 32301, GL Wismut der SED, IV 4/06/122. »Stand der Planerfüllung, der Wettbewerbs- und Verpflichtungsbewegung«, 7. 3. 1957, S. 6.

85 Das Nationale Dokument wurde 1962 von der Nationalen Front verabschiedet und ging laut Ulbricht von der Prämisse aus, dass sich zwei geteilte Staaten auf deutschem Boden feindlich gegenüber

würde. Als »Wortführer« wurde der Kollege P. genannt, der die gesamte Diskussion erst ins Rollen gebracht habe: »Ihn interessiere das Nationale Dokument nicht, sondern nur die Tatsachen, die er jeden Tag sehen könnte.«[86] Besonders dem Produktionsaufgebot standen viele Beschäftigte völlig verständnislos gegenüber. Kurz nach dem Bau der Mauer 1961 initiiert, diente es der Mobilisierung aller Reserven einer Brigade zum Zwecke der Steigerung der Arbeitsproduktivität bei gleichem Lohn und gleicher Arbeitszeit. Es galt die Losung: »In der gleichen Zeit, für das gleiche Geld – mehr Erz für den Frieden!«[87] Hintergrund war die seit Jahren angestaute wirtschaftliche Malaise, die sich im Scheitern des Siebenjahrplans (1959-1965), einem überhöhten Kaufkraftüberhang, der Überziehung des Lohnfonds um 600 Millionen Mark (1960) sowie den Missernten der frühen sechziger Jahre niederschlug. Überdies kostete die Errichtung der Sperranlagen an der innerdeutschen Grenze ca. zwei Milliarden Mark.[88] In den meisten Betrieben der DDR wurde die »ökonomische Rationalität« des Aufgebots offensichtlich anerkannt, massive Proteste gab es kaum.[89] Im Schacht 366 (Schlema) hingegen geriet die Diskussion um das Produktionsaufgebot vor allem für die Partei beinahe zum Horrorszenario, da sich hier der Legitimationsverlust des Staates auf Betriebsebene offenbarte. Die Brigade K. vertrat die Ansicht, dass man »dem Staat nichts schenken« könne, weil viele Mitglieder kinderreiche Familien zu versorgen hätten und sich selbst erst eine soziale Grundlage aufbauen müssten. Und die Brigade G. argwöhnte, dass das Produktionsaufgebot wohl nur der Gegenfinanzierung des neuen Verteidigungsgesetzes diene.[90] Die von Parteisekretären gern gewählte Verknüpfung der Diskussion mit der politischen Großwetterlage fiel letztendlich auf sie selbst zurück, da aus dem Kreis der Arbeiter die Frage gestellt wurde, ob man denn nach Abschluss des Friedensvertrages »in den Westen« fahren dürfe.[91] Von diesem Zeitpunkt an nahm die Aussprache einen für die Parteiorganisation gefährlichen Verlauf. Einige Beschäftigte fragten nun, wie man von ihnen höhere Leistungen in der Produktion fordern könne, wenn doch gleichzeitig die Gewerkschaftsfunktionäre von ihnen, den Arbeitern, bezahlt würden. Der zuständige Abteilungsgewerkschaftsleiter saß unter den Diskutanten, antwortete aber nicht »konsequent genug«, wie die SED-Gebietsleitung später feststellte.[92] Ob Ratlosigkeit, Feigheit oder stillschweigendes Einverständnis – die Arbeiter fühlten sich durch das Zaudern des Gewerkschafters zu einem für die Parteileitung ungeheuerlichen »Vorschlag« (so beschönigte der berichterstattende Parteisekretär später den Vorgang) motiviert: Sie forderten die Auflösung der Parteileitung,

---

stehen, was von Seiten der DDR weder gewünscht sei noch länger anhalten dürfe. Weber, Hermann: DDR Grundriss der Geschichte. 1945-1990, Hannover 1991, S. 98 f.

[86] SächsStAC, 32301, GL Wismut der SED, IV 4/06/138. Bericht zur Lage, 28. 5. 1962, S. 15.

[87] SächsStAC, 32301, GL Wismut der SED, IV 2/1/56. 8. Tagung der SED-Gebietsleitung Wismut vom 18. Oktober 1961, S. 112.

[88] Hübner, Peter: Politische Einflussnahme und Freiräume im Alltag der Bevölkerung nach dem Mauerbau sowie im Vergleich mit der Zeit nach dem Volksaufstand, in: Dietrich/Kowalczuk: Staatsgründung auf Raten, S. 206 f.

[89] Ebd., S. 206.

[90] SächsStAC, 32301, GL Wismut der SED, IV 2/1/56. 8. Tagung, S. 93.

[91] Ebd., S. 112.

[92] Ebd.

der Kreisleitungen sowie überhaupt aller Wismut-Leitungen und verlangten deren Eingliederung in die Verwaltungsstrukturen der Bezirke. »Was ist denn da los?«, fragte der Parteivorsitzende Kurt Kieß entgeistert bei der Auswertung des Vorfalles. »Das sind einige Fragen, die schon tiefer gehen.«[93] Derartige Tendenzen der Entfremdung blitzten immer dann auf, wenn es um elementare Eingriffe ins Arbeitsregime ging. Im konkreten Fall kann aber auch ein unterbewusster Reflex der Arbeiter auf den Mauerbau angenommen werden.

Bei der Neuberechnung des Erzgeldes entspannen sich Diskussionen, die weit über eine bloße Verärgerung der Belegschaften hinausgingen. Für Hauerbrigaden auf stark vererzten Blöcken bedeutete das geringere Erzgeld ab Oktober 1963 eine empfindliche Lohneinbuße. In der Brigade K. beispielsweise hatte sich die Erzprämie im Monat Juni auf fast 2.000 Mark für jeden Kollegen belaufen.[94] Nach Inkrafttreten der neuen Regelung ging der Durchschnittsverdienst inklusive des Erzgeldes pro Mann und Schicht um mehr als sechs Mark zurück. In extremen Fällen war der Schichtlohn von 105 Mark im September auf 28 Mark im Oktober gesunken.[95] Da musste die von den Funktionären erhoffte Einsicht der Arbeiter in ökonomische Notwendigkeiten zwangsläufig ausbleiben. Für die Hauer nämlich war das hohe Erzgeld eine Entschädigung für den Verlust ihrer Gesundheit. In vielen Brigaden wurden daher Fragen nach der Gesundheitsschädlichkeit des Erzes bzw. nach besserer Aufklärung laut.[96] Auch andere von den Kumpels bisher hingenommene Regularien wurden nun angezweifelt oder abgelehnt, so z. B. die Verrechnung des Erzgeldes mit den Mitgliedsbeiträgen für Partei und Gewerkschaft. Die Verantwortlichen sollten doch entscheiden, ob das Erzgeld eine Prämie – und somit voll auszuzahlen – sei, oder ob man es in den Durchschnittsverdienst aufnehmen solle. Einzelne Beschäftigte kündigten an, nur noch Dienst nach Vorschrift zu machen oder dem Uranbetrieb gänzlich den Rücken zu kehren. Der Brigadier M. wollte gar seine Auszeichnung »Held der Arbeit« an den Staatsrat zurückgeben. Überdies nutzte er die Gelegenheit, um auf die schlechte Butterversorgung hinzuweisen.[97] In Rage redete sich auch das Parteimitglied F. beinahe um Kopf und Kragen:

> Was Walter Ulbricht sagt und was in der Zeitung steht, studiere ich grundsätzlich nicht, es interessiert mich auch nicht, ob die Rentner mehr Rente erhalten und die Frauen mehr Schwangerschaftsurlaub bekommen, weil es für ihn [sic] keinen Vorteil gibt. Es sei auch für ihn uninteressant, wie viel Schulen, Fabriken und Krankenhäuser gebaut wurden, wenn es nicht in Zusammenhang mit seinem Verdienst steht. Seine gesellschaftliche Arbeit und Verpflichtung sei mit der Bezahlung der Parteibeiträge erledigt.[98]

---

93 Ebd.

94 SAPMO-BArch, DY 52/246, ZV IGW. Bericht zur Lage, 9. 8. 1963, S. 7.

95 Zahlen gerundet. SächsStAC, 32301, GL Wismut der SED, IV A 2/5/098. »Zur Tätigkeit der Parteiorganisation nach der 4. Tagung des ZK der SED«, 25. 11. 1963, S. 17.

96 SAPMO-BArch, DY 52/246, ZV IGW. Bericht zur Lage, 9. 8. 1963, S. 8 sowie SächsStAC, 32301, GL Wismut der SED, IV A 2/6/051. »Einschätzung über den gegenwärtigen Stand bei der Vorbereitung zur probeweisen Einführung der Erzgeldregelung«, 5. 8. 1963, S. 2.

97 SAPMO-BArch, DY 52/246, ZV IGW. Bericht zur Lage, S. 8.

98 SächsStAC, 32301, GL Wismut der SED, IV A 2/6/051. Einschätzung über den gegenwärtigen Stand …, S. 3.

Der Groll über die Erzgeldregelung ebbte nur ganz allmählich ab und rumorte in manchen Schächten noch im April des folgenden Jahres.[99] Selbst bei weniger tief greifenden Veränderungen im Arbeitsregime reagierten die Beschäftigten mit Renitenz. In der Diskussion um die Einführung der rollenden Woche im Aufbereitungsbetrieb 101 in Crossen versagte Kollege H. seine Gefolgschaft. Jeder Einschnitt in die Arbeitsorganisation werde mit der Erhaltung des Friedens begründet, er aber könne nicht einsehen, was die Einführung der Sonntagsarbeit mit dem Frieden zu tun habe. Trotz nachhaltiger Überzeugungsversuche des Produktionsfunktionärs der BGL blieb H. bei seiner Meinung: »Du bekommst meine Stimme nicht.«[100] In der Konsequenz wurden er und andere »Verweigerer« auf eine Art schwarze Liste gesetzt; eine erneute – erfolglose – Aussprache konnte mit der Entlassung enden.[101] Bei der Auseinandersetzung um die bessere Auslastung der 45-Stunden-Woche weigerten sich die Beschäftigten in Gera, den Wegfall eines freien Tages nach 16 Arbeitstagen in Kauf zu nehmen. Vor Arbeitsaufnahme war ihnen das Privileg des freien Tages zugesichert worden, da viele Beschäftigte einen langen Anfahrtsweg hatten.[102] Derartige betriebsinterne Absprachen bargen bei Rücknahme natürlich ein hohes Unmutspotenzial. Gleichzeitig aber betonte die Belegschaft ihr Einverständnis für die volle Auslastung der Arbeitswoche. Als die Objektleitung in Gera den freien Tag per 1. November 1962 abschaffte, drohten die Beschäftigten prompt damit, nach der Arbeitszeit an keiner Versammlung oder Veranstaltung mehr teilnehmen zu wollen. Sechs Tage später standen die Gewerkschaftsfunktionäre tatsächlich vor einem fast leeren Versammlungsraum.[103] Die Vernachlässigung der gesellschaftlichen Pflichten diente den Beschäftigten in den sechziger Jahren häufig als Drohkulisse. Das reichte von der Ablehnung gesellschaftlicher Mitarbeit[104] über die Zurückhaltung des Mitgliedsbeitrages für Partei oder Gewerkschaft[105] bis hin zur Wahlverweigerung.[106] So erklärte der Übertagearbeiter T. aus Berga den Agitatoren, die am Wahltag des 20. Oktober 1963 vergeblich an seiner Haustür geklingelt hatten, er habe aus »Verärgerung« nicht an der Volkskammerwahl teilgenommen, da ihm die versprochene Wohnung nicht zugewiesen worden sei.[107] Überhaupt schienen gesellschaftspolitische Ereignisse wie die Wahlen eine gute Verhandlungsbasis zu bieten. Angesichts der Gewerkschaftswahlen 1965 nutzten mehrere Beschäftigte die Möglichkeit, um bessere soziale Konditionen auszuhandeln. Ein Familienvater des Schachtes Schmirchau, der bereits seit fünf Jahren vergeblich auf eine

[99] SAPMO-BArch, DY 52/253, ZV IGW. Bericht zur Lage, 9. 4. 1964, S. 9.

[100] SächsStAC, 32301, GL Wismut der SED, IV 2/1/53. 5. SED-Gebietsleitungstagung am 27. Januar 1961, S. 82.

[101] Ebd.

[102] SächsStAC, 32301, GL Wismut der SED, IV 4/06/139. Bericht zur Lage, 16. 10. 1962, S. 7.

[103] Ebd., Bericht zur Lage, 14. 11. 1962, S. 12.

[104] SächsStAC, 32301, GL Wismut der SED, IV 4/06/140. Bericht zur Lage, 27. 3. 1963, S. 4 sowie SAPMO-BArch, DY 52/267, ZV IGW. Bericht zur Lage, 27. 11. 1965, S. 10.

[105] SAPMO-BArch, DY 52/256, ZV IGW. Bericht zur Lage, 6. 8. 1964, S. 11 sowie SAPMO-BArch, DY 52/262, ZV IGW. Bericht zur Lage, 3. 4. 1965, S. 2.

[106] SAPMO-BArch, DY 52/263, ZV IGW. Bericht zur Lage, 5.6.1965, S. 5.

[107] SächsStAC, 32301, GL Wismut der SED, IV A 2/5/098. »Das Sekretariat bestätigte den Bericht über die politische Arbeit in den letzten Tagen vor der Wahl und am Wahltag«, 29. 10. 1963, S. 10.

größere Wohnung wartete, konfrontierte die BGL mit der Warnung, er habe »heute das letzte Mal gewählt, wenn sich nichts ändert.«[108] Andere Kollegen konnten erst gar nicht an der Wahl teilnehmen, weil sie teilweise schon seit Monaten ihre Beiträge nicht gezahlt hatten. Daraufhin angesprochen, erwiderte ein säumiges Mitglied: »Wenn ich mehr verdiene, werde ich den Pflichten gegenüber der Gewerkschaft wieder nachkommen.«[109]

Bei einer Befragung über die auf dem VIII. Parteitag des ZK der SED 1971 verkündete »Hauptaufgabe« der Einheit von Wirtschafts- und Sozialpolitik verbanden die Beschäftigten weniger Hoffnung auf Besserung denn Forderungen nach dieser. So bemängelten sie den desolaten Zustand der Wohnungen, Gebäude und Straßen, die qualitativ schlechte Versorgung mit Schuhen, Kinderkleidung, Arbeitskleidung, Gemüse und Fleisch, mangelnde Kapazitäten der Dienstleistungseinrichtungen sowie das Fehlen von Kfz-Ersatzteilen.[110] Signifikant waren auch in dieser Zeit die Beschwerden über soziale Ungleichheiten. Arbeiter kritisierten die Existenz der Intelligenzferienheime, Ärzte die bevorzugte Vergabe der Ferienschecks an Produktionsarbeiter.[111] Den Reinigungskräften schien die hohe Zahl der Urlaubstage von Lehrlingen (24 Tage) im Vergleich zu ihren eigenen (15 Tage) ungerechtfertigt,[112] während sich Transportarbeiter, gemessen an der Arbeitsleistung, gegenüber Hauern für unterbezahlt hielten.[113] Bei den Hauern sorgte die Tatsache für Unmut, dass die Fußballer des »FC Wismut Aue« nach Untertagelohn bezahlt wurden, obwohl sie nicht einfuhren und nur wenige Stunden in der Woche als Bergarbeiter tätig waren. Sie verglichen diese Praxis mit dem Profifußball im Westen.[114] Den größten Unmut aber lösten die Versorgungsprobleme mit Konsum- und Nahrungsgütern aus. »Die Auslassungen in diesem Zusammenhang werden zunehmend massiver und auch aggressiver«, konstatierten die Informanten des MfS 1982.[115] Bei 107 Wismut-Angehörigen, die nach einer Untersuchung der MfS-Kreisdienststellen (KD) Aue, Zwickau und Stollberg 1983 der »politisch-ideologischen Diversion« verdächtigt wurden, hatte man 83 Fälle von Kritik, Ablehnung und »Herabwürdigung« des Wirtschafts- und Versorgungssystems der DDR feststellen müssen.[116] Die Mitgliederversammlungen von Partei und Gewerkschaft wiesen einen starken Rückgang der Teilnehmer auf, die Arbei-

---

108 SAPMO-BArch, DY 52/263, ZV IGW. Bericht zur Lage, 5. 6. 1965, S. 5.

109 Ebd.

110 Ebd. »6. Information über den Stand der Wahlvorbereitung zu Volkskammer und zu den Bezirkstagen«, 5. 11. 1971, S. 6.

111 SächsStAC, 32301, GL Wismut der SED, IV B 2/5/323. »Information über erste Meinungen der Werktätigen des Industriezweiges Wismut und seinen Einrichtungen zum gemeinsamen Beschluß des Politbüros des ZK der SED, des Präsidiums des Bundesvorstandes des FDGB und des Ministerrates der DDR zur Entwicklung des Feriendienstes der Gewerkschaften sowie zu Fragen der Kuren«, 9. 3. 1972, S. 4.

112 SAPMO-BArch, DY 52/336, ZV IGW. »Information über das gewerkschaftliche Mitgliederleben im Monat Januar 1974«, 22. 2. 1974, S. 4.

113 SAPMO-BArch, DY 52/339, ZV IGW. »Information über das gewerkschaftliche Mitgliederleben im Monat März 1974«, 29. 4. 1974, S. 4.

114 BStU, MfS, BV Karl-Marx-Stadt, AKG 2236, Wochenbericht, 31. 3. 1983, Bl. 5.

115 BStU, MfS, BV Karl-Marx-Stadt, AKG 2202. Wocheninformation, 5. 10. 1982, Bl. 143.

116 BStU, MfS, BV Karl-Marx-Stadt, AKG 2239, Bd. 2. »Einschätzung über die Auswirkungen der politisch-ideologischen Diversion unter Angehörigen der SDAG Wismut«, 19. 4. 1983, Bl. 121 f.

ter begründeten ihr Fernbleiben mit dem langen Anstehen nach Milch, Butter und Wurstwaren. Die von den Funktionären geforderten Diskussionen und Stellungnahmen kamen nur auf äußersten Druck zustande, dafür wurde unter den Kumpels heftig diskutiert: Die Wirtschaft der DDR sei ein »Sauladen«, es sei so schlimm wie in Polen und bei der nächsten Wahl »könne man sie gern haben«.[117] Im Allgemeinen wurde ein Sinken der Arbeitsmoral festgestellt. Die Entscheidungsträger reagierten und belieferten den Betrieb Arbeiterversorgung zusätzlich mit zehn Tonnen Molkereierzeugnissen. Drei Wochen später konnte eine »gewisse Normalisierung und Stabilisierung« in den Diskussionen der Beschäftigten registriert werden.[118] Eine charakteristische Form der Renitenz in den achtziger Jahren waren Austritte aus Partei und Massenorganisationen. Ein Sprenghauer des BB Paitzdorf begründete seinen Austritt aus der SED mit Versorgungsschwierigkeiten,[119] ein Facharbeiter des WTZ kündigte seinen Austritt an, sobald er die 25-jährige Wismut-Zugehörigkeit erreicht und somit den vollen Anspruch auf Bergmannsaltersrente erlangt habe.[120] In der bereits erwähnten Untersuchung sächsischer Kreisdienststellen des MfS wurden vier Austritte aus Gewerkschaft und FDJ sowie vier Austritte aus der Partei registriert.[121] Auch diese Beschäftigten rechtfertigten ihren Schritt mit dem Mangel an Konsumgütern. Zur Volkskammerwahl 1984 mussten Wahlverweigerungen in gehäufter Form festgestellt werden.[122] Die heftigsten Arbeitskonflikte vor dem Zusammenbruch des SED-Regimes waren mit der geplanten Umstrukturierung des Uranbetriebes im Frühjahr/Sommer 1989 zu erwarten. Die Umsetzung bzw. Entlassung Tausender Arbeitskräfte, deren »Lenkung« in neue Betriebe und der damit verbundene Verlust von Privilegien wurde von den Arbeitern nicht klaglos hingenommen. Dabei stießen sich die Beschäftigten vor allem an dem Zwang, das von der Betriebsleitung vorgesehene Arbeitsverhältnis in anderen Betrieben eingehen zu müssen, um sich bestimmte soziale Ansprüche, wie die Bergmannsrente, weiterhin zu sichern. Einige verglichen diese Situation mit der Arbeitsplatzbindung für Haftentlassene.[123] Andere errechneten Lohnverluste von 40.000-50.000 Mark innerhalb der kommenden zehn Jahre in einem volkseigenen Betrieb.[124] Zu diesen unattraktiven Aussichten kam hinzu, dass die zukünftigen Betriebe meist weit entfernt vom Wohnort lagen. Besonders empörend empfanden viele deshalb die Tatsache, dass etliche Zubringerlinien im Berufsverkehr stillgelegt werden sollten – und das, obwohl man »über mehrere Jahre der Wismut trotz erheblich langer Ausbleibezeiten die Treue gehalten

---

117 Ebd., Bl. 144.
118 Ebd., 26. 10. 1982, Bl. 157.
119 Ebd., Bl. 159.
120 BStU, MfS, BV Karl-Marx-Stadt, AKG 2203. Wöchentliche Information, 30. 8. 1982, Bl. 127.
121 BStU, MfS, BV Karl-Marx-Stadt, AKG 2239, Bd. 2. Einschätzung …, Bl. 123.
122 BStU, MfS, BV Karl-Marx-Stadt, AKG 2190. Wöchentliche Berichterstattung, 16. 4. 1984, Bl. 52 f.
123 BStU, MfS, BV Karl-Marx-Stadt, AKG 4945. »Information über die Stimmung und Reaktion der Beschäftigten der SDAG Wismut und des Gebiets Wismut im Zusammenhang mit der Umsetzung des Beschlusses des Ministerrates der DDR«, 7. 9. 1989, Bl. 297 a.
124 BStU, MfS, ZAIG, Nr. 15145, BV Gera. »Information über das aktuelle Reaktions- und Diskussionsgeschehen der Beschäftigten der SDAG Wismut im Thüringer Raum zur Umprofilierung des Uranbergbaus in der DDR«, 5. 7. 1989, Bl. 11.

hätte.«[125] Viele Beschäftigte spekulierten auf ein vorzeitiges Verlassen ihres jetzigen Arbeitsplatzes, um gar nicht erst ins Fahrwasser der »Lenkungsmaßnahmen« zu geraten, andere planten, zunächst die zweijährigen Ausgleichszahlungen im zukünftigen Betrieb in Anspruch zu nehmen, bevor sie sich einen Arbeitsplatz im Wohnort suchen würden.[126] Immer öfter wurden nun auch Vergleiche zum Bergbau der Bundesrepublik laut, wo Bergleute bei Stilllegung einer Zeche Abfindungen in fünfstelliger Höhe erhielten. Die Absicht etlicher Beschäftigter, unter diesen Voraussetzungen lieber einen Ausreiseantrag zu stellen, kulminierte in dem Vers: »Lieber in den Westen verduften als bei NAGEMA schuften.«[127]

2.2 Arbeitszurückhaltung und Streik

Ein probates Mittel gegen die Zumutungen von Normerhöhung und Leistungsmobilisierung war die Arbeitszurückhaltung.[128] Dazu gehörte beispielsweise das »Krankfeiern«, dessen Gründe sich jedoch nicht immer eindeutig zuordnen lassen. Neben wirklicher Erkrankung dürften in vielen Fällen Mitnahmeeffekte in Bezug auf Lohnausgleich und Krankengeld eine Rolle gespielt haben.

Fehlschichten, »Arbeitsbummelei« sowie das vorzeitige Verlassen des Arbeitsplatzes gehörten in der Brandschutzzeche Reust zum Arbeitsalltag der Kipperfahrer. Deren Arbeitsbedingungen in Bezug auf Sanitäranlagen, Arbeitsräume und Verkehrsbedingungen waren so miserabel, dass die Arbeiter ganz offen davon sprachen, durch Absentismus eine Kündigung herbeiführen zu wollen.[129] Mit Arbeitszurückhaltung konnte aber auch Leistungszurückhaltung gemeint sein. So hatte es 1958 eine »Arbeite-Langsam-Bewegung« bei den Kipperfahrern in Ronneburg gegeben, wie es der berichterstattende Parteifunktionäre ausdrückte.[130] Grund waren Veränderungen in der Norm, die eine Planerfüllung und somit den gleichbleibenden Verdienst der Brigade unmöglich machten. Einige Stunden lang hatten sich die Kipperfahrer im »Langsamfahren« geübt, um so ihre Unzufriedenheit auszudrücken. Bei der Suche nach den Organisatoren der »Bewegung« wollte niemand es gewesen sein. Die Beteiligten gaben an, sie hätten sich »nichts dabei gedacht«.[131] Diese Form der Renitenz scheint sich allerdings in den aufgeführten Einzelfällen zu erschöpfen. Arbeitszurückhaltung und Absentismus spielten – geht man nach der Aktenlage – keine für die Funktionäre alarmierende Rolle im Betriebsalltag. Eine häufiger praktizierte Möglichkeit, die eigenen For-

---

125 Ebd., Bl. 12.

126 BStU, MfS, ZAIG, Nr. 15145. »Information über das aktuelle Reaktions- und Diskussionsgeschehen, Bl. 12 und BStU, MfS, BV Karl-Marx-Stadt, AKG 4945. »Information über die Stimmung und Reaktion der Beschäftigten, Bl. 288 a.

127 BStU, MfS, BV Gera, AKG PI 236/89. »Das Stimmungsbild unter den Beschäftigten der SDAG Wismut im Verantwortungsbereich der Bezirksverwaltung Gera im Zusammenhang mit den Umprofilierungsmaßnahmen im Industriezweig Wismut«, 12. 9. 1989, Bl. 3.

128 Hübner: Konsens, S. 49.

129 SächsStAC, 32301, GL Wismut der SED, IV A 2/5/094. »Über einige Vorkommnisse in der B.S.Z.«, 1. 7. 1963, S. 1.

130 SächsStAC, 32301, GL Wismut der SED, IV 4/06/126. Informationsbericht, 11. 6. 1958, unpag.

131 Ebd.

derungen durchzusetzen, waren hingegen Arbeitsverweigerung und Streik bzw. die Androhung eines Streiks.

Nach Logik der Funktionäre durfte es Streiks in der DDR eigentlich nicht geben. Die Tatsache, dass die Fabriken und Betriebe in einem sozialistischen Staat volkseigen seien und somit den Arbeitern selbst gehörten, mache einen Arbeitskampf gleichsam überflüssig, so die Argumentation von Partei und Gewerkschaft: »Wie kann also ein Arbeiter in seinem eigenen Betrieb streiken, das geht ja gar nicht.«[132] 1946 hatte der FDGB zwar eine Streikordnung verabschiedet, die drei Jahre später in der Verfassung der DDR verankert wurde,[133] vermutlich auch deshalb, um sich Aktionsmöglichkeiten in den westlichen Besatzungszonen vorzubehalten.[134] Im »Gesetz der Arbeit« vom 19. April 1950 aber fehlte die Erwähnung der Streikordnung bereits, ebenso wie in den folgenden Arbeitsgesetzen. Bis 1968 blieb das Streikrecht in der Verfassung verankert, erst im neuen Verfassungstext vom 8. April 1968 kam es nicht mehr vor.[135] Die erste dokumentierte Arbeitsniederlegung in der Wismut AG datiert von 1950. Sie fällt in die »wilde Zeit«, in der sich unter den Arbeitern schnell eine in Gewalt umschlagende Unruhe ausbreiten konnte, wenn sich ein Anlass bot. Der Anlass war in diesem Fall der Tod eines Kumpels in Oberschlema. Ein sowjetischer Wachposten hatte auf den Arbeiter geschossen, da sich dieser angeblich trotz mehrmaliger Aufforderung zur Ausweiskontrolle vom Schachtgelände entfernen wollte. Eine Brigade weigerte sich daraufhin einzufahren, konnte aber letztlich durch Intervention des sowjetischen Schachtleiters und der Parteileitung dazu bewegt werden. Auch andere Brigaden sprachen von Proteststreik, dieser blieb jedoch aus.[136] Die offenkundige Untätigkeit der Gewerkschaft bei diesen Vorfällen wurde von den Arbeitern enttäuscht registriert. Ein Schießmeister forderte den Gewerkschaftsvorsitzenden Leppi auf, sich beim nächsten Zwischenfall für die Belegschaft einzusetzen. Und auch Genossen des Gewerkschaftsapparates waren offensichtlich der Meinung, dass ihre Organisation die Kumpel unterstützen müsse. Doch Leppi reagierte mit dem typischen Reflex alter Stalinisten, die in jeder Abweichung eine gezielte Unterwanderung des Systems witterten. Er vermutete eine vom ingenieur-technischen Personal angeführte »Zentrale« im Objekt 2, die von »reaktionären Elementen« durchsetzt sei und die Unruhe der Kumpel bewusst steuere.[137] Die Wut der Bergleute über den Vorfall konnte auf diese Weise nicht kanalisiert werden. Sie entlud sich in einer Kneipenschlägerei, in deren Verlauf ein Genosse verprügelt, ein Polizist durch die Straßen gejagt und eine Parteisekretärin mit dem Tode bedroht wurde.[138] Auch der zweite – dokumentierte – Streik blieb nur bei der

---

[132] SächsStAC, 32301, GL Wismut der SED, IV 2/1/30. SED-Gebietsleitungstagung am 3. September 1954 (Diskussionsbeitrag Günter Röder), S. a.

[133] Artikel 14: »Das Streikrecht der Gewerkschaften ist gewährleistet«. Die Verfassung der Deutschen Demokratischen Republik, in: GBl. der DDR, Nr. 1 vom 8. Oktober 1949, Berlin 1949, S. 5-16, hier S. 7.

[134] Hübner: Konsens, S. 179 f.

[135] Verfassung der Deutschen Demokratischen Republik, in: GBl. der DDR, Teil I, Nr. 3 vom 9. April 1968, S. 199-222.

[136] SächsStAC, 32301, GL Wismut der SED, IV 2/3/4. Sekretariatssitzung am 5. April 1950, S. 1.

[137] Ebd., unpag.

[138] Ebd.

Ankündigung. Am 7. Dezember 1952, einem Sonntag, hatte sich die Belegschaft des Schachtes 66 in Aue geweigert einzufahren. Vermutlich wollte sie so gegen die von Malzew verordnete Sonntagsschicht protestieren, konkrete Gründe gehen aus den Akten nicht hervor.[139] Die Auswertung des Vorfalles bei der Parteileitung fiel knapp und widersprüchlich aus. Parteisekretär Schieweck behauptete, dass nahezu alle Belegschaftsmitglieder schließlich doch eingefahren seien, nachdem der Betriebsgewerkschaftsleiter und ein Parteiinstrukteur mit den Kumpels diskutiert hätten. Der Gewerkschaftsvorsitzende Lucas legte einen Brief vor, aus dem »etwas anderes« hervorginge. Was genau der Brief besagte, wurde nicht protokolliert. Parteichef Röder kündigte eine Untersuchung des Vorfalls an.[140] Eine Häufung von Streiks oder Streikdrohungen war in den Jahren 1956-1958 zu verzeichnen. Für den gesamten sozialistischen Block war das Jahr 1956 eine Zeit der »Erdstöße«.[141] Die Abrechnung mit den Verbrechen Stalins und des Personenkults auf dem XX. Parteitag der KPdSU im Februar 1956 und die nun einsetzende Periode des »Tauwetters« griffen in für die Machthaber unerwarteter Weise auf andere sozialistische Länder über und führten zu den Aufständen in Polen und Ungarn.[142] Die Unruhen in Polen hatten ihren Ursprung in den Stalinwerken der Industriestadt Poznan (Posen). Am 28. Juni 1956 legten die Metallarbeiter die Arbeit nieder, um gegen die desolate Versorgungssituation und Normerhöhungen auf die Straße zu gehen. Die Ereignisse eskalierten bald zu einem Aufstand, die Wut der polnischen Demonstranten entlud sich in Straßenkämpfen und Angriffen auf die Ordnungsmacht. Nur mit Hilfe von 1.000 Soldaten und 400 Panzern konnte der Aufstand am 30. Juni blutig niedergeschlagen werden. Er kostete 90 Menschen das Leben.[143] In der ungarischen Hauptstadt Budapest kam es im Oktober zu Demonstrationen, die sich ebenfalls gegen die sowjetische Hegemonie in den sozialistischen Ländern und gegen den eigenen Herrschaftsapparat richteten. Nachdem Ministerpräsident Ernö Gerö die sowjetische Führung bereits am 25. Oktober 1956 um Intervention gebeten hatte, schlug die Rote Armee den mehrtägigen Aufstand am 4. November blutig nieder. Die ungarische Seite vermeldete 300 Tote und 1.000 Verletzte, die sowjetische Seite sprach von 669 Toten sowie 1.570 Verletzten.[144] In der DDR hingegen blieb es ruhig, staatliche Repressionen und die rigide Kontrolle der Öffentlichkeit als Konsequenz aus dem Volks-

[139] SächsStAC, 32301, GL Wismut der SED, IV 2/3/7 a. Sekretariatssitzung am 9. Dezember 1952, unpag.

[140] Ebd.

[141] Der FDGB-Funktionär Heinz Brandt, zit. in: Prokop, Siegfried: 1956 – DDR am Scheideweg. Opposition und neue Konzepte der Intelligenz, Berlin 2006, S. 15.

[142] Zu den Ereignissen selbst Prokop: 1956 sowie Heinemann, Winfried (Hg.): Das internationale Krisenjahr 1956. Polen, Ungarn, Suez, München 1999; besonders für Polen vgl. Behrends, Jan C.: Die erfundene Freundschaft. Propaganda für die Sowjetunion in Polen und der DDR (1944-57), Köln 2006, hier S. 328-351, für Ungarn Klimó, Árpád und Alexander M. Kunst: Krisenmanagement und Krisenerfahrung. Die ungarische Parteiführung und die Systemkrisen 1953, 1956 und 1968, in: Bispinck, Hendrik/Danyiel, Jürgen/Hertle, Hans Hermann/Wentker, Hermann (Hg.): Aufstände im Ostblock. Zur Krisengeschichte des realen Sozialismus, Berlin 2004, S. 287-307; Stöver: Der kalte Krieg, hier S. 125-127.

[143] Behrends: Die erfundene Freundschaft, S. 338.

[144] Stöver: Der Kalte Krieg, S. 126.

aufstand des 17. Juni erwiesen sich als »erfolgreiche Herrschaftsstrategie.«[145] Doch die Stimmung in den Industriebetrieben war angespannt und äußerte sich in sporadischen Streikaktionen. Kurzzeitige Ausstände waren nicht nur in der Wismut, sondern beispielsweise im Hafen Brandenburg, bei der Reichsbahn-Bauunion Seelingstädt oder der Stahlgießerei des Ernst-Thälmann-Werkes in Magdeburg zu verzeichnen.[146] Obschon keiner der Informationsberichte von Partei- und Gewerkschaftsorganisationen Bezug auf die Ereignisse in den »sozialistischen Bruderländern« nahm, ist die zeitliche Koinzidenz nicht zu übersehen. Ebenso wie der Posener Aufstand datieren die ersten Rapporte über Arbeitsniederlegungen vom Juni 1956. Sie häuften sich im November, als es in Ungarn zur Volkserhebung gekommen war und Polen gerade seinen »Frühling im Oktober« erlebt hatte. Man kann durchaus prononciert von einer »Streikwelle« sprechen, die sich allerdings, über die ungarischen und polnischen Unruhen hinaus, bis Mitte 1958 erstreckte, dann aber beinahe das Ende der Arbeitskämpfe in der Wismut markierte.

Charakteristisch für alle dokumentierten Arbeitsniederlegungen oder Ankündigungen in diesem Zeitraum ist die soziale Komponente.[147] Lohnfragen, Prämienregelungen sowie Lohneinbußen wegen mangelhafter Arbeitsorganisation oder falscher Normenberechnung spielten dabei eine entscheidende Rolle. In sieben dokumentierten Fällen handelte es sich um tatsächliche Arbeitsniederlegungen, in neun Fällen blieb es bei der Ankündigung eines Streiks. Die folgende Übersicht soll einen Eindruck von der organischen Beschaffenheit der Streiks und Streikandrohungen, deren Verlauf, Hintergründen und Konsequenzen vermitteln, sofern dies aus den Quellen hervorgeht:

1. Juni 1956: In Crossen rief ein Übertagearbeiter seine Kollegen zum Streik auf. Er wartete bereits seit längerer Zeit auf eine Wohnung.[148]
2. Juni 1956: In Objekt 29 (Ronneburg) drohte die Brigade K. mit Streik und fuhr für zwei Stunden nicht ein, da man ihr die Prämie gestrichen hatte.[149]
3. Juli 1956: In der Garage des Objekts 29 kam es zu »Ansammlungen« von Fahrern, die die Arbeit einzustellen beabsichtigten. Als Grund gaben sie an, dass die Fahrer anderer Objekte mehr verdienten und dass sie »Autobahngeschwindigkeit« fahren müssten, um die Norm zu erfüllen.[150]
4. Oktober 1956: Die Gleis- und Luttenleger im Kreisgebiet Auerbach kündigten an, die Arbeit niederzulegen, wenn der Prämienzeitlohn eingeführt würde. Sie befürchteten Lohnverluste von 150-200 Mark. Die Kreisleitung Wismut versprach die Klärung der Angelegenheit mit der Normabteilung und dem Objektleiter.[151]

---

145 Behrends: Die erfundene Freundschaft, S. 329.

146 Wolle, Stefan: Das MfS und die Arbeiterproteste im Herbst 1956 in der DDR, in: Aus Politik und Zeitgeschichte, B 5 (1991), S. 47 f.

147 Das gilt auch für die von Wolle dokumentierten Fälle in der gesamten DDR, Ebd., S. 48.

148 SächsStAC, 32301, GL Wismut der SED, IV 2/1/37. 6. Tagung der SED-Gebietsleitung Wismut am 15. Juni 1956, S. 69.

149 SächsStAC, 32301, GL Wismut der SED, IV 4/06/121. Wochenbericht der KL Wismut Gera, 8.6.1956, S. 1 f.

150 Ebd. Wochenbericht der KL Wismut Gera, 26.7.1956, S. 6.

151 SächsStAC, 32301, GL Wismut der SED, IV 4/03/30. Wochenbericht der KL Wismut Auerbach, 4. 10. 1956, S. 9.

5. November 1956: Der Abschnittsbevollmächtigte (ABV)[152] aus Raschau wurde Ohrenzeuge eines Gesprächs unter Arbeitern in Klubhaus, die von einem geplanten Streik im Schacht 296 (Alberoda) sprachen. Grund war die schlechte Normerfüllung von lediglich 30-50 Prozent wegen Materialschwierigkeiten. Kreisleitung und VP leiteten unverzügliche Sicherheitsmaßnahmen ein; am fraglichen Tag um fünf Uhr morgens waren alle Schächte von Parteisekretären der Betriebe und der Kreisleitung, von VP und Staatssicherheit besetzt. Offensichtlich zeigte die Präsenz der Sicherheitskräfte Erfolg, denn »der Schichtanfang verlief völlig normal.«[153]
6. November 1956: Kipperfahrer aus Lichtenberg drohten mit Arbeitsniederlegung, falls sie im nächsten Monat »keinen anderen Lohn« bekommen sollten.[154]
7. Januar 1957: Die Maurer- und Hauerbrigaden des Schachtes 370 im Objekt 17 (Ronneburg/Seelingstädt) fuhren nicht ein, weil es zu Lohndifferenzen kam. Nach einer von ihnen geforderten Aussprache mit Betriebsleitung, Partei und Gewerkschaft nahmen sie die Arbeit wieder auf.[155]
8. Januar 1957: Im Schacht 368 desselben Objekts fuhr die gesamte Frühschicht der Minussohle 180 nicht ein, da sie mit den Normen unzufrieden war. Eine Aussprache mit Parteisekretär, BGL und Schachtleiter brachte eine Kompromissregelung und die Kumpel nahmen die Arbeit wieder auf.[156]
9. Februar 1957: Bauarbeiter des Baukontors Freital initiierten einen kurzen Streik auf ihrer Baustelle in Karl-Marx-Stadt, um höhere und in den Augen der Parteileitung unberechtigte Lohnforderungen zu stellen. Auch in der Garage Zwirtzschen war es zu »solchen Erscheinungen« gekommen. Die Partei plädierte dafür, »den Aufbau, die Tätigkeit, die Schlagkraft unserer Kampfgruppen in allen Betriebseinheiten zu überprüfen und zu stärken.«[157]
10. März 1957: Lok-Fahrer F. vom Schacht 84 kündigte vor seinen Kollegen an: »Wenn für die Lok-Fahrer keine anderen Normen geschaffen würden, werden sie die Arbeit niederlegen und zum Schachtleiter gehen.«[158]
11. September 1957: Die Brigade 6 des Autoparks II in Zwirtzschen fuhr geschlossen vor das Büro des Markscheiders, blieb dort 30 Minuten stehen und forderte: »Wenn ihr den Ladekoeffizienten nicht ändert, fahren wir nicht mehr.« Nach Auffassung der Brigade war die gefahrene Leistung falsch be-

152 Abschnittbevollmächtigter: »Angehöriger der DVP, der in einem bestimmten territorialen Bereich (eine oder mehrere Landgemeinden bzw. städtische Wohngebiete) in engem Zusammenwirken mit der Bevölkerung für die Wahrung der öffentlichen Ordnung und Sicherheit verantwortlich ist.« Meyers Kleines Lexikon in drei Bänden, Bd. 1, Leipzig 1968, S. 11.

153 SächsStAC, 32301, GL Wismut der SED, IV 4/02/113. Wochenbericht der KL Wismut Aue, 12. 11. 1956, S. 1.

154 SächsStAC, 32301, GL Wismut der SED, IV 2/1/39. Leitungssitzung der SED-Gebietsleitung Wismut am 24. November 1956, S. 66.

155 SächsStAC, 32301, GL Wismut der SED, IV 4/06/122. Informationsbericht der KL Wismut Gera, 25. 1. 1957, S. 5.

156 Ebd.

157 SächsStAC, 32301, GL Wismut der SED, IV 4/06/122. 9. Tagung der SED-Gebietsleitung Wismut am 8. Februar 1957, S. 20 f.

158 Ebd. »Bericht über den ideologisch-politischen Zustand im Kreisgebiet« der KL Wismut Gera, 7. 3. 1957, S. 4.

rechnet worden. Zehn Kollegen, darunter der Gewerkschaftsgruppenorganisator, wurden aus dem Betrieb »entfernt«.[159]

12. September 1957: Zwei Mitglieder der »Skodabrigade« des Autoparks Zwirtzschen sprachen im Bus nach Zeitz darüber, dass sie streiken würden, wenn sie nicht bald neue Normen bekämen. Auch diese beiden Kollegen wurden aus dem Betrieb »entfernt«.[160]

13. April 1958: 30 Kraftfahrer des Objekts 17, darunter fünf Parteimitglieder, legten für kurze Zeit ihre Arbeit nieder. Grund war eine als ungerecht empfundene Normenberechnung sowie schlechte Arbeitsorganisation und Arbeitsausfälle durch Materialmängel. Die Arbeit wurde nach Aussprachen mit der Parteileitung wieder aufgenommen. Ein Fahrer, der bereits einige Tage zuvor zum Streik aufgerufen hatte, wurde inhaftiert. Die beteiligten Genossen erhielten Parteistrafen.[161]

14. Juni 1958: Die Kranfahrer der Karriere »IV. Parteitag« im Kreisgebiet Gera legten zur Frühschicht die Arbeit nieder, da sie mit der Neufestlegung ihrer Arbeitszeit nicht einverstanden waren. Der bisherige Arbeitsrhythmus lag bei 16 Stunden Arbeitszeit und 24 Stunden Freizeit. Durch die neue Arbeitsschutzordnung durfte nur noch 8 Stunden gearbeitet werden, womit der freie Tag entfiel. Trotz der für den Nachmittag in Aussicht gestellten Aussprache von Betriebs- und Parteileitung verweigerten die Kranfahrer ihre Arbeit. Erst nach Androhung von »Konsequenzen« nahmen sie die Arbeit wieder auf.[162]

15. Dezember 1958: Einige Kraftfahrer des Objekts 17 sprachen sich wegen des geringen Verdiensts für einen Streik aus. Kollege Z. erklärte im Schichtbus: »Die Verantwortung des Kraftfahrers ist hoch, aber der Verdienst wird immer niedriger. Da müssen wir eben mal streiken.«[163]

Wie die Aufstellung zeigt, waren es in den überwiegenden Fällen Übertagearbeiter, vor allem Kraftfahrer, die Arbeitsverweigerungen ankündigten oder praktizierten. Hauptmotiv war ein verletztes Gerechtigkeitsgefühl, wenn es um die Berechnung der Normen und damit der Löhne ging. Meist handelte es sich um die Abschaffung oder Rücknahme gewohnter Faktoren in den Arbeitsbeziehungen, beispielsweise der Übergang vom Grund- zum Prämienzeitlohn, bei dem die Arbeiter per se Verluste befürchteten. Überdies war das Lohngefälle ohnehin recht stark und wurde durch die Bindung an hohe Planvorgaben noch gesteigert.

Die Verantwortlichen reagierten auf die Arbeitsverweigerung mit einer Mischung aus Verständnis und Diffamierung, übten sich aber gleichzeitig in gegenseitigen Schuldzuweisungen. Einige Berichterstatter kamen nicht umhin, die

---

159 SächsStAC, 32301, GL Wismut der SED, IV 7/91/13. Informationsbericht der SED-GO Zwirtzschen, 27. 9. 1957, S. 2.

160 Ebd.

161 SächsStAC, 32301, GL Wismut der SED, IV 4/06/125. Bericht zur Lage: »Arbeitsniederlegung der Kipperfahrer in Seelingstädt«, 25. 4. 1958, S. 10-12.

162 SächsStAC, 32301, GL Wismut der SED, IV 4/06/126. Bericht zur Lage der KL Wismut Gera, 16. 6. 1958, S. 7.

163 SächsStAC, 32301, GL Wismut der SED, IV 4/06/127. Bericht zur Lage der KL Wismut Gera, 21. 12. 1958, S. 10.

Gründe für die Verärgerung der Kumpel zu rechtfertigen. In Fall 3 fügte die KL Wismut Gera ihrem Bericht an das Büro der GPL hinzu, dass die Fahrer in der Vergangenheit viel Zeit- und Lohneinbußen hinnehmen mussten, weil ihre Fahrzeuge immer wieder in den Feldern stecken blieben und nur mit Hilfe von Raupen wieder herausgezogen werden konnten, an denen es wiederum mangelte. Diese Bemerkung wurde nachträglich geschwärzt.[164] Auch den angekündigten Streik der Lichtenberger Kipperfahrer (Fall 6), rechtfertigte die verantwortliche Genossin K. aus Ronneburg gewissermaßen mit der schlechten Qualität der Straßen, da aus diesem Grund in jeder Schicht vier bis fünf Fahrzeuge ausfielen und repariert werden mussten.[165] Versäumnisse bei der Beseitigung dieser Mängel sah die Partei vor allem bei den betrieblichen Leitungsinstanzen. In den Fällen 7 und 12 hatten die Betriebsleiter Fehler in der Berechnung der Norm gemacht bzw. die Berichtigung dieser Fehler hinausgezögert. Andererseits wäre es die Aufgabe von Betriebspartei- und Gewerkschaftsvertretern gewesen, sich gegen die Betriebsleiter durchzusetzen.[166] Oft genug wurde das Streikverhalten jedoch als »Feindtätigkeit« abgestempelt. Das Argumentationsmuster der Kreisparteifunktionäre zielte dabei nicht darauf ab, die Arbeiter selbst zu kriminalisieren, sondern ihnen die Beeinflussung durch »feindliche Elemente« zu unterstellen (Fall 9). Dabei spielte die Suche nach dem »Rädelsführer« eine große Rolle, der allerdings nur selten ausgemacht werden konnte (wie in den Fällen 7 und 13).

Anfang der sechziger Jahre waren es die jugendlichen Arbeiter der SDAG Wismut, die durch Streikbereitschaft hervortraten. Am 19. August 1961 versuchte der Genosse Heinz O. nach der Mittelschicht, sich mit einem Sitzstreik eine Wohnung zu erkämpfen. Dass er nicht nur soziale Forderungen stellte, sondern auch politisch eine »feindliche« Haltung einnahm, zeigte der Parteileitung ein Vorfall auf dem Jugendforum des Klubhauses »Ernst Thälmann« am 23. August 1961 in Aue, wo O. mit Fragen über den Mauerbau »provozierte«: »Warum hat uns unsere Regierung beschwindelt und uns nicht gesagt, daß uns durch die offene Grenze in Berlin 3,5 Milld. DM verloren gingen und 53.000 Arbeiter Grenzgänger sind?«[167] Besonders »streikanfällig« waren augenscheinlich die Betriebsberufsschulen (BBS). Am 10. Januar 1962 kam es zu einem Sitzstreik von Schülern der Klasse H2 in der BBS Gera, da die Auszahlung des Lehrlingsgeldes auf Grund eines Berechnungsfehlers nicht in der erwarteten Höhe zustande kam. Die Schüler besetzten das Büro des Erziehers mit den Worten: »Wir machen es wie die SPD und betreiben Abwartepolitik.«[168] Trotz Aussprachen mit dem Lehrer, dem Erzieher und einem Ausbilder erwiesen sich die Jugendlichen als ausgesprochen renitent. Der stellvertretende Gruppenorganisator Bernd W., der seine Mitschüler

[164] SächsStAC, 32301, GL Wismut der SED, IV 4/06/121. Wochenbericht der KL Wismut Gera, 26. 7. 1956, S. 6.

[165] SächsStAC, 32301, GL Wismut der SED, IV 2/1/39. Leitungssitzung der SED-Gebietsleitung Wismut am 24. November 1956, S. 66.

[166] SächsStAC, 32301, GL Wismut der SED, IV 7/91/13. Informationsbericht der SED-GO Zwirtzschen, 27. 9. 1957, S. 2.

[167] SächsStAC, 32301, GL Wismut der SED, IV 4/02/124. Informationsbericht der KL Wismut Aue, 26. 8. 1961, S. 10.

[168] SächsStAC, 32301, GL Wismut der SED, IV 4/06/186. »Bericht über den Sitzstreik der Klasse H2«, 13. 1. 1962, S. 1.

zur Ordnung rufen wollte, wurde als Streikbrecher bezeichnet, einer der Lehrlinge zeigte den Erwachsenen die Faust – angeblich als Symbol der Geschlossenheit seiner Kameraden. Unklar ist, wie sich der Konflikt an diesem Tag auflöste – am nächsten Morgen jedenfalls weigerten sich die Jugendlichen einzufahren. Erst nach einer Aussprache am Nachmittag konnte ihnen die Rechtmäßigkeit der Auszahlungen erläutert und die baldige Nachzahlung des Verpflegungsgeldes zugesichert werden.[169] Bei der Suche nach den »direkten Urhebern« ermittelte man vier Lehrlinge. Unter ihnen befand sich der Jugendliche H., der die Faust erhoben hatte, und M., der gerade eine zweijährige Bewährungsstrafe wegen versuchter Republikflucht verbüßte. Zunächst sah für die Verantwortlichen alles nach einem lehrbuchartigen Ausgang der Ereignisse aus: Die Jugendlichen gestanden reuig ihr falsches Verhalten ein, die Betriebsleitung kündigte an, Missverständnisse zukünftig durch Aufklärungsarbeit vermeiden zu wollen.[170] Bei der parteiinternen Auswertung der Vorkommnisse allerdings zeigten die eigenen Mitglieder große Defizite in der Kenntnis der »neuen politischen Fragen«. Genosse M. »versuchte nachzuweisen«, dass es ein verfassungsrechtlich verankertes Streikrecht gebe[171] – womit er de jure recht hatte. Obwohl er die Behauptung damit abzumildern versuchte, dass dieses Streikrecht nur für die Gewerkschaft gelte, war er doch erst nach »längeren Auseinandersetzungen« bereit, sich gänzlich vom Gegenteil überzeugen zu lassen. Und auch Leitungsmitglieder machten nicht die »bewußte feindliche Arbeit« der Lehrlinge für die Ereignisse verantwortlich, sondern die schlechte Arbeit der Lohnbuchhaltung, da es schon des öfteren zu Verzögerungen in der Lohnauszahlung gekommen war.[172] Offensichtliche Nachbeben dieses Vorfalles ereigneten sich im September 1962 in der BBS Gera, als die gesamte Klasse H4 nicht in der Schule erschien (mit Ausnahme des FDJ-Sekretärs)[173] sowie im Oktober in der BBS Aue, wo der Lehrling L. erklärte: »Wir möchten einen Streik organisieren, wie in Gera.«[174] Als Begründung nannte L. die Unzufriedenheit der Schüler darüber, dass sie nicht untertage arbeiten dürften. Über die Motive der »Schulverweigerer« in Gera ist nichts bekannt.

Während kurze Ausstände nach ähnlichem Muster wie oben beschrieben in Großbetrieben der DDR in den sechziger Jahren häufig vorkamen,[175] sind derlei Vorkommnisse in der SDAG Wismut zu diesem Zeitpunkt nicht mehr dokumentiert. Immer wieder einmal tauchte zwar in den Betrieben die Frage auf, warum es denn kein Streikrecht gebe,[176] doch die Bereitschaft zu dieser Art der Unmutsäußerung schien kaum noch vorhanden. In den Schriftquellen der siebziger und achtziger Jahre finden sich nur selten Hinweise auf eine wie auch immer geartete

169 Ebd.

170 Ebd., S. 2.

171 Ebd. »Einschätzung über die Leitungssitzung der GO BBS am 16. 1. 1962«, 24. 1. 1962, S. 1.

172 Ebd.

173 SächsStAC, 32301, GL Wismut der SED, IV 4/06/186. Informationsbericht der GO BBS Gera, 26. 9. 1962, S. 7.

174 SächsStAC, 32301, GL Wismut der SED, IV 4/02/129. Informationsbericht Nr. 21 der KL Wismut Aue, 17. 10. 1962, S. 15.

175 Lüdtke: Den Menschen vergessen, S. 202 ff.; Hübner: Konsens, S. 190.

176 SächsStAC, 32301, GL Wismut der SED, IV 4/08/96. »Diskussion zum Bericht zur Lage v. 25. 11. 1960«[der KL Wismut Karl-Marx-Stadt], undat., S. 2.

Streikbereitschaft. Auffällig ist auch, dass die Informationsberichte über Arbeitsniederlegungen fast ausschließlich in den Akten der Partei, und hier vor allem der Kreisleitungen zu finden sind. Beinahe zeitgleich mit der Auflösung der Kreisleitungen im Organisationsbereich der Wismut 1963 endeten auch die Streikmeldungen. Die Gewerkschaft schien sich auf Führungsebene überhaupt nicht mit diesem Phänomen zu beschäftigen. Ein einziger Hinweis auf Arbeitsverweigerung in den achtziger Jahren hing mit der desolaten Versorgungssituation zusammen. In einer Kaufhalle in Altenburg hatten sich ca. 80 Kunden, unter ihnen vorwiegend Wismut-Angehörige, vergeblich nach Butter angestellt. Sie drohten, nicht zur Nachtschicht zu fahren, wenn man ihnen keine Butter verkaufen würde. Daraufhin bekamen sie das Gewünschte.[177]

Das Resümee, das Hübner über den Verlauf von Streiks in der Industriearbeiterschaft der DDR gezogen hat, kann im Wesentlichen auch für den Uranbetrieb gelten.[178] Die Arbeitsniederlegungen waren, wenn sie denn über die Ankündigung hinaus gingen, nur von zeitlich begrenzter Dauer, meist währten sie nicht länger als zwei Stunden. Dabei ging es um Arbeitskonflikte, die mit Löhnen, Prämien oder Normen zu tun hatten, bei deren Berechnung oder Auszahlung die Arbeiter – zu Recht oder zu Unrecht – Einbußen, Verluste oder Falschberechnungen befürchteten. Partei, Gewerkschaft und Betriebsleitung handelten schnell, beriefen Belegschaftsversammlungen ein und organisierten Aussprachen. An deren Ende standen nicht selten Kompromisse und Konzessionen zu Gunsten der Beschäftigten, aber auch die unnachgiebige Verfolgung der »Rädelsführer«. Die Streiks und Streikdrohungen können als Form des Aushandelns sozialer Unzufriedenheiten gedeutet werden, an deren Ende sich die Arbeiter schnell dazu bereit fanden, auch ihren Teil des »Deals«, nämlich die Wiederaufnahme der Arbeit, einzulösen.

3. Arrangement und Anpassung

Was ist Anpassung, was ist ein Arrangement? Wie kann man diese Ausprägungen zwischenmenschlichen Handelns in Kategorien fassen, die sich meist auf einer metaphysischen Ebene bewegen? Wie kann Konformität aus Schriftquellen interpretiert werden, wenn die Verfasser der »Herrschaftsakten« viel stärker daran interessiert waren, das deviante Verhalten »ihrer« Bürger zu protokollieren? Die vorhergehenden Ausführungen haben gezeigt, dass Proteste und Konflikte oftmals in unmittelbarer Kausalität zum Mechanismus des Arrangierens standen. Spezifische Arbeitskonflikte wurden nicht selten von Aushandlungsprozessen begleitet. Konnte das Ärgernis zur Befriedigung der Beschäftigten und womöglich auch der betrieblichen Leitungsinstanzen beseitigt werden, so stand letztlich ein

[177] BStU, MfS, BV Karl-Marx-Stadt, AKG 2202. Wocheninformation, 5. 10. 1982, Bl. 145.
[178] Hübner: Konsens, S. 196 f.

Arrangement auf beiden Seiten. Anpassung lässt sich aber auch dort beobachten, wo sich Konflikte zunächst nur andeuteten, vorprogrammiert waren, aber nicht ausbrachen, wie eben am 17. Juni 1953. So finden sich beispielsweise keine Hinweise auf die ablehnende Haltung der Beschäftigten bei den Brigadegründungen in den vierziger und fünfziger Jahren sowie bei der Einführung der Betriebskollektivverträge 1951 – Maßnahmen, die in anderen Industriebetrieben auf erheblichen Widerstand stießen.[179] Der Mauerbau und die damit verbundene Beschränkung der individuellen Freiheiten brachten offensichtlich keine massiven Proteste hervor, auch wenn die gleichzeitige Einführung des Produktionsaufgebots in Einzelfällen mit aggressiver Ablehnung erwidert wurde. Die Fluktuation als Ausdruck sozialen Protests bzw. als individuelle Konfliktlösung schien ebenfalls keine signifikante Rolle in der Wismut AG zu spielen.[180] Nach den hohen Fluktuations- und Fluchtbewegungen der vierziger Jahre schien die Etablierung von Stammbelegschaften zu greifen; in den Dokumenten von Partei, Gewerkschaft und Betriebsleitung wurde das Thema kaum problematisiert.

Lagen die Gründe in der Privilegierung der Beschäftigten, hatte man es mit vorauseilendem Gehorsam, bloßem Opportunismus oder »Stillhalten« zu tun? Oder bedeutete Anpassung in einem vom Staat durchherrschten Arbeitsleben auch Nachgeben bis hin zum Resignieren? Schließlich spürten die Beschäftigten den Druck der betrieblichen Entscheidungsträger, funktionieren zu sollen und die Konsequenzen, wenn sie es nicht taten.

3.1 Die Brigade als Interessenvertretung

Versteht man Arrangement und Anpassung als Konfliktlösungsstrategien oder als das Ergebnis der Konfliktlösung, so ist es unerlässlich, die Funktion der Brigade zu analysieren. Spätestens Anfang der fünfziger Jahre begriffen die Beschäftigten, dass die Gewerkschaft als ihre Interessenvertretung ausgeschaltet war. An ihre Stelle trat informell die Brigade zur Wahrnehmung der Forderungen und Interessen ihrer Mitglieder.[181] In der Wismut kam es zu prononcierten Aktionen aus der Brigade heraus allerdings nur vereinzelt und zeitlich begrenzt in den fünfziger und sechziger Jahren.

1953 versuchte zum ersten Mal eine Brigade, ihre Interessen eigenständig durchzusetzen. Der Brigadier L. und der Kumpel G. aus dem Objekt 7 (Bärenstein/Niederschlag) störten unangekündigt die Sekretariatssitzung des Zentralvorstandes der IG Wismut, um eine seit zwei Jahren ausstehende Prämienzahlung einzufordern.[182] Die überrumpelten Funktionäre hörten sich den Fall an und erklärten

179 Stadtland: Herrschaft nach Plan, S. 417 f., Hübner: Konsens, S. 182 f.

180 In anderen Industriebetrieben der DDR hingegen schon: 1958 machte die Fluktuation 60-75 Prozent des gesamten Belegschaftswechsels aus. Daran waren 5,1 Prozent aller in der staatlichen Industrie Beschäftigten, also 118.200 Menschen beteiligt, die einen Arbeitsausfall von 136.000 Tagen verursachten. Hübner: Konsens, S. 205 f.

181 Zur Rolle der Brigaden als Interessenvertretung die Aufsätze von Reichel: Jugoslawische Verhältnisse; ders.: Konfliktprävention sowie Hübner: Konsens, hier S. 218 f.

182 SAPMO-BArch, DY 52/111 a, ZV IGW. Sekretariatssitzung am 12. Februar 1953, S. 1.

die damals versprochene Prämie für ungerechtfertigt. Lucas versprach, den verantwortlichen Funktionär zur Rechenschaft zu ziehen, im Übrigen habe aber die Gewerkschaft die »volle Handlungsfreiheit« bei der Auszahlung der Prämien. Doch die beiden Kollegen ließen nicht locker. Ständig würden ihnen von Seiten der Partei und Gewerkschaft Versprechungen gemacht – meist kurz vor den Wahlen – aber nicht eingehalten. Nur bei Fragen der Normerhöhung finde die Gewerkschaft den Weg zu den Kumpels. Mit der Forderung nach Auszahlung der Prämie verbanden die Arbeiter eine Anerkennung ihrer Leistung – die Brigade hatte einen Wismut-Rekord geschafft – die von den Funktionären in Aussicht gestellte Bestrafung der verantwortlichen Leiter interessierte sie nicht.[183] Die zähe Diskussion der Brigadevertreter führte schließlich zum Erfolg: Im Beschlussprotokoll veranlassten die Gewerkschaftsfunktionäre eine Sonderprämierung der Brigade L.[184] Offiziell zu Interessenvertretern aufgewertet wurden die Brigaden 1956/57 im Zuge der Ereignisse in Ungarn und Polen. Die Unruhen und Kurzstreiks unter den Industriearbeitern der DDR veranlassten Ulbricht zur Bildung von »Arbeiterkomitees«, die in Planungs-, Personal- und Prämienfragen ein Mitspracherecht, aber keine Selbstverwaltungsrechte haben sollten. Ebenso wenig waren sie dazu gedacht, die gewerkschaftlichen Aufgaben zu übernehmen. Offiziell verkündete der FDGB einen »Mangel an innergewerkschaftlicher Demokratie« sowie die Isolierung von den Massen als Beweggründe für die Schaffung der neuen Mitbestimmungsorgane.[185] In Wirklichkeit war wohl die Bildung von Arbeiterräten in Ungarn, Polen und Jugoslawien handlungsleitend gewesen.

Die Gründung der Komitees wurde generalstabsmäßig geplant und sollte keinesfalls dem Zufall oder der Spontaneität der Arbeiter überlassen werden. Auf einer »Arbeiterkonferenz« im Dezember 1956 in Kleinmachnow bei Berlin wurden 20 Beispielbetriebe ausgewählt, unter denen sich auch die SDAG Wismut befand.[186] In deren Gewerkschafts- und Parteiakten indes findet sich nur ein einziges Exempel für die Bildung einer solchen Vertretungskörperschaft. Dabei handelte es sich keineswegs um eine von den Entscheidungsinstanzen legitimierte Aktion, sondern um die spontane Handlung der Belegschaft selbst. Alles begann mit der Verschlechterung der Erzqualität im Objekt 95 (Freital/Dresden). Um eine Verringerung des Lohnes kurz vor Weihnachten 1956 zu verhindern, hatte die Betriebsleitung die Gehälter der Arbeiter auf Basis der 100-prozentigen Normerfüllung gezahlt, obwohl der Plan zum Teil nur mit 75-85 Prozent erfüllt worden war.[187] Im folgenden Monat wurde diese Praxis zurückgenommen, was die Stimmung der Arbeiter rapide verschlechterte. Um ihren Ärger zu artikulieren, beriefen sie zur Versammlung am 26. Januar 1957 ein »Arbeiterpräsidium« ein, das nach Einschätzung der Staatssicherheit der Ausschaltung von Partei- und Gewerkschaftsfunktionären von der Leitung dieser Versammlung dienen sollte.[188] Das »Präsidium« verlangte nicht nur eine Fortführung der Zahlungsmoda-

[183] Ebd., S. 2.
[184] Ebd., S. 10.
[185] Reichel: Konfliktprävention, S. 442.
[186] Ebd., S. 445 f.
[187] BStU, MfS, Zentralarchiv, Z 11. Abteilung Information: Information Nr. 31/57, 18. 2. 1957, Bl. 1.
[188] Ebd., Bl. 2

litäten vom Vormonat, sondern obendrein die Verkürzung der Arbeitzeit. Bezüge oder Anspielungen auf die Ereignisse in den »sozialistischen Bruderländern« gab es nicht. Als ein Tumult auszubrechen drohte, gingen die Verantwortlichen auf die Forderungen ein und versprachen auch weiterhin die Auszahlung nach 100-prozentiger Planerfüllung. Die MfS-Objektverwaltung bilanzierte eine Verbesserung der Stimmung unter den Beschäftigten: »[...] es besteht z. Zt. keine Gefahr irgendwelcher Ausschreitungen.«[189] Ähnlich selbstbewusst trat auch die Brigade auf, die in einem bereits erwähnten Fall die Auflösung der Gebietsparteileitung gefordert hatte. Während der Beratung über das Produktionsaufgebot 1961 sahen sich die Arbeiter mit der Forderung nach forcierter Arbeitsmobilisierung unter den ohnehin schon schwierigen Arbeitsbedingungen konfrontiert.[190] Der fortwährenden Agitation der Partei- und Gewerkschaftsfunktionäre über die Notwendigkeit der Leistungssteigerung müde, lehnten sie deren Einmischung rundheraus ab und verwiesen auf ihre Eigenständigkeit: »Unklare Fragen könnten sie selbst klären in der Brigade, dazu brauchten sie keine anderen Genossen als Leitung. Sie wären selbst stark genug, um mit ihren eigenen Kräften fertig zu werden.«[191] Während hier die Geschlossenheit der Brigade eine Drohkulisse bildete, um eher diffus gegen Modalitäten des Arbeitsregimes Front zu machen, betätigten sich in anderen Fällen die Brigaden ganz konkret als Interessenvertretung. So beschwerte sich die Brigade der Raupenfahrer in Lichtenberg in einer Eingabe an die GPKK über die schlechten Wohnverhältnisse des Kollegen S. und verwies auf dessen Jahre zurück liegenden Antrag auf eine neue Wohnung.[192] Wenig später wurde S. zur Wohnungsbesichtigung geladen und die nächste freiwerdende Wohnung für ihn reserviert. Eingaben und Beschwerden zu den Arbeitsbedingungen in den Betrieben wurden oftmals von ganzen Kollektiven unterschrieben, um die Nachhaltigkeit der Forderungen zu markieren.[193] Im Lehmwerk Reust war es ein Meister, der seine Informationen an die Partei über die aufgeheizte Stimmung seiner Belegschaft zum Anlass nahm, um auf Missstände hinzuweisen. Zunächst listete er die Verfehlungen der Kollegen auf: Fehlschichten, Arbeitsbummelei, Alkoholkonsum am Arbeitsplatz und sogar Diskussionen über Streiks.[194] Die Ursachen für diese Zustände referierte der Informant – scheinbar zusammenhanglos – im zweiten Teil des Rapports. Wegen unhaltbarer sanitärer und hygienischer Arbeitsbedingungen müssten die Arbeiter jeden Tag mit dem Bus eine halbe Stunde zur Waschkaue Lichtenberg fahren, was nicht nur anstrengend sei, sondern auch Produktionsausfälle zur Folge hätte. In einer passiven Satzkonstruktion formulierte der Berichterstatter, dass bereits wiederholt

189 Ebd., Bl. 3.

190 SächsStAC, 32301, GL Wismut der SED, IV 2/1/56. 8. Tagung der SED-Gebietsleitung Wismut vom 18. Oktober 1961, S. 112.

191 Ebd., S. 113.

192 SächsStAC, 32301, GL Wismut der SED, IV B 2/4/181/2. »Primärbeleg zur Erfassung und Auswertung der Eingaben, die im I. Habjahr 1969 abgeschlossen wurden«, 17. 6. 1969, unpag.

193 SAPMO-BArch, DY 52/267, ZV IGW. »Einschätzung der Kritiken und Beschwerden aus dem Jahre 1965«, 27. 11. 1965, S. 3.

194 SächsStAC, 32301 GL Wismut der SED, IV A 2/5/094. »Über einige Vorkommnisse in der B.S.Z.«, 1. 7. 1963, S. 1.

auf diese Dinge hingewiesen worden sei, ohne dass sich etwas verändert habe.[195] Viele Beschäftigte legten das beschriebene Fehlverhalten sogar vorsätzlich an den Tag, um von der Zeche entlassen zu werden. Ohne explizit die Abschaffung der Missstände einzufordern, sorgte der Meister zumindest dafür, dass die Probleme am Arbeitsplatz mehr Aufmerksamkeit erfuhren.

3.2 Anpassung als alltägliche Korruption

Geschlossenheit und gemeinsame Stärke zur Durchsetzung gemeinsamer Interessen konnten sich aber auch gegen einzelne Mitglieder der Arbeitseinheit wenden, beispielsweise um finanzielle Zuwendungen nicht zu gefährden. So distanzierte sich die Brigade P. der Lok-Fahrer von »westlich beeinflussten Kollegen« mit der Begründung: »Seit einem Jahr kämpfen wir um den Titel Brigade der sozialistischen Arbeit und jetzt müssen wir uns mit Kollegen auseinandersetzen, die sich vom Gegner beeinflussen lassen.«[196] Der Kampf um den Titel »Brigade der sozialistischen Arbeit« war mit einer hohen materiellen Anerkennung verbunden. Wer die gefährdete, konnte nicht mehr mit der Loyalität der Kollegen rechnen. Ähnlich verhielt es sich in einer Brigade im Gebiet der SED-KL Karl-Marx-Stadt. Als sich ein Mitglied weigerte, an der sozialistischen Arbeitsgemeinschaft teilzunehmen (»lieber gehe ich in einen kapitalistischen Betrieb«), beschloss das Kollektiv, es »eben ohne ihn« zu machen.[197] Was das für den abtrünnigen Kollegen möglicherweise bedeutete, macht das folgende Beispiel klar. Die Arbeiter der Zeche 5a im Objekt 102 (Seelingstädt) forderten laut einem Bericht der SED-KL Wismut Ronneburg ihre Vorgesetzten dazu auf, drei ihrer Kollegen an einen anderen Arbeitsplatz zu versetzen, bis bei diesen »Klarheit« in ihren Einstellungen herrsche. Diese Kollegen hatten offen zugegeben, westliche Rundfunk- und Fernsehsender zu konsumieren, da sie sich nach beiden Richtungen informieren wollten.[198] Auch die Arbeiter der Garage Ronneburg traten geschlossen gegen einen ihrer Kollegen auf, der die deutsche Einheit sowie die Rückgewinnung der ehemaligen Ostgebiete forderte.[199] Diese Ausgrenzung und das anschließende Bekenntnis der Brigade zur »Politik unserer Partei und der Regierung der Deutschen Demokratischen Republik« dürften aber nicht nur aus Angst vor Lohneinbußen, sondern wegen des immensen Druckes der Entscheidungsträger zustande gekommen sein.[200] Ähnliche Tendenzen des Ausgrenzens und Anprangerns von Kollegen waren – wenn auch eher sporadisch – in den Brigadetagebüchern zu finden. Kleinere »Vergehen« von Brigademitgliedern, wie das vorzeitige Verlassen des Arbeitsplatzes, die Verschleierung von Kilometerabrechnungen bei Lastwagenfahrern

195 Ebd.
196 SächsStAC, 32301 GL Wismut der SED, IV 4/06/138. Bericht zur Lage, 16. 5. 1962, S. 2.
197 SächsStAC, 32301, GL Wismut der SED, IV 4/08/93. Informationsbericht, 11. 3. 1959, unpag.
198 SächsStAC, 32301 GL Wismut der SED, IV 4/09/29. Informationsbericht der SED-KL Wismut Ronneburg, 27. 12.1 961, S. 10.
199 SAPMO-BArch, DY 52/145, ZV IGW. Bericht zur Lage, 25. 11. 1955, S. 5.
200 Ebd.

oder die unerlaubte Verlängerung der Mittagspause wurden hier thematisiert.[201] Wegen der Missachtung von Unfallschutzbestimmungen wurde der Kollege H. von seiner Brigade verwarnt und mit einem Vierteljahr Prämienentzug bestraft.[202] Die Exklusionsmechanismen waren systemimmanent in der Brigadebewegung der fünfziger und sechziger Jahre und gängige Praxis auch in anderen Industriebetrieben der DDR.[203]

Die betrieblichen Instanzen – Vorgesetzte, Gewerkschaft und Partei – bedienten sich jedoch häufig alternativer Methoden, um die Stimmung und Verärgerung der Arbeiter im Rahmen zu halten und somit deren Konformismus zu befördern. Vor allem die Betriebs- und Wirtschaftsleiter, die selbst in privilegierten Großbetrieben wie der Wismut AG mit alltäglichen Komplikationen in der Arbeitsorganisation zu kämpfen hatten, wussten sich die Arbeitswilligkeit der Kumpel zu »erkaufen«. Am Ende dieses Taktierens standen »Deals« mit den Beschäftigten, die allerdings bei Rücknahme noch größeren Unmut erzeugen konnten. Die KL Wismut Gera konstatierte 1956 eine »größere Aufgeschlossenheit« der Kumpel in Schmirchau, nachdem seit Monaten bestehende Lohnprobleme gelöst werden konnten.[204] Schuldlos verursachte Produktionsausfälle hatten in einigen Brigaden zu Lohndifferenzen geführt. Die Betriebsleiter sorgten daraufhin für einen finanziellen Ausgleich der Ausfallzeiten sowie für die allgemeingültige Auszahlung des Leistungsgrundlohnes und untergruben so de facto das Leistungslohnsystem.[205] Ähnlich gesetzwidrig handelten die Verantwortlichen in Ronneburg. Sie besserten den Verdienst der Verladearbeiter im Erzbunker mit 100 Mark monatlich auf, da die unqualifizierten Arbeitskräfte im Lohnkatalog schlecht davonkamen. Im Gegenzug sorgten die Verladearbeiter dafür, dass keine Wagenstillstandszeiten auftraten und »somit dem Betrieb viel Geld gespart wurde.«[206] Nach Wegfall dieser Regelung reagierten die Beschäftigten mit Missstimmung und Kündigung, so dass der Kreisvorstand Gera angewiesen wurde, ein Prämiensystem einzuführen.[207] Und in der Kreisleitung Aue hatte man feststellen können, dass sich mit der Gewährleistung eines reibungslosen Produktionsablaufes nicht nur die Zahl der »Nichtnormerfüller« reduzierte, sondern auch die Stimmung der Beschäftigten hob. Eine gute Arbeitsorganisation mache sie politischen Gesprächen gegenüber aufgeschlossener und habe überdies einen »großen Einfluß auf die Gewinnung neuer Kandidaten.«[208] Wünsche und Forderungen der Beschäftigten konnten aber auch als Befriedungs- oder Disziplinierungsinstrument genutzt werden. Das fand seinen Ausdruck in der prompten Realisierung

[201] SächsStAC, 32301 GPL Wismut der SED, V 7/076. Brigadetagebuch der »Jugendbrigade Otto Grotewohl« (Tagebaukombinat Lichtenberg), geführt 1966-70. SächsStAC, 32301 GPL Wismut der SED, V 7/079. Brigadetagebuch der Brigade »V. Parteitag der SED« (Objekt 90 der SDAG, Autopark II), geführt in den sechziger Jahren.

[202] SächsStAC, 32301 GPL Wismut der SED, V 7/075. Brigadetagebuch der Brigade K. (Rollbahnbau, Tagebau »IV. Parteitag der SED«), geführt 1959-1968.

[203] Z. B. im Chemiewerk Leuna. Wiesener: Taktieren und Aushandeln, S. 244.

[204] SächsStAC, 32301 GL Wismut der SED, IV 4/06/121. Wochenbericht, 25. 6. 1956, S. 5.

[205] Ebd.

[206] Ebd., Wochenbericht, 6. 9. 1956, S. 4.

[207] Ebd.

[208] SächsStAC, 32301 GL Wismut der SED, IV 4/02/113. Wochenbericht, 17. 9. 1956, S. 1.

individueller Ansprüche. So weigerte sich der Kollege H. im Wohnungskombinat Johanngeorgenstadt, seinen freiwilligen Katastrophendienst an Weihnachten anzutreten, da er über die hohe Prämierung anderer Brigaden verärgert war. Nachdem man ihm erklärt hatte, dass es in der Prämienfrage bald eine Neuregelung geben werde, trat er seinen Dienst schließlich an.[209] Als sich Beschäftigte der Jugendschicht in Ronneburg über Preiserhöhungen beschwerten, wurden die alten Preise wieder eingesetzt.[210]

In einigen Fällen verlief der Aushandlungsprozess eher repressiv. Die Bitte eines Arbeiters um einen Nachtsanatoriumsplatz wurde vom zuständigen Gewerkschaftsfunktionär mit dem Hinweis auf fehlende FDGB-Mitgliedschaft pariert. Auf die Frage des Antragstellers, was ein Sanatoriumsplatz mit dem Mitgliedsbuch zu tun habe, folgte eine »harte Auseinandersetzung« über die Rechte und Pflichten der »Werktätigen«.[211] Ähnlich restriktiv planten eifrige Gewerkschafter die Ausgabe von Kinderferienschecks. Die Zuteilung der Schecks sollte noch stärker mit der politisch-ideologischen Erziehung der Eltern verbunden werden, z. B. durch den obligatorischen Besuch von Schulungen und Seminaren. Wer sich nie gesellschaftlich betätige, keine Versammlungen besuche und das Zimmer der BGL nur betrete, um seinen Ferienscheck abzuholen, solle zukünftig leer ausgehen, entschieden die Gewerkschafter.[212] Ob sie diesen Entschluss tatsächlich durchzusetzen vermochten ist zu bezweifeln. Ohne Zweifel jedoch wurde durch solche Ankündigungen Druck aufgebaut, dem sich mancher Beschäftigte nicht leicht entziehen konnte. Sozialpolitik als Druckmittel für gesellschaftliche Pflichterfüllung musste auch der Kraftfahrer Siegfried K. erfahren. Er beschwerte sich darüber, bei der Zuteilung neuer Ikarus-Busse nicht bedacht worden zu sein. In der Aussprache bekam Parteimitglied K. selbst die Schuld für diese Malaise zugeschoben. Der zuständige Parteisekretär warf ihm vor, dass er bisher jede gesellschaftliche Mitarbeit abgelehnt hätte mit der Begründung, »keine Lust« zu haben.[213] Nur unter der Voraussetzung, dass er Schlussfolgerungen aus seinem Verhalten ziehen und sich als »würdig« erweisen würde, stellte der Funktionär die Zuweisung eines neues Fahrzeugs in Aussicht. Ähnlich erging es dem Parteimitglied Horst M., der wegen einer betrieblichen Verwarnung auf der Warteliste für einen PKW der Marke »Trabant« nach hinten rutschte.[214]

209 SächsStAC, 32301 GL Wismut der SED, IV 4/07/19. Bericht zur Lage, 28. 12. 1956, S. 1.

210 SächsStAC, 32301, GL Wismut der SED, IV 4/09/28. Informationsbericht, 17. 5 .1961, S. 6 f.

211 SAPMO-BArch, DY 52/1776, ZV IGW. Protokoll über die Beratung mit allen Genossen Gewerkschaftsfunktionären im Klubraum des Schachtes 66 am 10. 4. 1958«, 22. 4. 1958, S. 2.

212 Ebd., unpag.

213 SächsStAC, 32301 GL Wismut der SED, IV B 2/4/181/4. »Primärbeleg zur Erfassung und Auswertung der Eingaben, die im 2. Halbjahr 1971 abgeschlossen wurden«, 6. 9. 1971, unpag.

214 SächsStAC, 32301, GL Wismut der SED, IV A2/5/098. »Statistische Analyse über die im II. Halbjahr eingegangenen Beschwerden«, 31. 1. 1963, S. 1.

4. Weibliches Konfliktmanagement

Dieses Kapitel ist überschaubar. In den überlieferten Informations- und Stimmungsberichten, aber auch in Eingaben tauchen Wortmeldungen von Frauen kaum auf. Das mag daran liegen, dass ihr personeller Anteil an der Belegschaft gering war. Ebenso ursächlich könnte eine höhere Anpassungsbereitschaft von Frauen gewesen sein. Möglicherweise aber wurden die Äußerungen der Arbeiterinnen weniger ernst genommen und daher gar nicht erst registriert. Weibliche Kritik und Konfliktverarbeitung artikulierten sich meist auf institutioneller Ebene, in den Dokumenten der Frauenkommissionen und -ausschüsse, der Tagungen und Frauenkonferenzen. Die im ersten Teil über Konflikt- und Problemaustragung eingeführten Kategorien wie Renitenz, Arbeitsverweigerung oder gar Feindseligkeit spiegeln sich in den Äußerungen von Frauen kaum wider. Doch da, wo die Meinung der Frauen festgehalten wurde, ist weiblicher Eigen-Sinn immer zu spüren.

In den fünfziger Jahren schlug sich die verbalisierte Konfliktbereitschaft noch sichtbar in den Schriftquellen nieder. 1954 rief der Gewerkschaftsvorsitzende Lucas seine Kolleginnen in der Frauenkommission dazu auf, zu sprechen, wie ihnen »der Schnabel gewachsen« sei und auch die Arbeiterinnen zu animieren, ihrem »Herzen Luft [zu] machen.«[215] Probleme und Missstände im Arbeitsalltag sollten offen ausgesprochen werden, denn Lucas glaubte, dass »die Frauen schonungsloser kritisieren als die Männer.«[216] Möglicherweise hoffte er, dass weibliche Kritik bei den sowjetischen Betriebsleitern mit größerer Milde aufgenommen würde. Doch das Gegenteil war der Fall. Die Gewerkschafterin B. von der Frauenkommission klagte in der Gewerkschaftssitzung über untragbare Zustände auf ihrem Schacht, über nicht eingehaltene Versprechungen und viel zu schwere Arbeiten für die Frauen. Bei den Bemühungen zur Beseitigung dieser Übelstände hatte sie sich bei dem sowjetischen Vorgesetzten bereits einen Verweis für ihre engagierte Gewerkschaftsarbeit eingeholt, und nun wagten sich auch ihre Kolleginnen nicht mehr offen zu sprechen.[217] Ähnlich schweigsam waren die Frauenkollektive immer dann, wenn ihre intern geführten Diskussionen in den von Partei und Gewerkschaft einberufenen Aussprachen auf den Tisch kommen sollten. Bei den geforderten Meinungen und Stellungnahmen anlässlich der Kommunalwahlen 1957 mussten die Funktionäre eine »zurückhaltende Tendenz« besonders bei den Frauen feststellen.[218] Die Unsicherheit und Zurückhaltung der Funktionärinnen wird auch an der halbherzigen Drohung der erwähnten Frau B. deutlich. Sie sei nahe daran, Walter Ulbricht einen Brief über die miserablen Zustände zu schreiben und ihn um eine Visitation des Betriebes zu bitten. Allein ihre schlechte Handschrift habe sie bisher davon abgehalten.[219] Doch in den Frauengremien selbst gab es heftige Diskussionen über die Lebens- und Arbeitsbedin-

215 SAPMO-BArch, DY 52/121, ZV IGW. Sekretariatssitzung am 14. 1. 1954, S. 9.
216 Ebd.
217 Ebd., S. 8.
218 SAPMO-BArch, DY 52/163, ZV IGW. Bericht zur Lage, 10. 5. 1957, S. 6.
219 SAPMO-BArch, DY 52/121, ZV IGW. Sekretariatssitzung am 14. 1. 1954, S. 9.

gungen der Frauen. Das erste Frauenforum in Ronneburg 1956 war »ein Erfolg und zeigte, daß gerade die Frauen keine Diskussion scheuen und viele Hinweise für eine bessere Arbeit gaben.«[220] Selbstbewusst äußerten Gewerkschafterinnen ihre Gerechtigkeitsvorstellungen: »Unsere Frauen bei der Wismut haben die gleichen Rechte wie die Männer. Warum gibt es bei uns nicht auch für unsere Frauen einen Arbeitsanzug bzw. eine Latzhose?«[221] Besonders heiß diskutiert wurde der Hausarbeitstag. Wie in der gesamten DDR konnten viele Frauen nicht verstehen, warum dieser bezahlte freie Tag nur für verheiratete Frauen gelten sollte und hakten immer wieder nach. Auf dem Frauenforum in Ronneburg begnügten sie sich allerdings mit dem lakonischen Argument, dass »das noch nicht möglich ist.«[222] Bei ihren männlichen Funktionären trafen die Gewerkschafterinnen mit Nachfragen zur Verbesserung sozialer Maßnahmen immer wieder auf belehrende Herablassung. Als sich die Gewerkschafterin Emma G. auf einer Ausschusssitzung nach dem Hausarbeitstag für ledige Arbeiterinnen erkundigte, antwortete ihr ein Kollege, dass dieser Tag unverheirateten Frauen per Gesetz nun einmal nicht zustünde und dass man sich vollauf an die Gesetze der DDR zu halten habe.[223] Die Einlassung einer anderen Kollegin, die den Mangel an Kindertagesstätten auf dem Lande kritisierte, parierte derselbe Funktionär mit dem schulmeisterlichen Hinweis: »Wer die Grundlagen des 2. Fünfjahrplanes studiert hat, wird wissen, daß der überwiegende Teil der sozialistischen Einrichtungen auf dem Dorf sein wird. Es geht aber im Moment noch nicht, in jedem Dorf einen Kindergarten einzurichten.«[224] Das Gefühl ungerechter Behandlung bei der Partizipation an Sozialtransfers, wie es gerade die Praxis des Hausarbeitstages vermittelte, führte auch in den sechziger Jahren immer wieder zu Eigen-Sinn und Renitenz. In Schmirchau und Ronneburg forderten die Frauenausschüsse die Einführung des Haushaltstages für alle Arbeiterinnen.[225] Bei der Auseinandersetzung über das AGB 1961 im Kreisgebiet Gera verweigerten die Kolleginnen die gewünschten Diskussionen zur Tagespolitik und forderten stattdessen eine Stellungnahme zum Hausarbeitstag.[226] Ähnliche Aushandlungsversuche wurden auch in einer Beratung mit dem Gewerkschaftsvorstand sichtbar, in der die Arbeiterinnen andeuteten, dass Versäumnisse im Arbeitsschutz ihre engagierte Teilnahme am politischen Gespräch behinderten.[227] Die Partei- und Gewerkschaftsversammlungen am Ende einer Schicht wurden häufig benutzt, um den politischen Diskussionen Forderungen sozialer Art anzuschließen. Bei einem der regelmäßig von den Frauenausschüssen initiierten Brigadetreffen »Dialog – Das offene Wort« hörten sich die Beschäftigten zunächst geduldig die Ausführungen zum Referat Walter Ulbrichts

---

[220] SächsStAC, 32301, GL Wismut der SED, IV 4/06/121. Wochenbericht, 6. 9. 1956, S. 4.
[221] SächsStAC, 32301, GL Wismut der SED, IV 2/17/1. »Protokoll über die Beratungen der Vorsitzenden der Frauenausschüsse«, 26. 3. 1956, S. S. 4.
[222] SächsStAC, 32301, GL Wismut der SED, IV 4/06/121. Wochenbericht, 6. 9. 1956, S. 4.
[223] SächsStAC, 32301, GL Wismut der SED, IV 2/17/1. Protokoll über die Beratungen ... , S. 2.
[224] Ebd., S. 3.
[225] SächsStAC, 32301, GL Wismut der SED, IV 4/06/133. Lage im Kreisgebiet Gera, 9. 12. 1960, unpag.
[226] SächsStAC, 32301, GL Wismut der SED, IV 4/06/134. Lage im Kreisgebiet Gera, 24. 2. 1961, S. 12.
[227] SAPMO-BArch, DY 52/1402, ZV IGW. »Kurzprotokoll über die Beratung mit Arbeiterinnen der Schächte, Zechen und Bauabteilungen am 17. 9. 1958 im Hause des Zentralvorstands«, 19. 9. 1958, S. 1.

auf der 13. Tagung des ZK der SED an. Diskussionen und Redebeiträge steuerten sie nicht bei. Am Ende der Sitzung aber bestürmten sie die Funktionärinnen mit Fragen zu Busfahrplänen und Schichtorganisation.[228] In den siebziger Jahren gab es immer wieder Forderungen zur Abstellung der gröbsten Missstände. Dazu gehörten lange Wartezeiten an den Verkaufsstellen, sanitär-hygienische Verbesserungen der Arbeitsplätze, Erleichterungen im Busverkehr und bei den Öffnungszeiten der Kinderbetreuungsstätten sowie eine gleichberechtigte Entlohnung. Diese Forderungen waren allgemein zusammengefasst in der Berichterstattung über Frauenforen und -konferenzen und enthielten kaum individuelle Artikulationen. Selbst das ständige Ärgernis ungerechter Lohnunterschiede zwischen Frauen und Männern sowie die oft ostentativ entgegengebrachte Ignoranz der männlichen Kollegen führten kaum zum Aufbegehren und erschöpften sich lediglich in kleineren Beschwerden. Andererseits entwickelten die Frauen eine individuelle Konfliktlösungsstrategie, die bald kollektiv genutzt wurde. Der gesellschaftlich und politisch oktroyierten Pflichterfüllung zwischen Erwerbsarbeit, Kindererziehung, Haushalt und Ehe begegneten sie ab den siebziger Jahren zunehmend mit dem Ausweichen auf Teilzeitarbeit. Die Entscheidungsträger reagierten mit Appellen an das weibliche Gewissen und mit massivem Druck. Vorwürfe über das »Nichterkennen der gesellschaftlichen Erfordernisse der Vollbeschäftigung« oder die »Überbetonung der persönlichen Interessen« waren da noch harmlos.[229] Repressionsmittel wie die Funktionalisierung des Ehemannes bei Aussprachen sowie die Forderung ärztlicher Atteste bei Antrag auf Teilzeitarbeit sollten die unerwünschte Reduzierung der weiblichen Arbeitskraft verhindern. Doch letztendlich konnten sie den Trend nicht aufhalten.

Aggressive oder feindselige Äußerungen der weiblichen Beschäftigten gab es nur selten, dann aber in ähnlicher »Qualität« und zu den gleichen Anlässen wie im Falle ihrer männlichen Kollegen. Bei den drohenden Entlassungen in Johanngeorgenstadt 1956/57 fielen drei Beschäftigte des Wohnungskombinates (WOKO) auf, die ihre Situation besonders drastisch kommentierten. Die Frauen repräsentierten in ihrer sozialen Herkunft das typische Personal der Anfangsjahre, Dienstverpflichtete und »Umsiedlerinnen«, und reflektierten ihre Schicksale mit viel Verbitterung und ein wenig Theatralik:

> Früher hat man uns mit Handschellen hergebracht, weil niemand hier arbeiten wollte und jetzt setzt man uns auf die Straße. Ich habe mich bei der Wismut kaputt gemacht und lasse mich jetzt erst richtig auskurieren, dann ist mein Jahr rum und dann gehe ich.[230]

Die aus Schlesien vertriebene S. beklagte, dass man sie zuerst aus ihrer Heimat »rausgeschmissen« habe und nun auch hier »wie die Hunde« wegjage. Ihre Lösung: »Am besten ein Strick und aufhängen, dann hat man Ruhe.«[231] Während

228 SächsStAC, 32301, GL Wismut der SED, IV A 2/17/012. »Aussprache mit dem Kollektiv der Reinigungsfrauen und Garage im Wohnlager Nord am 27.10.1966«, 3. 11. 1966, S. 2.

229 SächsStAC, 32301, GL Wismut der SED, IV C 2/17/802. »Die Entwicklung der Beschäftigung von Frauen und Mädchen im Industriezweig Wismut und seinen Einrichtungen, insbesondere Probleme der Teilzeitbeschäftigung«, 13. 6. 1972, S. 4.

230 SächsStAC, 32301, GL Wismut der SED, IV 4/07/20. Bericht zur Lage, 8. 3. 1957, S. 12.

231 Ebd.

diese beiden Arbeiterinnen in der Sache eher defensiv auf die bevorstehenden Veränderungen reagierten, trat ihre Kollegin K. herausfordernder auf: »Gebt mir meine Papiere und ich gehe nach dem Westen. Da bekommt man wenigstens Arbeitslosenunterstützung, bei euch kriegt man nichts.«[232] Aggressive Unmutsbekundungen wie diese ragen aus der ansonsten eher dürftigen Berichterstattung über weibliche Meinungsäußerungen heraus. Erst Jahrzehnte später findet sich ein ähnliches Beispiel. Angesichts der schwierigen Wirtschaftslage und des Versorgungsdefizits bei Fleisch- und Wurstwaren äußerte eine Krankenschwester des Betriebsambulatoriums Drosen: »Wenn man sich vielleicht noch eine Kuh oder ein Schwein halten soll, sollte man die aufhängen, die so etwas von den Leuten verlangen.«[233] Bemerkenswert sind die unmittelbaren Reaktionen der zuständigen Funktionäre. Anstatt der üblicherweise angekündigten Aussprachen antwortete man Frau K. in Johanngeorgenstadt schlicht, sie könne sich doch in der Landwirtschaft verdingen. Die Auslassungen der Krankenschwester in Drosen wurden »deren Dummheit« zugeschrieben, »die sie nicht übersieht.«[234] Weiblicher Nonkonformismus wurde offensichtlich weniger ernst genommen als männlicher, obschon es keine Hinweise auf die mittelbaren Konsequenzen dieser Äußerungen gibt.

5. Betriebsklima

Es waren zumeist Arbeitskonflikte, die das Betriebsklima bestimmten, der Unmut über als zu niedrig empfundene Löhne, hohe Preise, Versorgungsdefizite oder den Lebensstandard.[235] Die tägliche Konfrontation mit Materialknappheit und Mangelwirtschaft in Verbindung mit permanent propagierter Leistungserfüllung sowie das unablässige Einfordern politischer und gesellschaftlicher Pflichterfüllung wirkten sich ebenfalls nicht förderlich auf die Atmosphäre aus. Trotz – oder wegen? – ihrer Privilegierung reagierten die Beschäftigten sofort auf Veränderungen im Arbeitsregime, selbst wenn diese nur graduelle oder gar keine Verschlechterungen bedeuteten. Aufgrund des zum Teil starken Lohngefälles waren es vor allem Übertagearbeiter, Schlosser, Mechaniker, Fahrer oder Hilfsarbeiter, die ihre Unzufriedenheit offen zum Ausdruck brachten. Nicht selten wurden Beanstandungen von Forderungen und Forderungen von Drohungen begleitet. Dabei darf die Bedeutung des Wortes Drohen nicht zwangläufig mit Feindseligkeit assoziiert werden, es hatte vielmehr den Gestus eines Aushandlungsprozesses, zumindest in den meisten Fällen. Im Übrigen wussten die Beschäftigten oft ganz genau, wann

232 Ebd.
233 BStU, MfS, BV Karl-Marx-Stadt, AKG/2202. Lageinformation, 22. 6. 1982, Bl. 70.
234 Ebd.
235 Das kann für das Konfliktverhalten in den Industriebetrieben der DDR allgemein konstatiert werden. Hübner: Konsens, S. 178 ff. sowie Lüdtke: Den Menschen vergessen, S. 192.

die Situation für Forderungen oder Proteste günstig war und sie die Verantwortlichen zum Handeln zwingen konnten. Gezielt machten sie sich die Atmosphäre vor bestimmten Terminen wie den Volkskammer- oder Gewerkschaftswahlen zunutze, wenn die latente Sorge der Funktionsträger um Legitimationsbestätigung am größten war. In diesem Bereich war auch das zum Verhandlungsrepertoire der Arbeiter gehörende Mittel der Drohung angesiedelt. Andeutungen, nicht einfahren zu wollen, wenn man beispielsweise keine Butter bekäme, oder erst nach Zuteilung einer Wohnung wieder wählen zu gehen, besaßen wahlweise den Gestus einer halbherzigen Erpressung oder des verzweifelten Versuchs, gehört zu werden.

Das betriebliche Klima der fünfziger Jahre war noch stark von antisowjetischen Stimmungen und Aggressionen gegen Staat und Regierung determiniert, die sich nicht nur in Raufereien erschöpfen, sondern in handfeste Massenunruhen umschlagen konnten. Ebenso waren Sabotageakte und verbale Feindseligkeiten an der Tagesordnung. Derlei Aktionen bzw. der bloße Verdacht darauf blieben meist nicht ohne Konsequenzen. Zuchthaus, Arbeitslager und in einigen Dutzend Fällen sogar die Verschleppung und Hinrichtung in Moskau ohne vorheriges Gerichtsverfahren waren Folgen, die die Arbeiter zu gewärtigen hatten.

Die offenbar größte Freiheit in Bezug auf eine »Diskussionskultur« scheint es in den sechziger Jahren gegeben zu haben. Das legen nicht nur die Herrschaftsakten nahe, auch Zeitzeugen bestätigten eine offenere Atmosphäre, in der man vieles sagen konnte.[236] Dieses allgemeine und nicht nur auf die Wismut zutreffende Phänomen kann zum Teil mit dem Bau der Mauer 1961 erklärt werden. Mit der »fatalen Stabilisierung«[237] kamen zeitweilig größere Freiheiten, denn der Mauerbau wurde zunächst von den Machthabern als Chance begriffen, das sozialistische Experiment ohne die Gefahr des systembedrohenden Exodus weiterzuführen.[238] Oder mit dem amerikanischen Historiker Andrew Port ausgedrückt: »Those who stayed spoke.«[239] Letztendlich aber wurden diese Freiheiten durch den Ausbau des Repressions- und Sicherheitsapparates wieder zunichte gemacht.

Stimmung und Atmosphäre der siebziger und achtziger Jahre zu analysieren fällt etwas schwerer, da es sich nach Aktenlage um ereignisarme Zeiten zu handeln scheint. Die »Nischengesellschaft«[240] hatte sich ganz offensichtlich etabliert. Das ist für die Beschäftigten der Wismut und deren Familien ebenso zutreffend wie für die gesamte Bevölkerung. Für die Angehörigen des Uranbetriebes aber begann das Sonderversorgungssystem zu bröckeln. Strukturelle Maßnahmen wie die Auflösung der HO Wismut und allgemeine ökonomische Zwänge kratzten an den Privilegien oder sendeten zumindest psychologisch keine hoffnungsfrohen Sig-

236 Zeitzeugenaussagen Herr Weigel und Herr Römer.

237 So der Titel der Einleitung der Herausgeber, in: Hertle/Kleßmann/Jarausch: Mauerbau und Mauerfall, S. 9.

238 Ahbe, Thomas: »50 Jahre DDR« – Identität und Renitenz. Konjunkturen und Krisen der Identifikation mit der DDR, in: Gibas, Monika/Gries, Rainer/Jakoby, Barbara/Müller, Doris (Hg.): Wiedergeburten. Zur Geschichte der runden Jahrestage der DDR, Leipzig 1999, S. 269.

239 Port, Andrew: Conflict and Stability in the GDR. A Study in Accomodation and Working Class Fragmentation 1945-1971, Cambridge/Mass. 2007, S. 115.

240 Gaus, Günter: Wo Deutschland liegt, München 1986, S. 156.

nale aus. Befanden sich soziale Parameter wie Löhne, Prämien, Urlaubsplätze und gesundheitliche Betreuung immer noch auf einem hohen Niveau, so wurden die Beschäftigten der Wismut AG doch in den Läden ebenso mit gähnender Leere konfrontiert wie die übrige Bevölkerung. Auch die Bergarbeiter brauchten gute Beziehungen zum Verkaufspersonal oder mussten stundenlanges Warten in Kauf nehmen. Meckern und Protestieren bestimmte daher noch immer die Tagesordnung. Darüber hinaus kristallisierte sich jedoch in den achtziger Jahren vor allem der Wunsch nach Offenheit und Transparenz seitens der Funktionseliten heraus. Die Menschen waren der beständigen Diskrepanz zwischen den Beschönigungen und Leerformeln der Regierung einerseits und der Realität andererseits müde. Sie wünschten sich, dass Probleme klar kommuniziert würden und die Verantwortlichen sie ehrlich aufklärten. Als es 1982 zu einem Mangel an Fleischereiwaren kam, erklärte ein Parteisekretär den verärgerten Beschäftigten im BB Drosen, dass es auf Grund von Havarien in den entsprechenden Betrieben zu Produktionsausfällen gekommen sei und man das Fleisch zunächst ins kapitalistische Ausland habe exportieren müssen, um die Devisen zu sichern. Hamstereinkäufe unvernünftiger Bürger hätten die Versorgungsengpässe noch vergrößert. Die Anwesenden zeigten sich froh darüber, dass diese Information, wenn auch spät, immerhin noch gekommen sei.[241] Und während der Eröffnung des Parteilehrjahres[242] im Transportbetrieb Ronneburg herrschte nach den offensichtlich unbefriedigenden Äußerungen eines Funktionärs zur Versorgungslage die Meinung: »Man solle den Menschen offen die Meinung sagen, dann gebe es auch Verständnis.«[243] Erst am Ende der achtziger Jahre, als mit den Strukturänderungen des Uranbetriebes die Arbeitsplätze tausender Beschäftigter zur Disposition standen, hätte das Aktionspotenzial erneut aktiviert werden können. Die Unmutsäußerungen und arbeitsrechtlichen Beschwerden blieben jedoch moderat. Ob es für die Herrschaftsträger gefährliche Massenproteste, vielleicht sogar Streiks hätte geben können, ist letztendlich nicht zu beantworten, da bei den unmittelbar folgenden gesellschaftspolitischen Umwälzungen der Friedlichen Revolution die Karten ohnehin neu gemischt wurden. Eine potenzielle Eskalation der Situation kann aus den Akten nicht extrahiert werden – vermutlich, weil der Übergang in andere Industriebetriebe sozial abgefedert war.

Bei der Bewertung des Arbeitsklimas gilt es auch, die Dichotomie der betrieblichen Akteure zu berücksichtigen. Die Beziehungen zwischen Arbeitern und Entscheidungsträgern waren zu jeder Zeit von einem Spannungsverhältnis geprägt. Von der Gewerkschaft als Interessenvertretung der Arbeiter war keine Hilfe zu erwarten – sie betätigte sich ganz im Gegenteil als arbeits- und leistungsmobilisierende Erfüllungsgehilfin des Systems. Hinzu kam der politisch-ideologische Druck im von der SED »durchherrschten« Betrieb, die allgegenwärtige

[241] BStU, MfS, BV Karl-Marx-Stadt, AKG/2202. Lageinformation der BV Gera, 22. 6. 1982, Bl. 68.

[242] Parteilehrjahr: Schulungsreihe der SED, die nach einem Beschluss auf dem III. Parteitag der SED von 1950-1989 regelmäßig einmal pro Monat stattfand. Zur Teilnahme verpflichtet waren nicht nur Parteimitglieder, sondern auch parteilose Angehörige von Berufsgruppen wie Lehrern oder Bediensteten des Staatsapparates.

[243] BStU, MfS, BV Karl-Marx-Stadt, AKG/2202. Wocheninformation der BV Gera, 26. 10. 1982, Bl. 157.

Forderung nach gesellschaftlicher Pflichterfüllung und wohlfeilem Verhalten der Arbeiter. Partei- und Gewerkschaftsfunktionäre waren immer präsent und prägten das Arbeitsleben der »Werktätigen«. Ihrem Einfluss konnte man sich nicht entziehen. Unzählige Versammlungen, Sitzungen, Foren und Tagungen prägten den Arbeitstag der Beschäftigten bzw. ihre freie Zeit. Das von den Instanzen am häufigsten eingesetzte Disziplinierungsinstrument war die Aussprache. Abgesehen von der Vermittlung politischer und gesellschaftlicher Fragen, wurde sie prophylaktisch bei bevorstehenden Veränderungen im Arbeitsregime genutzt, um für das Verständnis der Beschäftigten zu werben. Nicht selten waren Aussprachen jedoch erforderlich, um »unbelehrbare« Arbeiter von der Notwendigkeit der Maßnahmen zu »überzeugen«. Auf welche Art sie geführt wurden, geht aus den Herrschaftsakten nicht hervor. Deren Duktus vermittelt den Eindruck, es habe sich bei den Aussprachen um freundschaftliche Gespräche unter Kollegen gehandelt, in deren Ergebnis der Arbeiter zur »Einsicht« gekommen war. Falls nicht, legten die Entscheidungsträger zuweilen härtere Bandagen an, was mit der Entlassung aus dem Betrieb enden konnte. Die Aussprache generierte nicht selten Anpassung – Anpassung, die weniger mit dem Verständnis der Beschäftigten als mit deren Resignation gleichgesetzt werden kann.

Aber auch die Entscheidungsträger der Betriebe konnten nicht ungehemmt agieren, sie waren gleichermaßen den Aushandlungsprozessen unterworfen, boten sich selbst als Verhandlungspartner an oder wurden von den Arbeitern in diese Position gezwungen. Im Spagat zwischen hohen Planauflagen und der Arbeitsrealität vor Ort (Materialknappheit, fehlende Mechanisierung, »hinderliche« Sicherheitsbestimmungen) unterlagen sie einem ureigenen Interesse an Kompromissen, wenn diese nur den störungsfreien Betriebsablauf sicherten. Nicht selten unterminierten sie daher die arbeitsrechtlichen Regelungen, um sich so die Bereitschaft der Beschäftigten zu »erkaufen«.

VII. RESÜMEE

Über vierzig Jahre lang förderte die Wismut AG Uranerz für die sowjetische Atomwaffenindustrie. Sie zerstörte Landschaften und schuf neue Infrastrukturen. Sie industrialisierte das Westerzgebirge und tilgte ganze Ortschaften von der Landkarte. Sie brachte Zehntausenden Arbeit und Tausenden den Tod. Mit ca. 230.000 Tonnen reinen Urans (das sogenannte yellow cake) war die Sowjetisch-Deutsche Aktiengesellschaft größter Uranlieferant Europas und drittgrößter Produzent der Welt.

Tab. 15: Welturanproduktion bis 1990

Land	Uranproduktion in 1.000 Tonnen
USA	334
Kanada	240
DDR (SAG/SDAG Wismut)	231
Südafrika	140
Frankreich	64

Und sie war ein Phänomen in der Volkswirtschaft der DDR. Wurde sie zunächst, wie viele andere Industriebetriebe in der SBZ auch, als sowjetische Aktiengesellschaft gegründet, verlief ihre Entwicklung nicht parallel zu den übrigen SAG. Grund dafür war ihre herausgehobene Position als militärisch-strategischer Betrieb und Produzent des für die sowjetischen Atomwaffen benötigten Uranerzes. Der rapide und unerbittliche Aufbau des Bergwerksunternehmens zu einem »Staat im Staate« wies anfangs Parallelen zu einem Straflager auf, auf den die deutsche Administration keinen Zugriff hatte. Doch anders als auf der tschechoslowakischen Seite des Erzgebirges, wo der sowjetische Uranerzabbau tatsächlich als Arbeitslager fungierte, konnten solcherlei Verhältnisse im Nachkriegsdeutschland nicht aufrecht erhalten werden. Die sozialen Zustände der ersten Jahre normalisierten sich bis 1950, der Uranerzbergbau wandelte sich mehr und mehr zu einem »normalen« Betrieb mit stabilen Arbeits- und Lebensbedingungen. Mehr noch: Er entwickelte sich zu einem der am besten ausgestatteten Industriezweige, dessen Beschäftigte zahlreiche Privilegien genossen.

Verantwortlich für die Durchführung sozialpolitischer Maßnahmen war die Gewerkschaft. Ihr Aufbau verlief parallel zu dem der Parteiorganisation der SED im Uranerzbergbau und war anfangs von großen Schwierigkeiten begleitet. Von Generaldirektion und SED-Gebietsleitung reglementiert, konnte sie ihre Rolle als »klassische« Interessenvertretung der Beschäftigten nicht lange aufrecht erhalten. Und wollte es auch gar nicht: An der Spitze des Gewerkschaftsapparats standen von Beginn an linientreue Kommunisten. Die Funktionalisierung der ab 1950 eigenständigen IG Wismut zum Transmissionsriemen der Einheitspartei war spätestens Anfang der fünfziger Jahre abgeschlossen, die Überreste interner Selbstzweifel und Legitimierungsbemühungen wurden damit hinfällig. In den fünfziger Jahren nahm die Gewerkschaft immer massiver eine arbeitsmobilisierende und erzieherische Funktion im Sinne der SED-Doktrin ein. Ihrer Beschränkung auf die soziale und kulturelle Betreuung der »Werktätigen« blieb sie bis zum Ende der DDR 1989 verhaftet. Die BGL als kleinste Organisationseinheiten der Gewerkschaft in den Betrieben wiederum befanden sich in einer gespaltenen Situation. Sie waren gleichzeitig Subjekt und Objekt der Durchherrschung. Sie übten politisch-indoktrinierende Funktionen ebenso aus wie sie soziale Interessen vertraten, indem sie für die Verbesserung der Arbeits- und Lebensbedingungen der Beschäftigten verantwortlich zeichneten. Dass diese sozialpolitischen Maßnahmen den Uranerzbergbau zu einem der privilegiertesten Industriezweige in der SBZ/DDR machten, bedeutet jedoch nicht, dass Anspruch und Wirklichkeit immer in eins fielen. Das Kapitel zur Sozialpolitik analysierte diese Diskrepanzen ebenso wie die nebenherlaufenden Prozesse der Funktionalisierung und Instrumentalisierung sozialer Maßnahmen.

Es war die Gewerkschaft auf Landesebene in Sachsen, die mit ihrem Brandbrief an die »russischen Gewerkschaften« 1947 eine grundlegende Verbesserung der bis dahin unerträglichen sozialen Situation erreichte. Es galt das Leistungsprinzip, darüber hinaus gab es zahlreiche Zuschläge (Wismut-Zuschlag, Erzgeld etc.) sowie hohe Prämien, so dass ein Untertagearbeiter schon in den fünfziger Jahren auf einen Verdienst von 3.000 Mark kommen konnte. Ein charakteristisches Problem in der Lohnpolitik stellte über die ganzen Jahre hinweg das hohe Lohngefälle dar. Hauer in Spitzenbrigaden profitierten am meisten von den steigenden Löhnen, Arbeiter der Hilfs- und Nebenbetriebe oder Beschäftigte in leistungsschwachen Brigaden mussten mit weitaus weniger Geld in der Lohntüte nach Hause gehen. Wegen der gerade in Lohnfragen schnell in Unzufriedenheit umschlagenden Stimmung der Arbeiter mussten vor allem bei staatlich-administrativen Maßnahmen wie der Arbeitszeitverkürzung oder der Einführung der technisch-begründeten Arbeitsnormen, bei denen Lohneinbußen befürchtet wurden, immer wieder finanzielle Kompensationsmöglichkeiten gefunden werden.

Die Leistungsbereitschaft der Kumpel regelte sich in einem nicht unbeträchtlichen Maße über die Nahrungs- und Konsumgüterversorgung, das hatten Partei, Gewerkschaft und Betriebsleitung schon frühzeitig erkannt. Die anfangs prekäre Situation in der Arbeiterversorgung verbesserte sich allmählich; vor allem die leistungsbereiten Bergarbeiter der Wismut bekamen nun Zusatzrationen wie beispielsweise den legendär gewordenen Wismut-Schnaps. Selbst nach Abschaffung der Lebensmittelkarten 1958 existierte im Uranerzbergbau weiterhin ein Kartensystem, um den Bergleuten die in der DDR allgemein übliche Mangelsituation zu ersparen, was nicht immer gelang. Das Sonderversorgungssystem wurde vor allem durch Gründung der eigenen Handelsorganisation gestärkt, in deren Läden Mangelwaren wie Südfrüchte, Kleiderstoffe und Fahrräder erhältlich waren. Bei der »Schwerpunktversorgung« der sechziger bis achtziger Jahre stand die vorrangige Zuteilung der PKW im Mittelpunkt. Die Wohnungspolitik in der Wismut war ebenfalls von Kriterien wie Betriebsbindung und Leistungsbereitschaft geprägt. Neben dem Bau ganzer Bergarbeitersiedlungen, in die vor allem die loyalsten und tüchtigsten Arbeiter einziehen sollten, gab es 1970 über 15.000 Werkswohnungen der AWG. Problematisch blieb der Mangel an Mehrraumwohnungen sowie der Fortbestand von Massenunterkünften, deren Standard selbst bis in die achtziger Jahre hinein mehr als dürftig war.

Die politisch-manipulative Funktion der Sozialpolitik ist besonders im Hinblick auf die betriebliche Kulturarbeit evident. Mit dem Bau von Klub- und Kulturhäusern selbst in den kleinsten Ortschaften intendierten die Entscheidungsträger sowohl die Pazifizierung der in den ersten Jahren oft gewaltbereiten Belegschaft als auch deren Einbindung in gesellschaftliche Prozesse. Mit gewerkschaftlich organisierten Vorträgen, politischen Filmen und den Leistungsvergleichen der Brigaden dienten die Kulturhäuser als Stätten von Leistungsmobilisierung und Produktionspropaganda. Das auf der 1. Bitterfelder Konferenz von 1959 verbreitete Postulat vom Arbeiter als Volkskunstschaffenden wurde in der Wismut vorbildlich umgesetzt. 150 Volkskunstkollektive mit 2.600 Mitgliedern gab es 1989 in den Betrieben der Wismut.[1] Sie spielten im Theater, im Blasorchester, schrieben Geschichten und Romane, malten und zeichneten. Der Schreibende Arbeiter Martin Viertel wurde mit seinem Roman »Sankt Urban« in der gesamten DDR bekannt. Trotz dieser Erfolge konnten die Funktionsträger ihre ideologischen Ansprüche nie ganz auf die »Werktätigen« übertragen. Der Wunsch nach Unterhaltungsmusik und leichter Lektüre hielt sich ebenso hartnäckig wie der Reflex, bei an Tanzabende gekoppelten Vortragsrunden lieber zu Hause zu bleiben.

Der Feriendienst der IG Wismut war ein Erfolgsmodell. Er besaß Erholungsheime und Ferienplätze von Usedom bis Oberwiesenthal; das Ostseeband Zinnowitz wurde gar zum »Bergarbeitererholungszentrum« proklamiert und stand fast ausschließlich für die Wismut-Kumpel zur Verfügung. Die Urlauber reisten mit eigenen Zügen der Deutschen Reichsbahn, einer eigenen Fluglinie und auf den begehrten FDGB-Urlauberschiffen. Die Wartezeiten für beliebte Erholungsplätze waren lang, dafür konnten Schwerstarbeiter, Hauer und Besitzer einer Auszeichnung zuerst mit einer Zuteilung rechnen. Doch auch am Urlaubsort hörte die politische Umklammerung nicht auf: Politische Vorträge, »Rote Revuen« oder Ausflüge zu Mahn- und Gedenkstätten der Umgebung sollten zur »sozialistischen Erziehung« der Urlauber beitragen. Zufriedenstellend verliefen diese Bemühungen für die Funktionäre meist nicht.

Das betriebliche Gesundheitswesen der Wismut mit seinem Netz aus Bergarbeiterkrankenhäusern, Schachtambulatorien und Sanatorien war nahezu von Anfang an modern und mustergültig. Nicht ausschließlich die Sorge um das Wohlergehen ihrer Beschäftigten trieb die Verantwortlichen beim Aufbau des Gesundheitswesens an. Es stand immer auch im Dienste von Produktionssicherung und Produktivitätssteigerung. Doch gerade wegen des ständig propagierten Leistungsprinzips waren die Arbeitsunfälle hoch; sie konnten erst in den achtziger Jahren signifikant gesenkt werden. Arbeitsschutz- und Sicherheitsbestimmungen wurden oft nicht eingehalten, bei der Verschleierung von Arbeitsunfällen zogen Arbeiter, Brigadiere und Sicherheitspersonal nicht selten an einem Strang. Eben-

[1] »2.600 Volkskünstler in Zirkeln und Klubs der Wismut«, in: Neues Deutschland vom 6. März 1989.

so evident wie die Unfallaufkommen waren die Berufskrankheiten. Zehntausende Wismut-Beschäftigte erkrankten im Laufe von 40 Jahren an bergbauspezifischen Krankheiten wie Silikose, Rheumatismus oder Schwerhörigkeit, hinzu kam der durch das Radon ausgelöste Bronchialkrebs. Rund 5.000 Fälle dieser Krebsart wurden zwischen 1952-1990 als Berufskrankheiten anerkannt, wie viele Untertagearbeiter tatsächlich davon betroffen waren und wie viele daran starben, müsste noch eingehender erforscht werden.

Der Uranerzbergbau war – genau wie der Bergbau im Allgemeinen – ein von Männern dominierter Berufszweig. Der Anteil weiblicher Beschäftigter in der SDAG Wismut betrug im Durchschnitt 10-12 Prozent. Nach der »wilden« Zeit, in der viele Frauen auch untertage tätig gewesen waren und körperlich schwerste Arbeiten unter sozial unzumutbaren Bedingungen hatten ausführen müssen, normalisierte sich das Betriebsleben auch für sie. Gleich den männlichen Beschäftigten profitierten sie zwar von den unterdessen hervorragend ausgestatteten sozialen Einrichtungen, im Allgemeinen können die Frauen jedoch nicht als privilegiert bezeichnet werden. Niedrige Löhne, mangelnde Akzeptanz der männlichen Kollegen und Vorgesetzten sowie fehlende Aufstiegsmöglichkeiten gehörten ebenso zu ihrem Arbeitsalltag wie die Bürde der Mehrfachbelastung, die ihnen trotz der großzügigen Sozialpolitik des Betriebes und des Staates nie ganz genommen werden konnte.

Leistungsbereitschaft, Arbeitswille und Loyalität der Bergleute ließen sich nicht nur mit Hilfe sozialpolitischer Maßnahmen forcieren. Die im »Arbeiter-und-Bauern-Staat« praktizierte »Inszenierung der Arbeiterklasse« wurde im Uranbergbau vor allem durch die Konstituierung eines spezifischen Berufsethos vorgenommen, die in der Maxime »Ich bin Bergmann – Wer ist mehr?« kulminierte. Rückbezüge auf regionale und berufsständische Traditionen wie das Tragen des Bergmannsehrenkleides sowie die Teilnahme an den Bergaufzügen des Erzgebirges in vorderster Reihe gehörten ebenso zum Inszenierungsrepertoire wie die sich an sowjetischen Vorbildern orientierende Einführung bergbauspezifischer Auszeichnungen (»Meisterhauer«) oder die Stilisierung von Arbeitshelden. Politisch zuverlässige Bergleute wie der Schneeberger Hauer Sepp Wenig wurden als Helden nach dem Vorbild Stachanows inszeniert, die sich durch Tüchtigkeit, körperliche Kraft und gesellschaftliches Engagement auszeichneten. Die Literatur der Schreibenden Arbeiter wirkte als zusätzliches Movens dieser Entwicklung; der Roman »Sankt Urban« von Martin Viertel machte die Urankumpel in propagandistischer Verklärung zu Ikonen der Industriearbeit. So manches Mal jedoch wurde der Nimbus des Heroischen zerstört – dann, wenn Künstler wie der Regisseur Konrad Wolf oder der Schriftsteller Werner Bräunig eine realitätsnahe Darstellung der Anfänge des Uranbergbaus und des Aufbaus des Sozialismus schaffen wollten. Öffentliche Diffamierung oder Aufführungsverbote waren die Folge dieser »Heldendekonstruktion«. In den Erinnerungen der Zeitzeugen jedoch lebt das Heroische und Außergewöhnliche des Wismut-Betriebes fort. Hier dominiert eine erwartungsgemäß harmonische Rückschau auf das Arbeitsleben im Uranbetrieb. Die Aneignung von Werten wie Tüchtigkeit, Leistungswille und Stärke beherrscht den Tenor der Befragungen ebenso wie die Orientierung auf das Materielle und die Verdrängung der Schattenseiten.

Überprüft man die betriebliche Realität anhand der Berichterstattung von Partei, Gewerkschaft und Staatssicherheit, so ergibt sich verständlicherweise kein ganz so idyllisches Bild des Arbeitsalltags. Das Konfliktverhalten der Beschäftigten äußerte sich im Wesentlichen in Protest, Widerspruch und kleineren Drohungen, vor allem beim Auftreten von Arbeitskonflikten und Eingriffen in das Arbeitsregime. Dass »der Lohnstreifen der Betriebsarbeiter das Lesezeichen im Gebetbuch des Sozialismus« gewesen sei, wie Niethammer feststellte,[2] erweist sich gerade im Falle der privilegierten Bergleute als äußerst zutreffend. Die »Werktätigen« befürchteten bei Veränderungen im Arbeitsmodus – nicht immer unbegründet –Einschnitte in der Entlohnung oder im altbewährten Arbeitsrhythmus. Nicht selten trafen Funktionsträger und Arbeiter daher Absprachen oder handelten Kompromisse aus, um Produktionsablauf und Zufriedenheit der Beschäftigten weiterhin zu gewährleisten. Taten sie es nicht, griffen die Beschäftigten auch auf das Mittel der Arbeitsverweigerung oder des Absentismus zurück, um Druck auf die Entscheidungsträger zu machen. Gewalttätigkeit und Aggression als Ausdruck politischen oder sozialen Unmuts beschränkten sich auf die frühen Jahre. Nach den gewalttätigen Erhebungen Hunderter Bergleute in Saalfeld 1951 wurde es recht still um die zu dieser Zeit als äußerst rauflustig wahrgenommenen »Wismuter«. Renitenz und Aushandeln gehörten auch zum Aktionsrepertoire der weiblichen Belegschaft. Sie verhielt sich jedoch zurückhaltender und ängstlicher, ihre Artikulationen wurden im Zweifelsfall weniger ernst genommen als die der Männer.

Die Brigaden spielten in den arbeits- und lebensweltlichen Prozessen des Uranerzbergbaus eine nicht unbeträchtliche Rolle. Sie erfüllten die ihnen von den Herrschaftsträgern zugewiesene Funktion als kontrollierbare Zentren der Arbeitswelt, in denen die Beschäftigten und ihre Familien sogar einen Teil ihrer Freizeit verbrachten. Der durch das Brigadesystem bewusst erzeugte Gruppendruck trug zu Disziplinierung und Exklusion von Mitgliedern bei, wenn diese sich in wie auch immer gearteter Form Pflichtverletzungen oder Abweichungen vom normativen Verhalten zu Schulde kommen ließen. Die darüber hinaus intendierte Betriebsbindung erzeugte jedoch nicht nur Loyalität, Leistungsmotivation und die Möglichkeit doktrinärer Einflussnahme. Das Brigadesystem entwickelte eine Eigendynamik, die ihren Ausfluss in der individuellen und gemeinschaftlichen Interessendurchsetzung ihrer Mitglieder fand. Dem Einzelnen konnte die Brigade Schutz und Zuflucht vor den alltäglichen Zumutungen des Regimes bieten, da sich Probleme und Anforderungen in der Gemeinschaft leichter bewältigen ließen.

Ob die »missmutige Loyalität«, die Lüdtke den Industriearbeitern der DDR attestierte,[3] auch im Uranbetrieb herrschte, ist anzuzweifeln. Trotz aller Konflikte und Reibungspunkte dürften die Beschäftigten im Allgemeinen doch recht

---

2 Niethammer, Lutz: Die SED und »ihre« Menschen. Versuch über das Verhältnis zwischen Partei und Bevölkerung als bestimmenden Moment innerer Staatssicherheit, in: Suckut, Siegfried und Walter Süß (Hg.): Staatspartei und Staatssicherheit. Zum Verhältnis von SED und MfS, Berlin 1997, S. 327.

3 Lüdtke, Alf: »Helden der Arbeit« – Mühen beim Arbeiten. Zur missmutigen Loyalität von Industriearbeitern in der DDR, in: Kaelble et al.: Sozialgeschichte, S. 188.

zufrieden gewesen sein. Das in der DDR-Wirtschaft propagierte »Leistungsprinzip«, in vielen VEB durch Materialmangel und fehlende Anreize ad absurdum geführt, besaß im Uranerzbergbau Gültigkeit. Harte Arbeit wurde gefordert und sie wurde auch belohnt. Es war jedoch nicht nur die soziale Polsterung, sondern auch die gezielte Aufwertung der Bergarbeiter, die Stolz und Arbeitsfreude produzierte. Im Uranbergbau bildete sich ein spezifisches Milieu mit eigenen sozialen Regeln und Mechanismen der Interessendurchsetzung aus. Erfahrene und langjährige Bergleute wurden als »Wismut-Adel« bezeichnet.[4] Und nicht selten nahmen deren Kinder ebenfalls eine Arbeit bei der Wismut auf, so dass in 40 Jahren ganze »Wismut-Dynastien« entstanden. Die enge Gemeinschaft der Kumpel und Brigaden, die nicht nur von den Zeitzeugen beschworen wurde, sondern auch aus den Dokumenten hervorgeht, wirkte sich gerade nicht destabilisierend für das System aus, so wie es Haack und Alheit für das Milieu der Rostocker Werftarbeiter konstatiert haben. Im Gegenteil: Die Zugehörigkeit zum »Mikrokosmos« Wismut stiftete Identität und möglicherweise sogar eine höhere Loyalität zu Staat und Partei, als es bei anderen Industriearbeitern der Fall war. Eine regional übergreifende Auflehnung gegen die SED-Diktatur hatte es im Urangebiet nicht einmal am 17. Juni 1953 gegeben und die Friedliche Revolution des Herbstes 1989 fand weitgehend ohne die Beteiligung der Kumpel statt. Denn die »Wismuter« wussten, was sie ihrem Staat verdankten.

[4] »Glück auf, Max!«, in: Neues Deutschland vom 13. Oktober 1971.

ABKÜRZUNGSVERZEICHNIS

ABI	Arbeiter- und Bauerninspektion
AGB	Arbeitsgesetzbuch
AG	Aktiengesellschaft
AGL	Abteilungsgewerkschaftsleitung
AHZ	Arbeitshygienisches Zentrum
APO	Abteilungsparteiorganisation
AS	Außenstelle
ASANI	Arbeitssanitätsinspektion
ASAO	Arbeitsschutzanordnung
ASI	Arbeitsschutzinspektion (-Inspektor)
AU	Arbeitsunfälle
AWG	Arbeiterwohnungsgenossenschaft
BAK	Bergarbeiterkrankenhaus
BArch	Bundesarchiv
BAV	Betrieb Arbeiterversorgung
BB	Bergbaubetrieb
BBS	Betriebsberufsschule
BdVP	Bezirksbehörde der Volkspolizei
BH	Bohrhammer
BGL	Betriebsgewerkschaftsleitung
BK	Berufskrankheiten
BKV	Betriebskollektivvertrag
BMB	Bau- und Montagebetrieb
BRD	Bundesrepublik Deutschland
BSG	Betriebssportgemeinschaft
BStU	Bundesbeauftragte für die Unterlagen des Staatssicherheitsdienstes der Deutschen Demokratischen Republik
BuVo	Bundesvorstand
BV	Bezirksverwaltung
CDU	Christlich-Demokratische Union Deutschland
ČSSR	Tschechoslowakische Sozialistische Republik
DA	Deutschland Archiv
DBD	Demokratische Bauernpartei Deutschlands
DDR	Deutsche Demokratische Republik
DEFA	Deutsche Film AG
DGB	Deutscher Gewerkschaftsbund
DM	Deutsche Mark
DRK	Deutsches Rotes Kreuz
DSF	Deutsch-sowjetische Freundschaft
DZA	Deutsches Zentrum für Arbeitsmedizin
DZVG	Deutsche Zentralverwaltung für das Gesundheitswesen

EKO	Eisenhüttenkombinat Ost
FDGB	Freier Deutscher Gewerkschaftsbund
FDJ	Freie Deutsche Jugend
FGB	Familiengesetzbuch
GBA	Gesetzbuch der Arbeit
GBl	Gesetzblatt
Genex	Geschenkdienst und Kleinexport GmbH
GH	Gesundheitswesen
GL	Gebietsleitung
GmbH	Gesellschaft mit beschränkter Haftung
GO	Grundorganisation
GPKK	Gebietsparteikontrollkommission
GPL	Gebietsparteileitung
GST	Gesellschaft für Sport und Technik
GSSD	Gruppe der sowjetischen Streitkräfte in Deutschland
GzVwK	Gesellschaft zur Verbreitung wissenschaftlicher Kenntnisse
HD	Hauptdirektion
HO	Handelsorganisation
HSA	Hauptstaatsarchiv
HV	Hauptverwaltung
HVBG	Hauptverband der gewerblichen Berufsgenossenschaften
ICRP	International Commission on Radiological Protection (Internationale Strahlenschutzkommission)
IG	Industriegewerkschaft
IM	Inoffizieller Mitarbeiter
ITP	Ingenieur-technisches Personal
Kfz	Kraftfahrzeug
KL	Kreisleitung
KPD	Kommunistische Partei Deutschlands
KPdSU	Kommunistische Partei der Sowjetunion
KV	Kreisvorstand
KVP	Kasernierte Volkspolizei
LDPD	Liberal-Demokratische Partei Deutschlands
LdVP	Landesbehörde der Volkspolizei
LPG	Landwirtschaftliche Produktionsgenossenschaft
LRS	Landesregierung Sachsen
MAS	Ministerium für Arbeit und Sozialfürsorge
MDN	Mark der Deutschen Notenbank
MfS	Ministerium für Staatssicherheit
MVB	Medizinischer Versorgungsbereich
NAGEMA	Nahrungsgütermaschinenbau
NAW	Nationales Aufbauwerk
ND	Neues Deutschland
NS	Nationalsozialismus
NSDAP	Nationalsozialistische Deutsche Arbeiterpartei
NDPD	National-Demokratische Partei Deutschlands

NSW	Nichtsozialistisches Wirtschaftsgebiet
OGV	Objektgewerkschaftsvorstand
OPL	Objektparteileitung
PGO	Parteigruppenorganisator
PKW	Personenkraftwagen
RIAS	Rundfunk im Amerikanischen Sektor
RKV	Rahmenkollektivvertrag
RM	Reichsmark
Rud	Rudolstadt
SA	Sturmabteilung
SAAS	Staatliches Amt für Atomsicherheit und Strahlenschutz
SächsStAC	Sächsisches Staatsarchiv Chemnitz
SAG	Sowjetische Aktiengesellschaft
SAPMO	Stiftung der Parteien und Massenorganisationen der DDR im Bundesarchiv
S-Bedarf	Sonderbedarf
SBZ	Sowjetische Besatzungszone
SGEG	Sächsische Geologische Erkundungsgruppe
SDAG	Sowjetisch-Deutsche Aktiengesellschaft
SED	Sozialistische Einheitspartei Deutschland
SMAD	Sowjetische Militäradministration in Deutschland
SPD	Sozialdemokratische Partei Deutschlands
SS	Schutzstaffel
SSSE	Sächsische Such- und Schürfexpedition
SVK	Sozialversicherungskasse
TAN	Technisch begründete Arbeitsnormen
ThStA	Thüringisches Staatsarchiv
TSSE	Thüringische Such- und Schürfexpedition
UdSSR	Union der sozialistischen Sowjetrepubliken
VbE	Vollbeschäftigteneinheit
VdK	Verband der Konsumgenossenschaften
VEB	Volkseigener Betrieb
vorl.	vorläufig
VP	Volkspolizei
VPKA	Volkspolizeikreisamt
VVB	Vereinigung Volkseigener Betriebe
WOKO	Wohnungskombinat
WTZ	Wissenschaftlich-technisches Zentrum
ZK	Zentralkomitee
ZV	Zentralvorstand

GLOSSAR

Abbau	1.) Bergmännische Tätigkeit zur Gewinnung von Rohstoffen 2.) Bezeichnung für den Teil des Grubengebäudes, wo der Rohstoff gewonnen wird
akzisefrei	steuerfrei
Anschläger	verantwortlich für die Bedienung und Überwachung der Anlagen der Schachtförderung an den Anschlagpunkten, also: Signalgebung, Beladen, Entladen und Verschließen der Förderkörbe, Durchführung der Seilfahrt
Aufbereitung	Mechanische o. chemische Bearbeitung des Rohstoffes; Trennung des Erzes von taubem Gestein und Mineralen
aufwältigen	Herrichten von alten und eingebrochenen Grubenbauen
auffahren	Vortreiben von Grubenbauen, Strecken, Schächten und Überhauen
Ausbau	Stützelemente zum Offenhalten bergmännischer Hohlräume
befahren	fortbewegen untertage zu Kontrollzwecken
Bergbaubetrieb	Zusammenfassung mehrerer Schachtanlagen
Bewetterung	Untertägige Belüftung
Block	Quaderförmiger, zum Abbau vorgesehener Lagerstättenabschnitt von meist beträchtlichen Abmessungen
Brigade	Arbeitsgruppe im sozialistischen Betrieb; Aufgaben, Größe und Zusammensetzung der Brigade wurden von den Erfordernissen des Arbeitsprozesses bestimmt
Brigadier	Leiter der Brigade, der den Arbeitsablauf organisiert und darauf zu achten hat, dass die Sicherheits- und Brandschutzbestimmungen sowie die Weisungen der leitenden Mitarbeiter eingehalten werden
Ferienscheck	Buchungsbeleg bei dem über den FDGB gebuchten Ferienaufenthalt bei der Anreise im Ferienheim; konnte auch zum Zwecke materieller Anerkennung vergeben werden
Förderung	Einrichtungen, Anlagen und organisatorische Maßnahmen, die den Transport des gewonnenen Guts, der Maschinen, Geräte und Hilfsmaterialien betreffen
Gebiet, Gebiets-	Bezeichnung für das Gelände bzw. die Institutionen innerhalb der Wismut AG
Gedinge	Akkordlohnvereinbarung im Bergbau
Geleucht	Beleuchtung des Bergmanns
Gezähe	Handwerkszeug des Bergmanns
Grubenbau	Zum Zwecke bergbaulicher Nutzung hergestellter Hohlraum
Halde	Übertägige Anschüttung von bergbaulich gewonnenen Produkten
Haspelführer	Verantwortlicher für die Bedienung der Haspel, d. i. die maschinelle Winde, welche der Förderung dient

Hauer	Bergmann, der die Rohstoffe und das Gestein aus dem Berg löst
Hunt	Förderwagen für die gleisgebundene Förderung
Karriere	Kleintagebau
Kaue	Umkleide- und Duschgebäude der Bergleute übertage Schwarzkaue: dient zum Aufbewahren der Arbeitskleidung Weißkaue: dient zum Aufbewahren der Straßenkleidung
Knappschaft	Gesamte Gesellschaft der Bergleute
Lok	Grubenlokomotive, die bei gleisgebundener Förderung die Förderwagen zieht
Lutte	Dünnwandiges Rohr zur Bewetterung der Grubenbaue
Magazin	Aus dem Russischen für Verkaufsstelle
Markscheider	Vermessungsingenieur im Bergbau
nassbohren	Bohren mit Staubbindung durch Wasser, das der Bohrstange zugeführt wird und am Bohrkopf austritt
Objekt	Organisatorische Zusammenfassung mehrerer Bergwerke, zu denen auch Aufbereitungs-, Erkundungs- und Zuliefererbetriebe gehören
Ort, das	Die Stelle, wo abgebaut oder eine Strecke vorgetrieben wird
Radiometrist	Verantwortlicher für die Messung des radioaktiven Gehalts des Erzes
Revier	Organisatorische Einheit in einem Objekt/Bergbaubetrieb; wird geleitet von Reviersteiger oder Revierleiter
Schacht	bergmännische Bezeichnung für senkrechte Röhre (Grubenbau), von der aus eine Lagerstätte von der Tagesoberfläche erschlossen wird. Je nach Verwendungszweck unterscheidet man in Wetter-, Förder-, Seilfahrt- oder Materialschacht
Schießen	Sprengen
Schürfen	Suchen nach Erzgängen
Seilfahrt	Transport von Personen in Schächten in einem Fördergestell zwischen Anschlagpunkten
Steiger	Aufsichtsperson im Bergbau, die je nach Einsatzgebiet spez. Aufgaben zu erfüllen hat, z. B. Schichtsteiger, Sprengsteiger, Wettersteiger usw.
Strecke	Tunnelartiger Gang im Gestein, der zur Lagerstätte führt und sie erschließt
Überhauen	Grubenbau von meist rechteckigem Querschnitt, der in steil einfallenden Lagerstätten von unten nach oben aufgefahren wird
Talon	Wertmarke oder Kupon, der gegen ein spezielles Konsum- oder Nahrungsgut eingelöst wird
taubes Gestein	Gestein ohne nutzbare Mineralien
Territorium	Bezeichnung für die SBZ/DDR-Verwaltungsstrukturen außerhalb der Wismut AG (z. B. Kreise und Bezirke)
Teufe, teufen	Die Erschließung von Lagerstätten durch Herstellung senkrechter Hohlräume von oben nach unten; abgeleitet aus der bergmännischen Bezeichnung »Teufe« für »Tiefe«.
Urlaubsscheck	S. Ferienscheck

Vortrieb	Das Vortreiben ins Gestein oder im Bau befindliche Grube/Strecke
Wetter	Alle untertage vorkommenden Luft- und Gasgemische

QUELLENVERZEICHNIS

Archivalische Quellen

Bundesarchiv Berlin-Lichterfelde
Stiftung Parteien und Massenorganisationen in der DDR
Politbüro
J IV 2/2 – 968, J IV 2/2/1710
Ministerium für Gesundheitswesen
DY 30
J IV 2/19/4, IV 2/19/102
IG Bergbau
DY 37
1345, 1346-1349, 3293, 1368, 1371
Büro Honecker
DY 30/2439
Büro Mittag
DY 30/2824
Bundesvorstand des Freien Deutschen Gewerkschaftsbundes (BuVo FDGB)
DY 34/
24041, 26075, 24726, 24029, 5161, 5160, 5159, 25242, 4774, 633, 634, 1594, 2410, 2967, 1304, 1305
Zentralvorstand der IG Wismut (ZV IGW)
DY 52/
6, 1791, 2279, 2280, 1776, 1416, 1415, 1417, 17, 1490, 14, 23, 1426, 1466, 22,1402, 1560, 1309, 1303, 1307, 1288, 1792, 1902, 1235, 24, 1116, 2340, 1258, 1395, 26-28, 36, 69-71, 72-73, 74-75, 76-77, 78-79, 80-81, 82-84, 85-87, 1237, 1238, 1239, 1240, 1242, 1445, 1534, 1464, 2364, 2362, 2346, 1257, 101 a+b, 102 a+b, 1263, 1266, 103-183, 214-373, 732-743, 959-966, 2294-2295, 1117-1128, 2296-97, 1129-1139, 2298-99, 1140, 1290-1301, 2300-01, 1583-1594, 2302-03, 1655-1664/3, 2304-05, 1811-1822, 2306-07, 1888-1901, 2308-2326, 1070, 1071, 1072, 1076, 1077, 1224, 1225, 1226, 1440, 1721, 1722, 1723, 1724, 1844, 1845, 1846, 1847, 1849, 1848, 1854, 1861, 1868, 1866, 1867, 414, 559, 1364, 1365, 1366, 1367, 1368, 1369, 1370, 1371, 1372, 1429, 1432, 1876, 1877, 1972, 1977, 2330, 2331, 1981, 1980, 1978, 1979, 1855, 1856, 1976, 237, 1742, 1373, 1968, 2345

Sächsisches Staatsarchiv Chemnitz
Bestand Gebietsleitung Wismut der SED, 32301 W IV
1/1, 1/2, 2/3/306, 2/1/22-61, 2/3/339, 2/3/374, 2/3/379-81, 2/3/396, 2/3/399, 2/3/414, 2/3/419, 2/6/126, 2/6/129, 2/6/132, 2/6/138, 2/6/143, 2/8/11, 2/902/5, 2/902/13, 2/902/14, 2/902/37, 2/902/38, 2/15/1, 2/16/12, 2/16/23, 2/17/1, 2/17/3, 1/19-20, 2/2/90, 2/3/1-73, 2/3/263, 2/3/364, 2/3/397, 2/3/398, 2/6/142, 2/6/152-153, 2/6/160, 2/6/162, 2/6/165, 2/6/166-168, 2/901/40, 2/17/4, 2/17/8-14, 2/19/3, 2/19/9, 2/3/350-52, 2/3/356, 2/3/357, 2/3/359, A 2/5/093-096, A 2/5/098-099, A 2/6/050-055, A 2/6/061-065, A 2/6/067, A 2/17/002-006, A 2/17/012, A 2/17/013, A 2/17/014, A 2/19/016, A 2/19/003, A 2/19/010, A 2/19/020, A 2/19/021, B 2/3/133/1, B 2/3/133, B 2/4/181/1- 181/4, B 2/5/257 – 259, B 2/5/319-325,B 2/5/328-335, B 2/16/954, B 2/17/960, B 2/17/962 – 965, B 2/17/966, B 2/17/967-969, B 2/17/970, B 2/19/979, B 2/19/981, C 2/5/311-317, C 2/5/318-327, C

2/9.02/695, C 2/17/797, C 2/17/798, C 2/17/800, C 2/17/802-803, C 2/17/804, C 2/17/805, C 2/17/806, D 2/4/187-201, D 2/5/267-272, D 2/16/551-552, D 2/16/553, D 2/16/555, D 2/16/556, E 2/5/263-266, F 2/5/129, 2/V/21, 2/V/86, 2/V/28, 4/02/112-130, 4/03/29-41,4/06/121-140, 4/07/18-21, 4/08/87-102, 4/09/27-31 4/10/122-141, 7/91/13, 7/236/5, 4/06/186-186 b
32301 W V
1/1/1, 1/1/2, 1/10, 1/10/1-44, 1/5/19, 1/6/20, 2/19/4, 6, 7, 6/22/1-3, 7/058, 7/074-77, 79, 11/4/005, 11/4/009

Hauptstaatsarchiv Dresden
Landesregierung Sachsen (LRS)
11377, Ministerium d. Innern
1829, 255, 254, 247, 193, 187, 064
11834, Ministerium für Wirtschaft
136, 1532/1, 130/1, 129, 268, 1460, 1524, 1391, 1465, 185, 118, 1530
11391, Ministerium für Arbeit und Sozialfürsorge
0015, 0017/1, 0192, 0307, 0303, 0390, 0381, 0392, 0385, 0446, 0557/2, 0578, 0573, 0576, 0577, 2187, 2174/1

Unternehmensarchiv der Wismut GmbH
Loseblattsammlungen mit Kopien
10-Abt 1/A/2, 1-7, 10-Abt Hb Radon
Vorstand der SDAG Wismut 1954-1990
G-St-Bln 1/3, 1/11, 1/12, 1/15, 1/20, 1/23, 2/4, 2/5, 3/1, 4/4, 5/2, 6/1, 6/3, 6/4, 6/4, 7/1, 7/2, 9/3, 9/5, 11/5, 12/1, 12/3, 13/2, 14/3, 14/4, 14/4, Büro GD 39/2, 39/3, 40/2, 44/1
Abteilung für Arbeitsökonomie
10-Abt 10, 13, 16, 19, 21, 22, 24, 33, 34, 10-Abt-Bibliothek 40, 41, 43-45, 47, 50-56, 59, 60
Kader-Abteilung
20-Abt 8, 9, 10, 11, 16, 19, 20, 21, 22, 23, 24

Bundesbeauftragte für die Unterlagen des Staatssicherheitsdienstes der Deutschen Demokratischen Republik (BStU)
BStU, MfS, BdL/Dok 3473, 3474, 7588, 8917
BStU, MfS, ZAIG 15126
BStU, MfS, AS 913/67, 4/54, 348/67
BStU, MfS, HA XVIII Nr. 2550, 4730
BStU, MfS, HA XX/4 Nr. 3747
BStU, MfS, BV Karl-Marx-Stadt, AKG 3000, 2192, 2198, 2199, 2190, 2237, 2239, 2191, 2195, 2202, 2203, 2205, 2235, 699, 3416, 4945
BStU, MfS, BV Karl-Marx-Stadt, AS 14/53 W, 7/56 W
BStU, MfS, BV Karl-Marx-Stadt, Chemn St 47
BStU, MfS, BV Karl-Marx-Stadt, Abt. XX Nr. 2289
BStU, MfS, BV Karl-Marx-Stadt, AOP 137/77
BStU, MfS, BV Gera, AS 16/52, 21/74
BStU, MfS, BV Gera, ZMA 1536(n)
BStU, MfS, BV Gera, KD Gera Nr. 4839, 4798
BStU, MfS, BV Gera, Abt XVIII Nr. 3483
BStU, MfS, BV Gera, AKG Pl 200/89, 172/89, 236/89
BStU, MfS, ZAIG 1016, 11, 14821, 15139, 15823, 531, 18504, 15145, 15824, 20254
BStU, MfS, BV Dresden, KD Pirna Nr. 70023
BStU, MfS, BV Karl-Marx-Stadt, Abt. XIV Nr. 479/87

BStU, MfS, SdM 56
BStU, MfS, HA XVIII Nr. 13684, 13698, 7758
BStU, MfS, HA IX Nr. 11374
BStU, MfS, AU 305/51
BStU, MfS, BV Dresden 243/60/44/80
BStU, MfS, BV Leipzig, KD Schmölln, Nr. 36
BStU, MfS, Sekr. Mittig, Nr. 153

Thüringer Staatsarchiv Rudolstadt
BL der SED Gera
IV/2/6/822, 823, 824
IV/4/10/91

Stadtarchiv Rudolstadt
S/CBf

Museum des Uranbergbaus Schlema
Brigadetagebücher

Privatarchiv Gotthard Bretschneider
Brief des FDGB-Landesvorstandes Sachsen an die russischen Gewerkschaften, 15. April 1947 [Thermokopie]

Gedruckte Quellen

Abkommen zwischen der Regierung der Bundesrepublik Deutschland und der Regierung der Union der sozialistischen Sowjetrepubliken über die Beendigung der Tätigkeit der Sowjetisch-Deutschen Aktiengesellschaft Wismut; unterzeichnet in Chemnitz am 16. Mai 1991 vom Bundeswirtschaftsminister Jürgen W. Möllemann und dem sowjetischen Atomminister Konowalow, Bundesgesetzblatt II, Nr. 13 vom 17. Dezember 1991, S. 1138-1140, Bonn.

Anordnung über die Weiterbildung auf dem Gebiet der Atomsicherheit und des Strahlenschutzes vom 27. Januar 1975, in: Atomsicherheit und Strahlenschutz. Vorschriften, Normative, Grenzwerte, hrsg. v. Präsidenten des Staatlichen Amtes für Atomsicherheit und Strahlenschutz beim Ministerrat der Deutschen Demokratischen Republik, Berlin 1977.

Arbeitsgesetzbuch und andere ausgewählte Rechtsvorschriften, hrsg. v. Staatssekretariat für Arbeit und Löhne, Berlin 1980.

Arbeitsgesetzbuch der Deutschen Demokratischen Republik vom 16. Juni 1977, in: GBl. der DDR Nr. 18 vom 22. Juni 1977, S. 185-227.

Aus der Geschichte der Aktivistenbewegung der DDR. Arbeiterporträts (Luise Ermisch, Franz Franik, Erich Seifert, Walter Tille, Erich Wirth), in: Beiträge zur Geschichte der Arbeiterbewegung 21 (1979) 5, S. 752-766.

Dokumente der Sozialistischen Einheitspartei Deutschlands, Berlin 1951.

Dritte Durchführungsbestimmung zur Verordnung über die Wahrung der Rechte der Werktätigen und über die Regelung der Entlohnung der Arbeiter und Angestellten vom 22. Mai 1957, in: GBl. der DDR Nr. 70 vom 29. Mai 1957, S. 773-775.

Gesetzblatt der DDR, hrsg. von der Regierungskanzlei der DDR.

Gesetzbuch der Arbeit der Deutschen Demokratischen Republik vom 12. April 1961, in: GBl. der DDR Nr. 5 vom 17. April 1961, S. 27-49.

Gesetz zu dem Abkommen vom 9. Oktober 1990 zwischen der Regierung der Bundesrepublik Deutschland und der Regierung der Union der Sozialistischen Sowjetrepubliken über einige überleitende Maßnahmen, in: Bundesgesetzblatt, 1990 Teil II, Nr. 48, S. 1654-1659.

Gesetz der Arbeit zur Förderung und Pflege der Arbeitskräfte, zur Steigerung der Arbeitsproduktivität und zur weiteren Verbesserung der materiellen und kulturellen Lage der Arbeiter und Angestellten vom 19.4.1950, in: GBl. der DDR 1950, S. 349 ff.

Gesetz über die Anwendung der Atomenergie in der Deutschen Demokratischen Republik – Atomenergiegesetz, GBl. der DDR, Teil I, Nr. 3 vom 23. März 1962, S. 47-50.

Grotewohl, Otto: Im Kampf um die einige Deutsche Demokratische Republik. Reden und Aufsätze. Auswahl aus den Jahren 1945-1953, Berlin 1954.

Helden der Arbeit. Aus dem Leben und Wirken der Helden unserer Zeit berichten K. Grünberg, E.R. Greulich, P. Körner-Schrader, B. Brennecke, H. Kroll, M. Hein, W. Dworsky, W. Radetz, H. Otto, Berlin 1951.

Reisebüro der DDR (Hg.): 20 Jahre Reisebüro der DDR (Impuls – Betriebliche Mitteilungen), o. O. 1977.

Statistisches Jahrbuch ´90 der Deutschen Demokratischen Republik, hrg. v. Statistischen Amt der DDR, Berlin: 1990.

Sozialpolitische Richtlinien der Sozialistischen Einheitspartei Deutschlands nach dem Beschluss des Zentralsekretariats vom 30. Dezember 1946, Berlin 1947.

Die Verfassung der Deutschen Demokratischen Republik, in: GBl. der DDR 1949, Berlin 1949, S. 5-16.

Verordnung zum Schutze der Arbeitskraft – Arbeitsschutzverordnung – vom 25.10.1951, in: GBl 1951, S. 957 ff.

Verordnung über den Betriebsprämienfonds sowie über den Kultur- und Sozialfonds in den volkseigenen und ihnen gleichgestellten Betrieben vom 11. Mai 1957, in: GBl. der DDR Nr. 36 vom 15. Mai 1957, S. 289-292.

Verordnung über die Wahrung der Rechte der Werktätigen und über die Regelung der Entlohnung der Arbeiter und Angestellten vom 20. Mai 1952, in: GBl. der DDR Nr. 64 vom 27. Mai 1952, S. 377-383.

Verordnung über die weitere Verbesserung der Arbeits- und Lebensbedingungen der Arbeiter und der Rechte der Gewerkschaften vom 10.12.1953, GBl 1953, S. 1219-1226.

Die Volkskammer der Deutschen Demokratischen Republik, 5. Wahlperiode, hrsg. v. Präsidium der Volkskammer der Deutschen Demokratischen Republik mit Unterstützung der Presseabteilung der Kanzlei des Staatsrates, Berlin 1967.

Staatliche Zentralverwaltung für Statistik: Statistisches Jahrbuch der Deutschen Demokratischen Republik 1982, Berlin 1982.

Zentralvorstand der IG Bergbau-Energie im FDGB (Hg.): Bergarbeiter im Klassenkampf 1890-1970. Beiträge zur Geschichte der deutschen Bergarbeitergewerkschaftsbewegung, Berlin (Ost) 1970.

Zur Geschichte der Gebietsparteiorganisation Wismut der SED. Teil 1: Die Gründung und Entwicklung der SED-Parteiorganisation in der AG Wismut – Ihr Beitrag zur Stärkung und Festigung der Kräfte des Friedens und des Sozialismus (1947 – 1949), hrg. v. der Gebietsleitung Wismut der SED, Kommission zur Erforschung der Geschichte der örtlichen Arbeiterbewegung, 1988. (Autorenkollektiv: Winfried Wendt, Harro Kromer, Wolfgang Schaarschmidt, Erich Vogel).

Zweite Bitterfelder Konferenz 1964. Protokoll, Berlin 1964.

LITERATURVERZEICHNIS

10. Bergmännische Tage in Bad Schlema, 30. Juni bis 2. Juli 2006. Tagungsband, hrsg. v. Verein zur Förderung, Bewahrung und Erforschung der Traditionen des sächsisch-thüringischen Uranbergbaus e. V., Wismut GmbH 2006.

Abelshauser, Werner: Deutsche Wirtschaftsgeschichte seit 1945, Bonn 2005.

Ders.: Der Ruhrkohlenbergbau seit 1945. Wiederaufbau, Krise, Anpassung, München 1984.

Adomeit, Hannes: Die Wellen der Détente. Entspannungspolitik in den siebziger und achtziger Jahren, in: Hertle et al.: Mauerbau und Mauerfall, S. 215-221.

Agricola, Georg: De re metallica. Zwölf Bücher vom Berg- und Hüttenwesen, Nachdr. d. Ausgabe, Wiesbaden 1928.

Ahrberg, Edda et al. (Hg.): Die Toten des Volksaufstandes vom 17. Juni 1953, Münster 2004.

Ahbe, Thomas: Ostalgie. Zum Umgang mit der DDR-Vergangenheit in den 1990er Jahren, Erfurt 2005.

Ders.: »50 Jahre DDR« – Identität und Renitenz. Konjunkturen und Krisen der Identifikation mit der DDR, in: Gibas: Wiedergeburten, S. 266-284.

Alheit, Peter und Hanna Haack: Die vergessene »Autonomie« der Arbeiter. Eine Studie zum frühen Scheitern der DDR am Beispiel der Neptunwerft, Berlin 2004.

Alter, Reinhardt und Peter Monteath (Hg.): Rewriting the German Past: History and Identity in the New Germany, Atlantic Highlands N.J. 1997.

Amos, Heike: Die Entstehung der Verfassung in der Sowjetischen Besatzungszone/DDR 1946-49. Darstellung und Dokumentation, Münster 2006.

Ansorg, Leonore: Zur Situation von Textilarbeiterinnen in einem DDR-Großbetrieb oder vom schwierigen Umgang mit der »Macht der Arbeiter« in der DDR, in: Hürtgen/Reichel, S. 111-125.

Auswirkungen aus dem Uranbergbau und Umgang mit den Altlasten der Wismut in Ostdeutschland, Drucksache 12/3309 des Deutschen Bundestages vom 24.9.1992, Antwort der Bundesregierung auf die Große Anfrage der Abgeordneten Dr. Klaus-Dieter Feige, Werner Schulz (Berlin) und der Gruppe Bündnis 90/Die Grünen, 1992.

Baar, Lothar und Uwe Müller: Strukturveränderungen und Wachstumsschwankungen. Investitionen und Budget in der DDR 1949 bis 1989, in: Jahrbuch für Wirtschaftsgeschichte 2/1995, Berlin 1995, S. 47-75.

Baar, Lothar et al.: Kriegsfolgen und Kriegslasten. Zerstörungen, Demontagen und Reparationen, Berlin 1993.

Barck, Simone und Dietrich Mühlberg: Arbeiter-Bilder und Klasseninszenierung in der DDR. Zur Geschichte einer ambivalenten Beziehung, in: Hübner et al.: Arbeiter im Staatssozialismus, S. 163-189.

Barteld, Hans-Jürgen: Die Wismut-Bahn um Ronneburg, 1998.

Barth, Holger (Hg.): Grammatik sozialistischer Architekturen. Lesarten historischer Städtebauforschung zur DDR, Berlin 2001.

Bauer, Babett: Kontrolle und Repression. Individuelle Erfahrungen in der DDR (1971-1989). Historische Studie und methodologischer Beitrag zur Oral History, Göttingen 2006.

Bauerkämper, Arnd/Sabrow, Martin/Stöver, Bernd (Hg.): Doppelte Zeitgeschichte. Deutsch-Deutsche Beziehungen 1945-1990, Berlin 1998.

Baumgartner, Gabriele und Dieter Helbig (Hg.): Biographisches Handbuch der SBZ/DDR 1945-1990, 2 Bd., München 1996/97.

Becker, Franziska/Merkel, Ina/Tippach-Schneider, Simone (Hg.): Das Kollektiv bin ich. Utopie und Alltag in der DDR, Köln/Weimar/Wien 2000.

Behnk, Angelika und Ruth Westerwelle: Die Frauen von Orwo. 13 Lebensbilder, Leipzig 1995.
Behrends, Jan C.: Die erfundene Freundschaft. Propaganda für die Sowjetunion in Polen und der DDR (1944-57), Köln 2006.
Beleites, Michael: Ausnahmezustand, Umweltkatastrophe und das Sanierungsproblem im deutschen Uranbergbau, Frankfurt/Main 1992.
Ders.: Untergrund. Ein Konflikt mit der Stasi in der Uranprovinz, Berlin 1992.
Berghoff, Hartmut (Hg.): Konsumpolitik. Die Regulierung des privaten Verbrauchs im 20. Jahrhundert, Göttingen 1999.
Berliner Geschichtswerkstatt (Hg.): Alltagskultur, Subjektivität und Geschichte. Zur Theorie und Praxis von Alltagsgeschichte, Münster 1994.
Bessel, Richard und Ralph Jessen (Hrg.): Die Grenzen der Diktatur. Staat und Gesellschaft in der DDR, Göttingen 1996.
Beyer, Klaus: Eigentlich wollte ich nur ein Jahr bleiben... Erinnerungen, Episoden, Gedanken aus vierzig Jahren Berufsleben im westerzgebirgischen Uranerzbergbau der SAG/SDAG Wismut, Marienberg 2006.
Beyer, Klaus/Kaden, Mario/Raasch, Erwin/Schuppan, Werner.: Wismut – »Erz für den Frieden«? Einige Aspekte zur bergbaulichen Tätigkeit der SAG/SDAG »Wismut« im Erzgebirge, Marienberg 1995.
Bierwisch, Manfred (Hg.): Die Rolle der Arbeit in verschiedenen Epochen und Kulturen, Berlin 2003.
Bilke, Jörg Bernhard: Der Wismut-Roman blieb ungedruckt. Zu Werner Bräunigs 70. Geburtstag, in: DA 2/2004, 37. Jg., S. 264-268.
Bispinck, Hendrik/Danyiel, Jürgen/Hertle, Hans Hermann/Wentker, Hermann (Hg.): Aufstände im Ostblock. Zur Krisengeschichte des realen Sozialismus, Berlin 2004.
Biszyukov, Petr/ Donova, Inna/ Burnyshev, Konstantin/ Vinokurova, Olga: Bergarbeiterproteste im Kuzbass. Das Jahr des Schienenkrieges in Fallstudien, Köln 1999.
Boldorf, Marcel: Sozialfürsorge in der SBZ/DDR 1945-1953. Ursachen, Ausmaß und Bewältigung der Nachkriegsarmut, Stuttgart 1998, S. 19.
Boll, Friedhelm und Annette Kaminsky (Hg.): Gedenkstättenarbeit und Oral History. Lebensgeschichtliche Beiträge zur Verfolgung in zwei deutschen Diktaturen, Berlin 1999.
Bollinger, Stefan und Fritz Vilmar (Hg.): Die DDR war anders. Eine kritische Würdigung ihrer sozialkulturellen Einrichtungen, Berlin 2002.
Bouvier, Beatrix: Die DDR – Ein Sozialstaat? Sozialpolitik in der Ära Honecker, Bonn 2002.
Boyer, Christoph: Das Wirtschafts- und Sozialrecht im Steuerungs- und Stabilisierungskonzept der SED. Die Einheit von Wirtschafts- und Sozialpolitik in den achtziger Jahren, in: DA 4/2003, 36. Jg., S. 626-639.
Boyer, Christoph und Peter Skyba (Hg.): Repression und Wohlstandsversprechen. Zur Stabilisierung der Parteiherrschaft in der DDR und in der ČSSR, Dresden 1999.
Bräunig, Werner: Rummelplatz, Berlin 2007.
Bretschneider, Gotthard: Kein Schutz vor Willkür? Zur Arbeit der Gewerkschaft in der SAG Wismut 1946-1953 (= Schriftenreihe der Traditionsstätte für den sächsisch-thüringischen Uranbergbau im Kulturhaus »Aktivist« Schlema), o. O. 1997.
Broszat, Martin und Hermann Weber (Hg.): SBZ-Handbuch. Staatliche Verwaltungen, Parteien, gesellschaftliche Organisationen und ihre Führungskräfte in der Sowjetischen Besatzungszone Deutschlands 1945-1949, München 1990.
Bruce, Gary: Resistance with the People. Repression and Resistance in Eastern Germany. 1945-1955, Lanham 2003.
Brunner, Detlev: Sozialdemokraten im FDGB. Von der Gewerkschaft zur Massenorganisation. 1945 bis in die frühen 1950er Jahre, Essen 2000.

Ders. (Hg.): Der Wandel des FDGB zur kommunistischen Massenorganisation. Das Protokoll der Bitterfelder Konferenz des FDGB am 25./26. November 1948, Essen 1996.
Brüggemeier, Franz-Josef: Leben vor Ort. Ruhrbergleute und Ruhrbergbau 1889-1919, München 1984.
Brüske-Hohlfeld, Irene/Möhner, Matthias/Wichmann, Heinz-Erich: Lungenkrebs bei Uranbergarbeitern, hrsg. v. d. Bundesanstalt für Arbeitsschutz und Arbeitsmedizin, Dortmund/Berlin/Dresden 2006.
Brüske-Hohlfeld, Irene: Lungenkrebsrisiko bei Beschäftigten im Uranbergbau, Landsberg 2004.
Brüske-Hohlfeld, Irene/Möhner, Matthias/Wichmann, Heinz-Erich: Abschlussbericht zum Forschungsvorhaben »Stichprobenerhebung und Auswertung von Personaldaten der Wismut« für den Hauptverband der Gewerblichen Berufsgenossenschaften e. V., hrsg. vom Forschungszentrum für Umwelt und Gesundheit GmbH, Oberschleißheim 1995.
Buch, Günther: Namen und Daten wichtiger Personen der DDR, Berlin/Bonn 1987.
Buck, Hannsjörg F.: Wohnungspolitik (SBZ), in: Geschichte der Sozialpolitik, Bd. 2/1, S. 891-915.
Budde, Gunilla-Friederike: Heldinnen der Arbeit. Öffentliche Fremd- und Selbstdarstellungen von Arbeiterinnen in der DDR der 50er und 60er Jahre, in: Hübner/Tenfelde: Arbeiter in der SBZ/DDR, S. 849-866.
Dies. (Hg.): Frauen arbeiten. Weibliche Erwerbstätigkeit in Ost- und Westdeutschland nach 1945, Göttingen 1997.
Bues, Hermann: Kumpel, Kerle, Kameraden. Bergleute erzählen, Dortmund 1956.
Bühl, Harald: Kultur im sozialistischen Betrieb. Zur Planung, Leitung und Gestaltung des geistig-kulturellen Lebens im Betrieb, Berlin 1974.
Burrichter, Clemens/Nakath, Detlef/Stephan, Gerd-Rüdiger (Hg.): Deutsche Zeitgeschichte von 1945 – 2000. Gesellschaft – Staat – Politik. Ein Handbuch, Berlin 2005.
Bust-Bartels, Axel: Herrschaft und Widerstand in den DDR-Betrieben, Frankfurt/M. 1980.

Caplan, Jane (Hg.): Nazism, Fascism and the Working Class, Cambridge 1995.
Caufield, Catherine: Das strahlende Zeitalter, München: 1994.
Clemens, Petra/Hübner, Peter/Knoth, Nikola: Strukturen und Erfahrungen. Zur Sozialgeschichte der Niederlausitzer Industriearbeiterschaft, in: Kocka/Sabrow: Die DDR als Geschichte, S. 86-91.
Clemens, Petra: Frauen helfen sich selbst. Die Betriebsfrauenausschüsse der fünfziger Jahre in kulturhistorischer Sicht, in: Jahrbuch für Volkskunde und Kulturgeschichte 30 (1987), S. 107-42.
Conze, Susanne: Sowjetische Industriearbeiterinnen in den vierziger Jahren. Die Auswirkungen des Zweiten Weltkrieges auf die Erwerbstätigkeit von Frauen in der UdSSR, Stuttgart 2001.
Crowly, Stephen und David Ost (Hg.): Workers after Workers' State. Labour and Politics in Postcommunist Eastern Europe, Lanham u. a. 2001.

Dale, Gareth: Popular Protest in East Germany. 1945-1989, London 2005.
Danyiel, Jürgen: Politische Rituale als Sowjetimporte, in: Jarausch/Siegrist: Amerikanisierung und Sowjetisierung, S. 67-86.
Deppe, Rainer: Doppelte Transformation und Gewerkschaften in Ungarn, Polen und Ostdeutschland, WSI-Mitteilungen, Bd. 55 (2002), S. 11.
Ders. (Hg.): Demokratischer Umbruch in Osteuropa, Frankfurt/M. 1991.
Dietrich, Torsten und Ilko-Sascha Kowalczuk (Hg.): Staatsgründung auf Raten. Auswirkungen des Volksaufstands 1953 und des Mauerbaus 1961 auf Staat, Militär und Gesellschaft der DDR, Berlin 2005.

Diedrich, Torsten: Waffen gegen das Volk. Der 17. Juni 1953 in der DDR, München 2003.
Diedrich, Torsten und Hans-Hermann Hertle (Hg.): Alarmstufe »Hornisse«. Die geheimen Chef-Berichte der Volkspolizei über den 17. Juni 1953, Berlin 2003.
Diedrich, Torsten und Hans Ehlert: »Moderne Diktatur« – »Erziehungsdiktatur« – »Fürsorgediktatur« oder was sonst? Das Herrschaftssystem der DDR und der Versuch seiner Definition, in: Potsdamer Bulletin für Zeithistorische Studien 12 (1998), S. 17-25.
Dittrich, Gottfried: Die Anfänge der Aktivistenbewegung, Berlin 1987.
Spaar, Horst (Hg.): Dokumentation zur Geschichte des Gesundheitswesens der DDR, 6 Teile, Berlin 1998.
Dokumentation zur Geschichte des Gesundheitswesens, Teil III: Das Gesundheitswesen der DDR zwischen neuem Kurs und der Schließung der Staatsgrenze (1953-1961), Berlin 1999.
Dokumentation zur Geschichte des Gesundheitswesens, Teil IV: Das Gesundheitswesen der DDR in der Periode des Übergangs zum unfassenden Aufbau des Sozialismus und der Entwicklung seines ökonomischen Systems. 1961-1971, Berlin 2000.
Doering-Manteuffel, Anselm: Deutsche Zeitgeschichte nach 1945. Entwicklungen und Problemlagen der historischen Forschung zur Nachkriegszeit, in Vierteljahreshefte für Zeitgeschichte 41 (1993) 1.
Dowe, Dieter (Hg.): Demokratischer Sozialismus in Europa seit dem 2. Weltkrieg, Bonn 2001.
Duke, David C.: Writers and Miners. Activism and Imagery in America, University Press of Kentucky 2002.

Eckelmann, Wolfgang/Hertle, Hans-Hermann/Weinert, Rainer: FDGB intern. Innenansichten einer Massenorganisation der SED, Berlin 1990.
Egel, Karl-Georg und Paul Wiens: Das Lied der Matrosen. Eine Erzählung für den Film, Berlin 1958.
Eigenwillig, Gerd G./Ettenhuber, Eckhard (Hg.): Strahlenexposition und strahleninduzierte Berufskrankheiten im Uranbergbau am Beispiel Wismut, Köln 2000.
EKO Stahl GmbH (Hg.): Einblicke. 50 Jahre EKO Stahl, Eisenhüttenstadt 2000.
Engelmann, Roger und Ilko-Sascha Kowalczuk (Hg.): Volkserhebung gegen den SED-Staat. Eine Bestandsaufnahme zum 17. Juni 1953, Göttingen 2005.
Engeln, Ralf: Betriebliche Arbeitsbeziehungen bei der AG Wismut und in der volkseigenen Industrie im Vergleich. 1946-1953, in: Hübner, Peter und Klaus Tenfelde (Hg.): Arbeiter in der SBZ/DDR, Essen 1999, S. 393-411.
Ders.: Uransklaven oder Sonnensucher? Die sowjetische Wismut AG in der SBZ/DDR 1946-1953, Essen 2001.
Ders.: Zur Gründung und Rolle des FDGB im sächsisch-thüringischen Uranbergbau 1946-1954, in: Tenfelde: Ein neues Band, S. 111-127.
Eppelmann, Rainer/Faulenbach, Bernd/Mählert, Ulrich (Hg.): Bilanz und Perspektiven der DDR-Forschung, Paderborn 2003.
Eppelmann, Rainer/Möller, Horst/Nooke, Günter/Wilms, Dorothee (Hg.): Lexikon des DDR-Sozialismus. Das Staats- und Gesellschaftswesen der DDR, 2 Bd., Paderborn et al. 1997.
Erbe, Günter: Arbeiterklasse und Intelligenz in der DDR. Soziale Annäherung von Produktionsarbeiterschaft und wiss.-techn. Intelligenz im Industriebetrieb? Opladen 1992.
Eriksson-Kuchenbuch, Ylva: Die Entwicklung des Arbeitsschutzes in der DDR. Forschungsbericht. Hrsg. v. d. Bundesanstalt für Arbeitsschutz und Arbeitsmedizin, Dortmund 1999.
Erlebt – Durchdacht – Geschrieben. Neue Arbeiten der Mitglieder des Literaturzirkels im Kulturhaus »Ernst Thälmann« der IG Wismut Aue, Aue 1962.

Ettenhuber, Eckhard und Klaus Gehrcke: Radiologische Erfassung, Untersuchung und Bewertung bergbaulicher Altlasten. Abschlussbericht, Bremerhaven 2001.

Fässler, Peter E.: Durch den »Eisernen Vorhang«. Die deutsch-deutschen Wirtschaftbeziehungen 1949-69, Köln/Weimar/Wien 2006.
Feldman, Gerald und Klaus Tenfelde (Hg.): Arbeiter, Unternehmer und Staat im Bergbau. Industrielle Beziehungen im internationalen Vergleich, München 1989.
Fichtner, Lutz: Die Industrie als Kunstmäzen und Auftraggeber in der DDR. Die Sowjetisch-Deutsche Aktiengesellschaft Wismut, Frankfurt/M. 2005.
Fischer, Alexander (Hg.): Studien zur Geschichte der SBZ/DDR, Berlin 1993.
Fischer, Siegfried/Nassauer, Ottfried (Hrsg.): Satansfaust. Das nukleare Erbe der Sowjetunion, Berlin/Weimar 1992.
Flierl, Bruno: Gebaute DDR. Über Stadtplaner, Architekten und die Macht. Kritische Reflexionen 1990-1997, Berlin 1998.
Flemming, Thomas: Der 17. Juni 1953, Berlin-Brandenburg 2003.
Foitzik, Jan: Sowjetische Militäradministration in Deutschland (SMAD). 1945-49. Struktur und Funktion, Berlin 1999.
Ders.: Inventar der Befehle des Obersten Chefs der Sowjetischen Militäradministration in Deutschland (SMAD) 1945-49. Texte und Materialien zur Zeitgeschichte, München 1995.
Fortgang der Wismut-Sanierung, Drucksache 13/4522 des Deutschen Bundestages vom 6.5.1996, Antwort der Bundesregierung auf die Kleine Anfrage der Abgeordneten Werner Schulz (Berlin), Antje Hermenau, Steffi Lemke, Vera Lengsfeld und der Fraktion Bündnis 90/Die Grünen, 1996.
Förster, Heike: Entwicklung von Handlungsstrategien bei Führungskräften in der DDR-Wirtschaft – eine empirische Untersuchung von Lebens- und Karriereverläufen ehemaliger Betriebs- und Kombinatsdirektoren, Frankfurt/M. 1995.
Frerich, Johannes und Martin Frey: Handbuch der Sozialpolitik in Deutschland, Bd. 2: Sozialpolitik in der Deutschen Demokratischen Republik, München/Wien 1993.
Freundschaftstaten, hrsg. vom Zentralvorstand der Industriegewerkschaft Wismut, 1965.
Fulbrook, Mary: The People's State: East German Society from Hitler to Honecker, New Haven 2005.
Dies.: Representing the German Nation. History and Identity in 20th Century Germany, Manchester 2000.
Dies.: Interpretations of the Two Germanies. 1945-1990, Basingstoke 2000.
Dies.: Herrschaft, Gehorsam und Verweigerung – Die DDR als Diktatur, in: Kocka: Die DDR als Geschichte, S. 77-85.
Dies.: Reckoning with the Past: Heroes, Victims and Villains in the History of the German Democratic Republic, in: Alter/Monteath: Rewriting, S. 175-196.
Dies.: Anatomy of a Dictatorship. Inside the GDR 1949-1989, Oxford 1995.
Fuller, Linda: Where Was the Working Class? Revolution in Eastern Germany, Illinois 1999.

Gaus, Günter: Wo Deutschland liegt, München 1986.
Gehrke, Bernd und Renate Hürtgen (Hg.): Der betriebliche Aufbruch im Herbst 1989. Die unbekannte Seite der DDR-Revolution. Diskussion – Analysen – Dokumente, Berlin 2001.
Gerhard, Ute: Die staatlich institutionalisierte »Lösung« der Frauenfrage. Zur Geschichte der Geschlechterverhältnisse in der DDR, in: Kaelble et al.: Sozialgeschichte, S. 383-403.
Geschichte der Sozialpolitik in Deutschland seit 1945, hrsg. v. Bundesministerium für Gesundheit und Soziale Sicherung und Bundesarchiv. Bd. 8: Deutsche Demokratische Republik 1949-1961. Im Zeichen des Aufbaus des Sozialismus. Bandherausgeber im Auftrag des Instituts für Zeitgeschichte München-Berlin: Dierk Hoffmann und Michael Schwartz, Baden Baden 2004.

Gibas, Monika/Gries, Rainer/Jakoby, Barbara/Müller, Doris (HG.): Wiedergeburten. Zur Geschichte der runden Jahrestage der DDR, Leipzig 1999.
Gildart, Keith: North Wales Miners. A Fragile Unity, 1945-1996, Cardiff 2001.
Gill, Ulrich: Der Freie Deutsche Gewerkschaftsbund. Theorie – Geschichte – Organisation – Funktionen – Kritik, Opladen 1989.
Glaessner, Gert-Joachim: Selbstinszenierung von Partei und Staat, in: Vorsteher: Parteiauftrag, S. 20-39.
Gniffke, Erich: Jahre mit Ulbricht, Köln 1966.
Goes, Georg: Arbeitermilieus in der Provinz. Geschichte der Glas- und Porzellanarbeiter im 20. Jahrhundert, Essen 2001.
Gold, Helmut: Erkenntnisse unter Tage. Bergbaumotive in der Literatur der Romantik, Opladen 1990.
Goll, Thomas und Thomas Leuerer (Hg.): Ostalgie als Erinnerungskultur? Symposium zu Lied und Politik in der DDR, Baden Baden 2004.
Gries, Rainer (Hg.): Kultur der Propaganda, Bochum 2005.
Ders.: Dramaturgie der Utopie. Kulturgeschichte der Rituale der Arbeiter- und- Bauern-Macht, in: Hübner/Kleßmann/Tenfelde: Arbeiter im Staatssozialismus, S. 191-214.
Ders.: Die Rationen-Gesellschaft. Versorgungskampf und Vergleichsmentalität. Leipzig, München und Köln nach dem Kriege, Münster 1991.
Grimm, Jakob und Wilhelm: Deutsches Wörterbuch, Teil 3: E-Forsche, Leipzig 1862, Nachdruck der Erstausgabe, München 1999.
Groschopp, Horst: Der singende Arbeiter im Klub der Werktätigen. Zur Geschichte der DDR-Kulturhäuser, in: Mitteilungen zur kulturwissenschaftlichen Forschung, Bd. 33, 1993, S. 86-129.
Groves, Leslie R.: Now It Can Be Told. The Story of the Manhattan Project, New York 1962.
Grüttner, Michael: Arbeitswelt an der Wasserkante. Sozialgeschichte der Hamburger Hafenarbeiter 1886-1914, Göttingen 1984.

Hain, Simone und Stephan Stroux: Die Salons der Sozialisten. Kulturhäuser in der DDR, Berlin 1996.
Hain, Simone: Die Salons der Sozialisten. Geschichte und Gestalt der Kulturhäuser in der DDR, in: Dies/Stroux: Die Salons, S. 89-149.
Hampele, Anne: »Arbeite mit – Plane mit – regiere mit« – Zur politischen Partizipation von Frauen in der DDR, in: Helwig/Nickel: Frauen, S. 281-320.
Hartung, Ulrich: Arbeiter- und Bauerntempel. DDR-Kulturhäuser der fünfziger Jahre. Ein architekturhistorisches Kompendium, Berlin 1997.
Hauptverband der gewerblichen Berufsgenossenschaften (Hg.): Ist das Berufskrankheitenrecht noch zeitgemäß? Sankt Augustin 2002.
Ders. (Hg.): Berichtsband über das Fachgespräch Expulmonale Krebserkrankungen Wismut am 12. Februar 1998 in Hennef, BK-Report 4/99, Sankt Augustin 2000.
Hegedüs, András und Manfred Wilke (Hg.): Satelliten nach Stalins Tod. Der »neue Kurs«, 17. Juni 1953 in der DDR, Ungarische Revolution 1956, Berlin 2000.
Heidenreich, Martin (Hg.): Krisen, Kader, Kombinate. Kontinuität und Wandel in ostdeutschen Betrieben, Berlin 1992.
Heinemann, Winfried (Hg.): Das internationale Krisenjahr 1956. Polen, Ungarn, Suez, München 1999.
Heinemann-Grüder, Andreas: Die Anfänge des sowjetischen Atomprojekts 1942-45 und die Uran-Lücke, in: Karlsch/Schröter: Strahlende Vergangenheit, S. 15-47.
Ders.: Die sowjetische Atombombe, Münster 1992.
Heldmann, Philipp: Konsumpolitik in der DDR. Jugendmode in den sechziger Jahren, in: Berghoff: Konsumpolitik, S. 135-153.

Helf, Klaus: Von der Interessenvertretung zur Transmission. Die Wandlung des Freien Deutschen Gewerkschaftsbundes (FGDB) 1945-1950, in: Weber: Parteiensystem, S. 339-386.

Helwig, Gisela/Hildegard-Maria Nickel (Hg.): Frauen in Deutschland. 1945-1992, Berlin 1993.

Henneberg, Horst-Otmar: Zur Entwicklung und Organisation der Arbeitsbrigaden in der volkseigenen Industrie, Berlin 1955.

Herbst, Andreas/Stephan, Gerd-Rüdiger/Winkler, Jürgen (Hg.): Die SED. Geschichte, Organisation, Politik. Ein Handbuch, Berlin 1997.

Hermann, Armin: Jena und die Jenoptik. Vom Kombinat zum Global Player, Düsseldorf/ München 1998.

Hertle, Hans-Hermann/Jarausch, Konrad/Kleßmann, Christoph (Hg.): Mauerbau und Mauerfall. Ursachen – Verlauf – Auswirkungen, Berlin 2002.

Dies.: Die fatale Stabilisierung. Einleitung, in: Dies.: Mauerbau und Mauerfall, S. 9-12.

Hertle, Hans-Hermann und Gerd-Rüdiger Stephan (Hg.): Das Ende der SED. Die letzten Tage des Zentralkomitees, Berlin 1997.

Herz, Andrea (Hg.): Der 17. Juni 1953 in Thüringen (= Quellen zur Geschichte Thüringens), Sömmerda 2003.

Herzberg, Wolfgang: So war es. Lebensgeschichten zwischen 1900 und 1980. Nach Tonbandprotokollen, Halle 1985.

Herzberg, Wolfgang: Ich bin doch wer. Arbeiter und Arbeiterinnen des VEB Berliner Glühlampenwerk erzählen ihr Leben. 1900-1980, Darmstadt 1987.

Hilger, Andreas und Nikita Petrow: »Im Namen der Union der Sozialistischen Sowjetrepubliken«. Sowjetische Militärjustiz in der SBZ/DDR von 1945 bis 1955, in: Roginskij et al.: Erschossen in Moskau, S. 19-36.

Hirsch, Max: Frauen und Jugendliche Arbeiter im deutschen Bergbau, in: Sozialistische Monatshefte 10-12 (1906) 11, S. 953-960.

Hockerts, Hans Günter (Hg.): Drei Wege deutscher Sozialstaatlichkeit. NS-Diktatur, Bundesrepublik und DDR im Vergleich, Berlin 1998.

Ders.: Soziale Errungenschaften? Zum sozialpolitischen Legitimitätsanspruch der zweiten deutschen Diktatur, in Kocka et al.: Von der Arbeiterbewegung, S. 790-804.

Ders.: Grundlinien und soziale Folgen der Sozialpolitik in der DDR, in Kaelble et al.: Sozialgeschichte, S. 519-544.

Hoffmann, Dierk und Michael Schwartz (Hg.): Sozialstaatlichkeit in der DDR. Sozialpolitische Entwicklungen im Spannungsfeld von Diktatur und Gesellschaft 1945/49-1989, München 2005.

Hoffmann, Dierk: Leistungsprinzip und Versorgungsprinzip: Widersprüche der DDR-Arbeitsgesellschaft, in: Ders.: Sozialstaatlichkeit, S. 89-113.

Ders. und Hermann Wentker (Hg.): Das letzte Jahr der SBZ. Politische Weichenstellungen im Prozess der Gründung der DDR, München 2000.

Hoffmann, Dierk: Sozialpolitische Neuordnung in der SBZ/DDR. Der Umbau der Sozialversicherung 1945-1956, München 1996.

Hoffmann, Dierk/Schwartz, Michael/Wentker, Hermann (Hg.): Vor dem Mauerbau. Politik und Gesellschaft in der DDR der fünfziger Jahre, München 2003.

Hoffmann, Dierk/Schmidt, Heinz/Skyba, Peter (Hg.): Die DDR vor dem Mauerbau. Dokumente zur Geschichte des anderen deutschen Staates. 1949-1961, München 1993.

Holloway, David: Stalin and the Bomb. The Soviet Union and Atomic Energy. 1939-1956, New Haven 1994.

Horn, Günter: Der Bergbau und die Sozialversicherung der Bergleute im Osten Deutschlands, Bochum 1996.

Hübner, Peter/Kleßmann, Christoph/Tenfelde, Klaus (Hg.): Arbeiter im Staatssozialismus. Ideologischer Anspruch und soziale Wirklichkeit, Köln/Weimar/Wien 2005.

Hübner, Peter: Politische Einflussnahme und Freiräume im Alltag der Bevölkerung nach dem Mauerbau sowie im Vergleich mit der Zeit nach dem Volksaufstand, in: Dietrich/Kowalczuk: Staatsgründung auf Raten, S. 201-224.
Ders.: Betriebe als Träger der Sozialpolitik, betriebliche Sozialpolitik, in: Geschichte der Sozialpolitik, S. 727-773.
Ders.: Zur Rolle der »Massenorganisationen« im Alltag des DDR-Bürgers, in: Enquete-kommission, Bd. II, 3, S. 1723-1769.
Hübner, Peter: Der Betrieb als Ort der Sozialpolitik in der DDR, in: Boyer/Skyba, S. 63-74.
Hübner, Peter (Hg.): Eliten im Sozialismus. Beiträge zur Sozialgeschichte der DDR, Köln/Weimar/Wien 1999.
Hübner, Peter und Klaus Tenfelde (Hg.): Arbeiter in der SBZ/DDR, Essen 1999.
Hübner, Peter: Arbeiterklasse als Inszenierung, in: Bessel/Jessen: Die Grenzen, S. 199-223.
Hübner, Peter: Konsens, Konflikt und Kompromiss. Soziale Arbeiterinteressen und Sozialpolitik in der SBZ/DDR 1945-1970, Köln/Weimar/Wien 1995.
Hübner, Peter (Hg.): Niederlausitzer Industriearbeiter 1935 bis 1970. Studien zur Sozialgeschichte, Berlin 1995.
Hübner, Peter: Um Kopf und Kragen. Zur Geschichte der innerbetrieblichen Hierarchien im Konstituierungsprozess der DDR-Gesellschaft, in: Mitteilungen aus der kulturwissenschaftlichen Forschung, Heft 33 (1993), S. 210-232.
Hübner, Peter: Umworben und bedrängt. Industriearbeiter in der SBZ, in: Fischer: Studien, S. 195-209.
Ders.: Sozialgeschichte der Industriearbeiterschaft in der SBZ/DDR. Bemerkungen zu Forschungstendenzen in Deutschland seit 1989, in: Jahrbuch für historische Kommunismusforschung, Berlin 1993, S. 284-289.
Ders.: Soziale Interessen im Arbeiteralltag der Übergangsperiode. Fallstudien zur Geschichte der Arbeiterklasse in der DDR, Diss. B., Akademie der Wissenschaften der DDR, Berlin 1988.
Hue, Otto: Die Bergarbeiter. Historische Darstellung der Bergarbeiterverhältnisse von der ältesten bis in die neueste Zeit, Stuttgart 1910.
Huinink, Johannes und Karl-Ulrich Meyer (Hrg.): Kollektiv und Eigensinn. Lebensverläufe in der DDR und danach, Berlin 1995.
Hürtgen, Renate: Konfliktverhalten der DDR-Arbeiterschaft und Staatsrepression im Wandel, in: Hübner/Kleßmann/Tenfelde: Arbeiter im Staatssozialismus, S. 384-403.
Hürtgen, Renate: Der DDR-Betrieb als konflikt- und herrschaftsfreie Zone? Zum Konfliktverhalten von Arbeitern in den siebziger und achtziger Jahren, in: Rupieper: Mitteldeutsche Chemieindustrie, S. 259-268.
Dies.: Zwischen Disziplinierung und Partizipation. Vertrauensleute des FDGB im DDR-Betrieb, Köln/Weimar/Wien 2005.
Dies. und Thomas Reichel (Hg.): Der Schein der Stabilität. DDR-Betriebsalltag in der Ära Honecker, Berlin 2001.
Hürtgen, Renate: Entwicklung in der Stagnation? Oder: Was ist so spannend am Betriebsalltag der 70er und 80er Jahre in der DDR?, in: Hürtgen/Reichel: Der Schein der Stabilität, S. 11-34.

Industriezweige in der DDR 1945-1985, Berlin 1989.

Jacobsen, Wolfgang und Rolf Aurich: Der Sonnensucher Konrad Wolf. Biographie, Berlin 2005.
Jakobs, Karl-Heinz: Adolf Hennecke, in: Selbmann: Die erste Stunde, S. 189-201.
Jarausch, Konrad H. und Martin Sabrow (Hg.): Verletztes Gedächtnis. Erinnerungskultur und Zeitgeschichte im Konflikt, 2002.

Dies. (Hg.): Die historische Meistererzählung. Deutungslinien der deutschen Nationalgeschichte nach 1945, Göttingen 2002.
Jarausch, Konrad H.: Zeitgeschichte und Erinnerung. Deutungskonkurrenz oder Interdependenz?, in: Ders. und Martin Sabrow: Verletztes Gedächtnis, S. 9-38.
Jarausch, Konrad H. (Hg.): Dictatorship As Experience. Towards a Socio-Cultural History of the GDR, New York/Oxford 1999.
Ders.: Realer Sozialismus als Fürsorgediktatur. Zur begrifflichen Einordnung der DDR, in: Aus Politik und Zeitgeschichte B 20 (1998), S. 33-46.
Ders. und Hannes Siegrist (Hg.): Amerikanisierung und Sowjetisierung in Deutschland. 1945-1970, Frankfurt/M. 1997.
Jarausch, Konrad H.: Die unverhoffte Einheit. 1989-1990, Frankfurt/M. 1995.
Jäger, Manfred: Kultur und Politik in der DDR (1945-1990), Köln 1994.
Jäger, Wolfgang: Bergarbeitermilieus und Parteien im Ruhrgebiet. Zum Wahlverhalten des katholischen Bergarbeitermilieus bis 1933, München 1996.
Jelich, Franz-Josef (Hg.): Geschichte als Last und Chance, Essen 2003.
Jessen, Ralph: Die Gesellschaft im Staatssozialismus. Probleme einer Sozialgeschichte der DDR, in: Geschichte und Gesellschaft 21 (1995), S. 96-110.
Joas, Hans und Martin Kohli (Hg.): Der Zusammenbruch der DDR, Frankfurt/M. 1993.
Judt, Matthias: »Nur für den Dienstgebrauch« – Arbeiten mit Texten einer deutschen Diktatur, in: Lüdtke: Akten, S. 29-38.
Junghans, Petra: Mitwirkung und Mitbestimmung der Betriebsgewerkschaftsleitungen in den Betrieben der DDR, Berlin 2004.

Kaden, Mario: Wismut. Die »wilde« Zeit, Annaberg 1994.
Kaelble, Hartmut/Kocka, Jürgen/Zwahr, Hartmut (Hg.): Sozialgeschichte der DDR, Stuttgart 1994.
Kaelble, Hartmut: Die Gesellschaft der DDR im internationalen Vergleich, in: Kaelble et al.: Sozialgeschichte der DDR, S. 559-580.
Kaminsky, Annette: Illustrierte Konsumgeschichte der DDR, Erfurt 1999.
Karlsch, Rainer: Uran für Moskau. Eine populäre Geschichte, Berlin 2007.
Karlsch, Rainer: Krisen als Chance? Die DDR-Wirtschaft nach Volksaufstand und Mauerbau, in: Dietrich/Kowalczuk: Staatsgründung auf Raten, S. 189-200.
Karlsch, Rainer und Zbynek Zeman: Urangeheimnisse. Das Erzgebirge im Brennpunkt der Weltpolitik. 1933-1960, Berlin 2002.
Karlsch, Rainer: Die Arbeitsverhältnisse in den Betrieben der sowjetischen Aktiengesellschaften, in: Hübner/Tenfelde: Arbeiter, S. 269-300.
Ders. und Wladimir Sacharow: Ein Gulag im Erzgebirge? Besatzer und Besiegte beim Aufbau der Wismut AG, in: DA 32 (1999), 1.
Karlsch, Rainer und Harm Schröter (Hg.): »Strahlende Vergangenheit« – Studien zur Geschichte des Uranbergbaus der Wismut, St. Katharinen 1996.
Karlsch, Rainer: Ungleiche Partner: Vertragliche und finanzielle Probleme der Uranlieferungen der DDR, in: Karlsch/Schröter: Strahlende Vergangenheit, S. 263-300.
Karlsch, Rainer: Der Aufbau der Uranindustrie in der SBZ/DDR und ČSR als Folge der sowjetischen »Uranlücke«, in Zeitschrift für Geschichtswissenschaft, 44 (1996) 1, S. 5-24.
Karlsch, Rainer und Johannes Bähr: Die Sowjetischen Aktiengesellschaften (SAG) in der SBZ/DDR. Bildung, Struktur und Probleme ihrer inneren Entwicklung, in: Lauschke/Welskopp: Mikropolitik im Unternehmen, S. 214-255.
Karlsch, Rainer: Allein bezahlt? Reparationsleistungen in der SBZ/DDR 1945-1953, Berlin 1993.
Karlsch, Rainer: »Ein Staat im Staate«. Der Uranbergbau der Wismut AG in Sachsen und Thüringen, in: Aus Politik und Zeitgeschichte, B 49-50 (1993).

Kaschuba, Wolfgang/Korff, Gottfried/Warneken, Bernd Jürgen (Hg.): Arbeiterkultur seit 1945. Ende oder Veränderung?, Tübingen 1991.
Kirchberg, Peter: Plaste , Blech und Planwirtschaft Die Geschichte des Automobilbaus in der DDR, Berlin 2001.
Kirchheimer, Franz: Das Uran und seine Geschichte, Stuttgart 1963.
Kleßmann, Christoph: Arbeiter im »Arbeiterstaat« DDR. Deutsche Traditionen, sowjetisches Modell, westdeutsches Magnetfeld. 1945-1971, Bonn 2007.
Ders.: Konfliktbereitschaft in der Arbeiterschaft, in: Engelmann/Kowalczuk: Volkserhebung, S. 251-262.
Ders.: Das Jahr 1968 in westlicher und östlicher Perspektive, in: Potsdamer Bulletin für Zeithistorische Studien Nr. 28/29 (2003), S. 7-16.
Ders.: Die stilisierte Klasse. Arbeiter und Arbeiterbewegung in der Entstehungsphase der DDR (1945-1948), in: Archiv für Sozialgeschichte 39 (1999), S. 19-71.
Ders. und Bernd Stöver (Hg.): 1956. Krisenjahr des Kalten Krieges in Europa, Köln/Weimar/Wien 1999.
Kleßmann, Christoph: Zwei Staaten, eine Nation. Deutsche Geschichte 1955-1970, Bonn 1997.
Ders.: Die »verstaatlichte Arbeiterbewegung«. Überlegungen zur Sozialgeschichte der Arbeiterschaft in der DDR, in: Rudolph/Wickert: Geschichte als Möglichkeit, S. 108-119.
Ders.: Die doppelte Staatsgründung. Deutsche Geschichte 1945-1955, Bonn 1991.
Klimó, Árpád und Alexander M. Kunst: Krisenmanagement und Krisenerfahrung. Die ungarische Parteiführung und die Systemkrisen 1953, 1956 und 1968, in: Bispinck et al.: Aufstände im Ostblock, S. 287-307.
Kocka, Jürgen: Mehr Last als Lust. Arbeit und Arbeitsgesellschaft in der europäischen Geschichte, Köln 2006.
Kocka, Jürgen: Eine durchherrschte Gesellschaft, in Kaelble et al.: Sozialgeschichte, S. 547-553.
Kocka, Jürgen und Martin Sabrow (Hg.): Die DDR als Geschichte. Fragen – Hypothesen – Perspektiven, Berlin 1994.
Kocka, Jürgen/Puhle, Hans-Jürgen/Tenfelde, Klaus (Hg.): Von der Arbeiterbewegung zum modernen Sozialstaat. Festschrift für Gerhard A. Ritter zum 65. Geburtstag, München 1994.
Kohle, Koks und Kumpel. Bochumer Bergbaugeschichte, Bochum 1988.
Kohli, Martin: Die DDR als Arbeitsgesellschaft? Arbeit, Lebenslauf und soziale Differenzierungen, in: Kaelble et al: Sozialgeschichte, S. 31-61.
Kohte, Wolfhard: Konfliktkommissionen zwischen paternalistischer Interessenwahrnehmung und ordnender Erziehung, in: Hürtgen/Reichel, S. 249-262.
Koop, Volker: Der 17. Juni 1953. Legende und Wirklichkeit, Berlin 2003.
Koppisch, Dorothea und Heinz Otten: Der Beitrag der Berufsgenossenschaften zur »Wismut«-Forschung, in: Die BG, Schwerpunktthema: Ein Jahrhundert BG-Forschung, 5 (2005), S. 291-292.
Kornai, János: Das sozialistische System. Die politische Ökonomie des Kommunismus, Baden-Baden 1995.
Kott, Sandrine: Le communisme au quotidien. Les entreprises d'État dans la societé est-allemande, Paris 2001.
Dies.: Zur Geschichte des kulturellen Lebens in DDR-Betrieben. Konzepte und Praxis der betrieblichen Kulturarbeit, in: Archiv für Sozialgeschichte, Bd. 39 (1999), S. 167-195.
Kowalczuk, Ilko-Sascha: Die gescheiterte Revolution – 17. Juni 1953. Forschungsstand, Forschungskontroversen und Forschungsperspektiven, in: Archiv für Sozialgeschichte 44 (2004), S. 606-664.
Ders.: 17. Juni 1953: Volksaufstand in der DDR. Ursachen – Abläufe – Folgen, Berlin 2003.

Ders./Mitter, Armin/Wolle, Stefan (Hg.): Der Tag X – 17. Juni 1953. Die »Innere Staatsgründung« der DDR als Ergebnis der Krise 1952/54, Berlin 1995.
Knortz, Heike: Innovationsmanagement in der DDR 1973/79-89. Der sozialistische Manager zwischen ökonomischer Herausforderung und Systemblockaden, Berlin 2004.
Kreibich, Herbert: Gesundheitsschutz in den Betrieben, in: Dokumentation zur Geschichte des Gesundheitswesens, Teil IV, S. 181-186.
Krömke, Klaus und Gerd Friedrich: Kombinate. Rückgrat sozialistischer Planwirtschaft, Berlin 1987.
Kühn, Hartmut: Das Jahrzehnt der Solidarność. Die politische Geschichte Polens 1980-1990, Berlin 1999.
Kuhn, Annette (Hg.): Frauen in der deutschen Nachkriegszeit, Düsseldorf 1986.
Kuhn, Gerd und Andreas Ludwig (Hg.): Alltag und soziales Gedächtnis. Die DDR Objektkultur und ihre Musealisierung, Hamburg 1997.
Kuhrt, Eberhard/Buck, Hannsjörg/Holzweißig, Gunter (Hg.): Am Ende des realen Sozialismus: Beiträge zu einer Bestandsaufnahme der DDR-Wirklichkeit in den 80er Jahren, Opladen 1996.
Bd. 1.Die SED-Herrschaft und ihr Zusammenbruch.
Bd. 2: Die wirtschaftliche und ökologische Situation der DDR in den 80er Jahren.

Laak, Dirk van: Weiße Elefanten. Anspruch und Scheitern technischer Großprojekte im 20. Jahrhundert, Stuttgart 1999.
LaFeber, Walter: America, Russia and the Cold War. 1945-1975, New York 1976.
Lange, Hans Gert: Kumpel Sepp Wenig, Berlin 1954.
Latorre Pallares, Patricia: Der Kumpel – »Held der Arbeit« und »geborener Rebell«. Kultureller Machtkampf um die Arbeit im asturischen Kohlerevier, Frankfurt/M. et al. 2001.
Lauschke, Karl: Die Gewerkschaftselite der Nachkriegszeit, Essen 2006.
Ders. und Thomas Welskopp (Hg.): Mikropolitik im Unternehmen. Arbeitsbeziehungen und Machtstrukturen in industriellen Großbetrieben des 20. Jahrhunderts, Essen 1994.
Lengfelder, Edmund/Pflugbeil, Sebastian/Köhnlein, W. (Hg.): Gesundheitliche Risiken und Folgen des Uranbergbaus in Thüringen und Sachsen, München 1993.
Lindenberger, Thomas und Martin Sabrow: Zwischen Verinselung und Europäisierung. Die Zukunft der DDR-Geschichte, in: DA 1 (2004) 37, S. 123-127.
Lindenberger, Thomas: Volkspolizei. Herrschaftspraxis und öffentliche Ordnung im SED-Staat 1952 – 1968, Köln: Böhlau 2003.
Ders. (Hg.): Herrschaft und Eigen-Sinn in der Diktatur, Köln/Weimar/Wien 1999.
Ders.: Die Diktatur der Grenzen. Zur Einleitung, in: Ders.: Herrschaft und Eigen-Sinn, S. 13-44.
Löden, Sönke: Montanlandschaft Erzgebirge. Kultur – Symbolik – Identität, Leipzig 2003.
Ders.: Identitätspolitik und regionale Kultur. Die erzgebirgische Volkskunst in der Kulturarbeit der DDR, in: Ders.: Montanlandschaft Erzgebirge, S. 201-227.
Ludwig, Andreas: Eisenhüttenstadt – Wandel einer industriellen Gründungsstadt in 50 Jahren, Potsdam 2000.
Ders.: Fortschritt, Norm und Eigensinn. Erkundungen im Alltag der DDR, Berlin 1999.
Lüdtke, Alf: Disziplin, Stolz und Eigensinn. Arbeitserfahrungen in Zeiten der Industriegesellschaft, in: Noltenius: Gibt es ein Leben ohne Arbeit?, S. 20-26.
Ders. (Hg.): Akten, Eingaben, Schaufenster. Die DDR und ihre Texte, Berlin 1997.
Ders.: »...den Menschen vergessen«? – oder: Das Maß der Sicherheit. Arbeiterverhalten der 1950er Jahre im Blick von MfS, SED, FDGB und staatlichen Leitungen, in: Ders.: Akten, Eingaben, Schaufenster, S. 189-222.

Ders.: »Helden der Arbeit« – Mühen beim Arbeiten. Zur missmutigen Loyalität von Industriearbeitern in der DDR, in: Kaelble et al.: Sozialgeschichte, S. 188-213.
Ders.: Geschichte und Eigensinn, in: Berliner Geschichtswerkstatt, S. 139-153.
Ders.: Eigen-Sinn. Fabrikalltag, Arbeitererfahrungen und Politik vom Kaiserreich bis in den Faschismus, Hamburg 1993.
Ders.: Herrschaft als soziale Praxis. Historische und sozial-anthropologische Studien, Göttingen 1991.
Ders.: Einleitung. Herrschaft als soziale Praxis, in: Ders. (Hg.): Herrschaft als soziale Praxis, S. 9-63.
Ders.: Alltagsgeschichte, Frankfurt/M. 1989.

Madarász, Jeanette: Working in East Germany. Normality in a Dictatorship. 1961-1979, Basingstoke 2006.
Dies.: Conflict and Compromise in East Germany. 1971-1989. A Precarious Stability, Basingstoke et al. 2003.
Dies.: Die Realität der Wirtschaftsreform in der DDR. Betriebsalltag in den sechziger Jahren, in: DA 6/2003, 36. Jg., S. 966-980.
Mager, Diethard: Wismut. Die letzten Jahre des ostdeutschen Uranbergbaus, in: Kuhrt: Am Ende, Bd. 2, S. 267-295.
Mählert, Ulrich et al.: »Das wird man nie wieder los«: Die Aktion Rose an der Ostsee 1953, hrsg. v. Landesfunkhaus Mecklenburg-Vorpommern und der Stiftung zur Aufarbeitung der SED-Diktatur, Berlin 2003. (Hör-CD)
Maier, Charles S.: Das Verschwinden der DDR und der Untergang des Kommunismus, Frankfurt/M. 2000.
Maier, Friederike: Zwischen Arbeitsmarkt und Familie – Frauenarbeit in den alten Bundesländern, in: Helwig/Nickel: Frauen, S. 257-279.
Maier, Robert.: Die Stachanov-Bewegung 1935 – 1938. Der Stachanovismus als tragendes und verschärfendes Moment der Stalinisierung der sowjetischen Gesellschaft, Stuttgart 1990.
Malycha, Andreas: Auf dem Weg zur SED. Die Sozialdemokratie und die Bildung einer Einheitspartei in den Ländern der SBZ, Bonn 1995.
Manz, Günter/Sachse, Ekkehard/Winkler, Gunnar (Hg.): Sozialpolitik in der DDR. Ziele und Wirklichkeit, Berlin 2001.
Meinhold, Volkmar: Zur Entwicklung der Zweiggruppe der Arbeiterklasse im Industriezweig Wismut in den Jahren 1949/50 bis 1954, Leipzig 1979.
Merkel, Ina: Utopie und Bedürfnis. Die Geschichte der Konsumkultur in der DDR, Köln/Weimar/Wien 1999.
Dies. (Hg.): »Wir sind doch nicht die Mecker-Ecke der Nation!« Briefe an das Fernsehen der DDR, Köln/Weimar/Wien 1998.
Dies.: Arbeiter und Konsum im real existierenden Sozialismus, in: Hübner/Tenfelde: Arbeiter in der SBZ/DDR, S. 527-552.
Dies.: Konsumkultur in der DDR. Über das Scheitern der Gegenmoderne auf dem Schlachtfeld des Konsum, in: Mitteilungen aus der kulturwissenschaftlichen Forschung, 1996 (37).
Dies.: Leitbilder und Lebensweisen von Frauen, in: Kaelbe et al.: Sozialgeschichte, S. 359-382.
Metamorphosen. Wismut, Uran und die Wismut GmbH (Ausstellungskatalog), Bochum 1999.
Meuschel, Sigrid: Überlegungen zu einer Herrschafts- und Gesellschaftsgeschichte der DDR, in: Geschichte und Gesellschaft 19 (1993) 1.
Dies: Legitimation und Parteiherrschaft, Frankfurt/M. 1992.

Meyers Großes Universal Lexikon, Mannheim/Wien/Zürich 1984.
Mitter, Armin: Einführung, in: Kowalczuk et al.: Tag X, S. 9-27.
Mitter, Armin und Stefan Wolle (Hg.): Ich liebe Euch doch alle. Befehle und Lageberichte des MfS Januar-November 1989, Berlin 1990.
Möhner, Matthias et al.: Analyse der Krankenstandes der Wismut-Beschäftigten im Zeitraum 1985-1989, Dortmund/Berlin 2001.
Mooser, Josef: Arbeiterleben in Deutschland. 1900-1970. Klassenlagen, Kultur und Politik, Frankfurt/M. 1984.
Moser, Johannes: Das Symbolische Kapital der Bergmannsarbeit. Veränderungsprozesse in der steirischen Bergbaugemeinde Eisenerz im 20. Jahrhundert, in: Löden: Montanlandschaft Erzgebirge, S. 113-139.
Moses, Stefan: Abschied und Anfang. Ostdeutsche Porträts 1989-1990, Ostfildern 1992.
Muhle, Susanne/Richter, Hedwig/Schütterle, Juliane (Hg.): Die DDR im Blick. Ein zeithistorisches Lesebuch, Berlin 2008.
Mühlberg, Dietrich: Vom langsamen Wandel der Erinnerung an die DDR, in: Jarausch/Sabrow: Das verletzte Gedächtnis, S. 217-251.
Mühlfriedel, Wolfgang und Edith Hellmuth: Carl Zeiss in Jena. 1945-1990, Bd. 3, Köln/Weimar/Wien 2004.
Müller-Enbergs, Helmut/Wielgohs, Jan/Hoffmann, Dieter/Herbst, Andreas/Reimann, Olaf W. (Hg.): Wer war wer in der DDR? Ein Lexikon ostdeutscher Biographien, 2 Bd., Berlin 2006.

Naimark, Norman M.: Die Russen in Deutschland. Die sowjetische Besatzungszone 1945 bis 1949, Berlin 1999.
Neuburg, Claudia: Alltag und Lebensverhältnisse von Arbeitern im Mechernicher Bleierzbergbau, Münster 1995.
Neumann, Vera: Nicht der Rede Wert. Die Privatisierung der Kriegsfolgen in der frühen Bundesrepublik. Lebensgeschichtliche Erinnerungen, Münster 1999.
Niethammer, Lutz: Der 17. Juni 1953 in vergleichender Perspektive: War der Aufstand eine Revolution?, in: Veen: Die abgeschnittene Revolution, S. 189-237.
Ders.: Schule der Anpassung. Die Entnazifizierung in den vier Besatzungszonen, in: Ders.: Deutschland danach, S. 53-58.
Ders.: Deutschland danach. Postfaschistische Gesellschaft und nationales Gedächtnis, hrsg. v. Ulrich Herbert und Dirk van Laak, Bonn 1999.
Niethammer, Lutz: Die SED und »ihre« Menschen. Versuch über das Verhältnis zwischen Partei und Bevölkerung als bestimmenden Moment innerer Staatssicherheit, in: Suckut/Süß: Staatspartei und Staatssicherheit, S. 307-340.
Ders.: Erfahrungen und Strukturen. Prolegomena zu einer Geschichte der Gesellschaft der DDR, in Kaelble et al.: Sozialgeschichte, S. 95-115.
Ders./Plato, Alexander von/Wierling, Dorothee: Die volkseigene Erfahrung. Eine Archäologie des Lebens in der Industrieprovinz der DDR, Berlin 1991.
Niethammer, Lutz und Alexander v. Plato (Hg.): »Wir kriegen jetzt andere Zeiten«. Auf der Suche nach der Erfahrung des Volkes in nachfaschistischen Ländern (= Lebensgeschichte und Sozialkultur im Ruhrgebiet, Bd. 3), Bonn 1985.
Niethammer, Lutz (Hg.): »Die Jahre weiß man nicht, wo man die heute hinsetzen soll«. Faschismuserfahrungen im Ruhrgebiet (=Lebensgeschichte und Sozialkultur im Ruhrgebiet, Bd. 1), Berlin/Bonn 1983.
Ders. (Hg.): Lebenserfahrung und kollektives Gedächtnis. Die Praxis der Oral History, Frankfurt/M. 1980.
Noltenius, Rainer (Hg.): Gibt es ein Leben ohne Arbeit? Arbeitslosigkeit in Kunst und Medien – Mangel und Hoffnung, Essen 2000.

Nutzungsmöglichkeiten des GDA Wismut für die Präventionsforschung (= Schriftenreihe der Bundesanstalt für Arbeitsschutz und Arbeitsmedizin), Tagungsbericht, Dortmund/Berlin/Dresden 2005.

Oldenburg, Fred: Das entgleiste Bündnis. Zum Verhältnis DDR-Sowjetunion im Zeichen von Perestroika und »neuem Denken«, in: Kuhrt: Am Ende, Bd. 1, S. 199-235.

Paul, Elfriede (Hg.): Der Betriebsarzt, Berlin 1954.
Dies.: Silikose und Silikatose. Zusammenstellung von Arbeiten aus der sowjetischen Zeitschriftenliteratur, Berlin 1954.
Paul, Reimar: Das Wismut Erbe. Geschichte und Folgen des Uranbergbaus in Sachsen und Thüringen, Göttingen 1991.
Gerd Peters: Vom Urlauberschiff zum Luxusliner. Die Seetouristik des VEB Deutschen Seereederei Rostock, Hamburg 2005.
Plato, Alexander von: Arbeiter-Selbstbilder in der DDR, in: Hübner/Tenfelde: Arbeiter in der SBZ/DDR, S. 867-881.
Pierenkemper, Toni (Hg.): Die Industrialisierung europäischer Montanregionen im 19. Jahrhundert, Stuttgart 2002.
Pollack, Detlef: Die konstitutive Widersprüchlichkeit der DDR. Oder: War die DDR-Gesellschaft homogen?, in: Geschichte und Gesellschaft 24 (1998), Heft 1, S. 110-131.
Port, Andrew I.: Conflict and Stabilty in the GDR: A Study in Accomodation and Working Class Fragmentation 1945-1971, Cambridge/Mass. 2007.
Ders.: The »Grumble Gesellschaft«. Industrial Defiance and Worker Protest in Early East Germany, in: Hübner/Tenfelde: Arbeiter in der SBZ/DDR, S. 787-810.
Ders.: When Workers Rumbled. The Wismut Upheaval of August 1951 in East Germany, in: Social History 2 (1997), S. 145-173.
Prokop, Siegfried: 1956 – DDR am Scheideweg. Opposition und neue Konzepte der Intelligenz, Berlin 2006.
Puls, Detlev: Rochaden zwischen Unterwerfung und Widerstand. Oberschlesische Bergarbeiter 1871-1914, Dortmund 1994.

Radkau, Joachim: Technik in Deutschland. Vom 18. Jahrhundert bis zur Gegenwart, Frankfurt/M. 1989.
Ranft, Norbert: Vom Objekt zum Subjekt. Montanmitbestimmung, Sozialklima und Strukturwandel im Bergbau seit 1945, Bochum 1988.
Reichel, Thomas: »Jugoslawische Verhältnisse«? – Die »Brigaden der sozialistischen Arbeit« und die »Syndikalismus«-Affäre. 1959-1962, in: Lindenberger: Herrschaft, S. 45-73.
Ders.: Konfliktprävention. Die Episode der »Arbeiterkomitees« 1956/58, in: Hübner/Tenfelde: Arbeiter in der SBZ/DDR, S. 439-452.
Reso, Martin (Hg.): Kumpel und Minister. Erinnerungen an Fritz Selbmann, Halle/Leipzig 1979.
Richards, Andrew J.: Miners on Strike. Class Solidarity and Division in Britain, Oxford/New York 1996.
Richter, Götz: Soziale Bindungen zwischen System und Lebenswelt. Solidarische Integration im VEB der DDR, Konstanz 1999.
Richter, Jenny/Förster, Heike/Lakemann, Ulrich (Hg.): Stalinstadt – Eisenhüttenstadt. Von der Utopie zur Gegenwart. Wandel industrieller, regionaler und sozialer Strukturen in Eisenhüttenstadt, Marburg 1997.
Riedl, Ekkehard: Die Wismut in Ronneburg, Erfurt 2003.
Ringholz, Raye C.: Uranium Frenzy. Saga of the Nuclear West, Utah 2002.

Ritter, Gerhard A.: Der Sozialstaat. Entstehung und Entwicklung im internationalen Vergleich, München 1991.
Roeling, Rob: Arbeiter im Uranbergbau: Zwang, Verlockungen und soziale Umstände (1945-1952), in: Karlsch/Schröter: Strahlende Vergangenheit, S. 99-133.
Röhr, Siegfried: Mit der »Rädlbar« unterwegs im Wismutrevier, Erfurt 2005.
Roesler, Jörg und Dagmar Semmelmann: Vom Kombinat zur Aktiengesellschaft. Ostdeutsche Energiewirtschaft im Umbruch in den 1980er und 1990er Jahren, Bonn 2005.
Roesler, Jörg: Ostdeutsche Wirtschaft im Umbruch. 1970-2000, Bonn 2003.
Ders.: Die Rolle des Brigadiers bei der Konfliktregulierung zwischen Arbeitsbrigaden und der Werkleitung, in: Hübner/Tenfelde: Arbeiter in der SBZ/DDR, S. 413-437.
Ders.: Planwirtschaft und Produktionspropaganda, in: Vorsteher: Parteiauftrag, S. 345-368.
Ders.: Der Brigadier, der Meister und der Plan. Zur informellen Interessenvertretung der Arbeiter in der Industrie der DDR 1950-1958, in: Lauschke/Welskopp: Mikropolitik.
Roschlau, Horst: ABC Erzbergbau, Leipzig 1984.
Roginskij, Arsenij/Rudolph, Jörg/Drauschke, Frank/Kaminsky, Annette (Hg.): Erschossen in Moskau. Die deutschen Opfer des Stalinismus auf dem Moskauer Friedhof Donskoje 1953, Berlin 2005.
Roth, Heidi: Der 17. Juni 1953 in Sachsen, Köln/Weimar/Wien 1999.
Dies. und Torsten Diedrich: »Wir sind Kumpel – uns kann keiner.« Der 17. Juni 1953 in der SAG Wismut, in: Karlsch/Schröter: Strahlende Vergangenheit, S. 228-259.
Roth, Heidi: Die SAG-Betriebe und der 17. Juni 1953, in: DA 26 (1993), S. 531-536.
Rowell, Jay: Wohnungspolitik, in: Geschichte der Sozialpolitik, S. 699-726.
Rudolph, Jörg: »Verstorben auf dem Territorium der UdSSR«. Das lange Warten auf die Wahrheit, in: Roginskij et al.: Erschossen in Moskau, S. 67-83.
Rudolph, Karsten und Christl Wickert (Hg.): Geschichte als Möglichkeit. Über die Chancen von Demokratie. Festschrift für Helga Grebing, Essen 1995.
Rupieper, Hermann-Josef/Sattler, Friederike/Wagner-Kyora, Georg (Hg.): Die mitteldeutsche Chemieindustrie und ihre Arbeiter im 20. Jahrhundert, Halle/Saale 2005.
Rüther, Günther: »Greif zur Feder, Kumpel«. Schriftsteller, Literatur und Politik in der DDR, 1991.
Rytlewski, Ralf (Hg.): Politik und Gesellschaft in sozialistischen Ländern, in: Politische Vierteljahresschrift 20 (1989), Sonderheft.

Sabrow, Martin (Hg.): Grenzen der Entgrenzung. Zehn Jahre deutsche Einheit, Leipzig 2001.
Sachse, Carola: Ein »heißes Eisen«. Ost- und westdeutsche Debatten um den Hausarbeitstag, in: Budde: Frauen arbeiten, S. 252-285.
Sarel, Benno: Arbeiter gegen den »Kommunismus«: Zur Geschichte des proletarischen Widerstandes in der DDR. 1945-58, Berlin 1991.
Sartorti, Rosalinde: Helden des Sozialismus in der Sowjetunion. Eine Einführung, in: Satjukow/Gries: Sozialistische Helden, S. 35-44.
Satjukow, Silke und Rainer Gries (Hg.): Sozialistische Helden. Eine Kulturgeschichte von Propagandafiguren in Osteuropa und der DDR, Berlin 2002.
Satjukow, Silke: Zur Konstruktion des »sozialistischen Helden«. Geschichte und Bedeutung, in: Dies./Gries: Sozialistische Helden, S. 15-34.
Dies.: »Früher war das eben der Adolf...« Der Arbeitsheld Adolf Hennecke, in: Dies./Gries: Sozialistische Helden, S. 115-132.
Schaarschmidt, Wolfgang: Alle können nur alles erzählen. Notizen einer winterlichen Reise nach Moskau, Baku, Tbilissi, Jerewan und Kiew am Schnittpunkt zweier Planjahrfünfte, hrsg. vom Gebietsvorstand Wismut der DSF und dem Zentralvorstand der IG Wismut, Karl-Marx-Stadt 1987.

Scherstjanoi, Elke (Hg.): »Provisorium für längstens ein Jahr«. Protokoll des Kolloquiums Die Gründung der DDR, Berlin 1993.
Schevardo, Jennifer: Vom Preis des Notwendigen. Preispolitik und Lebensstandard in der DDR in den fünfziger Jahren, Stuttgart 2006.
Schiffner, Werner: Agricola und die Wismut. Ein Zeitbogen vom Bergkgeschrey auf Sylber zum Berggetöse ums Uran im Erzgebirge, Leipzig 1994.
Schildt, Axel: Rebellion und Reform. Die Bundesrepublik der Sechzigerjahre, Bonn 2005.
Schildt, Axel u.a. (Hg.): Dynamische Zeiten. Die 60er Jahre in den beiden deutschen Gesellschaften, Hamburg 2000.
Schmidt, Reinhard: Vorgeschichte, Beginn und Frühzeit der Uranerzgewinnung im Erzgebirge, in: Karlsch/Schröter: Strahlende Vergangenheit, S. 77-96.
Schneider Kurt und Detlef Nakath: Demokratischer Block, Nationale Front und die Rolle und Funktion der Blockparteien, in: Stephan, Gerd-Rüdiger et al. (Hg.): Die Parteien und Organisationen der DDR, S. 78-102.
Schönberger, Klaus: »Ein schöner Orden hebt das Bewusstsein«. Betriebliche Auszeichnungen und symbolisches Kapital, in: Gibas: Wiedergeburten, S. 219-231.
Schönhoven, Klaus: Generationen in der Arbeiterbewegung, München 2005.
Schreiber, Georg: Der Bergbau in Geschichte, Ethos und Sakralkultur, Köln/Opladen 1962.
Schröter, Harm: Die Wismut, der Umweltschutz und ein zentrales Dokument, in: Karlsch/Schröter: Strahlende Vergangenheit, S. 343-372.
Schuhmann, Annette: Kulturarbeit im sozialistischen Betrieb. Gewerkschaftliche Erziehungspraxis in der SBZ/DDR 1946 bis 1970, Köln 2006.
Dies.: »Macht die Betriebe zu Zentren der Kulturarbeit«. Gewerkschaftlich organisierte Kulturarbeit in den Industriebetrieben der DDR in den fünfziger Jahren: Sozialhistorisches Novum oder Modifizierung betriebspolitischer Traditionen?, in: Hübner et al.: Arbeiter im Staatssozialismus, S. 271-289.
Schüle, Annegret/Ahbe, Thomas/Gries Rainer (Hg.): Die DDR aus generationengeschichtlicher Perspektive. Eine Inventur, Leipzig 2006.
Schüle, Annegret.: »Die Spinne«. Die Erfahrungsgeschichte weiblicher Perspektive im VEB Leipziger Baumwollspinnerei, Leipzig 2001.
Schulz, Günther: Soziale Sicherung von Frauen und Familie, in: Hockerts: Drei Wege, S. 117-149.
Schütterle, Juliane: »Für sich haben die einen Strich unter die Sache gemacht« – Mario Oehme, in: Geipel, Ines und Andreas Petersen (Hg.): Black Box DDR. Unerzählte Leben unterm SED-Regime, Wiesbaden 2009.
Dies.: Klassenkampf im Kaufhaus. Versorgung und Sonderversorgung in der DDR 1971-1989, Erfurt 2009.
Dies.: Die toten Helden der Arbeit. Das Grubenunglück auf Schacht 250 im Uranerzbergbau Wismut am 16. Juli 1955, in: Muhle/Richter /Schütterle (Hg.): Die DDR im Blick, S. 51-58.
Dies.: »Wir haben damals gearbeitet, als wenn ich mir heute einen Wild-West-Film ansehe«. Frauen in der Wismut AG. 1946-1989, in: Gerbergasse 18, 45 (2007), II, S. 8-13.
Dies.: »Jede Brigade ein Tagebuch«. Die betriebliche Kulturpolitik in der Wismut AG und die Rolle der Kulturhäuser. 1947-1989, in: Timmermann, Heiner (Hg.): Historische Erinnerung im Wandel. Neuere Forschungen zur deutschen Zeitgeschichte unter besonderer Berücksichtigung der DDR-Forschung, Münster 2006, S. 448-469.
Dies.: »Wir sind Wismut, uns kann keiner!« Der erste Aufstand gegen die DDR-Machthaber am 16. August 1951, in: Neue Zürcher Zeitung vom 16.8.2006.
Schwartz, Michael: Emanzipation zur sozialen Nützlichkeit. Bedingungen und Grenzen von Frauenpolitik in der DDR, in: Hoffmann/Schwartz: Sozialstaatlichkeit, S. 47-87.

Ders.: »Vom Umsiedler zum Staatsbürger«. Totalitäres und Subversives in der Sprachpolitik der SBZ/DDR, in: Hoffmann et al.: Vertriebene in Deutschland, S. 135-166.

Schwarzer, Doris: Arbeitsbeziehungen im Umbruch gesellschaftlicher Strukturen. Bundesrepublik Deutschland, DDR und neue Bundesländer im Vergleich, Stuttgart 1996.

Selbmann, Fritz (Hg.): Die erste Stunde, Berlin 1969.

Selig, Rolf: Gesundheitliche Folgen des Uranbergbaus, in: Karlsch/Schröter: Strahlende Vergangenheit, S. 373-407.

Simon, Armin: Der Streit um das Schwarzwald-Uran. Die Auseinandersetzung um den Uranabbau in Menzenschwand im Südschwarzwald 1960-1991, Bremgarten 2003.

Simsch, Sebastian: Blinde Ohnmacht. Der Freie Deutsche Gewerkschaftsbund zwischen Diktatur und Gesellschaft in der DDR 1945 bis 1963, Aachen 2002.

Slotta, Rainer: Regionale Traditionen der Bergbaukultur in Deutschland, in: Löden: Montanlandschaft Erzgebirge, S. 27-39.

Soldt, Rüdiger: Zum Beispiel Schwarze Pumpe: Arbeiterbrigaden in der DDR, in: Geschichte und Gesellschaft 24 (1998), S. 88-109.

Sommer, Stefan: Lexikon des DDR-Alltags. Von »Altstoffsammlung« bis »Zirkel schreibender Arbeiter«, Berlin 1999.

Staadt, Jochen: Eingaben. Die institutionalisierte Meckerkultur in der DDR. Goldbrokat, Kaffee-Mix, Büttenreden, Ausreiseanträge und andere Schwierigkeiten mit den Untertanen, Berlin 1996.

Stadtland, Helke: Herrschaft nach Plan und Macht der Gewohnheit. Sozialgeschichte der Gewerkschaften in der SBZ/DDR 1945-1953, Essen 2001.

Dies.: Machtbeziehungen im Betriebsalltag der DDR in den 1970er und 1980er Jahren – ein Tagungsbericht, in: Potsdamer Bulletin für Zeithistorische Studien, Nr. 18/19 (Juni 2000), S. 52-60.

Dies.: Neubildung und Entwicklung von IG Bergbau und IG Chemie in der Sowjetischen Besatzungszone und frühen DDR, in: Tenfelde: Ein neues Band, S. 87-110.

Staritz, Dietrich: Geschichte der DDR, Frankfurt/M. 1996.

Steiner, André: Von Plan zu Plan. Eine Wirtschaftsgeschichte der DDR, Berlin 2007.

Ders.: Überholen ohne Einzuholen. Die DDR-Wirtschaft als Fußnote der deutschen Geschichte? Berlin 2006.

Ders.: Preispolitik und Lebensstandard: Nationalsozialismus, DDR und Bundesrepublik im Vergleich, Köln/Weimar/Wien 2006.

Ders.: Betriebe im DDR-Wirtschaftssystem, in: Hürtgen/Reichel: Der Schein der Stabilität, S. 53-67.

Ders.: Die DDR-Wirtschaftsreform der sechziger Jahre. Konflikt zwischen Effizienz- und Machtkalkül, Berlin 1999.

Stephan, Gerd-Rüdiger/Herbst, Andreas/Krauss, Christine/Küchenmeister, Daniel/Nakath, Detlef (Hg.): Die Parteien und Organisationen der DDR. Ein Handbuch, Berlin 2002.

Stöver, Bernd: Der Kalte Krieg 1947-1991. Geschichte eines radikalen Zeitalters, München 2007.

Studie zur retrospektiven Analyse der Belastungssituation im Uranerzbergbau der ehemaligen SDAG Wismut mit Ausnahme der Strahlenbelastung für die Zeit von 1946 bis 1990, hrsg. v. Hauptverband der gewerblichen Berufsgenossenschaften, Sankt Augustin 2000.

Stützner, Heinz: Sächsische Bergarbeiter im Kampf um Kohle und für ein demokratisches Deutschland von 1945 bis 1948, Leipzig 1966.

Suckut, Siegfried und Walter Süß (Hg.): Staatspartei und Staatssicherheit. Zum Verhältnis von SED und MfS, Berlin 1997.

Suckut, Siegfried: Die Betriebsrätebewegung in der SBZ (1945-1948), Frankfurt/M. 1982.

The New Encyclopaedia Britannica, Chicago/Auckland/Genf/London et al. 1987.
Tenfelde, Klaus (Hg.): Ein neues Band der Solidarität. Chemie – Bergbau – Leder. Industriearbeiter und Gewerkschaften in Deutschland nach dem Zweiten Weltkrieg, Hannover 1997.
Ders. (Hg.): Sozialgeschichte des Bergbaus im 19. und 20. Jahrhundert, München 1992.
Ders. und Heinrich Volkmann (Hg.): Streik. Zur Geschichte des Arbeiterkampfes in Deutschland während der Industrialisierung , München 1981.
Tenfelde, Klaus: Sozialgeschichte der Bergarbeiterschaft an der Ruhr im 19. Jahrhundert, Bonn 1977.
Tietze, Gerhard/Schindler, Joachim/Hoffman, Helga: Sozialpolitik im Betrieb und Mitwirkung der Gewerkschaften, Berlin 1986.
Timmermann, Heiner (Hg.): Die DDR – Erinnerung an einen untergegangenen Staat, Berlin 1999.
Trappe, Heike: Emanzipation oder Zwang?, Berlin 1995.
Trübenbach, Julia: Die Geschichte des »Schneeberger Lungenkrebses« von der Erstbeschreibung bis zur Anerkennung als Berufskrankheit, in: HBVG: Ist das Berufskrankheitenrecht noch zeitgemäß?, S. 117-123.

Urlaub, Klappfix, Ferienscheck. Reisen in der DDR, Berlin 2003.

Van Melis, Damian/Bispinck, Henrik: Republikflucht. Flucht und Abwanderung aus der SBZ/DDR 1945 bis 1961, München 2006.
Veen, Hans-Joachim (Hg.): Die abgeschnittene Revolution. Der 17. Juni 1953 in der deutschen Geschichte, Köln/Weimar/Wien 2004.
Vester, Michael (Hg.): Soziale Milieus in Ostdeutschland. Gesellschaftliche Strukturen zwischen Zerfall und Neubildung, Köln 1994.
Viertel, Martin: Sankt Urban. Roman, Berlin 1968.
Vollnhals, Clemens und Jürgen Weber (Hg.): Der Schein der Normalität. Alltag und Herrschaft in der SED-Diktatur, München 2002.
Vormum, Günther: Radioaktivität von Becquerel bis Tschernobyl. Fortschritte – Risiken – Fehlbeurteilungen, Velten 1997.
Vor Ort. Über den Uranerzbergbau bei Ronneburg, Haltern 2001.
Vorsteher, Dieter (Hg.): Parteiauftrag: Ein neues Deutschland. Bilder, Rituale und Symbole der frühen DDR, Berlin 1997.

Wächtler, Eberhard: Mit Schlegel und Eisen. Von Bergleuten und Bergbautraditionen, Leipzig 1996.
Wagenbreth, Otfried (Hg.): Bergbau im Erzgebirge: technische Denkmale und Geschichte, Leipzig 1990.
Ders. und Eberhard Wächtler (Hg.): Der Bergbau im Erzgebirge, Leipzig 1990.
Wagner, Reinhard: Sonnensucher (1958/72). Notizen zur Werkgeschichte, in: Beiträge zur Film- und Fernsehwissenschaft, 39 (1990), S. 34-64.
Wagner-Kyora, Georg: Arbeiter ohne Milieu und Angestellte im Abseits? Fragen an eine Sozialgeschichte der DDR-Chemieindustrie, in: Bauerkämper et al.: Zeitgeschichte, S. 197-213.
Walter, Hans Ulrich: Epidemiologische Untersuchung über die Lebenserwartung und Mortalität von in der Nachkriegszeit in Joachimsthaler Uranbergwerken beschäftigten Personen, München 1982.
Weber, Hermann: Geschichte der DDR, München 2000.
Ders. (Hg.): DDR. Dokumente zur Geschichte der Deutschen Demokratischen Republik. 1945-1985, München 1987.

Ders. et al. (Hg.): Parteiensystem zwischen Demokratie und Volksdemokratie. Dokumente und Materialien zum Funktionswandel der Parteien und Massenorganisationen in der SBZ/DDR, Köln 1982.

Weidemann, Johannes: Wo ein Genosse ist, da ist die Partei. Die führende Rolle der Parteiorganisation in der Geschichte des Reisebüros der DDR, in: Reisebüro der DDR: 20 Jahre Reisebüro, S. 6-8.

Weil, Francesca: Herrschaftsanspruch und soziale Wirklichkeit. Zwei sächsische Betriebe in der DDR während der Honecker-Ära, Köln/Weimar/Wien 2000.

Dies.: Der Betrieb als sozialer Raum zwischen Anpassung und Verweigerung, in: Timmermann, Heiner (Hg.): Die DDR – Erinnerung, S. 307-339.

Welsh, Helga A.: Deutsche Zentralverwaltung für das Gesundheitswesen (DZVG), in: Broszat/Weber: SBZ-Handbuch, S. 244-252.

Welskopp, Thomas: Der Betrieb als soziales Handlungsfeld. Neuere Forschungen in der Industrie- und Arbeitergeschichte, in: Geschichte und Gesellschaft 22 (1996) 1, S. 118-142.

Ders.: Von der verhinderten Heldengeschichte des Proletariats zur vergleichenden Sozialgeschichte der Arbeiterschaft. Perspektiven der Arbeitergeschichtsschreibung in den 1990er Jahren, in: 1999: Zeitschrift für Sozialgeschichte des 20. und 21. Jahrhunderts, 8 (1993), Heft 3, S. 34-53.

Werkentin, Falco: Politische Strafjustiz in der Ära Ulbricht. Vom bekennenden Terror zur verdeckten Repression, Berlin 1997.

Werum, Stefan Paul: Gewerkschaftlicher Niedergang im sozialistischen Aufbau. Der Freie Deutsche Gewerkschaftsbund (FDGB) 1945 bis 1953, Göttingen 2005.

Westphal, Siegrid und Joachim Arenth: Uncle Sam und die Deutschen. 50 Jahre deutsch-amerikanische Partnerschaft in Politik, Wirtschaft und Alltagsleben, Bonn 1995.

Weyrather, Irmgard: Die Frau am Fließband. Das Bild der Fabrikarbeiterin in der Sozialforschung. 1870 – 1985, Frankfurt/M. 2003.

Wichmann, H. E. et al.: Lungenkrebsrisiko durch Radon in der Bundesrepublik Deutschland (Ost). Thüringen und Sachsen, Landsberg 1999.

Wienhold, Lutz: Arbeitsschutz, in: Geschichte der Sozialpolitik, S. 199-249.

Wierling, Dorothee: Die Jugend als innerer Feind. Konflikte in der Erziehungsdiktatur der sechziger Jahre, in: Kaelble et al.: Sozialgeschichte der DDR, S. 404-425.

Wischermann, Clemens (Hg.): Vom kollektiven Gedächtnis zur Individualisierung der Erinnerung, Stuttgart 2002.

Ders (Hg.).: Die Legitimität der Erinnerung und die Geschichtswissenschaft, Stuttgart 1996.

Wiesener, Albrecht: Taktieren und Aushandeln – Erziehen und Ausgrenzen. Zum Verhältnis von Mikropolitik und Produktionskampagnen in den Leuna-Werken 1958-1963, in: Rupieper et al.: Mitteldeutsche Chemieindustrie, S. 237-258.

Ders.: Leuna-Arbeiter zwischen politischer Inszenierung und alltäglichem Konflikt 1958-1965. »Neue Menschen« in der DDR-Industrieprovinz? In: DA 34 (2001), 6, S. 991-998.

Winkler, Gunnar (Hg.): DDR-Sozialreport, Berlin 1990.

Winter, Kurt: Das Gesundheitswesen der DDR. Bilanz nach 30 Jahren, Berlin 1980.

Wismut GmbH (Hg.): Chronik der Wismut (CD-Rom), 2001.

Wismut und die Folgen des Uranbergbaus. Eine Tagung der Friedrich-Ebert-Stiftung, Bonn 1992.

Wismut. Stand der Stillegung und Sanierung, hrsg. v. Bundesministerium für Wirtschaft und Technologie, Bonn 1993.

Wismut. Eine ökologische Herausforderung. Perspektiven durch Sanierung, hrsg. v. Bundesministerium für Wirtschaft und Technologie, Berlin 2000.

Wismutsanierung. Die Beseitigung der Folgen des Uranerzbergbaus in Ostthüringen, hrsg. v. Thüringer Ministerium für Landwirtschaft, Naturschutz und Umwelt, Erfurt 1999.

Wolle, Stefan: Aufbruch in die Stagnation. Die DDR in den Sechzigerjahren, Bonn 2005.

Ders: Das MfS und die Arbeiterproteste im Herbst 1956 in der DDR, in: Aus Politik und Zeitgeschichte, B 5 (1991), S. 42-51.
Wunderwirtschaft. DDR-Konsumkultur in den 60er Jahren, hrsg. v. d. Neuen Gesellschaft für Bildende Kunst e.V., Köln/Weimar/Wien 1996.

Zank, Wolfgang: Wirtschaftliche Zentralverwaltungen und Deutsche Wirtschaftskommission (DWK), in: Broszat/Weber: SBZ-Handbuch, S. 253-269.
Ders.: Arbeit und Wirtschaft in Ostdeutschland 1945-1949. Probleme des Wiederaufbaus in der Sowjetischen Besatzungszone Deutschland, München 1987.

TABELLENVERZEICHNIS

ABBILDUNGSNACHWEIS

REGISTER